제로부터 시작하는
러스트 백엔드 프로그래밍

제로부터 시작하는 러스트 백엔드 프로그래밍

1판 1쇄 발행 2024년 2월 22일

지은이 루카 팔미에리
옮긴이 김모세
펴낸이 장성두
펴낸곳 주식회사 제이펍

출판신고 2009년 11월 10일 제406-2009-000087호
주소 경기도 파주시 회동길 159 3층 / **전화** 070-8201-9010 / **팩스** 02-6280-0405
홈페이지 www.jpub.kr / **투고** submit@jpub.kr / **독자문의** help@jpub.kr / **교재문의** textbook@jpub.kr

소통기획부 김정준, 이상복, 김은미, 송영화, 권유라, 송찬수, 박재인, 배인혜, 나준섭
소통지원부 민지환, 이승환, 김정미, 서세원 / **디자인부** 이민숙, 최병찬

진행 김은미 / **교정·교열** 이정화 / **내지편집** 성은경 / **표지디자인** 이민숙
용지 에스에이치페이퍼 / **인쇄** 한승문화사 / **제본** 일진제책사

ISBN 979-11-92987-38-5 (93000)
값 38,000원

제이펍은 여러분의 아이디어와 원고를 기다리고 있습니다. 책으로 펴내고자 하는 아이디어나 원고가 있는 분께
서는 책의 간단한 개요와 차례, 구성과 지은이/옮긴이 약력 등을 메일(submit@jpub.kr)로 보내주세요.

제로부터 시작하는
러스트 백엔드 프로그래밍

뉴스레터 API를 만들며 배우는 러스트 A to Z

루카 팔미에리 지음 / 김모세 옮김

제이펍

차 례

CHAPTER 1
시작하기   1

CHAPTER 2
이메일 뉴스레터 만들기   15

CHAPTER 3
신규 구독자로 등록하기   20

CHAPTER 4

텔레메트리   109

단순한 뉴스레터 전달   416

API 보호하기   445

러스트는 모질라 리서치에서 개발한 다중 패러다임, 범용 프로그래밍 언어입니다. 연구 목적이 아닌 '안전하고', '병렬적이며', '실용적인' 언어로 설계되었으며, 순수 함수형 프로그래밍, 액터 기반 병렬 프로그래밍, 명령형 프로그래밍, 객체 지향 프로그래밍 스타일을 지원합니다.

이 책은 이러한 러스트를 사용해 다음 질문에 대답하기 위해 쓰여진 책입니다.

"러스트가 API 개발을 위한 생산적인 언어가 될 수 있을까?"

결과적으로 러스트는 API 개발을 위한 생산적인 언어가 될 수 있습니다. 러스트 에코시스템이 도입 장벽을 낮추기 위한 다양한 정보를 제공함에도 질문에 대한 답을 스스로 얻는 것은 녹록지 않을 것입니다. 그러나 러스트 에코시스템을 구축하고 운영하는 데 큰 역할을 해온 저자의 안내를 차근차근 따라가면 쉽지는 않겠지만 그 답을 얻을 수 있을 것입니다.

번역을 통해 유익한 지식을 공유할 수 있도록 해주신 하나님께 감사드립니다. 또한 재미있는 책을 번역할 수 있도록 기회를 준 제이펍 장성두 대표님, 책의 편집 과정에서 많이 고생하고 도움을 준 김은미 편집자님께도 감사드립니다. 다양한 경험을 바탕으로 책의 완성도를 높일 수 있도록 많은 의견을 주신 베타리더분들도 감사드립니다. 덕분에 더 좋은 책을 만들 수 있었습니다. 마지막으로 책을 번역하는 동안 한결같은 믿음으로 저를 지지해준 아내와 컴퓨터 앞에서 시간을 보내는 아빠를 응원해준 세 딸에게도 깊은 감사를 전합니다. 정말 고맙습니다.

김모세

베타리더 후기 _____

 김호준(현전사)

러스트로 쓴 실용적인 서적이 드디어 출판돼 감개무량합니다. 러스트로 할 수 있는 백엔드 개발의
A to Z(배포, TDD, 보안, 인증, 클라우드 네이티브, 시스템 설계 등)를 모두 다루고 있어서 실무에 러스트
도입을 고민 중인 개발자에게 도움을 줄 수 있을 것입니다. 물론 러스트의 악명(?) 높은 학습 곡선
만큼이나 난이도도 제법 있지만 여러 번 들여다본다면 충분히 소화할 수 있으리라 생각합니다.

 박수빈(엔씨소프트)

러스트의 언어적 특성과 백엔드 프로그래밍을 동시에 학습하기에 매우 어울리는 책입니다. 저자와
함께 하나의 서비스를 천천히 개발하면서 필요한 환경 구축과 소스를 이해할 수 있기 때문에 러스
트에 관심이 있다면 이 책을 통해 그 가치 판단이 가능하고, 실무에도 적용할 수 있다고 생각합니다.

 신진욱(네이버)

러스트의 기초적인 내용을 설명함과 동시에 테스트, API 인증, 오류 처리, CI/CD에 대한 다양한
예제를 제공하여 러스트의 강점과 가치를 알려주는 책입니다. 러스트를 처음 접하는 입문자뿐 아
니라 러스트를 접해본 분도 읽어보기를 권합니다.

 정현준(AtlasLabs)

언어 자체뿐만 아니라 소프트웨어 엔지니어링 측면에서 개발 과정을 경험하면서 러스트를 배울
수 있는 책입니다. 사용자 스토리에서 시작해 API를 개발하고 테스트 및 배포하는 과정을 거치며
러스트와 그 생태계를 배우는 좋은 경험을 할 수 있습니다.

여러분이 이 책을 읽고 있다면 러스트는 프로그래머들에게 기존의 프로덕션 시스템을 다른 언어로 작성하도록 하는 가장 큰 목적을 달성한 것이다. 이 책을 모두 읽었을 때 러스트를 채택할 것인지 아닌지는 여러분의 선택이다. 하지만 그 결정을 내리는 데 필요한 모든 것을 갖게 될 것이다. 나는 전혀 다른 두 언어인 루비와 러스트를 프로그래밍한 것은 물론이고 이벤트와 프로젝트 관리 및 관련 비즈니스를 운영했다. 이 과정에서 러스트를 만든 많은 사람을 만났고 그중 일부와는 친구가 되었다. 러스트는 내 인생에서 한 언어가 실험 단계에서 산업에 도입될 때까지 성장하는 것을 보고 도울 수 있도록 해준 유일한 언어다.

그 과정에서 발견한 한 가지 비밀을 여러분에게 알리고자 한다. 프로그래밍 언어를 단지 그 언어가 가진 기능 때문에 도입하지는 않는다는 점이다. 이것은 좋은 기술과 그 기술을 설명할 수 있는 능력, 그리고 오랜 시간을 감내할 수 있는 사람을 찾는 복잡한 상호작용의 과정이다. 이 글을 쓰는 시점을 기준으로 5천 명 이상의 사람들이 아무런 이득이 없음에도 러스트 프로젝트에 기꺼이 시간을 투자했다. 그들은 러스트 프로젝트에 확신을 가졌기 때문이다. 그렇다고 여러분이 컴파일러에 기여하거나 깃허브의 러스트 프로젝트에 기여자로 기록될 필요는 없다. 이 책은 러스트를 새롭게 접하는 이들에게 러스트에 관한 관점을 익힐 수 있도록 도와주며 기여자들이 훌륭한 업적을 남기도록 북돋아 준다. 이 책 역시 기여한 것이다.

러스트는 연구 플랫폼으로서 사용되는 것을 고려한 언어가 아니다. 거대한 코드베이스에서 실제적이고 실질적인 이슈를 해결하는 프로그래밍 언어였다. 따라서 매우 거대하고 복잡한 코드베이스를 다루는 모질라(웹브라우저인 파이어폭스 개발사)에서 러스트를 만든 것은 그리 놀라운 일이 아니다. 나는 러스트 연구 결과를 산업에 적용해 미래의 소프트웨어를 더 좋게 만들고 싶다는 순수한 야망 때문에 러스트에 참여했다. 프로그래밍 언어는 선형 타이핑, 영역 기반 메모리 관리 등 모든 이론적 개념에서 봤을 때 모든 사람을 대상으로 했는데, 러스트는 방금 언급한 개념을 '소유권ownership'과 '차용borrowing' 같은 이해할 수 있는 명칭을 사용한다. 러스트는 처음부터 끝까지 산업용 언어다.

러스트를 지지하는 이들 또한 같은 모습을 보인다. 커뮤니티 멤버인 루카를 알게 된 지 수년이 지났다. 루카는 러스트 관련 지식이 많으며, 사람들의 문제를 해결하는 방법으로 러스트가 괜찮은 방법이라는 것을 확신시키는 데 관심이 많았다. 이 책의 제목과 구성은 견고하고 효과적인 프로덕션 소프트웨어를 작성할 때 러스트의 핵심 가치를 찾는다. 러스트는 안정적인 소프트웨어를 생산적으로 만들어내는 강점을 가졌다. 루카의 러스트와 관련한 최고의 가이드를 통해 경험할 수 있다.

비록 러스트는 여러분이 가진 모든 문제를 풀지는 못한다. 하지만 모든 종류의 실수를 없애고자 노력했다. 언어가 가진 안전 기능safety feature은 프로그래머의 무능함에 일조한다는 견해가 있지만 동의하지 않는다. 에밀리 던햄Emily Dunham은 러스트컨프RustConf 2017에서 "안전한 코드는 여러분이 더 나은 위험을 감수하도록 합니다"라고 표현하기도 했다. 러스트 커뮤니티의 수많은 마법은 바로 이러한 긍정적인 관점을 기반으로 한다. 여러분이 초보자이거나 풍부한 경험을 가지고 있다고 해도 상관없다. 여러분의 경험과 결정을 신뢰한다. 이 책은 러스트 외에도 다양한 곳에 적용할 수 있는 새로운 지식과 일상적인 소프트웨어 개발 맥락을 친절하게 설명한다. 부디 이 책을 읽고, 학습하고, 사색하며 즐거운 시간을 보내기 바란다.

플로리안 길허Florian Gilcher
Ferrous Systems 매니지먼트 디렉터, 러스트 파운데이션 공동 설립자 백엔드 개발의 세계는 끝없이 넓고 무궁무진하다.

여러분이 작업 중인 콘텍스트는 여러분이 해결하고자 하는 문제를 다루는 최적의 도구와 프랙티스에 큰 영향을 미친다. 예를 들어 트렁크 기반 개발[1]은 지속적으로 클라우드 환경에 배포되는 소프트웨어를 작성하는 데는 굉장히 효과적이다.[2] 그러나 고객이 호스팅하거나 온프레미스에서 운영하는 소프트웨어를 판매하는 비즈니스 모델이나 팀에는 적합하지 않다. 이들은 깃플로[3] 방식이 훨씬 더 적합하다. 만약 혼자 일한다면 main에 바로 푸시하는 방법도 있다.

소프트웨어 개발이라는 영역에 '절대'란 없다. 어떤 기술이나 접근 방식의 좋고 나쁨을 평가할 때는 먼저 여러분의 관점을 명확하게 해야 한다. 《제로부터 시작하는 러스트 백엔드 프로그래밍》은 서로 다른 수준의 경험과 숙련도를 갖춘 네다섯 명의 엔지니어팀이 클라우드 네이티브 애플리케이션을 작성하는 데 초점을 맞출 것이다.

클라우드 네이티브 애플리케이션

클라우드 네이티브 애플리케이션이 무엇인지 정의하는 것만으로도 책 한 권을 쓸 수 있을 정도다.[4] 하지만 클라우드 네이티브 애플리케이션이 어떤 모습이어야 하는지 살펴보기보다는 무엇을 하는지에 관해 설명하는 것으로 대신한다. 코넬리아 데이비스Cornelia Davis는 클라우드 네이티브 애플리케이션에 다음과 같은 것을 요구한다고 했다.

---

1   https://dora.dev/devops-capabilities/technical/trunk-based-development/
2   https://services.google.com/fh/files/misc/state-of-devops-2019.pdf
3   https://www.atlassian.com/git/tutorials/comparing-workflows/gitflow-workflow
4   코넬리아 데이비스의 《클라우드 네이티브 패턴》(에이콘출판사, 2020)을 참조하자.

- 오류가 발생할 수 있는 환경에서 실행되는 동안에도 높은 가용성을 달성한다.
- 다운타임 없이 새로운 버전을 지속적으로 릴리스할 수 있다.
- 동적인 워크 로드를 다룬다(예 요청 볼륨).

이런 요구 사항은 우리가 만들 소프트웨어 아키텍처의 가시적인 설루션 영역에 큰 영향을 미친다.

'높은 가용성'이란 애플리케이션이 다운타임 없이 요청을 처리해야 한다는 것을 의미한다. 심지어 하나 이상의 머신이 갑자기 실패해도 다운타임 없이 요청을 처리해야 한다(클라우드 환경에서는 흔하게 발생하는 현상이다).[5] 따라서 애플리케이션을 실행하는 여러 인스턴스가 여러 머신에 분산되어 있어야 한다. 동적인 워크 로드를 다루는 것도 마찬가지다. 시스템이 부하 상황에 있는지 확인할 수 있어야 하며, 애플리케이션의 새 인스턴스들을 실행해 문제를 더 많이 계산할 수 있도록 해야 한다. 이를 위해서는 인프라스트럭처가 탄력적이면서도 과도한 프로비저닝과 그에 수반된 비용을 줄일 수 있어야 한다. 복제된 애플리케이션을 실행한다면 데이터 지속성에 대한 접근 방식에 영향을 미친다. 이는 기본 스토리지 설루션으로 로컬 파일 시스템을 사용하는 대신 데이터베이스를 활용하는 것으로 데이터 지속성을 유지할 수 있다.

따라서 《제로부터 시작하는 러스트 백엔드 프로그래밍》은 백엔드 애플리케이션 개발과 관련이 없는 것처럼 보일 수 있는 주제까지 광범위하게 다룬다. 그러나 클라우드 네이티브 소프트웨어는 데브옵스DevOps에 관한 것이므로 전통적인 운영체제 관련 주제에 많은 시간을 할애할 것이다.

또한, 러스트 애플리케이션을 측정해 로그, 트레이스, 지표를 수집하고 시스템을 관찰할 수 있는 방법과 마이그레이션으로 데이터베이스 스키마를 설정하고 발전시키는 방법을 다룬다. 클라우드 네이티브 API를 러스트로 사용할 때 처음 맞닥뜨릴 수 있는 문제를 해결하는 데 필요한 모든 자료도 살펴본다.

팀으로 일하기

앞선 세 가지 요구 사항은 시스템의 기술적 특성뿐만 아니라 소프트웨어를 만드는 방법에도 영향을 미친다.

---

5 예를 들어 많은 기업은 그들의 소프트웨어를 AWS 스팟 인스턴스(AWS spot Instance)에서 실행해 인프라스트럭처 비용을 줄인다 (https://aws.amazon.com/ec2/spot/). 스팟 인스턴스는 꾸준한 경매의 결과로, 동일한 성능을 제공하는 온디맨드 인스턴스의 가격보다 저렴해질 수 있다(최대 90%까지 저렴하다). 한 가지 단점이 있다면 AWS가 여러분의 스팟 인스턴스를 언제든 회수할 수 있다는 점이다. 따라서 이 저렴한 비용을 얻을 수 있는 기회를 활용하려면 여러분의 소프트웨어는 반드시 내결함성을 갖춰야 한다.

애플리케이션의 새로운 버전을 빠르게 릴리스하려면 애플리케이션이 잘 작동한다고 사용자가 확신할 수 있어야 한다. 개인 프로젝트라면 여러분이 전체 시스템을 이해한 것만큼만 확신해도 좋다. 여러분이 코드를 작성해도 해당 코드는 머릿속으로 계산할 수 있을 만큼 작을 것이다.[6] 팀에서 상업적인 프로젝트를 진행한다면 여러분이 작성하지 않았거나 리뷰도 하지 않은 코드를 자주 다루게 될 것이다. 아마도 코드를 작성했던 사람은 곁에 없을 수도 있다. 코드 작동을 포괄적인 이해에만 기댄다면 코드가 깨지는 것을 방지하고자 변경할 때마다 두려움을 느낄 것이다.

여러분은 모든 커밋과 브랜치에서 실행되면서 main을 원활하게 유지할 수 있는 자동화된 테스트를 원할 것이다. 또한 타입 시스템으로 바람직하지 않은 상태를 표현할 수 없도록 하거나 불가능하게 만들거나 활용할 수 있는 모든 도구로 팀의 각 구성원에게 권한을 주고 소프트웨어를 발전시키고 싶을 것이다. 구성원이 여러분만큼의 경험이 없거나 여러분이 사용하는 코드베이스나 기술에 친숙하지 않을 수 있지만 개발에 기여하도록 하고 싶을 수 있다.

따라서 《제로부터 시작하는 러스트 백엔드 프로그래밍》은 처음부터 테스트 주도 개발과 지속적인 통합에 중점을 둔다. 웹서버를 설치하고 실행하기 전에 CI 파이프라인을 먼저 구축할 것이다. API에 대한 블랙박스 테스팅이나 HTTP 모킹 같은 기법을 다루는 것은 물론이고, 러스트 커뮤니티에서 유명하거나 문서화되지는 않았지만 매우 강력한 기법도 소개한다. 또한 도메인 주도 설계[7] 용어와 기법을 활용해 타입 주도 설계[8]와 조합하고 시스템이 정확하게 작동할 수 있도록 할 것이다.

> 우리는 엔터프라이즈 소프트웨어에 중점을 둔다. 도메인을 모델링할 수 있을 정도로 표현력이 뛰어나며, 시간이 지나도 도메인의 진화를 지원할 수 있을 만큼 유연한 코드다.

따라서 우리는 지루하고 올바른 해결책에 중점을 둔다. 성능 오버헤드가 발생한다 하더라도 더 신중하고 정교한 접근 방식을 통해 최적화할 수 있을 것이다. 우선 실행하고 (필요하다면) 나중에 최적화하자.

---

6 최근에 코드를 작성했다면 1년 전의 여러분은 소프트웨어 개발 세계에서 모든 의도와 목적 면에서 이방인으로 간주된다. 만약 과거에 작성했던 오래된 프로젝트를 고르고자 한다면 과거의 여러분이 오늘의 여러분을 위해 주석을 남겼기를 기도하자.

7 https://www.youtube.com/watch?v=PLFl95c-IiU

8 https://lexi-lambda.github.io/blog/2019/11/05/parse-don-t-validate/

대상 독자

러스트 에코시스템은 도입 장벽을 부수는 것에 매우 집중해왔다. 신규 사용자나 초보자들을 위한 훌륭한 자료를 제공하고, 문서화부터 지속적인 컴파일러 진단까지 끊임없이 노력했다. 많은 이에게 서비스를 제공하는 것은 가치 있는 일이지만 동시에 해가 되는 일이기도 하다. 중급이나 고급 사용자에게는 유용하지만 초보자는 너무 어려운 자료라서 무시당할 수 있기 때문이다.

이 때문에 `async/await`를 다루기 시작했을 때 고민했다. 생산적으로 활용하는 데 필요한 지식과 'The Book', 러스트의 여러 에코시스템에서 일하며 얻은 지식 사이에는 많은 차이가 있었다. 다소 직설적이지만 다음 질문에 대한 답을 얻고 싶었다.

> 러스트가 API 개발을 위한 생산적인 언어가 될 수 있을까?

질문에 대한 답은 '그렇다'이다. 하지만 그 방법을 알기까지 시간이 필요하다. 그것이 이 책을 쓴 이유다. 나는 러스트 관련 책을 이미 읽어본 백엔드 개발자를 위해 이 책을 썼다. 몇 가지 간단한 시스템을 이식하려고 한다. 또한, 앞으로 다가올 수 주 혹은 수개월 동안 우리 팀의 신입 엔지니어들이 기여할 코드베이스를 그들이 이해하는 데 도움이 되고자 이 책을 썼다.

그리고 현재 러스트 에코시스템에서 사용할 수 있는 아티클이나 자원이 부족하다고 생각하는 틈새시장을 위해 이 책을 썼다. 마지막으로 몇 년 전의 나를 위해 썼다. 러스트와 함께한 여정에서 얻은 지식을 사회에 돌려주기 위해서다. 백엔드 개발을 위해 러스트를 사용한다면 여러분은 어떤 툴박스를 갖고 있으며, 디자인 패턴은 무엇을 사용하고, 그에 따른 단점은 무엇이라 생각하는가?

대상 독자에 속하지 않지만 그렇게 되고자 한다면 여러분의 여정을 돕기 위해 최선을 다할 것이다. 많은 재료를 직접 다루지는 않지만(예 대부분 러스트 언어의 기능들), 개념을 학습하는 데 도움이 되는 참고 자료와 링크를 제공할 것이다.

책에 나오는 예제 코드는 저자의 깃허브에서 다운로드할 수 있다.[9]

- https://github.com/LukeMathWalker/zero-to-production

자, 이제 러스트 여정을 시작해보자.

---

[9] 옮긴이 원서 코드의 주석을 번역한 코드는 다음 깃허브 주소에서 다운받을 수 있다. https://github.com/moseskim/zero-to-production

## CHAPTER 1

시작하기

프로그래밍 언어를 고려할 때는 언어 자체 외의 요소들도 함께 고려해야 한다. 그중에서도 언어를 사용하는 경험의 핵심 요소는 **툴링**tooling[1]이다. 이는 다른 많은 기술(예 gRPC 같은 **RPC 프레임워크**나 **아파치 아브로**Apache Avro 등)에도 적용되며, 기술 자체에 영향을 미치기도 한다. 따라서 툴링은 언어를 설계하고 가르칠 때 가장 먼저 고려해야 한다.

러스트 커뮤니티에서는 초창기부터 툴링을 전면에 내세웠다. 우리가 유용하게 사용할 수 있는 몇 가지 도구와 유틸리티를 간략하게 살펴보겠다. 일부는 공식적으로 지원하고 있으며 다른 도구와 유틸리티는 러스트 커뮤니티에서 개발과 유지 보수를 하고 있다.

1.1 러스트 툴체인 설치하기

러스트는 설치할 수 있는 방법이 여러 가지 있다. 여기에서는 권장되는 경로인 rustup을 따르겠다. rustup 설치 방법은 **https://rustup.rs**를 참조하자. rustup은 러스트 인스톨러보다 더 많은 기능을 제공한다. 주요 기능은 컴파일 대상과 릴리스 채널을 조합한 툴체인 관리다.

---

1   옮긴이 프로그래밍 언어를 사용해 소프트웨어를 생성, 디버그, 수정하기 위한 일련의 환경 또는 그 환경을 구축하는 작업을 말한다.

1.1.1 컴파일 대상

러스트 **컴파일러**compiler의 주요 목적은 러스트 코드를 기계 코드로 변환하는 것이다. 기계 코드란 CPU와 운영체제가 이해하고 실행할 수 있는 **명령셋**instruction set을 의미한다. 따라서 **컴파일 대상** compilation target, 즉 실행 파일을 생성하고자 하는 플랫폼(예 64비트 리눅스 또는 64비트 OSX)에 따라 러스트 컴파일러의 백엔드back-end가 달라야 한다. 러스트 프로젝트는 다양한 수준의 보증으로 광범위한 컴파일 대상을 지원하기 위해 노력한다. (컴파일) 대상은 **티어**tier로 나뉘는데, 티어 1(동작 보증guaranteed-to-work)에서 티어 3(최선을 다함best-effort)으로 구분한다. 이는 러스트 포지Rust forge 웹사이트[2]에서 최신 리스트를 확인할 수 있다.

1.1.2 릴리스 채널

러스트 컴파일러는 자원봉사자 수백 명의 기여로 매일 개선되며 끊임없이 진화하는 소프트웨어다. 러스트 프로젝트는 **정체되지 않는 안정된 발전**stability without stagnation을 위해 노력한다. 러스트 공식 문서를 보자.

> … 안정적인 새 버전의 러스트로 업그레이드하는 것을 두려워하지 마세요. 모든 업그레이드는 어떠한 문제도 없이 새로운 기능과 더 적은 버그, 빠른 컴파일 시간을 제공합니다.

여러분은 애플리케이션을 개발할 때 최신 버전(**안정화 채널**stable channel)의 컴파일러를 사용해서 소프트웨어를 실행하고 빌드, 테스트하면 된다. 새로운 버전의 컴파일러는 안정화 채널에 6주마다 릴리스된다.[3] 이 책을 집필하는 시점의 최신 버전은 v1.63.0이다.[4]

다른 **릴리스 채널**release channel도 있다.

- beta: 다음 릴리스 후보다.
- nightly: 매일 밤마다 채널 이름처럼 rust-lang/rust[5]의 마스터 브랜치에서 빌드된다.

---

2   https://forge.rust-lang.org/release/platform-support.html
3   자세한 릴리스 일정은 https://doc.rust-lang.org/book/appendix-07-nightly-rust.html에서 확인할 수 있다.
4   1.63.0 이후 버전의 컴파일러를 사용하는 경우에는 일부 동작이 책의 설명과 다를 수 있다. 러스트 포지에서 다음 버전과 릴리스 날짜를 확인할 수 있다. https://github.com/rust-lang/rust
5   https://forge.rust-lang.org/

여러분이 작성한 소프트웨어를 beta 컴파일러로 테스트하면 러스트 프로젝트를 지원할 수 있다. 릴리스 날짜 전에 버그를 잡는 데 도움이 될 것이다.[6]

그러나 nightly 채널의 목적은 다소 다르다. 얼리 어답터들은 릴리스 이전(혹은 안정화되기 이전)에 미완성 기능[7]을 만나볼 수 있다. 만약 프로덕션 소프트웨어를 nightly 컴파일러에서 실행하고 싶다면 다시 한번 생각해보기를 바란다. nightly 빌드는 안정적이지 않다.

1.1.3 어떤 툴체인이 필요한가?

rustup을 설치하면 여러분의 호스트 플랫폼을 대상으로 한 최신 버전의 안정화된 컴파일러를 받을 수 있다. 이 책에서는 코드 빌드, 테스트 및 실행에 stable 채널을 사용한다. 여러분이 사용하는 **툴체인**toolchain은 rustup update로 업데이트할 수 있으며, rustup toolchain list 명령을 사용하면 시스템에 무엇이 설치되었는지 확인할 수 있다. 어떤 **크로스 컴파일링**cross compiling도 필요 없다. 프로덕션 결과물은 **컨테이너**container 안에서 실행되기 때문에 개발 시스템에서 프로덕션 환경에 사용되는 대상 호스트를 위해 크로스 컴파일하지 않아도 된다.

1.2 프로젝트 셋업

rustup을 사용해서 툴체인을 설치하면 다양한 컴포넌트가 함께 설치된다. 그중 하나는 러스트 컴파일러인 rustc이며, 다음 명령어로 확인할 수 있다.

```
rustc --version
```

rustc를 직접 다루는 데 많은 시간을 들이지는 않겠다. 러스트 애플리케이션 빌드와 테스트에 사용하는 주요 인터페이스는 러스트 빌드 도구인 **카고**cargo다. 다음 명령어를 사용하면 모든 항목이 시작되며 실행 중인지 확인할 수 있다.

---

6 러스트 프로젝트의 CI/CD 설정 덕분에 beta 릴리스에는 거의 이슈가 존재하지 않는다. 가장 흥미로운 컴포넌트는 crater이다 (https://github.com/rust-lang/crater). crater는 crates.io와 깃허브에서 러스트 프로젝트를 가지고 와서 빌드한 후 테스트 스위트(test suite)를 실행해 잠재적인 리그레션 문제를 식별한다. 피에트로 알비니(Pietro Albini, https://www.pietroalbini.org/about/)는 러스트페스트 글로벌(RustFest Global) 2019에서 6주마다(https://www.pietroalbini.org/blog/shipping-a-compiler-every-six-weeks/) 컴파일러를 릴리스한 러스트의 릴리스 프로세스를 멋지게 소개했다.

7 'The Unstable Book'에서는 nightly에서 사용할 수 있는 기능 플래그(feature flag) 리스트를 확인할 수 있다. 미리 이야기하자면 양이 많다. https://doc.rust-lang.org/nightly/unstable-book/the-unstable-book.html

```
cargo --version
```

cargo로 책에서 사용할 프로젝트의 **스켈레톤**skeleton을 만들어보자.

```
cargo new zero2prod
```

새로운 **zero2prod** 폴더가 생기며, 파일 구조는 다음과 같다.

```
zero2prod/
  Cargo.toml
  .gitignore
  .git
  src/
    main.rs
```

해당 프로젝트는 이미 바로 사용할 수 있는 **git** 저장소가 됐다.

코드를 **깃허브**GitHub에서 호스팅하고자 한다면 새로운 저장소를 만들고 다음 명령어를 실행하면 된다.

```
cd zero2prod
git add .
git commit -am "Project skeleton"
git remote add origin git@github.com:YourGitHubNickName/zero2prod.git
git push -u origin main
```

이 책에서는 깃허브를 레퍼런스reference로 사용한다. 최근 CI 파이프라인을 위해 릴리스된 **깃허브 액션**GitHub Actions을 활용한다. 하지만 **깃**Git을 호스팅하는 솔루션이라면 무엇을 사용하든 상관없다 (혹은 아예 사용하지 않아도 된다).

1.3 IDE

프로젝트 스켈레톤을 준비했으니 이제 여러분이 선호하는 편집기를 실행하고 코드를 작성해보자. 어떤 편집기를 선호하는지는 사람마다 다르겠지만 최소한으로 필요한 것은 무엇인지 설명하겠다. 특히 이제 막 새로운 프로그래밍 언어를 시작했다면 **구문 강조**syntax highlighting, **코드 탐색**code navigation, **코드 완성**code completion을 먼저 설정하자.

구문 강조를 사용하면 구문 오류와 관련된 피드백을 바로 받을 수 있으며, 코드 탐색과 코드 완성을 사용하면 **탐색적 프로그래밍**exploratory programing을 할 수 있다. 의존성을 가진 소스 사이를 오갈 수 있으며, 편집기와 docs.rs를 전환하지 않아도 **크레이트**crate에서 불러온 구조체struct나 **열거형**enum 가용 메서드에 빠르게 접근할 수 있다.[8]

대표적인 IDE는 rust-analyzer와 IntelliJ Rust다.

1.3.1 rust-analyzer

rust-analyzer[9]는 러스트에 대한 **언어 서버 프로토콜**language server protocol, LSP[10]를 구현한 것이다. LSP를 사용하면 비주얼 스튜디오 코드Visual Studio Code, VS Code, 이맥스Emacs, Vim/Neovim, 서브라임 텍스트 3Sublime Text 3 등의 여러 편집기에서 **rust-analyzer**를 활용할 수 있다. 특정 편집기에 특화된 셋업 절차는 **rust-analyzer** 웹사이트에서 확인할 수 있다.[11]

1.3.2 IntelliJ Rust

IntelliJ Rust[12]는 젯브레인즈JetBrains가 개발한 편집기에서 러스트를 지원한다. 젯브레인즈 라이선스[13]가 없어도 IntelliJ IDEA[14]를 무료로 사용할 수 있으며, IntelliJ Rust를 지원할 수 있다. 젯브레인즈 라이선스가 있다면 젯브레인즈 IDE 중에서 **CLion**[15]을 러스트용 편집기로 사용할 것을 권한다.

1.3.3 무엇을 사용해야 하는가?

글을 쓰는 시점인 2022년 9월에는 IntelliJ Rust 사용을 추천한다. 지난 수년에 걸쳐 눈부시게 발전한 rust-analyzer이지만 오늘날 IntelliJ Rust가 제공하는 IDE 경험과는 동떨어졌다.

---

8 https://docs.rs

9 rust-analyzer가 러스트의 LSP를 구현한 첫 번째 시도는 아니다(https://rust-analyzer.github.io/). 이전에도 RLS(Rust language server)가 있었고, 배치 처리 접근 방식을 택했다. 프로젝트 안의 파일이 조금이라도 변경되면 전체 프로젝트를 재컴파일했다. 이는 기본적으로 제한적이었고 성능과 응답성도 좋지 않았다. RFC 2912은 러스트를 위해 LSP를 구현한 rust-analyzer가 만들어져 RLS의 '은퇴'를 공식화했다(https://github.com/rust-lang/rfcs/pull/2912).

10 https://microsoft.github.io/language-server-protocol/

11 https://rust-analyzer.github.io/manual.html#installation

12 https://intellij-rust.github.io/

13 https://sales.jetbrains.com/hc/en-gb/articles/207241195-Do-you-offer-free-educational-licenses-for-students-andteachers

14 https://www.jetbrains.com/idea/

15 https://www.jetbrains.com/clion/

IntelliJ Rust를 사용하려면 원하든 원하지 않든 젯브레인즈의 IDE를 사용해야 한다. 다른 편집기를 사용하고자 한다면 rust-analyzer 통합 플러그인을 살펴보자.

rust-analyzer는 러스트 컴파일러 내부에서 더욱 크게 라이브러리화[16]하려는 노력의 일부다. rust-analyzer와 rustc는 중첩된 부분은 물론이고 많은 노력이 중복되어 있다. 컴파일러의 코드베이스를 재사용할 수 있는 모듈로 진화시키면 rust-analyzer가 컴파일러 코드베이스의 더 큰 서브셋을 활용할 수 있게 되고, 최고 수준의 IDE 경험을 제공하는 데 필요한 온디맨드 분석 기능을 활용할 수 있다. 이는 흥미롭게 지켜봐야 할 부분이다.[17]

1.4 내부 개발 루프

프로젝트를 다루면서 다음 과정을 되풀이할 것이다.

1. 변경한다.
2. 애플리케이션을 컴파일한다.
3. 테스트를 실행한다.
4. 애플리케이션을 실행한다.

이를 **내부 개발 루프**inner development loop라고 한다. 내부 개발 루프의 속도는 여러분이 단위 시간당 완료할 수 있는 반복 횟수의 상한선이다. 애플리케이션을 컴파일하고 실행하는 데 5분이 소요된다면 한 시간에 최대 12번 반복할 수 있다. 이 시간을 2분으로 줄인다면 같은 시간 동안 30번 반복할 수 있다.

러스트가 도와주지는 않는다. 컴파일 속도는 큰 프로젝트를 진행할 때 어려움을 겪는 지점일 수 있다. 내용을 진행하기에 앞서 이 문제를 어느 정도 해결할 수 있는 방법은 무엇인지 살펴보자.

---

16 http://smallcultfollowing.com/babysteps/blog/2020/04/09/libraryification/
17 rust-analyzer 로드맵과 이후의 주요 내용은 블로그 'Next Few Years'를 참조하기 바란다. https://rust-analyzer.github.io/blog/2020/05/18/next-few-years.html

1.4.1 빠른 링킹

내부 개발 루프를 고려할 때 주로 점진적인 컴파일 성능을 본다. 소스 코드를 조금 변경한 후 카고가 바이너리를 다시 빌드하는 데 걸리는 시간에 초점을 맞춘다. **링킹**linking 단계[18]는 상당한 시간이 소요되며, 이전 컴파일 단계의 결과물과 실제 바이너리를 조립한다.

기본 링커는 잘 작동하기는 하지만 사용하는 운영체제에 따라 더 빠른 방법이 있다.

- 윈도우나 리눅스에서의 `lld`, LLVM 프로젝트에서 개발한 링커
- 맥 OS의 `zld`

링킹 단계의 속도를 높이려면 기기에 대안이 될 링커를 설치하고 해당 설정 파일을 프로젝트에 추가해야 한다.

```
# .cargo/config.toml

# On Windows
# ```
# cargo install -f cargo-binutils
# rustup component add llvm-tools-preview
# ```
[target.x86_64-pc-windows-msvc]
rustflags = ["-C", "link-arg=-fuse-ld=lld"]

[target.x86_64-pc-windows-gnu]
rustflags = ["-C", "link-arg=-fuse-ld=lld"]

# On Linux:
# - Ubuntu, `sudo apt-get install lld clang`
# - Arch, `sudo pacman -S lld clang`
[target.x86_64-unknown-linux-gnu]
rustflags = ["-C", "linker=clang", "-C", "link-arg=-fuse-ld=lld"]

# On MacOS, `brew install michaeleisel/zld/zld`
[target.x86_64-apple-darwin]
rustflags = ["-C", "link-arg=-fuse-ld=/usr/local/bin/zld"]

[target.aarch64-apple-darwin]
rustflags = ["-C", "link-arg=-fuse-ld=/usr/local/bin/zld"]
```

---

18 https://ko.wikipedia.org/wiki/링커_(컴퓨팅)

러스트 컴파일러에서는 가능한 lld를 기본 링커로 사용하도록 하는 작업이 진행되고 있다.[19] 더 높은 컴파일 성능을 달성하게 된다면 이 사용자 지정 구성은 필요하지 않게 될 것이다.[20]

1.4.2 cargo-watch

인지된 컴파일 시간, 즉 `cargo check`나 `cargo run`이 완료되기까지 시간을 줄이면 생산성에 미치는 영향을 줄일 수 있다. 툴링이 도움이 된다. 우선 `cargo-watch`[21]를 설치한다.

```
cargo install cargo-watch
```

`cargo-watch`는 소스 코드를 모니터링하면서 파일이 변경될 때마다 명령을 트리거한다.

예를 들어 다음 명령은 코드가 변경될 때마다 `cargo check`를 수행한다.

```
cargo watch -x check
```

이는 인지된 컴파일 시간을 줄여준다.

- 사용하던 IDE에서 변경한 코드를 다시 읽는다.
- `cargo-watch`는 그동안 컴파일 프로세서를 다시 시작한다.
- 터미널로 전환하면 컴파일러는 이미 절반 정도 완료되어 있다.

`cargo-watch`는 **명령어 체이닝**command chaining도 지원한다.

```
cargo watch -x check -x test -x run
```

가장 먼저 `cargo check`를 실행해 체크가 성공하면 `cargo test`로 테스트하고, 테스트가 성공하면 `cargo run`으로 애플리케이션을 실행한다. 그 자체로 내부 개발 루프다.

---

19 https://github.com/rust-lang/rust/issues/39915#issuecomment-618726211

20 -mold는 블록에 대한 가장 새로운 링커다. lld보다 빠르지만 그렇지 않을 수도 있다. 사용하기에는 다소 이른 느낌이기 때문에 기본 링커로 사용하지는 않겠지만 확인은 해보기 바란다. https://github.com/rui314/mold

21 https://github.com/watchexec/cargo-watch

1.5 지속적인 통합

툴체인 설치와 프로젝트 스켈레톤 생성, IDE 준비가 끝났다. 우리가 만들 것을 세부적으로 살펴보기 전에 마지막으로 **지속적인 통합**continuous integration, CI 파이프라인을 살펴보자.

트렁크 기반 개발에서는 메인 브랜치를 언제든지 배포할 수 있어야 한다. 모든 구성원은 메인에서 브랜치를 분기할 수 있으며, 작은 기능을 개발하거나 버그를 수정하고 메인 브랜치로 병합한 후 사용자에게 릴리스한다.

> 지속적인 통합은 팀의 모든 구성원이 변경한 내용을 하루에도 수차례씩 메인 브랜치에 병합할 수 있도록 해준다.

이는 강력한 파급 효과를 낳는다. 일부 항목은 발견하기 쉽다. 지속적인 통합은 오래된 브랜치들 때문에 일어나는 **병합 충돌**merge conflict을 줄이며, 피드백 루프를 강화한다. 선택한 접근 방식이 다른 팀의 지지를 받지 못하거나 프로젝트의 다른 부분과 잘 통합되지 않는다는 것을 아는 데 걸리는 시간을 줄인다. 또한 팀원과 협업하도록 하며 필요하다면 아무도 기분이 상하지 않게끔 경로를 수정한다.

어떻게 가능한 것일까? CI 파이프라인에서는 모든 커밋의 자동화된 체크를 수행한다. 체크가 하나라도 실패하면 메인으로 병합할 수 없다. 그야말로 단순하다. 코드가 올바른지 보장하기만 하는 건 아니다. 추가로 중요한 체크, 예를 들어 의존성 트리 탐색, 린팅, 포매팅 등을 수행하기에도 좋다.

이후 러스트 프로젝트에서는 CI 파이프라인의 일부로 도입할 만한 다양한 검사 및 이와 관련된 도구를 살펴보며, 몇몇 주요 CI 제공자가 서비스하는 즉시 사용할 수 있는 CI 파이프라인도 알아볼 것이다.

1.5.1 CI 단계

1 테스트

CI 파이프라인의 단계가 하나만 존재한다면 테스팅이어야 한다. 러스트 **에코시스템**ecosystem에서 테스트는 **일급 객체**first-class citizen로 취급되며, `cargo test`를 활용해 단위 테스트와 통합 테스트를 실행할 수 있다.

```
cargo test
```

cargo test는 프로젝트를 빌드한 후 테스트를 수행하기 때문에 cargo build를 별도로 실행하지 않아도 된다. 물론 대부분의 파이프라인에서는 cargo build를 실행한 뒤 캐시 디펜던시 테스트를 한다.

2 코드 커버리지

코드 커버리지code coverage 측정의 장단점에 관한 많은 글이 있다. 품질 지표로 코드 커버리지를 사용하는 것은 여러 문제점[22]이 있으나, 필자는 코드 정보[23]를 수집하고 코드베이스의 일부가 시간이 지남에 따라 잊혀졌을 때 테스트가 제대로 됐는지 확인하는 신속한 방법이라고 생각한다.

러스트 프로젝트의 코드 커버리지를 가장 쉽게 측정하는 방법 중 하나는 cargo tarpaulin을 사용하는 것이다. 카고의 하위 명령어이며, xd009642[24]가 개발했다. 다음 명령어로 tarpaulin[25]을 설치할 수 있다.

```
# 집필 시점을 기준으로 tarpaulin은 리눅스를 실행하는 x86_64 CPU 아키텍처만 지원한다.
cargo install cargo-tarpaulin
```

또한, 다음 명령어를 실행하면 테스트 함수를 제외한 애플리케이션 코드에 대해서만 코드 커버리지를 계산한다.

```
cargo tarpaulin --ignore-tests
```

tarpaulin을 사용해 Codecov,[26] Coveralls[27] 같은 잘 알려진 서비스에 코드 커버리지 표를 업로드할 수도 있다. 자세한 사용법은 tarpaulin의 README 문서[28]를 확인하기 바란다.

---

22 http://www.exampler.com/testing-com/writings/coverage.pdf
23 https://martinfowler.com/bliki/TestCoverage.html
24 https://github.com/xd009642
25 https://github.com/xd009642/tarpaulin
26 https://codecov.io/
27 https://coveralls.io/
28 https://github.com/xd009642/tarpaulin#travis-ci-and-coverage-sites

3 린팅

어떤 프로그래밍 언어든 자연스러운 코드를 작성할 때까지는 어느 정도의 시간이 걸린다. 단순한 접근 방식으로 해결할 수 있는 문제를 복잡한 방법으로 해결하다가 학습이 끝나버리는 경우도 많다.

이럴 때는 **정적 분석**static analysis의 도움을 받을 수 있다. 컴파일러가 여러분의 코드를 살펴보면서 언어의 규칙과 제약 사항을 만족하는지 확인하는 것과 마찬가지로, **린터**linter는 자연스럽지 않은 코드, 과도하게 복잡한 구조, 일반적인 실수, 비효율성 등을 찾아낸다.

러스트 팀에서는 공식 러스트 린터인 clippy[29]를 유지 보수하고 있다.[30] clippy는 rustup으로 설치한 컴포넌트 셋의 기본 프로파일에 포함되어 있다. 종종 CI 환경에서는 rustup의 최소 프로파일을 사용하는데, 여기에는 clippy가 포함되지 않는다. 다음 명령을 실행하면 쉽게 설치할 수 있다.

```
rustup component add clippy
```

이미 clippy가 설치되어 있다면 위 명령은 아무런 동작도 실행하지 않는다.

다음 명령어로 프로젝트에서 clippy를 실행할 수 있다.

```
cargo clippy
```

CI 파이프라인에서 clippy가 warning을 발생시키면 린터 체크를 실패하게 할 것이다. 다음 명령을 실행해서 설정할 수 있다.

```
cargo clippy -- -D warnings
```

정적 분석에도 오류는 존재한다. 때때로 clippy는 올바르거나 바람직하지 않은 것 같은 수정을 제안하기도 한다.

---

29 https://github.com/rust-lang/rust-clippy
30 맞다. clippy라는 이름은 유명한(또는 악명 높은) 종이 클립 모양을 한 마이크로소프트 워드 어시스턴트에서 따온 것이다.

`#[allow(clippy::lint_name)]` 속성을 사용해서 대상 코드 블록에서 warning에 대한 체크를 비활성화할 수 있다. 아니면 `clippy.toml`을 설정하거나 프로젝트 레벨에서 `#![allow(clippy:: lint_name)]` 지시자를 사용해 시끄러운 린트 메시지를 모두 비활성화할 수도 있다.

사용할 수 있는 린트와 특정한 목적을 위해 이들을 조정하는 방법에 관해서는 **clippy**의 README 파일[31]을 참조한다.

❹ 포매팅

대부분의 기업은 메인 브랜치 앞에 하나 이상의 수비 라인을 갖고 있다. 하나는 CI 파이프라인 체크, 다른 하나는 풀 리퀘스트 리뷰.

다양한 PR 리뷰 중에서 가치 있는 PR 리뷰를 구분해내는 것과 관련한 많은 이야기가 있지만, 그 논의를 여기에서 하지는 않을 것이다. 좋은 PR 리뷰는 **포매팅**formatting에 관한 트집을 잡지 않아야 만 한다는 것은 확실하다. 다시 말해, '여기에 새로운 행을 추가할 수 있습니까?', '이 줄 끝에는 스페이스가 이어진 것으로 보입니다' 같은 말 따위는 집어치우자.

포매팅은 기계가 처리하게 하자. 리뷰어들은 아키텍처, 테스팅의 완전함, 신뢰성, 관측 가능성에 집중해야 한다. 자동화된 포매팅은 RP 리뷰 프로세스의 복잡한 방정식으로 인해 주의를 빼앗기지 않게 한다. 이런저런 포매팅 선택이 마음에 들지 않을 수도 있지만, 얻을 수 있는 이점에 비하면 그런 불편함은 감수할 만하다.

`rustfmt`[32]는 공식 러스트 포매터다. `clippy`와 마찬가지로 `rustfmt`는 `rustup`으로 설치되는 기본 컴포넌트 셋에 포함된다. 다음 명령어로도 쉽게 설치할 수 있다.

```
rustup component add rustfmt
```

다음 명령어를 실행하면 프로젝트 전체의 형태를 다듬을 수 있다.

```
cargo fmt
```

---

31 https://github.com/rust-lang/rust-clippy#configuration
32 https://github.com/rust-lang/rustfmt

CI 파이프라인에 다음 포매팅 단계를 추가할 것이다.

```
cargo fmt -- --check
```

커밋 안에 포매팅되지 않은 코드가 포함되어 있으면 실패하고, 그 차이를 콘솔에 출력한다.[33]

환경 파일인 `rustfmt.toml`을 수정해서 프로젝트에 맞춰 `rustfmt`를 설정할 수 있다. 자세한 내용은 `rustfmt`의 README 파일[34]을 확인하자.

5 보안 취약점

`cargo`를 사용하면 에코시스템의 기존 크레이트들을 활용해 문제를 매우 쉽게 해결할 수 있다. 반면, 각각의 크레이트는 착취당할 수 있는 취약성이 잠재되어 있을 수 있으며, 여러분의 소프트웨어의 보안 태세를 무너뜨릴 수 있다.

러스트 시큐어 코드 워킹 그룹Secure Code working group[35]은 이와 관련된 자문 데이터베이스[36]를 갖고 있다. 이 데이터베이스는 https://crates.io에 배포된 크레이트들의 최신 취약점을 모은 것이다.

또한, `cargo-audit` 명령어를 제공한다.[37] 이 명령 역시 `cargo`의 하위 명령어이며 여러분의 프로젝트의 의존성 트리에 존재하는 모든 크레이트와 관련해 보고된 취약점을 확인한다. 다음 명령어로 `cargo-audiot`을 설치할 수 있다.

```
cargo install cargo-audit
```

설치가 완료되면, 다음 명령어를 실행해서 의존성 트리를 스캔한다.

---

33 포매팅 이슈로 CI 파이프라인이 실패한다는 것은 다소 짜증스러울 수 있다. 대부분의 IDE는 '저장 시 포매팅(format on save)' 기능을 제공하며, 이를 사용하면 프로세스를 완화할 수 있다. 아니면 `git`의 pre-push 훅(https://git-scm.com/book/en/v2/Customizing-Git-Git-Hooks)을 사용하는 것도 좋다.

34 https://github.com/rust-lang/rustfmt#configuring-rustfmt

35 https://github.com/RustSec

36 https://github.com/RustSec/advisory-db

37 Embark Studios(https://www.embark.dev/)에서 개발한 `cargo-deny`(https://github.com/EmbarkStudios/cargo-deny)는 디펜던시 트리에 대한 취약성 스캔을 지원하는 또 다른 `cargo` 하위 명령어다. 의존성에 대해 수행할 수 있는 추가적인 체크들도 제공한다. 유지 보수되지 않은 크레이트들을 식별하고, 허가된 소프트웨어 라이선스만 사용할 수 있도록 규칙을 정의하고, lock 파일 안에 동일한 크레이트의 여러 버전을 사용한 것을 식별한다(컴파일 사이클을 낭비하게 된다). 환경 설정을 하는 데 다소간의 노력이 필요하지만, CI 툴박스에 추가하기에 좋은 강력한 도구다.

```
cargo audit
```

`cargo-audit`은 CI 파이프라인의 일부로 모든 커밋에 대해 실행한다.

일daily 단위로 수행함으로써 작업할 때는 확인하지 못했지만, 프로덕션 환경에서 실행할 때 발생하는 새로운 취약점도 분석한다.

1.5.2 즉시 사용할 수 있는 CI 파이프라인들

> 물고기를 주어라. 그는 하루 동안 살 것이다.
> 물고기를 잡는 방법을 알려주어라. 그는 평생 살 것이다.

필자가 여러분들에게 곧바로 러스트 프로젝트에 사용할 수 있는 강건한 **CI 파이프라인**CI pipeline을 만드는 방법을 충분히 설명했기를 바란다. 또한 CI 공급자가 사용하는 구성 언어의 특정 형식을 사용하는 방법을 배우는 데 많은 시간이 걸릴 수 있으며, 디버깅 경험은 긴 피드백 주기와 함께 상당히 고통스러울 수 있다는 것을 솔직히 인정해야 한다. 그래서 가장 유명한 CI 제공자들이 제공하는, 곧바로 사용할 수 있는 환경 구성 파일들을 모으기로 결정했다. 앞에서 설명한 정확한 단계를 프로젝트 저장소에 포함시킬 수 있다.

- 깃허브 액션[38]
- CircleCI[39]
- 깃랩 CI[40]
- Travis[41]

이미 존재하는 설정을 수정하는 편이 아무것도 없는 상태에서 설정을 만드는 것보다 훨씬 쉬울 때가 많다.

---

38 https://gist.github.com/LukeMathWalker/5ae1107432ce283310c3e601fac915f3

39 https://gist.github.com/LukeMathWalker/6153b07c4528ca1db416f24b09038fca

40 https://gist.github.com/LukeMathWalker/d98fa8d0fc5394b347adf734ef0e85ec

41 https://gist.github.com/LukeMathWalker/41c57a57a61c75cc8a9d137a8d41ec10

## CHAPTER 2

이메일 뉴스레터 만들기

2.1 구현 예시

'이 책에 대하여'에서 다음과 같이 말했다.

> 《제로부터 시작하는 러스트 백엔드 프로그래밍》은 서로 다른 수준의 경험과 숙련도를 갖춘 네다섯 명의 엔지니어팀이 클라우드 네이티브 애플리케이션을 작성하는 데 초점을 맞출 것이다.

어떻게 그렇게 하냐고? 실제로 애플리케이션을 하나 만들어보자.

2.1.1 문제 기반 학습

여러분이 해결하고자 하는 문제를 하나 선택하자. 그 문제를 활용해 새로운 개념과 기법을 도입하자.

이것은 익숙한 계층을 뒤집는다. 여러분이 학습에 사용하는 자료는 다른 누군가가 이미 그렇게 한 것이기 때문에 여러분과 관계가 없다. 다만 이는 여러분의 해결책과 가까워질수록 유용하다. 여러분은 새로운 기술 그리고 그 기술이 해결책을 얻는 데 필요한지 학습할 것이다.

악마는 디테일에 있다The devil is in the details. 문제 기반 학습 경로는 즐겁지만 여정의 각 단계가 얼마나 어려울지는 잘못 판단할 수도 있다. 우리를 이끌어줄 예시는 다음의 특성을 가져야 한다.

- 디테일을 간과하지 않으면서도 책 한 권 분량으로 완료할 수 있을 정도로 작아야 한다.
- 더 큰 시스템에서 사용하는 대부분의 핵심 주제를 다룰 수 있을 만큼 복잡해야 한다.
- 독자들의 관심을 끝까지 끌 수 있을 만큼 흥미로워야 한다.

이 책에서는 이메일 뉴스레터email newsletter를 예시로 선택했다. 다음 절에서 우리가 다루고자 하는 기능을 자세히 설명한다.[1]

2.2 뉴스레터의 기능에 관하여

수십 개의 기업이 이메일 주소 목록을 관리하는 개념과 그 개념을 중심으로 하는 서비스를 제공하고 있다.

이 서비스는 대부분 일련의 핵심적인 기능들(예 메일 전송하기)을 공유하지만, 그 자체는 구체적인 **유스 케이스**use case에 맞춰 수정되어 있다. UI, 마케팅 스핀spin 및 가격 정책은 서비스마다 매우 다르다. 수십만 개의 이메일 주소를 엄격한 보안과 컴플라이언스 요구 사항에 따라 관리하는 대기업을 대상으로 하는 제품과 블로그/소규모 온라인 스토어를 운영하는 인디 콘텐츠 크리에이터들에게 SaaS로 제공하는 제품은 서로 다르다.

MailChimp나 ConvertKit의 다음 버전을 만들려는 것이 아니다. 그렇게 한다 해도 범위가 너무 넓어서 책 한 권으로는 다룰 수 없다. 게다가 많은 기능에 동일한 개념과 기법을 계속해서 적용해야 한다. 결국 책을 읽기 귀찮아질 것이다.

여러분이 자신의 블로그에 이메일 구독 페이지를 기꺼이 붙이고자 한다면, 여러분이 한 걸음 나아갈 수 있도록 해주는 이메일 뉴스레터 서비스를 만들 것이다.[2]

---

1 필자가 마지막 장을 필자의 집에서 사용하는 뉴스레터 애플리케이션으로 마무리할지 누가 알았겠는가? 책을 마치기에 정말 좋은 대상이라고 생각한다.

2 실수하지 말자. SaaS 제품을 구입하는 경우, 여러분이 비용을 지불하는 대상은 소프트웨어 자체가 아닌 경우가 많다. 해당 서비스를 24/7 운용하는 엔지니어링 팀이 존재한다는 사실에서 오는 마음의 평화, 서비스 제공자들이 제공하는 법률 및 컴플라이언스 전문성, 보안팀에 비용을 지불하는 것이다. 우리(개발자)들은 시간이 지남에 따라 그로 인해 절약되는 시간(과 두통)을 자주 간과한다.

앞에서 설명한 내용은 다소 해석의 여지가 있다. 여기에서는 **사용자 스토리**user story를 사용해서 서비스의 기능을 정의한다. 사용자 스토리의 형식은 매우 간단하다.

> ...로서(As a) ...,
> 나는 ...하기 원한다(I want to ...),
> 그래야 ...한다(So that ...).

사용자 스토리는 누구를 위해서 만드는지(...로서), 우리가 수행하고자 하는 행동이 무엇인지(나는 ...하기 원한다), 그 행동의 동기가 무엇인지(그래서 ...한다)를 나타낸다.

다음 두 개의 사용자 스토리를 완성할 것이다.

- 블로그 방문자로서, 뉴스레터를 구독하기를 원한다. 그래야 새로운 콘텐츠가 블로그에 게시되었을 때 이메일로 알림을 받을 수 있다.
- 블로그 저자로서, 나는 모든 구독자에게 이메일을 보내기를 원한다. 그래야 새로운 콘텐츠를 블로그에 게시했을 때 구독자들에게 알릴 수 있다.

다음 기능은 추가하지 않는다.

- 구독 취소
- 여러 뉴스레터 관리
- 여러 구독자가 포함된 구독자 세그먼트
- 이메일 열람 및 클릭률

앞에서도 이야기했지만, 정말 기본적인 기능만 구현한다. 구독 취소 기능을 구현하지 않은 상태에서 공개적으로 사용자들에게 릴리스해서는 안 된다. 그럼에도 이 두 가지 사용자 스토리를 구현하는 과정에서 스킬을 갈고 닦을 수 있는 기회를 얻을 수 있다.

2.3 반복적으로 작업하기

사용자 스토리 중 하나를 자세히 살펴보자.

> 블로그 방문자로서,
> 뉴스레터를 구독하기를 원한다.
> 그래야 새로운 콘텐츠가 블로그에 게시되었을 때 이메일로 알림을 받을 수 있다.

실질적으로 이 사용자 스토리는 무엇을 의미하는가? 무엇을 만들어야 하는가? 문제를 자세히 들여다보는 순간 수많은 질문이 생겨난다. 호출자가 실제로 블로그 저자임을 어떻게 보증할 것인가? 인증 메커니즘을 도입해야 하는가? HTML 형식의 이메일을 지원할 것인가, 아니면 단순한 텍스트 형식의 이메일을 지원할 것인가? 이모지emoji는 어떻게 처리하는가?

구독/인증 기능이 빠진 매우 정제된 이메일 전송 시스템을 구현하는 것만으로도 몇 개월을 소요할 수 있다. 이메일은 누구보다 잘 보낼 수 있지만, 그 누구도 우리가 제공하는 이메일 뉴스레터 서비스를 사용하지 않을 것이다. 이것은 우리의 여정을 완전히 커버하지 않는다.

스토리 하나를 너무 깊게 파는 대신, 첫 번째 릴리스에서 스토리의 모든 요구 사항을 어느 정도 충분히 만족하는 기능을 만들 것이다. 그 후 다시 돌아와서 개선한다. 이메일 전달 시의 **결함 감내**(내결함성)fault-tolerant과 재전송 기능을 추가하고, 뉴스 구독에 관한 확인 메일을 보내는 등의 기능을 추가한다.

반복적으로 일한다(**이터레이션**iteration으로 일한다). 각 이터레이션은 고정된 시간이며 각 이터레이션이 지날 때마다 조금씩 더 나은 버전의 제품을 만들고, 이는 사용자들의 경험을 개선한다.

엔지니어링 품질이 아닌 제품 기능에 대해 반복한다는 점을 미리 말해둔다. 각 이터레이션에서는 작더라도 완벽하게 동작하는 기능을 제공하며, 작성되는 코드에 대해서는 테스트를 수행하고 적절하게 문서화한다. 코드는 이터레이션이 끝날 때마다 프로덕션에 배포되므로, 프로덕션 수준의 품질을 갖추어야 한다.

2.3.1 준비 완료

전략은 명확하다. 이제 작업을 시작할 수 있다. 다음 장에서는 구독 기능에 집중한다. 땅을 박차고 올라오기 위해서는 초반에 많은 무게를 들어올려야 한다. 웹 프레임워크를 선택하고, 데이터베이스 마이그레이션을 관리할 인프라스트럭처를 설정하고, 애플리케이션의 스켈레톤을 만들고, 동시에 통합 테스팅을 위한 설정을 수행해야 한다. 앞으로 컴파일러와 함께 페어 프로그래밍을 하는 데 더 많은 시간을 쓰게 될 것이다.

2.4 진척 확인하기

마지막으로 세세한 사항을 살펴보자(세세하지만 중요하다). 이 책에서는 깃허브 저장소[3]를 공개하고 있다. 이 깃허브 저장소에서는 우리가 개발하는 뉴스레터 API 프로젝트의 모든 코드를 제공하고 있다. 또한 중간 스냅숏들도 제공하므로, 각 장이나 핵심적인 절의 구현을 마친 뒤의 프로젝트 모습을 확인할 수 있다.

진행 도중 어려움이 있으면 여러분의 코드와 저장소의 코드를 비교해보자.

---

3   https://github.com/LukeMathWalker/zero-to-production

3
CHAPTER

신규 구독자로 등록하기

앞 장에서는 하나의 요구 사항 셋을 자세히 살펴보면서 우리가 무엇을 만들 것인지(이메일 뉴스레터다) 정의했다. 이제 소매를 걷어붙이고 작업을 시작하자.

이번 장에서는 다음 사용자 스토리를 구현하기 위한 첫 번째 시도를 할 것이다.

> 블로그 방문자로서,
> 뉴스레터를 구독하기를 원한다.
> 그래야 새로운 콘텐츠가 블로그에 게시되었을 때 이메일로 알림을 받을 수 있다.

블로그 방문자들은 웹 페이지에 포함된 폼에 그들의 이메일 주소를 입력할 것이다. 입력폼은 백엔드 서버의 API 호출을 트리거하고, 서버는 실제 정보를 처리하고 저장한 뒤, 응답으로 그 결과를 보낸다. 이번 장에서는 이 백엔드 서버에 집중해, /subscriptions POST 엔드포인트를 구현한다.

3.1 전략

아무것도 없는 상태에서 새로운 프로젝트를 시작한다. 이 단계에서는 다음과 같은 사항을 사전에 고려해야 한다.

- 웹 프레임워크를 선택하고, 해당 프레임워크에 친숙해진다.
- 테스팅 전략을 정의한다.
- 데이터베이스와 상호작용할 크레이트를 선택한다(이메일들을 어딘가에 저장해야만 한다).
- 시간의 흐름에 따라 데이터베이스의 변경을 관리하는 방법을 결정한다(a.k.a 마이그레이션).
- 실제로 몇몇 쿼리를 작성한다.

고려할 것이 매우 많으므로, 무작정 뛰어들기에는 부담스러울 수 있다. 이 여정에 더 쉽게 접근할 수 있도록 디딤돌을 만드는 것부터 시작하자. /subscriptions를 처리하기 전에, /health_check 엔드포인트를 만든다. 비즈니스 로직은 없지만 웹 프레임워크에 친숙해질 수 있고 프레임워크가 동작하는 부분을 이해하기에 충분할 것이다.

지속적인 통합 파이프라인을 사용해 프로세스 전체를 확인하며 진행할 것이다. 아직 설정하지 않았다면 1장으로 돌아가서 사용할 수 있는 템플릿 중 하나를 선택하자.

3.2 웹 프레임워크 선택하기

러스트 API를 작성할 때 어떤 웹 프레임워크를 사용해야 하는가? 러스트 에코시스템에서는 actix-web, axum, poem, tide, rocket 등 많은 옵션을 선택할 수 있다. 이 책에서는 actix-web을 사용한다. actix-web은 가장 오래된 러스트 프레임워크다. 수많은 프로덕션에서 사용되었으며, 거대한 커뮤니티와 플러그인 에코시스템도 구축되어 있다. 또 tokio 위에서 실행되므로 서로 다른 비동기 런타임 사이에서의 미호환성 문제나 상호 운용 문제가 발생할 가능성을 최소화할 수 있다. 따라서 이 책에서는 actix-web을 선택했다.

이 책의 읽으면서 몇 개의 웹페이지를 함께 수시로 확인하기 바란다.

- actix-web의 웹사이트: https://actix.rs/
- actix-web의 공식 문서: https://docs.rs/actix-web/4.0.1/actix_web/index.html
- actix-web의 예제 모음: https://github.com/actix/examples

3.3 첫 번째 엔드포인트: 기본 헬스 체크

헬스 체크 엔드포인트를 만들면서 시작하자. /heath_check에 대한 GET 요청을 받으면, 바디가 없는 200 OK 응답을 반환한다.

/heath_check를 사용하면 애플리케이션이 살아서 동작하고 있으며 유입되는 요청을 받을 수 있는 상태임을 검증할 수 있다. https://www.pingdom.com과 같은 SaaS 서비스와 이를 조합하면 여러분의 API가 응답하지 않을 때 경고[1]를 받을 수 있다. 다른 한쪽에서 실행하는 이메일 뉴스레터를 위한 훌륭한 베이스라인이 될 것이다.

여러분이 애플리케이션을 **컨테이너 오케스트레이터**container orchestration(예 쿠버네티스Kubernetes[2] 또는 노마드Nomad[3])를 사용한다면 헬스 체크 엔드포인트는 매우 간단하게 만들 수 있다. 오케스트레이터는 /health_check를 호출해서 API가 응답하지 않으면 서비스를 재시작한다.

3.3.1 actix-web 실행하기

가장 먼저 actix-web을 사용해서 Hello World!를 작성한다.

```
use actix_web::{web, App, HttpRequest, HttpServer, Responder};

async fn greet(req: HttpRequest) -> impl Responder {
    let name = req.match_info().get("name").unwrap_or("World");
    format!("Hello {}!", &name)
}

#[tokio::main]
async fn main() -> std::io::Result<()> {
    HttpServer::new(|| {
        App::new()
            .route("/", web::get().to(greet))
            .route("/{name}", web::get().to(greet))
    })
    .bind("127.0.0.1:8000")?
    .run()
    .await
}
```

---

1 https://www.pingdom.com/product/alerting/#
2 https://kubernetes.io/docs/tasks/configure-pod-container/configure-liveness-readiness-startup-probes/#define-a-livenesscommand
3 https://www.nomadproject.io/docs/job-specification/service#service-parameters

앞 내용을 `main.rs` 파일에 붙여 넣자.

곧바로 `cargo check`가 실행된다.[4]

```
error[E0432]: unresolved import `actix_web`
--> src/main.rs:1:5
  |
1 | use actix_web::{web, App, HttpRequest, HttpServer, Responder};
  |     ^^^^^^^^^ use of undeclared type or module `actix_web`

error[E0433]: failed to resolve:
    use of undeclared type or module `tokio`
  --> src/main.rs:8:3
  |
8 | #[tokio::main]
  |   ^^^^^^^^ use of undeclared type or module `tokio`

error: aborting due to 2 previous errors
```

actix-web과 tokio를 디펜던시 리스트에 추가하지 않았으므로 컴파일러는 임포트한 내용을 해결하지 못한다. `Cargo.toml`의 `[dependencies]`에 다음을 추가한다.

```
#! Cargo.toml
# [...]

[dependencies]
actix-web="4"
tokio={version="1",features=["macros","rt-multi-thread"]}
```

또는 `cargo add`를 사용해서 프로젝트의 의존성으로 두 크레이트의 최신 버전을 추가할 수 있다.

```
cargo add actix-web@4
cargo add tokio@1 --featuresmacros,rt-multi-thread
```

`cargo check`를 다시 실행하면 오류가 사라진다.

---

4   개발 과정에서 실행 가능한 바이너리를 만드는 데 항상 관심을 두지는 않는다. 코드 컴파일 유무에 더 신경을 쓴다. `cargo check`
는 정확히 이 목적을 위해 개발되었다. `cargo check`는 `cargo build`를 실행했을 때와 동일한 체크를 실행하지만, 기계 코드 생성
과 관련된 수행은 하지 않는다. 따라서 더욱 빠르며 보다 짧은 피드백 루프를 얻을 수 있다.

이제 cargo run 명령으로 애플리케이션을 수행하고, 수동으로 테스트할 수 있다.

```
curl http://127.0.0.1:8000

Hello World!
```

좋다. 서비스가 동작한다.

Ctrl + C 키를 누르면 웹서버를 안전하게 종료할 수 있다.

3.3.2 actix-web 애플리케이션 구조

main.rs 파일에 복사해서 붙여 넣은 내용을 자세히 살펴보자.

```
//! src/main.rs
// [...]

#[tokio::main]
async fn main() -> std::io::Result<()> {
    HttpServer::new(|| {
        App::new()
            .route("/", web::get().to(greet))
            .route("/{name}", web::get().to(greet))
    })
    .bind("127.0.0.1:8000")?
    .run()
    .await
}
```

❶ 서버: HttpServer

HttpServer[5]는 애플리케이션을 지지하는 스켈레톤이며, 다음을 관리한다.

- 애플리케이션이 유입되는 요청을 어디서 받아야 하는가? TCP 소켓인가(예 127.0.0.1:8000)? 유닉스 도메인 소켓인가?

- 허가할 수 있는 동시 연결의 최대수는 얼마인가? 단위 시간당 얼마나 많은 신규 커넥션을 유지하는가?

---

5   https://docs.rs/actix-web/4.0.1/actix_web/struct.HttpServer.html

- 전송 계층 보안을 활성화해야 하는가?
- 기타

HttpServer는 다시 말해 모든 전송 계층의 고려 사항을 처리한다. 다음으로 어떤 일이 벌어지는가? HttpServer는 API 클라이언트와 새로운 커넥션을 수립하고, 그들의 요청을 처리하기 시작해야 할 때 무엇을 하는가? 이제 App이 등장할 차례다.

❷ 애플리케이션: App

App[6]은 여러분의 애플리케이션 로직(라우팅, 미들웨어, 요청 핸들러 등)이 동작하는 곳이다. App은 유입 요청을 입력으로 받아 응답을 출력하는 컴포넌트다. **코드 스니펫**code snippet을 자세히 살펴보자.

```
App::new()
    .route("/", web::get().to(greet))
    .route("/{name}", web::get().to(greet))
```

App은 **빌더 패턴**builder pattern의 실질적인 예시다. new()에는 익숙한 API를 사용해서 한 번에 한 단계씩 새로운 행동을 추가할 수 있다(**예** 메서드 호출을 순차적으로 이어서 실행할 수 있다). App의 API와 관련된 내용은 필요할 때마다 설명하겠다. 책을 다 읽어갈 즈음에는 대부분 API를 적어도 한 번은 다루게 될 것이다.

❸ 엔드포인트: Route

App에 새로운 엔드포인트를 추가할 때는 어떻게 해야 하는가? 아마 이를 해결하기 위한 가장 간단한 방법은 route[7] 메서드일 것이다. 이 방법은 이미 Hello World!에서 사용했다.

route는 두 개의 파라미터를 받는다.

- path: 문자열이며 동적 경로 세그먼트를 수용하기 위해 템플릿화(**예** "/{name})되어 있다.
- route: Route 구조체의 인스턴스다.

Route[8]는 하나의 **핸들러**handler와 일련의 **가드**guard들을 조합한 것이다.

---

6 https://docs.rs/actix-web/4.0.1/actix_web/struct.App.html
7 https://docs.rs/actix-web/4.0.1/actix_web/struct.App.html#method.route
8 https://docs.rs/actix-web/4.0.1/actix_web/struct.Route.html

가드는 핸들러에 전달되기 위해 만족할 수 있고 요청이 일치하는 조건을 지정한다. 구현 관점에서 봤을 때, 가드는 Guard 트레이트[9]의 구현자implementor다. 마법은 Guard::check에서 일어난다.

스니펫에 다음 구문이 포함되어 있다.

```
.route("/", web::get().to(greet))
```

"/"는 베이스 경로(http://localhost:8000)에 아무런 세그먼트를 갖지 않는 모든 요청과 일치한다. web::get()은 Route::new().guard(guard::Get())를 간략하게 표현한 것이다. 즉, 요청의 HTTP 메서드가 GET일 때만 핸들러에 전달되어야 한다.

새로운 요청이 유입되었을 때 어떤 일이 발생하는지 상상할 수 있다. App은 등록된 모든 엔드포인트를 반복하면서 일치하는 요청을 찾으면(경로 템플릿과 가드를 모두 만족) 해당 요청 객체를 핸들러에 전달한다. 100% 정확하지는 않지만, 현재 시점에서는 적절한 멘탈 모델일 것이다.

그렇다면 핸들러는 어떤 일을 하는가? 핸들러의 함수 시그니처는 무엇인가? 지금 시점에서는 greet이라는 하나의 예시만 사용한다.

```
async fn greet(req: HttpRequest) -> impl Responder {
    [...]
}
```

greet은 비동기 함수이며 HttpRequest를 입력으로 받아 Responder 트레이트[10]를 구현한 무언가를 반환한다.[11] 타입type은 HttpResponse로 변환할 수 있을 때만 Responder 트레이트를 구현한다 - 일반적인 다양한 타입들이 미리 구현되어 있다(예 문자열string, 상태 코드status code, 바이트byte, HttpResponse 등). 필요한 경우에는 직접 구현할 수도 있다.

---

9   https://docs.rs/actix-web/4.0.1/actix_web/guard/trait.Guard.html
10 https://docs.rs/actix-web/4.0.1/actix_web/trait.Responder.html
11 impl Responder는 Rust 1.26에서 도입된 impl Trait 구문을 사용한다. 상세한 내용은 러스트의 2018년도 가이드를 참조한다.
    https://doc.rust-lang.org/edition-guide/rust-2018/trait-system/impl-trait-for-returning-complex-types-with-ease.html

모든 핸들러가 greet과 동일한 함수 시그니처를 가져야 하는가? 그렇지 않다. 금지된 트레이트 흑 마법을 전달하는 actix-web에서는 넓은 범위의 다양한 함수 시그니처를 핸들러에 사용할 수 있다. 특히 입력 파라미터는 다양하게 사용할 수 있다. 이에 관해서는 곧 살펴볼 것이다.

❹ 런타임: tokio

HttpServer에서 Route까지 살펴봤다. main 함수 전체를 다시 한번 살펴보자.

```
//! src/main.rs
// [...]

#[tokio::main]
async fn main() -> std::io::Result<()> {
    HttpServer::new(|| {
        App::new()
            .route("/", web::get().to(greet))
            .route("/{name}", web::get().to(greet))
    })
    .bind("127.0.0.1:8000")?
    .run()
    .await
}
```

#[tokio::main]은 무엇을 하는가? 해당 행을 삭제해보면 그 역할을 확인할 수 있다. cargo check 는 다음과 같은 오류를 표시한다.

```
error[E0277]: `main` has invalid return type `impl std::future::Future`
 --> src/main.rs:8:20
  |
8 | async fn main() -> std::io::Result<()> {
  |                    ^^^^^^^^^^^^^^^^^^^^
  | `main` can only return types that implement `std::process::Termination`
  |
  = help: consider using `()`, or a `Result`

error[E0752]: `main` function is not allowed to be `async`
 --> src/main.rs:8:1
  |
8 | async fn main() -> std::io::Result<()> {
  | ^^^^^^^^^^^^^^^^^^^^^^^^^^^^^^^^^^^^^^^^
  | `main` function is not allowed to be `async`

error: aborting due to 2 previous errors
```

main은 비동기여야 한다. 왜냐하면 HttpServer::run은 비동기 메서드이기 때문이다. 그러나 바이너리의 엔트리 포인트인 main은 비동기 함수가 될 수 없다. 왜 그럴까?

러스트에서의 비동기 프로그래밍은 Future 트레이트[12] 위에 만들어져 있다. **퓨처**future란 아직 설정되지 않은 값을 의미한다. 모든 퓨처는 하나의 poll 메서드[13]를 노출하며, 이를 호출하면 퓨처가 진행되어 결과적으로 최종값을 갖게 된다. 러스트의 퓨처는 게으르다lazy고 생각해도 좋다. poll이 되어야만 완전하게 실행될 수 있다. 이는 다른 모델에서 도입된 **푸시 모델**push model과 비교해서 **풀 모델**pull model이라 불린다.[14]

설계상 러스트의 표준 라이브러리는 비동기적인 런타임을 포함하지 않는다. 비동기적 런타임을 의존성에 추가해야 한다면, Cargo.toml의 [dependencies] 아래에 하나 이상의 크레이트를 추가해야 한다. 여러분의 유스 케이스의 특정한 요구 사항에 최적화된 런타임을 직접 구현할 수도 있다(Fuchsia 프로젝트[15] 또는 bastion[16]의 actor 프레임워크를 참조하자).

그러므로 main은 비동기 함수가 될 수 없다. main 함수에서 poll은 누가 호출하는가? 러스트 컴파일러에게 여러분이 입력한 의존성 중 하나가 비동기 런타임이라고 알려주는 구문(allocator[17]에 하듯이)은 존재하지 않는다. 공평하게 런타임이 무엇인지에 관한 표준화된 정의도 존재하지 않는다(Executor 트레이트). 따라서 main 함수 위에서 비동기 런타임을 실행하고, 이를 사용해 퓨처가 완료되도록 해야 한다. 이제 #[tokio::main]의 목적을 추측할 수 있다. 하지만 추측만으로는 충분하지 않다. 눈으로 직접 보기를 원한다.

▶ **어떻게 하면 볼 수 있는가?**

tokio::main은 **절차적 매크로**procedural macro이므로 cargo expand[18]를 도입하기에 좋은 기회다. cargo expand는 러스트 개발에 없어서는 안 되는 꼭 필요한 도구다.

```
cargo install cargo-expand
```

---

12 https://doc.rust-lang.org/beta/std/future/trait.Future.html
13 https://doc.rust-lang.org/beta/std/future/trait.Future.html#the-poll-method
14 자세한 정보는 **async/await**의 릴리스 노트(https://blog.rust-lang.org/2019/11/07/Async-await-stable.html#zero-cost-futures)를 확인하기 바란다. 러스트 LATAM 2019에서 withoutboats(https://github.com/withoutboats)가 해당 주제에 관해 발표한 것(https://www.youtube.com/watch?v=skos4B5x7qE)도 참조할 수 있다.
15 http://smallcultfollowing.com/babysteps/blog/2019/12/09/async-interview-2-cramertj/#async-interview-2-cramertj
16 https://github.com/bastion-rs/bastion
17 https://doc.rust-lang.org/1.9.0/book/custom-allocators.html
18 https://github.com/dtolnay/cargo-expand

러스트 매크로들은 토큰 레벨에서 동작한다. 이들은 심벌 스트림을 받아(즉, 예시의 경우 `main` 함수 전체) 새로운 심벌 스트림을 출력하고, 이를 컴파일러에 전달한다. 다시 말해, 러스트 매크로들의 주요 목적은 **코드 생성**code generation이다. 특정한 매크로를 통해 일어나는 일을 디버깅하거나 검사하려면 어떻게 해야 하는가? 매크로가 출력하는 토큰을 조사하면 된다.

여기에서 `cargo expand`가 빛을 발한다. `cargo expand`는 출력 결과를 컴파일러에 전달하지 않은 상태에서 코드 안의 모든 매크로를 펼친다expand. 매크로를 탐색하면서 어떤 일이 발생하는지 확인할 수 있다.

`cargo expand`를 사용해서 `#[tokio::main]`을 이해해보자.

```
cargo expand
```

안타깝게도 실패한다.

```
error: the option `Z` is only accepted on the nightly compiler
error: could not compile `zero2prod`
```

`stable` 컴파일러를 사용해서 코드를 빌드하고 테스트하고 실행한다. 대신 cargo-expand는 `nightly` 컴파일러를 사용해서 매크로를 확장한다.

다음 명령어를 사용하면 `nightly` 컴파일러를 설치할 수 있다.

```
rustup toolchain install nightly --allow-downgrade
```

rustup을 통해 설치되는 번들의 컴포넌트 일부는 `nightly` 릴리스에서는 망가지거나 누락되어 있을 수도 있다. `--allow-downgrade`를 사용하면 rustup은 필요한 컴포넌트들을 모두 사용할 수 있는 가장 최신 nightly 빌드를 찾아서 설치한다.

`rustup default` 명령어를 사용하면 cargo가 사용하는 기본 툴체인과 rustup이 관리하는 다른 도구들을 변경할 수 있다. 여기에서는 `nightly`로 변경하지 않을 것이므로, cargo-expand만 사용하면 된다.

`cargo`를 사용하면 커맨드 기반으로 툴체인을 지정할 수도 있다.

```
# 이 명령어 호출에만 nightly 툴체인을 사용한다.
cargo +nightly expand
```

```
/// [...]

fn main() -> std::io::Result<()> {

    let body = async move {
        HttpServer::new(|| {
            App::new()
                .route("/", web::get().to(greet))
                .route("/{name}", web::get().to(greet))
        })
        .bind("127.0.0.1:8000")?
        .run()
        .await
    };
    tokio::runtime::Builder::new_multi_thread()
        .enable_all()
        .build()
        .expect("Failed building the Runtime")
        .block_on(body)
}
```

이제 드디어 매크로로 확장 이후의 코드를 확인할 수 있다. #[tokio::main]이 확장된 후 러스트 컴 파일러에 전달되는 main 함수는 실제로 동기적이다. 그러므로 컴파일 시 아무런 이슈도 발생하지 않는다. 다음이 핵심 라인이다.

```
tokio::runtime::Builder:: new_multi_thread()
    .enable_all()
    .build()
    .expect("Failed building the Runtime")
    .block_on(body)
```

tokio의 비동기 런타임을 시작하고, 이를 사용해 HttpServer::run에 의해 반환된 퓨처를 완료한 다. 다시 말해, #[tokio::main]은 우리에게 비동기적인 main을 정의할 수 있다는 환상을 준다. 하 지만 실제로는 main의 비동기적인 바디를 받아서 필요한 보일러플레이트를 작성하고 tokio의 런 타임 위에서 실행하는 것이다.

3.3.3 헬스 체크 핸들러 구현하기

actix_web을 사용해서 구현한 Hello World! 예시에서 동작하는 모든 항목(HttpServer, App, route, tokio::main)에 관해 살펴봤다.

이제 헬스 체크를 우리가 원하는 대로 동작하도록 수정할 수 있는 충분한 지식을 갖췄다. /health_check로 GET 요청을 받으면 바디가 없는 200 OK 응답을 반환한다.

시작할 지점을 다시 확인해보자.

```rust
//! src/main.rs
use actix_web::{web, App, HttpRequest, HttpServer, Responder};

async fn greet(req: HttpRequest) -> impl Responder {
    let name = req.match_info().get("name").unwrap_or("World");
    format!("Hello {}!", &name)
}

#[tokio::main]
async fn main() -> std::io::Result<()> {
    HttpServer::new(|| {
        App::new()
            .route("/", web::get().to(greet))
            .route("/{name}", web::get().to(greet))
    })
    .bind("127.0.0.1:8000")?
    .run()
    .await
}
```

먼저 요청 핸들러가 필요하다. greet을 수정해서 다음 시그니처를 사용하도록 하자.

```rust
async fn health_check(req: HttpRequest) -> impl Responder {
    todo!()
}
```

Responder는 그저 **트레이트**trait를 HttpResponse로 바꾸는 것이라고 이미 설명했다. 그렇다면 Http Response 인스턴스를 직접 반환해도 동작해야 한다. 문서[19]에 따르면 HttpResponse::OK를 사용해

---

19 https://docs.rs/actix-web/4.0.1/actix_web/struct.HttpResponse.html

서 상태 코드 200인 HttpResponseBuilder[20]를 얻을 수 있다. HttpResponseBuilder는 풍부한 API를 제공하며 점진적으로 HttpResponse를 만들 수 있다. 그러나 지금은 아직 필요하지 않다. 빌더에게 finish[21]를 호출하면 바디가 비어 있는 HttpResponse를 얻을 수 있다. 설명한 내용을 모두 조합하면 다음과 같다.

```
async fn health_check(req: HttpRequest) -> impl Responder {
    HttpResponse::Ok().finish()
}
```

cargo check를 수행하면 우리가 만든 핸들러가 이상한 동작을 하지 않는 것을 확인할 수 있다. HttpResponseBuilder를 자세히 들여다보면, Responder를 구현한다는 것을 알 수 있다. 따라서 finish 호출을 생략하고 핸들러 코드를 다음과 같이 줄일 수 있다.

```
async fn health_check(req: HttpRequest) -> impl Responder {
    HttpResponse::Ok()
}
```

다음으로 핸들러를 등록한다. route를 경유해서 App에 등록한다.

```
App::new()
    .route("/health_check", web::get().to(health_check))
```

전체 코드는 다음과 같다.

```
//! src/main.rs

use actix_web::{web, App, HttpRequest, HttpResponse, HttpServer, Responder};

async fn health_check(req: HttpRequest) -> impl Responder {
    HttpResponse::Ok()
}

#[tokio::main]
async fn main() -> std::io::Result<()> {
```

---

20 https://docs.rs/actix-web/4.0.1/actix_web/struct.HttpResponseBuilder.html
21 https://docs.rs/actix-web/4.0.1/actix_web/struct.HttpResponseBuilder.html#method.finish

```
    HttpServer::new(|| {
        App::new()
            .route("/health_check", web::get().to(health_check))
    })
    .bind("127.0.0.1:8000")?
    .run()
    .await
}
```

`cargo check`는 원활하게 실행되지만 warning 하나가 발생한다.

```
warning: unused variable: `req`
 --> src/main.rs:3:23
  |
3 | async fn health_check(req: HttpRequest) -> impl Responder {
  |                       ^^^
  | help: if this is intentional, prefix it with an underscore: `_req`
  |
  = note: `#[warn(unused_variables)]` on by default
```

사실 헬스 체크의 응답은 정적이며 유입되는 HTTP 요청에 포함되어 있는 어떤 데이터도 사용하지 않는다(라우팅은 제외). 컴파일러의 안내에 따라 접두사 `req`를 언더스코어로 바꾸거나 `health_check`에서 입력 인수를 완전히 삭제할 수 있다.

```
async fn health_check() -> impl Responder {
    HttpResponse::Ok()
}
```

놀랍게도 컴파일이 된다. `actix-web`은 매우 진보한 타입의 마술을 가지고 있으며, 넓은 범위의 시그니처를 요청 핸들러로 받아들인다. 이에 관해서는 뒤에서 설명한다.

이제 남은 것은 조금 남은 테스트다.

```
# 먼저 다른 터미널에서 `cargo run`을 실행해서 애플리케이션을 구동한다.
curl -v http://127.0.0.1:8000/health_check
```

```
* Trying 127.0.0.1...
* TCP_NODELAY set
```

```
* Connected to localhost (127.0.0.1) port 8000 (#0)
> GET /health_check HTTP/1.1
> Host: localhost:8000
> User-Agent: curl/7.61.0
> Accept: */*
>
< HTTP/1.1 200 OK
< content-length: 0
< date: Wed, 05 Aug 2020 22:11:52 GMT
```

축하한다. 방금 여러분은 동작하는 첫 번째 `actix_web` 엔드포인트를 만들었다.

3.4 첫 번째 통합 테스트

`/health_check`는 첫 번째 엔드포인트였다. 우리는 애플리케이션을 실행하고, `curl`을 사용해 수동으로 테스트함으로써 모든 것이 예상대로 동작함을 검증했다.

하지만 수동 테스팅은 너무 많은 시간이 걸린다. 애플리케이션의 규모가 커질수록, 코드를 변경할 때마다 애플리케이션의 행동에 관한 가정이 여전히 유효한지 수동으로 확인하는 비용은 기하 급수적으로 커진다. 가능한 한 많은 부분을 자동화하고자 한다. 이러한 체크는 CI 파이프라인에서 변경 사항을 커밋할 때마다 실행해서 **리그레션**regression[22]을 방지해야 한다.

헬스 체크 동작은 이 책을 진행하는 과정에서 거의 변하지 않을 것이지만, 이를 테스팅 스캐폴딩 scaffolding의 적절한 시작점으로 삼을 수 있다.

3.4.1 엔드포인트를 어떻게 테스트하는가?

하나의 API는 하나의 끝을 위한 수단이다. 외부 세상과 연결된 도구이며 특정 종류의 태스크를 수행한다(예 문서 저장, 이메일 발송 등). API로서 노출된 엔드포인트는 여러분과 고객 사이의 계약이다. 시스템의 입출력과 그 인터페이스에 관한 공동의 합의다.

이 계약은 시간이 지남에 따라 변할 수 있으며 대략 다음과 같은 두 가지 상황을 고려할 수 있다.

- 하위 호환성을 보장하는 변경(예 새로운 엔드포인트 추가)

---

22 [옮긴이] 새로운 기능의 추가 혹은 수정으로 인해 과거에 개발한 기능의 동작에 이상이 발생하는 것을 나타낸다.

- 하위 호환성을 보장하지 않는 변경(예 엔드포인트 제거, 출력 스키마의 필드 제거 등)

첫 번째 경우, 기존의 API 클라이언트는 그대로 계속 동작할 것이다. 두 번째 경우, 계약의 변경된 부분에 의존하는 기존의 통합은 부서질 것이다. API 계약에 의도적으로 하위 호환성을 보장하지 않는 배포를 할 수는 있지만, 잘못으로 인해 하위 호환성을 깨뜨리면 안 된다.

사용자의 눈에 띄는 리그레션이 유입되지 않았음을 확인하는 가장 믿을 수 있는 방법은 무엇인가? 바로 사용자가 API를 사용하는 것과 동일한 방법으로 API와 상호작용을 함으로써 테스팅하는 것이다. API에 HTTP 요청을 보내고, 받은 응답으로 가정이 맞는지 검증한다.

이는 **블랙박스 테스트**black box test라고 불린다. 주어진 입력값에 대한 출력값을 확인함으로써 시스템의 동작을 검증한다. 그 세부적인 내부 구현에는 접근하지 않는다.

이 원칙을 따르면, 핸들러 함수를 직접 호출하는 테스트는 이 원칙을 만족하지 못한다. 다음 코드를 보자.

```
#[cfg(test)]
mod tests {
    use crate::health_check;

    #[tokio::test]
    async fn health_check_succeeds() {
        let response = health_check().await;
        // `health_check`의 반환타입을 `impl Responder`에서
        // `HttpsResponse`로 바꾸어야 컴파일된다.
        // 또한, `use actix_web::HttpResponse`를 사용해서 임포트해야 한다.
        assert!(response.status().is_success())
    }
}
```

GET 요청에 대한 핸들러 호출 여부를 확인하지 않았다. /health_check가 경로로 전달되었을 때 핸들러가 호출되는지 확인하지 않았다.

이 두 가지 속성 중 하나라도 바꾸면 API 계약은 깨진다. 하지만 테스트는 여전히 통과한다. 이는 좋지 않다.

actix-web은 라우팅 로직을 건너뛰지 않고 App과 상호작용할 수 있는 편리함[23]을 제공한다. 하지만 이 접근 방식에는 심각한 단점이 있다.

- 다른 웹 프레임워크로 전환할 때 통합 테스트 스위트 전체를 다시 작성해야 한다. 우리는 통합 테스트와 API 구현을 뒷받침하는 기술을 가능한 한 분리하길 원한다(즉, 프레임워크에 종속되지 않는 통합 테스트를 가지고 있다면 대규모의 코드 재작성이나 **리팩터링**refactoring할 때 시간을 상당히 아낄 수 있다).

- actix-web의 몇몇 제한 때문에[24] 프로덕션 코드와 테스팅 코드 사이의 App 시작 로직을 공유할 수 없다. 따라서 시간이 지남에 따라 차이가 발생할 위험으로 인해 테스트 스위트가 제공하는 보증에 대한 신뢰가 훼손된다.

우리는 완전한 블랙박스 해결책을 택할 것이다. 각 테스트를 시작하기 전에 애플리케이션을 구동하고, 기성 HTTP 클라이언트(예 reqwest[25])를 사용해서 상호작용한다.

3.4.2 테스트는 어디에 위치해야 하는가?

러스트에서는 테스트 작성과 관련해 세 가지 옵션[26]을 제공한다.

- 내장 테스트 모듈을 사용해 코드 옆에 작성한다.

```
// 테스트하고자 하는 코드

#[cfg(test)]
mod tests {
    // 테스트하고자 하는 코드를 임포트한다.
    use super::*;

    // 여러분이 작성한 코드
}
```

- 외부 tests 폴더에 작성한다.

---

23 https://actix.rs/docs/testing/
24 App(https://docs.rs/actix-web/4.0.1/actix_web/struct.App.html)은 제네릭 구조체이며 이를 파라미터화하기 위해 사용할 수 있는 일부 타입들은 actix_web 프로젝트로 제한된다. 따라서 App(https://github.com/actix/actix-web/issues/1147) 인스턴스를 반환하는 함수를 작성하는 것은 불가능하다(필자는 그 방법이 너무 번거로워 성공하지 못했다).
25 https://docs.rs/reqwest/0.11.0/reqwest/
26 https://doc.rust-lang.org/book/ch11-03-test-organization.html

```
src/
tests/
Cargo.toml
Cargo.lock
...
```

- 공개 문서의 일부로 작성한다(doc test).

```
/// number가 짝수인지 확인한다.
/// ```rust
/// use zero2prod::is_even;
///
/// assert!(is_even(2));
/// assert!(!is_even(1));
/// ```
pub fn is_even(x: u64) -> bool {
    x % 2 == 0
}
```

각 옵션은 어떤 차이가 있는가? 내장 테스트 모듈은 프로젝트의 일부이며, 구성 조건 체크[27]인 #[cfg(test)] 뒤에 숨겨진다. 그러나 tests 폴더나 문서 테스트들은 별도의 바이너리로 컴파일된다. 이는 가시성 규칙에 영향을 미친다.

내장 테스트 모듈은 가까이에 있는 코드 접근에 대한 특권을 가진다. 퍼블릭으로 선언되지 않은 구조체, 메서드, 필드, 함수와 상호작용할 수 있으며, 사용자들이 이 코드를 의존성으로 임포트하면 코드 사용자들에게 일반적으로 보이지 않는다. 내장 테스트 모듈은 필자가 **빙산 프로젝트**iceberg project라고 부르는 것, 즉 노출된 표면이 매우 제한되어 있고(예 몇몇 퍼블릭 함수), 수면 아래는 훨씬 크고 복잡한(예 수십 개의 루틴) 프로젝트에 적합하다. 노출된 함수들만 사용해서는 가능한 모든 엣지 케이스를 직접 수행할 수 없다. 이런 경우 내장 테스트 모듈을 활용해서 프라이빗 하위 컴포넌트에 대한 단위 테스트를 작성해서 전체 프로젝트의 올바름에 관한 전체적인 확신을 높일 수 있다.

대신 외부 tests 폴더의 테스트 케이스나 doc test는 여러분이 만든 프로젝트를, 크레이트로 다른 프로젝트에 의존성을 추가했을 때 코드에 접근할 수 있는 수준과 정확하게 동일한 수준으로 접근

---

27 https://doc.rust-lang.org/stable/rust-by-example/attribute/cfg.html

할 수 있다. 따라서 이들은 주로 **통합 테스트**integration test, 즉 사용자가 여러분의 코드를 호출하는 방식과 동일한 방식으로 여러분의 코드를 테스트할 때 사용한다.

우리가 만드는 이메일 뉴스레터는 라이브러리가 아니므로 다소 경계가 모호하다. 이 프로젝트는 러스트 크레이트로 공개하는 것이 아니라 네트워크를 통해 API 접근이 가능하도록 할 것이다. 그럼에도 tests 폴더를 사용해서 API 통합 테스트를 진행한다. 더 명확하게 분리할 수 있고, 테스트 헬퍼들을 외부 테스트 바이너리의 하위 모듈로서 더 쉽게 관리할 수 있기 때문이다.

3.4.3 더 쉬운 테스팅을 위해 프로젝트 구조 변경하기

/tests 디렉터리 아래 첫 번째 테스트를 작성하기 전에, 코드를 조금 정리하자. 앞서 언급한 것처럼 tests 디렉터리 아래의 모든 것은 별도의 바이너리로 컴파일된다. 테스트 대상 코드들은 크레이트로서 임포트된다. 그러나 이 시점에서 우리가 만드는 프로젝트는 바이너리다. 즉, 공유되는 것이 아니라 실행되는 파일이다. 그러므로 현재와 같은 형태로 테스트에서 main 함수를 임포트할 수 없다.

간단한 실험을 통해 위 내용을 확인해보자.

```
# tests 폴더를 생성한다.
mkdir -p tests
```

tests/health_check.rs 파일을 생성한다.

```rust
//! tests/health_check.rs

use zero2prod::main;

#[test]
fn dummy_test() {
    main()
}
```

cargo test는 다음과 유사하게 실패한다.

```
error[E0432]: unresolved import `zero2prod`
 --> tests/health_check.rs:1:5
  |
```

```
1 | use zero2prod::main;
  |      ^^^^^^^^^^ use of undeclared type or module `zero2prod`

error: aborting due to previous error

For more information about this error, try `rustc --explain E0432`.
error: could not compile `zero2prod`.
```

프로젝트를 라이브러리와 바이너리로 리팩터링해야 한다. 모든 로직은 라이브러리 크레이트에 존재하며, 바이너리 자체는 매우 작은 main 함수를 가진 엔트리포인트가 된다. 첫 번째 단계로 Cargo.toml을 수정한다. 현재 상태는 다음과 비슷하다.

```
[package]
name = "zero2prod"
version = "0.1.0"
authors = ["Luca Palmieri <contact@lpalmieri.com>"]
edition = "2021"

[dependencies]
# [...]
```

cargo의 기본 동작을 사용하고 있다. 다른 코드를 추가하지 않으면, src/main.rs 파일을 바이너리 엔트리 포인트로 검색하고, package.name 필드를 바이너리 이름으로 사용한다. 메니페스트 대상 명세[28]를 참조해, lib 섹션을 추가함으로써 라이브러리를 프로젝트에 추가할 수 있다.

```
[package]
name = "zero2prod"
version = "0.1.0"
authors = ["Luca Palmieri <contact@lpalmieri.com>"]
edition = "2021"

[lib]
# 어떤 형태의 경로든 기술할 수 있지만, 커뮤니티의 관습을 따른다.
# `name` 필드를 사용해서 라이브러리 이름을 지정한다. 지정하지 않으면,
# cargo는 `package.name`을 사용한다. 우리가 원하는 바다.
path = "src/lib.rs"

[dependencies]
# [...]
```

---

28 https://doc.rust-lang.org/cargo/reference/cargo-targets.html#cargo-targets

`lib.rs` 파일은 아직 존재하지 않으며, `cargo`는 해당 파일을 생성하지 않는다.

```
cargo check

error: couldn't read src/lib.rs: No such file or directory (os error 2)

error: aborting due to previous error

error: could not compile `zero2prod`
```

파일을 추가하자. 현재는 빈 파일이다.

```
touch src/lib.rs
```

이제 모든 것이 작동해야 한다. `cargo check`는 통과하고 `cargo run`은 여전히 애플리케이션을 실행한다. 코드가 동작하기는 하지만, `Cargo.toml` 파일은 전체적인 그림에 대한 정보를 주지 않는다. 라이브러리는 볼 수 있지만, 바이너리는 보이지 않는다. 반드시 필요한 것은 아니지만, 필자는 자동으로 생성된 바닐라 환경 구성을 제거하는 즉시 모든 것이 표시되는 것을 선호한다.

```
[package]
name = "zero2prod"
version = "0.1.0"
authors = ["Luca Palmieri <contact@lpalmieri.com>"]
edition = "2021"
```

```
[lib]
path = "src/lib.rs"

# 이중 대괄호를 사용한 것에 주의하자. TOML에서의 배열 표기 문법이다.
# 프로젝트에 하나의 라이브러리는 물론, 여러 바이너리를 포함할 수도 있다.
# 동일한 저장소에서 여러 라이브러리를 관리하고자 한다면,
# workspace 피처를 살펴보기 바란다. 뒤에서 이에 관해 다룰 것이다.
[[bin]]
path = "src/main.rs"
name = "zero2prod"

[dependencies]
# [...]
```

깔끔하게 정리되었다. 다음을 진행하자. 잠깐 main 함수를 그대로 라이브러리로 옮길 수 있다(충돌을 피하기 위해 run으로 이름을 바꾸었다).

```
//! main.rs

use zero2prod::run;

#[tokio::main]
async fn main() -> std::io::Result<()> {
    run().await
}

//! lib.rs

use actix_web::{web, App, HttpResponse, HttpServer};

async fn health_check() -> HttpResponse {
    HttpResponse::Ok().finish()
}

// `run`을 `public`으로 마크해야 한다.
// `run`은 더 이상 바이너리 엔트리 포인트가 아니므로, proc-macro 주문 없이
// async로 마크할 수 있다.
pub async fn run() -> std::io::Result<()> {
    HttpServer::new(|| {
            App::new()
                .route("/health_check", web::get().to(health_check))
        })
        .bind("127.0.0.1:8000")?
        .run()
        .await
}
```

좋다. 이제 통합 테스트를 작성할 모든 준비가 끝났다.

3.5 첫 번째 통합 테스트 구현하기

헬스 체크 엔드포인트의 명세는 다음과 같다.

/health_check에 대해 GET 요청을 받으면, 바디가 없는 200 OK 응답을 반환한다.

앞의 명세를 테스트로 변환하자. 가능한 한 많은 부분을 채운다.

```
//! tests/health_check.rs

// `tokio::test`는 테스팅에 있어서 `tokio::main`과 동등하다.
// `#[test]` 속성을 지정하는 수고를 덜 수 있다.
//
// `cargo expand --test health_check`(<- 테스트 파일의 이름)을 사용해서
// 코드가 무엇을 생성하는지 확인할 수 있다.
#[tokio::test]
async fn health_check_works() {
    // Arrange(준비)
    spawn_app().await.expect("Failed to spawn our app.");
    // `reqwest`를 사용해서 애플리케이션에 대한 HTTP 요청을 수행한다.
    let client = reqwest::Client::new();

    // Act(조작)
    let response = client
        .get("http://127.0.0.1:8000/health_check")
        .send()
        .await
        .expect("Failed to execute request.");

    // Assert(결과 확인)
    assert!(response.status().is_success());
    assert_eq!(Some(0), response.content_length());
}

// 백그라운드에서 애플리케이션을 구동한다.
async fn spawn_app() -> std::io::Result<()> {
    todo!()
}
```

```
#! Cargo.toml
# [...]
# Dev dependencies are used exclusively when running tests or examples
# They do not get included in the final application binary!
# (Dev 디펜던시는 테스트나 예시를 실행할 때만 사용된다.)
# (최종 애플리케이션 바이너리에는 포함되지 않는다.)
[dev-dependencies]
reqwest = "0.11"
# [...]
```

테스트 케이스를 자세히 살펴보자. spawn_app은 유일하게 우리가 만든 애플리케이션 코드에 의존

한다. 다른 모든 것은 내부적인 세부 구현 사항과 완전히 분리되어 있다. 내일 당장 Rust를 버리고, 애플리케이션을 루비 온 레일즈로 다시 작성한다고 하더라도, 새로운 스택에서 spawn_app을 적절한 트리거로 치환하기만 한다면(예 레일즈 앱을 실행하는 bash 명령어) 동일한 테스트 스위트를 사용해서 리그레션 체크를 할 수 있다.

이 테스트는 우리가 관심을 갖는 모든 속성을 커버한다.

- 헬스 체크는 /health_check에 노출되어 있다.
- 헬스 체크는 GET 메서드 뒤에 있다.
- 헬스 체크는 항상 200을 반환한다.
- 헬스 체크의 응답에는 바디가 없다.

이 테스트들이 성공한다면 모든 구현이 완료된 것이다.

테스트를 실행하면 실패하고 아무것도 하지 않는다. 통합 테스팅 퍼즐의 마지막 조각인 spawn_app을 누락했다. 다음과 같이 run을 왜 직접 호출하면 안 되는가?

```
//! tests/health_check.rs
// [...]

async fn spawn_app() -> std::io::Result<()> {
    zero2prod::run().await
}
```

실제로 호출해보자.

```
cargo test
```

```
    Running target/debug/deps/health_check-fc74836458377166

running 1 test
test health_check_works ...
test health_check_works has been running for over 60 seconds
```

아무리 기다려도 테스트가 종료되지 않는다. 어떻게 된 것일까?

zero2prod::run 안에서 HttpServer::run을 호출(하고 대기)했다. HttpServer::run은 Server 인스턴스를 반환한다. .await를 호출하면 지정한 주소를 무한히indefinitely 대기한다. 요청이 도달하면서 처리하지만, 스스로 종료되거나 '완료하지' 않는다. 이는 spawn_app이 절대로 반환하지 않으며, 테스트 로직이 실행되지 않음을 의미한다.

애플리케이션을 **백그라운드 태스크**background task로 실행해야 한다. 여기에서의 tokio::spawn은 매우 간단하다. tokio::spawn은 하나의 퓨처를 받아서 런타임으로 전달해 등록하고, 종료될 때까지 기다리지 않는다. 따라서 이후의 퓨처 및 태스크(즉, 테스트 로직)와 동시에 실행된다.

zero2prod::run이 Server를 대기하지 않고 반환하도록 리팩터링한다.

```rust
//! src/lib.rs

use actix_web::{web, App, HttpResponse, HttpServer};
use actix_web::dev::Server;

async fn health_check() -> HttpResponse {
    HttpResponse::Ok().finish()
}

// 다른 시그니처를 사용했다.
// 행복한 경로에서는 `Server`를 반환하고 `async` 키워드를 제거했다.
// .await 호출을 하지 않으므로, 더 이상 필요하지 않기 때문이다.
pub fn run() -> Result<Server, std::io::Error> {
    let server = HttpServer::new(|| {
            App::new()
                .route("/health_check", web::get().to(health_check))
        })
        .bind("127.0.0.1:8000")?
        .run();
    // .await가 없다.
    Ok(server)
}
```

main.rs에 다음과 같이 보충한다.

```rust
//! src/main.rs

use zero2prod::run;

#[tokio::main]
```

```
async fn main() -> std::io::Result<()> {
    // 주소 바인딩에 실패하면 io::Error를 발생시킨다.
    // 그렇지 않으면 Server에 대해 .await를 호출한다.
    run()?.await
}
```

cargo check가 실행되고 모든 것이 정상임을 보장한다. 이제 spawn_app을 작성하자.

```
//! tests/health_check.rs
// [...]

// .await를 호출하지 않으므로 `spawn_app`은 이제 async가 아니어도 된다.
// 테스트를 실행하고 있으므로, 오류를 전파하지 않아도 된다.
// 만약 필요한 셋업을 수행하는 데 실패한다면, 모든 작업을 깨뜨리면 된다.
fn spawn_app() {
    let server = zero2prod::run().expect("Failed to bind address");
    // 서버를 백그라운드로 구동한다.
    // tokio::spawn은 생성된 퓨처에 대한 핸들을 반환한다.
    // 하지만 여기에서는 사용하지 않으므로 let을 바인딩하지 않는다.
    let _ = tokio::spawn(server);
}
```

신속하게 테스트를 수정해서 spawn_app의 시그니처 변경에 대응한다.

```
//! tests/health_check.rs
// [...]

#[tokio::test]
async fn health_check_works() {
    // .await, .expect를 호출하지 않는다.
    spawn_app();
    // [...]
}
```

이제 cargo test 명령어를 실행하자.

```
cargo test
```

```
    Running target/debug/deps/health_check-a1d027e9ac92cd64

running 1 test
```

```
test health_check_works ... ok

test result: ok. 1 passed; 0 failed; 0 ignored; 0 measured; 0 filtered out
```

첫 번째 테스트는 그린이다. 이번 장에서 두 번째로 중요한 마일스톤을 달성했다. 스스로를 칭찬하자.

3.5.1 다듬기

프로젝트가 정상적으로 동작하므로, 좀 더 자세히 살펴보면서 필요하거나 가능한 부분을 개선하자.

1 클린 업

테스트 실행이 완료되었을 때 백그라운드에서 실행되던 애플리케이션은 어떻게 되었는가? 종료되었는가? 마치 좀비처럼 어딘가에 살아있는가?

cargo test를 연속해서 여러 차례 실행하면 항상 성공한다. 8000번 포트는 각 테스트 실행의 끝에 릴리스되며, 이는 곧 애플리케이션이 올바르게 종료됨을 의미한다. tokio::spawn의 문서(주석)는 우리의 가정을 뒷받침한다. tokio 런타임이 종료되면 그 위에서 실행되던 모든 태스크가 버려진다. tokio::test는 각 테스트 케이스 시작 시점에 새로운 런타임을 실행하며, 이 런타임은 각 테스트 케이스 종료 시점에 종료된다. 이는 좋은 소식이다. 테스트 케이스 실행 사이에 리소스가 누출되는 것을 회피하기 위한 어떤 로직도 구현할 필요가 없다.

2 무작위 포트 선택하기

spawn_app은 항상 애플리케이션을 8000번 포트에서 실행하려고 한다. 이상적이지 않다.

- 만약 8000번 포트가 머신의 다른 프로그램에 의해 사용되고 있다면(즉, 우리가 만든 이 애플리케이션), 테스트는 실패할 것이다.
- 두 개 이상의 테스트를 동시에 실행한다면, 그중 하나의 테스트만 포트를 바인딩하게 되고, 나머지 테스트는 모두 실패할 것이다.

더 나은 방법으로 실행할 수 있다. 테스트 케이스들은 백그라운드 애플리케이션을 사용할 수 있는 임의의 포트에서 실행한다. 가장 먼저 run 함수를 수정해야 한다. 애플리케이션 주소를 하드 코딩된 값이 아닌 인자로 받아야 한다.

```
//! src/lib.rs
// [...]

pub fn run(address: &str) -> Result<Server, std::io::Error> {
    let server = HttpServer::new(|| {
            App::new()
                .route("/health_check", web::get().to(health_check))
        })
        .bind(address)?
        .run();
    Ok(server)
}
```

모든 zero2prod::run() 호출은 zero2prod::run("127.0.0.1:8000")으로 바뀌어야 하며, 그래야만 동일한 동작을 보전하고 프로젝트를 다시 컴파일할 수 있다.

그렇다면 테스트를 위해 사용할 수 있는 임의의 포트를 어떻게 찾는가? 운영체제의 도움을 받으면 된다. 우리는 포트 0번[29]을 사용할 것이다. 0번 포트는 OS 레벨에서 특별하게 다루어진다. 0번 포트를 바인딩하려고 하면 OS는 사용할 수 있는 포트를 찾아서 요청 애플리케이션에 바인딩한다.

따라서 spawn_app을 다음과 같이 수정하면 된다.

```
//! tests/health_check.rs
// [...]

fn spawn_app() {
    let server = zero2prod::run("127.0.0.1:0").expect("Failed to bind address");
    let _ = tokio::spawn(server);
}
```

끝이다. 이제 cargo test를 실행할 때마다 백그라운드 애플리케이션은 임의의 포트에서 실행된다. 다만 한 가지 사소한 문제가 있다. 테스트가 계속 실패한다는 것이다.[30]

```
running 1 test
test health_check_works ... FAILED
```

---

29 https://www.lifewire.com/port-0-in-tcp-and-udp-818145
30 운영체제가 무작위로 8000번 포트를 선택하고 모든 것이 순조롭게 진행될 가능성은 희박하다. 여러분에게는 행운이 함께하길 바란다.

```
failures:

---- health_check_works stdout ----
thread 'health_check_works' panicked at
    'Failed to execute request.:
        reqwest::Error { kind: Request, url: "http://localhost:8000/health_check",
        source: hyper::Error(
            Connect,
            ConnectError(
                "tcp connect error",
                Os {
                    code: 111,
                    kind: ConnectionRefused,
                    message: "Connection refused"
                }
            )
        )
    }', tests/health_check.rs:10:20
note: run with `RUST_BACKTRACE=1` environment variable to display a backtrace
Panic in Arbiter thread.

failures:
    health_check_works

test result: FAILED. 0 passed; 1 failed; 0 ignored; 0 measured; 0 filtered out
```

HTTP 클라이언트는 여전히 `127.0.0.1:8000`를 호출하지만 실제 포트 번호가 무엇인지는 알 수 없다. 애플리케이션 포트는 런타임에 결정되며, 그것을 하드 코딩할 수는 없다. 어쨌든 우리는 운영 체제가 애플리케이션에 어떤 포트를 할당했는지 알아내서 그것을 `spawn_app`으로부터 반환해야 한다.

이를 처리할 수 있는 몇 가지 방법이 있다. 여기에서는 `std::net::TcpListener`[31]를 사용한다. 우리가 만드는 `HttpServer`는 현재 두 가지 역할을 해야 한다. 주소가 주어지면 주소를 애플리케이션에 바인딩하고, 애플케이션을 시작한다. 첫 번째 단계는 우리가 할 수 있다. `TcpListener`에 해당 포트를 바인딩한 뒤, `listen`[32]을 사용해 이를 `HttpServer`에 전달한다.

---

31 https://doc.rust-lang.org/beta/std/net/struct.TcpListener.html

32 https://docs.rs/actix-web/4.0.1/actix_web/struct.HttpServer.html#method.listen

좋은 점은 무엇인가? TcpListener::local_addr[33]은 SocketAddr[34]을 반환하며, 우리가 .port()[35]를 통해 바인딩한 실제 포트를 노출한다.

run 함수에서 시작해보자.

```rust
//! src/lib.rs

use actix_web::dev::Server;
use actix_web::{web, App, HttpResponse, HttpServer};
use std::net::TcpListener;

// [...]

pub fn run(listener: TcpListener) -> Result<Server, std::io::Error> {
    let server = HttpServer::new(|| {
            App::new()
                .route("/health_check", web::get().to(health_check))
        })
        .listen(listener)?
        .run();
    Ok(server)
}
```

변경 내용은 main과 spawn_app 함수를 모두 망가뜨린다. main은 여러분에게 맡기고, 여기에서는 spawn_app에 집중한다.

```rust
//! tests/health_check.rs
// [...]

fn spawn_app() -> String {
    let listener = TcpListener::bind("127.0.0.1:0")
        .expect("Failed to bind random port");
    // OS가 할당한 포트 번호를 추출한다.
    let port = listener.local_addr().unwrap().port();
    let server = zero2prod::run(listener).expect("Failed to bind address");
    let _ = tokio::spawn(server);
    // 애플리케이션 주소를 호출자에게 반환한다.
    format!("http://127.0.0.1:{}", port)
}
```

---

33 https://doc.rust-lang.org/beta/std/net/struct.TcpListener.html#method.local_addr

34 https://doc.rust-lang.org/beta/std/net/enum.SocketAddr.html

35 https://doc.rust-lang.org/beta/std/net/enum.SocketAddr.html#method.port

이제 테스트에서 애플리케이션 주소를 활용해 reqwest::Client를 지정할 수 있다.

```rust
//! tests/health_check.rs
// [...]

#[tokio::test]
async fn health_check_works() {
    // Arrange
    let address = spawn_app();
    let client = reqwest::Client::new();

    // Act
    let response = client
        // 반환된 애플리케이션 주소를 사용한다.
        .get(&format!("{}/health_check", &address))
        .send()
        .await
        .expect("Failed to execute request.");

    // Assert
    assert!(response.status().is_success());
    assert_eq!(Some(0), response.content_length());
}
```

좋다. cargo test는 다시 그린으로 바뀐다. 이제 설정은 더 견고해졌다.

3.6 다시 집중하자

잠시 쉬면서 뒤를 돌아보자. 상당히 많은 내용을 다루었다. /health_check 엔드포인트를 구현했고 이를 사용해서 우리가 사용하는 웹 프레임워크인 actix-web[36]의 기반에 관해 알아보았다. 동시에 러스트 API에 대한 (통합) 테스팅의 기본도 익혔다.

앞에서 학습한 내용을 활용해 이메일 뉴스레터 프로젝트의 첫 번째 사용자 스토리를 완성하자.

> 블로그 방문자로서,
> 뉴스레터를 구독하기를 원한다.
> 그래야 새로운 콘텐츠가 블로그에 게시되었을 때 이메일로 알림을 받을 수 있다.

---

36 https://docs.rs/actix-web/4.0.1/actix_web/

여러분은 블로그 방문자가 웹 페이지에 포함된 폼에 자신의 메일 주소를 넣을 것이라고 기대한다. 이 폼은 백엔드 API에 대한 POST /subscriptions 호출을 트리거할 것이고, 이 API는 실제로 정보를 처리하고, 데이터를 저장하고, 응답을 반환할 것이다.

조금 더 깊이 파고들어보자.

- actix-web 안에 있는 HTML 폼에 수집된 데이터를 어떻게 읽을 수 있는가(즉, POST 요청 바디를 어떻게 파싱하는가)?
- 러스트에서 PostgreSQL 데이터와 함께 어떤 라이브러리들을 사용할 수 있는가(diesel vs. sqlx vs. tokio-postgres)?
- 데이터베이스 마이그레이션 설정과 관리는 어떻게 하는가?
- API 요청 핸들러에서 데이터베이스와의 연결을 어떻게 처리하는가?
- 통합 테스트에서 사이드 이펙트(예 저장된 데이터)를 어떻게 테스트하는가?
- 데이터베이스를 다룰 때 테스트 케이스 사이의 이상한 상호작용을 어떻게 피할 수 있는가?

그럼 시작해보자.

3.7 HTML 폼 다루기

3.7.1 요구 사항 다듬기

방문자들을 이메일 뉴스레터의 구독자로 모집하기 위해서는 어떤 정보를 수집해야 하는가? 분명한 것은 사용자들의 이메일 주소다(결국 우리가 만드는 것은 이메일 뉴스레터다). 그 외에 다른 정보가 있는가?

이 질문은 아마도 일반적인 비즈니스 조직에서라면 여러분 팀의 엔지니어들은 물론이고, 제품 관리자들 사이에 불꽃 튀는 논쟁을 불러일으킬 것이다. 여기에서는 우리가 기술 리드이자 제품 소유자이므로 마음대로 결정할 수 있다.

개인적인 경험에 비추어봤을 때, 사람들은 일반적으로 뉴스레터를 구독할 때 일회성 이메일이나 일부 문자열을 변경한 이메일을 사용한다. 따라서 이메일 인사에 사용할 name을 수집하거나(악명 높은 {{subscriber.name}}님, 안녕하세요!) 구독자 중에서 지인을 찾아내는 것도 좋은 방법이다. 우리는 경찰이 아니므로 name 필드의 진위 여부에는 흥미가 없다. 그저 뉴스레터 시스템에서 그들이 자신을 나타내고자 하는 어떤 식별자이든 입력하게 하려는 것이다. DenverCoder9, 여러분을 환영한다.[37]

정리하자면, 우리는 모든 구독자의 이메일과 이름을 원한다.

해당 데이터가 HTML 폼을 통해 수집되면, 데이터는 POST 요청의 바디로 백엔드 API에 전달된다. 바디는 어떻게 인코딩되는가? HTML 폼을 사용할 때 몇 가지 옵션[38]을 사용할 수 있다. application/x-www-form-urlencoded가 예시 유스 케이스에 가장 적합하다. MDN 웹 문서에서는 application/x-www-form-urlencoded를 사용에 관해 다음과 같이 설명한다.

> 키와 값[우리 폼에서]은 '&'로 구분된 key-value 튜플로 인코딩되며, 각 key와 value는 '='로 연결된다. key와 value가 알파벳과 숫자가 아닌 모든 문자는 퍼센트(%) 인코딩된다.

예를 들어, 만약 이름이 Le Guin이고 이메일이 ursula_le_guin@gmail.com이면 POST 요청 바디는 name=le%20guin&email=ursula_le_guin%40gmail.com이다(스페이스는 %20, @는 %40으로 변환된다. 변환표는 w3cschool 웹사이트[39]에서 확인할 수 있다).

요약하면 다음과 같다.

- 이름과 이메일의 유효한 짝이 application/x-www-form-urlencoded를 사용해 제공되면 백엔드는 200 OK를 반환해야 한다.
- 이름이나 이메일이 누락되면 백엔드는 400 BAD REQUEST를 반환해야 한다.

3.7.2 테스트로 요구 사항 확인하기

어떤 일이 일어나야 하는지 잘 이해했으므로, 몇 가지 통합 테스트로 우리가 기대하는 바를 코드로 작성한다.

---

37 [옮긴이] https://xkcd.com/979/에서 소개된 사용자명으로, 프로그래밍 세계에서 널리 알려진 밈(meme)이다. 첫 번째 프로그래밍에서 사용되는 전형적인, 악명 높은 {{subscriber.name}}님, 안녕하세요!를 농담으로 사용한 것이다.
38 https://developer.mozilla.org/en-US/docs/Web/HTTP/Methods/POST
39 https://www.w3schools.com/tags/ref_urlencode.ASP

test/health_check.rs 파일에 새로운 테스트 케이스를 추가한다. 테스트 스위트 폴더 구조는 이후에 다듬을 것이다.

```
//! tests/health_check.rs
use std::net::TcpListener;

/// 애플리케이션 인스턴스를 새로 실행하고
/// 그 주소를 반환한다(예: https://localhost:XXXX).
fn spawn_app() -> String {
    [...]
}

#[tokio::test]
async fn health_check_works() {
    [...]
}

#[tokio::test]
async fn subscribe_returns_a_200_for_valid_form_data() {
    // Arrange
    let app_address = spawn_app();
    let client = reqwest::Client::new();

    // Act
    let body = "name=le%20guin&email=ursula_le_guin%40gmail.com";
    let response = client
        .post(&format!("{}/subscriptions", &app_address))
        .header("Content-Type", "application/x-www-form-urlencoded")
        .body(body)
        .send()
        .await
        .expect("Failed to execute request.");

    // Assert
    assert_eq!(200, response.status().as_u16());
}

#[tokio::test]
async fn subscribe_returns_a_400_when_data_is_missing() {
    // Arrange
    let app_address = spawn_app();
    let client = reqwest::Client::new();
    let test_cases = vec![
        ("name=le%20guin", "missing the email"),
        ("email=ursula_le_guin%40gmail.com", "missing the name"),
        ("", "missing both name and email")
```

```
    ];

    for (invalid_body, error_message) in test_cases {
        // Act
        let response = client
            .post(&format!("{}/subscriptions", &app_address))
            .header("Content-Type", "application/x-www-form-urlencoded")
            .body(invalid_body)
            .send()
            .await
            .expect("Failed to execute request.");

        // Assert
        assert_eq!(
            400,
            response.status().as_u16(),
            // 테스트 실패 시 출력할 커스터마이즈된 추가 오류 메시지
            "The API did not fail with 400 Bad Request when the payload was {}.",
            error_message
        );
    }
}
```

subscribe_returns_a_400_when_data_is_missing은 **테이블 주도 테스트**table-driven test[40]의 예시이며, **파라미터화 테스트**parameterized test로도 알려져 있다. 이 방법은 잘못된 입력을 다룰 때 유용하다. 동일한 테스트 로직을 여러 차례 중복해서 기술하는 대신, 동일한 방식으로 실패할 것이라고 기대하는 알려진, 유효하지 않은 바디의 집합에 대해 같은 **어서션**assertion을 적용하기만 하면 된다. 파라미터화 테스트에서는 실패 시 좋은 오류 메시지를 표시하는 것이 중요하다. assertion failed on line XYZ는 어떤 입력에 의해 테스트가 깨졌는지 모르기 때문에 좋지 않다. 한편, 파라미터화 테스트는 많은 기반을 커버하므로 유용한 실패 메시지를 만드는 데 조금 더 시간을 투자해야 한다는 것도 합리적이다. 우리가 사용하는 언어의 테스트 프레임워크들은 때때로 이런 유형의 테스트를 기본적으로 지원한다(예 pytest의 파라미터화 테스트[41] 또는 C#용 xUnit의 InlineData[42] 등). 러스트 에코시스템에서는 서드 파티 크레이트인 rstest[43]가 유사한 기능을 제공한다.

이제 테스트 스위트를 실행해보자.

---

40 https://go.dev/wiki/TableDrivenTests

41 https://docs.pytest.org/en/stable/parametrize.html

42 https://andrewlock.net/creating-parameterised-tests-in-xunit-with-inlinedata-classdata-and-memberdata/

43 https://github.com/la10736/rstest

```
---- health_check::subscribe_returns_a_200_for_valid_form_data stdout ----
thread 'health_check::subscribe_returns_a_200_for_valid_form_data'
panicked at 'assertion failed: `(left == right)`
  left: `200`,
right: `404`:

---- health_check::subscribe_returns_a_400_when_data_is_missing stdout ----
thread 'health_check::subscribe_returns_a_400_when_data_is_missing'
panicked at 'assertion failed: `(left == right)`
  left: `400`,
 right: `404`:
 The API did not fail with 400 Bad Request when the payload was missing the email.'
```

예상한 바와 같이 새로운 테스트 케이스는 모두 실패한다. 여러분은 '직접 만든' 파라미터화 테스트의 한계를 발견할 수 있다. 하나의 테스트 케이스가 실패하는 즉시 모든 테스트의 실행이 중단되기 때문에, 이후 테스트 케이스들의 실행 결과를 알 수 없다.

이제 구현을 시작해보자.

3.7.3 POST 요청으로부터 폼 데이터 파싱하기

/subscription으로 POST 요청이 오면 애플리케이션은 404 NOT FOUND를 반환하기 때문에 테스트 케이스는 모두 실패한다. 당연한 동작이다. 해당 경로에 대해 등록한 핸들러가 존재하지 않기 때문이다.

src/lib.rs의 App에 이에 매칭하는 경로를 추가해서 문제를 수정하자.

```rust
//! src/lib.rs
use actix_web::dev::Server;
use actix_web::{web, App, HttpResponse, HttpServer};
use std::net::TcpListener;

// `impl Responder`를 초반에 반환한다.
// `actix-web`에 익숙해졌으므로, 주어진 타입을 명시적으로 기술한다.
// 이로 인한 성능의 차이는 없다. 그저 스타일과 관련된 선택일 뿐이다.
async fn health_check() -> HttpResponse {
    HttpResponse::Ok().finish()
}

// 단순하게 시작하자: 항상 200 OK를 반환한다.
async fn subscribe() -> HttpResponse {
```

```
        HttpResponse::Ok().finish()
}

pub fn run(listener: TcpListener) -> Result<Server, std::io::Error> {
    let server = HttpServer::new(|| {
        App::new()
            .route("/health_check", web::get().to(health_check))
            // POST /subscriptions 요청에 대한 라우팅 테이블의 새 엔트리 포인트
            .route("/subscriptions", web::post().to(subscribe))
    })
    .listen(listener)?
    .run();
    Ok(server)
}
```

테스트 스위트를 다시 실행하자.

```
running 3 tests
test health_check::health_check_works ... ok
test health_check::subscribe_returns_a_200_for_valid_form_data ... ok
test health_check::subscribe_returns_a_400_when_data_is_missing ... FAILED

failures:

---- health_check::subscribe_returns_a_400_when_data_is_missing stdout ----
thread 'health_check::subscribe_returns_a_400_when_data_is_missing'
panicked at 'assertion failed: `(left == right)`
  left: `400`,
 right: `200`:
 The API did not fail with 400 Bad Request when the payload was missing the email.'

failures:
    health_check::subscribe_returns_a_400_when_data_is_missing

test result: FAILED. 2 passed; 1 failed; 0 ignored; 0 measured; 0 filtered out
```

subscribe_returns_a_200_for_valid_form_data는 이제 성공한다. 현재 핸들러는 모든 유입되는 데이터를 유효한 것으로 받아들이므로 당연하다. 한편, subscribe_returns_a_400_when_data_is_missing는 여전히 레드이다. 요청 바디를 실제로 파싱해야 할 때가 되었다. actix-web은 무엇을 제공하는가?

❶ 추출자

actix-web 사용자 가이드[44]에서 매우 유명한 부분이 바로 **추출자**extractor에 관한 절[45]이다. 추출자는 그 이름에서 알 수 있듯이, 유입되는 요청으로부터 특정한 정보를 추출하도록 프레임워크에게 지시할 때 사용한다. actix-web은 다양한 종류의 추출자를 제공하며, 일반적인 유스 케이스에서 적절하게 사용할 수 있다.

- Path: 요청 경로에서 동적 경로 세그먼트를 얻는다.[46]
- Query: 쿼리 파라미터[47]
- Json: JSON으로 인코딩된 요청 바디를 파싱한다.[48]
- 기타

운이 좋게도 우리가 다루는 유스 케이스를 정확하게 지원하는 추출자인 Form[49]도 있다. 공식 문서의 설명은 다음과 같다.

> **Form 데이터 헬퍼**(application/x-www-form-urlencoded)
> 요청 바디로부터 url 인코딩된 데이터를 추출하거나, 응답으로 url-인코딩된 데이터를 보낼 때 사용한다.

필자의 귀에는 설명이 마치 음악처럼 들린다. 그렇다면 어떻게 사용하는가?

actix-web 사용자 가이드에는 다음과 같이 설명되어 있다.

> 추출자는 핸들러 함수의 인수로 접근할 수 있다. actix-web은 핸들러당 최대 10개의 추출자를 지원한다. 인수의 위치는 중요하지 않다.

예를 들면 다음과 같다.

---

44 https://actix.rs/docs/

45 https://actix.rs/docs/extractors/

46 https://docs.rs/actix-web/4.0.1/actix_web/web/struct.Path.html

47 https://docs.rs/actix-web/4.0.1/actix_web/web/struct.Query.html

48 https://docs.rs/actix-web/4.0.1/actix_web/web/struct.Json.html

49 https://docs.rs/actix-web/4.0.1/actix_web/web/struct.Form.html

```
use actix_web::web;

#[derive(serde::Deserialize)]
struct FormData {
    username: String,
}

/// serde를 사용해서 폼 데이터를 추출한다.
/// 이 핸들러는 콘텐츠 타입이 *x-www-form-urlencoded*일 때만 호출되며,
/// 요청의 콘텐츠는 `FormData` 구조체를 사용해서 역직렬화할 수 있다.
fn index(form: web::Form<FormData>) -> String {
    format!("Welcome {}!", form.username)
}
```

즉, 핸들러의 인자로 전달하기만 하면 어떤 요청이 유입되었을 때 actix-web이 무언가 어려운 일을 대신해준다는 것이다. 지금은 이 정도로 넘어가자. 이후 내부적으로 무슨 일이 일어나는지 다시 돌아와서 살펴볼 것이다.

subscriber 핸들러는 이제 다음과 같다.

```
//! src/lib.rs
// 단순하게 시작하자: 항상 200 OK를 반환한다.
async fn subscribe() -> HttpResponse {
    HttpResponse::Ok().finish()
}
```

이 예시를 청사진으로 사용하면 이 라인을 따라 무언가 하고 싶을 것이다.

```
//! src/lib.rs
// [...]

#[derive(serde::Deserialize)]
struct FormData {
    email: String,
    name: String
}

async fn subscribe(_form: web::Form<FormData>) -> HttpResponse {
    HttpResponse::Ok().finish()
}
```

cargo check의 결과는 그다지 행복하지 않다.

```
error[E0433]: failed to resolve: use of undeclared type or module `serde`
 --> src/lib.rs:9:10
  |
9 | #[derive(serde::Deserialize)]
  |          ^^^^^ use of undeclared type or module `serde`
```

올바른 오류다. 의존성에 serde를 추가해야 한다. Cargo.toml에 다음 라인을 추가하자.

```
[dependencies]
# 옵셔널 `derive` 피처를 사용해야, `serde`의 절차적 매크로인
# `#[derive(Serialize)]`와 `#[derive(Deserialize)]`를 사용할 수 있다.
# 이 피처는 기본으로 활성화되어 있지 않다. 프로젝트에 불필요한 디펜던시를
# 사용하지 않도록 하기 위해서다.
serde = { version = "1", features = ["derive"]}
```

cargo check는 이제 성공해야 한다. cargo test는 어떤가?

```
running 3 tests
test health_check_works ... ok
test subscribe_returns_a_200_for_valid_form_data ... ok
test subscribe_returns_a_400_when_data_is_missing ... ok

test result: ok. 3 passed; 0 failed; 0 ignored; 0 measured; 0 filtered out
```

모두 그린이다. 그 이유는 무엇인가?

❷ Form과 FromRequest

소스 코드를 자세히 보자. Form은 어떻게 보이는가?

그 정의[50]는 대단히 순수해 보인다.

```
#[derive(PartialEq, Eq, PartialOrd, Ord)]
pub struct Form<T>(pub T);
```

이것은 단순한 **래퍼**wrapper일 뿐이다. 이것은 타입 T에 대한 제네릭이며, T는 Form의 단 하나의 필

---

50 https://github.com/actix/actix-web/blob/be986d96b387f9a040904a6385e9500a4eb5bb8f/actix-web/src/types/form.rs

드를 활성화한다. 특별히 볼만한 것은 없다. 어디에서 추출의 마법이 일어나는가?

추출자는 FromRequest 트레이트[51]를 구현하는 타입이다. FromRequest의 정의는 다소 난잡하다. 왜 냐하면 러스트가 트레이트의 정의에 대해 async fn을 지원하지 않기 때문이다. 조금 품을 들이면, 대략 다음과 같은 형태로 정리할 수 있다.

```
/// 요청에 추출될 수 있는 타입으로 구현된 트레이트
///
/// 이 트레이트를 구현한 타입들은 `Route` 핸들러와 함께 사용할 수 있다.
pub trait FromRequest: Sized {
    type Error = Into<actix_web::Error>;

    async fn from_request(
        req: &HttpRequest,
        payload: &mut Payload
    ) -> Result<Self, Self::Error>;

    /// actix-web이 관련된 타입들에 대해 기본적으로 구현하는 부수적인 메서드들은 생략한다.
    /// [...]
}
```

from_request는 유입되는 HTTP 요청의 헤드(예 HttpRequest[52])와 그 페이로드(예 Payload[53])를 입 력으로 받는다. 그리고 추출에 성공하면 Self를 반환하고, 그렇지 않으면 actix_web::Error[54]로 변환될 수 있는 오류 타입을 반환한다. route 핸들러 시그니처의 모든 인수는 FromRequest trait 를 구현해야 한다. actix-web은 각 인수에서 from_request[55]를 호출한다. 모든 인수에서의 추출이 성공하면 실제 핸들러 함수를 실행한다. 추출 중 하나라도 실패하면, 해당 오류는 호출자에게 반 환되고 핸들러는 호출되지 않는다(actix_web::Error는 HttpResponse로 변환될 수 있다).

이것은 대단히 편리하다. 여러분이 구현할 핸들러는 유입되는 요청 원본을 다룰 필요가 없다. 대신 강한 타입의 정보를 직접 다룰 수 있으므로, 요청을 다루기 위해 작성해야 하는 코드가 극도로 단 순해진다.

---

51 https://docs.rs/actix-web/4.0.1/actix_web/trait.FromRequest.html

52 https://docs.rs/actix-web/4.0.1/actix_web/struct.HttpRequest.html

53 https://docs.rs/actix-web/4.0.1/actix_web/dev/enum.Payload.html

54 https://docs.rs/actix-web/4.0.1/actix_web/struct.Error.html

55 https://github.com/actix/actix-web/blob/01cbef700fd9d7ce20f44bed06c649f6b238b9bb/src/handler.rs#L212

Form의 FromRequest 구현을 살펴보자. 무엇을 하는가? 여기에서도 코드[56]를 조금 다듬어서 핵심 엘리먼트를 강조하고 중요하지 않은 세부적인 구현은 무시했다.

```
impl<T> FromRequest for Form<T>
where
    T: DeserializeOwned + 'static,
{
    type Error = actix_web::Error;

    async fn from_request(
        req: &HttpRequest,
        payload: &mut Payload
    ) -> Result<Self, Self::Error> {
        // 추출자 구성과 주변의 요소들은 생략했다(예 페이로드 크기 제한 등).

        match UrlEncoded::new(req, payload).await {
            Ok(item) => Ok(Form(item)),
            // 오류 핸들러는 커스터마이즈할 수 있다.
            // 기본 핸들러는 우리가 원하는 400을 반환한다.
            Err(e) => Err(error_handler(e))
        }
    }
}
```

모든 복잡한 작업은 UrlEncoded 구조체 안에서 일어나는 것으로 보인다. UrlEncoded는 많은 작업을 수행한다. 명확하게 압축되거나 압축되지 않은 페이로드를 다루고, 요청 바디가 한 번에 바이트 스트림의 덩어리로 도착하도록 처리한다. 이 모든 작업이 수행되는 핵심 부분[57]은 다음 구문이다.

```
serde_urlencoded::from_bytes::<T>(&body).map_err(|_| UrlencodedError::Parse)
```

serde_urlencoded[58]는 application/x-www-form-urlencoded 데이터 포맷에 대한 (역)직렬화를 지원한다. from_bytes는 연속적인 바이트 슬라이스를 입력으로 받고, URL-encoded 포맷의 규칙에 따라 입력으로부터 type T의 인스턴스를 역직렬화한다. 키와 값은 &로 구분된 키-값 튜플에 존재한다. 키와 값은 =로 구분되며, 알파벳과 숫자가 아닌 문자열은 키와 값에서 모두 퍼센트 인코딩된다.

---

56 https://github.com/actix/actix-web/blob/01cbef700fd9d7ce20f44bed06c649f6b238b9bb/src/types/form.rs#L112

57 https://github.com/actix/actix-web/blob/01cbef700fd9d7ce20f44bed06c649f6b238b9bb/src/types/form.rs#L358

58 https://docs.rs/serde_urlencoded/0.6.1/serde_urlencoded/

일반적인 타입 T를 처리하는 방법을 어떻게 알 수 있는가? 그것은 T가 serde의 Deserialized Owned 트레이트를 구현하기 때문이다.

```
impl<T> FromRequest for Form<T>
where
    T: DeserializeOwned + 'static,
{
    // [...]
}
```

내부적으로 어떤 동작이 수행되는지 이해하기 위해 serde 자체를 좀 더 자세히 살펴봐야 한다.

serde와 관련된 다음 절에서는 두어 가지 고급 러스트 주제를 다룬다. 처음에 읽었을 때는 한 번에 다 이해가 되지 않을 수도 있다. 러스트 그리고 serde와 조금 더 친해진 뒤, 이곳으로 다시 돌아와서 가장 어려운 부분으로 뛰어드는 것도 좋다.

❸ 러스트에서의 직렬화: serde

serde가 필요한 이유는 무엇인가? serde는 실제로 어떤 일을 하는가? 가이드[59]에서는 다음과 같이 설명한다.

> serde는 러스트 데이터 구조를 효율적이고 제네릭하게 직렬화/역직렬화하기 위한 프레임워크다.

▶ 제네릭하게

serde 자체는 구체적인 데이터 포맷으로의 (역)직렬화에 대한 지원을 제공하지 않는다. serde 안에는 JSON, Avro, MessagePack과 같은 세부 사항을 다루는 코드가 존재하지 않는다. 세부적인 데이터 포맷에 대한 지원이 필요하다면 다른 크레이트(예 JSON용 serde_json[60] Avro용 avro-rs[61] 등)를 사용해야 한다. serde는 인터페이스 셋set of interface 혹은 그들이 부르는 용어로는 데이터 모델data model[62]을 정의한다.

---

59 https://serde.rs/
60 https://docs.rs/serde_json
61 https://docs.rs/avro-rs
62 https://serde.rs/data-model.html

새로운 데이터 포맷에 대한 직렬화를 지원하는 라이브러리를 구현하고 싶다면, Serializer 트레이트[63]에 대한 구현을 제공해야 한다. Serializer 트레이트의 모든 메서드는 serde의 데이터 모델을 구성하는 29개 타입 중 하나와 일치한다. 여러분의 Serializaer 구현은 29개 타입[64]이 각각 여러분이 지정한 데이터 포맷에 매핑되는 방법을 지정한다. 예를 들어 여러분이 JSON 직렬화에 대한 지원을 추가한다면, serialize_seq[65] 구현은 열린 대괄호([)를 출력해야 하고 순차 엘리먼트를 직렬화하는 데 사용할 수 있는 타입을 반환해야 한다.[66]

한편, 여러분은 Serialize 트레이트[67]를 갖고 있다. 러스트 타입에 대한 Serialize::serialize 구현은 해당 Serializer 트레이트에서 사용할 수 있는 메서드들을 사용해서 serde의 데이터 모델에 따라 분해하는 방법을 지정한다. 순차 예시를 다시 사용하자. 이 예시는 러스트 벡터에 대한 Serialize를 구현하는 방법이다.

```
use serde::ser::{Serialize, Serializer, SerializeSeq};

impl<T> Serialize for Vec<T>
where
    T: Serialize,
{
    fn serialize<S>(&self, serializer: S) -> Result<S::Ok, S::Error>
    where
        S: Serializer,
    {
        let mut seq = serializer.serialize_seq(Some(self.len()))?;
        for element in self {
            seq.serialize_element(element)?;
        }
        seq.end()
    }
}
```

이것이 바로 serde가 데이터 포맷에 구애받지 않는 이유다. 여러분의 타입이 Serialize를 일단 구현하면, 여러분은 자유롭게 Serializer의 구체적인 구현을 사용해서 실제로 직렬화 단계를 수행

---

63 https://docs.serde.rs/serde/trait.Serializer.html

64 https://serde.rs/data-model.html

65 https://docs.serde.rs/serde/trait.Serializer.html#tymethod.serialize_seq

66 serde_json의 serialize_seq 구현을 확인해볼 수 있다. 빈 시퀀스에 대한 최적화 부분이 있는데(즉시 [ ]를 출력한다), 이 구현이 하는 일이 바로 그것이다. https://github.com/serde-rs/json/blob/4354fc3eb2232ee0ba9a9a23acce107a980a6dc0/src/ser.rs#L318

67 https://docs.serde.rs/serde/ser/trait.Serialize.html

할 수 있다. 즉, 여러분은 여러분의 타입을 어떤 포맷으로든 직렬화할 수 있다. crates.io에 사용할 수 있는 Serializer(스포일러: 거의 일반적으로 사용되는 데이터 포맷들)가 존재하기 때문이다.

Deserialize 및 Deserializer[68]를 경유한 역직렬화도 마찬가지다. 복사를 하지 않는 역직렬화를 지원하기 위한 **라이프타임**lifetime과 관련된 몇 가지 추가적인 세부 사항이 다를 뿐이다.

▶ 효율적으로

속도는 어떠한가? serde는 내부의 데이터 포맷에 대한 제네릭이기 때문에 속도가 느린가?

그렇지 않다. **단일화**monomorphization[69]라고 불리는 프로세스 덕분이다. 제네릭 함수가 타입의 구체적인 셋과 함께 호출될 때마다 러스트 컴파일러는 구체적인 타입을 제네릭 타입으로 치환해서 해당 함수 바디의 사본을 만든다. 따라서 컴파일러는 함수 바디의 각 인스턴스를 포함한 구체적인 타입에 따라 최적화할 수 있다. 결과 자체는 제네릭이나 트레이트를 사용하지 않고 각 타입에 따라 별도의 함수를 작성해서 달성할 수 있는 것과 다르지 않다. 다시 말해, 제네릭을 사용하는 데 드는 런타임 비용을 전혀 지불하지 않는다.[70]

이 개념은 매우 강력하며, **무비용 추상화**zero-cost abstraction라고 불린다. 상위 레벨 언어 구조를 사용하면 깔끔하지 못하고, 더 손이 가는 구현을 통해 얻을 수 있는 것과 동일한 기계 코드를 얻을 수 있다. 따라서 우리는 사람이 쉽게 읽을 수 있는 코드를 작성하면 된다(그래야만 한다). 최종 산출물의 품질을 타협하지 않아도 된다.

serde는 메모리 사용에서도 매우 세심하다. 우리가 이야기한 중간 데이터 모델은 트레이트 메서드를 통해 암묵적implicitly으로 정의된다. 실제 중간 직렬화 구조는 존재하지 않는다. 더 자세히 알고 싶다면 조시 맥기건Josh Mcguigan이 쓴 'Understanding Serde'[71]를 참고하자.

모든 정보를 측정한 데이터 포맷에 대한 특정한 타입으로 (역)직렬화 하기 위해 필요한 모든 정보는 컴파일 시점에 사용할 수 있다. 런타임 오버헤드는 존재하지 않는다. 다른 언어의 (역)직렬화하기는 자주 런타임 반영runtime reflection을 활용해 여러분이 (역)직렬화하고자 하는 타입에 관한 정보

---

68 https://docs.serde.rs/serde/trait.Deserializer.html

69 https://doc.rust-lang.org/book/ch10-01-syntax.html

70 동시에 단일 데이터 포맷과 단일 유스 케이스(예: 배치 직렬화(batch serialization))에 특화된 직렬화기를 작성하는 것은 serde의 데이터 모델 구조와 호환되지 않는 알고리즘을 활용할 기회, 즉 다양한 유스 케이스에 대한 여러 지원 포맷을 얻을 수 있다. 이 방식의 예시로는 simd-json을 들 수 있다(https://docs.rs/simd-json/0.3.18/simd_json/index.html).

71 https://www.joshmcguigan.com/blog/understanding-serde/

(예) 필드명 목록 등)를 가져온다. 러스트는 런타임 반영을 제공하지 않으며 모든 것은 사전에 지정되어야 한다.

▶ **편리하게**

여기에서 `#[derive(Serialize)]`와 `#[derive(Deserialize)]`가 그 역할을 한다. 여러분은 프로젝트에 정의된 모든 타입에 대해 직렬화가 수행되어야 할 방법을 직접 작성하기를 원치 않을 것이다. 이것은 지루하고, 오류가 발생할 가능성이 높으며, 여러분이 집중해야 할 애플리케이션 관련 로직에 투입할 시간을 빼앗는다.

이 두 개의 절차적 매크로들은 파생 기능 플래그 뒤에서 serde에 번들되어 있으며, 타입 정의를 파싱하고 올바른 Serialize/Deserialize 구현을 자동으로 생성한다.

❹ 종합

지금까지 학습한 것들을 기반으로 subscribe 핸들러 코드를 다시 보자.

```
#[derive(serde::Deserialize)]
pub struct FormData {
    email: String,
    name: String,
}

// 단순하게 시작하자: 항상 200 OK를 반환한다.
async fn subscribe(_form: web::Form<FormData>) -> HttpResponse {
    HttpResponse::Ok().finish()
}
```

다음과 같은 일이 발생한다.

- subscribe를 호출하기 전에 actix-web은 from_request 메서드를 모든 subscribe의 입력 인자에 대해 호출한다. 예시에서는 Form::from_request에 해당한다.

- Form::from_request는 바디를 역직렬화해서 URL 인코딩 규칙에 따라 FormData로 만든다. 이때 serde_urlencoded와 FormData의 Deserialize 구현을 활용한다. 이 구현은 `#[derive(serde::Deserialize)]`에 의해 자동으로 생성된다.

- Form::from_rquest가 실패하면, 400 BAD REQUEST가 호출자에게 반환된다. 성공하면 subscribe가 호출되고 200 OK를 반환한다.

다소 놀라운 부분이다. 믿을 수 없을 정도로 간단해 보인다. 그러나 이 과정에서 많은 것이 수행된다. 우리는 러스트의 강력함과 러스트 에코시스템에서 가장 잘 정리된 크레이트에 의존하고 있다.

3.8 데이터 저장하기: 데이터베이스

POST /subscriptions 엔드포인트는 테스트를 통과한다. 그러나 그 유용함은 매우 제한적이다. 유효한 이메일과 이름을 어디에도 저장하지 않았다. HTML 폼을 통해서 수집한 정보의 레코드가 영구하게 저장되지 않는다. 이를 어떻게 수정할 것인가?

클라우드 네이티브의 의미가 무엇인지 정의했을 때, 시스템에서 나타나는 창의적인 몇 가지 동작을 기술했다. 특히, 실패가 발생할 수 있는 환경에서의 높은 가용성을 달성하기 원한다. 따라서 이 애플리케이션은 분산되어야 한다. 여러 머신에서 여러 인스턴스를 실행해서 하드웨어 실패에서도 살아남아야 한다.

이는 데이터 영속성에 영향을 미친다. 유입되는 데이터에 대한 저장 계층으로 호스트의 파일시스템을 사용할 수 없다. 디스크에 저장하는 모든 것은 애플리케이션의 수많은 사본 중 하나에서만 사용할 수 있다.[72] 그러므로 해당 호스트가 파괴되면 그 데이터도 사라지게 된다.

그렇기 때문에 클라우드 네이티브 애플리케이션은 일반적으로 상태가 없다stateless. 영속성을 위한 필요성은 특화된 외부 시스템인 데이터베이스에 위임된다.

3.8.1 데이터베이스 선택하기

뉴스레터 프로젝트에서는 어떤 데이터베이스를 사용해야 하는가? 필자의 규칙은 다음과 같다. 다소 모순적으로 들릴 수 있다.

> 영속성 요구가 명확하지 않다면, 관계형 데이터베이스를 사용하자. 큰 확장을 예상할 필요가 없다면, PostgreSQL[73]을 사용하자.

지난 20년간 데이터베이스의 제안은 폭발적으로 늘어났다.

---

72 사본 사이에 일정의 동기화 프로토콜을 구현하지 않는 한 형편없이 작성된 데이터베이스의 사본으로 빠르게 바뀔 수 있다.

73 https://www.postgresql.org/

데이터 모델 관점에서 **NoSQL 운동**NoSQL movement은 document 저장소(예 몽고DB[74]), 키-값 저장소 (예 아마존 다이나모[75]), 그래프 데이터베이스(예 Neo4J[76]) 등을 들 수 있다. 램RAM을 주요 저장소로 사용하는 데이터베이스도 있다(예 레디스[77]). 칼럼 식 저장소를 통해 분석 쿼리에 최적화된 데이터 베이스도 있다(예 아마존 레드시프트[78]).

수많은 가능성이 존재하므로 여러분은 시스템을 설계할 때 이 풍부함을 반드시 활용해야 한다. 그럼에도 불구하고, 애플리케이션이 사용하는 데이터 접근 패턴이 명확하게 결정되지 않았다면 특화된specialized 데이터 저장소 설루션을 사용함으로써 편향된 설계를 하기 쉽다. 관계형 데이터베이스는 대부분의 상황에서 합리적으로 뛰어나므로 애플리케이션의 첫 번째 버전을 만들 때 좋은 선택이 된다. 여러분의 도메인에 존재하는 제약 사항을 탐색할 수 있게 도와준다.[79]

관계형 데이터베이스에도 선택지는 많다. 전통적인 PostgreSQL[80]과 MySQL[81] 외에도 아마존 오로라AWS Auroa,[82] 구글 스패너Google Spanner,[83] CockroachDB[84] 등 흥미롭고 새로운 데이터베이스들도 선택할 수 있다. 이들 모두의 공통점은 무엇인가? 이들은 확장을 위해 만들어졌다. 기존 SQL 데이터베이스가 처리할 수 있어야 하는 수준을 훨씬 뛰어넘는다. 아무튼 확장을 해야 한다면 이들을 고려하자. 그렇지 않다면 추가적인 복잡도를 수용할 필요는 없다.

그래서 여기에서는 PostgreSQL을 선택한다. 검증된 기술에 기반하고 있으며, 매니지드 서비스가 필요하다면 모든 클라우드에서 이를 지원한다. 또 오픈소스이며, 문서가 풍부하고, 로컬 환경에서는 도커를 경유한 CI 환경에서도 쉽게 실행할 수 있다. 물론 러스트 에코시스템에서도 잘 지원된다.

---

74 https://www.mongodb.com/
75 https://aws.amazon.com/dynamodb/
76 https://neo4j.com/
77 https://redis.io/
78 https://aws.amazon.com/redshift/
79 관계형 데이터베이스는 트랜잭션을 제공한다. 트랜잭션은 부분적인 실패를 처리하고 공유된 데이터에 대한 동시 접근을 다루는 강력한 메커니즘이다. 트랜잭션은 7장에서 자세히 살펴본다.
80 https://www.postgresql.org/
81 https://www.mysql.com/
82 https://aws.amazon.com/rds/aurora/
83 https://cloud.google.com/spanner
84 https://www.cockroachlabs.com/

3.8.2 데이터베이스 크레이트 선택하기

2020년 8월 러스트 프로젝트에서 PostgresSQL과 상호작용할 때 선택할 수 있는 최고의 세 가지 옵션은 다음과 같다.

- `tokio-postgres`[85]
- `sqlx`[86]
- `diesel`[87]

세 가지 옵션 모두 유명한 프로젝트로 많은 프로덕션 환경에서 사용되고 있다. 이 중에서 어떤 것을 선택하는 것이 좋은가?

다음 세 가지 특성을 고려해서 자유롭게 선택하면 된다.

- 컴파일-시간 안정성
- SQL 우선 vs. 쿼리 생성을 위한 DSL
- 비동기 vs. 동기 인터페이스

❶ 컴파일-시간 안전성

관계형 데이터베이스와 상호작용할 때는 다음과 같은 실수를 저지르기 쉽다.

- 쿼리의 컬럼명이나 테이블명의 오타
- 데이터베이스 엔진이 거부하는 조작 실행 시도(예) 문자열과 숫자를 더하거나 잘못된 컬럼을 기준으로 두 개의 테이블을 결합하는 등)
- 실제로 존재하지 않는 특정한 필드가 반환 데이터에 있을 것이라는 기대

핵심은 '언제 우리가 실수했음을 알아차릴 수 있는가?'이다.

대부분의 프로그래밍 언어에서는 런타임에 이를 알아차릴 수 있다. 쿼리를 실행하면 데이터베이스는 이를 거부하고, 오류나 예외를 얻게 된다. `tokio-postgres`를 사용할 때도 동일하다.

`diesel`과 `slqx`는 이런 대부분의 실수를 컴파일 시간에 발견함으로써 피드백 사이클의 속도를 높

---

85 https://docs.rs/tokio-postgres/
86 https://docs.rs/sqlx/
87 https://docs.rs/diesel/

이려고 시도한다. diesel은 **CLI**(명령줄 인터페이스)command-line interface[88]를 활용해서 **데이터베이스 스키마**database schema 표현을 러스트 코드처럼 생성한다. 그 뒤에 이를 활용해 모든 쿼리에 대한 가정을 확인한다. 이와 달리 sqlx는 사용자 절차 매크로를 사용해서 컴파일-시간에 데이터베이스에 연결하고 제공된 쿼리가 실제로 올바른지 확인한다.[89]

② 쿼리 인터페이스

tokio-postgres와 sqlx는 여러분이 쿼리에 SQL을 직접 기술하는 것을 기대한다.

한편, diesel은 고유한 쿼리 필터를 제공한다. 쿼리는 러스트의 타입처럼 표현되고 필터를 추가해 메서드를 호출함으로써 결합이나 유사한 동작을 수행할 수 있다. 이는 종종 **도메인 특화 언어**domain-specific language, DSL라고 불린다.

어떤 것이 더 나은가? 늘 그렇듯 상황에 따라 다르다.

SQL은 매우 휴대성이 높다. 관계형 데이터베이스와 상호작용해야 하는 모든 프로젝트에서 사용할 수 있다. 프로그래밍 언어나 애플리케이션이 작성된 프레임워크와 관계없이 사용할 수 있다. 한편, diesel의 DSL은 diesel만 사용할 수 있다. 따라서 diesel에 친숙해지기 위한 초기 비용을 들여야 하며, 현재와 미래 프로젝트에서 diesel을 사용할 때만 그 보상을 받을 수 있다. 또한, diesel의 DSL을 사용해서 복잡한 쿼리를 표현하기는 어려울 수 있기 때문에, 결과적으로 여러분은 원시적인 SQL[90]만 사용하게 될 수도 있다.

한편, diesel의 DSL은 재사용할 수 있는 컴포넌트[91]를 작성하기 쉽다. 복잡한 쿼리를 여럿으로 나누어서 이들을 마치 일반적인 러스트 함수처럼 여러 위치에서 활용할 수 있다.

③ 비동기 지원

어디선가 비동기 I/O에 관해 기막힌 설명을 읽었던 것을 기억한다.

> 스레드는 병렬로 동작한다. 비동기는 병렬로 대기한다.

---

[88] https://github.com/diesel-rs/diesel/tree/master/diesel_cli
[89] 절차적 매크로에서 I/O를 수행하는 것과 관련해서는 다소 논란이 있으며 sqlx 프로젝트에서는 항상 데이터베이스를 동작하는 상태로 유지해야 한다. sqlx는 0.4.0부터 추출한 쿼리 메타 데이터를 캐싱함으로써 오프라인 빌드를 지원하기 시작했다.
[90] http://diesel.rs/guides/extending-diesel/
[91] http://diesel.rs/guides/composing-applications/

여러분의 데이터베이스는 동일한 머신 호스트에서 여러분의 애플리케이션과 가까이에 있지 않다. 쿼리를 실행하려면 네트워크 호출을 수행해야 한다. 비동기 데이터베이스 드라이버는 단일 쿼리 처리 시간을 줄이지 않는다. 하지만 데이터베이스의 결과가 반환될 때까지 기다리면서 애플리케이션이 모든 CPU 코어를 활용해 다른 의미 있는 작업을 수행하도록 한다(예 다른 HTTP 요청을 처리하는 등).

이는 비동기 코드를 도입하는 추가적인 복잡성을 감수할 수 있는 충분히 중요한 이익이 아닌가? 애플리케이션의 성능 요구 사항에 따라 다르다. 일반적으로 대부분의 유스 케이스에서는 별도의 스레드 풀에서 쿼리를 수행하는 것으로 충분하다. 동시에 여러분의 웹 프레임워크가 이미 비동기라면, 비동기 데이터베이스 드라이버가 여러분의 고충을 대신해줄 것이다.[92]

`sqlx`와 `tokio-postgres`는 비동기 인터페이스를 제공하지만, `diesel`은 동기 방식이며 가까운 미래에도 비동기 방식을 지원할 계획이 없다.[93]

현재 기준으로 `tokio-postgres`는 쿼리 파이프라이닝[94]을 지원하는 유일한 크레이트다. 이 기능은 `sqlx`에서는 설계 단계[95]이며, `diesel`의 문서나 이슈 트래커에서는 이에 관한 언급을 찾아볼 수 없다.

❹ 정리

앞에서 언급한 내용을 다음 표에 정리했다.

크레이트	컴파일 시간 안전성	쿼리 인터페이스	비동기
`tokio-postgres`	No	SQL	Yes
`sqlx`	Yes	SQL	Yes
`diesel`	Yes	DSL	No

---

92 비동기 런타임은 대기하고 있다면 '매우 빠른' 미래에 제어가 실행자에게 다시 돌아온다는 가정에 기반한다. 만약 실수로 런타임에서 비동기 작업을 폴링하는 데 사용하는 동일한 스레드 풀에서 IO 차단 코드를 실행하면 문제가 발생한다. 예를 들어 여러분의 애플리케이션은 부하가 낮음에도 불구하고 중지 상태에 빠질 것이다. IO 차단은 `tokio::spawn_blocking`(https://docs.rs/tokio/latest/tokio/task/fn.spawn_blocking.html)이나 `async_std::spawn_blocking`(https://docs.rs/async-std/1.6.3/async_std/task/fn.spawn_blocking.html)과 같은 함수를 사용해서 별도의 스레드 풀에서 수행해야 한다.

93 https://github.com/diesel-rs/diesel/issues/399

94 https://docs.rs/tokio-postgres/0.5.5/tokio_postgres/index.html#pipelining

95 https://github.com/launchbadge/sqlx/issues/408

5 우리의 선택: sqlx

이 책에서는 sqlx를 사용한다. 비동기를 지원함으로써 actix-web은 컴파일-시간을 보장해준다. 또한 우리가 다루어야 하는 API 표면을 제한하고, 쿼리에 원시적인 SQL을 사용할 수 있어 능숙하게 사용할 수 있다.

3.8.3 Side-effects를 사용한 통합 테스팅

우리가 달성하고자 하는 바는 무엇인가? '행복한 경우'의 테스트 케이스를 다시 살펴보자.

```
//! tests/health_check.rs
// [...]

#[tokio::test]
async fn subscribe_returns_a_200_for_valid_form_data() {
    // Arrange
    let app_address = spawn_app();
    let client = reqwest::Client::new();

    // Act
    let body = "name=le%20guin&email=ursula_le_guin%40gmail.com";
    let response = client
        .post(&format!("{}/subscriptions", &app_address))
        .header("Content-Type", "application/x-www-form-urlencoded")
        .body(body)
        .send()
        .await
        .expect("Failed to execute request.");

    // Assert
    assert_eq!(200, response.status().as_u16());
}
```

여기에서의 어서션은 충분하지 않다. API 응답만으로는 원하는 비즈니스 결과를 달성했는지 말할 수 없다. 사이드 이펙트가 발생했는지(즉, 데이터 저장소)를 알고 싶다.

우리의 신규 구독자가 실제로 지속되는지에 관한 세부 사항을 확인하고 싶다. 어떻게 해야 하는가?

두 가지 옵션이 있다.

1. 퍼블릭 API의 다른 엔드포인트를 활용해서 애플리케이션 상태를 검사한다.

2. 테스트케이스에서 데이터베이스에 직접 질의한다.

가능하다면 옵션 1을 선택해야 한다. 여러분의 테스트는 API의 세부 구현 사항을 신경 쓰지 않고 남아 있어야 한다(예 기반 데이터베이스 기술 및 그 스키마). 그리고 결과적으로 미래의 리팩터링으로 인해 방해받지 않게 된다.

안타깝게도 우리가 만드는 API는 퍼블릭 엔드포인트가 존재하지 않기 때문에, subscriber가 존재하는지 검증할 수 없다. `GET /subscriptions` 엔드포인트를 추가해서 기존 구독자의 목록을 가져올 수 있다. 하지만 그다음에는 이를 보호하는 방법을 고려해야 한다. 모종의 형태의 인증이 없는 상태에서 퍼블릭 인터넷에 구독자의 이름과 이메일 정보를 노출하기를 원하지 않는다. 결과적으로는 `get /subscriptions` 엔드포인트를 작성하게 될 것이다(즉, 구독자 목록을 확인하기 위해 프로덕션 데이터베이스에 로그인하기 원치 않는다). 하지만 그저 작업 중인 기능을 확인하기 위한 목적으로 새로운 기능을 작성해서는 안 된다.

서론은 그만하고 테스트에서 작은 쿼리를 작성해보자. 더 나은 전략을 취할 수 있게 되면 이 쿼리는 삭제할 것이다.

3.8.4 데이터베이스 셋업

테스트 스위트에서 쿼리를 실행하기 위해서는 다음이 필요하다.

- 실행 중인 Postgres 인스턴스[96]
- 구독자 데이터를 저장할 테이블

1 도커

도커를 사용해서 Postgres를 실행한다. 테스트 스위트를 실행하기 전에 Postgres가 제공하는 공식 도커 이미지[97]를 사용해서 새로운 도커 컨테이너를 실행한다. 도커 웹사이트[98]의 설명에 따라 여러분의 머신에 도커를 설치하자.

---

96 필자는 '인 메모리 테스트 데이터베이스(in-memory test database)'라는 생각을 고집하지 않는다. 가능하다면 같은 데이터베이스를 테스트와 프로덕션 환경에 모두 쓰는 것이 좋다. 필자는 한때, 인 메모리 스텁과 실제 데이터베이스 엔진의 차이가 너무 커서 인 메모리 데이터베이스를 '실제의 것' 대신 사용하는 것의 장점을 전혀 믿지 못했다.

97 https://hub.docker.com/_/postgres

98 https://www.docker.com/get-started

이를 위한 작은 배시 스크립트 scripts/init_db.sh를 작성한다. Postgres의 기본 설정 몇 가지를
커스터마이징한다.

```bash
#!/usr/bin/env bash
set -x
set -eo pipefail

# 커스텀 유저가 설정되었는지 확인한다. 기본값은 'postgres'이다.
DB_USER=${POSTGRES_USER:=postgres}
# 커스텀 비밀번호가 설정되었는지 확인한다. 기본값은 'password'이다.
DB_PASSWORD="${POSTGRES_PASSWORD:=password}"
# 커스텀 데이터베이스명이 설정되었는지 확인한다. 기본값은 'newsletter'이다.
DB_NAME="${POSTGRES_DB:=newsletter}"
# 커스텀 포트가 설정되었는지 확인한다. 기본값은 '5432'이다.
DB_PORT="${POSTGRES_PORT:=5432}"

# 도커를 사용해서 postgress를 구동한다.
docker run \
  -e POSTGRES_USER=${DB_USER} \
  -e POSTGRES_PASSWORD=${DB_PASSWORD} \
  -e POSTGRES_DB=${DB_NAME} \
  -p "${DB_PORT}":5432 \
  -d postgres \
  postgres -N 1000
  # ^ 테스트 목적으로 최대로 증가시킨 커넥션 수
```

실행할 수 있도록 만들어보자.

```
chmod +x scripts/init_db.sh
```

다음 명령어로 Postgres를 실행할 수 있다.

```
./scripts/init_db.sh
```

docker ps를 실행하면 다음과 같은 결과를 확인할 수 있다.

```
IMAGE        PORTS                    STATUS
postgres     127.0.0.1:5432->5432/tcp  Up 12 seconds [...]
```

주의할 점이 있다. 리눅스를 사용하지 않는다면 매핑이 약간 다를 수 있다.

② 데이터베이스 마이그레이션

구독자의 세부 정보를 저장하기 위한 첫 번째 테이블을 작성해야 한다. 데이터베이스에 새로운 테이블을 추가하려면 스키마[99]를 변경해야 한다. 이는 일반적으로 **데이터베이스 마이그레이션**database migration이라고 부른다.

▶ sqlx-cli

`sqlx`는 `sqlx-cli`라는 명령줄 인터페이스를 제공한다. 이를 사용해 데이터베이스 마이그레이션을 관리할 수 있다.

다음 명령으로 CLI를 설치할 수 있다.

```
cargo install --version="~0.6" sqlx-cli --no-default-features \
    --features rustls,postgres
```

`sqlx --help` 명령어를 실행해 모든 것이 예상대로 동작하는지 확인한다.

▶ 데이터베이스 생성

일반적으로 가장 처음 실행할 명령은 `sqlx` 데이터베이스 생성 명령이다. 도움말 문서에 따르면 다음 명령과 같다.

```
sqlx-database-create
Creates the database specified in your DATABASE_URL

USAGE:
    sqlx database create

FLAGS:
    -h, --help       Prints help information
    -V, --version    Prints version information
```

우리가 다루는 예시에서는 이것이 필요하지 않다. Postgres 도커 인스턴스는 `newsletter`라는 이름의 기본 데이터베이스를 포함한다. 설정을 할 때 우리가 환경 변수를 사용해서 이를 지정했다. CI 파이프라인과 프로덕션 환경에서는 생성 단계를 거쳐야 하므로 이에 관해 다룰 필요가 있다.

---

99 https://www.postgresql.org/docs/9.5/ddl-schemas.html

도움말의 내용에서 알 수 있듯이, `sqlx` 데이터베이스는 `DATABASE_URL` 환경 변수에 의존해서 수행할 작업을 결정한다. `DATABASE_URL`은 유효한 Postgres 커넥션 문자열이어야 한다. 그 형식은 다음과 같다.

```
postgres://${DB_USER}:${DB_PASSWORD}@${DB_HOST}:${DB_PORT}/${DB_NAME}
```

따라서 script/init_db.sh에 몇 개의 행을 추가할 수 있다.[100]

```
# [...]

DATABASE_URL=postgres://${DB_USER}:${DB_PASSWORD}@localhost:${DB_PORT}/${DB_NAME}
export DATABASE_URL
sqlx database create
```

때때로 짜증나는 문제에 직면할 수도 있다. `sqlx database create`를 실행할 때, Postgres 컨테이너가 연결을 수락할 준비가 되어 있지 않을 것이다. 필자는 그런 경우를 자주 만나서 이에 대한 해결책을 찾아야 했다. Postgres가 안정될 때까지 기다렸다가 명령을 실행해야 한다. 스크립트를 다음과 같이 수정한다.

```
#!/usr/bin/env bash
set -x
set -eo pipefail

DB_USER=${POSTGRES_USER:=postgres}
DB_PASSWORD="${POSTGRES_PASSWORD:=password}"
DB_NAME="${POSTGRES_DB:=newsletter}"
DB_PORT="${POSTGRES_PORT:=5432}"

docker run \
  -e POSTGRES_USER=${DB_USER} \
  -e POSTGRES_PASSWORD=${DB_PASSWORD} \
  -e POSTGRES_DB=${DB_NAME} \
  -p "${DB_PORT}":5432 \
  -d postgres \
  postgres -N 1000
```

---

100 스크립트를 다시 실행하면 실패할 것이다. 동일한 이름의 도커 컨테이너가 이미 실행 중이기 때문이다. 해당 컨테이너를 중지/삭제한 뒤에 스크립트의 업데이트된 버전을 실행해야 한다.

```
# Postgres가 명령어를 받아들일 준비가 될 때까지 핑을 유지한다.
export PGPASSWORD="${DB_PASSWORD}"
until psql -h "localhost" -U "${DB_USER}" -p "${DB_PORT}" -d "postgres" -c '\q'; do
  >&2 echo "Postgres is still unavailable - sleeping"
  sleep 1
done

>&2 echo "Postgres is up and running on port ${DB_PORT}!"

DATABASE_URL=postgres://${DB_USER}:${DB_PASSWORD}@localhost:${DB_PORT}/${DB_NAME}
export DATABASE_URL
sqlx database create
```

문제가 해결되었다. 헬스 체크는 Postgres 커맨드라인 클라이언트인 psql을 사용한다. 여러분의 OS에 설치하는 방법은 이 명령을 참조하기 바란다.[101]

스크립트들은 그 의존성을 선언하는 매니페스트와 함께 제공되지 않는다. 안타깝게도 모든 사전 조건을 설치하지 않은 상태에서 스크립트를 실행하는 것은 매우 일반적이다. 이는 보통 스크립트의 중단을 일으키고, 종종 시스템의 여러 요소들이 절반 정도 부서지게 만든다. 초기화 스크립트에서 조금 더 나은 작업을 할 수 있다. 먼저 psql과 sqlx-cli가 설치되어 있는지 확인한다.

```
set -x
set -eo pipefail

if ! [ -x "$(command -v psql)" ]; then
  echo >&2 "Error: psql is not installed."
  exit 1
fi

if ! [ -x "$(command -v sqlx)" ]; then
  echo >&2 "Error: sqlx is not installed."
  echo >&2 "Use:"
  echo >&2 " cargo install --version='~0.6' sqlx-cli \
--no-default-features --features rustls,postgres"
  echo >&2 "to install it."
  exit 1
fi

# 나머지 스크립트
```

---

101 https://www.timescale.com/blog/how-to-install-psql-on-mac-ubuntu-debian-windows/

첫 번째 마이그레이션을 생성하자.

```
# 도커에서 기본 파라미터를 사용해서 Postogres를 구동했다고 가정한다.
export DATABASE_URL=postgres://postgres:password@127.0.0.1:5432/newsletter
sqlx migrate add create_subscriptions_table
```

새로운 톱-레벨 디렉터리인 `migrations`가 프로젝트에 표시될 것이다. 이 디렉터리에 `sqlx` CLI에 의해 프로젝트에 대한 모든 마이그레이션이 저장된다. `migrations` 디렉터리 아래 `{timestamp}_create_subscriptions_table.sql`가 존재한다. 여기에 첫 번째 마이그레이션을 위한 SQL 코드를 작성해야 한다.

필요한 쿼리를 빠르게 작성해보자.

```
-- migrations/{timestamp}_create_subscriptions_table.sql
-- subscriptions 테이블을 생성한다.
CREATE TABLE subscriptions(
    id uuid NOT NULL,
    PRIMARY KEY (id),
    email TEXT NOT NULL UNIQUE,
    name TEXT NOT NULL,
    subscribed_at timestamptz NOT NULL
);
```

기본 키primary key [102] 지정에 관해서는 논의가 끊이지 않는다.[103] 비즈니스 관점의 의미가 있는 컬럼(예 email, 자연 키natural key 등)을 선호하는 이들이 있는가 하면, 비즈니스 관점의 의미가 없는 조합 키 (예 id, 무작위로 생성된 UUID(범용 고유 식별자), 대리 키surrogate key 등)를 선호하는 이들도 있다. 필자는 일반적으로 꼭 그래야 할 이유가 없는 한 조합 식별자를 기본적으로 사용한다. 하지만 여러분도 꼭 그래야 할 필요는 없다.

몇 가지 유의할 사항이 있다.

---

102 https://www.postgresql.org/docs/current/ddl-constraints.html#DDL-CONSTRAINTS-PRIMARY-KEYS
103 https://www.mssqltips.com/sqlservertip/5431/surrogate-key-vs-natural-key-differences-and-when-to-use-in-sql-server/

- subscribe_at을 사용해서 구독이 언제 생성되었는지 추적한다(timestampz[104]는 타임존이 반영된 날짜와 시간 타입이다).
- UNIQUE 제약 조건[105]을 사용해서 데이터베이스 레벨에서 email을 고유하게 관리한다.
- 각 컬럼의 값은 NOT NULL[106]로 생성되어야 한다.
- email과 name은 길이 제약이 없으므로, TEXT[107]를 사용한다.

데이터베이스 제약 사항은 발생했을 때 비용이 발생하는 애플리케이션 버그를 방지할 수 있는 최후 방어선으로 유용하다. 데이터베이스는 새로운 데이터를 테이블에 기록하기 전에 모든 체크를 통과하는지 보장해야 한다. 따라서 제약 사항은 데이터 베이스의 쓰기-처리량(즉, 테이블에 단위 시간당 삽입/업데이트할 수 있는 행의 숫자)에 영향을 미친다. 특히 UNIQUE는 email 열에 추가적인 B-tree 인덱스를 추가한다. 이 인덱스는 모든 INSERT/UPDATE/DELETE 쿼리마다 업데이트되어야 하며, 디스크에 공간을 차지한다.

책에서 다루는 예시에서는 크게 걱정하지 않는다. 처리량과 관련된 문제를 만나려면 메일링 리스트가 믿을 수 없을 만큼 인기가 있어야 할 것이다. 만약 그런 문제가 발생한다면 즐겁게 해결하자.

▶ **마이그레이션 실행하기**

다음 명령으로 데이터베이스 마이그레이션을 실행할 수 있다.

```
sqls migrate run
```

sql database create와 동작은 동일하다. DATABASE_URL 환경 변수를 참조해서 어떤 데이터베이스가 마이그레이션되어야 하는지 판단한다.

환경 변수를 scripts/init_db.sh 스크립트에 추가하자.

```
#!/usr/bin/env bash
set -x
set -eo pipefail
```

---

104 https://www.postgresqltutorial.com/postgresql-timestamp/
105 https://www.postgresql.org/docs/current/ddl-constraints.html#DDL-CONSTRAINTS-UNIQUE-CONSTRAINTS
106 https://www.postgresql.org/docs/current/ddl-constraints.html#id-1.5.4.6.6
107 https://www.postgresql.org/docs/current/datatype-character.html

```
if ! [ -x "$(command -v psql)" ]; then
  echo >&2 "Error: psql is not installed."
  exit 1
fi


if ! [ -x "$(command -v sqlx)" ]; then
  echo >&2 "Error: sqlx is not installed."
  echo >&2 "Use:"
  echo >&2 "    cargo install --version='~0.6' sqlx-cli \
--no-default-features --features rustls,postgres"
  echo >&2 "to install it."
  exit 1
fi


DB_USER=${POSTGRES_USER:=postgres}
DB_PASSWORD="${POSTGRES_PASSWORD:=password}"
DB_NAME="${POSTGRES_DB:=newsletter}"
DB_PORT="${POSTGRES_PORT:=5432}"


# 도커화된 Postgres 데이터베이스가 이미 실행 중이면 도커가 이 단계를 건너뛸 수 있게 한다.
if [[ -z "${SKIP_DOCKER}" ]]
then
  docker run \
      -e POSTGRES_USER=${DB_USER} \
      - e POSTGRES_PASSWORD=${DB_PASSWORD} \
      -e POSTGRES_DB=${DB_NAME} \
      -p "${DB_PORT}":5432 \
      -d postgres \
      postgres -N 1000
fi


export PGPASSWORD="${DB_PASSWORD}"
until psql -h "localhost" -U "${DB_USER}" -p "${DB_PORT}" -d "postgres" -c '\q'; do
  >&2 echo "Postgres is still unavailable - sleeping"
  sleep 1
done


>&2 echo "Postgres is up and running on port ${DB_PORT} - running migrations now!"


DATABASE_URL=postgres://${DB_USER}:${DB_PASSWORD}@localhost:${DB_PORT}/${DB_NAME}
export DATABASE_URL
sqlx database create
sqlx migrate run


>&2 echo "Postgres has been migrated, ready to go!"
```

docker run 명령어를 SKIP_DOCKER 플래그 뒤에 두었다. 이는 기존 Postgres 인스턴스를 수동으로 파괴하지 않고, 마이그레이션을 실행하고, script/init_db.sh로 재생성하기 쉽게 하기 위해서다. Postgres가 스크립트에 의해 변경되지 않는다면 CI에서도 유용하게 사용할 수 있다.

이제 다음 명령으로 데이터베이스를 마이그레이션할 수 있다.

```
SKIP_DOCKER=true ./scripts/init_db.sh
```

출력 결과에서 다음과 같은 내용을 확인할 수 있다.

```
+ sqlx migrate run
20200823135036/migrate create subscriptions table (7.563944ms)
```

여러분이 선호하는 그래픽 인터페이스[108]를 사용해서 Postgres 데이터베이스를 확인해보면, subscriptions 테이블과 새로운 _sqlx_migrations 테이블이 보일 것이다. 이 테이블은 sqlx 가 데이터베이스에 어떤 마이그레이션이 수행되었는지 추적하기 위한 것이다. 이 테이블에 현재 create_ subscriptions_table 마이그레이션 한 줄이 포함되어 있을 것이다.

3.8.5 첫 번째 쿼리 작성하기

마이그레이션된 데이터베이스를 실행했다. 이제 어떻게 데이터베이스와 통신하는가?

❶ Sqlx 기능 플래그

sqlx-cli를 설치했지만 애플리케이션에 sqlx를 의존성으로 아직 추가하지 않았다. Cargo.toml에 다음 행을 추가한다.

```toml
[dependencies]
# [...]

# 테이블과 유사한 toml 구문을 사용해서 긴 코드 행을 줄이자.
[dependencies.sqlx]
version = "0.6"
default-features = false
features = [
```

---

108 https://www.pgadmin.org/

```
    "runtime-tokio-rustls",
    "macros",
    "postgres",
    "uuid",
    "chrono",
    "migrate"
]
```

수많은 기능 플래그가 존재한다. 각각 어떤 의미인지 살펴보자.

- runtime-tokio-rustls. sqlx가 TLS 백엔드로서 퓨처와 rustls에 대해 tokio 런타임을 사용하도록 지시한다.
- macros. sqlx::query!와 sqlx::query_as!에 접근할 수 있다. 이후에 많이 사용할 것이다.
- postgres. Postgres 특정 함수를 잠금 해제한다(즉, 비표준 SQL 타입).
- uuid. SQL UUID를 ssid 크레이트의 Uuid 타입에 매핑한다.[109] id 컬럼을 다루기 위해 필요하다.
- chrono. SQL timestampz를 chrono 크레이트의 DateTime<T> 타입에 매핑한다.[110] subscribed_at 컬럼을 다룰 때 필요하다.
- migrate. sqlx-cli가 내부적으로 사용한 동일한 함수를 사용해서 마이그레이션을 관리할 수 있다. 테스트 스위트에서 유용하게 사용된다.

이번 장에서 수행할 내용에 대해서는 이 정도로 충분하다.

❷ 구성 관리

데이터베이스에 연결하는 가장 간단한 엔트리 포인트는 PgConnection[111]이다. PgConnection은 Connection 트레이트[112]를 구현한 것으로, connect 메서드[113]를 제공한다. **연결 문자열**connection string을 입력으로 받아서 비동기적으로 Result<PostgresConnection, sqlx::Error>를 반환한다.

연결 문자열은 어디에서 얻는가?

---

109 https://docs.rs/uuid/
110 https://docs.rs/chrono/
111 https://docs.rs/sqlx/0.5.1/sqlx/struct.PgConnection.html
112 https://docs.rs/sqlx/0.5.1/sqlx/prelude/trait.Connection.html
113 https://docs.rs/sqlx/0.5.1/sqlx/prelude/trait.Connection.html#method.connect

문자열은 애플리케이션에 하드 코딩한 뒤 테스트에서도 사용할 수 있다. 또는 구성 관리의 기본적인 메커니즘을 즉시 도입할 수도 있다.

구성 관리는 생각만큼 복잡하지 않으며 애플리케이션 전체에서 하드 코딩된 값을 추적하는 수고를 크게 덜어준다. 러스트가 제공하는 config[114] 크레이트를 사용하면 구성 관리를 쉽게 할 수 있다. 다양한 파일 포맷을 제공하며, 다양한 소스 계층을 조합해서(예 환경 변수, 구성 파일 등) 각 배포 환경에 따라 애플리케이션의 동작을 쉽게 커스터마이즈할 수 있다.

지금 단계에서는 하나의 구성 파일이면 충분하다.

▶ 공간 만들기

현재 모든 애플리케이션 코드는 lib.rs 파일 안에 존재한다. 이 파일을 신속하게 여러 서브 모듈로 나누어서 새로운 기능을 추가할 때 맞닥뜨릴 수 있는 혼란을 피하자.

다음과 같은 폴더 구조를 만들 것이다.

```
src/
  configuration.rs
  lib.rs
  main.rs
  routes/
    mod.rs
    health_check.rs
    subscriptions.rs
  startup.rs
```

lib.rs 파일은 다음과 같이 변경된다.

```
//! src/lib.rs
pub mod configuration;
pub mod routes;
pub mod startup;
```

startup.rs는 run 함수를 호스트하고, health_check는 routes/health_check.rs, subscribe와 FormData는 routes/subscriptions.rs로 변경되고, configuration.rs는 빈 상태에서 시작한다.

---

114 https://docs.rs/config/

두 핸들러는 routes/mod.rs로 다시 익스포트된다.

```
//! src/routes/mod.rs
mod health_check;
mod subscriptions;

pub use health_check::*;
pub use subscriptions::*;
```

필요한 부분에 pub 시각화 수정자를 추가하고, main.rs와 tests/health_check.rs에서 구문을 사용하기 위해 코드를 약간 수정해야 할 것이다.

cargo test가 그린인 것을 확인한 뒤 다음을 진행하자.

▶ 구성 파일 읽기

config를 사용해서 구성을 관리하려면 애플리케이션 설정을 serde의 Deserilize 트레이트를 구현하는 러스트 타입으로 표현해야 한다. 새로운 Settings 구조체를 생성한다.

```
//! src/configuration.rs
#[derive(serde::Deserialize)]
pub struct Settings {}
```

이 시점에서 두 개의 구성값 그룹을 갖는다.

- 애플리케이션 포트. actix-web은 이 포트를 통해서 유입되는 요청을 듣는다(현재 main.rs에 8000으로 하드 코딩되어 있음).
- 데이터베이스 연결 파라미터

Settings에 각 그룹을 위한 필드를 추가한다.

```
//! src/configuration.rs
#[derive(serde::Deserialize)]
pub struct Settings {
    pub database: DatabaseSettings,
    pub application_port: u16
}

#[derive(serde::Deserialize)]
```

```
pub struct DatabaseSettings {
    pub username: String,
    pub password: String,
    pub port: u16,
    pub host: String,
    pub database_name: String,
}
```

DatabaseSettings 위에 #[derive(serde::Deserialize)]를 기술하지 않으면 컴파일러에서 다음
오류가 발생한다.

```
error[E0277]: the trait bound
`configuration::DatabaseSettings: configuration::_::_serde::Deserialize<'_>`
is not satisfied
 --> src/configuration.rs:3:5
  |
3 |     pub database: DatabaseSettings,
  |     ^^^ the trait `configuration::_::_serde::Deserialize<'_>`
  |     is not implemented for `configuration::DatabaseSettings`
  |
  = note: required by `configuration::_::_serde::de::SeqAccess::next_element`
```

이해가 된다. 타입 안의 모든 필드는 역직렬화할 수 있어야 한다. 그래야만 필드 전체가 역직렬화
될 수 있기 때문이다.

구성 타입은 가지고 있다. 이제 무엇을 하면 되는가?

가장 먼저 config를 의존성에 추가하자.

```
#! Cargo.toml
# [...]
[dependencies]
config = "0.13"
# [...]
```

configuration.yaml이라는 구성 파일에서 애플리케이션 설정을 읽을 것이다.

```
//! src/configuration.rs
// [...]
```

```
pub fn get_configuration() -> Result<Settings, config::ConfigError> {
    // 구성 읽기를 초기화한다.
    let settings = config::Config::builder()
        // `configuration.yaml`이라는 파일로부터 구성값을 추가한다.
        .add_source(
            config::File::new("configuration.yaml", config::FileFormat::Yaml)
        )
        .build()?;
    // 읽은 구성값을 Settings 타입으로 변환한다.
    settings.try_deserialize::<Settings>()
}
```

main 함수가 가장 먼저 구성을 읽을 수 있도록 수정한다.

```
//! src/main.rs
use std::net::TcpListener;
use zero2prod::startup::run;
use zero2prod::configuration::get_configuration;

#[tokio::main]
async fn main() -> std::io::Result<()> {
    // 구성을 읽을 수 없으면 패닉에 빠진다.
    let configuration = get_configuration().expect("Failed to read configuration.");
    // 하드 코딩했던 `8000`을 제거했다. 해당 값은 세팅에서 얻는다.
    let address = format!("127.0.0.1:{}", configuration.application_port);
    let listener = TcpListener::bind(address)?;
    run(listener)?.await
}
```

cargo run으로 애플리케이션을 실행하면 애플리케이션이 깨진다.

```
Running `target/debug/zero2prod`

thread 'main' panicked at 'Failed to read configuration.:
configuration file "configuration" not found', src/main.rs:7:25

note: run with `RUST_BACKTRACE=1` environment variable to display a backtrace
Panic in Arbiter thread.
```

구성 파일을 추가해서 이 문제를 수정하자.

config가 다룰 수 있는 파일이라면 어떤 포맷을 사용해도 관계없다. 여기에서는 YAML을 사용한다.

```
# configuration.yaml
application_port: 8000
database:
  host: "127.0.0.1"
  port: 5432
  username: "postgres"
  password: "password"
  database_name: "newsletter"
```

이제 `cargo run`은 문제없이 실행된다.

❸ Postgres에 연결하기

`PgConnection::connect`은 단일 연결 문자열을 입력으로 받는다. 반면, `DatabasSettings`를 사용하면 모든 연결 파라미터에 각각 접근할 수 있다. `connection_string` 메서드를 추가해서 이를 수행하자.

```
//! src/configuration.rs
// [...]
impl DatabaseSettings {
    pub fn connection_string(&self) -> String {
        format!(
            "postgres://{}:{}@{}:{}/{}",
            self.username, self.password, self.host, self.port, self.database_name
        )
    }
}
```

연결할 준비가 되었다.

행복한 케이스의 테스트를 조작해보자.

```
//! tests/health_check.rs
use sqlx::{PgConnection, Connection};
use zero2prod::configuration::get_configuration;
// [...]

#[tokio::test]
async fn subscribe_returns_a_200_for_valid_form_data() {
    // Arrange
    let app_address = spawn_app();
    let configuration = get_configuration().expect("Failed to read configuration");
```

```
    let connection_string = configuration.database.connection_string();
    // `Connection` 트레이트는 반드시 스코프 안에 있어야 `PgConnection::connect`를
    // 호출할 수 있다. 구조체의 상속 메서드가 아니다.
    let connection = PgConnection::connect(&connection_string)
        .await
        .expect("Failed to connect to Postgres.");
    let client = reqwest::Client::new();

    // Act
    let body = "name=le%20guin&email=ursula_le_guin%40gmail.com";
    let response = client
        .post(&format!("{}/subscriptions", &app_address))
        .header("Content-Type", "application/x-www-form-urlencoded")
        .body(body)
        .send()
        .await
        .expect("Failed to execute request.");

    // Assert
    assert_eq!(200, response.status().as_u16());
}
```

cargo test가 동작한다. 테스트에서 Postgres에 성공적으로 연결할 수 있음을 확인했다. 밖에서 볼 땐 사소한 작은 단계이겠지만, 우리에게는 커다란 점프다.

④ 테스트 어서션

이제 연결이 되었으므로, 지난 몇 페이지를 진행하는 동안 고대했던 **테스트 어서션**test assertion 을 마침내 작성할 수 있다. sqlx의 query! 매크로를 사용한다.

```
//! tests/health_check.rs
// [...]

#[tokio::test]
async fn subscribe_returns_a_200_for_valid_form_data() {
    // [...]
    // 커넥션은 mutable로 마크해야 한다.
    let mut connection = ...

    // Assert
    assert_eq!(200, response.status().as_u16());

    let saved = sqlx::query!("SELECT email, name FROM subscriptions",)
        .fetch_one(&mut connection)
```

```
        .await
        .expect("Failed to fetch saved subscription.");

    assert_eq!(saved.email, "ursula_le_guin@gmail.com");
    assert_eq!(saved.name, "le guin");
}
```

saved의 타입은 무엇인가? query! 매크로는 익명 레코드 타입을 반환한다. 구조체 정의는 컴파일 시점에 해당 쿼리가 유효한지 판단한 후 결과에 각 열에 대한 멤버와 함께 생성된다(예 email 열에 대해서는 saved.email).

run cargo test를 실행하면 오류가 발생한다.

```
error: `DATABASE_URL` must be set to use query macros
 --> tests/health_check.rs:59:17
   |
59 | let saved = sqlx::query!("SELECT email, name FROM subscriptions",)
   |             ^^^^^^^^^^^^^^^^^^^^^^^^^^^^^^^^^^^^^^^^^^^^^^^^^^^^^^^^
   |
   = note: this error originates in a macro (in Nightly builds,
     run with -Z macro-backtrace for more info)
```

앞에서 논의한 것처럼 sqlx는 컴파일 시간에 Postgres에 접근해서 쿼리의 형태가 올바른지 확인한다. sqlx-cli 명령어와 마찬가지로, sqlx는 DATABASE_URL 환경 변수에 의존해서 데이터베이스의 위치를 찾는다. DATABASE_URL은 수동으로 익스포트할 수 있다. 하지만 머신을 부팅하고 프로젝트에서 작업을 시작할 때마다 같은 작업을 해야 한다. sqlx를 만든 이들[115]의 조언을 따라 최상위 레벨의 .env 파일에 다음을 추가한다.

```
DATABASE_URL="postgres://postgres:password@localhost:5432/newsletter"
```

sqlx는 DATABASE_RUL을 .env 파일에서 읽는다. 덕분에 매번 환경 변수를 다시 익스포팅할 필요가 없다. 데이터베이스 연결 파라미터를 두 곳에 가지고 있는 것은 다소 지저분해 보인다(.env와 configuration.yaml). 하지만 그건 큰 문제가 아니다. configuration.yaml은 애플리케이션이 컴파일된 뒤 런타임 동작을 바꿀 때 사용할 수 있다. 한편 .env는 개발 프로세스, 빌드와 테스트 단계

---

115 https://github.com/launchbadge/sqlx#compile-time-verification

에만 영향을 준다. `.env` 파일을 버전 관리 시스템에 커밋하자. CI에서 해당 파일을 사용해야 한다.

`run cargo test`를 다시 실행한다.

```
running 3 tests
test health_check_works ... ok
test subscribe_returns_a_400_when_data_is_missing ... ok
test subscribe_returns_a_200_for_valid_form_data ... FAILED

failures:

---- subscribe_returns_a_200_for_valid_form_data stdout ----
thread 'subscribe_returns_a_200_for_valid_form_data' panicked at
'Failed to fetch saved subscription.: RowNotFound', tests/health_check.rs:59:17

failures:
    subscribe_returns_a_200_for_valid_form_data
```

테스트는 실패한다. 정확히 우리가 원하던 바다.

이제 애플리케이션을 수정해서 테스트가 그린이 되도록 하는 데 집중하자.

5 CI 파이프라인 업데이트하기

코드를 체크인하면 CI 파이프라인이 앞에서 도입했던 대부분의 체크에서 실패한다는 것을 알아챘을 것이다. 이제 테스트는 정상적으로 실행되기 위해 동작하는 Postgres 데이터베이스에 의존한다. 모든 빌드 명령어(`cargo check`, `cargo lint`, `cargo build`)는 `sqlx`의 컴파일 시간 체크를 해야 하므로, 실제로 데이터베이스가 동작해야 한다.

CI가 부서진 상태에서 더 이상 모험을 계속하고 싶지는 않다. 깃허브[116]에서 업데이트된 버전의 깃허브 액션을 찾을 수 있다. `general.yml`만 업데이트하면 된다.

---

[116] https://github.com/LukeMathWalker/zero-to-production/blob/root-chapter-03-part1/.github/workflows/general.yml

3.9 신규 구독자 저장하기

앞에서 SELECT 쿼리를 작성하고 테스트에서 어떤 구독이 데이터베이스에 지속되는지 조사했다. 마찬가지로 이제 INSERT 쿼리를 작성해서 유효한 POST /subscriptions 요청을 받았을 때 신규 구독자의 세부 정보를 저장한다.

요청 핸들러를 다시 살펴보자.

```rust
//! src/routes/subscriptions.rs
use actix_web::{web, HttpResponse};

#[derive(serde::Deserialize)]
pub struct FormData {
    email: String,
    name: String,
}

// 단순하게 시작하자: 항상 200 OK를 반환한다.
pub async fn subscribe(_form: web::Form<FormData>) -> HttpResponse {
    HttpResponse::Ok().finish()
}
```

subscribe 안에서 쿼리를 실행하려면 데이터베이스 연결을 얻어야 한다. 어떻게 이 연결을 얻을 수 있는지 생각해보자.

3.9.1 actix-web에서의 애플리케이션 상태

지금까지 우리가 만든 애플리케이션에는 상태가 존재하지 않았다. 핸들러는 유입되는 요청의 데이터만 따라서 동작했다. actix-web을 사용하면 에플리케이션에 다른 데이터들을 붙일 수 있다. 이 데이터들은 단일한 유입 요청의 수명과 무관하며, **애플리케이션 상태**application state라고 불린다.

App의 app_data[117] 메서드를 이용해서 애플리케이션에 상태에 정보를 추가할 수 있다.

app_data를 사용해서 PgConnection을 애플리케이션 상태의 일부로 등록한다. TcpListener와 함께 PgConection을 받도록 run 메서드를 수정한다.

---

117 https://docs.rs/actix-web/4.0.1/actix_web/struct.App.html#method.app_data

```
//! src/startup.rs

use crate::routes::{health_check, subscribe};
use actix_web::dev::Server;
use actix_web::{web, App, HttpServer};
use sqlx::PgConnection;
use std::net::TcpListener;

pub fn run(
    listener: TcpListener,
    // 새로운 매개변수
    connection: PgConnection
) -> Result<Server, std::io::Error> {
    let server = HttpServer::new(|| {
        App::new()
            .route("/health_check", web::get().to(health_check))
            .route("/subscriptions", web::post().to(subscribe))
            // 커넥션을 애플리케이션 상태의 일부로 등록한다.
            .app_data(connection)
    })
    .listen(listener)?
    .run();
    Ok(server)
}
```

cargo check를 실행하면 오류가 발생한다.

```
error[E0277]: the trait bound `PgConnection: std::clone::Clone`
is not satisfied in `[closure@src/startup.rs:8:34: 13:6 PgConnection]`
  --> src/startup.rs:8:18
   |
8  |        let server = HttpServer::new(|| {
   |  ------------------ ^^^^^^^^^^^^^^^ -
   |  | |                   |
   |  | |                   within `[closure@src/startup.rs:8:34: 13:6 PgConnection]`,
   |  | |                   the trait `std::clone::Clone` is not implemented
   |  | |                   for `PgConnection`
9  |  | |         App::new()
10 |  | |             .route("/health_check", web::get().to(health_check))
11 |  | |             .route("/subscriptions", web::post().to(subscribe))
12 |  | |             .app_data(connection)
13 |  | |        })
   |  | |_____- within this `[closure@src/startup.rs:8:34: 13:6 PgConnection]`
   |  |
   = note: required because it appears within the type
           `[closure@src/startup.rs:8:34: 13:6 PgConnection]`
```

```
    = note: required by `actix_web::server::HttpServer::<F, I, S, B>::new`

error[E0277]: the trait bound `PgConnection: std::clone::Clone`
is not satisfied in `[closure@src/startup.rs:8:34: 13:6 PgConnection]`
  --> src/startup.rs:8:18
   |
8  |        let server = HttpServer::new(|| {
   |  _____^_____-
   | |_____|
   | ||
   | ||
9  | ||          App::new()
10 | ||              .route("/health_check", web::get().to(health_check))
11 | ||              .route("/subscriptions", web::post().to(subscribe))
12 | ||              .app_data(connection)
13 | ||      })
   | ||_____- within this `[closure@src/startup.rs:8:34: 13:6 ::PgConnection]`
14 | |        .listen(listener)?
   | |_____^
   |     within `[closure@src/startup.rs:8:34: 13:6 ::PgConnection]`,
   |     the trait `std::clone::Clone` is not implemented for `PgConnection`
   |
   |
56 |        F: Fn() -> I + Send + Clone + 'static,
   |                                -----
   | required by this bound in `actix_web::server::HttpServer`
   |
   = note: required because it appears within the type
            `[closure@src/startup.rs:8:34: 13:6 PgConnection]`
```

HttpServer는 PgConnection을 클론할 수 있다_{clonable}고 기대하지만, 현재 그렇지 않다. 먼저 Clone을 구현해야 하는 이유는 무엇인가?

3.9.2 actix-web 워커

HttpServer::new 호출 부분을 살펴보자.

```
let server = HttpServer::new(|| {
    App::new()
        .route("/health_check", web::get().to(health_check))
        .route("/subscriptions", web::post().to(subscribe))
})
```

HttpServer::new는 App을 인수로 받지 않는다. App 구조체를 반환하는 **클로저**closure를 인수로 받아야 한다. 이것은 actix-web의 런타임 모델을 지원하기 위한 것이다. actix-web은 머신에서 사용할 수 있는 코어당 하나의 **워커**worker를 실행한다. 각 워커는 HttpServer에 의해 만들어진 애플리케이션의 고유한 사본을 실행한다. HttpServer는 HttpServer::new가 인수로 받은 것과 완전히 동일한 클로저를 호출한다.

따라서 connection은 클론될 수 있어야 한다. App의 사본마다 connection이 하나씩 필요하다. 하지만 앞에서 말한 것처럼 PgConnection은 Clone을 구현하지 않는다. PgConnection은 클론할 수 없는 시스템 리소스인, Postgres와의 TCP 연결 위에 있기 때문이다. 그럼 어떻게 해야 하는가?

여기에서는 또 다른 actix-web 추출자인 web::Data[118]를 사용할 수 있다. web::Data는 커넥션을 **Arc**atomic reference counted **포인터**[119]에 감싼다. 애플리케이션의 각 인스턴스는 PgConnection의 사본 자체를 얻는 대신, PgConnection에 대한 포인터를 얻는다. Arc<T>는 T에 관계없이 항상 클론할 수 있다. Arc를 클론하면 활성 참조 숫자가 증가하고 감싼 값의 메모리 주소의 새로운 사본을 전달한다.

이후 핸들러들은 같은 추출자를 사용해서 애플리케이션 상태에 접근할 수 있다.

다음 코드를 실행해보자.

```
//! src/startup.rs
use crate::routes::{health_check, subscribe};
use actix_web::dev::Server;
use actix_web::{web, App, HttpServer};
use sqlx::PgConnection;
use std::net::TcpListener;

pub fn run(
    listener: TcpListener,
    connection: PgConnection
) -> Result<Server, std::io::Error> {
    // 커넥션을 스마트 포인터로 감싼다.
    let connection = web::Data::new(connection);
    // 주변 환경으로부터 `connection`을 잡아낸다.
    let server = HttpServer::new(move || {
```

---

[118] https://docs.rs/actix-web/4.0.1/actix_web/web/struct.Data.html
[119] https://doc.rust-lang.org/std/sync/struct.Arc.html

```
        App::new()
            .route("/health_check", web::get().to(health_check))
            .route("/subscriptions", web::post().to(subscribe))
            // 포인터 사본을 얻어 애플리케이션 상태에 추가한다.
            .app_data(connection.clone())
    })
    .listen(listener)?
    .run();
    Ok(server)
}
```

아직 컴파일되지 않는다. 몇 가지 정리를 해야 한다.

```
error[E0061]: this function takes 2 arguments but 1 argument was supplied
  --> src/main.rs:11:5
   |
11 |     run(listener)?.await
   |     ^^^ -------- supplied 1 argument
   |     |
   |     expected 2 arguments
```

문제를 빠르게 수정하자.

```
//! src/main.rs
use zero2prod::configuration::get_configuration;
use zero2prod::startup::run;
use sqlx::{Connection, PgConnection};
use std::net::TcpListener;

#[tokio::main]
async fn main() -> std::io::Result<()> {
    let configuration = get_configuration().expect("Failed to read configuration.");
    let connection = PgConnection::connect(
            &configuration.database.connection_string()
        )
        .await
        .expect("Failed to connect to Postgres.");
    let address = format!("127.0.0.1:{}", configuration.application_port);
    let listener = TcpListener::bind(address)?;
    run(listener, connection)?.await
}
```

완벽하다. 이제 문제없이 컴파일된다.

3.9.3 데이터 추출자

이체 요청 핸들러, subcribe 안에서 web:Data 추출자를 사용해서 Arc<PgConnection>를 다룰 수 있다.

```
//! src/routes/subscriptions.rs
use sqlx::PgConnection;
// [...]

pub async fn subscribe(
    _form: web::Form<FormData>,
    // 애플리케이션 상태에서 커넥션을 꺼낸다.
    _connection: web::Data<PgConnection>,
) -> HttpResponse {
    HttpResponse::Ok().finish()
}
```

Data 추출자를 호출했다. 하지만 PgConnection은 어디에서 추출하는가? actix-web은 **타입 맵**type-map을 사용해서 애플리케이션 상태인 HashMap[120]을 표현한다. HashMap은 그들의 고유한 타입 식별자(TypeId::of[121]를 통해 얻음)에 대해 임의의 데이터(Any 타입[122] 사용)를 저장한다.

web::Data는 새로운 요청이 유입되면, 여러분이 시그니처(예시의 경우 PgConnection)에 지정한 타입의 TypeId를 계산하고 타입 맵에 그와 일치하는 레코드가 있는지 확인한다. 일치하는 레코드가 있으면, 추출한 Any 값을 여러분이 지정한 타입으로 캐스팅하고(TypeId는 고유하므로 걱정할 필요가 없다), 이를 여러분의 핸들러로 넘긴다.

이는 매우 흥미로운 기법으로 다른 언어의 에코시스템에서는 이를 **의존성 주입**dependency injection이라고 부른다.

3.9.4 INSERT 쿼리

마침내 subscribe 안에 커넥션을 만들었다. 이제 신규 구독자의 세부적인 정보를 저장해보자. 행복한 테스트 케이스에서 사용했던 query! 매크로를 다시 사용한다.

---

120 https://doc.rust-lang.org/std/collections/struct.HashMap.html

121 https://doc.rust-lang.org/std/any/struct.TypeId.html

122 https://doc.rust-lang.org/std/any/trait.Any.html

```
//! src/routes/subscriptions.rs
use chrono::Utc;
use uuid::Uuid;
// [...]

pub async fn subscribe(
    form: web::Form<FormData>,
    connection: web::Data<PgConnection>,
) -> HttpResponse {
    sqlx::query!(
        r#"
        INSERT INTO subscriptions (id, email, name, subscribed_at)
        VALUES ($1, $2, $3, $4)
        "#,
        Uuid::new_v4(),
        form.email,
        form.name,
        Utc::now()
    )
    // `get_ref`를 사용해서 `web::Data`로 감싸진 `PgConnection`에 대한
    // 불변 참조(immutable reference)를 얻는다.
    .execute(connection.get_ref())
    .await;
    HttpResponse::Ok().finish()
}
```

어떤 일이 벌어지는지 자세히 살펴보자.

- 동적인 데이터를 INSERT 쿼리에 바인딩한다. $1은 쿼리 다음에 query!에 전달되는 첫 번째 인자, $2는 두 번째 인자, …를 나타낸다. query!는 컴파일 시간에 주어진 인자 수와 쿼리에서 기대하는 인자 수가 맞는지, 그리고 인자의 타입이 호환되는지 확인한다(예 숫자는 id로 전달할 수 없다).

- id에 사용하기 위해 무작위로 Uuid를 생성한다.

- subscribed_at을 위해 Utc 타임존의 현재 타임스탬프를 사용한다.

Cargo.toml에 두 개의 새로운 디펜던시를 추가해서 컴파일러 오류를 수정한다.

```
[dependencies]
# [...]
uuid = { version = "1", features = ["v4"] }
chrono = { version = "0.4.22", default-features = false, features = ["clock"] }
```

다시 컴파일해보자.

```
error[E0277]: the trait bound `&PgConnection: sqlx_core::executor::Executor<'_>`
            is not satisfied
  --> src/routes/subscriptions.rs:29:14
   |
29 |        .execute(connection.get_ref().deref())
   |              ^^^^^^^^^^^^^^^^^^^^^^^^^^^^^^
   |                the trait `sqlx_core::executor::Executor<'_>`
   |                is not implemented for `&PgConnection`
   |
   = help: the following implementations were found:
             <&'c mut PgConnection as sqlx_core::executor::Executor<'c>>
   = note: `sqlx_core::executor::Executor<'_>` is implemented for
           `&mut PgConnection`, but not for `&PgConnection`

error: aborting due to previous error
```

execute는 sqlx의 Executor 트레이트[123]를 구현한 인자를 원한다. 그렇지만 우리가 테스트에서 작성한 쿼리에서 아마도 기억했어야 했던 것처럼, &PgConnection은 Executor를 구현하지 않으며, 오로지 &mut PgConnection이 Executor를 구현한다.

그 이유는 무엇인가?

sqlx는 비동기 인터페이스를 갖는다. 그러나 같은 데이터베이스 커넥션에 대해 동시에 여러 쿼리를 실행할 수는 없다. **가변 참조자**mutable reference를 요청하면 API에서 이를 보장하도록 강제한다. 가변 참조자는 **고유한 참조**unique reference처럼 생각할 수 있다. 컴파일러는 그들이 실제로 그 PgConnection에 배타적으로 접근할 수 있음을 보장한다. 전체 프로그램에서 같은 시간에 같은 값에 대한 두 개의 활성화된 가변 참조자는 존재할 수 없기 때문이다. 아주 깔끔하다.

하지만 우리는 스스로를 구석에 몰아넣은 듯 보인다. web::Data는 애플리케이션 상태에 대한 뮤터블 접근을 허가하지 않기 때문이다. 우리는 **내부 가변성**interior mutability[124]을 활용할 수 있다. 즉, PgConnection을 lock(즉, Mutex[125]) 뒤에 놓음으로써 기반 TCP 소켓에 대한 접속을 동기화하고, lock을 얻은 뒤 감싸인 커넥션에 대한 가변 참조자를 얻을 수 있다. 동작은 하도록 만들 수 있지

---

123 https://docs.rs/sqlx/0.5.7/sqlx/trait.Executor.html
124 https://doc.rust-lang.org/book/ch15-05-interior-mutability.html
125 https://docs.rs/tokio/1.17.0/tokio/sync/struct.Mutex.html

만, 이상적이지는 않다. 한 순간에 하나의 쿼리만 실행할 수 있다. 썩 훌륭하지 않다.

sqlx의 Executor 트레이트에 관한 문서[126]를 한 번 더 살펴보자. &mut PgConnection 외에 Executor를 구현하는 것은 무엇인가? 빙고! PgPool[127]에 대한 공유 참조다.

PgPool은 Postgres 데이터베이스에 대한 커넥션 풀이다. 어떻게 PgPool은 지금 논의한 PgConnection의 동시성 이슈를 해결할 수 있는가? 여전히 내부 가변성이 동작하지만, 전혀 다르다. &PgPool에 대해 쿼리를 실행하면, sqlx는 풀에서 PgConnection을 빌리고, 이를 사용해서 해당 쿼리를 실행한다. 커넥션을 사용할 수 없으면 새로운 커넥션을 하나 만들거나 커넥션이 해제될 때까지 기다린다. 이는 애플리케이션이 실행할 수 있는 동시 쿼리의 수를 늘리는 동시에 탄력성도 증가시킨다. 하나의 느린 쿼리는 **커넥션 록**connection lock이 경합하도록 만들기 때문에 모든 유입되는 요청의 성능에 영향을 미치지 않는다.

run, main, subscribe가 하나의 PgConenction 대신 PgPool을 사용하도록 리팩터링한다.

```
//! src/main.rs
use zero2prod::configuration::get_configuration;
use zero2prod::startup::run;
use sqlx::PgPool;
use std::net::TcpListener;

#[tokio::main]
async fn main() -> std::io::Result<()> {
    let configuration = get_configuration().expect("Failed to read configuration.");
    // 이름을 변경했다.
    let connection_pool = PgPool::connect(
            &configuration.database.connection_string()
        )
        .await
        .expect("Failed to connect to Postgres.");⑧
    let address = format!("127.0.0.1:{}", configuration.application_port);
    let listener = TcpListener::bind(address)?;
    run(listener, connection_pool)?.await
}
```

---

126 https://docs.rs/sqlx/0.5.1/sqlx/trait.Executor.html
127 https://docs.rs/sqlx/0.5.7/sqlx/type.PgPool.html

```
//! src/startup.rs
use crate::routes::{health_check, subscribe};
use actix_web::dev::Server;
use actix_web::{web, App, HttpServer};
use sqlx::PgPool;
use std::net::TcpListener;

pub fn run(
    listener: TcpListener, db_pool: PgPool
) -> Result<Server, std::io::Error> {
    // web::Data로 pool을 감싼다. Arc 스마트 포인터로 요약된다.
    let db_pool = web::Data::new(db_pool);
    let server = HttpServer::new(move || {
        App::new()
            .route("/health_check", web::get().to(health_check))
            .route("/subscriptions", web::post().to(subscribe))
            .app_data(db_pool.clone())
    })
    .listen(listener)?
    .run();
    Ok(server)
}
```

```
//! src/routes/subscriptions.rs
// 더 이상 PgConnection을 임포트하지 않는다.
use sqlx::PgPool;
// [...]

pub async fn subscribe(
    form: web::Form<FormData>,
    pool: web::Data<PgPool>, // 이름을 변경했다!
) -> HttpResponse {
    sqlx::query!(/* */)
        // 해당 풀을 드롭-인 대체로 이용한다.
        .execute(pool.get_ref())
        .await;
    HttpResponse::Ok().finish()
}
```

컴파일 결과에서는 오류가 거의 발견되지 않는다. cargo check에서는 warning이 한 개 나타난다.

```
warning: unused `Result` that must be used
  --> src/routes/subscriptions.rs:13:5
   |
13 | /     sqlx::query!(
```

```
14 | |         r#"
15 | |         INSERT INTO subscriptions (id, email, name, subscribed_at)
16 | |         VALUES ($1, $2, $3, $4)
... |
23 | |     .execute(pool.get_ref())
24 | |     .await;
   | |_____^
   |
   = note: `#[warn(unused_must_use)]` on by default
   = note: this `Result` may be an `Err` variant, which should be handled
```

sqlx::query는 실패할 것이다. Result를 반환하는데, 이는 러스트가 실패할 수 있는 함수를 모델링하는 방법이다.

컴파일러는 오류 케이스를 처리해야 한다고 알려준다. 컴파일러의 조언을 따른다.

```
//! src/routes/subscriptions.rs
// [...]

pub async fn subscribe(/* */) -> HttpResponse {
    // `Result`는 'Ok'와 `Err`라는 두 개의 변형(variant)을 갖는다.
    // 첫 번째는 성공, 두 번째는 실패를 의미한다.
    // `match` 구문을 사용해서 결과에 따라 무엇을 수행할지 선택한다.
    // `Result`에 관해서는 차차 자세히 설명한다!
    match sqlx::query!(/* */)
    .execute(pool.get_ref())
    .await
    {
        Ok(_) => HttpResponse::Ok().finish(),
        Err(e) => {
            println!("Failed to execute query: {}", e);
            HttpResponse::InternalServerError().finish()
        }
    }
}
```

cargo check에는 아무 문제가 없지만, cargo test는 그렇지 않다.

```
error[E0061]: this function takes 2 arguments but 1 argument was supplied
  --> tests/health_check.rs:10:18
   |
10 |     let server = run(listener).expect("Failed to bind address");
   |                  ^^^ -------- supplied 1 argument
```

```
  |          |
  |              expected 2 arguments
  |

error: aborting due to previous error
```

3.10 테스트 업데이트하기

오류는 spawn_app 헬퍼 함수에 있다.

```
//! tests/health_check.rs
use zero2prod::startup::run;
use std::net::TcpListener;
// [...]

fn spawn_app() -> String {
    let listener = TcpListener::bind("127.0.0.1:0")
        .expect("Failed to bind random port");
    // OS가 할당한 포트 번호를 꺼낸다.
    let port = listener.local_addr().unwrap().port();
    let server = run(listener).expect("Failed to bind address");
    let _ = tokio::spawn(server);
    // 애플리케이션 주소를 호출자에게 반환한다!
    format!("http://127.0.0.1:{}", port)
}
```

실행할 커넥션 풀을 전달해야 한다.

SELECT 쿼리를 실행하기 위해 subscribe_returns_a_200_for_valid_form_data에서 동일한 커넥션 풀이 필요하다는 것을 고려하면 spawn_app을 일반화하는 것이 자연스럽다. 가공되지 않는 String을 반환하는 대신 호출자에게 구조체인 TestApp을 전달한다. TestApp은 애플리케이션 인스턴스의 주소와 커넥션 풀에 대한 핸들을 가지고 있으며, 테스트 케이스들에 대한 **arrange** 단계를 단순화한다.

```
//! tests/health_check.rs
use zero2prod::configuration::get_configuration;
use zero2prod::startup::run;
use sqlx::PgPool;
use std::net::TcpListener;
```

```
pub struct TestApp {
    pub address: String,
    pub db_pool: PgPool,
}

// 이 함수는 이제 비동기다.
async fn spawn_app() -> TestApp {
    let listener = TcpListener::bind("127.0.0.1:0")
        .expect("Failed to bind random port");
    let port = listener.local_addr().unwrap().port();
    let address = format!("http://127.0.0.1:{}", port);

    let configuration = get_configuration().expect("Failed to read configuration.");
    let connection_pool = PgPool::connect(
            &configuration.database.connection_string()
        )
        .await
        .expect("Failed to connect to Postgres.");

    let server = run(listener, connection_pool.clone())
        .expect("Failed to bind address");
    let _ = tokio::spawn(server);
    TestApp {
        address,
        db_pool: connection_pool,
    }
}
```

다른 모든 테스트 케이스들도 여기에 맞춰 업데이트해야 한다. 이 부분은 여러분이 직접 해보자.
필요한 변경을 마쳤다면, subscribe_returns_a_200_for_valid_form_data의 형태가 어떻게 되는
지 살펴보자.

```
//! tests/health_check.rs
// [...]
#[tokio::test]
async fn subscribe_returns_a_200_for_valid_form_data() {
    // Arrange
    let app = spawn_app().await;
    let client = reqwest::Client::new();

    // Act
    let body = "name=le%20guin&email=ursula_le_guin%40gmail.com";
    let response = client
        .post(&format!("{}/subscriptions", &app.address))
```

```
        .header("Content-Type", "application/x-www-form-urlencoded")
        .body(body)
        .send()
        .await
        .expect("Failed to execute request.");

    // Assert
    assert_eq!(200, response.status().as_u16());

    let saved = sqlx::query!("SELECT email, name FROM subscriptions",)
        .fetch_one(&app.db_pool)
        .await
        .expect("Failed to fetch saved subscription.");

    assert_eq!(saved.email, "ursula_le_guin@gmail.com");
    assert_eq!(saved.name, "le guin");
}
```

테스트의 의도는 이제 더욱 분명하다. 데이터베이스와 커넥션을 만드는 것과 관련된 대부분의 보일러플레이트 코드를 제거했다. TestApp은 대부분의 통합 테스트에서 유용한 지원 기능들을 앞으로 만들어나가기 위한 기반이다.

진실의 순간이 마침내 찾아왔다. 업데이트한 subscribe 구현이 subscribe_returns_a_200_for_valid_form_data를 그린으로 만들기에 충분할 것인가?

```
running 3 tests
test health_check_works ... ok
test subscribe_returns_a_400_when_data_is_missing ... ok
test subscribe_returns_a_200_for_valid_form_data ... ok

test result: ok. 3 passed; 0 failed; 0 ignored; 0 measured; 0 filtered out
```

그렇다. 성공이다.

테스트를 다시 실행해서 이 영광의 순간을 누려보자.

```
cargo test
```

```
running 3 tests
test health_check_works ... ok
```

```
Failed to execute query: error returned from database:
duplicate key value violates unique constraint "subscriptions_email_key"
thread 'subscribe_returns_a_200_for_valid_form_data'
        panicked at 'assertion failed: `(left == right)`
  left: `200`,
 right: `500`', tests/health_check.rs:66:5
note: run with `RUST_BACKTRACE=1` environment variable to display a backtrace
Panic in Arbiter thread.
test subscribe_returns_a_400_when_data_is_missing ... ok
test subscribe_returns_a_200_for_valid_form_data ... FAILED

failures:

failures:
    subscribe_returns_a_200_for_valid_form_data

test result: FAILED. 2 passed; 1 failed; 0 ignored; 0 measured; 0 filtered out
```

아니, 잠깐. 제발 이러지 말자.

좋다. 사실 필자가 거짓말을 했다. 이렇게 될 것을 알고 있었다. 미안하다. 승리의 기쁨을 잠깐 맛보게 한 뒤, 여러분을 진흙탕에 다시 던져버렸다. 여기에서 학습해야 할 중요한 교훈이 있다. 필자를 믿어달라.

3.10.1 테스트 고립

여러분의 데이터베이스는 거대한 글로벌 변수다. 여러분이 작성한 모든 테스트는 데이터베이스와 상호작용하고 그 결과 남은 모든 것은 테스트 스위트의 다른 테스트에서 사용할 수 있으며, 이어 실행되는 테스트에도 사용할 수 있다. 이것은 정확히 한 달 전에 우리에게 일어난 일이었다. 첫 번째 테스트 실행에서는 애플리케이션으로 하여금 ursula_le_guin@gmail.com을 이메일 주소로 신규 구독자를 등록하라고 명령한다. 애플리케이션은 이를 따른다. 테스트 스위트를 다시 실행하면, 같은 주소의 이메일을 사용해서 다른 INSERT의 수행을 시도한다. 하지만 email 컬럼의 UNIQUE 제약 사항은 unique key violation을 발생시키고, 쿼리를 거부한다. 그리고 애플리케이션은 500 INTERNAL_SERVER_ERROR를 반환한다.

테스트 케이스 사이에 어떤 상호작용도 원하지 않을 것이다. 테스트 케이스는 확률적으로 성공하며, 이는 추적하고 수정하기 매우 까다로운 가짜 테스트 실패로 이어진다. 테스트에서 관계형 데이터베이스와 상호작용할 때 테스트 고립을 보장하는 두 가지 기법을 소개한다.

- 테스트 전체를 SQL 트랜잭션으로 감싸고, 테스트가 끝난 뒤 롤백한다.
- 각 통합 테스트를 위한 완전히 새로운 논리 데이터베이스를 실행한다.

첫 번째 옵션이 훨씬 현명하며 일반적으로 속도가 빠르다. SQL 트랜잭션을 롤백하는 데 걸리는 시간이 새로운 논리 데이터베이스를 실행하는 것보다 짧다. 이 방법은 쿼리에 대한 단위 테스트를 작성할 때는 잘 동작하지만, 통합 테스트에서 성공하기는 까다롭다. 예시 애플리케이션은 PgPool에서 PgConnection을 빌릴 것이기 때문에, SQL 트랜잭션 콘텍스트 안에서 그 커넥션을 '잡아낼 수' 없다. 그래서 두 번째 옵션을 사용해야 한다. 다소 느릴 수 있지만, 구현하기 훨씬 쉽다.

어떻게 사용하는가? 각 테스트를 실행하기 전에 다음과 같이 작업한다.

- 고유한 이름으로 새로운 논리 데이터베이스를 만든다.
- 그 위에 데이터베이스 마이그레이션을 실행한다.

actix-web 테스트 애플리케이션을 실행하기 전, spawn_app이 이 작업을 하기에 가장 적합하다. 코드를 다시 살펴보자.

```
//! tests/health_check.rs
use zero2prod::configuration::get_configuration;
use zero2prod::startup::run;
use sqlx::PgPool;
use std::net::TcpListener;
use uuid::Uuid;

pub struct TestApp {
    pub address: String,
    pub db_pool: PgPool,
}

// 이 함수는 이제 비동기다.
async fn spawn_app() -> TestApp {
    let listener = TcpListener::bind("127.0.0.1:0")
        .expect("Failed to bind random port");
    let port = listener.local_addr().unwrap().port();
    let address = format!("http://127.0.0.1:{}", port);

    let configuration = get_configuration().expect("Failed to read configuration.");
    let connection_pool = PgPool::connect(
            &configuration.database.connection_string()
        )
```

```
        .await
        .expect("Failed to connect to Postgres.");

    let server = run(listener, connection_pool.clone())
        .expect("Failed to bind address");
    let _ = tokio::spawn(server);
    TestApp {
        address,
        db_pool: connection_pool,
    }
}

// [...]
```

configuration.database.connection_string()은 configuration.yaml 파일 안에 지정된
database_name을 사용한다. 모든 테스트 케이스에 동일하게 적용된다. 다음을 사용해서 무작위화
하자.

```
let mut configuration = get_configuration().expect("Failed to read configuration.");
configuration.database.database_name = Uuid::new_v4().to_string();

let connection_pool = PgPool::connect(
        &configuration.database.connection_string()
    )
    .await
    .expect("Failed to connect to Postgres.");
```

cargo test는 실패한다. 우리가 생성한 이름을 사용해서 커넥션을 받아들일 수 있는 데이터베이
스가 없기 때문이다. DatabaseSettings에 connection_string_without_db 메서드를 추가하자.

```
//! src/configuration.rs
// [...]

impl DatabaseSettings {
    pub fn connection_string(&self) -> String {
        format!(
            "postgres://{}:{}@{}:{}/{}",
            self.username, self.password, self.host, self.port, self.database_name
        )
    }

    pub fn connection_string_without_db(&self) -> String {
```

```
        format!(
            "postgres://{}:{}@{}:{}",
            self.username, self.password, self.host, self.port
        )
    }
}
```

Postgres 인스턴스에 연결할 데이터베이스 이름은 생략했다. 하지만 구체적인 논리 데이터베이스는 생략하지 않았다. 이제 이 커넥션을 사용해서 필요한 데이터 베이스를 만들고 그 위에 마이그레이션을 실행할 수 있다.

```
//! tests/health_check.rs
// [...]
use sqlx::{Connection, Executor, PgConnection, PgPool};
use zero2prod::configuration::{get_configuration, DatabaseSettings};

async fn spawn_app() -> TestApp {
    // [...]
    let mut configuration = get_configuration()
        .expect("Failed to read configuration.");
    configuration.database.database_name = Uuid::new_v4().to_string();
    let connection_pool = configure_database(&configuration.database).await;
    // [...]
}

pub async fn configure_database(config: &DatabaseSettings) -> PgPool {
    // 데이터베이스를 생성한다.
    let mut connection = PgConnection::connect(
            &config.connection_string_without_db()
        )
        .await
        .expect("Failed to connect to Postgres");
    connection
        .execute(format!(r#"CREATE DATABASE "{}";"#, config.database_name).as_str())
        .await
        .expect("Failed to create database.");

    // 데이터베이스를 마이그레이션한다.
    let connection_pool = PgPool::connect(&config.connection_string())
        .await
        .expect("Failed to connect to Postgres.");
    sqlx::migrate!("./migrations")
        .run(&connection_pool)
        .await
```

```
        .expect("Failed to migrate the database");

    connection_pool
}
```

sqlx::migrate!는 sqlx-cli에서 sqlx migrate run을 실행할 때 사용하는 것과 동일한 매크로다. 같은 결과를 얻기 위해 배시 스크립트를 혼합할 필요는 없다.

run cargo test를 다시 실행하자.

```
running 3 tests
test subscribe_returns_a_200_for_valid_form_data ... ok
test subscribe_returns_a_400_when_data_is_missing ... ok
test health_check_works ... ok

test result: ok. 3 passed; 0 failed; 0 ignored; 0 measured; 0 filtered out
```

잘 동작한다.

이번에는 테스트 끝에 클린 업 단계를 수행하지 않았고, 우리가 생성한 논리 데이터베이스는 삭제되지 않았다. 이는 의도적인 것이다. 클린 업 단계를 추가할 수 있지만, Postgres 인스턴스는 테스트 목적으로만 사용된다. 또 수백 개의 테스트 케이스가 실행된 후에 사라지지 않은(거의 빈) 데이터베이스의 수로 인해 성능이 떨어지기 시작한다면 쉽게 재시작할 수 있다.

3.11 정리

이번 장에서는 수많은 주제를 다뤘다. actix-web 추출자와 HTML 폼, serde를 사용한 (역)직렬화, 러스트 시스템에서 사용할 수 있는 데이터베이스 크레이트에 관한 개요, sqlx 기본과 데이터베이스를 다룰 때 테스트 고립을 보장하기 위한 기본적인 기법들에 관해 살펴봤다. 충분한 시간을 갖고 이번 장에서 다룬 내용을 소화하자. 필요하다면 각 절로 돌아가서 내용을 다시 살펴봐도 좋다.

텔레메트리

3장에서는 `POST /subscriptions`를 구현해서 이메일 뉴스레터 프로젝트의 사용자 스토리 중 하나를 달성하는 것을 살펴봤다.

> 블로그 방문자로서,
> 뉴스레터를 구독하기를 원한다.
> 그래야 새로운 콘텐츠가 블로그에 게시되었을 때 이메일로 알림을 받을 수 있다.

아직 엔드-투-엔드 흐름을 테스트할 수 있는 HTML 폼을 가진 웹 페이지를 만들지는 않았지만, 이 단계에서 다루어야 할 두 개의 기본적인 시나리오를 커버하는 블랙박스 통합 테스트들을 작성했다.

- 유효한 폼 데이터가 제출되면(예 이름과 이메일이 제공되면), 데이터는 데이터베이스에 저장된다.
- 제출된 폼이 완전하지 않으면(즉, 이메일이나 이름 중 하나가 누락되거나 모두 누락되면), API는 400을 반환한다.

이 정도에서 만족하고 애플리케이션의 첫 번째 버전을 가장 멋진 클라우드 제공자를 통해 배포해야 할까? 아직 아니다. 우리는 아직 프로덕션 환경에서 소프트웨어를 적절하게 실행할 준비가 되어 있지 않다. 관측 가능성이 떨어져서 애플리케이션은 아직 측정되지instrumented 않은 상태이며, **텔레메트리 데이터**telemetry data도 얻을 수 없다. 결과적으로 알려지지 않은 알려지지 않은 것들에 취약하다.

앞에서 언급한 내용을 여러분이 거의 이해하지 못하더라도, 걱정하지 말자. 이번 장에서는 이 내용에 관해 깊이 다룰 것이다.

4.1 알려지지 않은, 알려지지 않은 것들

앞에서 몇 개의 테스트를 작성했다. 테스트들은 잘 동작하며, 올바르기 때문에 우리는 소프트웨어에 관한 확신을 가질 수 있다. 그렇지만 테스트 스위트는 애플리케이션의 정확함을 증명proof하지 않는다. 어떤 것이 정확하다고 증명prove하기 위해서는 전혀 다른 접근 방법을 탐색해봐야 한다(즉, 공식적인 방법[1]). 런타임에는 우리가 테스트하지 않았던 시나리오나 애플리케이션을 설계할 때 생각지도 못했던 시나리오를 만날 것이다.

지금까지 작업한 것과 필자의 경험에 비추어볼 때 다음과 같은 사각지대를 알려줄 수 있다.

- 데이터베이스와의 커넥션이 사라지면 어떤 일이 발생하는가? `sqlx::PgPool`은 자동으로 커넥션을 복구하는가, 혹은 애플리케이션을 다시 시작할 때까지 해당 시점부터 모든 데이터베이스 상호작용이 실패하는가?
- 공격자가 `POST /subscriptions` 요청의 바디에 악의적인 페이로드를 전달하려고 하면 어떤 일이 발생하는가(예 매우 큰 페이로드, SQL 삽입 시도[2] 등)?

위와 같은 것들은 **알려진, 알려지지 않은 것들**known unknowns이라고 불린다. 알고 있지만 아직 조사하지 못한 것들 혹은 시간을 투자할 만큼 충분한 관련이 없다고 판단한 것들이다. 시간과 노력이 충분하다면, 대부분의 알려진 알려지지 않은 것들은 제거할 수 있다.

안타깝게도 우리가 이전에 보지 못한 것, 그렇기 때문에 예상조차 하지 못하는 것을 **알려지지 않은, 알려지지 않은 것들**unknown unknowns이라고 부른다.

때로는 경험을 통해 알려지지 않은 알려지지 않은 것들을 알려진 알려지지 않은 것들로 바꿀 수는 있다. 과거에 데이터베이스를 사용해보지 않았다면 커넥션이 끊어졌을 때, 어떤 일이 발생하는지 생각하지 못할 것이다. 하지만 한 번이라도 그 상황을 만난다면, 그것은 살펴봐야 할 친숙한 실패 모드가 된다.

---

1   https://lamport.azurewebsites.net/tla/formal-methods-amazon.pdf
2   https://ko.wikipedia.org/wiki/SQL_삽입

알려지지 않은 알려지지 않은 것들은 우리가 작업하고 있는 특정 시스템의 특이한 고장 모드인 경우가 많다. 이들은 소프트웨어 컴포넌트들 사이의 접점, 기반 운영체제, 사용하는 하드웨어, 개발 프로세스의 특성과 '외부 세계'로 알려진 무작위성의 거대한 원천과 관련된 문제들이다.

알려지지 않은 알려지지 않은 것들은 다음과 같은 경우에 나타날 수 있다.

- 시스템이 일반적인 동작 조건을 벗어난다(예 일상적이지 안은 최대 트래픽).
- 여러 컴포넌트가 동시에 실패를 경험한다(예 SQL 트랜잭션이 중단되어 있는 동안 데이터베이스는 마스터-복제 복구를 진행한다[3]).
- 시스템 평형을 깨는 변화가 일어난다(예 재시도 정책 변경).
- 오랜 시간 동안 아무런 변경이 발생하지 않는다(예 애플리케이션이 몇 주 동안 재시작되지 않아, 모든 종류의 메모리 누수가 발생한다).
- 기타

이 모든 시나리오는 한 가지 공통점을 갖는다. 이들은 실제 운용 환경이 아니면 재생산할 수 없다는 점이다. 그렇다면 알려지지 않은 알려지지 않은 것들에 의한 장애나 버그를 다루기 위해 어떤 준비를 해야 하는가?

4.2 관측 가능성

알려지지 않은, 알려지지 않은 문제가 발생했을 때, 그 장소에 우리가 없을 것이라고 가정해야 한다. 늦은 저녁 시간이거나 우리가 다른 일을 하고 있을 수도 있다. 심지어 뭔가 잘못되기 시작한 그 시점에 우리가 주의를 기울이고 있었다 하더라도, 프로덕션에서 실행 중인 프로세스에 디버거를 붙이는 작업은 거의 불가능하거나 쓸모없으며(여러분이 어떤 프로세스를 확인해야 하는지 알고 있다고 가정하더라도), 성능 저하는 여러 시스템에 동시에 영향을 미칠 것이다. 알려지지 않은 알려지지 않은 것을 이해하고 디버그하는 데 의존할 수 있는 유일한 것이 텔레메트리 데이터다. 실행 중인 애플리케이션에 관한 정보를 자동으로 수집하므로, 나중에 조사함으로써 특정 시점의 시스템 상태에 관한 질문에 답할 수 있다.

그렇다면 그 질문은 무엇인가?

---

3   https://www.postgresql.org/docs/current/warm-standby-failover.html

우리가 정말로 사전에 알지 못하는 것이 알지 못하는 알지 못하는 것이라면, 그 근본적인 원인을 고립시키기 위해 던져야 할 질문은 무엇인가? 이것이 가장 중요한 질문이다. 목표는 **관측 가능한 애플리케이션**observable application을 갖는 것이다.

허니컴Honeycomb의 관측 가능성 가이드[4]를 인용한다.

> 관측 가능성observability이란 여러분의 환경에 관해 임의로arbitrary 질문을 던질 수 있는 속성을 말한다. 여기서 가장 중요한 것은 여러분이 무엇을 질문하기 원하는지 미리 알 필요가 없다는 점이다.

'임의로'라는 용어는 매우 강력하다. 모든이라는 말과 마찬가지로, 우리가 이를 문자 그대로 해석한다면, 그것은 시간과 돈의 불합리한 투자를 요구할 수 있다. 실질적으로 충분히 관측 가능한 애플리케이션을 제공할 것이며, 이를 통해 우리는 사용자들에게 약속한 수준의 서비스를 전달할 수 있을 것이다.

관측 가능한 시스템을 만들기 위해서 필요한 핵심적인 사항은 다음과 같다.

- 애플리케이션을 측정함으로써 높은 품질의 텔레메트리 데이터를 수집해야 한다.
- 수집한 데이터를 자르고, 굴리고, 조작함으로써 우리가 가진 질문에 대답할 수 있도록 도구와 시스템에 접근할 수 있어야 한다.

두 번째 항목을 달성하기 위해 사용할 수 있는 몇 가지 옵션을 다룰 것이지만, 이에 관한 심도 있는 논의는 이 책의 범위에서 벗어난다. 이번 장에서는 첫 번째 항목에 집중하자.

4.3 로깅

로그log는 가장 일반적인 유형의 텔레메트리 데이터다. 관측 가능성이라는 용어를 전혀 들어보지 못한 개발자들조차 로그의 유용함에 관해서는 직관적으로 이해하고 있다. 로그는 어떤 일이 일어나고 있는지 이해하기 위해 살펴보는 것으로, 문제를 효과적으로 해결하기 위한 충분한 정보를 얻기 바라면서 (마우스 휠의) 손가락을 이리저리 움직이는 것이다.

---

[4] https://www.honeycomb.io/what-is-observability/

그렇다면 로그란 무엇인가? 로그 포맷은 사용하는 플랫폼이나 기술에 따라 다르다. 오늘날 **로그 레코드**log record는 많은 양의 텍스트 데이터로 기록된다. 현재 레코드와 이전 레코드는 다음과 같이 줄 바꿈을 통해 구분된다.

```
The application is starting on port 8080
Handling a request to /index
Handling a request to /index
Returned a 200 OK
```

위 예시는 웹서버에 대한 완전히 유효한 네 개의 로그 레코드다.

러스트 에코시스템은 로깅과 관련하여 어떤 것들을 가지고 있는가?

4.3.1 log 크레이트

러스트의 **로깅 크레이트**는 log[5]다. Log는 trace,[6] debug,[7] info,[8] warn,[9] error[10]의 다섯 개 매크로를 제공한다. 이 매크로들은 모두 하나의 로그 레코드를 방출한다. 하지만 이름에서 알 수 있듯이 각각 서로 다른 **로그 레벨**log level을 사용한다.

trace는 가장 낮은 레벨이다. trace 레벨 로그들은 종종 극단적으로 장황하며, 신호-잡음 비율signal-to-noise ratio이 낮다(예 웹서버로부터 TCP 패킷을 받을 때마다 trace 레벨 로그 레코드를 방출한다).

매크로의 심각도는 다음으로 debug, info, warn, error 순으로 높아진다.

error 레벨 로그들은 사용자에게 영향을 줄 수 있는 심각한 실패를 보고할 때 사용한다(예 유입 요청 처리에 실패했거나, 데이터베이스에 대한 쿼리가 시간을 초과하는 등).

사용 예시는 다음과 같다.

---

5 https://docs.rs/log

6 https://docs.rs/log/0.4.11/log/macro.trace.html

7 https://docs.rs/log/0.4.11/log/macro.debug.html

8 https://docs.rs/log/0.4.11/log/macro.info.html

9 https://docs.rs/log/0.4.11/log/macro.warn.html

10 https://docs.rs/log/0.4.11/log/macro.error.html

```rust
fn fallible_operation() -> Result<String, String> { ... }

pub fn main() {
    match fallible_operation() {
        Ok(success) => {
            log::info!("Operation succeeded: {}", success);
        }
        Err(err) => {
            log::error!("Operation failed: {}", err);
        }
    }
}
```

우리는 실패할 수도 있는 동작을 수행하려고 한다. 성공하면 info 레벨의 로그를 방출한다. 실패하면, error 레벨 로그를 방출한다.

또한 표준 라이브러리의 println/print에서 제공하는 동일한 **보간**interpolation 구문을 로그의 매크로가 어떻게 지원하는지 확인할 수 있다.

로그의 매크로를 사용해서 코드베이스를 측정할 수 있다. 특정한 함수를 실행할 때, 로깅될 정보를 선택하는 것은 지역적인 결정에 따른다. 로그 레코드에 기록되어야 할 것을 결정하는 기준은 함수 스코프만 살펴보는 것으로 충분한다. 결과적으로 라이브러리를 효과적으로 측정할 수 있고, 원격 측정의 범위를 직접 작성한 코드의 경계 밖으로 확장할 수 있다.

4.3.2 actix-web의 Logger 미들웨어

actix_web은 **Logger 미들웨어**[11]를 제공한다. 이 미들웨어는 모든 유입 요청에 대해 로그 레코드를 방출한다. 애플리케이션에 Logger 미들웨어를 추가하자.

```rust
//! src/startup.rs
use crate::routes::{health_check, subscribe};
use actix_web::dev::Server;
use actix_web::web::Data;
use actix_web::{web, App, HttpServer};
use actix_web::middleware::Logger;
use sqlx::PgPool;
use std::net::TcpListener;
```

---

11 https://docs.rs/actix-web/4.0.1/actix_web/middleware/struct.Logger.html

```
pub fn run(
    listener: TcpListener, db_pool: PgPool
) -> Result<Server, std::io::Error> {
    let db_pool = Data::new(db_pool);
    let server = HttpServer::new(move || {
        App::new()
            // `App`에 대해 `wrap` 메서드를 사용해서 미들웨어들을 추가한다.
            .wrap(Logger::default())
            .route("/health_check", web::get().to(health_check))
            .route("/subscriptions", web::post().to(subscribe))
            .app_data(db_pool.clone())
    })
    .listen(listener)?
    .run();
    Ok(server)
}
```

이제 `cargo run`을 사용해 애플리케이션을 구동하고, `curl http://127.0.0.1:8000/health_check -v` 명령어를 실행해서 요청을 보낼 수 있다. 요청은 200을 반환하지만, 애플리케이션을 실행한 터미널에는 아무런 반응도 없다. 로그는 없다. 그저 검은 빈 화면뿐이다.

4.3.3 퍼사드 패턴

측정은 지역적인 결정이라고 말했다. 대신 애플리케이션이 고유하게 위치하는 글로벌 의사 결정도 있다. 이 모든 로그 레코드를 가지고 우리는 무엇을 해야 하는가? 이들을 파일에 추가해야 하는가? 이들을 터미널에 출력해야 하는가? 이들을 HTTP를 통해 원격 시스템(예 ElasticSearch[12])으로 보내야 하는가?

`log` 크레이트는 **퍼사드 패턴**facade pattern[13]을 사용해서 이 이중성duality을 처리한다. 퍼사드 패턴은 로그 레코드를 방출하기 위한 도구를 제공하지만, 이 로그 레코드들이 사전에 어떻게 처리되어야 하는지에 관해서는 설명하지 않는다. 대신 **Log 트레이트**[14]를 제공한다.

```
//! `log`의 소스 코드로부터 - src/lib.rs
```

---

12 https://www.elastic.co/elasticsearch/
13 https://ko.wikipedia.org/wiki/퍼사드_패턴
14 https://docs.rs/log/0.4.11/log/trait.Log.html

```
/// 로거에 필요한 작업을 캡슐화하는 트레이트
pub trait Log: Sync + Send {
    /// 지정한 메타데이터의 로그 메시지를 로깅할지 결정한다.
    ///
    /// `log_enabled!` 매크로는 이를 사용해서 메시지가 어쨌든 버려져야 한다면,
    /// 호출자가 값비싼 로그 메시지 인수 연산을 피하도록 한다.
    ///
    fn enabled(&self, metadata: &Metadata) -> bool;

    /// `Record`를 로깅한다.
    ///
    /// `enabled`를 이 메서드 전에 호출할 필요는 없다.
    /// `log`의 구현은 모든 필요한 필터링을 내부적으로 수행해야 한다.
    fn log(&self, record: &Record);

    /// 버퍼에 들어 있는 모든 레코드를 비운다.
    fn flush(&self);
}
```

`main` 함수의 시작 부분에서 `set_logger` 함수[15]를 호출하고, `Log` 트레이트의 구현을 전달할 수 있다. 로그 레코드가 방출될 때마다, `Log::log:`는 여러분이 제공한 로거에서 호출된다. 결과적으로 여러분이 필요하다고 생각하는 모든 형태의 로그 레코드 처리 수행을 가능하게 한다.

`set_looger`를 호출하지 않으면 모든 로그 레코드는 그저 버려진다. 우리가 만든 애플리케이션에서의 동작과 정확하게 같다. 이번에는 로거를 초기화하자.

https://crates.io에서는 사용할 수 있는 몇 가지 `Log` 구현을 제공한다. 가장 널리 사용되는 옵션들은 `log` 문서에 설명되어 있다. 여기에서는 `env_logger`[16]를 사용한다. 모든 로그를 터미널에 출력하는 것이 주요 목적이라면(예시처럼), 이 메서드는 매우 잘 동작한다.

디펜던시에 `env_logger`를 추가하자.

```
#! Cargo.toml
# [...]
[dependencies]
env_logger = "0.9"
# [...]
```

---

15 https://docs.rs/log/0.4.11/log/fn.set_logger.html
16 https://docs.rs/env_logger

env_logger::Logger는 로그 레코드를 터미널에 출력한다. 출력 형태는 다음과 같다.

```
[<timestamp> <level> <module path>] <log message>
```

RUST_LOG 환경 변수를 보면 어떤 로그가 표시되고, 어떤 로그가 표시되지 않는지 결정할 수 있다. 예를 들어 RUST_LOG=debug cargo run을 실행하면 애플리케이션 또는 우리가 사용하는 크레이트가 debug 레벨과 그보다 높은 레벨의 모든 로그를 출력한다. 한편 RUST_LOG=zero2prod는 의존성에 의해 방출된 모든 레코드를 표시하지 않는다.

요청에 맞춰 main.rs를 다음과 같이 수정하자.

```rust
// [...]
use env_logger::Env;

#[tokio::main]
async fn main() -> std::io::Result<()> {
    // `init`는 `set _logger`를 호출한다. 다른 작업은 필요하지 않다.
    // RUST_LOG 환경 변수가 설정되어 있지 않으면
    // info 및 그 이상의 레벨의 모든 로그를 출력한다.
    env_logger::Builder::from_env(Env::default().default_filter_or("info")).init();

    // [...]
}
```

cargo run을 사용해서 애플리케이션을 다시 구동해보자(기본 로직에서는 RUST_LOG=info cargo run을 실행하는 것과 같다). 터미널에는 두 개의 로그 레코드가 나타날 것이다(들여쓰기와 줄 바꿈을 사용해서 페이지 넓이에 맞췄다).

```
[2020-09-21T21:28:40Z INFO actix_server::builder] Starting 12 workers
[2020-09-21T21:28:40Z INFO actix_server::builder] Starting
    "actix-web-service-127.0.0.1:8000" service on 127.0.0.1:8000
```

curl http://127.0.0.1:8000/health_check로 요청을 보내면, 앞에서 추가한 Logger 미들웨어가 다른 로그를 방출한다.

```
[2020-09-21T21:28:43Z INFO actix_web::middleware::logger] 127.0.0.1:47244
    "GET /health_check HTTP/1.1" 200 0 "-" "curl/7.61.0" 0.000225
```

로그는 우리가 사용하는 소프트웨어가 어떻게 동작하는지 탐색하기 위한 훌륭한 도구이기도 하다. RUST_LOG를 trace로 설정한 뒤 애플리케이션을 다시 구동해보자. mio[17]로부터 유입된 수많은 registering with poller 로그를 볼 수 있다. mio는 논블로킹 IO를 위한 저수준 라이브러리다. 또한 actix-web에 의해 실행된 워커들에 대한 시작 로그 레코드를 볼 수 있다(여러분이 사용하는 머신의 물리적인 코어마다 하나씩 실행된다). trace 레벨 로그를 살펴보면 여러 가지 통찰력을 주는 것들을 학습할 수 있다.

4.4 POST /subscriptions 측정하기

앞에서 로그에 관해 학습한 것을 사용해 POST /subscriptions 요청에 대한 핸들러를 측정해보자. 현재 상태는 다음과 같다.

```
//! src/routes/subscriptions.rs
// [...]

pub async fn subscribe(/* */) -> HttpResponse {
    match sqlx::query!(/* */)
        .execute(pool.get_ref())
        .await
    {
        Ok(_) => HttpResponse::Ok().finish(),
        Err(e) => {
            // 우리가 기대한 대로 작동하지 않는 경우,
            // `println!`을 사용해서 오류에 관한 정보를 잡아낸다.
            println!("Failed to execute query: {}", e);
            HttpResponse::InternalServerError().finish()
        }
    }
}
```

디펜던시에 log를 추가하자.

```
#! Cargo.toml
# [...]
[dependencies]
log = "0.4"
# [...]
```

---

17 https://docs.rs/mio

로그 레코드에서 무엇을 잡아내야 하는가?

4.4.1 외부 시스템과의 상호작용

시도하고 테스트하기 규칙에서 시작하자. 네트워크를 통한 외부 시스템과 모든 인터랙션은 밀접하게 모니터링해야 한다. 우리는 네트워킹 이슈를 경험할 수 있고, 데이터베이스는 사용 불가능한 상태일 수 있으며, subscribers 테이블이 커짐에 따라 쿼리의 속도가 늦어질 수도 있다. 두 개의 로그 레코드를 추가한다. 첫 번째 레코드는 쿼리 실행 직전에, 두 번째 레코드는 쿼리 실행 완료 직후에 추가한다.

```
//! src/routes/subscriptions.rs
// [...]

pub async fn subscribe(/* */) -> HttpResponse {
    log::info!("Saving new subscriber details in the database");
    match sqlx::query!(/* */)
        .execute(pool.get_ref())
        .await
    {
        Ok(_) => {
            log::info!("New subscriber details have been saved");
            HttpResponse::Ok().finish()
        },
        Err(e) => {
            println!("Failed to execute query: {}", e);
            HttpResponse::InternalServerError().finish()
        }
    }
}
```

코드를 보면 알 수 있듯이, 쿼리가 성공했을 때만 로그 레코드를 방출한다. 실패를 잡아내려면 println 구문을 error 레벨 로그로 변환해야 한다.

```
//! src/routes/subscriptions.rs
// [...]

pub async fn subscribe(/* */) -> HttpResponse {
    log::info!("Saving new subscriber details in the database");
    match sqlx::query!(/* */)
        .execute(pool.get_ref())
        .await
```

```
{
    Ok(_) => {
        log::info!("New subscriber details have been saved");
        HttpResponse::Ok().finish()
    },
    Err(e) => {
        log::error!("Failed to execute query: {:?}", e);
        HttpResponse::InternalServerError().finish()
    }
}
}
```

훨씬 낫다. 이제 쿼리는 어느 정도 다루었다.

작지만 핵심적인 세부 사항에 주의하자. 우리는 {:?}를 사용했다. 이것은 std::fmt::Debug[18] 포맷으로 쿼리 오류를 잡아낸다. 연산자들은 로그의 주요 청취자다. 오작동이 발생했을 때마다 가능한 한 많은 정보를 추출해서 트러블슈팅이 쉽게 만들어야 한다. Debug를 통해서는 원시적인 관점을 얻을 수 있고, std::fmt::Display[19] ({})는 훨씬 나은 오류 메시지를 반환한다. 이 오류 메시지는 최종 사용자에게 직접 보여주기에도 훨씬 적합하다.

4.4.2 사용자처럼 생각하자

또 다른 어떤 것을 잡아내야 하는가?

앞에서 다음과 같이 언급했다.

> 충분히 관측 가능한 애플리케이션을 제공할 것이며, 이를 통해 우리는 사용자들에게 약속한 수준의 서비스를 전달할 수 있을 것이다.

이 말이 실제로 의미하는 바는 무엇인가?

우리는 참조 시스템을 변경해야 한다. 우리가 이 소프트웨어를 작성하고 있는 중이라는 사실을 잠시만 잊자. 사용자의 입장에서 보자. 이 사용자는 여러분의 웹사이트에 방문했다가 여러분이 공개한 콘텐츠에 흥미를 느끼고 뉴스레터를 구독하려 한다.

---

18 https://doc.rust-lang.org/std/fmt/trait.Debug.html
19 https://doc.rust-lang.org/std/fmt/trait.Display.html

그들의 입장에서 실패는 어떻게 보이는가? 다음과 같은 이야기를 기대할 수 있다.

> 내가 가장 자주 쓰는 thomas_mann@hotmail.com으로 당신의 뉴스레터를 구독하고자 했습니다. 그런데 웹사이트가 이상한 오류로 중지되었습니다. 왜 그런지 확인해줄 수 있을까요?
> 톰으로부터
> 추신. 블로그가 매우 훌륭합니다!

톰Tom은 우리 웹사이트에 들어왔고, Submit 버튼을 눌렀을 때 '이상한 오류'를 만났다.

그가 남긴 정보의 부스러기(예 그가 입력한 이메일 주소)를 통해 이슈를 분류할 수 있다면, 우리가 만든 애플리케이션은 충분히 관측 가능한 상태다.

그렇게 할 수 있는가?

먼저 이슈가 정확하게 무엇인지 확인하자. 톰이 구독자로 등록되었는가? 데이터베이스에 연결해서 쿼리를 던져 subscribers 테이블에 이메일이 thomas_mann@hotmail인 레코드가 있는지 확인할 수 있다. 이슈는 확인되었다. 이제 무엇을 해야 하는가?

구독자의 이메일 주소를 포함하는 로그가 전혀 없어, 검색할 수 없다. 막다른 골목이다. 톰에게 추가적인 정보를 요청할 수 있다. 로그에 쓸만한 것은 타임스탬프뿐이다. 만약 그가 구독을 시도한 시간을 기억한다면, 뭔가 더 파볼 수 있겠는가?

이것은 현재 우리의 로그가 썩 좋지 않다는 명확한 표시다. 로그를 개선하자.

```
//! src/routes/subscriptions.rs
//! ..

pub async fn subscribe(/* */) -> HttpResponse {
    // 여기에서는 `println`/`print`와 동일한 보간 구문을 사용한다.
    log::info!(
        "Adding '{}' '{}' as a new subscriber.",
        form.email,
        form.name
    );
    log::info!("Saving new subscriber details in the database");
    match sqlx::query!(/* */)
        .execute(pool.get_ref())
        .await
```

```
    {
        Ok(_) => {
            log::info!("New subscriber details have been saved");
            HttpResponse::Ok().finish()
        },
        Err(e) => {
            log::error!("Failed to execute query: {:?}", e);
            HttpResponse::InternalServerError().finish()
        }
    }
}
```

훨씬 낫다. 이제 이름과 이메일을 모두 포함한 로그 행을 갖게 되었다.[20] 이것으로 톰의 이슈를 처리하기에 충분한가?

4.4.3 로그는 쉽게 연관 지을 수 있어야 한다

이후의 로그를 표시할 때는 간략하게 표현하기 위해 `sqlx`가 출력하는 로그는 생략한다. `sqlx`의 로그는 기본적으로 `INFO` 레벨을 사용한다. 5장에서는 해당 로그 레벨을 `TRACE`로 낮출 것이다.

특정 시점에서 실행되는 웹서버의 사본이 오로지 하나이고, 그 사본이 한순간에 오로지 하나의 요청만 처리할 수 있다면, 터미널에서는 다음과 같은 로그가 표시될 것이다.

```
# First request
[.. INFO zero2prod] Adding 'thomas_mann@hotmail.com' 'Tom' as a new subscriber
[.. INFO zero2prod] Saving new subscriber details in the database
[.. INFO zero2prod] New subscriber details have been saved
[.. INFO actix_web] .. "POST /subscriptions HTTP/1.1" 200 ..
# Second request
[.. INFO zero2prod] Adding 's_erikson@malazan.io' 'Steven' as a new subscriber
[.. ERROR zero2prod] Failed to execute query: connection error with the database
[.. ERROR actix_web] .. "POST /subscriptions HTTP/1.1" 500 ..
```

여기에서는 첫 번째 요청이 어디에서 시작되는지, 요청을 달성하는 동안 어떤 일이 벌어지는지, 응답으로 무엇을 반환했는지, 다음 요청이 어디에서 시작하는지 등을 명확하게 알 수 있다.

---

20 이름과 이메일을 로그에 포함해야 하는가? 애플리케이션을 유럽에서 운영한다면, 이는 일반적으로 개인 식별 가능 정보(personal identifiable information, PII)에 해당하며, 일반 데이터 보호 규칙(general data protection regulation, GPDR) 원칙에 따라 처리되어야 한다. 이 정보에 접근할 수 있는 사람, 정보의 저장 기간, 사용자 요청 시 삭제 절차 등을 엄격하게 제어해야 한다. 일반적으로 디버깅 목적으로 유용하지만 로그에 자유롭게 포함할 수 없는 유형의 정보들도 많다(예: 비밀번호). 이런 데이터들은 사용하지 않거나 난독화(예: 토큰화/가명화)해서 보안, 개인 정보 보호, 유용성의 균형을 맞춰야 한다.

위 로그는 이해하기 쉽다. 하지만 동시에 여러 요청을 다룬다면 상황이 달라진다.

```
[.. INFO zero2prod] Receiving request for POST /subscriptions
[.. INFO zero2prod] Receiving request for POST /subscriptions
[.. INFO zero2prod] Adding 'thomas_mann@hotmail.com' 'Tom' as a new subscriber
[.. INFO zero2prod] Adding 's_erikson@malazan.io' 'Steven' as a new subscriber
[.. INFO zero2prod] Saving new subscriber details in the database
[.. ERROR zero2prod] Failed to execute query: connection error with the database
[.. ERROR actix_web] .. "POST /subscriptions HTTP/1.1" 500 ..
[.. INFO zero2prod] Saving new subscriber details in the database
[.. INFO zero2prod] New subscriber details have been saved
[.. INFO actix_web] .. "POST /subscriptions HTTP/1.1" 200 ..
```

우리가 저장하는 데 실패한 세부 정보는 무엇인가? `thomas_mann@hotmail.com`인가, `s_erikson@malazan.io`인가? 로그를 봐서는 알 수 없다. 동일한 요청과 관련된 모든 로그를 연관 지을 수 있는 방법이 필요하다.

일반적으로 **요청 id**reqeust id(**연관 id**correlation id)를 사용해 이를 달성할 수 있다. 유입되는 요청을 처리하기 시작할 때, 무작위 식별자를 생성한다(**예** UUID[21]). 그리고 해당 요청을 처리하는 데 관련된 모든 로그에 이 식별자를 부여한다.

핸들러에 하나를 추가하자.

```
//! src/routes/subscriptions.rs
//! ..

pub async fn subscribe(/* */) -> HttpResponse {
    // 무작위로 고유 식별자를 생성하자.
    let request_id = Uuid::new_v4();
    log::info!(
        "request_id {} - Adding '{}' '{}' as a new subscriber.",
        request_id,
        form.email,
        form.name
    );
    log::info!(
        "request_id {} - Saving new subscriber details in the database",
        request_id
    );
```

---

21 https://ko.wikipedia.org/wiki/범용_고유_식별자

```
match sqlx::query!(/* */)
    .execute(pool.get_ref())
    .await
{
    Ok(_) => {
        log::info!(
            "request_id {} - New subscriber details have been saved",
            request_id
        );
        HttpResponse::Ok().finish()
    },
    Err(e) => {
        log::error!(
            "request_id {} - Failed to execute query: {:?}",
            request_id,
            e
        );
        HttpResponse::InternalServerError().finish()
    }
}
}
```

유입되는 요청에 대한 로그는 다음과 같이 출력된다.

```
curl -i -X POST -d 'email=thomas_mann@hotmail.com&name=Tom' \
    http://127.0.0.1:8000/subscriptions
```

```
[.. INFO zero2prod] request_id 9ebde7e9-1efe-40b9-ab65-86ab422e6b87 - Adding
'thomas_mann@hotmail.com' 'Tom' as a new subscriber.
[.. INFO zero2prod] request_id 9ebde7e9-1efe-40b9-ab65-86ab422e6b87 - Saving
new subscriber details in the database
[.. INFO zero2prod] request_id 9ebde7e9-1efe-40b9-ab65-86ab422e6b87 - New
subscriber details have been saved
[.. INFO actix_web] .. "POST /subscriptions HTTP/1.1" 200 ..
```

이제 로그에서 thomas_mann@hotmail.com을 검색하고, 첫 번째 레코드를 찾고, request_id를 그랩grab하면 해당 요청과 관련된 모든 다른 레코드를 볼 수 있다. 사실 거의 모든 로그다. reuqest_id는 subscribe 핸들러 안에서 생성되기 때문에 actix_web의 Logger 미들웨어는 이에 관해 전혀 알지 못한다. 즉 사용자가 우리의 뉴스레터를 구독하려고 했을 때, 애플리케이션이 어떤 상태 코드를 사용자에게 반환하는지 알 수 없음을 의미한다.

어떻게 해야 하는가? 이를 악물고 `actix_web`의 `Logger`를 제거한 뒤, 모든 유입되는 요청에 대해 무작위 요청 식별자를 생성하는 미들웨어를 작성한다. 그리고 해당 식별자를 인식하는 로깅 미들웨어를 직접 작성한 뒤, 이를 모든 로그행에 포함할 수도 있다.

이렇게 하면 동작하는가? 물론이다. 꼭 이렇게 해야 하는가? 아마도 그렇지는 않을 것이다.

4.5 구조화된 로깅

`request_id`가 모든 로그 레코드에 포함되는 것을 보장하기 위해서는 다음과 같이 해야 할 것이다.

- 요청 처리 파이프라인에서 모든 업스트림 컴포넌트를 재작성한다(예 `actix-web`의 `Logger`).
- `subscribe` 핸들러에서 호출하는 모든 다운스트림 함수의 시그니처를 변경한다. 로그 구문을 출력한다면, `request_id`를 포함해야 한다. 즉 `request_id`는 인자로서 계속 전달되어야 한다.

우리가 프로젝트에 임포트한 크레이트들이 출력하는 로그 레코드들은 어떻게 해야 하는가? 이 로그들도 재작성해야 하는가? 이 접근 방식은 확장할 수 없다.

한 걸음 물러나자. 코드는 어떤 형태를 갖고 있는가? 우리가 가진 코드는 너무 많은 부분을 한꺼번에 다룬다(HTTP 요청). 이 태스크는 여러 하위 태스크로 자를 수 있다(예 입력을 파싱한다, 쿼리를 생성한다 등). 이 하위 태스크들은 차례로 더 작은 하위 루틴으로 계속해서 자를 수 있다. 각 작업 단위는 기간_{duration}을 갖는다(즉, 시작과 끝이 있다). 각 작업 단위는 그와 관련된 콘텍스트를 갖는다 (예 신규 구독자의 이름과 이메일, `request_id` 등). 이 콘텍스트는 해당 작업의 하위 단위 작업에서 모두 공유된다.

우리는 고군분투하고 있다. 로그 구문은 정해진 시간에 발생하는 고립된 이벤트다. 우리는 로그 구문을 사용해서 트리 같은 처리 파이프라인을 표현하기 위해 고집을 부리고 있다. 로그는 잘못된 추상화다.

그럼 무엇을 사용해야 하는가?

4.5.1 tracing 크레이트

tracing 크레이트[22]의 도움을 받아 이를 해결할 수 있다.

---

22 https://docs.rs/tracing

tracing은 로깅 스타일의 확장된 진단 정보다. 라이브러리와 애플리케이션은 시간적 인과 관계에 관한 추가적인 정보와 함께 구조화된 이벤트를 기록할 수 있다. log 메시지와 달리, tracing의 범위는 시작과 종료 시간을 가지며, 실행 흐름에 의해 진입 및 이탈할 수 있고, 유사한 범위의 중첩된 트리 안에 존재할 수 있다.

마치 음악처럼 들린다. 실제로 그 형태는 어떤가?

4.5.2 log에서 tracing으로 마이그레이션하기

확인할 수 있는 방법은 한 가지뿐이다. subscribe 핸들러가 log 대신 tracing을 사용해서 측정하도록 변경하자. 디펜던시에 tracing을 추가한다.

```
#! Cargo.toml

[dependencies]
tracing = { version = "0.1", features = ["log"] }
# [...]
```

첫 번째 마이그레이션 단계는 매우 직관적이다. 함수에서 log 문자열을 찾아 tracing으로 변경한다.

```
//! src/routes/subscriptions.rs
// [...]

pub async fn subscribe(/* */) -> HttpResponse {
    let request_id = Uuid::new_v4();
    tracing::info!(
        "request_id {} - Adding '{}' '{}' as a new subscriber.",
        request_id,
        form.email,
        form.name
    );
    tracing::info!(
        "request_id {} - Saving new subscriber details in the database",
        request_id
    );
    match sqlx::query!(/* */)
        .execute(pool.get_ref())
        .await
    {
        Ok(_) => {
            tracing::info!(
                "request_id {} - New subscriber details have been saved",
```

```
                request_id
            );
            HttpResponse::Ok().finish()
        },
        Err(e) => {
            tracing::error!(
                "request_id {} - Failed to execute query: {:?}",
                request_id,
                e
            );
            HttpResponse::InternalServerError().finish()
        }
    }
}
```

이것이 전부다. 애플리케이션을 실행하고 POST /subscriptions 요청을 던지면, 콘솔에서 정확하게 동일한 로그를 볼 수 있다. 완전히 똑같다. 멋지지 않은가?

이것은 Cargo.toml에서 활성화한 tracing의 log 기능 플래그[23] 덕분이다. 이 기능 플래그는 tracing의 매크로를 사용해서 이벤트나 span이 발생할 때마다 그에 해당하는 로그 이벤트가 방출되고, log의 로거들이 이를 수집하는 것을 보장한다(예시에서는 env_logger).

4.5.3 tracing의 Span

이제 tracing의 Span[24]을 사용해서 프로그램의 구조를 더 잘 잡아내자. 먼저 전체 HTTP 요청을 표현하는 span을 생성하자.

```
//! src/routes/subscriptions.rs
// [...]

pub async fn subscribe(/* */) -> HttpResponse {
    let request_id = Uuid::new_v4();
    // Spans는 logs와 같이 연관 레벨을 갖는다.
    // `info_span`은 info 레벨의 span을 생성한다.
    let request_span = tracing::info_span!(
        "Adding a new subscriber.",
        %request_id,
        subscriber_email = %form.email,
```

---

23 https://docs.rs/tracing/0.1.19/tracing/index.html#log-compatibility
24 https://docs.rs/tracing/0.1.19/tracing/span/index.html

```
        subscriber_name = %form.name
    );
    // async 함수에서 `enter`를 사용하면 그대로 재난이 발생한다.
    // 지금은 잠시 참아주되, 집에서는 절대 하지 말자.
    // `퓨처 측정하기` 절을 참조하자.
    let _request_span_guard = request_span.enter();

    // [...]
    // `request_span_quard`는 해당 span에서 이탈하는 시점인
    // `subscribe`의 끝에서 해제된다.
}
```

여기에서는 많은 일이 일어난다. 나누어서 살펴보자.

우리는 `info_span!` 매크로를 사용해서 새로운 span을 생성하고, 그 콘텍스트에 몇 가지 값 (`request_id`, `form.email`, `form.name`)을 추가했다. 문자열 보간은 더 이상 사용하지 않는다. `tracing` 을 사용하면 구조화된structured 정보를 키-값key-value 쌍의 집합으로 span과 관련 지을 수 있다.[25] 명시적으로 이들에 이름을 붙이거나(예 `form.email`에 `subscriber_email`이라는 이름을 붙임), 암묵적 으로 변수 이름을 키key로 사용할 수 있다(예 고립된 `request_id`는 `request_id = request_id`와 같다). `%` 기호를 모든 값에 접두사로 붙였다. 이는 `tracing`에게 로깅 목적으로 이들의 `Display` 구현을 사 용하라고 하는 의미다. 사용할 수 있는 더 많은 옵션은 문서[26]에서 찾아볼 수 있다. `info_span`은 새 롭게 생성된 span을 반환하지만, 이를 활성화하기 위해서는 `.enter()` 메서드를 사용해서 명시적 으로 개입해야 한다.

`.enter()`는 가드인 `Entered`[27]의 인스턴스를 반환한다. 이후에 이어지는 모든 span에서 해당 가 드 변수가 버려지지 않는 한, 로그 이벤트들은 진입한 span의 자식으로 등록된다. 이것은 전형적 인 러스트 패턴[28]이며, **리소스 획득 즉시 초기화**resource acquisition is initialization라고 불린다. 컴파일러는 모든 변수의 수명을 추적하며, 변수들이 스코프를 벗어나면 컴파일러는 이들의 **파괴자**destructor인 `Drop::drop`[29]을 호출한다. Drop 트레이트는 단순히 해당 변수들이 소유한 리소스의 해제를 관리하

---

25 콘텍스트 정보를 키-값 쌍으로 표현하는 기능은 최근 log 크레이트에서도 찾아볼 수 있다. 아직은 안정되지 않은 kv 피처를 참조한 다(https://docs.rs/log/0.4.11/log/kv/index.html). 그러나 집필 시점에서는 아직 어떤 주요한 log 구현에서도 구조화된 로깅을 지원하지 않았다.

26 https://docs.rs/tracing/0.1.19/tracing/#recording-fields

27 https://docs.rs/tracing/0.1.19/tracing/span/struct.Entered.html

28 https://doc.rust-lang.org/stable/rust-by-example/scope/raii.html

29 https://doc.rust-lang.org/std/ops/trait.Drop.html

도록 기본 구현되어 있다. 하지만 커스텀 구현을 통해 해제 시, 다른 클린업 동작을 수행할 수 있다
(예 Entered 가드가 해제되었을 때 span에서 벗어나기 등).

```
//! `tracing`'s source code

impl<'a> Drop for Entered<'a> {
    #[inline]
    fn drop(&mut self) {
        // 가드를 해제하면 span에서 이탈한다.
        //
        // 이 동작을 다른 명시적인 함수 호출이 아닌 drop에서 실행하는 것은
        // 함수가 끊어질 때 span이 종료될 수 있음을 의미한다.
        if let Some(inner) = self.span.inner.as_ref() {
            inner.subscriber.exit(&inner.id);
        }

        if_log_enabled! {{
            if let Some(ref meta) = self.span.meta {
                self.span.log(
                    ACTIVITY_LOG_TARGET,
                    log::Level::Trace,
                    format_args!("<- {}", meta.name())
                );
            }
        }}
    }
}
```

디펜던시에 관한 소스 코드를 확인하면 종종 귀중한 정보를 찾을 수 있다. log 기능 플래그를 활
성화하면, tracing은 span에서 벗어날 때 trace 레벨의 로그를 출력한다는 것을 찾아냈다. 즉시
확인해보자.

```
RUST_LOG=trace cargo run
```

```
[.. INFO zero2prod] Adding a new subscriber.; request_id=f349b0fe..
    subscriber_email=ursulale_guin@gmail.com subscriber_name=le guin
[.. TRACE zero2prod] -> Adding a new subscriber.
[.. INFO zero2prod] request_id f349b0fe.. - Saving new subscriber details
    in the database
[.. INFO zero2prod] request_id f349b0fe.. - New subscriber details have
    been saved
[.. TRACE zero2prod] <- Adding a new subscriber.
```

```
[.. TRACE zero2prod] -- Adding a new subscriber.
[.. INFO actix_web] .. "POST /subscriptions HTTP/1.1" 200 ..
```

span의 콘텍스트에서 잡아낸 모든 정보가 출력된 로그 행에서 어떻게 표현되는지 확인하자. 출력된 로그를 사용해서 span의 수명을 관찰해보자.

- span이 생성될 때 `Adding a new subscriber`가 로그에 기록된다.
- span에 진입한다(->).
- `INSERT` 쿼리를 실행한다.
- span에서 이탈한다(<-).
- span을 닫는다(--).

잠깐, span에서 이탈_exiting_하는 것과 span을 닫는_closing_ 것이 어떻게 다른가? 좋은 질문이다.

span에는 여러 차례 진입(및 이탈)할 수 있다. 그러나 닫는 것은 마지막 한 번, span 자체가 해제될 때만 발생한다. 이 기능은 잠시 중단했다가 다시 시작되는 작업 단위, 즉 비동기 태스크에서 매우 유용하다.

4.5.4 **퓨처 측정하기**

데이터베이스 쿼리를 예시로 사용하자. 실행자는 그 퓨처[30]를 한 번 이상 기다려야 실행자를 완료할 수 있다. 퓨처가 아이들_idle_ 상태인 동안, 다른 퓨처에 대한 작업을 할 수 있다.

이것은 명백하게 문제를 일으킬 수 있다. 각 퓨처의 고유한 span이 뒤섞이지 않음을 어떻게 보장하는가? 최고의 방법은 해당 퓨처의 라이프사이클을 면밀하게 모방하는 것이다. 실행자에 의해 퓨처가 대기할 때마다 퓨처와 연관된 span으로 진입하고, 중단할 때마다 이탈해야 한다.

여기에서 `Instrument`[31]가 그 역할을 한다. `Instrument`는 퓨처를 위한 확장 트레이트다. `Instrument::instrument`는 우리가 원하는 바를 정확하게 수행한다. 우리가 인수를 전달할 때마다 span에 진입하고, 해당 퓨처인 `self`는 대기한다. 퓨처가 중단하면 span에서 이탈한다.

우리가 만든 쿼리에 이것을 적용하자.

---

30 https://doc.rust-lang.org/beta/std/future/trait.Future.html#tymethod.poll
31 https://docs.rs/tracing/latest/tracing/trait.Instrument.html

```
//! src/routes/subscriptions.rs
use tracing::Instrument;
// [...]

pub async fn subscribe(/* */) -> HttpResponse {
    let request_id = Uuid::new_v4();
    let request_span = tracing::info_span!(
        "Adding a new subscriber.",
        %request_id,
        subscriber_email = %form.email,
        subscriber_name = %form.name
    );
    let _request_span_guard = request_span.enter();

    // query_span에 대해 `.enter`를 호출하지 않는다.
    // `.instrument` 쿼리 퓨처 수명 주기 안에서 적절한 시점에 이를 관리한다.
    let query_span = tracing::info_span!(
        "Saving new subscriber details in the database"
    );
    match sqlx::query!(/* */)
        .execute(pool.get_ref())
        // 먼저 인스트루멘테이션을 붙인 뒤, 대기(`.await`)한다.
        .instrument(query_span)
        .await
    {
        Ok(_) => {
            HttpResponse::Ok().finish()
        },
        Err(e) => {
            // 그렇다, 이 오류 로그는 `query_span` 밖으로 떨어진다.
            // 맹세컨대, 나중에 바로잡을 것이다.
            tracing::error!("Failed to execute query: {:?}", e);
            HttpResponse::InternalServerError().finish()
        }
    }
}
```

RUST_LOG=trace 옵션과 함께 애플리케이션을 다시 구동하고, POST /subscriptions 요청을 시도하면 다음과 같은 로그를 확인할 수 있다.

```
[.. INFO zero2prod] Adding a new subscriber.; request_id=f349b0fe..
   subscriber_email=ursulale_guin@gmail.com subscriber_name=le guin
[.. TRACE zero2prod] -> Adding a new subscriber.
[.. INFO zero2prod] Saving new subscriber details in the database
[.. TRACE zero2prod] -> Saving new subscriber details in the database
```

```
[.. TRACE zero2prod] <- Saving new subscriber details in the database
[.. TRACE zero2prod] -> Saving new subscriber details in the database
[.. TRACE zero2prod] <- Saving new subscriber details in the database
[.. TRACE zero2prod] -> Saving new subscriber details in the database
[.. TRACE zero2prod] <- Saving new subscriber details in the database
[.. TRACE zero2prod] -> Saving new subscriber details in the database
[.. TRACE zero2prod] -> Saving new subscriber details in the database
[.. TRACE zero2prod] <- Saving new subscriber details in the database
[.. TRACE zero2prod] -- Saving new subscriber details in the database
[.. TRACE zero2prod] <- Adding a new subscriber.
[.. TRACE zero2prod] -- Adding a new subscriber.
[.. INFO actix_web] .. "POST /subscriptions HTTP/1.1" 200 ..
```

이제 분명히 쿼리 퓨처가 완료되기 전에 실행자에 의해 몇 번 대기하는지(수집되는지) 확인할 수 있다. 멋지지 않은가?

4.5.5 tracing의 Subscriber

우리는 log에서 tracing으로 이 마이그레이션을 시작했다. 더 나은 추상화를 통해서 코드를 더 효과적으로 측정하기 위해서다. 구체적으로 request_id를 동일한 유입 HTTP 요청과 관련된 모든 로그에 붙이기를 원했다. tracing이 우리가 가진 문제를 해결할 것이라고 약속했지만, 이 로그들을 보자. reuqest_id는 가장 처음 로그 구문에서만 출력되는데, span 콘텍스트에 명시적으로 붙인 부분뿐이다. 그 이유는 무엇인가?

자, 아직 마이그레이션을 완료하지 않았다. 측정 코드에서는 모든 log를 tracing으로 바꾸었지만, 여전히 env_logger를 사용해서 모든 처리를 하고 있다.

```
//! src/main.rs
//! [...]

#[tokio::main]
async fn main() -> std::io::Result<()> {
    env_logger::from_env(Env::default().default_filter_or("info")).init();
    // [...]
}
```

env_logger의 로거는 log의 Log 트레이트를 구현한다. 로거는 tracing의 Span이 제공하는 풍부한 구조를 이해하지 못한다. tracing은 log와 호환되기 때문에 시작하기는 매우 쉽다. 그러나 이제 env_logger를 tracing 네이티브 솔루션으로 치환해야 한다.

tracing 크레이트는 log가 사용한 것과 같은 퍼사드 패턴을 따른다. 자유롭게 그 매크로들을 사용해서 코드를 측정할 수 있지만, 애플리케이션들은 원격 텔레메트리 데이터를 어떻게 처리해야 할지 설명하는 역할을 담당한다. Subscriber는 log의 Log에 대한 tracing의 대응 요소다. Subscriber 트레이트의 구현은 다양한 메서드를 제공해서, Span의 라이프사이클의 모든 단계(생성, 진입/이탈, 종료 등)를 관리한다.

```
//! `tracing`'s source code

pub trait Subscriber: 'static {
    fn new_span(&self, span: &span::Attributes<'_>) -> span::Id;
    fn event(&self, event: &Event<'_>);
    fn enter(&self, span: &span::Id);
    fn exit(&self, span: &span::Id);
    fn clone_span(&self, id: &span::Id) -> span::Id;
    // [...]
}
```

tracing의 문서 품질은 매우 뛰어나다. 여러분이 직접 Subscriber의 문서[32]를 보고 각 메서드가 무엇을 하는지 이해할 것을 적극 권장한다.

4.5.6 tracing-subscriber

tracing은 즉시 사용할 수 있는 subscriber를 전혀 제공하지 않는다. tracing-subscriber[33]를 먼저 살펴보자. 이것은 tracing 프로젝트에서 유지 보수되고 있는 다른 크레이트다. 구현을 시작할 수 있는 몇 가지 기본적인 subscriber들을 찾아보자. 디펜던시에 다음을 추가하자.

```
[dependencies]
# ...
tracing-subscriber = { version = "0.3", features = ["registry", "env-filter"] }
```

tracing-subscriber는 편리한 몇 가지 subscriber들과 함께 많은 것을 제공한다. tracing-subscriber는 Layer[34]라고 불리는 또 다른 핵심적인 트레이트를 제공한다. Layer를 사용하면 span

---

32 https://docs.rs/tracing/0.1.19/tracing/trait.Subscriber.html
33 https://docs.rs/tracing-subscriber
34 https://docs.rs/tracing-subscriber/0.2.12/tracing_subscriber/layer/trait.Layer.html

데이터에 관한 **처리 파이프라인**processing pipeline을 만들 수 있다. 우리가 원하는 모든 것을 수행하는 만능의 subscriber를 제공할 필요는 없다. 대신 여러 작은 레이어들을 조합해서 우리가 원하는 처리 파이프라인을 얻을 수 있다.

이를 통해 tracing 에코시스템 전체에서의 중복을 상당히 줄일 수 있다. 사람들은 최고의 기능을 갖춘 subscriber를 만드는 것이 아니라 새로운 레이어들만 만듦으로써 새로운 기능을 추가하는 데 집중한다.

레이어링 접근 방식의 주춧돌은 Registry[35]다. Registry는 Subscriber 트레이트를 구현하고, 다른 모든 어려운 것을 처리한다.

> Registry는 trace 자체를 기록하지는 않는다. 대신 그것을 감싸는 레이어에 노출되는 span 데이터를 수집하고 저장한다. (…) Registry는 span 메타데이터 저장, span 사이의 관계 기록, 활성화된 span과 종료된 span의 추적을 담당한다.

다운스트림 레이어들은 Registry의 기능을 넘겨주고, 그들의 목적에 집중한다. 어떤 span들이 처리되어야 하는지 필터링하고, span 데이터의 포맷을 설정하고, span 데이터를 원격 시스템에 전달한다.

4.5.7 tracing-bunyan-formatter

훌륭하지만 오래된 env_logger와 동일한 기능을 갖는 subscriber를 만들고자 한다. 세 개의 레이어를 조합해서 이를 구현할 것이다.[36]

- tracing_subscriber::filter::EnvFilter[37]: span의 로그 레벨과 출처에 따라 span을 폐기한다. RUST_LOG 환경 변수를 사용해 env_logger에서 했던 동작과 동일하다.
- tracing_bunyan_formatter::JsonStorageLayer[38]: span 데이터를 처리하고, 다운스트림 레이어를 위해 관련된 메타데이터들을 처리하기 쉬운 JSON 포맷으로 저장한다. 구체적으로는 부모

---

35 https://docs.rs/tracing-subscriber/0.2.12/tracing_subscriber/struct.Registry.html

36 여기에서는 tracing-subscriber가 제공하는 포매팅 레이어 대신 tracing-bunyan-formatter를 사용한다. tracing-subscriber가 제공하는 포매팅 레이어는 메타데이터 상속을 구현하지 않기 때문에, 우리의 요구 사항을 만족시키지 않는다.

37 https://docs.rs/tracing-subscriber/0.2.12/tracing_subscriber/struct.EnvFilter.html

38 https://docs.rs/tracing-bunyan-formatter/0.1.6/tracing_bunyan_formatter/struct.JsonStorageLayer.html span의 콘텍스트를 자식들에게 전파한다.

- tracing_bunyan_formatter::BunyanFormattingLayer[39]: JsonStorageLayer 위에 만들어지며, bunyan[40]과 호환되는 JSON 포맷으로 로그 레코드를 출력한다.

디펜던시에 tracing_bunyan_formatter를 추가하자.[41]

```
[dependencies]
# ...
tracing-bunyan-formatter = "0.3"
```

앞에서 설명한 것들을 main 함수에 모두 조합하자.

```
//! src/main.rs
//! [...]
use tracing::subscriber::set_global_default;
use tracing_bunyan_formatter::{BunyanFormattingLayer, JsonStorageLayer};
use tracing_subscriber::{layer::SubscriberExt, EnvFilter, Registry};

#[tokio::main]
async fn main() -> std::io::Result<()> {
    // 이전에 있던 `env_logger` 행을 제거했다.

    // RUST_LOG 환경 변수가 설정되어 있지 않으면
    // info 레벨 및 그 이상의 모든 span을 출력한다.
    let env_filter = EnvFilter::try_from_default_env()
        .unwrap_or_else(|_| EnvFilter::new("info"));
    let formatting_layer = BunyanFormattingLayer::new(
        "zero2prod".into(),
        // 포맷이 적용된 span들을 stdout으로 출력한다.
        std::io::stdout
    );
    // `with` 메서드는 `SubscriberExt`에서 제공한다. `SubscriberExt`는
    // `Subscriber`의 확장 트레이트이며, `tracing_subscriber`에 의해 노출된다.
    let subscriber = Registry::default()
        .with(env_filter)
        .with(JsonStorageLayer)
        .with(formatting_layer);
    // 애플리케이션에서 `set_global_default`를 사용해서 span을 처리하기 위해
```

---

39 https://docs.rs/tracing-bunyan-formatter/0.1.6/tracing_bunyan_formatter/struct.BunyanFormattingLayer.html

40 https://github.com/trentm/node-bunyan

41 tracing-bunyan-formatter는 필자가 만들었다. https://docs.rs/tracing-bunyan-formatter/0.1.6/tracing_bunyan_formatter/

```
    // 어떤 subscriber를 사용해야 하는지 지정할 수 있다.
    set_global_default(subscriber).expect("Failed to set subscriber");

    // [...]
}
```

cargo run으로 애플리케이션을 구동하고 요청을 던지면 다음과 같은 로그를 확인할 수 있다(쉽게 읽을 수 있도록 깔끔하게 표시했다).

```
{
  "msg": "[ADDING A NEW SUBSCRIBER - START]",
  "subscriber_name": "le guin",
  "request_id": "30f8cce1-f587-4104-92f2-5448e1cc21f6",
  "subscriber_email": "ursula_le_guin@gmail.com"
  ...
}
{
  "msg": "[SAVING NEW SUBSCRIBER DETAILS IN THE DATABASE - START]",
  "subscriber_name": "le guin",
  "request_id": "30f8cce1-f587-4104-92f2-5448e1cc21f6",
  "subscriber_email": "ursula_le_guin@gmail.com"
  ...
}
{
  "msg": "[SAVING NEW SUBSCRIBER DETAILS IN THE DATABASE - END]",
  "elapsed_milliseconds": 4,
  "subscriber_name": "le guin",
  "request_id": "30f8cce1-f587-4104-92f2-5448e1cc21f6",
  "subscriber_email": "ursula_le_guin@gmail.com"
  ...
}
{
  "msg": "[ADDING A NEW SUBSCRIBER - END]",
  "elapsed_milliseconds": 5
  "subscriber_name": "le guin",
  "request_id": "30f8cce1-f587-4104-92f2-5448e1cc21f6",
  "subscriber_email": "ursula_le_guin@gmail.com",
  ...
}
```

성공이다. 오리지널 콘텍스트에 추가한 모든 것이 모든 하위 span에도 전파되었다. tracing-bunyan-formatter는 duration도 제공한다. span이 닫힐 때마다 콘솔에 JSON 메시지가 elapsed_millisecond 속성으로 함께 표시된다. JSON 포맷은 검색에 대단히 친화적이다. ElasticSearch

와 같은 엔진들은 이 모든 레코드들을 쉽게 집어 삼키고, 스키마를 추론하고, `request_id`, `name`, `email` 필드를 인덱싱한다. 쿼리 엔진의 모든 잠긴 기능을 해제하여 로그를 검색한다.

이는 이전에 가졌던 어떤 것보다 강력하다. 복잡한 검색을 수행하기 위해서는 직접 만든 정규식을 사용해야 했고, 이는 결과적으로 우리가 로그에 쉽게 물어볼 수 있는 질문의 범위를 상당히 제한했다.

4.5.8 tracing-log

주의 깊게 살펴보면 무언가 놓쳤음을 알게 될 것이다. 터미널에서는 애플리케이션이 직접 출력한 로그밖에 보이지 않는다. `actix-web`의 로그 레코드는 어떻게 된 것인가?

`tracing`의 `log` 기능 플래그는 `tracing` 이벤트가 발생할 때마다 로그 레코드가 방출되고, `log`의 로거가 이들을 수집하는 것을 보장한다. 반대의 경우는 성립하지 않는다. `log`는 `tracing` 이벤트를 기본적으로 방출하지 않으며, 이런 동작을 활성화하는 기능 플래그도 제공하지 않는다. 원한다면 로그 구현을 명시적으로 등록해서 로그를 `tracing` 구독자로 넘겨서 처리해야 한다.

여기에서는 `tracing-log`[42] 크레이트가 제공하는 `LogTracer`[43]를 사용할 수 있다.

```
#! Cargo.toml
# [...]
[dependencies]
tracing-log = "0.1"
# [...]
```

`main`을 다음과 같이 수정한다.

```
//! src/main.rs
//! [...]
use tracing::subscriber::set_global_default;
use tracing_bunyan_formatter::{BunyanFormattingLayer, JsonStorageLayer};
use tracing_subscriber::{layer::SubscriberExt, EnvFilter, Registry};
use tracing_log::LogTracer;

#[tokio::main]
```

---

42 https://docs.rs/tracing-log
43 https://docs.rs/tracing-log/0.1.1/tracing_log/struct.LogTracer.html

```
async fn main() -> std::io::Result<()> {
    // 모든 `log`'의 이벤트를 구독자에게 리다이렉트한다.
    LogTracer::init().expect("Failed to set logger");

    let env_filter = EnvFilter::try_from_default_env()
        .unwrap_or_else(|_| EnvFilter::new("info"));
    let formatting_layer = BunyanFormattingLayer::new(
        "zero2prod".into(),
        std::io::stdout
    );
    let subscriber = Registry::default()
        .with(env_filter)
        .with(JsonStorageLayer)
        .with(formatting_layer);
    set_global_default(subscriber).expect("Failed to set subscriber");

    // [...]
}
```

이제 actix-web의 모든 로그를 콘솔에서 다시 사용할 수 있게 된다.

4.5.9 사용하지 않는 디펜던시 제거하기

모든 파일을 빠르게 살펴보면, 이 시점에서 더 이상 log나 env_logger를 사용하지 않음을 알 수 있다. Cargo.toml 파일에서 이들을 제거해야 한다.

큰 프로젝트에서는 리팩터링 후에 어떤 디펜던시를 사용하지 않게 되었는지 판단하기 매우 어렵다. 여기에서 다시 한번, 툴링의 도움을 받을 수 있다. cargo-udeps[44](unused dependencies)를 설치하자.

```
cargo install cargo-udeps
```

cargo-udeps는 Cargo.toml 파일을 스캔하고 [dependencies] 아래 리스팅된 모든 크레이트가 프로젝트에서 실제 사용되었는지 확인한다. 유명한 러스트 프로젝트의 긴 목록을 보려면 cargo-udeps의 **트로피 케이스**trophy case[45]를 확인하자. 여기에서 cargo-udeps는 사용되지 않은 디펜던시를 찾아 빌드 시간을 감소시킬 수 있다.

---

44 https://github.com/est31/cargo-udeps
45 https://github.com/est31/cargo-udeps#trophy-case

프로젝트를 실행해보자.

```
# cargo-udeps는 nightly 컴파일러를 사용해야 한다.
# +nightly를 추가해서 cargo에게 명시적으로 우리가 사용하기 원하는
# 툴체인이 어떤 것인지 알릴 수 있다.
cargo +nightly udeps
```

출력은 다음과 같다.

```
zero2prod
  dependencies
    "env-logger"
```

안타깝게도 log는 골라내지 못한다. 아무튼 env-logger와 log를 Cargo.toml 파일에서 제거하자.

4.5.10 초기화 정리하기

애플리케이션의 관측 가능성 특성을 개선하기 위해 쉴 새 없이 달려왔다. 잠시 한 걸음 물러서서 작성한 코드를 보자. 조금 더 의미 있게 개선할 수 있는 곳이 있는지 찾아보자.

우선, main 함수부터 시작하자.

```
//! src/main.rs
use zero2prod::configuration::get_configuration;
use zero2prod::startup::run;
use sqlx::postgres::PgPool;
use std::net::TcpListener;
use tracing::subscriber::set_global_default;
use tracing_bunyan_formatter::{BunyanFormattingLayer, JsonStorageLayer};
use tracing_log::LogTracer;
use tracing_subscriber::{layer::SubscriberExt, EnvFilter, Registry};

#[tokio::main]
async fn main() -> std::io::Result<()> {
    LogTracer::init().expect("Failed to set logger");

    let env_filter = EnvFilter::try_from_default_env()
        .unwrap_or(EnvFilter::new("info"));
    let formatting_layer = BunyanFormattingLayer::new(
        "zero2prod".into(),
        std::io::stdout
```

```
    );
    let subscriber = Registry::default()
        .with(env_filter)
        .with(JsonStorageLayer)
        .with(formatting_layer);
    set_global_default(subscriber).expect("Failed to set subscriber");

    let configuration = get_configuration().expect("Failed to read configuration.");
    let connection_pool = PgPool::connect(
            &configuration.database.connection_string()
        )
        .await
        .expect("Failed to connect to Postgres.");

    let address = format!("127.0.0.1:{}", configuration.application_port);
    let listener = TcpListener::bind(address)?;
    run(listener, connection_pool)?.await?;
    Ok(())
}
```

main 함수에서 너무 많은 것이 실행되고 있다. 코드를 조금 나누자.

```
//! src/main.rs
use zero2prod::configuration::get_configuration;
use zero2prod::startup::run;
use sqlx::postgres::PgPool;
use std::net::TcpListener;
use tracing::{Subscriber, subscriber::set_global_default};
use tracing_bunyan_formatter::{BunyanFormattingLayer, JsonStorageLayer};
use tracing_log::LogTracer;
use tracing_subscriber::{layer::SubscriberExt, EnvFilter, Registry};

/// 여러 레이어들을 하나의 `tracing`의 subscriber로 구성한다.
///
/// # 구현 노트
///
/// `impl Subscriber`를 반환 타입으로 사용해서 반환된 subscriber의 실제 타입에
/// 관한 설명(매우 복잡하다)을 피한다.
/// 반환된 subscriber를 `init_subscriber`로 나중에 전달하기 위해,
/// 명시적으로 `Send`이고 `Sync`임을 알려야 한다.
pub fn get_subscriber(
    name: String,
    env_filter: String,
) -> impl Subscriber + Send + Sync {
    let env_filter = EnvFilter::try_from_default_env()
        .unwrap_or_else(|_| EnvFilter::new(env_filter));
```

```rust
    let formatting_layer = BunyanFormattingLayer::new(
        name,
        std::io::stdout
    );
    Registry::default()
        .with(env_filter)
        .with(JsonStorageLayer)
        .with(formatting_layer)
}

/// subscriber를 글로벌 기본값으로 등록해서 span 데이터를 처리한다.
///
/// 한 차례만 호출되어야 한다!
pub fn init_subscriber(subscriber: impl Subscriber + Send + Sync) {
    LogTracer::init().expect("Failed to set logger");
    set_global_default(subscriber).expect("Failed to set subscriber");
}

#[tokio::main]
async fn main() -> std::io::Result<()> {
    let subscriber = get_subscriber("zero2prod".into(), "info".into());
    init_subscriber(subscriber);

    // [...]
}
```

이제 get_subscriber와 init_subscriber를 zero2prod 라이브러리, telemetry 안의 모듈로 옮길 수 있다.

```rust
//! src/lib.rs
pub mod configuration;
pub mod routes;
pub mod startup;
pub mod telemetry;

//! src/telemetry.rs
use tracing::subscriber::set_global_default;
use tracing::Subscriber;
use tracing_bunyan_formatter::{BunyanFormattingLayer, JsonStorageLayer};
use tracing_log::LogTracer;
use tracing_subscriber::{layer::SubscriberExt, EnvFilter, Registry};

pub fn get_subscriber(
    name: String,
    env_filter: String
```

```
) -> impl Subscriber + Sync + Send {
    // [...]
}

pub fn init_subscriber(subscriber: impl Subscriber + Sync + Send) {
    // [...]
}
```

```
//! src/main.rs
use zero2prod::configuration::get_configuration;
use zero2prod::startup::run;
use zero2prod::telemetry::{get_subscriber, init_subscriber};
use sqlx::postgres::PgPool;
use std::net::TcpListener;

#[tokio::main]
async fn main() -> std::io::Result<()> {
    let subscriber = get_subscriber("zero2prod".into(), "info".into());
    init_subscriber(subscriber);

    // [...]
}
```

훌륭하다.

4.5.11 통합 테스트를 위한 로그

앞에서는 단지 코드의 미학이나 가독성을 높이는 목적으로 정리를 한 것이 아니다. 두 함수를 zero2prod 라이브러리로 옮긴 것은 테스트 스위트에서 사용할 수 있게 하기 위해서다.

대전제로, 애플리케이션에서 사용하는 모든 것은 통합 테스트에 반영되어야 한다. 특히 구조화된 로깅은 통합 테스트가 실패했을 때 디버깅의 속도를 상당히 높여준다. 디버거를 연결할 필요가 없을 수도 있고, 로그가 우리에게 무엇이 잘못되었는지 알려줄 수 있는 경우가 더 많다. 좋은 벤치마크이기도 하다. 로그를 통해 디버그할 수 없다면, 프로덕션에서 디버그를 하는 것이 얼마나 어려울지 상상해보자.

spawn_app 헬퍼 함수를 수정해서 tracing 스택을 초기화 처리하자.

```
//! tests/health_check.rs
```

```
use zero2prod::configuration::{get_configuration, DatabaseSettings};
use zero2prod::startup::run;
use zero2prod::telemetry::{get_subscriber, init_subscriber};
use sqlx::{Connection, Executor, PgConnection, PgPool};
use std::net::TcpListener;
use uuid::Uuid;

pub struct TestApp {
    pub address: String,
    pub db_pool: PgPool,
}

async fn spawn_app() -> TestApp {
    let subscriber = get_subscriber("test".into(), "debug".into());
    init_subscriber(subscriber);

    let listener = TcpListener::bind("127.0.0.1:0")
        .expect("Failed to bind random port");
    let port = listener.local_addr().unwrap().port();
    let address = format!("http://127.0.0.1:{}", port);

    let mut configuration = get_configuration()
        .expect("Failed to read configuration.");
    configuration.database.database_name = Uuid::new_v4().to_string();
    let connection_pool = configure_database(&configuration.database).await;

    let server = run(listener, connection_pool.clone())
        .expect("Failed to bind address");
    let _ = tokio::spawn(server);
    TestApp {
        address,
        db_pool: connection_pool,
    }
}

// [...]
```

cargo test를 실행하면, 한 개의 테스트 성공과 수많은 테스트 실패에 마주하게 될 것이다.

```
failures:
---- subscribe_returns_a_400_when_data_is_missing stdout ----
thread 'subscribe_returns_a_400_when_data_is_missing' panicked at
'Failed to set logger: SetLoggerError(())'
Panic in Arbiter thread.

---- subscribe_returns_a_200_for_valid_form_data stdout ----
```

```
thread 'subscribe_returns_a_200_for_valid_form_data' panicked at
'Failed to set logger: SetLoggerError(())'
Panic in Arbiter thread.


failures:
    subscribe_returns_a_200_for_valid_form_data
    subscribe_returns_a_400_when_data_is_missing
```

init_subscriber는 한 번만 호출되어야 하는데, 모든 테스트 케이스에서 호출되고 있다. once_cell을 사용해서 이를 바로잡자.[46]

```
#! Cargo.toml
# [...]
[dev-dependencies]
once_cell = "1"
# [...]
```

```rust
//! tests/health_check.rs
// [...]
use once_cell::sync::Lazy;

// `once_cell`을 사용해서 `tracing` 스택이 한 번만 초기화되는 것을 보장한다.
static TRACING: Lazy<()> = Lazy::new(|| {
    let subscriber = get_subscriber("test".into(), "debug".into());
    init_subscriber(subscriber);
});

pub struct TestApp {
    pub address: String,
    pub db_pool: PgPool,
}

async fn spawn_app() -> TestApp {
    // `initialize`가 첫 번째 호출되면 `TRACING` 안의 코드가 실행된다.
    // 다른 모든 호출은 실행을 건너뛴다.
    Lazy::force(&TRACING);
```

---

46 TRACING은 초기화한 뒤 전혀 참조하지 않았으므로, call_once 메서드와 함께 std::sync::Once를 사용할 수도 있었다(https://doc.rust-lang.org/std/sync/struct.Once.html). 안타깝게도, 요구 사항이 변경되면(즉 초기화 후에 사용하게 되면), 아직 안정적이지 않은 std::sync::SyncOnceCell을 사용해야 한다. once_cell은 두 개의 유스 케이스를 모두 커버한다. 여러분의 툴킷에 유용한 크레이트를 도입할 수 있는 좋은 기회다.

```
    // [...]
}

// [...]
```

cargo test는 다시 그린이다. 하지만 출력은 매우 지저분하다. 테스트 케이스마다 여러 로그 라인이 출력된다. 모든 테스트에서 tracing 측정이 실행되기를 원하지만, 테스트 스위트를 실행할 때마다 그 로그들을 보고 싶지는 않다.

cargo test는 println/print 구문에 대해서 완전히 같은 문제를 풀었다. 기본적으로, cargo test는 콘솔에 출력되는 모든 것을 삼킨다. 여러분은 cargo test -- --nocapture를 사용해서 명시적으로 출력되는 구문을 확인할 수 있다.

tracing 측정에 대해서도 동일한 전략이 필요하다. get_subscriber에 새로운 파라미터를 추가해서 어떤 **싱크 로그**sink log를 작성해야 할지 커스터마이즈할 수 있게 하자.

```
//! src/telemetry.rs
use tracing_subscriber::fmt::MakeWriter;
// [...]

pub fn get_subscriber<Sink>(
    name: String,
    env_filter: String,
    sink: Sink,
) -> impl Subscriber + Sync + Send
    where
        // 이 "이상한" 구문은 higher-ranked trait bound(HRTB)이다.
        // 기본적으로 Sink가 모든 라이프타임 파라미터 `'a`에 대해
        // `MakeWriter` 트레이트를 구현한다는 것을 의미한다.
        // 더 자세한 내용은 https://doc.rust-lang.org/nomicon/hrtb.html를
        // 참조하자.
        Sink: for<'a> MakeWriter<'a> + Send + Sync + 'static,
{
    // [...]
    let formatting_layer = BunyanFormattingLayer::new(name, sink);
    // [...]
}
```

이제 main 함수에서 stdout을 사용하도록 수정할 수 있다.

```
//! src/main.rs
// [...]

#[tokio::main]
async fn main() -> std::io::Result<()> {
    let subscriber = get_subscriber(
        "zero2prod".into(), "info".into(), std::io::stdout
    );

    // [...]
}
```

테스트 스위트에서는 TEST_LOG 환경 변수를 사용해서 동적으로 싱크를 선택할 것이다. TEST_LOG
가 설정되면 std::io::stdout을 사용한다. TEST_LOG가 설정되지 않으면, std::io::sink를 사용
해서 모든 로그를 버린다. 다음은 수정한 --nocapture 플래그다.

```
//! tests/health_check.rs
//! ...

// `once_cell`을 사용해서 `tracing` 스택이 한 번만 초기화되는 것을 보장한다.
static TRACING: Lazy<()> = Lazy::new(|| {
    let default_filter_level = "info".to_string();
    let subscriber_name = "test".to_string();
    // `get_subscriber`의 출력을 `TEST_LOG`의 값에 기반해서 변수에 할당할 수 없다.
    // 왜냐하면 해당 sink는 `get_subscriber`에 의해 반환된 타입의 일부이고,
    // 그들의 타입이 같지 않기 때문이다. 이 상황을 회피할 수는 있지만,
    // 이 방법이 이후 과정을 진행할 수 있는 가장 직관적인 방법이다.
    if std::env::var("TEST_LOG").is_ok() {
        let subscriber = get_subscriber(
            subscriber_name,
            default_filter_level,
            std::io::stdout
        );
        init_subscriber(subscriber);
    } else {
        let subscriber = get_subscriber(
            subscriber_name,
            default_filter_level,
            std::io::sink
        );
        init_subscriber(subscriber);
    };
});
```

```
// [...]
```

디버깅을 위해 특정한 테스트 케이스의 모든 로그를 보고 싶다면 다음을 실행한다.

```
# `bunyan` CLI를 사용해서 출력된 로그를 깔끔하게 정리한다.
# 오리지널의 `bunyan`에서는 NPM이 필요하지만, `cargo install bunyan`을 사용하면
# 러스트용으로 포팅된 버전을 설치할 수 있다.
TEST_LOG=true cargo test health_check_works | bunyan
```

그리고 출력되는 결과를 보면서 무슨 일이 일어나는지 확인한다. 깔끔하지 않은가?

4.5.12 측정 코드 정리하기: tracing::instrument

초기화 로직을 리팩터링했다. 이제 측정 코드를 살펴보자. subscribe를 다시 살펴보자.

```
//! src/routes/subscriptions.rs
// [...]
pub async fn subscribe(
    form: web::Form<FormData>,
    pool: web::Data<PgPool>,
) -> HttpResponse {
    let request_id = Uuid::new_v4();
    let request_span = tracing::info_span!(
        "Adding a new subscriber",
        %request_id,
        subscriber_email = %form.email,
        subscriber_name = %form.name
    );
    let _request_span_guard = request_span.enter();
    let query_span = tracing::info_span!(
        "Saving new subscriber details in the database"
    );
    match sqlx::query!(/* */)
        .execute(pool.get_ref())
        .instrument(query_span)
        .await
    {
        Ok(_) => HttpResponse::Ok().finish(),
        Err(e) => {
            tracing::error!("Failed to execute query: {:?}", e);
            HttpResponse::InternalServerError().finish()
        }
    }
```

```
}
```

로깅으로 인해 subscribe 함수에 약간의 노이즈가 추가되었다. 이 노이즈들을 걷어낼 수 있는지
살펴보자.

request_span에서 시작하자. subscribe의 모든 동작은 request_span 콘텍스트 안에서만 발생하
게끔 하고 싶다. 다시 말해, subscribe 함수를 span으로 감싸고 싶다. 이 요구 사항은 매우 일반적
이다. 함수에서 각 하위 태스크를 추출하는 것은 루틴을 구조화해서 가독성을 개선하고, 테스트
를 쉽게 작성할 수 있게 하는 일반적인 방법이다. 따라서 함수 선언에 span을 추가한다.

tracing은 이 특별한 유스 케이스를 tracing::instrument 절차 매크로를 통해 지원한다. 실제로
어떻게 동작하는지 살펴보자.

```rust
//! src/routes/subscriptions.rs
// [...]

#[tracing::instrument(
    name = "Adding a new subscriber",
    skip(form, pool),
    fields(
        request_id = %Uuid::new_v4(),
        subscriber_email = %form.email,
        subscriber_name = %form.name
    )
)]
pub async fn subscribe(
    form: web::Form<FormData>,
    pool: web::Data<PgPool>,
) -> HttpResponse {
    let query_span = tracing::info_span!(
        "Saving new subscriber details in the database"
    );
    match sqlx::query!(/* */)
        .execute(pool.get_ref())
        .instrument(query_span)
        .await
    {
        Ok(_) => HttpResponse::Ok().finish(),
        Err(e) => {
            tracing::error!("Failed to execute query: {:?}", e);
            HttpResponse::InternalServerError().finish()
        }
```

```
        }
}
```

#[tracing::instrument]는 함수 호출 시작 부분에서 span을 생성하고, 자동으로 함수에 전달되는 모든 인수를 span의 콘텍스트에 붙인다(예시에서는 form과 pool). 함수 인자들은 로그 레코드에서 보이지 않거나(예 pool), 우리는 더욱 명시적으로 무엇을 어떻게 잡아내야 하는지 명시하기를 원한다(예 form의 각 필드에 이름을 붙이기). skip 지시자를 사용해서 tracing에게 이들을 무시하도록 명시적으로 지시할 수 있다.

name을 사용해서 함수 span과 관련된 메시지를 지정할 수 있다. 생략하면 기본적으로 함수 이름이 된다. **필드 지시자**field directive를 사용해서 span의 콘텍스트를 풍부하게 할 수도 있다. info_span! 매크로와 동일한 구문을 사용한다.

결과는 매우 멋지다. 모든 측정 관련 고려 사항은 실행 고려 사항으로부터 분리된다. 측정 관련 고려 사항은 함수 선언을 꾸미는decorate 절차적 매크로를 통해 처리되고, 함수 바디는 실질적인 비즈니스 로직에만 집중한다.

tracing::instrument가 비동기 함수에 적용될 때는 Instrument::instrument를 사용하도록 주의해야 한다. 그 자체 함수에서 쿼리를 추출하고 tracing::instrument를 사용해 query_span과 .instrument 메서드 호출을 제거하자.

```
//! src/routes/subscriptions.rs
// [...]

#[tracing::instrument(
    name = "Adding a new subscriber",
    skip(form, pool),
    fields(
        request_id = %Uuid::new_v4(),
        subscriber_email = %form.email,
        subscriber_name = %form.name
    )
)]
pub async fn subscribe(
    form: web::Form<FormData>,
    pool: web::Data<PgPool>,
) -> HttpResponse {
    match insert_subscriber(&pool, &form).await
```

```
    {
        Ok(_) => HttpResponse::Ok().finish(),
        Err(_) => HttpResponse::InternalServerError().finish()
    }
}

#[tracing::instrument(
    name = "Saving new subscriber details in the database",
    skip(form, pool)
)]
pub async fn insert_subscriber(
    pool: &PgPool,
    form: &FormData,
) -> Result<(), sqlx::Error> {
    sqlx::query!(
        r#"
    INSERT INTO subscriptions (id, email, name, subscribed_at)
    VALUES ($1, $2, $3, $4)
        "#,
        Uuid::new_v4(),
        form.email,
        form.name,
        Utc::now()
    )
    .execute(pool)
    .await
    .map_err(|e| {
        tracing::error!("Failed to execute query: {:?}", e);
        e
    // `?` 연산자를 사용해서 함수가 실패하면, 조기에 sqlx::Error를 반환한다.
    // 오류 핸들링은 뒤에서 자세히 다룬다.
    })?;
    Ok(())
}
```

오류 이벤트는 이제 쿼리 span 안에 존재하며, 고려 사항들은 더 잘 분리되었다.

- insert_subscriber: 데이터베이스 로직을 처리하고, 둘러싸고 있는 웹 프레임워크에는 신경 쓰지 않는다. 즉, 입력 타입으로 web::Form이나 web::Data 래퍼를 전달하지 않는다.

- subscribe: 필요한 루틴routine을 호출해서 처리할 일을 조율하고, HTTP 프로토콜의 규칙과 관습에 따라 그 결과물을 적절한 응답으로 변환한다.

필자는 tracing::instrument를 너무나도 사랑한다. 코드를 측정하기 위해 필요한 노력을 상당히 줄일 수 있다. 여러분도 필자와 같은 성공을 맛볼 것이다. 가장 하기 쉬운 일이 바로 가장 먼저 해야 할 일이다.

4.5.13 시크릿을 보호하자: secrecy

필자는 사실 #[tracing::instrument]의 엘리먼트 중 하나를 좋아하지 않는다. 함수에 전달되는 모든 인자를 span의 콘텍스트에 자동으로 붙인다는 점 때문이다. 로깅 함수의 입력을 (skip을 사용해서) **옵트인**opt-in하는 대신 **옵트아웃**opt-out해야 한다.[47]

여러분은 시크릿(예 비밀번호)이나 개인 식별 가능 정보(예 최종 사용자의 청구 주소)가 로그에 나타나는 것을 원하지 않을 것이다. 옵트아웃은 기본적으로 위험하다. #[tracing::instrument]를 사용해서 새로운 입력을 추가할 때마다, 스스로 다음 질문을 던져야 한다. '이것을 로깅해도 안전한가? skip을 해야 하는가?' 시간이 충분히 지나면 누군가는 잊어버릴 것이다. 자, 이제 보안 사고를 다루어야 한다.[48]

어떤 필드를 민감하게 다루고 명시적으로 마킹하는 래퍼 타입인 secrecy::Secret을 도입함으로써 이런 상황을 방지할 수 있다.

```
#! Cargo.toml
# [...]
[dependencies]
secrecy = { version = "0.8", features = ["serde"] }
# [...]
```

정의를 살펴보자.

```
/// 시크릿을 포함하는 값에 대한 래퍼 타입으로 우발적인 노출을 제한하고, 해제될 때 메모리에서
/// 시크릿을 제거하는 것을 보장한다.
/// (예: 비밀번호, 암호화 키, 접근 토큰 및 기타 크리덴셜)
///
/// 내부 시크릿값에 대한 접근은 [...]를 경유해서 일어난다.
/// `expose_secret()` 메서드 [...]
```

---

47 다음 대규모 릴리스에서(0.2.x)는 tracing의 기본 동작이 옵트아웃에서 옵트인으로 변경될 가능성이 있다. https://github.com/tokio-rs/tracing/issues/651

48 이런 보안 사고 중 일부는 매우 심각하다(예: 페이스북은 실수로 수억 개의 비밀번호를 평문으로 로깅했다. https://krebsonsecurity.com/2019/03/facebook-stored-hundreds-of-millions-of-user-passwords-in-plain-text-for-years/

```
pub struct Secret<S>
    where
        S: Zeroize,
{
    /// 내부 시크릿값
    inner_secret: S,
}
```

Zeroize 트레이트가 제공하는 **메모리 와이핑**memory wiping은 매우 훌륭하다. 우리가 찾는 핵심 속성은 Secret의 마스킹된 Debug 구현이다. println!("{:?}", my_secret_string)은 실제 시크릿값이 아닌 Secret([REDACTED String])을 대신 출력한다. 이것은 #[tracing::instrument] 혹은 다른 로깅 구문을 사용했을 때 민감한 정보들이 우발적으로 유출되는 것을 막는다. 명시적인 래퍼 타입을 사용해서 얻을 수 있는 추가적인 장점이 있다. 코드베이스를 처음 접하는 새로운 개발자들이 참조할 수 있는 문서의 역할을 한다는 점이다. 여러분의 도메인과 관련 규정 등에 따라 무엇이 민감하게 고려되어야 하는지 명시한다.

지금 신경 써야 할 시크릿값은 데이터베이스 비밀번호뿐이다. 해당 정보를 감싸자.

```
//! src/configuration.rs
use secrecy::Secret;
// [..]

#[derive(serde::Deserialize)]
pub struct DatabaseSettings {
    // [...]
    pub password: Secret<String>,
}
```

Secret은 역직렬화를 방해하지 않는다. Secret은 감싸진 타입의 역직렬화 로직에 위임함으로써 serde::Deserialize를 구현한다(우리가 한 것처럼 serde 기능 플래그를 활성화한다면). 컴파일러에서는 오류가 발생한다.

```
error[E0277]: `Secret<std::string::String>` doesn't implement `std::fmt::Display`
--> src/configuration.rs:29:28
  |
  |          self.username, self.password, self.host, self.port
  |                         ^^^^^^^^^^^^^
  | `Secret<std::string::String>` cannot be formatted with the default formatter
```

이것은 기능이지 버그가 아니다. secret::Secret은 Display를 구현하지 않으므로, 감싸진 시크릿을 명시적으로 그대로 노출해야 한다. 컴파일 오류는 데이터베이스 커넥션 문자열 전체가 Secret으로 마킹해야 한다는 것과 함께 커넥션 문자열에 데이터베이스 비밀번호가 포함되어 있음을 알려준다.

```rust
//! src/configuration.rs
use secrecy::ExposeSecret;
// [...]

impl DatabaseSettings {
    pub fn connection_string(&self) -> Secret<String> {
        Secret::new(format!(
            // [...]
            self.password.expose_secret(),
            // [...]
        ))
    }

    pub fn connection_string_without_db(&self) -> Secret<String> {
        Secret::new(format!(
            "postgres://{}:{}@{}:{}",
            // [...]
            self.password.expose_secret(),
            // [...]
        ))
    }
}

//! src/main.rs
use secrecy::ExposeSecret;
// [...]

#[tokio::main]
async fn main() -> std::io::Result<()> {
    // [...]
    let connection_pool =
        PgPool::connect(&configuration.database.connection_string().expose_secret())
            .await
            .expect("Failed to connect to Postgres.");
    // [...]
}
```

```
//! tests/health_check.rs
use secrecy::ExposeSecret;
// [...]

pub async fn configure_database(config: &DatabaseSettings) -> PgPool {
    let mut connection = PgConnection::connect(
            &config.connection_string_without_db().expose_secret()
        )
        .await
        .expect("Failed to connect to Postgres");
    // [...]
    let connection_pool = PgPool::connect(
            &config.connection_string().expose_secret()
        )
        .await
        .expect("Failed to connect to Postgres.");
    // [...]
}
```

지금은 이 정도로 정리하자. 이후 민감한 값이 추가될 때마다 Secret으로 감쌀 것이다.

4.5.14 요청 id

마지막으로 할 일이 남았다. 특정한 요청에 대한 모든 로그(특별히 반환된 상태 코드를 가진 레코드)는 reuqest_id 속성을 포함해야 한다. 어떻게 할 수 있는가?

우리의 목표는 actix_web::Logger를 건드리지 않는 것이다. 가장 쉬운 해결책으로 다른 미들웨어인 RequestIdMiddleware를 추가할 수 있다. 이 미들웨어는 다음을 담당한다.

- 고유한 요청 식별자를 생성한다.
- 콘텍스트로 추가된 요청 식별자를 사용해서 새로운 span을 생성한다.
- 새롭게 생성된 span 안에 나머지 미들웨어 체인을 감싼다.

하지만 많은 것을 남겨 놓을 것이다. actix_web::Logger의 풍부한 정보(상태 코드, 처리 시간, 호출자 IP, 등)들은 우리가 다른 로그에서 얻었던 것과 동일한 구조화된 JSON 포맷으로 얻을 수 없다. 메시지 문자열에서 이 모든 정보를 파싱해야 한다. 여기에서는 tracing을 인식하는 솔루션을 사용해서 해결한다.

디펜던시에 tracing-actix-web을 추가한다.[49]

```
#! Cargo.toml
# [...]
[dependencies]
tracing-actix-web = "0.6"
# [...]
```

tracing-actix-web은 actix-web의 Logger를 대체하기 위해 설계되어 있으며, log가 아닌 tracing에 기반을 둔다.

```
//! src/startup.rs
use crate::routes::{health_check, subscribe};
use actix_web::dev::Server;
use actix_web::web::Data;
use actix_web::{web, App, HttpServer};
use sqlx::PgPool;
use std::net::TcpListener;
use tracing_actix_web::TracingLogger;

pub fn run(
    listener: TcpListener, db_pool: PgPool
) -> Result<Server, std::io::Error> {
    let db_pool = Data::new(db_pool);
    let server = HttpServer::new(move || {
        App::new()
            // `Logger::default`를 대신한다.
            .wrap(TracingLogger::default())
            .route("/health_check", web::get().to(health_check))
            .route("/subscriptions", web::post().to(subscribe))
            .app_data(db_pool.clone())
    })
    .listen(listener)?
    .run();
    Ok(server)
}
```

애플리케이션을 구동하고 요청을 던지면, 모든 로그에서 request_id, request_path 및 다른 유용한 몇 가지 정보들을 확인할 수 있다.

---

49 tracing-actix-web은 필자가 만들었다.

거의 완료했다. 처리해야 할 눈에 띄는 이슈가 한 가지 있다. POST /subscription 요청으로 출력된 로그 레코드를 살펴보자.

```
{
    "msg": "[REQUEST - START]",
    "request_id": "21fec996-ace2-4000-b301-263e319a04c5",
    ...
}
{
    "msg": "[ADDING A NEW SUBSCRIBER - START]",
    "request_id":"aaccef45-5a13-4693-9a69-5",
    ...
}
```

동일한 요청에 다른 request_id가 두 개다. 이 버그는 subscribe 함수에 대한 #[tracing::instrument] 애너테이션 때문에 발생한 것이다.

```
//! src/routes/subscriptions.rs
// [...]

#[tracing::instrument(
    name = "Adding a new subscriber",
    skip(form, pool),
    fields(
        request_id = %Uuid::new_v4(),
        subscriber_email = %form.email,
        subscriber_name = %form.name
    )
)]
pub async fn subscribe(
    form: web::Form<FormData>,
    pool: web::Data<PgPool>,
) -> HttpResponse {
    // [...]
}

// [...]
```

여기에서는 함수 레벨에서 request_id를 생성하고 있으며, 이는 TrackingLogger에서 들어오는 request_id를 덮어쓴다. 이것을 제거하고 문제를 수정하자.

```
//! src/routes/subscriptions.rs
// [...]

#[tracing::instrument(
    name = "Adding a new subscriber",
    skip(form, pool),
    fields(
        subscriber_email = %form.email,
        subscriber_name = %form.name
    )
)]
pub async fn subscribe(
    form: web::Form<FormData>,
    pool: web::Data<PgPool>,
) -> HttpResponse {
    // [...]
}

// [...]
```

모든 것이 해결되었다. 애플리케이션의 각 엔드포인트마다 일관된 하나의 request_id를 갖는다.

4.5.15 tracing 에코시스템 활용하기

이번 절에서는 tracing이 무엇을 제공하는지 살펴봤다. tracing은 우리가 수집하는 텔레메트리 데이터의 품질을 높여주고 동시에 측정 코드를 더욱 분명하게 만들었다. 또한 subscriber 레이어에 관해서는 전체 tracing 에코시스템의 풍부함에 관해 거의 언급하지 않았다. 쉽게 사용할 수 있는 몇 가지 내용을 더 언급한다.

- tracing-actix-web: OpenTelemetry와 호환된다. tracing-opentelemetry[50]를 설치하면 span을 OpenTelemetry[51] 호환 서비스(예 Jagger,[52] Honeycomb.io[53] 등)로 보내 심층적으로 분석할 수 있다.
- tracing-error[54]: SpanTrace[55]를 통해 오류 타입을 다양하게 정의할 수 있으며, 트러블 슈팅에 도움을 얻을 수 있다.

---

50 https://docs.rs/tracing-opentelemetry

51 https://opentelemetry.io/

52 https://www.jaegertracing.io/

53 https://honeycomb.io

54 https://docs.rs/tracing-error

55 https://docs.rs/tracing-error/0.1.2/tracing_error/struct.SpanTrace.html

tracing이 러스트 에코시스템 기반 크레이트 중 하나라고 말하는 것은 과언이 아니다. log는 최소 공통 분모인 반면, tracing은 이제 전체 진단 및 측정 에코시스템의 모던 **백본**backbone으로 자리매김했다.

4.6 정리

완전히 초기 상태의 actix-web에서 시작해서 높은 수준의 텔레메트리 데이터까지 추가했다. 이제 이 뉴스레터 API를 공개할 시간이다.

다음 장에서는 러스트 프로젝트를 위한 기본적인 배포 파이프라인을 구축한다.

프로덕션에서 구동하기

작동하는 뉴스레터 API의 프로토타입을 확보했다. 이제 실제로 사용할 시간이다. 이번 장에서는 러스트 애플리케이션을 **도커 컨테이너**Docker container로 패키징해서 디지털오션의 앱 플랫폼[1]에 배포하는 방법에 관해 살펴본다. 이번 장을 마치면 **지속적인 배포**continuous deployment, CD 파이프라인을 갖게 될 것이다. 메인 브랜치에 코드가 커밋되면 자동으로automatically 최신 버전의 애플리케이션을 사용자에게 배포하게 된다.

5.1 배포의 중요성

모두가 소프트웨어를 프로덕션에 가능한 자주 배포하는 것의 중요성에 관해 이야기한다. 필자 역시 그중 하나다.

"조기에 고객의 피드백을 받자!"

"제품을 일찍 배포하고 반복하자!"

하지만 어느 누구도 그 방법을 알려주지 않는다.

웹 개발 혹은 프레임워크 XYZ를 소개하는 책을 무엇이든 선택해보자. 대부분의 책은 배포에 관해 한 단락 이상 설명하지 않을 것이다. 몇몇 책은 한 챕터 정도를 할애할 것이다. 보통 여러분이 절대

---

1 https://www.digitalocean.com/docs/app-platform/

로 읽지 않을, 책의 가장 마지막 부분에 있다. 일부 책들만 합리적으로 할 수 있는 한, 일찍 배포에 관한 설명을 위한 공간을 제공한다.

이유가 무엇일까? 배포는 (여전히) 복잡한 비즈니스이기 때문이다. 다양한 벤더들이 존재하며, 대부분은 직관적으로 사용하기 어렵다. 또한 최신 혹은 최고의 프랙티스로 간주되는 것들은 매우 빠르게 변화한다.[2] 그렇기 때문에 대부분의 저자들이 이 주제를 잘 다루지 않는다. 많은 페이지를 할애해야 하며 1~2년이 지난 뒤에는 이미 구시대 것이 될 것을 기술하는 것은 고통스럽기 그지없다.

그럼에도 불구하고, 배포는 소프트웨어 엔지니어가 매일 걱정하는 일이다. 즉 배포 프로세스를 고려하지 않고는 데이터베이스 스키마 마이그레이션, 도메인 검증 및 API 진화에 관해 말하기 어렵다. 《제로부터 시작하는 러스트 백엔드 프로그래밍》이라는 제목을 가진 이 책에서는 이 주제를 간과할 수 없다.

5.2 도구 선택하기

이번 장의 목표는 우선 main 브랜치에 대한 모든 커밋을 배포한다는 것이 실제로 무엇을 의미하는지 경험하는 것이다. 그렇기 때문에 배포에 관해 다소 이른 5장에서 설명하는 것이다. 이 책 전체에서 연습을 통해, 다시 말해 실제 진짜 프로젝트처럼 실제로 수행해보면서 근육을 기를 기회를 만든다. 우리는 특별히 지속적인 배포 엔지니어링 프랙티스가 디자인 선택과 배포 습관에 영향을 미치는가에 관심이 많다.

그와 동시에, 완벽한 지속적인 배포 파이프라인을 만드는 것이 이 책의 목적은 아니다. 그 자체로 하나의 완전한 책이 필요할 것이다. 우리는 실용적이어야 한다. 본질적인 유용함(예 산업계에서 가치가 있는 도구를 학습하는 것)과 개발자 경험의 균형을 맞춰야 한다. 또한 우리가 시간을 들여서 '최고의' 설정을 하더라도, 결국 여러분은 조직의 특정한 제약 사항으로 인해 다른 도구나 벤더를 선택하게 될 것이다.

중요한 것은 기반 철학philosophy과 그리고 프랙티스로서 지속적인 배포를 시도하는 것이다.

---

2   쿠버네티스는 2015년에 출시됐고, 도커는 2013년에 출시됐다.

5.2.1 가상화: 도커

로컬 개발 환경과 프로덕션 환경의 목적은 완전히 다르다. 브라우저, IDE, 음악 재생 목록 등은 로컬 머신에 함께 존재할 수 있다. 그것은 범용 워크스테이션이다. 그러나 프로덕션 환경은 더 좁은 영역에 집중한다. 동작하는 소프트웨어를 사용자들이 사용할 수 있게 한다. 이 목적과 명확하게 관계가 없는 모든 것은 최선의 경우 리소스의 낭비, 최악의 경우 보안 부채가 된다.

이 차이는 역사적으로 배포를 상당히 귀찮은 것으로 만들었고, '내 거에서는 잘만 되는데?'와 같은 불만 섞인 밈meme을 만들어냈다. 소스 코드를 프로덕션 서버에 복사하는 것만으로는 충분하지 않다. 우리가 만드는 소프트웨어는 기반 운영체제가 제공하는 기능(예 네이티브 윈도우 애플리케이션은 리눅스에서 실행되지 않을 것이다), 같은 머신에서의 다른 소프트웨어의 사용 가능성(예 특정한 버전의 파이썬 인터프리터), 또는 그 환경 구성(예 루트 권한을 가지고 있는가?) 등을 가정한다. 두 개의 동일한 환경에서 시작했더라도 시간이 지나면서, 버전 차이와 미묘한 불일치로 인해 문제가 발생한다.

소프트웨어가 올바르게 동작하는 것을 보장하는 가장 쉬운 방법은 소프트웨어가 실행되는 환경environment을 엄격하게 제어하는 것이다.

이것이 바로 가상화 기술의 기반 아이디어다. 프로덕션에 코드를 배포하는 대신, 애플리케이션을 포함한 환경 자체를 배포한다면 어떻게 되겠는가? 두 가지 측면에서 이는 매우 훌륭하게 동작한다. 개발자들은 금요일에 놀랄 일이 적어진다. 프로덕션 인프라스트럭쳐를 책임지는 환경 위에 일관성이 있는 추상화가 구축된다. 보너스로 환경 그 자체를 코드처럼 지정할 수 있다면 재생산성을 보장할 수 있다.

가상화의 멋진 점은 이들이 여전히 존재하며, 거의 지난 10년 동안 메인 스트림이었다는 점이다. 대부분의 기술들 중에서 필요에 따라 가상 머신virtual machine, 컨테이너(예 도커[3]) 혹은 다른 기술(예 Firecracker[4]) 등 몇 가지 옵션을 선택할 수 있다.

우리는 메인 스트림이자 아주 흔한 옵션인 도커 컨테이너를 선택한다.

---

3   https://www.docker.com/resources/what-container
4   https://firecracker-microvm.github.io/

호스팅: 디지털오션

AWS,[5] 구글 클라우드Google Cloud,[6] 마이크로소프트 애저Microsoft Azure,[7] 디지털오션Digital Ocean,[8] Clever Cloud,[9] 헤로쿠Heroku,[10] Qovery[11] 등 소프트웨어를 호스팅하기 위해 선택할 수 있는 벤더는 수없이 많다. 많은 사람이 필요와 유스 케이스에 적합한 최적의 클라우드를 소개하는 것으로 성공적인 비즈니스를 해왔다. 하지만 (아직은) 내 일이 아니며 이 책의 목적도 아니다.

우리는 사용하기 쉽고(훌륭한 개발자 경험, 최소의 불필요한 복잡함), 잘 만들어진 것을 찾는다. 2020년 11월, 두 가지 요구 사항의 접점에 있는 것이 디지털오션이었고, 특히 새롭게 출시한 앱 플랫폼 제안이 그랬다.

> 참고로 필자는 디지털오션 서비스를 홍보하는 대가로 아무것도 받지 않았다.

5.3 애플리케이션용 도커 파일

디지털오션의 앱 플랫폼은 컨테이너화된 애플리케이션[12] 배포를 기본으로 지원한다. 첫 번째 태스크는 애플리케이션을 도커 컨테이너로 빌드하고 실행하기 위한 **도커 파일**Dockerfile을 작성해야 한다.

5.3.1 도커 파일

도커 파일은 애플리케이션 환경용 레시피다. 이들은 레이어로 구성되며, 기본 이미지(일반적으로 프로그래밍 언어 툴체인을 포함한 OS)에서 시작해 일련의 명령어(COPY, RUN 등)를 순서대로 실행해서 필요한 환경을 구축한다.

가장 간단한 러스트 프로젝트용 도커 파일을 살펴보자.

---

5   https://aws.amazon.com/ko/

6   https://cloud.google.com/?hl=ko

7   https://azure.microsoft.com/ko-kr/

8   https://www.digitalocean.com/

9   https://www.clever-cloud.com/

10   https://www.heroku.com/

11   https://www.qovery.com/

12   https://www.digitalocean.com/docs/app-platform/languages-frameworks/docker/

```
# We use the latest Rust stable release as base image
# (기본 이미지로 최신 러스트 stable 릴리스를 사용한다.)
FROM rust:1.63.0

# Let's switch our working directory to `app` (equivalent to `cd app`)
# The `app` folder will be created for us by Docker in case it does not exist already.
# (작업 디렉터리를 `app`으로 변경한다(`cd app`과 동일).)
# (`app` 폴더가 존재하지 않는 경우 도커가 해당 폴더를 생성한다.)
WORKDIR /app
# Install the required system dependencies for our linking configuration
# (구성을 연결하기 위해 필요한 시스템 디펜던시를 설치한다.)
RUN apt update && apt install lld clang -y
# Copy all files from our working environment to our Docker image
# (작업 환경의 모든 파일을 도커 이미지로 복사한다.)
COPY . .
# Let's build our binary!
# We'll use the release profile to make it faaaast
# (바이너리를 빌드하자.)
# (빠르게 빌드하기 위해 release 프로파일을 사용한다.)
RUN cargo build --release
# When `docker run` is executed, launch the binary!
# (`docker run`이 실행되면, 바이너리를 구동한다.)
ENTRYPOINT ["./target/release/zero2prod"]
```

위 내용을 Dockerfile이라는 이름으로 **깃 저장소**Git repository의 루트 디렉터리에 저장한다.

```
zero2prod/
  .github/
  migrations/
  scripts/
  src/
  tests/
  .gitignore
  Cargo.lock
  Cargo.toml
  configuration.yaml
  Dockerfile
```

이 명령어를 실행해서 이미지를 얻는 과정을 **빌딩**building이라고 부른다. 도커 CLI를 사용한다.

```
# `Dockerfile`에 지정된 레시피를 따라 "zero2prod"라는 태그가 붙은
# 도커 이미지를 빌드한다.
docker build --tag zero2prod --file Dockerfile .
```

명령어 맨 끝의 .은 무엇을 의미하는가?

5.3.2 빌드 콘텍스트

docker build는 레시피(도커 파일)와 **빌드 콘텍스트**build context로부터 이미지를 생성한다. 여러분이 만드는 도커 이미지는 그 자체로 완전히 고립된 환경으로 볼 수 있다. 이미지와 로컬 머신을 연결하는 접점은 COPY 또는 ADD 같은 명령어뿐이다.[13] 빌드 콘텍스트는 호스트 머신의 어떤 파일들이 도커 컨테이너 안에서 COPY할 수 있거나 그 친구들에게 보이는지 결정한다.

.을 사용해서 도커 이미지에 현재 디렉터리를 해당 이미지의 빌드 콘텍스트로 사용하라고 알린다. 따라서 COPY . app 명령어는 현재 디렉터리의 모든 파일(소스 코드를 포함해)을 도커 이미지의 app 디렉터리에 복사한다. 예를 들어 .을 빌드 콘텍스트로 사용하면 도커는 부모 디렉터리나 머신의 임의의 경로의 파일을 볼 수 있도록 이미지에 COPY하지 않는다. 필요에 따라 다른 경로, 심지어는 URL도 빌드 콘텍스트로 사용할 수 있다.

5.3.3 Sqlx 오프라인 모드

의욕이 넘친다면 벌써 릴리스를 하기 위해 빌드 명령어를 실행했을 것이다. 하지만 동작하지 않는다.

```
docker build --tag zero2prod --file Dockerfile .
```

```
# [...]
Step 4/5 : RUN cargo build --release
# [...]
error: error communicating with the server:
Cannot assign requested address (os error 99)
  --> src/routes/subscriptions.rs:35:5
   |
35 | /     sqlx::query!(
36 | |         r#"
37 | |     INSERT INTO subscriptions (id, email, name, subscribed_at)
38 | |     VALUES ($1, $2, $3, $4)
... |
43 | |         Utc::now()
44 | |     )
   | |_____^
```

---

[13] --network=host, --ssh 혹은 다른 비슷한 옵션을 사용하지 않는다면 말이다. 런타임에 파일을 공유하기 위한 대안적인 메커니즘으로 볼륨을 사용할 수 있다.

```
                |
                = note: this error originates in a macro
```

무슨 일이 벌어지는가? sqlx는 테이블의 스키마를 고려해 모든 쿼리가 성공적으로 실행될 수 있도록 컴파일 시 데이터베이스를 호출한다. 하지만 cargo build를 도커 이미지 안에서 실행하면, sqlx는 .env 파일의 DATABASE_URL 환경 변수가 가리키는 데이터베이스와 커넥션을 만드는 데 실패한다.

어떻게 수정해야 하는가?

--network 플래그를 사용하면 이미지와 빌드 시간에 로컬 머신에서 실행되는 데이터베이스가 통신하도록 할 수 있다. 이 전략은 통합 테스트를 실행할 때 데이터베이스가 필요한 경우, CI 파이프라인에서 사용한다. 안타깝게도 도커 네트워킹이 다른 운영체제(예 MacOS)에서 구현되는 방식 때문에 도커 빌드를 수행하는 것은 다소 번거로우며, 이는 빌드의 재현 가능성을 크게 손상시킬 것이다.

새롭게 도입된 sqlx용 오프라인 모드를 사용하는 것이 낫다. Cargo.toml에 sqlx용 오프라인 피처를 추가하자.

```
#! Cargo.toml
# [...]

# Using table-like toml syntax to avoid a super-long line!
# (테이블과 유사한 toml 구문을 사용해서 긴 행을 줄인다.)
[dependencies.sqlx]
version = "0.6"
default-features = false
features = [
    "runtime-tokio-rustls",
    "macros",
    "postgres",
    "uuid",
    "chrono",
    "migrate",
    "offline"
]
```

다음 단계는 sqlx의 CLI에 의존한다. 다음으로 살펴볼 명령은 sqlx prepare이다. 도움말 메시지를 확인해보자.

```
sqlx prepare --help
```

```
sqlx-prepare
Generate query metadata to support offline compile-time verification.

Saves metadata for all invocations of `query!` and related macros to
`sqlx-data.json` in the current directory, overwriting if needed.

During project compilation, the absence of the `DATABASE_URL` environment
variable or the presence of `SQLX_OFFLINE` will constrain the compile-time
verification to only read from the cached query metadata.

USAGE:
    sqlx prepare [FLAGS] [-- <args>...]

ARGS:
    <args>...
            Arguments to be passed to `cargo rustc ...`

FLAGS:
        --check
            Run in 'check' mode. Exits with 0 if the query metadata is up-to-date.
            Exits with 1 if the query metadata needs updating
```

즉 prepare는 cargo build가 호출되었을 때와 일반적으로 동일한 작업을 하지만, 쿼리의 결과를 메타데이터 파일(sqlx-data.json)에 저장한다. 이 파일은 이후 sqlx가 발견하며, 모든 쿼리를 스킵하고 오프라인 빌드를 수행하기 위해 사용된다.

호출해보자.

```
# cargo 하위 명령어로서 호출되어야 한다.
# `--` 이후의 모든 옵션은 cargo 자체에 전달된다.
# 라이브러리가 모든 SQL 쿼리를 가지고 있으므로 이를 가리킨다.
cargo sqlx prepare -- --lib
```

```
query data written to `sqlx-data.json` in the current directory;
please check this into version control
```

명령어 출력에서 보듯이, 이 파일을 버전 관리 시스템에 커밋할 것이다.

도커 파일의 SQLX_OFFLINE 환경 변수를 true로 설정해서 sqlx가 실제 데이터베이스에 쿼리를 시도하는 대신, 저장된 메타데이터를 보게 한다.

```
FROM rust:1.63.0

WORKDIR /app
RUN apt update && apt install lld clang -y
COPY . .
ENV SQLX_OFFLINE true
RUN cargo build --release
ENTRYPOINT ["./target/release/zero2prod"]
```

도커 컨테이너를 다시 빌드하자.

```
docker build --tag zero2prod --file Dockerfile .
```

이번에는 오류가 발생하지 않는다.

하지만 한 가지 문제가 있다. sqlx-data.json이 동기화 상태를 벗어나지 않음을 어떻게 보장하는가(예 데이터베이스 스키마가 변경되었거나 새로운 쿼리를 추가한 경우)?

CI 파이프라인에서 --check를 사용하면 항상 최신 상태임을 보장할 수 있다. 깃허브 저장소[14]에 업데이트된 파이프라인 정의를 참조하자.

5.3.4 이미지 실행하기

이미지를 빌드할 때 zero2prod라는 태그를 붙였다.

```
docker build --tag zero2prod --file Dockerfile .
```

다른 명령어에서 이 태그를 사용해 이미지를 참조할 수 있다. 구체적으로 다음과 같이 실행한다.

```
docker run zero2prod
```

---

14 https://github.com/LukeMathWalker/zero-to-production

docker run은 ENTRYPOINT 구문에서 지정한 명령어의 실행을 트리거한다.

```
ENTRYPOINT ["./target/release/zero2prod"]
```

예시에서는 바이너리를 실행하며, 따라서 API를 구동한다.

그럼 이미지를 구동해보자. 실행하자 마자 오류가 발생할 것이다.

```
thread 'main' panicked at
  'Failed to connect to Postgres:
  Io(Os {
    code: 99,
    kind: AddrNotAvailable,
    message: "Cannot assign requested address"
})'
```

이 오류는 main 함수의 다음 행에서 발생한 것이다.

```
//! src/main.rs
//! [...]

#[tokio::main]
async fn main() -> std::io::Result<()> {
    // [...]
    let connection_pool = PgPool::connect(
            &configuration.database.connection_string().expose_secret()
        )
        .await
        .expect("Failed to connect to Postgres.");
    // [...]
}
```

connect_lazy[15]를 사용해 요구 사항을 완화할 수 있다. 풀이 처음 사용될 때만 커넥션 연결을 시도한다.

```
//! src/main.rs
//! [...]
```

---

15 https://docs.rs/sqlx/0.5.7/sqlx/struct.Pool.html#method.connect_lazy

```
#[tokio::main]
async fn main() -> std::io::Result<()> {
    // [...]
    // No longer async, given that we don't actually try to connect!
    let connection_pool = PgPool::connect_lazy(
            &configuration.database.connection_string().expose_secret()
        )
        .expect("Failed to create Postgres connection pool.");
    // [...]
}
```

이제 도커 이미지를 다시 빌드하고 실행할 수 있다. 곧바로 몇 줄의 로그를 볼 수 있다.

다른 터미널을 열고 헬스 체크 포인트로 요청을 던져보자.

```
curl http://127.0.0.1:8000/health_check
```

```
curl: (7) Failed to connect to 127.0.0.1 port 8000: Connection refused
```

결과가 썩 마음에 들지 않는다.

5.3.5 네트워킹

기본적으로 도커 이미지는 기반 호스트 머신에 포트를 노출하지 않는다. 포트를 노출하려면 명시적으로 -p 플래그를 사용해야 한다.

실행 중인 이미지를 중지시킨 뒤 다시 실행한다.

```
docker run -p 8000:8000 zero2prod
```

헬스 체크 엔드포인트에 접속하면 같은 오류 메시지가 표시된다.

왜 오류가 발생하는지 이해하기 위해 main.rs 파일을 좀 더 살펴보자.

```
//! src/main.rs
use zero2prod::configuration::get_configuration;
use zero2prod::startup::run;
```

```
use zero2prod::telemetry::{get_subscriber, init_subscriber};
use sqlx::postgres::PgPool;
use std::net::TcpListener;

#[tokio::main]
async fn main() -> std::io::Result<()> {
    let subscriber = get_subscriber(
        "zero2prod".into(), "info".into(), std::io::stdout
    );
    init_subscriber(subscriber);

    let configuration = get_configuration().expect("Failed to read configuration.");
    let connection_pool = PgPool::connect_lazy(
            &configuration.database.connection_string().expose_secret()
        )
        .expect("Failed to create Postgres connection pool.");

    let address = format!("127.0.0.1:{}", configuration.application_port);
    let listener = TcpListener::bind(address)?;
    run(listener, connection_pool)?.await?;
    Ok(())
}
```

호스트의 address로 127.0.0.1을 사용하고 있다. 애플리케이션이 같은 머신에서 유입되는 커넥션만 받도록 설정한 것이다. 하지만 /health_check에 대한 GET 요청을 호스트 머신에서 던졌으며, 호스트 머신은 도커 이미지에서 봤을 때 로컬이 아니다. 따라서 Connection 시도는 거부되며 오류가 발생한다.

0.0.0.0을 사용해서 애플리케이션이 로컬뿐만 아니라 모든 네트워크 인터페이스로부터의 커넥션을 받아들이도록 해야 한다. 하지만 조심해야 한다. 0.0.0.0을 사용하면 애플리케이션에 접근할 수 있는 사용자를 늘릴 수 있겠지만, 동시에 보안상의 위험성도 증가한다.[16]

최선의 방법은 주소의 호스트 부분을 설정할 수 있도록 하는 것이다. 로컬 개발에서는 127.0.0.1을 계속 사용하고, 도커 이미지에서는 0.0.0.0으로 설정할 것이다.

5.3.6 계층 구성 설정

Settings 구조체의 형태는 현재 다음과 같다.

---

16 https://github.com/sinatra/sinatra/issues/1369

```
//! src/configuration.rs
// [...]

#[derive(serde::Deserialize)]
pub struct Settings {
    pub database: DatabaseSettings,
    pub application_port: u16,
}

#[derive(serde::Deserialize)]
pub struct DatabaseSettings {
    pub username: String,
    pub password: Secret<String>,
    pub port: u16,
    pub host: String,
    pub database_name: String,
}

// [...]
```

다른 구조체인 ApplicationSettings를 소개한다. 이 구조체는 애플리케이션 주소와 관련된 모든 구성값을 그룹화한다.

```
#[derive(serde::Deserialize)]
pub struct Settings {
    pub database: DatabaseSettings,
    pub application: ApplicationSettings,
}

#[derive(serde::Deserialize)]
pub struct ApplicationSettings {
    pub port: u16,
    pub host: String,
}

// [...]
```

새로운 구조체에 맞춰 configuration.yaml 파일을 업데이트한다.

```
#! configuration.yaml
application:
  port: 8000
  host: 127.0.0.1
```

```
database:
  # [...]
```

main.rs에서는 새로운 구성이 가능한 host 필드를 활용한다.

```
//! src/main.rs
// [...]

#[tokio::main]
async fn main() -> std::io::Result<()> {
    // [...]
    let address = format!(
        "{}:{}",
        configuration.application.host, configuration.application.port
    );
    // [...]
}
```

호스트는 이제 구성 설정에서 읽어올 수 있다. 하지만 환경에 따라 다른 값을 사용하려면 어떻게 해야 하는가? 구성 설정을 계층적hierarchical으로 구성해야 한다.

get_configuration을 살펴보자. 이 함수는 Settings 구조체를 로딩하는 책임을 진다.

```
//! src/configuration.rs
// [...]

pub fn get_configuration() -> Result<Settings, config::ConfigError> {
    // 구성 읽기를 초기화한다.
    let settings = config::Config::builder()
        // `configuration.yaml`이라는 이름의 파일에서 구성값을 추가한다.
        .add_source(
            config::File::new("configuration.yaml", config::FileFormat::Yaml)
        )
        .build()?;
    // 읽어들인 구성값들을 Setting 타입으로 변환한다.
    settings.try_deserialize::<Settings>()
}
```

configuration이라는 이름의 파일을 읽어서 Settings의 필드를 설정한다. configuration.yaml 에 지정된 값을 조정할 수는 없다.

더 정제된 접근 방법을 사용해보자. 다음을 사용한다.

- 기본 구성 파일: 로컬 및 프로덕션 환경에서 공유되는 값(예 데이터베이스 이름)

- 환경에 따라 달라지는 구성 파일의 집합: 환경에 따라 커스터마이징되어야 하는 필드값(예 host)

- 환경 변수 APP_ENVIRONMENT: 실행하는 환경을 결정(예 production 혹은 local)

모든 구성 파일은 동일한 최상위 레벨 디렉터리인 configuration에 위치한다. 좋은 소식은 우리가 사용하는 크레이트인 config가 이 모든 것의 기본적인 것을 지원한다는 점이다.

모든 것을 종합해보자.

```
//! src/configuration.rs
// [...]

pub fn get_configuration() -> Result<Settings, config::ConfigError> {
    let base_path = std::env::current_dir()
        .expect("Failed to determine the current directory");
    let configuration_directory = base_path.join("configuration");

    // 실행 환경을 식별한다.
    // 지정되지 않았다면 `local`로 기본 설정한다.
    let environment: Environment = std::env::var("APP_ENVIRONMENT")
        .unwrap_or_else(|_| "local".into())
        .try_into()
        .expect("Failed to parse APP_ENVIRONMENT.");
    let environment_filename = format!("{}.yaml", environment.as_str());
    let settings = config::Config::builder()
        .add_source(
            config::File::from(configuration_directory.join("base.yaml"))
        )
        .add_source(
            config::File::from(configuration_directory.join(&environment_filename))
        )
        .build()?;

    settings.try_deserialize::<Settings>()
}

/// 애플리케이션이 사용할 수 있는 런타임 환경
pub enum Environment {
    Local,
    Production,
```

```
    }

impl Environment {
    pub fn as_str(&self) -> &'static str {
        match self {
            Environment::Local => "local",
            Environment::Production => "production",
        }
    }
}

impl TryFrom<String> for Environment {
    type Error = String;

    fn try_from(s: String) -> Result<Self, Self::Error> {
        match s.to_lowercase().as_str() {
            "local" => Ok(Self::Local),
            "production" => Ok(Self::Production),
            other => Err(format!(
                "{} is not a supported environment. \
                Use either `local` or `production`.",
                other
            )),
        }
    }
}
```

새로운 구조에 맞게 구성 파일을 리팩터링해보자. configuration.yaml을 제거하고, 새로운 configuration 디렉터리를 만든다. 그 안에 base.yaml, local.yaml, production.yaml을 만든다.

```
#! configuration/base.yaml
application:
  port: 8000
database:
  host: "localhost"
  port: 5432
  username: "postgres"
  password: "password"
  database_name: "newsletter"
```

```
#! configuration/local.yaml
application:
  host: 127.0.0.1
```

```
#! configuration/production.yaml
application:
  host: 0.0.0.0
```

APP_ENVIRONMENT 환경 변숫값을 ENV 명령으로 설정함으로써 도커 이미지의 바이너리가 프로덕션 구성을 사용하게 할 수 있다.

```
FROM rust:1.63.0
WORKDIR /app
RUN apt update && apt install lld clang -y
COPY . .
ENV SQLX_OFFLINE true
RUN cargo build --release
ENV APP_ENVIRONMENT production
ENTRYPOINT ["./target/release/zero2prod"]
```

이미지를 재빌드 및 재구동한다.

```
docker build --tag zero2prod --file Dockerfile .
docker run -p 8000:8000 zero2prod
```

처음 로그 행들은 다음과 같다.

```
{
    "name":"zero2prod",
    "msg":"Starting \"actix-web-service-0.0.0.0:8000\" service on 0.0.0.0:8000",
    ...
}
```

좋은 소식이다. 구성 설정이 기대한 대로 잘 동작했다.

헬스 체크 엔드포인트에 다시 접근해보자.

```
curl -v http://127.0.0.1:8000/health_check
```

```
> GET /health_check HTTP/1.1
> Host: 127.0.0.1:8000
> User-Agent: curl/7.61.0
```

```
> Accept: */*
>
< HTTP/1.1 200 OK
< content-length: 0
< date: Sun, 01 Nov 2020 17:32:19 GMT
```

잘 동작한다. 멋지다.

5.3.7 데이터베이스 연결성

POST /subscriptions는 어떤가?

```
curl --request POST \
  --data 'name=le%20guin&email=ursula_le_guin%40gmail.com' \
  127.0.0.1:8000/subscriptions --verbose
```

오랜 대기 끝에 500이 반환된다.

애플리케이션 로그를 살펴보자(유용하지 않은가?).

```
{
    "msg": "[SAVING NEW SUBSCRIBER DETAILS IN THE DATABASE - EVENT] \
        Failed to execute query: PoolTimedOut",
    ...
}
```

그리 놀랍지 않다. connect를 connect_lazy로 바꾸어서 데이터베이스를 직접 다루는 것을 회피했기 때문이다.

약 30초 정도가 지난 뒤 500이 되돌아온다. 이것은 slqx의 풀에서 커넥션을 획득하는 데 있어 기본 타임아웃이 30초이기 때문이다.

더 짧은 타임아웃을 사용해서 빠르게 실패해보자.

```
//! src/main.rs
use sqlx::postgres::PgPoolOptions;
// [...]

#[tokio::main]
```

```
async fn main() -> std::io::Result<()> {
    // [...]
    let connection_pool = PgPoolOptions::new()
        .acquire_timeout(std::time::Duration::from_secs(2))
        .connect_lazy(
            &configuration.database.connection_string().expose_secret()
        )
        .expect("Failed to create Postgres connection pool.");
    // [...]
}
```

도커 컨테이너를 사용해서 작동하는 로컬 셋업을 얻을 수 있는 여러 가지 방법이 있다.

- --network=host 옵션과 함께 애플리케이션 컨테이너를 실행한다. 현재 Postgres 컨테이너에서 한 작업과 동일하다.
- docker-compose[17]를 사용한다.
- 사용자 정의 네트워크[18]를 생성한다.

로컬에서 동작하는 설정은 디지털오션에 배포하면, 동작하는 데이터베이스 연결을 갖지 못하게 된다. 현재는 수정하지 않고 그대로 진행한다.

5.3.8 도커 이미지 최적화하기

지금까지 도커 이미지를 다루었고 기대한 대로 작동하는 듯 보인다. 이제 배포할 시간이다. 아니, 아직 아니다. 도커 파일에서 최적화할 수 있는 것은 다음 두 가지다.

- 더 빠른 사용을 위한 작은 이미지 크기
- 더 빠른 빌드를 위한 도커 레이어 캐싱

❶ 도커 이미지 크기

docker build는 애플리케이션을 호스팅하는 머신에서 실행하지 않을 것이다. 애플리케이션을 호스팅하는 머신은 애플리케이션을 처음부터 빌드하지 않고 docker pull을 사용해서 도커 이미지를 다운로드할 것이다.

---

17 https://docs.docker.com/compose/
18 https://www.tutorialworks.com/container-networking/

이것은 매우 편리하다. 이미지를 빌드하는 시간은 매우 오래 걸리며(러스트에서 특히 그렇다), 그 비용은 최초 한 번만 지불하면 된다. 실제로 이미지를 사용하기 위해서는 다운로드 비용만 지불하면 된다. 그 비용은 이미지 크기와 직결된다.

이미지 크기는 얼마나 되는가? 다음 명령으로 크기를 확인할 수 있다.

```
docker images zero2prod
```

```
REPOSITORY        TAG          SIZE
zero2prod         latest       2.31GB
```

이미지가 큰가? 아니면 작은가?

최종 이미지는 우리가 베이스로 사용한 이미지인 rust:1.63.0보다 작을 수 없다. 이미지의 크기는 얼마나 되는가?

```
docker images rust:1.63.0
```

```
REPOSITORY        TAG          SIZE
rust              1.63.0       1.29GB
```

좋다. 최종 이미지 크기는 베이스 이미지의 거의 2배다. 이보다 크기를 더 줄일 수 있다.

첫 번째 방법은 도커 빌드 콘텍스트의 크기를 줄이는 것으로, 이미지를 빌드하는 데 필요하지 않은 파일들을 제외한다. 도커는 프로젝트 안의 .dockerignore를 참조해 무시해야 할 대상을 결정한다.

루트 디렉터리에 다음 내용을 담은 파일을 생성한다.

```
.env
target/
tests/
Dockerfile
scripts/
migrations/
```

.dockerignore에서 지정된 패턴에 일치하는 모든 파일은 도커에 의해 빌드 콘텍스트의 일부로 이미지에 전달되지 않는다. 즉 이들은 COPY 명령의 스코프에 들어가지 않는다. 무거운 디렉터리들을 무시하면(예 러스트 프로젝트의 target 폴더) 빌드 속도를 현저하게 높일 수 있다(동시에 최종 이미지의 크기도 현저하게 줄일 수 있다).

대신 다음 최적화는 러스트의 고유한 강점 중 하나를 활용한다. 러스트의 바이너리는 정적으로 링크되어 있다.[19] 바이너리를 실행하기 위해 소스 코드나 중간 컴파일 산출물을 유지할 필요가 없다. 모든 것을 가지고 있다.

이것은 **다단계 빌드**multi-stage build에서 잘 작동하며, 이는 유용한 도커 피처다. 빌드는 두 단계로 나눌 수 있다.

- builder 단계: 컴파일된 바이너리를 생성한다.
- runtime 단계: 바이너리를 실행한다.

수정된 도커 파일은 다음과 같다.

```
# Builder stage(Builder 단계)
FROM rust:1.63.0 AS builder

WORKDIR /app
RUN apt update && apt install lld clang -y
COPY . .
ENV SQLX_OFFLINE true
RUN cargo build --release

# Runtime stage(Runtime 단계)
FROM rust:1.63.0 AS runtime

WORKDIR /app
# Copy the compiled binary from the builder environment
# to our runtime environment
# (컴파일된 바이너리를 builder 환경에서 runtime 환경으로 복사한다.)
COPY --from=builder /app/target/release/zero2prod zero2prod
# We need the configuration file at runtime!
# (runtime에서의 구성 파일이 필요하다!)
```

---

[19] rustc는 모든 러스트 코드를 정적으로 링크하고, 러스트 표준 라이브러리를 사용한다면 기반 시스템의 libc는 동적으로 링크한다. linux-musl을 대상으로 하면 완전히 정적으로 링크된 바이너리를 얻을 수 있다. 이에 관한 더 많은 정보는 러스트가 지원하는 플랫폼과 대상을 확인하자. https://doc.rust-lang.org/rustc/platform-support.html

```
COPY configuration configuration
ENV APP_ENVIRONMENT production
ENTRYPOINT ["./zero2prod"]
```

runtime은 최종 이미지다. builder 단계는 이미지 크기에 기여하지 않는다. 이는 중간 단계이며, 빌드 마지막에 버려진다. 최종 산출물에서 찾을 수 있는 builder 단계의 유일한 조각은 우리가 명시적으로 복사하는 컴파일된 바이너리뿐이다.

위의 도커 파일을 사용하여 생성된 이미지 크기는 어떻게 되는가?

```
docker images zero2prod
```

```
REPOSITORY          TAG              SIZE
zero2prod           latest           1.3GB
```

베이스 이미지보다 단지 20MB 크다. 훨씬 좋다.

한 단계 더 나갈 수 있다. runtime 단계에 rust:1.63.0를 사용하는 대신 rust:1.63.0-slim으로 변경하자. 동일한 기반 OS를 사용하는 더 작은 이미지다.

```
# [...]
# Runtime stage
FROM rust:1.63.0-slim AS runtime
# [...]
```

```
docker images zero2prod
```

```
REPOSITORY          TAG              SIZE
zero2prod           latest           681MB
```

최적화를 시작했을 때보다 4배 작다. 절대 나쁘지 않다.

러스트 툴체인과 용병(예 rustc, cargo 등)의 무게를 줄임으로써 더욱 크기를 줄일 수 있다. 이들은 바이너리를 실행하는 데 전혀 필요하지 않다.

runtime 단계의 베이스 이미지로 가장 원시적인 운영체제(debian:bullseye-slim)를 사용할 수도 있다.

```
# [...]
# Runtime stage(Runtime 단계)
FROM debian:bullseye-slim AS runtime
WORKDIR /app
# Install OpenSSL - it is dynamically linked by some of our dependencies
# (OpenSSL을 설치한다. - 일부 디펜던시에 의해 동적으로 링크된다.)
# Install ca-certificates - it is needed to verify TLS certificates
# when establishing HTTPS connections
# (ca-certificatates를 설치한다. - HTTPS 연결을 수립할 때 TSL 인증을 검증할 때 필요하다.)
RUN apt-get update -y \
    && apt-get install -y --no-install-recommends openssl ca-certificates \
    # Clean up(클린 업)
    && apt-get autoremove -y \
    && apt-get clean -y \
    && rm -rf /var/lib/apt/lists/*
COPY --from=builder /app/target/release/zero2prod zero2prod
COPY configuration configuration
ENV APP_ENVIRONMENT production
ENTRYPOINT ["./zero2prod"]
```

```
docker images zero2prod
```

```
REPOSITORY          TAG             SIZE
zero2prod           latest          88.1MB
```

100MB도 안 된다. 처음 상태보다 25배 작다.[20]

rust:1.63.0-alpine을 사용하면 크기를 더 줄일 수 있다. 하지만 linuxmusl이 대상일 때는 크로스 컴파일을 해야 한다(이 책의 범위에서 벗어난다). 작은 크기의 도커 이미지를 만드는 데 흥미가 있다면 rust-musl-builder[21]를 참조하자.

바이너리 크기를 줄이는 또 다른 옵션으로는 심벌을 제거하는 것이다. 깃허브 저장소[22]에서 더 많은 정보를 찾을 수 있다.

---

20 이안(Ian Purton)과 flat_of_angels이 지금보다 더 개선할 수 있다는 것을 알려주어 감사함을 전한다.
21 https://github.com/emk/rust-musl-builder
22 https://github.com/johnthagen/min-sized-rust#strip-symbols-from-binary

❷ 러스트 도커 빌드를 위한 캐싱

러스트는 런타임에 일관성 있게 뛰어난 성능을 발휘하지만, 컴파일 시간이라는 비용을 지불해야 한다. 컴파일 시간은 러스트 프로젝트와 관련된 큰 어려움이나 문제에 관한 연간 설문 조사[23]에서 거의 항상 상위권에 들어가는 문제였다.

특히 최적화된 빌드(--release)는 소름 끼칠 수 있다. 여러 디펜던시를 가진 중간 규모 정도의 프로젝트에서는 최대 15~20분이 걸린다. 예시 프로그램과 같은 웹 개발 프로젝트에서는 비동기 에코시스템으로부터 많은 기본 크레이트들을 당겨오는 것이 매우 흔하다(tokio, actix-web, sqlx 등).

안타깝게도 --release는 Dockerfile에서 프로덕션 환경에서 최상의 성능을 얻기 위해 사용한다. 이 고통을 어떻게 완화할 수 있는가?

여기에서는 또 다른 도커 피처인 **레이어 캐싱**layer caching을 사용할 수 있다. 도커 파일의 RUN, COPY, ADD 명령은 각각 하나의 레이어를 생성한다. 레이어는 현재 상태(이전 위쪽 레이어)와 지정한 명령을 수행한 뒤의 현재 상태의 차이다.

레이어들은 캐시된다. 동작의 시작 시점이 변경되지 않고(예 베이스 이미지) 명령어 자체가 변경되지 않으면(예 COPY에 의해 복사되는 파일의 **체크섬**checksum), 도커는 아무런 계산도 수행하지 않고 로컬 캐시 결과의 사본을 그대로 꺼낸다.

도커 레이어 캐싱은 매우 빠르며, 이를 활용하면 도커 빌드의 속도를 현저하게 높일 수 있다. 그 방법은 도커 파일의 동작 순서를 최적화하는 것이다. 자주 캐시되는 파일(예 소스 코드를 참조하는 모든 것)은 가능한 한 나중에 기술해야 한다. 따라서 이전 단계가 변경되지 않을 가능성을 최소화하고, 도커가 캐시로부터 결과를 곧바로 꺼내도록 해야 한다.

가장 값비싼 단계는 일반적으로 컴파일이다. 대부분의 프로그래밍 언어에서는 같은 플레이북을 따른다. 모종의 lock-file을 COPY하고, 디펜던시를 빌드하고, 소스 코드의 나머지를 COPY한 뒤 프로젝트를 빌드한다. 이 순서를 따르면 디펜던시 트리가 한 빌드와 그다음 빌드에서 변경되지 않는 한, 대부분의 작업이 캐시되는 것을 보장한다.

예를 들어 파이썬 프로젝트에서는 다음과 같은 행들을 갖게 될 것이다.

---

[23] https://blog.rust-lang.org/2020/04/17/Rust-survey-2019.html#rust-adoption---a-closer-look

```
FROM python:3
COPY requirements.txt
RUN pip install -r requirements.txt
COPY src/ /app
WORKDIR /app
ENTRYPOINT ["python", "app"]
```

안타깝게도 cargo는 Cargo.lock 파일에서 시작해 프로젝트 디펜던시를 빌드하는 메커니즘을 제공하지 않는다(예 cargo build --only-deps). 다시 한번 cargo의 기본 기능을 확장하는 커뮤니티 프로젝트인 cargo-chef를 사용할 수 있다.[24]

cargo-chef의 README 파일에서 제안하는 대로 도커 파일을 수정하자.

```
FROM lukemathwalker/cargo-chef:latest-rust-1.63.0 as chef
WORKDIR /app
RUN apt update && apt install lld clang -y

FROM chef as planner
COPY . .
# Compute a lock-like file for our project
# (프로젝트를 위한 lock 유사 파일을 계산한다.)
RUN cargo chef prepare -recipe-path recipe.json

FROM chef as builder
COPY -from=planner /app/recipe.json recipe.json
# Build our project dependencies, not our application!
# (애플리케이션이 아닌 프로젝트 디펜던시를 빌드한다.)
RUN cargo chef cook --release --recipe-path recipe.json
# Up to this point, if our dependency tree stays the same,
# all layers should be cached.
# (이 지점까지 디펜던시 트리가 이전과 동일하게 유지되면,
# 모든 레이어는 캐시되어야 한다.)
COPY . .
ENV SQLX_OFFLINE true
# Build our project
# (프로젝트를 빌드한다.)
RUN cargo build --release --bin zero2prod

FROM debian:bullseye-slim AS runtime
WORKDIR /app
RUN apt-get update -y \
```

---

24 cargo-chef는 필자가 만들었다. https://github.com/LukeMathWalker/cargo-chef

```
    && apt-get install -y --no-install-recommends openssl ca-certificates \
    # Clean up(클린 업)
    && apt-get autoremove -y \
    && apt-get clean -y \
    && rm -rf /var/lib/apt/lists/*
COPY --from=builder /app/target/release/zero2prod zero2prod
COPY configuration configuration
ENV APP_ENVIRONMENT production
ENTRYPOINT ["./zero2prod"]
```

전체적으로 3단계로 구성된다. 첫 번째 단계에서는 레시피 파일을 계산한다. 두 번째 단계에서는 디펜던시를 캐싱한 뒤 바이너리를 빌드한다. 세 번째 단계는 런타임 환경이다. 디펜던시가 recipe.json을 변경하지 않는 한 결과는 동일하다. 따라서 cargo check cook --release --recipepath recipe.json이 캐싱되므로, 빌드 속도를 상당히 높여준다.

도커 레이어 캐싱은 다단계 빌드에서 상호작용하는 방법의 장점을 가진다. planner 단계의 COPY . . 구문은 planner 컨테이너의 캐시를 비유효화한다. 그러나 cargo chef prepare에 의해 반환되는 recipe.json의 체크섬이 변하지 않는 한 builder 컨테이너의 캐시는 비유효화하지 않는다. 각 단계는 개별 도커 이미지이고, 그 자체의 캐싱을 가지고 있다고 생각할 수 있다. 이들은 COPY --from 구문을 사용해서만 상호작용할 수 있다.

이것은 다음 절에서 엄청난 시간을 줄여줄 것이다.

5.4 디지털오션 앱 플랫폼으로의 배포

애플리케이션의 (훌륭한) 컨테이너화된 버전을 만들었다. 이제 배포해보자.

5.4.1 셋업

디지털오션의 웹사이트[25]에 가입해야 한다. 계정을 생성했다면 디지털오션의 CLI인 doctl을 설치한다. 그들이 제공하는 문서[26]에서 설치 순서에 관한 정보를 찾을 수 있다.

---

25 https://cloud.digitalocean.com/registrations/new
26 https://www.digitalocean.com/docs/apis-clis/doctl/how-to/install/

아쉽지만 디지털오션의 앱 플랫폼에서의 호스팅은 유료로 제공된다. 예시에서 개발하는 앱 및 그와 관련된 데이터베이스를 실행하려면 대략 월 20달러 정도의 비용이 든다. 그러나 이번 절의 실습을 마치고 앱을 삭제하면 많은 비용이 들지 않을 것이다. 참고로 이번 장의 내용을 작성하면서 필자가 사용한 비용은 0.20달러 정도였다.

5.4.2 앱 명세

디지털오션의 앱 플랫폼은 **선언적 구성 파일**declarative configuration file을 사용해서 애플리케이션 배포의 형태를 지정한다. 이를 **앱 명세**app specficiation[27]라고 부른다. 레퍼런스 문서[28]와 제공되는 예시를 보면 우리가 사용할 앱 명세의 형태를 가늠할 수 있다.

프로젝트 루트 디렉터리에 매니페스트인 `spec.yaml`을 생성하자.

```
#! spec.yaml
name: zero2prod
# Check https://www.digitalocean.com/docs/app-platform/#regional-availability
# for a list of all the available options.
# (https://www.digitalocean.com/docs/app-platform/#regional-availability에서
# 사용 가능한 옵션 리스트를 확인한다.)
# You can get region slugs from
# https://www.digitalocean.com/docs/platform/availability-matrix/
# (https://www.digitalocean.com/docs/platform/availability-matrix/에서도
# region slug를 얻을 수 있다.)
# They must specified lowercased.
# (옵션들은 모두 소문자로 지정해야 한다.)
# `fra` stands for Frankfurt (Germany - EU)
# (`fra`는 Frankfurt(Germany - EU)를 나타낸다.)
region: fra
services:
  - name: zero2prod
    # Relative to the repository root(저장소 루트에 대한 상대 경로)
    dockerfile_path: Dockerfile
    source_dir: .
    github:
      # Depending on when you created the repository,
      # the default branch on GitHub might have been named `master`
      # (저장소를 만든 시점에 따라
      # 깃허브의 기본 브랜치명은 `master`일 수 있다.)
      branch: main
```

---

27 https://www.digitalocean.com/docs/app-platform/concepts/app-spec/
28 https://www.digitalocean.com/docs/app-platform/references/app-specification-reference/

```
    # Deploy a new version on every commit to `main`!
    # Continuous Deployment, here we come!
    # (`main`에 대한 모든 커밋에 대해 새로운 버전을 배포한다!)
    # (지속적인 배포를 여기에서 사용한다!)
    deploy_on_push: true
    # !!! Fill in with your details
    # e.g. LukeMathWalker/zero-to-production
    # (!!! 여러분의 저장소 정보를 기입하자.)
    # (예: LukeMathWalker/zero-to-production)
    repo: <YOUR USERNAME>/<YOUR REPOSITORY NAME>
# Active probe used by DigitalOcean's to ensure our application is healthy
# (디지털오션이 애플리케이션 상태를 확인하기 위해 사용하는 활성 프로브)
health_check:
    # The path to our health check endpoint!
    # It turned out to be useful in the end!
    # (헬스 체크 엔드포인트로의 경로)
    # (결과적으로는 유용한 것으로 판명된다.)
    http_path: /health_check
    # The port the application will be listening on for incoming requests
    # It should match what we specified in our configuration/production.yaml file!
    # (애플리케이션이 유입 요청을 리스닝할 포트 번호)
    # (configuration/production.yaml 파일에 지정한 것과 일치해야 한다.)
    http_port: 8000
    # For production workloads we'd go for at least two!
    # But let's try to keep the bill under control for now…
    # (프로덕션의 부하를 처리하기 위해서는 2 이상이어야 한다.)
    # (하지만 지금은 비용을 최소화하는 데 중점을 두자.)
    instance_count: 1
    instance_size_slug: basic-xxs
    # All incoming requests should be routed to our app
    # (모든 유입 요청은 애플리케이션으로 라우팅되어야 한다.)
    routes:
      - path: /
```

잠시 시간을 내서 위에서 지정한 값들을 보면서 무엇을 위해 사용되는지 이해하자.

CLI 도구인 doctl을 사용해서 첫 애플리케이션을 생성할 수 있다.

```
doctl apps create --spec spec.yaml
```

```
Error: Unable to initialize DigitalOcean API client: access token is required.
(hint: run 'doctl auth init')
```

가장 먼저 인증을 해야 한다.

메시지의 제안을 따르자.

```
doctl auth init
```

```
Please authenticate doctl for use with your DigitalOcean account.
You can generate a token in the control panel at
https://cloud.digitalocean.com/account/api/tokens
```

토큰을 제공한 뒤 다시 한번 실행하자.

```
doctl apps create --spec spec.yaml
```

```
Error: POST
https://api.digitalocean.com/v2/apps: 400 GitHub user not
authenticated
```

좋다. 그들의 설명[29]을 따라 여러분의 깃허브 계정을 연결하자.

세 번째 시도는 매력적이다. 다시 시도해보자.

```
doctl apps create --spec spec.yaml
```

```
Notice: App created
ID Spec Name Default Ingress Active Deployment ID ...
e80... zero2prod
```

작동했다.

다음 명령을 사용해 앱의 상태를 확인할 수 있다.

```
doctl apps list
```

---

[29] https://www.digitalocean.com/docs/app-platform/how-to/troubleshoot-app/#review-github-permissions

디지털오션 대시보드[30]에서도 앱의 상태를 확인할 수 있다.

앱은 성공적으로 생성되었지만, 아직 실행되지는 않았다. 대시보드에서 Deployment 탭을 확인해 보자. 아마도 도커 이미지를 빌딩 중일 것이다. 디지털오션의 **버그 트래커**(이슈 트래커)bug tracker[31]를 살펴보자. 몇몇 사람이 느린 빌드를 경험했음을 보고했다. 디지털오션의 지원 엔지니어들은 이 이슈를 해결하기 위해 도커 레이어 캐싱을 활용할 것을 제안했다. 이에 관해서는 이미 앞에서 다루었다.

> 만약 디지털오션에서 도커 이미지를 빌드하는 도중 **메모리 부족 오류**out-of-memory error를 경험한다면, 이 깃허브 이슈[32]를 참조하자.

대시보드 빌드 로그에서 다음 행이 표시될 때까지 기다리자.

```
zero2prod | 00:00:20 => Uploaded the built image to the container registry
zero2prod | 00:00:20 => Build complete
```

성공적으로 배포되었다. 10초 전후로 한 번씩 헬스 체크 로그가 발생하는 것을 볼 수 있다. 디지털오션 플랫폼은 애플리케이션에 핑ping을 보내 동작하는지를 확인한다.

다음 명령어를 실행하면 애플리케이션에 접근할 수 있는 공개 URI를 얻을 수 있다.

```
doctl apps list
```

주소에 헬스 체크 요청을 보내면, 200 OK를 반환한다. 디지털오션은 인증서를 프로비저닝하고 HTTPS 트래픽을 애플리케이션 명세에서 지정한 포트로 리다이렉팅해서 HTTPS를 관리한다. 걱정거리가 하나 줄어들었다.

---

30 https://cloud.digitalocean.com/apps/

31 https://www.digitalocean.com/community/questions/docker-build-too-slow-in-app-platform-does-the-speed-depend-on-the-app-resources-used

32 https://github.com/LukeMathWalker/zero-to-production/issues/71

POST /subscriptions 엔드포인트는 여전히 실패한다. 로컬 환경에서 그랬던 것과 마찬가지다. 프로덕션 환경에는 애플리케이션이 사용할 수 있는 데이터베이스가 없기 때문이다. 데이터베이스 하나를 프로비저닝하자.

다음 코드를 spec.yaml 파일에 추가한다.

```
databases:
  # PG = Postgres
  - engine: PG
    # Database name(데이터베이스명)
    name: newsletter
    # Again, let's keep the bill lean(비용을 가능한 한 최소화하자.)
    num_nodes: 1
    size: db-s-dev-database
    # Postgres version - using the latest here(Postgres 버전 - 최신 버전을 기입하자.)
    version: "12"
```

다음으로 애플레이션 명세를 업데이트하자.

```
# You can retrieve your app id using `doctl apps list`
# (`doctl apps list`를 사용해서 애플리케이션 id를 추출할 수 있다.)
doctl apps update YOUR-APP-ID --spec=spec.yaml
```

Postgres 인스턴스를 프로비저닝하는 데는 약간의 시간이 소요된다. 그동안 애플리케이션이 프로덕션 데이터베이스를 가리키게 하는 방법에 관해 생각해보자.

5.4.3 환경 변수를 사용한 시크릿 주입

커넥션 문자열은 버전 관리 시스템에 커밋하지 않길 원하는 정보들(예 데이터베이스 root 사용자의 사용자명과 비밀번호 등)을 포함할 것이다.

가장 좋은 방법은 환경 변수를 사용해서 런타임에 시크릿을 애플리케이션 환경에 주입하는 것이다. 예를 들어 디지털오션의 앱은 DATABASE_URL 환경 변수(혹은 더 세분화된 다른 요소)를 참조해서 런타임에 데이터베이스 커넥션 문자열을 얻는다.

이 요구 사항을 만족시키기 위해서는 get_configuration 함수를 (다시) 업그레이드해야 한다.

```
//! src/configuration.rs
// [...]

pub fn get_configuration() -> Result<Settings, config::ConfigError> {
    let base_path = std::env::current_dir()
        .expect("Failed to determine the current directory");
    let configuration_directory = base_path.join("configuration");

    // 실행 환경을 감지한다.
    // 지정되어 있지 않으면 기본값을 `local`로 설정한다.
    let environment: Environment = std::env::var("APP_ENVIRONMENT")
        .unwrap_or_else(|_| "local".into())
        .try_into()
        .expect("Failed to parse APP_ENVIRONMENT.");
    let environment_filename = format!("{}.yaml", environment.as_str());
    let settings = config::Config::builder()
        .add_source(config::File::from(configuration_directory.join("base.yaml")))
        .add_source(
            config::File::from(configuration_directory.join(&environment_filename))
        )
        // 환경 변수로부터 설정에 추가한다(APP, `__` 접두사를 붙인다).
        // E.g. `APP_APPLICATION__PORT=5001 would set `Settings.application.port`
        .add_source(
            config::Environment::with_prefix("APP")
                .prefix_separator("_")
                .separator("__")
        )
        .build()?;

    settings.try_deserialize::<Settings>()
}
```

이제 환경 변수를 사용해서 Settings 구조체의 모든 값을 커스터마이즈할 수 있다. 구성 파일에 지정된 값을 덮어쓴다.

왜 이 방법이 편리한가? 너무 자주 바뀌거나(즉 경험적으로 알려지지 않거나) 너무 민감해서 버전 관리 시스템에 저장할 수 없는 값들을 주입할 수 있다. 또한 애플리케이션의 동작을 빠르게 변경할 수 있다. 이 값들 중 하나(예 데이터베이스 포트)를 변경하기 위해 전체를 재빌드할 필요가 없다. 완전한 빌드에 10여 분이 소요되는 러스트와 같은 언어들에서는, 이것이 짧은 장애와 사용자의 눈에 영향을 미칠 수 있는 중요한 서비스 저하의 차이를 만들어낸다.

다음으로 진행하기 전에 다소 귀찮은 세부 사항을 처리하자. 환경 변수들은 `config` 크레이트를 위한 문자열이며, `serde`의 표준 역직렬화 루틴을 사용하는 경우에는 정수를 선택할 수 없다. 다행히도 커스텀 역직렬화 함수를 지정할 수 있다.

`serde-aux(serde auxiliary)` 디펜던시를 새로 추가하자.

```
#! Cargo.toml
# [...]
[dependencies]
serde-aux = "3"
# [...]
```

`ApplicationSettings`과 `DatabaseSettings`를 모두 수정하자.

```
//! src/configuration.rs
// [...]
use serde_aux::field_attributes::deserialize_number_from_string;
// [...]

#[derive(serde::Deserialize)]
pub struct ApplicationSettings {
    #[serde(deserialize_with = "deserialize_number_from_string")]
    pub port: u16,
    // [...]
}

#[derive(serde::Deserialize)]
pub struct DatabaseSettings {
    #[serde(deserialize_with = "deserialize_number_from_string")]
    pub port: u16,
    // [...]
}

// [...]
```

5.4.4 디지털오션의 Postgres 인스턴스에 연결하기

디지털오션의 대시보드를 사용해서 데이터베이스 커넥션 문자열을 확인해보자(Components> Database).

```
postgresql://newsletter:<PASSWORD>@<HOST>:<PORT>/newsletter?sslmode=require
```

현재 `DatabaseSettings`는 SSL 모드를 처리하지 않는다. 로컬 개발에서는 관계없지만, 프로덕션에서의 클라이언트/데이터베이스 통신에서는 트랜스포트 레벨 암호화를 지원하는 것이 바람직하다.

새로운 기능을 추가하기 전에, `DatabaseSettings`를 리팩터링하자.

현재 버전은 다음과 같다.

```rust
//! src/configuration.rs
// [...]

#[derive(serde::Deserialize)]
pub struct DatabaseSettings {
    pub username: String,
    pub password: Secret<String>,
    #[serde(deserialize_with = "deserialize_number_from_string")]
    pub port: u16,
    pub host: String,
    pub database_name: String,
}

impl DatabaseSettings {
    pub fn connection_string(&self) -> Secret<String> {
        // [...]
    }

    pub fn connection_string_without_db(&self) -> Secret<String> {
        // [...]
    }
}
```

두 개의 메서드가 connection 문자열 대신 `PgConnectOptions`를 반환하도록 변경할 것이다. 이는 동작하는 모든 부분을 더욱 쉽게 관리하게 해줄 것이다.

```rust
//! src/configuration.rs
use sqlx::postgres::PgConnectOptions;
// [...]

impl DatabaseSettings {
    // `connection_string_without_db`에서 이름 변경
    pub fn without_db(&self) -> PgConnectOptions {
```

```
        PgConnectOptions::new()
            .host(&self.host)
            .username(&self.username)
            .password(&self.password.expose_secret())
            .port(self.port)
    }

    // `connection_string`에서 이름 변경.
    pub fn with_db(&self) -> PgConnectOptions {
        self.without_db().database(&self.database_name)
    }
}
```

이와 함께 src/main.rs, tests/health_check.rs도 업데이트해야 한다.

```
//! src/main.rs
// [...]

#[tokio::main]
async fn main() -> std::io::Result<()> {
    // [...]

    let connection_pool = PgPoolOptions::new()
        .acquire_timeout(std::time::Duration::from_secs(2))
        // `connect_lazy` 대신 `connect_lazy_with`를 사용한다.
        .connect_lazy_with(configuration.database.with_db());

    // [...]
}
```

```
//! tests/health_check.rs
// [...]

 pub async fn configure_database(config: &DatabaseSettings) -> PgPool {
    // 데이터베이스 생성
    let mut connection = PgConnection::connect_with(&config.without_db())
        .await
        .expect("Failed to connect to Postgres");
    connection
        .execute(format!(r#"CREATE DATABASE "{}";"#, config.database_name).as_str())
        .await
        .expect("Failed to create database.");

    // 데이터베이스 마이그레이션
    let connection_pool = PgPool::connect_with(config.with_db())
```

```
        .await
        .expect("Failed to connect to Postgres.");
    sqlx::migrate!("./migrations")
        .run(&connection_pool)
        .await
        .expect("Failed to migrate the database");

    connection_pool
}
```

cargo test를 사용해서 모든 것이 예상대로 작동하는지 확인한다.

require_ssl 속성을 DatabaseSettings에 추가하자.

```
//! src/configuration.rs
use sqlx::postgres::PgSslMode;
// [...]

#[derive(serde::Deserialize)]
pub struct DatabaseSettings {
    // [...]
    // 커넥션의 암호화 요청 여부를 결정한다.
    pub require_ssl: bool,
}

impl DatabaseSettings {
    pub fn without_db(&self) -> PgConnectOptions {
        let ssl_mode = if self.require_ssl {
            PgSslMode::Require
        } else {
            // 암호화된 커넥션을 시도한다. 실패하면 암호화하지 않는 커넥션을 사용한다.
            PgSslMode::Prefer
        };
        PgConnectOptions::new()
            .host(&self.host)
            .username(&self.username)
            .password(&self.password.expose_secret())
            .port(self.port)
            .ssl_mode(ssl_mode)
    }
    // [...]
}
```

require_ssl은 애플리케이션을 로컬에서 실행할 때(와 테스트 스위트를 실행할 때)는 false, 프로덕션 환경에서 실행할 때는 true로 설정해야 한다.

구성 파일에 다음을 추가하자.

```
#! configuration/local.yaml
application:
    host: 127.0.0.1
database:
    # New entry!
    require_ssl: false
```

```
#! configuration/production.yaml
application:
    host: 0.0.0.0
database:
    # New entry!
    require_ssl: true
```

이제 PgConnectOptions를 사용하고 있으므로 이 기회를 활용해서 sqlx의 측정을 조정한다. 이들의 로그를 INFO 레벨에서 TRACE 레벨로 낮춘다.

이를 통해 앞 장에서 확인했던 노이즈를 줄일 수 있다.

```
//! src/configuration.rs
use sqlx::ConnectOptions;
// [...]

impl DatabaseSettings {
    // [...]
    pub fn with_db(&self) -> PgConnectOptions {
        let mut options = self.without_db().database(&self.database_name);
        options.log_statements(tracing::log::LevelFilter::Trace);
        options
    }
}
```

5.4.5 앱 명세의 환경 변수

마지막 단계다. 필요한 환경 변수를 주입할 수 있도록 spec.yaml 매니페스트에 다음을 추가한다.

```
#! spec.yaml
name: zero2prod
region: fra
services:
  - name: zero2prod
    # [...]
    envs:
      - key: APP_DATABASE__USERNAME
        scope: RUN_TIME
        value: ${newsletter.USERNAME}
      - key: APP_DATABASE__PASSWORD
        scope: RUN_TIME
        value: ${newsletter.PASSWORD}
      - key: APP_DATABASE__HOST
        scope: RUN_TIME
        value: ${newsletter.HOSTNAME}
      - key: APP_DATABASE__PORT
        scope: RUN_TIME
        value: ${newsletter.PORT}
      - key: APP_DATABASE__DATABASE_NAME
        scope: RUN_TIME
        value: ${newsletter.DATABASE}
databases:
  - name: newsletter
  # [...]
```

스코프를 RUN_TIME으로 설정해서 도커 빌드 프로세스에서 필요한 환경 변수와 도커 이미지를 구동할 때 필요한 환경 변수를 구분했다. 또한 디지털오션의 플랫폼에 의해 노출되는 것을 보간해서 환경 변수의 값을 채웠다(예 ${newsletter.PORT}). 더 자세한 내용은 디지털오션의 문서[33]를 참조하기 바란다.

---

33 https://www.digitalocean.com/docs/app-platform/how-to/use-environment-variables/

5.4.6 마지막 푸시

새로운 명세를 적용하자.

```
# You can retrieve your app id using `doctl apps list`
# (`doctl apps list`를 사용해서 애플리케이션 id를 추출할 수 있다.)
doctl apps update YOUR-APP-ID --spec=spec.yaml
```

변경 내용을 푸시해서 깃허브가 새로운 배포를 시작하게 하자.

데이터베이스를 마이그레이션해야 한다.[34]

```
DATABASE_URL=YOUR-DIGITAL-OCEAN-DB-CONNECTION-STRING sqlx migrate run
```

준비가 끝났다.

/subscriptions에 POST 요청을 던져보자.

```
curl --request POST \
    --data 'name=le%20guin&email=ursula_le_guin%40gmail.com' \
    https://zero2prod-adqrw.ondigitalocean.app/subscriptions \
    --verbose
```

서버는 200 OK를 반환할 것이다.

축하한다. 방금 첫 번째 러스트 애플리케이션을 배포했다. 그리고 (소문에 의하면) 어슐러 K. 르귄 Ursula Le Guin[35]이 벌써 여러분의 뉴스레터를 구독했다. 여러분이 여기까지 왔다면 필자는 디지털오 션의 대시보드에서 여러분의 애플리케이션이 실행되는 모습을 찍은 스크린숏을 보고 싶다. 스크린 숏을 rust@lpalmieri.com으로 보내주거나 트위터에 이 책의 공식 계정인 @zero2prod[36]을 태그해 서 트윗해주길 바란다.

---

34 로컬 머신에서 마이그레이션을 실행하기 위해서는 Trusted Srouces를 일시적으로 비활성화해야 한다. https://docs.digitalocean.com/products/databases/postgresql/how-to/secure/

35 https://ko.wikipedia.org/wiki/어슐러_K._르귄

36 https://twitter.com/zero2prod

유효하지 않은
구독자 거부하기 1

뉴스레터 API는 클라우드 제공자에서 호스팅되어 살아 움직이고 있다. 발생할 수 있는 이슈를 처리하기 위한 기본적인 측정 도구들도 갖고 있다. 우리가 제공하는 콘텐츠를 구독할 수 있도록 엔드포인트(POST /subscriptions)도 노출했다.

그동안 먼 길을 왔다. 그 과정에서 일부 모퉁이를 잘라냈다. POST /subscriptions은 매우 관대하다. 입력값 검증은 극도로 제한되어 있다. 이름과 이메일 필드가 입력되어 있는지 확인할 뿐이다.

새로운 통합 테스트 케이스를 추가해서 일부 문제가 있는 입력값들에 대해 API를 증명할 수 있다.

```
//! tests/health_check.rs
// [...]

#[tokio::test]
async fn subscribe_returns_a_200_when_fields_are_present_but_empty() {
    // Arrange
    let app = spawn_app().await;
    let client = reqwest::Client::new();
    let test_cases = vec![
        ("name=&email=ursula_le_guin%40gmail.com", "empty name"),
        ("name=Ursula&email=", "empty email"),
        ("name=Ursula&email=definitely-not-an-email", "invalid email"),
    ];

    for (body, description) in test_cases {
        // Act
```

```
    let response = client
        .post(&format!("{}/subscriptions", &app.address))
        .header("Content-Type", "application/x-www-form-urlencoded")
        .body(body)
        .send()
        .await
        .expect("Failed to execute request.");

    // Assert
    assert_eq!(
        200,
        response.status().as_u16(),
        "The API did not return a 200 OK when the payload was {}.",
        description
    );
    }
}
```

안타깝게도 새로운 테스트 케이스는 통과한다. 모든 페이로드가 명백하게 유효하지 않음에도 API는 기쁘게 이들을 받고, `200 OK`를 반환한다. 이런 문제가 되는 구독자의 세부 정보는 데이터베이스에 그대로 저장되고, 뉴스레터를 전달하는 시점에 문제를 일으킨다.

뉴스레터를 구독할 때 이름과 이메일이라는 두 가지 정보를 요청한다. 이번 장에서는 이름 검증에 초점을 맞춘다. 어떤 것을 살펴봐야 하는가?

6.1 요구 사항

6.1.1 도메인 제약 사항

이름은 복잡하다.[1] 이름을 유효하게valid 만드는 것이 무엇인지 파고드는 것은 바보 같은 짓이다. 이름을 수집하는 이유는 이메일에 인사말을 남길 때 사용하기 위한 것임을 기억하자. 실제로 사람과 대조하거나, 지역을 특정하기 위해 필요한 것이 아니다. 사용자들에게 부정확하거나 과도하게 규범적인 검증의 고통을 주는 것은 전혀 필요하지 않다. 이름 필드가 빈 문자열이 아니라는 점만 간단하게 요구할 것이다(즉 최소한 공백 문자가 아닌 한 문자 이상을 포함해야 한다).

---

[1] patio11(https://twitter.com/patio11)의 '가짜 프로그래머들은 이름을 믿는다(https://www.kalzumeus.com/2010/06/17/falsehoods-programmers-believe-about-names/)'라는 말은 사람들의 이름에 관해 여러분이 사실이라고 믿는 모든 것을 다시 생각해보기 좋은 시작점이다.

6.1.2 보안 제약 사항

안타깝게도 인터넷에 연결되어 있는 모든 사람이 선하지는 않다. 충분한 시간이 지나면, 특히 우리가 제공하는 뉴스레터가 이목을 끌고 성공적이 된다면, 악의를 가진 방문자들의 관심도 받게 될 것이다.

폼과 사용자 입력은 주요한 공격 대상이다. 적절하게 소독하지 않으면, 공격자들은 이를 활용해 데이터베이스를 엉망으로 만들고(SQL 주입), 서버에서 코드를 실행하고, 서비스와 다른 형편없는 것들을 망가뜨릴 것이다.

감사하지만, 사양하겠다.

우리의 경우에는 무엇이 발생할 수 있는가? 광범위한 공격에 우리는 무엇을 대비해야 하는가?[2] 우리는 이메일 뉴스레터를 만들고 있으며, 다음 상황들에 초점을 둬야 한다.

- **도스 공격**denial-of-service attack, DoS attack: 서비스를 다운시켜 다른 사람들이 사인 업을 하지 못하게 한다. 기본적으로 모든 온라인 서비스에 대한 공통적인 위협이다.
- **데이터 갈취**data theft: 거대한 이메일 주소 목록을 훔친다.
- **피싱**phishing: 우리 서비스를 사용해서 합법적으로 보이는 이메일을 피해자에게 보내, 그들로 하여금 어떤 링크를 클릭하거나 다른 행동을 수행하게 속인다.

검증 로직에서 이 모든 위협들을 처리해야 하는가?

절대로 그렇지 않다.

하지만 계층화된 보안 접근 방식을 취하는 것은 좋은 프랙티스다.[3] 즉 이런 위협에 대한 위험을 줄이기 위한 완화 기능을 스택의 여러 레벨에서 갖는 것이다(예 입력 검증, SQL 주입을 피하기 위한 파라미터화된 쿼리, 이메일에서의 파라미터화된 입력 회피 등).

소프트웨어는 살아 있는 산출물임을 항상 명심해야 한다. 시간이 지남에 따라 시스템에 대한 전체적인 이해가 가장 먼저 사라진다. 처음 시스템을 작성할 때는 시스템 전체를 머릿속에 그리고 있다. 하지만 시스템을 다루는 다음 개발자는 그렇지 않다. 적어도 처음부터 알지는 못한다. 따라서

---

2 더 공식화된 콘텍스트에서 여러분은 **위협 모델링**(threat modeling) 연습을 하게 될 것이다. https://martinfowler.com/articles/agile-threat-modelling.html

3 일반적으로 **레이어드 시큐리티**(defence in depth)라고 불린다. https://ko.wikipedia.org/wiki/레이어드_시큐리티

애플리케이션의 잘 알려지지 않은 구석에 관한 확인은 사라져버릴 수 있다(예 HTML 이스케이핑). 그리고 여러분은 공격에 노출된다(예 피싱). 중복성redundancy은 리스크를 줄인다.

핵심은 이것이다. 우리가 식별한 위협 클래스에 대한 보안 태세를 개선하기 위해 이름에 대해 어떤 검증을 수행해야 하는가?

다음을 제안한다.

- 최대 길이를 제한한다. Postgres에서 이메일에 `Text` 타입을 사용하고 있으며, 사실 길이 제한 이 없다. 적어도 디스크 공간이 바닥나기까지는 그렇다. 이름의 모양이나 형태는 자유롭지만, 256문자는 대부분의 사용자에게 충분한 길이다.[4]
- 문제를 발생시킬 만한 문자를 포함하고 있는 이름을 거부한다. /()"<>\{} 같은 문자들은 URL, SQL 쿼리, HTML 코드 조각에서는 일반적이지만, 이름에서는 그렇지 않다.[5] 이들을 금지 하면 SQL 주입과 피싱 시도에 대한 복잡성을 높일 수 있다.

6.2 첫 번째 구현

요청 핸들러를 살펴보자. 코드는 다음과 같다.

```
//! src/routes/subscriptions.rs
use actix_web::{web, HttpResponse};
use chrono::Utc;
use sqlx::PgPool;
use uuid::Uuid;

#[derive(serde::Deserialize)]
pub struct FormData {
    email: String,
    name: String,
}

#[tracing::instrument(
    name = "Adding a new subscriber",
    skip(form, pool),
    fields(
```

---

[4] 휴버트 B. 울페(Hubert B. Wolfe) + 666 Sr은 최대 길이 확인의 피해자였다. https://en.wikipedia.org/wiki/Hubert_Blaine_Wolfeschlegelst einhausenbergerdorff_Sr.

[5] xkcd 만화를 꼭 확인하자. https://xkcd.com/327/

```
            subscriber_email = %form.email,
            subscriber_name = %form.name
    )
)]
pub async fn subscribe(
    form: web::Form<FormData>,
    pool: web::Data<PgPool>,
) -> HttpResponse {
    match insert_subscriber(&pool, &form).await {
        Ok(_) => HttpResponse::Ok().finish(),
        Err(_) => HttpResponse::InternalServerError().finish(),
    }
}

// [...]
```

새로운 검증은 어디에서 활성화해야 하는가?

첫 번째 스케치는 다음과 비슷하다.

```
//! src/routes/subscriptions.rs

// `String`과 `&str`에 `graphemes` 메서드를 제공하기 위한 확장 트레이트
use unicode_segmentation::UnicodeSegmentation;
// [...]

pub async fn subscribe(
    form: web::Form<FormData>,
    pool: web::Data<PgPool>,
) -> HttpResponse {
    if !is_valid_name(&form.name) {
        return HttpResponse::BadRequest().finish();
    }
    match insert_subscriber(&pool, &form).await {
        Ok(_) => HttpResponse::Ok().finish(),
        Err(_) => HttpResponse::InternalServerError().finish(),
    }
}

/// 입력이 subscriber 이름에 대한 검증 제약 사항을 모두 만족하면 `true`를 반환한다.
/// 그렇지 않으면 `false`를 반환한다.
pub fn is_valid_name(s: &str) -> bool {
    // `.trim()`은 입력 `s`에 대해 뒤로 계속되는 공백 문자가 없는 뷰를 반환한다.
    // `.is_empty`는 해당 뷰가 문자를 포함하고 있는지 확인한다.
    let is_empty_or_whitespace = s.trim().is_empty();
```

```
    // grapheme는 "사용자가 인지할 수 있는" 문자로서 유니코드 표준에 의해 정의된다.
    // `å`는 단일 grapheme이지만, 두 개의 문자가 조합된 것이다(`a`와 `*`).
    //
    // `graphemes` 입력 `s`안의 graphemes에 해한 이터레이터를 반환한다.
    // `true`는 우리가 확장된 grapheme 정의 셋, 즉 권장되는 정의 셋을 사용하기 원함을
    // 의미한다.
    let is_too_long = s.graphemes(true).count() > 256;

    // 입력 `s`의 모든 문자들에 대해 반복하면서 forbidden 배열 안에 있는 문자 중,
    // 어느 하나와 일치하는 문자가 있는지 확인한다.
    let forbidden_characters = ['/', '(', ')', '"', '<', '>', '\\', '{', '}'];
    let contains_forbidden_characters = s
        .chars()
        .any(|g| forbidden_characters.contains(&g));

    // 어떤 한 조건이라도 위반하면 `false`를 반환한다.
    !(is_empty_or_whitespace || is_too_long || contains_forbidden_characters)
}
```

새로운 함수를 성공적으로 컴파일하려면 unicode-segmentation 크레이트를 디펜던시에 추가해야 한다.

```
#! Cargo.toml
# [...]
[dependencies]
unicode-segmentation = "1"
# [...]
```

이것은 완벽하게 좋은 설루션처럼 보이지만looks like(수많은 테스트 케이스를 추가한다고 가정했을 때), is_valid_name과 같은 함수는 잘못된 안전감을 준다.

6.3 검증은 구멍 난 가마솥이다

insert_subscriber로 대상을 옮겨보자. 해당 함수는 form.name이 비어 있지 않을 것을 요구하고 그렇지 않으면 뭔가 엄청난 일이 벌어진다고 가정해보자(예 패닉!).

insert_subscriber는 form.name이 비어 있지 않을 것이라고 안전하게 가정할 수 있는가? 그 타입을 보면, 그럴 수 없다. form.name은 String 타입이다. 그 콘텐츠를 보장할 방법은 없다. 여러분이 프로그램 전체를 본다면 form.name은 요청 핸들러에서 비어 있지 않는 것을 확인하므로, insert_subscriber가 실행될 때마다 form.name은 비어 있지 않을 것이라고, 안전하게 가정할 수 있다고 말할 것이다.

하지만 그런 결론을 내리기 위해서는 로컬 접근 방식(이 함수의 파라미터를 살펴보자)에서 글로벌 접근 방식(전체 코드베이스를 스캔하자)으로 이동해야만 한다. 예시 프로그램과 같은 소규모 프로젝트에서는 가능할지 모르지만, 특정한 검증 단계가 사전에 수행되었는지 확인하기 위해 함수의 모든 호출 사이트(insert_subscriber)를 검사하는 것은 더 큰 프로젝트에서는 쉽사리 실행할 수 없다.

is_valid_name을 고집한다면, form.name은 insert_subscriber 안에서 다시 검증해야만 한다. 그리고 이름을 요구하는 모든 다른 함수는 비어 있지 않아야 한다. 우리가 필요로 하는 곳에서 불변성을 실제로 확신할 수 있는 유일한 방법이다.

만약 insert_subscriber가 너무 커져서 이를 여러 하위 함수로 잘라야 된다면 어떻게 되는가? 불변량이 필요하다면, 각 하위 함수는 각각 검증을 수행해 그것이 유지되는지 확인해야 한다.

이 접근 방식은 확장할 수 없다. 여기에서의 문제는 is_valid_name이 **검증 함수**validation function라는 점이다. 이 함수는 프로그램의 실행 흐름 중 어느 시점에서 특정 조건군이 검증되었음을 말한다. 하지만 입력 데이터 안의 추가적인 구조체에 관한 이 정보는 어디에도 저장되지 않는다. 즉시 사라진다. 프로그램의 다른 부분에서도 이를 효과적으로 재사용할 수 없다. 이들은 다른 시간이 정해진 체크를 수행해야 하며, 복잡한 코드베이스는 모든 단계에서 시끄러운 (낭비적인) 입력 체크를 해야 한다.

우리에게 필요한 것은 **파싱 함수**parsing function다. 이 함수는 구조화되어 있지 않은 입력을 받아, 일련의 조건이 만족되면, 더욱 구조화된 출력을 반환하는 루틴이다. 이 출력은 우리가 신경 쓰는 불변량이 해당 시점 이후로 유지됨을 구조적으로structurally 보장한다. 어떻게 하는가?

타입을 사용한다.

6.4 타입 주도 개발

프로젝트에 새로운 모듈인 domain을 추가하고, 그 안에 새로운 구조체인 SubscriberName을 정의하자.

```
//! src/lib.rs
pub mod configuration;
// New module!
pub mod domain;
pub mod routes;
pub mod startup;
pub mod telemetry;

//! src/domain.rs

pub struct SubscriberName(String);
```

SubscriberName은 **튜플 구조체**tuple struct다.[6] String 타입의 단일 필드(이름이 없는)를 갖는 새로운 타입이다.

SubscriberName은 그저 앨리어스alias가 아니라 적절한 새로운 타입이다. String에 사용할 수 있는 어떤 메서드도 상속하지 않으며, SubscriberName 타입 변수에 String을 할당하려 하면 컴파일 오류가 발생한다.

```
let name: SubscriberName = "A string".to_string();
```

```
error[E0308]: mismatched types
  |        let name: SubscriberName = "A string".to_string();
  |            --------------   ^^^^^^^^^^^^^^^^^^^^^^^^^^
  |                   |                   expected struct `SubscriberName`,
  |                   |                   found struct `std::string::String`
  |                   |
  |                   expected due to this
```

---

6 https://doc.rust-lang.org/book/ch05-01-defining-structs.html#using-tuple-structs-without-named-fields-to-createdifferent-types

현재의 정의에 따르면 SubscriberName 안의 필드는 프라이빗이다. 러스트의 가시성 규칙[7]에 따라 domain 모듈 안의 코드에서만 접근할 수 있다.

늘 그렇듯 결과를 신뢰하더라도 검증하자. subscriber 요청 핸들러 안에서 SubscriberName을 빌드하려고 하면 어떤 일이 일어나는가?

```
//! src/routes/subscriptions.rs
/// [...]

pub async fn subscribe(
    form: web::Form<FormData>,
    pool: web::Data<PgPool>,
) -> HttpResponse {
    let subscriber_name = crate::domain::SubscriberName(form.name.clone());
    /// [...]
}
```

컴파일러는 다음과 같이 오류를 발생시킨다.

```
error[E0603]: tuple struct constructor `SubscriberName` is private
  --> src/routes/subscriptions.rs:25:42
   |
25 |     let subscriber_name = crate::domain::SubscriberName(form.name.clone());
   |                                          ^^^^^^^^^^^^^^^
   |                                          private tuple struct constructor
   |
  ::: src/domain.rs:1:27
   |
1  | pub struct SubscriberName(String);
   |                           ------ a constructor is private if
   |                                  any of the fields is private
```

결과에서 보듯이 domain 모듈 밖에서 SubsciberName 인스턴스를 빌드하는 것은 불가능하다.

SubscriberName에 새로운 메서드를 추가하자.

---

7 https://doc.rust-lang.org/reference/visibility-and-privacy.html

```rust
//! src/domain.rs
use unicode_segmentation::UnicodeSegmentation;

pub struct SubscriberName(String);

impl SubscriberName {
    /// 입력이 subscriber 이름에 대한 검증 조건을 모두 만족하면
    /// `SubscriberName` 인스턴스를 반환한다.
    /// 그렇지 않으면 패닉에 빠진다.
    pub fn parse(s: String) -> SubscriberName {
        // `.trim()`은 입력 `s`에 대해 뒤에 이어지는 공백 같은 문자를 제외한 뷰를 반환한다.
        // `.is_empty`는 해당 뷰가 문자를 포함하고 있는지 확인한다.
        let is_empty_or_whitespace = s.trim().is_empty();

        // 자소(grapheme)는 "사용자가 인지하는" 문자로 유니코드 표준에 정의되어 있다.
        // `å`는 단일 자소이지만, 실제로는 두 개의 문자(`a`와 `˚`)로 구성된다.
        //
        // `graphemes`는 입력 `s` 안의 자소에 대한 이터레이터를 반환한다.
        // `true`는 확장된 자소 정의 셋(권장)을 사용한다는 것을 의미한다.
        let is_too_long = s.graphemes(true).count() > 256;

        // 입력 `s`의 모든 문자에 대해 반복을 수행한다.
        // 각 문자가 금지된 배열(forbidden_array) 중 한 문자라도 일치하는지 확인한다.
        let forbidden_characters = ['/', '(', ')', '"', '<', '>', '\\', '{', '}'];
        let contains_forbidden_characters = s
            .chars()
            .any(|g| forbidden_characters.contains(&g));

        if is_empty_or_whitespace || is_too_long || contains_forbidden_characters {
            panic!("{} is not a valid subscriber name.", s)
        } else {
            Self(s)
        }
    }
}
```

여러분이 옳다. 위 코드는 is_valid_name에 있던 것을 염치없이 복사 붙여넣기 한 것이다.

하지만 한 가지 핵심적인 차이가 있다. 반환 타입이다. is_valid_name은 불리언을 반환하는 반면, parse 메서드는 모든 체크가 성공하면 SubscriberName을 반환한다.

또 다른 것이 있다. parse는 domain 모듈 밖에서 SubsriberName의 인스턴스를 만들 수 있는 유일한 방법이다. 몇 단락 앞에서 이에 관해 확인했다. 따라서 SubscriberName의 모든 인스턴스가 우리의 검증 제약 사항을 만족하는지 확인할 수 있다. SubscriberName의 인스턴스가 그 제약 사항

들을 위반할 수 없도록 만들었다.

새로운 구조체인 NewSubscriber를 정의하자.

```
//! src/domain.rs
// [...]

pub struct NewSubscriber {
    pub email: String,
    pub name: SubscriberName,
}

pub struct SubscriberName(String);

// [...]
```

insert_subscriber가 FormData 대신 NewSubscriber 타입 인자를 받아들이게 변경하면 어떤 일이 발생하는가?

```
pub async fn insert_subscriber(
    pool: &PgPool,
    new_subscriber: &NewSubscriber,
) -> Result<(), sqlx::Error> {
    // [...]
}
```

새로운 시그니처로부터 new_subscriber.name은 비어 있지 않음을 확신할 수 있다. 빈 subscriber 이름을 전달해서 insert_subscriber를 호출할 수는 없기 때문이다.

함수 인자의 타입 정의를 살펴보는 것만으로 이 결론에 이를 수 있다. 로컬에서만 판단하면 되고, 이 함수를 호출하는 모든 사이트에 이동해서 확인할 필요가 없다.

방금 발생한 일들에 잠시 감사하자. 일련의 요구 사항에서 시작해(모든 구독자의 이름을 일련의 제약 사항을 검증해야만 한다), 잠재적인 함정을 식별했고(insert_subscriber를 호출하기 전에 입력값을 검증하는 것을 잊을 수도 있다), 러스트의 타입 시스템을 활용해 그 함정들을 완전히 제거했다. 우리는 구조를 통해 잘못된 사용 패턴을 표현할 수 없게 만들었다. 잘못된 사용 패턴은 컴파일되지 않을 것이다.

이 기법은 **타입 주도 개발**type driven development이라고 알려져 있다.[8] 타입 주도 개발은 우리가 모델링하고자 하는 도메인의 제약 사항을 타입 시스템 안에 인코딩하는 강력한 접근 방식이며, 컴파일러를 통해 이들이 강제되고 있는지 확인할 수 있다. 프로그래밍 언어의 타입 시스템이 가진 표현력이 높을수록, 더 강력하게 우리가 작업하는 domain에 유효한 상태들만 코드로 표현할 수 있도록 제약할 수 있다.

러스트는 타입 주도 개발용으로 개발되지 않았다. 함수형 프로그래밍 커뮤니티(하스켈Haskell, F#, Ocaml 등)에서 한동안 특히 그랬다. 러스트는 '단지' 타입 시스템을 제공할 뿐이다. 이 타입 시스템은 지난 수십 년 동안 함수형 프로그래밍 언어에서 개척된 많은 디자인 패턴을 활용할 수 있을 만큼 표현력이 충분하다. 앞에서 본 특정한 패턴을 러스트 커뮤니티에서는 종종 **뉴 타입 패턴**new type pattern이라고 부른다.

구현을 하면서 타입 주도 개발에 관해 계속 다룰 것이다. 하지만 이번 장의 각주에서 언급된 다른 리소스들도 꼭 확인해보기 바란다. 이 리소스들은 모든 개발자에게 보물 상자다.

6.5 소유권과 불변량

insert_subscriber의 시그니처를 변경했지만 새로운 요구 사항에 맞는 함수 바디를 추가하지는 않았다. 이제 바디를 추가하자.

```
//! src/routes/subscriptions.rs
use crate::domain::{NewSubscriber, SubscriberName};
// [...]

#[tracing::instrument([...])]
pub async fn subscribe(
    form: web::Form<FormData>,
    pool: web::Data<PgPool>,
) -> HttpResponse {
    // `web::Form`은 `FormData`의 래퍼다.
    // `form.0`을 사용하면 기반 `FormData`에 접근할 수 있다.
    let new_subscriber = NewSubscriber {
```

---

8   알렉시스 킹(Alexis King)의 블로그 글 'Parse, don't validate(https://lexi-lambda.github.io/blog/2019/11/05/parse-don-t-validate/)'는 타입 주도 개발의 좋은 시작점이다. 스콧 블라스힌(Scott Wlaschin)의 《Domain Modeling Made Functional》(https://pragprog.com/titles/swdddf/domain-modeling-made-functional/)은 도메인 모델링을 구체적으로 다루며, 타입 주도 개발에 관해 깊이 살펴볼 수 있는 책이다. 책이 너무 두껍다고 생각된다면 스콧의 발표(https://www.youtube.com/watch?v=1pSH8kElmM4)는 꼭 보자.

```
        email: form.0.email,
        name: SubscriberName::parse(form.0.name),
    };
    match insert_subscriber(&pool, &new_subscriber).await {
        Ok(_) => HttpResponse::Ok().finish(),
        Err(_) => HttpResponse::InternalServerError().finish(),
    }
}

#[tracing::instrument(
    name = "Saving new subscriber details in the database",
    skip(new_subscriber, pool)
)]
pub async fn insert_subscriber(
    pool: &PgPool,
    new_subscriber: &NewSubscriber,
) -> Result<(), sqlx::Error> {
    sqlx::query!(
        r#"
    INSERT INTO subscriptions (id, email, name, subscribed_at)
    VALUES ($1, $2, $3, $4)
        "#,
        Uuid::new_v4(),
        new_subscriber.email,
        new_subscriber.name,
        Utc::now()
    ).
    execute(pool)
    .await
    .map_err(|e| {
        tracing::error!("Failed to execute query: {:?}", e);
        e
    })?;
    Ok(())
}
```

거의 다 왔다. cargo check는 다음 오류와 함께 실패한다.

```
error[E0308]: mismatched types
  --> src/routes/subscriptions.rs:50:9
   |
50 |         new_subscriber.name,
   |         ^^^^^^^^^^^^^^^^^^^^ expected `&str`,
   |         found struct `SubscriberName`
```

한 가지 문제가 있다. SubscriberName 안에 캡슐화된 String 값에 실제로 접근할 수 있는 방법이 없다는 점이다. SubscriberName의 정의를 SubscriberName(String)에서 SubscriberName(pub String)으로 변경할 수 있지만, 이렇게 하면 앞의 두 개 절에서 논의했던 좋은 보장들을 모두 잃게 된다.

- 다른 개발자들은 parse를 건너뛰고 임의의 문자열로 SubscriberName을 만들 수 있다.

```
let liar = SubscriberName("".to_string());
```

- 다른 개발자들은 여전히 parse를 사용해서 SubscriberName을 만들 수 있지만, 내부값을 우리가 신경 써야 하는 제약 조건을 더 이상 만족하지 않는 무언가로 나중에 변형할 수 있는 옵션을 갖게 된다.

```
let mut started_well = SubscriberName::parse("A valid name".to_string());
started_well.0 = "".to_string();
```

더 나은 방법을 택할 수 있다. 러스트의 소유권 시스템의 장점을 사용할 완벽한 기회다. 구조체의 주어진 필드에 대해 다음을 선택할 수 있다.

- 값으로 노출시키고, 구조체 자체를 소비한다.

```
impl SubscriberName {
    pub fn inner(self) -> String {
        // 호출자는 inner 문자열을 얻는다.
        // 하지만 내부 스트링에는 더 이상 SubscriberName이 존재하지 않는다.
        // `inner`는 `self`를 값으로 받고,
        // move 구문에 따라 그것을 소비하기 때문이다.
        self.0
    }
}
```

- 가변 참조자를 노출한다.

```
impl SubscriberName {
    pub fn inner_mut(&mut self) -> &mut str {
        // 호출자는 inner 문자열에 대한 가변 참조자를 얻는다.
        // 호출자는 임의로 그 값을 변경할 수 있으며,
```

```
        // 이는 잠재적으로 불변량을 깨뜨릴 수 있다.
        &mut self.0
    }
}
```

- 공유된 참조를 노출한다.

```
impl SubscriberName {
    pub fn inner_ref(&self) -> &str {
        // 호출자는 inner 문자열에 대한 공유 참조를 얻는다.
        // 호출자는 읽기 전용으로 접근할 수 있으며,
        // 이는 불변량을 깨뜨리지 못한다.
        &self.0
    }
}
```

inner_mut는 우리가 여기에서 찾는 것이 아니다. 불변량에 대한 통제를 읽는 것은 Subscriber Name(pub String)을 사용하는 것과 동일하다.

inner와 inner_ref 모두 적합하지만, inner_ref는 우리의 의도를 더 잘 전달한다. 호출자에게 그 것을 변형하지 않고 읽을 수 있는 기회를 준다.

inner_ref를 Subsribername에 추가하자. 그 뒤에 inset_subscriber가 그것을 사용하도록 한다.

```
//! src/routes/subscriptions.rs
// [...]

#[tracing::instrument([...])]
pub async fn insert_subscriber(
    pool: &PgPool,
    new_subscriber: &NewSubscriber,
) -> Result<(), sqlx::Error> {
    sqlx::query!(
        r#"
    INSERT INTO subscriptions (id, email, name, subscribed_at)
    VALUES ($1, $2, $3, $4)
        "#,
        Uuid::new_v4(),
        new_subscriber.email,
        // Using `inner_ref`!
        new_subscriber.name.inner_ref(),
        Utc::now()
```

```
    )
    .execute(pool)
    .await
    .map_err(|e| {
        tracing::error!("Failed to execute query: {:?}", e);
        e
    })?;
    Ok(())
}
```

컴파일된다.

6.5.1 AsRef

inner_ref 메서드가 할 일을 마치는 동안, 정확하게 이런 유형의 사용을 위해 설계된 트레이트를 노출하는 러스트의 표준 라이브러리인 AsRef[9]에 관해 설명한다.

정의는 매우 간결하다.

```
pub trait AsRef<T: ?Sized> {
    // 전환을 수행한다.
    fn as_ref(&self) -> &T;
}
```

타입에 대한 AsRef<T>를 언제 구현해야 하는가? 해당 타입이 T와 충분히 비슷할 때, &self를 사용해서 T 자체에 대한 참조를 얻을 수 있다.

너무 추상적으로 들리는가? inner_ref의 시그니처를 다시 확인해보자. 기본적으로 SubscriberName! 에 대한 AsRef<str>이다.

AsRef를 사용해서 **에르고노믹스**ergonomics를 개선할 수 있다. 이 시그니처를 사용하는 함수를 살펴보자.

```
pub fn do_something_with_a_string_slice(s: &str) {
    // [...]
}
```

---

9 https://doc.rust-lang.org/std/convert/trait.AsRef.html

SubscriberName과 함께 호출하기 위해, 우선 `inner_ref`를 호출한 뒤 `do_something_with_a_string_slice`를 호출해야 한다.

```
let name = SubscriberName::parse("A valid name".to_string());
do_something_with_a_string_slice(name.inner_ref())
```

복잡한 것은 없다. 하지만 SubsriberName이 여러분에게 &str을 줄 수 있는지, 특히 서드 파티 라이브러리에서 타입이 어떻게 오는지 생각해야 한다.

`do_something_with_a_string_slice`의 시그니처를 변경함으로써 더욱 매끄러운 경험을 만들 수 있다.

```
// 트레이트 바운드 `T: AsRef<str>`을 사용해서
// T가 AsRef<str> 트레이트를 구현하도록 제한한다.
pub fn do_something_with_a_string_slice<T: AsRef<str>>(s: T) {
    let s = s.as_ref();
    // [...]
}
```

이제 다음과 같이 쓸 수 있다.

```
do_something_with_a_string_slice(name)
```

이제 아무 문제없이 컴파일될 것이다(SubscriberName이 AsRef<str>을 구현했다고 가정한다).

이 패턴은 예를 들어 러스트의 표준 라이브러리의 파일시스템 모듈인 std::fs[10]에서 대단히 많이 사용된다. create_dir[11]과 같은 함수들은 사용자로 하여금 String을 Path로 변환하는 방법을 이해하도록 하는 대신 AsRef<path>를 구현하도록 제약받는 타입 P인자를 받는다. 또는 PathBuf를 Path로 한다. 어쨌든 여러분이 요점을 파악했을 것이라고 생각한다.

---

10 https://doc.rust-lang.org/std/fs
11 https://doc.rust-lang.org/stable/std/fs/fn.create_dir.html

그 표준 라이브러리 안에는 AsRef 같은 다른 작은 변환 트레이트들이 있다. 이들은 표준화와 관련한 전체 에코시스템에서 공유된 인터페이스를 제공한다. 여러분의 유형에 맞게 그것들을 구현하면 야생에서 이미 사용할 수 있는 크레이트들의 제네릭 타입을 통해 노출된 기능들을 다룰 수 있다. 앞으로 From/Into, TryFrom/TryInto와 같은 다른 전환 트레이트에 관해 다룰 것이다.

SubscriberName에서 inner_ref를 제거하고 AsRef<str>를 구현하자.

```
//! src/domain.rs
// [...]

impl AsRef<str> for SubscriberName {
    fn as_ref(&self) -> &str {
        &self.0
    }
}
```

insert_subscriber도 변경해야 한다.

```
//! src/routes/subscriptions.rs
// [...]

#[tracing::instrument([...])]
pub async fn insert_subscriber(
    pool: &PgPool,
    new_subscriber: &NewSubscriber,
) -> Result<(), sqlx::Error> {
    sqlx::query!(
        r#"
    INSERT INTO subscriptions (id, email, name, subscribed_at)
    VALUES ($1, $2, $3, $4)
        "#,
        Uuid::new_v4(),
        new_subscriber.email,
        // 이제 `as_ref`를 사용한다.
        new_subscriber.name.as_ref(),
        Utc::now()
    )
    .execute(pool)
    .await
    .map_err(|e| {
        tracing::error!("Failed to execute query: {:?}", e);
        e
```

```
        })?;
    Ok(())
}
```

프로젝트는 무사히 컴파일된다.

6.6 패닉

그렇지만 테스트는 그린이 아니다.

```
thread 'actix-rt:worker:0' panicked at
' is not a valid subscriber name.', src/domain.rs:39:13

[...]

---- subscribe_returns_a_200_when_fields_are_present_but_empty stdout ----
thread 'subscribe_returns_a_200_when_fields_are_present_but_empty' panicked at
'Failed to execute request.:
  reqwest::Error {
    kind: Request,
    url: Url {
      scheme: "http",
      host: Some(Ipv4(127.0.0.1)),
      port: Some(40681),
      path: "/subscriptions",
      query: None,
      fragment: None
    },
    source: hyper::Error(IncompleteMessage)
  }',
tests/health_check.rs:164:14
Panic in Arbiter thread.
```

좋은 소식은 이름이 비어 있을 경우, 더 이상 `200 OK`를 반환하지 않는다는 점이다.

그다지 좋지 않은 소식은 API 요청 처리를 갑자기 종료하고, 그로 인해 클라이언트에서 `Incomplete Message` 오류를 보게 된다는 점이다. 전혀 우아하지 않다.

새로운 기대를 반영하도록 테스트를 변경하자. 페이로드가 유효하지 않은 데이터를 포함하고 있을 때는 `400 Bad Request` 응답을 표시하고 싶다.

```
//! tests/health_check.rs
// [...]

#[tokio::test]
// 이름을 변경했다.
async fn subscribe_returns_a_400_when_fields_are_present_but_invalid() {
    // [...]

    assert_eq!(
        // 더 이상 200이 아니다.
        400,
        response.status().as_u16(),
        "The API did not return a 400 Bad Request when the payload was {}.",
        description
    );

    // [...]
}
```

이제 근본 원인을 살펴보자. SubscriberName::parse의 검증 체크가 실패했을 때 패닉에 빠지는 것을 선택했다.

```
//! src/domain.rs
// [...]

impl SubscriberName {
    pub fn parse(s: String) -> SubscriberName {
        // [...]

        if is_empty_or_whitespace || is_too_long || contains_forbidden_characters {
            panic!("{} is not a valid subscriber name.", s)
        } else {
            Self(s)
        }
    }
}
```

러스트에서 패닉은 회복할 수 없는 오류를 다룰 때 사용한다. 기대하지 않았거나 의미 있게 회복할 방법이 없는 실패 모드다. 호스트 머신의 메모리가 부족하거나 디스크가 가득 찬 상황 등을 포함한다.

러스트의 패닉은 파이썬, C#, 자바Java 같은 언어들에서의 예외와 다르다. 러스트가 패닉[12]을 잡아낼 수 있는 몇 가지 유틸리티를 제공하기는 하지만, 대부분의 경우 이는 권장하지 않는 접근 방법이며 보조적으로만 사용되어야 한다.

몇 년 전, burntsushi[13]는 레딧Reddit의 스레드에서 이를 깔끔하게 표현했다.

> (…) 여러분의 러스트 애플리케이션이 사용자 입력에 대해 패닉에 빠진다면, 라이브러리나 주요한 애플리케이션 코드에 버그가 존재한다는 의미다.

이 관점을 받아들인다면 어떤 일이 발생하는지 이해할 수 있다. 요청 핸들러가 패닉에 빠졌을 때, actix-web은 무언가 무서운 일[14]이 발생했다고 가정하고, 패닉을 일으킨 요청을 처리하는 워커를 즉시 버린다.[15]

패닉이 아니라면 무엇을 사용해서 회복 가능한 오류를 처리해야 하는가?

6.7 값으로서의 오류: Result

러스트의 주된 오류 핸들링 메커니즘은 Result 타입으로 구현되어 있다.

```
pub enum Result<T, E> {
    Ok(T),
    Err(E),
}
```

Result는 실패할 수 있는 동작에 대한 반환 타입으로 사용된다. 동작이 성공하면 Ok(T)가 반환되고, 실패하면 Err(E)가 반환된다. 실제로 이미 Result를 사용했지만, 그 시점에서는 그 뉘앙스에 대해 논의하지는 않았다.

insert_subscriber의 시그니처를 다시 살펴보자.

---

12 https://doc.rust-lang.org/std/panic/fn.catch_unwind.html
13 https://github.com/BurntSushi
14 https://github.com/actix/actix-web/issues/1501
15 요청 핸들러가 패닉에 빠져도 전체 애플리케이션을 부수지는 않는다. actix-web은 여러 워커를 실행해서 유입되는 요청을 처리하고 하나 이상의 요청이 부서져도 부서지지 않는다. 그저 새로운 워커를 만들어서 실패한 워커를 대체한다.

```
//! src/routes/subscriptions.rs
// [...]

pub async fn insert_subscriber(
    pool: &PgPool,
    new_subscriber: &NewSubscriber,
) -> Result<(), sqlx::Error> {
    // [...]
}
```

데이터베이스에 subscriber를 삽입하는 것은 실패할 수 있는 동작임을 알려준다. 모든 것이 계획대로 되더라도 아무것도 반환받지 못하거나(() - 유닛 타입) 뭔가 잘못되면 sqlx::Error와 함께 무엇이 잘못되었는지에 관한 자세한 정보를 얻는다(예 커넥션 이슈 등).

값으로서의 오류는 러스트의 enum과 조합되어, 견고한 오류 핸들링 스토리를 구성하는 멋진 빌딩 블록이다. 예외 기반 오류 핸들링을 사용하는 언어를 경험했다면, 이것은 게임 체인저다.[16] 함수의 실패 모드에 관해서는 시그니처만 알면 된다.

특정한 함수가 던지는 예외가 무엇인지 이해하기 위해, 디펜던시의 문서를 파고들 필요는 없다(우선 문서화가 잘되어 있다고 가정한다). 실행 시간에 문서화되지 않은 다른 예외 타입에 그리 놀라지 않을 것이다. 만약을 대비해서 catch-all 구분을 추가할 필요는 없을 것이다.

이번 장에서는 기본적인 내용에 관해 다루고 자세한 내용(Error 트레이트)은 다음 장에서 다룬다.

6.7.1 parse가 Result를 반환하도록 전환하기

SubscriberName::parse를 리팩터링해서 유효하지 않은 입력에 대한 패닉을 일으키는 대신 Result를 반환하게 하자.

바디는 그대로 두고 시그니처부터 변경한다.

```
//! src/domain.rs
// [...]

impl SubscriberName {
```

---

16 자바에서 확인된 예외는 예외를 사용하는 메인스트림 언어 중 Result에서 제공하는 컴파일 시간의 안전성을 충분하게 제공하는 유일한 예시다. https://www.baeldung.com/java-checked-unchecked-exceptions

```
        pub fn parse(s: String) -> Result<SubscriberName, ???> {
            // [...]
        }
    }
```

Result에 대한 `Err` 변형으로 무엇을 사용해야 하는가?

가장 간단한 옵션은 `String`이다. 실패했을 때 오류 메시지를 반환한다.

```
//! src/domain.rs
// [...]

impl SubscriberName {
    pub fn parse(s: String) -> Result<SubscriberName, String> {
        // [...]
    }
}
```

`cargo check`를 실행하면 컴파일러에서 한 개의 오류를 표시한다.

```
error[E0308]: mismatched types
  --> src/routes/subscriptions.rs:27:15
   |
27 |         name: SubscriberName::parse(form.0.name),
   |               ^^^^^^^^^^^^^^^^^^^^^^^^^^^^^^^^^^^^
   |               expected struct `SubscriberName`,
   |               found enum `Result`

error[E0308]: mismatched types
  --> src/domain.rs:41:13
   |
14 |     pub fn parse(s: String) -> Result<SubscriberName, String> {
   |                                -------------------------------
   |                                expected `Result<SubscriberName, String>`
   |                                because of return type
...
41 |         Self(s)
   |         ^^^^^^^
   |         |
   |         expected enum `Result`, found struct `SubscriberName`
   |         help: try using a variant of the expected enum: `Ok(Self(s))`
   |
   = note: expected enum `Result<SubscriberName, String>`
```

```
                found struct `SubscriberName`
```

두 번째 오류를 살펴보자. parse 끝에 SubscirberName의 인스턴스 그대로를 반환할 수 없다. 두 개의 Result 변수 중 하나를 선택해야 한다.

컴파일러는 이 이슈를 이해하고 올바른 수정 방법을 제안한다. Self(s) 대신 Ok(Self(s))를 사용해야 한다. 조언을 따라 코드를 수정하자.

```rust
//! src/domain.rs
// [...]

impl SubscriberName {
    pub fn parse(s: String) -> Result<SubscriberName, String> {
        // [...]

        if is_empty_or_whitespace || is_too_long || contains_forbidden_characters {
            panic!("{} is not a valid subscriber name.", s)
        } else {
            Ok(Self(s))
        }
    }
}
```

cargo check는 이제 하나의 오류를 반환한다.

```
error[E0308]: mismatched types
  --> src/routes/subscriptions.rs:27:15
   |
27 |         name: SubscriberName::parse(form.0.name),
   |               ^^^^^^^^^^^^^^^^^^^^^^^^^^^^^^^^^^^^
   |               expected struct `SubscriberName`,
   |               found enum `Result`
```

컴파일러가 subscribe 안에서 parse 메서드를 부른 것에 불만을 제기한다. parse가 Subscriber Name을 반환한다면, 그 출력을 곧바로 Subscriber.name에 할당해도 좋다.

하지만 현재 Result를 반환하고 있다. 러스트의 타입 시스템은 이에 대한 처리를 하라고 강조한다. 이 오류가 발생하지 않은 척하고 지나칠 수는 없다.

한 번에 너무 많은 것을 다루는 것은 피하자. 지금은 검증이 실패할 때만 패닉에 빠지도록 할 것이다. 이렇게 함으로써 가능한 한 빠르게 프로젝트를 컴파일할 수 있다.

```
//! src/routes/subscriptions.rs
// [...]

pub async fn subscribe(
    form: web::Form<FormData>,
    pool: web::Data<PgPool>,
) -> HttpResponse {
    let new_subscriber = NewSubscriber {
        email: form.0.email,
        // `expect`를 사용해서 의미 있는 패닉 메시지를 지정한다.
        name: SubscriberName::parse(form.0.name).expect("Name validation failed."),
    };
    // […]
}
```

cargo check 결과에서는 오류가 발견되지 않는다.

이제 테스트를 살펴보자.

6.8 통찰력 있는 어서션 오류: claim

대부분의 어서션은 assert!(result.is_ok()) 혹은 assert!(result.is_err()) 행으로 되어 있다. 이 어셔션들을 사용했을 때 cargo test가 반환하는 오류 메시지는 썩 좋지 않다. 빠르게 실험을 해보자.

이 더미 테스트에 대해 run cargo test를 실행해보자.

```
#[test]
fn dummy_fail() {
    let result: Result<&str, &str> = Err("The app crashed due to an IO error");
    assert!(result.is_ok());
}
```

다음을 얻는다.

```
---- dummy_fail stdout ----
thread 'dummy_fail' panicked at 'assertion failed: result.is_ok()'
```

오류 자체에 관한 자세한 정보는 없다. 이는 다소 고통스러운 디버깅 경험으로 이어진다.

claim 크레이트를 사용해서 더 많은 정보를 담은 오류 메시지를 얻을 수 있다.

```
#! Cargo.toml
# [...]
[dev-dependencies]
claim = "0.5"
# [...]
```

claim은 포괄적인 범위의 어서션을 제공하며, 이들은 일반적인 러스트 타입(특히 Option 및 Result)과 함께 사용할 수 있다.

claim을 사용해 dummy fail 테스트를 다음과 같이 재작성할 수 있다.

```
#[test]
fn dummy_fail() {
    let result: Result<&str, &str> = Err("The app crashed due to an IO error");
    claim::assert_ok!(result);
}
```

결과는 다음과 같다.

```
---- dummy_fail stdout ----
thread 'dummy_fail' panicked at 'assertion failed, expected Ok(..
  got Err("The app crashed due to an IO error")'
```

훨씬 낫다.

6.9 단위 테스트

모든 준비가 되었다. domain 모듈에 몇 가지 단위 테스트를 추가해서 작성한 모든 코드가 기대한 대로 동작하는지 확인하자.

```rust
//! src/domain.rs
// [...]

#[cfg(test)]
mod tests {
    use crate::domain::SubscriberName;
    use claim::{assert_err, assert_ok};

    #[test]
    fn a_256_grapheme_long_name_is_valid() {
        let name = "ë".repeat(256);
        assert_ok!(SubscriberName::parse(name));
    }

    #[test]
    fn a_name_longer_than_256_graphemes_is_rejected() {
        let name = "a".repeat(257);
        assert_err!(SubscriberName::parse(name));
    }

    #[test]
    fn whitespace_only_names_are_rejected() {
        let name = " ".to_string();
        assert_err!(SubscriberName::parse(name));
    }

    #[test]
    fn empty_string_is_rejected() {
        let name = "".to_string();
        assert_err!(SubscriberName::parse(name));
    }

    #[test]
    fn names_containing_an_invalid_character_are_rejected() {
        for name in &['/', '(', ')', '"', '<', '>', '\\', '{', '}'] {
            let name = name.to_string();
            assert_err!(SubscriberName::parse(name));
        }
    }

    #[test]
    fn a_valid_name_is_parsed_successfully() {
        let name = "Ursula Le Guin".to_string();
        assert_ok!(SubscriberName::parse(name));
    }
}
```

안타깝게도 컴파일이 되지 않는다. cargo는 assert_ok/assert_err를 사용한 모든 곳을 다음과
같이 표시한다.

```
66 |            assert_err!(SubscriberName::parse(name));
   |            ^^^^^^^^^^^^^^^^^^^^^^^^^^^^^^^^^^^^^^^^^^^
   |            `SubscriberName` cannot be formatted using `{:?}`
   |
   = help: the trait `std::fmt::Debug` is not implemented for `SubscriberName`
   = note: add `#[derive(Debug)]` or manually implement `std::fmt::Debug`
   = note: required by `std::fmt::Debug::fmt`
```

claim은 Debug 트레이트를 구현해서 더 나은 오류 메시지를 제공하기 위해 타입을 필요로 한다.
SubscriberName 맨 위에 #[derive(Debug)] 속성을 추가하자.

```
//! src/domain.rs
// [...]

#[derive(Debug)]
pub struct SubscriberName(String);
```

컴파일러는 잘 동작한다. 테스트는 어떤가?

```
cargo test
```

```
failures:
    domain::tests::a_name_longer_than_256_graphemes_is_rejected
    domain::tests::empty_string_is_rejected
    domain::tests::names_containing_an_invalid_character_are_rejected
    domain::tests::whitespace_only_names_are_rejected

test result: FAILED. 2 passed; 4 failed; 0 ignored; 0 measured; 0 filtered out
```

행복하지 않은 경로의 테스트 케이스들은 모두 실패한다. 검증 제약 사항이 만족되지 않으면 여전
히 패닉에 빠지기 때문이다. 다음과 같이 변경하자.

```
//! src/domain.rs
// [...]
```

```
impl SubscriberName {
    pub fn parse(s: String) -> Result<SubscriberName, String> {
        // [...]

        if is_empty_or_whitespace || is_too_long || contains_forbidden_characters {
            // `panic!`을 `Err(...)`으로 치환한다.
            Err(format!("{} is not a valid subscriber name.", s))
        } else {
            Ok(Self(s))
        }
    }
}
```

모든 도메인 단위 테스트는 이제 성공한다. 이번 장의 초반에서 작성했던 실패하는 통합 테스트를 마지막으로 살펴보자.

6.10 Result 다루기

SubsriberName::parse는 이제 Result를 반환한다. 하지만 subcribe는 expect를 그 위에서 호출하므로 Err variant가 반환되면 패닉에 빠진다. 애플리케이션의 전체적인 동작은 전혀 달라지지 않았다.

subscribe가 검증 오류 시 400 Bad Request를 반환하도록 하려면 어떻게 변경해야 할까? insert_subscriber를 호출할 때 이미 했던 것을 살펴보면 알 수 있다.

6.10.1 match

호출자 측에서 실패의 가능성을 어떻게 처리할 수 있는가?

```
//! src/routes/subscriptions.rs
// [...]

pub async fn insert_subscriber(
    pool: &PgPool,
    new_subscriber: &NewSubscriber,
) -> Result<(), sqlx::Error> {
    // [...]
}
```

```
//! src/routes/subscriptions.rs
// [...]

pub async fn subscribe(
    form: web::Form<FormData>,
    pool: web::Data<PgPool>,
) -> HttpResponse {
    // [...]
    match insert_subscriber(&pool, &new_subscriber).await {
        Ok(_) => HttpResponse::Ok().finish(),
        Err(_) => HttpResponse::InternalServerError().finish(),
    }
}
```

insert_subscriber는 Result<(), sqlx::Error>를 반환한다. subscribe는 REST API의 언어를 말한다. 그 출력은 반드시 HttpResponse 타입이어야 한다. 오류 케이스에서 호출자에게 HttpResponse를 반환하기 위해서는 sqlx::Error를 REST API의 기술적 도메인 안에서 상식적인 표현으로 변환해야 한다. 이 경우에는 500 Internal Server Error에 해당한다.

이 경우 match를 사용하면 편하다. 컴파일러에게 Ok와 Error 모두의 시나리오에서 무엇을 할지 지시할 수 있다.

6.10.2 ? 연산자

오류 핸들링과 관련해서 insert_subscriber를 다시 살펴보자.

```
//! src/routes/subscriptions.rs
// [...]

pub async fn insert_subscriber(/* */) -> Result<(), sqlx::Error> {
    sqlx::query!(/* */)
        .execute(pool)
        .await
        .map_err(|e| {
            tracing::error!("Failed to execute query: {:?}", e);
            e
        })?;
    Ok(())
}
```

Ok(()) 앞에 ?가 있는 것에 주의하기 바란다.

이것은 물음표 연산자(?)다. ?는 러스트 1.13에서 도입된 간편 표기법syntactic sugar[17]이다. ?는 실패할 수 있는 함수를 다루면서 실패를 잘 드러나게 하고 싶을 때(예 붙잡은 예외를 다시 던지는 것과 유사하다) 시각적 잡음의 양을 줄인다.

이 블록에서의 ?를 보자.

```
insert_subscriber(&pool, &new_subscriber)
.await
.map_err(|_| HttpResponse::InternalServerError().finish())?;
```

이는 이 제어 흐름 블록과 동일하다.

```
if let Err(error) = insert_subscriber(&pool, &new_subscriber)
    .await
    .map_err(|_| HttpResponse::InternalServerError().finish())
{
    return Err(error);
}
```

이것을 사용하면 여러 행의 블록 대신 한 문자만 사용해서 무언가 실패했을 때 빠르게 반환할 수 있다.

?는 Err variant를 사용해서 일찍 반환하므로 Result를 반환하는 함수 안에서만 사용할 수 있다. subscribe는 (아직은) 조건을 만족하지 않는다.

6.10.3 400 Bad Reuqest

SubscriberName::parse가 반환하는 오류를 처리하자.

```
//! src/routes/subscriptions.rs
// [...]

pub async fn subscribe(
    form: web::Form<FormData>,
    pool: web::Data<PgPool>,
) -> HttpResponse {
```

---

[17] https://en.wikipedia.org/wiki/Syntactic_sugar

```
    let name = match SubscriberName::parse(form.0.name) {
        Ok(name) => name,
        // name 이 유효하지 않으면 400을 빠르게 반환한다.
        Err(_) => return HttpResponse::BadRequest().finish(),
    };
    let new_subscriber = NewSubscriber {
        email: form.0.email,
        name,
    };
    match insert_subscriber(&pool, &new_subscriber).await {
        Ok(_) => HttpResponse::Ok().finish(),
        Err(_) => HttpResponse::InternalServerError().finish(),
    }
}
```

cargo test는 아직 그린이 아니다. 하지만 이전과 오류는 다르다.

```
--- subscribe_returns_a_400_when_fields_are_present_but_invalid stdout ----
thread 'subscribe_returns_a_400_when_fields_are_present_but_invalid'
panicked at 'assertion failed: `(left == right)`
  left: `400`,
 right: `200`:
 The API did not return a 400 Bad Request when the payload was empty email.',
tests/health_check.rs:167:9
```

빈 name을 사용한 테스트 케이스는 이제 통과한다. 하지만 빈 email을 제공하면 400 Bad Request를 반환하는 데 실패한다.

예상했던 대로다. 아직 어떤 이메일 검증도 구현하지 않았다.

6.11 이메일 포맷

우리는 XXX@YYY.ZZZ 같은 이메일 주소 형태에 친숙하다. 하지만 더욱 견고한 방법으로 이메일 주소가 실제로 유효한 것인지 확인하고자 한다면 이 주제는 복잡해진다. 이메일 주소가 '유효하다'고 어떻게 판단하는가?

국제 인터넷 표준화 기구 Internet Engineering Task Force, IETF는 기대하는 이메일 주소의 구조에 관해 설명한 RFC(RFC 6854,[18] RFC 5322,[19] RFC 2822[20])를 제공한다. 이 문서들을 읽고, 자료들을 소화한 뒤 그 명세에 따라 is_valid_email 함수를 작성하면 될 것이다.

하지만 여러분이 이메일 주소 포맷에 관한 미묘한 뉘앙스를 이해할 수 있을 정도로 강한 관심이 있는 것이 아니라면, 한 걸음 물러서라고 조언하고 싶다. 이 명세들은 대단히 복잡하다. 심지어 HTML 명세조차 앞에서 소개한 RFC들과 의도적으로 호환되지 않는다.[21]

곧바로 사용할 수 있는 해결책을 제공하기 위해 해당 문제를 오랫동안 충분히 다루었던 기존 라이브러리들을 살펴보는 것이 훨씬 좋다. 다행히도 러스트 에코시스템에 적어도 이런 라이브러리가 하나 존재한다. 바로 **validator 크레이트**다.[22]

6.12 SubscriberEmail 타입

이름 검증에서 사용했던 동일한 전략을 따를 것이다. 불변량('이 문자열은 유효한 이메일을 나타낸다')을 새로운 SubscriberEmail 타입으로 인코딩한다.

6.12.1 도메인 하위 모듈 나누기

하지만 시작하기 전에 준비할 것이 있다. domain 하위 모듈(domain.rs)을 여러 작은 파일(각 파일이 하나의 타입)로 나눈다. 3장에서 했던 것과 거의 동일하다. src 아래의 현재 폴더 구조는 다음과 같다.

```
src/
  routes/
    [...]
  domain.rs
  [...]
```

이를 다음과 같이 바꿀 것이다.

---

18 https://tools.ietf.org/html/rfc6854

19 https://tools.ietf.org/html/rfc5322

20 https://tools.ietf.org/html/rfc2822

21 https://html.spec.whatwg.org/multipage/input.html#valid-e-mail-address

22 validator 크레이트(https://crates.io/crates/validator)는 HTML 명세를 따라 이메일 검증을 수행한다. 구현 방법이 궁금하다면 소스 코드(https://github.com/Keats/validator/blob/master/validator/src/validation/email.rs)를 확인해볼 수 있다.

```
src/
routes/
    [...]
domain/
    mod.rs
    subscriber_name.rs
    subscriber_email.rs
    new_subscriber.rs
[...]
```

단위 테스트 케이스는 그들이 참조하는 타입과 동일한 파일에 존재해야 한다. 최종적으로 파일의 내용은 다음과 같다.

```
//! src/domain/mod.rs

mod subscriber_name;
mod subscriber_email;
mod new_subscriber;

pub use subscriber_name::SubscriberName;
pub use new_subscriber::NewSubscriber;
```

```
//! src/domain/subscriber_name.rs

use unicode_segmentation::UnicodeSegmentation;

#[derive(Debug)]
pub struct SubscriberName(String);
impl SubscriberName {
    // [...]
}

impl AsRef<str> for SubscriberName {
    // [...]
}

#[cfg(test)]
mod tests {
    // [...]
}
```

```
//! src/domain/subscriber_email.rs

//아직 비어 있다. 여기에서 시작한다.
```

```
//! src/domain/new_subscriber.rs

use crate::domain::subscriber_name::SubscriberName;

pub struct NewSubscriber {
    pub email: String,
    pub name: SubscriberName,
}
```

프로젝트의 다른 파일은 변경할 필요가 없다. mod.rs의 pub use 구문 덕분에 모듈의 API는 변경되지 않았다.

6.12.2 새로운 타입의 스켈레톤

뼈만 앙상한 새로운 SubscriberEmail 타입을 추가하자. 검증 부분이 없는, String과 편리한 AsRef 구현만 감싼 것이다.

```
//! src/domain/subscriber_email.rs

#[derive(Debug)]
pub struct SubscriberEmail(String);

impl SubscriberEmail {
    pub fn parse(s: String) -> Result<SubscriberEmail, String> {
        // TODO: 검증을 추가한다.
        Ok(Self(s))
    }
}

impl AsRef<str> for SubscriberEmail {
    fn as_ref(&self) -> &str {
        &self.0
    }
}
```

```
//! src/domain/mod.rs

mod new_subscriber;
mod subscriber_email;
mod subscriber_name;

pub use new_subscriber::NewSubscriber;
pub use subscriber_email::SubscriberEmail;
pub use subscriber_name::SubscriberName;
```

이번에는 테스트부터 시작한다. 거부해야 할 유효하지 않은 이메일의 몇 가지 예시에서 시작하자.

```
//! src/domain/subscriber_email.rs

#[derive(Debug)]
pub struct SubscriberEmail(String);

// [...]

#[cfg(test)]
mod tests {
    use super::SubscriberEmail;
    use claim::assert_err;

    #[test]
    fn empty_string_is_rejected() {
        let email = "".to_string();
        assert_err!(SubscriberEmail::parse(email));
    }

    #[test]
    fn email_missing_at_symbol_is_rejected() {
        let email = "ursuladomain.com".to_string();
        assert_err!(SubscriberEmail::parse(email));
    }

    #[test]
    fn email_missing_subject_is_rejected() {
        let email = "@domain.com".to_string();
        assert_err!(SubscriberEmail::parse(email));
    }
}
```

cargo test domain을 실행하면 모든 테스트 케이스가 실패한다.

```
failures:
    domain::subscriber_email::tests::email_missing_at_symbol_is_rejected
    domain::subscriber_email::tests::email_missing_subject_is_rejected
    domain::subscriber_email::tests::empty_string_is_rejected

test result: FAILED. 6 passed; 3 failed; 0 ignored; 0 measured; 0 filtered out
```

validator를 추가하자.

```
#! Cargo.toml
# [...]
[dependencies]
validator = "0.14"
# [...]
```

parse 메서드는 무거운 작업들을 모두 validator::validate_email[23]에 위임한다.

```rust
//! src/domain/subscriber_email.rs

use validator::validate_email;

#[derive(Debug)]
pub struct SubscriberEmail(String);

impl SubscriberEmail {
    pub fn parse(s: String) -> Result<SubscriberEmail, String> {
        if validate_email(&s) {
            Ok(Self(s))
        } else {
            Err(format!("{} is not a valid subscriber email.", s))
        }
    }
}

// [...]
```

매우 간단하다. 모든 테스트 케이스는 이제 그린이다.

---

23 https://docs.rs/validator/0.12.0/validator/fn.validate_email.html

한 가지 주의할 점이 있다. 모든 테스트 케이스는 유효하지 않은 이메일을 확인한다. 적어도 유효한 이메일을 확인하는 테스트 케이스가 하나는 존재해야 한다. 테스트 케이스에 유효한 이메일 주소(예 ursula@domain.com)를 하드 코딩하고 그것이 성공적으로 파싱되었는지 확인할 수 있다. 하지만 이 테스트 케이스를 통해 무엇을 얻을 수 있는가? 그저 특정한 메일 주소가 올바르게 파싱되고 유효하다는 것을 재확인할 뿐이다.

6.13 속성 기반 테스팅

다른 접근 방식을 사용해서 파싱 로직을 테스트할 수도 있다. 특정한 입력 셋이 올바르게 파싱되었는지 검증하는 대신, 무작위 생성기를 만들어서 유효한 값을 생성하고 파서가 그 값들을 거부하지 않는지 확인하면 된다. 다시 말해 우리가 구현한 것이 특정한 속성을 만족하는지 보는 것이다. 이 접근 방식은 **속성 기반 테스팅**property-based testing이라고 불린다.

예를 들어 시간을 다룬다면 반복적으로 세 자리의 무작위 숫자를 다룰 수 있다.

- H, 0 이상 23 이하
- M, 0 이상 59 이하
- S, 0 이상 59 이하

그리고 H:M:S가 항상 올바르게 파싱되었는지 검증한다.

속성 기반 테스팅은 검증할 입력의 범위를 크게 늘려준다. 따라서 코드의 정확성에 대한 확신을 가질 수 있다. 그렇지만 파서가 올바르다는 것을 증명하지는 않는다. 입력 범위를 철저하게 exhaustively 탐색하지 못하기 때문이다(아주 작은 범위의 입력인 경우는 제외).

SubsriberEmail의 경우 속성 테스팅이 어떻게 나타나는지 확인해보자.

6.13.1 fake를 사용해서 무작위 테스트 데이터 생성하기

가장 먼저 유효한 이메일을 무작위로 생성해야 한다. 직접 작성할 수도 있지만, 이런 경우 유용한 **fake 크레이트**[24]를 사용해본다.

---

24 https://crates.io/crates/fake

fake는 프리미티브 데이터 타입(정수, 부동 소수점 수, 문자열) 및 상위 레벨의 객체(IP 주소, 국가 코드 등)를 무작위로 생성하는 로직을 제공한다. 이메일도 포함한다. 프로젝트에 개발 디펜던시로 fake 를 추가하자.

```
# Cargo.toml
# [...]

[dev-dependencies]
# [...]
# We are not using fake >= 2.4 because it relies on rand 0.8
# which has been recently released and it is not yet used by
# quickcheck (solved in its upcoming 1.0 release!)
# (fake >= 2.4는 rand 0.8에 의존하므로 사용하지 않는다.)
# (rand 0.8은 최근에 릴리스되었으며 아직 quickcheck에서 사용되지 않았다.)
# (이후 1.0 릴리스에서 해결되었다.)
fake = "~2.3"
```

새로운 테스트 케이스에서 이것을 사용하자.

```
//! src/domain/subscriber_email.rs

// [...]

#[cfg(test)]
mod tests {
    // `SafeEmail` 페이커를 임포트한다.
    // 또한 `Fake` 트레이트를 사용해서 `SafeEmail`의 `.fake` 메서드에 접근한다.
    use fake::faker::internet::en::SafeEmail;
    use fake::Fake;
    // [...]

    #[test]
    fn valid_emails_are_parsed_successfully() {
        let email = SafeEmail().fake();
        claim::assert_ok!(SubscriberEmail::parse(email));
    }
}
```

테스트 스위트를 실행할 때마다 SafeEmail.fake()는 무작위로 새로운 유효한 이메일을 생성하고, 파싱 로직을 테스트하는 데 이를 사용한다.

이것은 이미 하드 코딩된 유효한 이메일에 비해 상당히 개선된 것이다. 하지만 엣지 케이스에서 발생하는 이슈를 잡아내기 위해서는 테스트 스위트를 여러 차례 실행해야만 한다. 빠르고 지저분한 해결책으로는 테스트에 루프를 추가하는 것이 있다. 이를 더 파고들어 속성 기반 테스트를 중심으로 설계된 사용 가능한 테스팅 크레이트 중 하나를 탐색하는 기회로 삼을 수 있다.

6.13.2 quickcheck vs. proptest

러스트 에코시스템에서는 속성 기반 테스팅을 위해 quickcheck[25]와 proptest[26]라는 두 개의 메인스트림 옵션을 제공한다. 도메인은 겹치지만 각 옵션은 나름의 장점이 있다. 자세한 내용은 각 항목의 README를 확인하자.

우리가 구현하는 프로젝트에서는 quickcheck를 사용한다. 쉽게 시작할 수 있고 너무 많은 매크로를 사용하지도 않는다. 결과적으로 즐거운 IDE 경험을 만들어낸다.

6.13.3 quickcheck 시작하기

quickcheck에서 제공하는 예시를 하나 살펴보자. 이들이 어떻게 동작하는지 알 수 있다.

```rust
/// 테스트하고자 하는 함수
fn reverse<T: Clone>(xs: &[T]) -> Vec<T> {
    let mut rev = vec!();
    for x in xs.iter() {
      rev.insert(0, x.clone())
    }
    rev
}


#[cfg(test)]
mod tests {
    #[quickcheck_macros::quickcheck]
    fn prop(xs: Vec<u32>) -> bool {
        /// 함수에 적용하는 벡터에 관계없이 항상 true인 속성
        /// 이를 두 차례 뒤집으면 원래 입력을 반환해야 한다.
        xs == reverse(&reverse(&xs))
    }
}
```

---

25 https://crates.io/crates/quickcheck
26 https://crates.io/crates/proptest

quickcheck는 이터레이션 횟수를 설정(기본값 100회)할 수 있는 루프 안에서 prop을 호출한다. 이 터레이션마다 새로운 Vec<u32>를 생성하고 그 prop이 true를 반환하는지 확인한다. prop이 false 를 반환하면 quickcheck는 생성된 입력을 가장 작은 실패 사례로 축소하고(가장 짧은 실패하는 벡 터), 이를 활용하면 무엇이 잘못되었는지 디버깅하는 데 도움이 된다.

여기에서는 다음 행들을 따라 무언가를 얻고자 한다.

```
#[quickcheck_macros::quickcheck]
fn valid_emails_are_parsed_successfully(valid_email: String) -> bool {
    SubscriberEmail::parse(valid_email).is_ok()
}
```

안타깝게도 String 타입을 입력으로 요청하면 모든 종류의 쓰레기값을 얻게 되고 검증은 결과적 으로 실패한다. 생성 루틴을 어떻게 커스터마이즈해야 할까?

6.13.4 Arbitrary 트레이트 구현하기

이전 예시로 돌아가자. quickcheck는 어떻게 Vec<u32>를 생성해야 하는 것을 아는가? 모든 것은 quickcheck의 Arbitrary 트레이트[27] 위에 구현된다.

```
pub trait Arbitrary: Clone + Send + 'static {
    fn arbitrary<G: Gen>(g: &mut G) -> Self;

    fn shrink(&self) -> Box<dyn Iterator<Item = Self>> {
        empty_shrinker()
    }
}
```

두 개의 메서드가 있다.

* arbitrary: 무작위성의 소스가 주어지면(g), 해당 타입의 인스턴스를 반환한다.
* shrink: 점진적으로 해당 타입의 '더 작은' 인스턴스 시퀀스를 반환한다. quickcheck는 이를 사 용해서 가능한 가장 작은 실패 케이스를 찾는다.

---

27 https://docs.rs/quickcheck/0.9.2/quickcheck/trait.Arbitrary.html

Vec<u32>는 Arbitrary를 구현한다. 따라서 quickcheck는 무작위의 u32 벡터를 생성하는 방법을 알고 있다. 고유의 타입인 ValidEmailFixture를 만들고, 이를 위해 Arbitrary를 구현한다. Arbitrary의 트레이트 정의에서는 축소하기_shirinking_가 옵셔널 항목이다. 기본 구현을 제공하며 (empty_shrinker를 사용한), 이를 사용하면 quickcheck는 첫 번째 만난 실패를 그대로 출력한다(더 작거나 깔끔하게 만들지 않는다). 따라서 ValidEmailFixture에 대해서는 Arbitrary::arbitrary만 제공하면 된다.

quickcheck와 quickcheck-macros를 개발 디펜던시에 추가하자.

```
#! Cargo.toml
# [...]

[dev-dependencies]
# [...]
quickcheck = "0.9.2"
quickcheck_macros = "0.9.1"
```

이후 다음과 같이 수정한다.

```
//! src/domain/subscriber_email.rs
// [...]

#[cfg(test)]
mod tests {
    // `assert_ok` 임포트를 제거했다.
    use claim::assert_err;
    // [...]

    // `quickcheck`는 `Clone`과 `Debug`가 필요하다.
    #[derive(Debug, Clone)]
    struct ValidEmailFixture(pub String);

    impl quickcheck::Arbitrary for ValidEmailFixture {
        fn arbitrary<G: quickcheck::Gen>(g: &mut G) -> Self {
            let email = SafeEmail().fake_with_rng(g);
            Self(email)
        }
    }

    #[quickcheck_macros::quickcheck]
    fn valid_emails_are_parsed_successfully(valid_email: ValidEmailFixture) -> bool {
```

```
        SubscriberEmail::parse(valid_email.0).is_ok()
    }
}
```

이것은 러스트 에코시스템 전체에서 핵심 트레이트를 공유하는 상호운용성의 훌륭한 예시다. fake와 quickcheck가 함께 잘 동작하게 하려면 어떻게 해야 하는가?

Arbitrary::arbitrary에서 G 타입의 인자 g를 입력으로 받았다. G는 트레이트 바운드 G: quickcheck::Gen에 의한 제약을 받는다. 따라서 quickcheck 안에서 Gen 트레이트[28]를 구현해야 한다. Gen은 'generator'를 의미한다. Gen은 어떻게 정의되는가?

```
pub trait Gen: RngCore {
    fn size(&self) -> usize;
}
```

Gen을 구현하는 모든 것은 반드시 rand-core[29]로부터 RngCore 트레이트[30]를 구현해야 한다.

SafeEmail 페이커를 살펴보자. 이 페이커는 Fake 트레이트를 구현한다. Fake는 fake 메서드를 제공한다. 우리는 이미 이 메서드를 사용해봤다. 또한 fake_with_rng 메서드도 제공한다. rng는 **난수 생성기**random number generator, RNG라는 의미다. fake는 유효한 난수 생성기로서 무엇을 받는가?

```
pub trait Fake: Sized {
//[...]

    fn fake_with_rng<U, R>(&self, rng: &mut R) -> U where
        R: Rng + ?Sized,
        Self: FakeBase<U>;
}
```

여러분이 읽은 것이 맞다. Rand[31]로부터 Rng 트레이트[32]를 구현한 모든 타입을 받는다. 이것은 RngCore를 구현하는 모든 타입에 의해 자동으로 구현된다. 그저 Arbitrary::arbitrary로부터 g를 fake_with_rng에 대한 무작위수 생성기로 전달하면 된다.

---

28 https://docs.rs/quickcheck/0.9.2/quickcheck/trait.Gen.html
29 https://crates.io/crates/rand-core
30 https://docs.rs/rand_core/0.6.0/rand_core/trait.RngCore.html
31 https://crates.io/crates/rand
32 https://docs.rs/rand/0.8.0/rand/trait.Rng.html

두 크레이트의 유지 보수 담당자가 서로에 관해 알고 있을지도 모른다. 아마도 모를 것이다. 하지만 커뮤니티가 승인한 rand-core의 트레이트셋은 고통 없는 상호운용성interoperability을 제공한다. 멋지다.

cargo test domain을 실행할 수 있다. 결과는 그린일 것이며, 이메일 검증 체크가 실제로 지나치게 규범적이지 않음을 재확인할 수 있다.

생성된 무작위 입력값을 보고 싶다면 dbg!(&valid_email.0); 구문을 테스트에 추가한 뒤 cargo test valid_email -- --nocapture를 실행하자. 수십 개의 유효한 이메일들이 터미널에 출력될 것이다.

6.14 페이로드 검증

domain에 대해 실행할 테스트셋을 제한하지 않고 cargo test를 실행하면, 유효하지 않은 데이터에 대한 통합 테스트는 여전히 레드로 표시된다.

```
--- subscribe_returns_a_400_when_fields_are_present_but_invalid stdout ----
thread 'subscribe_returns_a_400_when_fields_are_present_but_invalid'
panicked at 'assertion failed: `(left == right)`
  left: `400`,
 right: `200`:
 The API did not return a 400 Bad Request when the payload was empty email.',
tests/health_check.rs:167:9
```

빛나는 SubscriberEmail을 애플리케이션에 통합해서 /subscriptions 엔드포인트에서 유효성을 검증하자. NewSubscriber에서 시작하자.

```rust
//! src/domain/new_subscriber.rs

use crate::domain::SubscriberName;
use crate::domain::SubscriberEmail;

pub struct NewSubscriber {
    // `String`은 더 이상 사용하지 않는다.
    pub email: SubscriberEmail,
    pub name: SubscriberName,
}
```

이제 프로젝트를 컴파일하면 지옥에서 벗어날 수 있을 것이다.

`cargo check`의 첫 번째 오류부터 확인해보자.

```
error[E0308]: mismatched types
  --> src/routes/subscriptions.rs:28:16
   |
28 |          email: form.0.email,
   |                 ^^^^^^^^^^^^
   |                 expected struct `SubscriberEmail`,
   |                 found struct `std::string::String`
```

이 오류는 subscriber 요청 핸들러의 한 행을 나타낸다.

```rust
//! src/routes/subscriptions.rs

// [...]

#[tracing::instrument([...])]
pub async fn subscribe(
    form: web::Form<FormData>,
    pool: web::Data<PgPool>,
) -> HttpResponse {
    let name = match SubscriberName::parse(form.0.name) {
        Ok(name) => name,
        Err(_) => return HttpResponse::BadRequest().finish(),
    };
    let new_subscriber = NewSubscriber {
        // SubscriberEmail 타입의 필드에 문자열을 할당하려고 시도한다.
        email: form.0.email,
        name,
    };
    match insert_subscriber(&pool, &new_subscriber).await {
        Ok(_) => HttpResponse::Ok().finish(),
        Err(_) => HttpResponse::InternalServerError().finish(),
    }
}
```

name 필드에 적용했던 것을 모방해야 한다. 먼저 form.0.email을 파싱한 뒤, (성공한다면) 그 결과를 NewSubscriber.email에 할당한다.

```
//! src/routes/subscriptions.rs

// `SubscriberEmail`을 추가했다.
use crate::domain::{NewSubscriber, SubscriberEmail, SubscriberName};
// [...]

#[tracing::instrument([...])]
pub async fn subscribe(
    form: web::Form<FormData>,
    pool: web::Data<PgPool>,
) -> HttpResponse {
    let name = match SubscriberName::parse(form.0.name) {
        Ok(name) => name,
        Err(_) => return HttpResponse::BadRequest().finish(),
    };
    let email = match SubscriberEmail::parse(form.0.email) {
        Ok(email) => email,
        Err(_) => return HttpResponse::BadRequest().finish(),
    };
    let new_subscriber = NewSubscriber { email, name };
    // [...]
}
```

이제 두 번째 오류를 살펴보자.

```
error[E0308]: mismatched types
  --> src/routes/subscriptions.rs:50:9
   |
50 |         new_subscriber.email,
   |         ^^^^^^^^^^^^^^^^^^^^
   |         expected `&str`,
   |         found struct `SubscriberEmail`
```

이것은 insert_subscriber 함수로, 신규 구독자의 상세 정보를 저장하기 위해 SQL INSERT 쿼리를 수행한 부분이다.

```
//! src/routes/subscriptions.rs

// [...]

#[tracing::instrument([...])]
pub async fn insert_subscriber(
    pool: &PgPool,
```

```
    new_subscriber: &NewSubscriber,
) -> Result<(), sqlx::Error> {
    sqlx::query!(
        r#"
    INSERT INTO subscriptions (id, email, name, subscribed_at)
    VALUES ($1, $2, $3, $4)
        "#,
        Uuid::new_v4(),
        // `&str`을 기대하지만, `SubscriberEmail` 값을 전달하고 있다.
        new_subscriber.email,
        new_subscriber.name.as_ref(),
        Utc::now()
    )
    .execute(pool)
    .await
    .map_err(|e| {
        tracing::error!("Failed to execute query: {:?}", e);
        e
    })?;
    Ok(())
}
```

해결책은 바로 아래 행에 있다. AsRef<str> 구현을 이용해서 SubsriberEmail의 내부 필드를 문자열 슬라이스로 빌려야 한다.

```
//! src/routes/subscriptions.rs

// [...]

#[tracing::instrument([...])]
pub async fn insert_subscriber(
    pool: &PgPool,
    new_subscriber: &NewSubscriber,
) -> Result<(), sqlx::Error> {
    sqlx::query!(
        r#"
    INSERT INTO subscriptions (id, email, name, subscribed_at)
    VALUES ($1, $2, $3, $4)
        "#,
        Uuid::new_v4(),
        // 이제 `as_ref`를 사용한다.
        new_subscriber.email.as_ref(),
        new_subscriber.name.as_ref(),
        Utc::now()
    )
```

```
    .execute(pool)
    .await
    .map_err(|e| {
        tracing::error!("Failed to execute query: {:?}", e);
        e
    })?;
    Ok(())
}
```

이제 컴파일된다. 통합 테스트는 어떤가?

```
cargo test
```

```
running 4 tests
test subscribe_returns_a_400_when_data_is_missing ... ok
test health_check_works ... ok
test subscribe_returns_a_400_when_fields_are_present_but_invalid ... ok
test subscribe_returns_a_200_for_valid_form_data ... ok

test result: ok. 4 passed; 0 failed; 0 ignored; 0 measured; 0 filtered out
```

모두 그린이다. 성공했다.

6.14.1 TryFrom을 사용해 리팩터링하기

이후 과정을 진행하기 전에 앞에서 작성한 코드를 리팩터링하자. subscribe 요청 핸들러를 살펴보자.

```
//! src/routes/subscriptions.rs
// [...]

#[tracing::instrument([...])]
pub async fn subscribe(
    form: web::Form<FormData>,
    pool: web::Data<PgPool>,
) -> HttpResponse {
    let name = match SubscriberName::parse(form.0.name) {
        Ok(name) => name,
        Err(_) => return HttpResponse::BadRequest().finish(),
    };
    let email = match SubscriberEmail::parse(form.0.email) {
```

```
        Ok(email) => email,
        Err(_) => return HttpResponse::BadRequest().finish(),
    };
    let new_subscriber = NewSubscriber { email, name };
    match insert_subscriber(&pool, &new_subscriber).await {
        Ok(_) => HttpResponse::Ok().finish(),
        Err(_) => HttpResponse::InternalServerError().finish(),
    }
}
```

parse_subscriber 함수에서 첫 번째 두 개 구문을 추출할 수 있다.

```
//! src/routes/subscriptions.rs
// [...]

pub fn parse_subscriber(form: FormData) -> Result<NewSubscriber, String> {
    let name = SubscriberName::parse(form.name)?;
    let email = SubscriberEmail::parse(form.email)?;
    Ok(NewSubscriber { email, name })
}

#[tracing::instrument([...])]
pub async fn subscribe(
    form: web::Form<FormData>,
    pool: web::Data<PgPool>,
) -> HttpResponse {
    let new_subscriber = match parse_subscriber(form.0) {
        Ok(subscriber) => subscriber,
        Err(_) => return HttpResponse::BadRequest().finish(),
    };
    match insert_subscriber(&pool, &new_subscriber).await {
        Ok(_) => HttpResponse::Ok().finish(),
        Err(_) => HttpResponse::InternalServerError().finish(),
    }
}
```

리팩터링을 통해 다음을 더욱 명확하게 분리할 수 있다.

* **parse_subscriber**: **와이어 포맷**_{wire format}(HTML 폼에서 수집한 url-decoded 데이터)을 도메인 모델(NewSubscriber)로 변환한다.

* **subscribe**: 유입되는 HTTP 요청에 대해 HTTP 응답을 생성한다.

러스트 표준 라이브러리가 제공하는 몇 가지 트레이트를 사용하면 std::convert 하위 모듈에서 변환을 처리할 수 있다. 여기에서 AsRef가 등장한다. parse_subscriber를 사용해서 우리가 하려는 것을 잡아낼 수 있는 다른 트레이트가 있는가? AsRef는 여기에서 우리가 하고자 하는 것에는 잘 맞지 않는다. 즉 입력값을 소비하는 두 타입 사이의 실패할 수 있는 전환이다. 여기에서는 TryFrom[33]을 살펴봐야 한다.

```rust
pub trait TryFrom<T>: Sized {
    /// 전환 오류 이벤트 발생 시 반환되는 타입
    type Error;

    /// 전환을 수행한다.
    fn try_from(value: T) -> Result<Self, Self::Error>;
}
```

T를 FormData, Self를 NewSubscriber, Self::Error를 String으로 치환한다. 이렇게 하면 parse_subscriber 함수의 시그니처를 얻을 수 있다. 시도해보자.

```rust
//! src/routes/subscriptions.rs
// TryFrom 트레이트를 임포트할 필요는 없다.
// 러스트 2021 에디션부터 기본으로 포함된다.
// [...]

impl TryFrom<FormData> for NewSubscriber {
    type Error = String;

    fn try_from(value: FormData) -> Result<Self, Self::Error> {
        let name = SubscriberName::parse(value.name)?;
        let email = SubscriberEmail::parse(value.email)?;
        Ok(Self { email, name })
    }
}

#[tracing::instrument([...])]
pub async fn subscribe(
    form: web::Form<FormData>,
    pool: web::Data<PgPool>,
) -> HttpResponse {
    let new_subscriber = match form.0.try_into() {
        Ok(form) => form,
```

---

33 https://doc.rust-lang.org/std/convert/trait.TryFrom.html

```
        Err(_) => return HttpResponse::BadRequest().finish(),
    };
    match insert_subscriber(&pool, &new_subscriber).await {
        Ok(_) => HttpResponse::Ok().finish(),
        Err(_) => HttpResponse::InternalServerError().finish(),
    }
}
```

TryFrom이 구현되었는데, .try_into가 호출되었다. 무슨 일이 일어난 것인가? 표준 라이브러리에서는 TryInto라고 불리는 또 다른 전환 트레이트를 제공한다.

```
pub trait TryInto<T> {
    type Error;
    fn try_into(self) -> Result<T, Self::Error>;
}
```

시그니처는 TryFrom의 하나를 미러링한다. 전환은 다른 방향으로 진행된다. TryFrom 구현을 제공하면, 여러분의 타입은 자동으로 그에 해당하는 TryInto를 얻는다. try_into는 첫 번째 인수로 self를 받는다. 그 결과 NewSubscriber::try_from(form.0) 대신 form.0.try_info()를 사용할수 있다. 취향에 따라 선택하면 된다.

일반적으로 말해서 TryFrom/TryInto를 구현해서 어떤 이득을 얻을 수 있는가? 멋지고 새로운 기능을 얻는 것은 아니다. 그저 우리의 의도를 명확하게 할 뿐이다. 이것이 타입 전환이다.

왜 이것이 중요한가? 다른 사람들에게 도움이 되기 때문이다. 러스트를 경험한 다른 개발자들이 우리 코드베이스에 뛰어들자마자 즉시 전환 패턴을 알아챌 것이다. 그들에게 이미 친숙한 트레이트를 사용하고 있기 때문이다.

6.15 정리

POST /subscriptions의 페이로드 안에 있는 이메일이 기대한 포맷을 준수하는지 검증하는 것은 좋다. 하지만 그것으로 충분하지는 않다. 문법적으로 유효한 이메일을 가졌지만 여전히 그 실제 여부에 관해서는 불확실하다. 누군가 실제로 그 메일 주소를 사용하는가? 메일 주소에 도달할 수 있는가? 확인할 수 있는 방법은 한 가지다. 실제로 메일을 전송해보면 알 수 있다.

다음 장에서는 확인 이메일(그리고 HTTP 클라이언트를 작성하는 방법)에 관해 살펴본다.

유효하지 않은
구독자 거부하기 2

7.1 확인 이메일

이전 장에서는 신규 구독자의 이메일 주소 검증에 관해 소개했다. 구독자는 이메일 주소를 준수해야 한다. 문법적으로 유효한 이메일을 가졌지만 그 이메일이 실제로 존재하는가에 관해서는 불확실하다. 누군가 실제로 그 메일 주소를 사용하는가? 그 메일 주소로 연락이 가능한가? 확인할 수 있는 방법은 한 가지다. 실제로 **확인 이메일**confirmation email을 전송해보면 알 수 있다.

7.1.1 구독자의 동의

여러분에게 숨겨진 스파이더맨 같은 감각을 발동해야 한다. 구독자의 수명에 관해 이 단계에서 실제로 알아야 할 필요가 있는가? 이들이 이메일을 실제로 받는지 그렇지 않는지 다음 번 뉴스레터 발행 시까지 기다릴 수는 없는가?

완전한 검증을 수행하는 것이 유일한 목적이라면 그 의견에 동의한다. `POST /subscriptions` 엔드포인트에 복잡성을 더하는 대신 다음 뉴스레터 발생 시까지 기다리면 된다. 하지만 한 가지 지체하지 않고 고려할 것이 있다. 바로 구독자의 동의다.

이메일 주소는 비밀번호가 아니다. 여러분이 인터넷에 충분히 오랫동안 머무른다면, 여러분의 이메일을 그리 어렵지 않게 얻을 수 있다. 특정한 유형의 이메일 주소(예 교수의 이메일)은 완전히 공개되어 있다.

이는 남용될 가능성이 있다. 악의적인 사용자는 그 이메일 주소를 사용해서 온갖 종류의 뉴스레터를 구독하기 시작하고, 이내 피해자의 메일 박스는 쓰레기로 넘쳐나게 될 것이다. 반대로 수상한 뉴스레터 소유자는 웹에서 이메일 주소들을 **스크래핑**scraping해서 자신이 운영하는 뉴스레터 이메일 리스트에 추가할 것이다.

따라서 POST /subscriptions 요청이 '이 사람은 내 뉴스레터 콘텐츠를 받기 원한다'라고 하기에 충분하지 않다고 할 수 있다. 예를 들어 여러분이 유럽 시민을 대상으로 한다면 법적 요건[1]에 의해 사용자들로부터 명시적인 동의를 얻어야 한다.

그렇기 때문에 일반적으로 확인 이메일을 보낸다. 여러분이 뉴스레터 HTML 폼에 세부적인 정보를 입력하고 나면, 그 뉴스레터를 실제로 구독하기 원하는지 확인하는 이메일을 받게 될 것이다. 이것은 매우 멋지게 동작한다. 사용자를 보호함과 동시에 구독자들이 제공한 이메일 주소가 실제로 존재하는지 확인한 후 뉴스레터를 보낼 수 있다.

7.1.2 사용자 확인 여정

사용자 관점에서 확인 흐름을 살펴보자.

사용자들은 확인 링크가 포함된 이메일을 받는다. 사용자들이 링크를 클릭하면 무언가가 일어나고 성공 페이지로 리다이렉트된다(여러분은 이제 뉴스레터를 구독했습니다. 와우!). 해당 시점 이후로, 사용자들은 모든 뉴스레터를 받게 된다.

백엔드는 어떻게 동작하는가? 책에서는 가능한 한 간단하게 유지할 것이다. 예시에서는 확인 시 리다이렉트를 하지 않고 200 OK를 반환한다.

사용자들이 뉴스레터를 구독하고자 할 때마다 POST /subscriptions 요청을 보낸다. 요청 핸들러는 다음과 같이 동작한다.

- 세부 사항을 데이터베이스의 subscriptions 테이블에 저장한다. status는 pending_confirmation과 동일하다.
- (고유한) subscription_token을 생성한다.
- subscription_token을 데이터베이스에 저장하고 그 id는 subscription_token 테이블에 저장한다.

- 신규 구독자에게 이메일을 전송한다. 이메일에는 `https://<apidomain>/subscriptions/confirm?token=<subscription_token>`과 같은 구조화된 링크가 포함된다.
- `200 OK`를 반환한다.

사용자들이 링크를 클릭하면 브라우저 탭이 열리고 GET 요청이 `GET /subscriptions/confirm` 엔드포인트로 전달된다. 다른 요청 핸들러는 다음과 같이 동작한다.

- 요청 쿼리 파라미터에서 `subscription_token`을 추출한다.
- `subscription_tokens` 테이블에서 해당 `subsciption_token`과 관련된 구독자의 `id`를 꺼낸다.
- `subscriptions` 테이블에서 구독자의 `status`를 `pending_confirmation`에서 `active`로 변경한다.
- `200 OK`를 반환한다.

이 외에도 다른 설계들을 사용할 수 있으며(예 고유한 토큰 대신 JWT를 사용하는 등), 처리해야 할 몇 가지 모서리 케이스들도 있다(예 확인 링크를 두 번 클릭하면 어떻게 되는가? 구독 요청을 두 번 시도하면 어떻게 되는가?). 이 두 가지에 관해서는 구현을 하면서 적절한 시기에 논의할 것이다.

7.1.3 구현 전략

해야 할 일이 매우 많으므로, 여기에서는 작업을 개념상 세 개의 덩어리로 나눈다.

- 이메일을 전송하는 모듈을 작성한다.
- 기존의 `POST /subscriptions` 요청 핸들러 로직을 적용해서 새로운 명세를 매칭한다.
- `GET /subscriptions/confirm` 요청 핸들러를 새로 작성한다.

그럼 시작하자.

7.2 이메일 전달 컴포넌트: EmailClient

7.2.1 어떻게 이메일을 전송하는가?

실제로 어떻게 이메일을 전송하는가? 어떻게 동작하는가?

여러분은 **간이 우편 전송 프로토콜**simple mail transfer protocol, SMTP[2]을 살펴봐야 한다. SMTP는 인터넷 초기부터 있었다. 첫 번째 RFC[3]는 1982년으로 거슬러 올라간다.

SMTP가 이메일과 관련해서 하는 작업은 HTTP가 웹 페이지와 관련해서 하는 작업과 같다. SMTP는 애플리케이션 레벨 프로토콜로 서로 다른 구현의 이메일 서버와 클라이언트가 서로를 이해하고 메시지를 교환하게 해준다.

분명히 하고 넘어가자. 우리는 자체적인 프라이빗 이메일 서버를 만들지 않을 것이다. 너무 많은 시간이 걸리며 노력에 비해 얻는 것도 많지 않다. 우리는 서드 파티 서비스를 활용할 것이다. 최근의 이메일 전송 서비스들은 무엇을 기대하는가? SMTP가 그들과 통신하도록 해야 하는가?

그렇지 않다. SMTP는 특화된 프로토콜이다. 이전에 이메일을 다루어보지 않았다면 직접 SMTP를 다루어 보지는 못했을 것이다. 새로운 프로토콜을 학습하는 데는 시간이 걸리며, 그 과정에서 실수를 저지르기 쉽다. 그렇기 때문에 많은 서비스 제공자들은 SMTP와 RESP API의 두 가지 인터페이스를 제공한다.

여러분이 이메일 프로토콜에 친숙하거나 일반적이지 않은 구성을 해야 한다면 SMTP 인터페이스를 선택하자. 그렇지 않다면 대부분의 개발자들은 REST API를 훨씬 편하고 빠르게(더 안전하게) 사용할 것이다.

예상했을 수도 있지만, 우리도 그렇게 할 것이다. 이제 REST 클라이언트를 작성하자.

❶ 이메일 API 선택하기

시장에는 수없이 많은 이메일 API 제공자들이 있다. AWS SES,[4] SendGrid,[5] MailGun,[6] Mailchimp,[7] Postmark[8] 같은 주요한 공급자들의 이름을 알 것이다.

필자는 간단한 API(문자 그대로 그저 이메일을 얼마나 쉽게 보낼 수 있는가?), 쉬운 온보딩 흐름, 단순히 서비스를 테스트하는 데 신용카드 정보를 요청하지 않고 무료 플랜으로 제공하는 것을 찾았다. 그

---

2 https://ko.wikipedia.org/wiki/간이_우편_전송_프로토콜

3 https://tools.ietf.org/html/rfc821

4 https://aws.amazon.com/ses/

5 https://sendgrid.com/

6 https://mailgun.com

7 https://mailchimp.com

8 https://postmarkapp.com

래서 Postmark를 선택했다.

다음 절들의 내용을 완료하기 위해서는 Postmark에 가입을 해야 한다. Postmark 포털에 로그인한 뒤, single sender email의 권한을 받자. 작업을 마쳤다면 다음을 진행하자.

> Postmark는 필자에게 서비스 홍보에 대한 어떤 대가도 지불하지 않음을 밝힌다.

❷ 이메일 클라이언트 인터페이스

새로운 기술에 대한 접근 방법은 보통 두 가지다. 세부적인 구현에서 시작해 천천히 위쪽으로 작업하는 **상향식**bottom-up 방식, 또는 인터페이스를 먼저 설계하고 세부적인 구현을 하는 **하향식**top-down 방식이다. 이번 예시에서는 후자의 경로를 따른다.

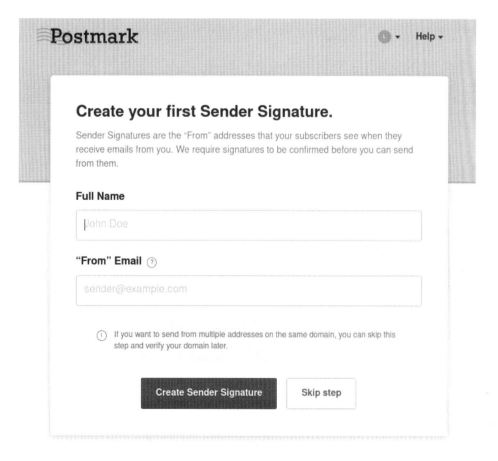

그림 7.1 single sender를 생성한다.

이메일 클라이언트에게 어떤 인터페이스가 필요한가? 우리에게는 일종의 send_email 메서드가 필요할 것이다. 현 시점에서는 그저 한 번에 하나의 메일만 보내면 된다. 뉴스레터 발행과 관련된 작업을 시작하면서 배치로 이메일을 보내는 복잡성에 관해 다룰 것이다. send_email은 어떤 인자를 받아야 하는가?

수신자 이메일 주소, 제목, 이메일 내용은 반드시 필요하다. HTML과 일반 텍스트 버전의 이메일 콘텐트를 요청할 것이다. 일부 이메일 클라이언트들은 HTML을 렌더링하지 못하며 또 어떤 사용자들은 명시적으로 HTML 이메일을 비활성화하기까지 한다. 두 개의 버전을 함께 보냄으로써 안전한 사이트에 설 수 있다. 보내는 사람의 이메일 주소는 어떻게 해야 하는가? 클라이언트 인스턴스에 의해 전송되는 모든 메일은 동일한 메일 주소로부터 전송된다고 가정한다. 따라서 발신자 이메일 주소를 send_email의 인수로 넣을 필요는 없다. 발신자 주소는 클라이언트 생성자의 인수 중 하나가 될 것이다.

또한 send_email은 비동기 함수이며, 따라서 원격 서버와 통신하기 위해 I/O를 수행한다.

지금까지 설명한 내용을 모두 조합해 다음과 같은 코드를 작성할 수 있다.

```
//! src/email_client.rs

use crate::domain::SubscriberEmail;

pub struct EmailClient {
    sender: SubscriberEmail
}

impl EmailClient {
    pub async fn send_email(
        &self,
        recipient: SubscriberEmail,
        subject: &str,
        html_content: &str,
        text_content: &str
    ) -> Result<(), String> {
        todo!()
    }
}
```

```
//! src/lib.rs
pub mod configuration;
```

```
pub mod domain;
// 새 엔트리
pub mod email_client;
pub mod routes;
pub mod startup;
pub mod telemetry;
```

해결되지 않은 질문이 하나 남았다. 반환 타입에 관한 질문이다. 우리는 Result<(), String>를 스케치했다. 이것은 '오류 핸들링은 나중에 생각하겠다'라는 의미다. 해야 할 일들이 많이 남았지만, 지금은 시작일 뿐이다. 앞에서 인터페이스부터 시작한다고 말했다. 단번에 만들지 않는다.

7.2.2 reqwest를 사용해서 REST Client 작성하기

REST API와 통신하려면 HTTP 클라이언트가 필요하다. 러스트 에코시스템에서는 몇 가지 옵션을 제공한다. 동기 vs. 비동기, 순수한 러스트 vs. 네이티브 기반 라이브러리로의 바인딩, tokio 혹은 async-std 사용, 정해진 대로 사용하는 것 vs. 커스터마이징 가능한 것 등이다.

https://crates.io에서 가장 인기 있는 옵션인 reqwest[9]를 사용한다.

reqwest란 무엇인가?

- 실전에서 상당히 테스트되어 있다(850만 다운로드).
- 주로 비동기 인터페이스를 제공한다. blocking 기능 플래그를 통해 동기화를 활성화할 수 있다.
- 비동기 실행자로 tokio에 의존하며 actix-web 때문에 이미 사용하고 있는 것에 매칭한다.
- TSL 구현을 지원하기 위해 rustls를 사용했다면(default-tls 대신 rustls-tls 기능 플래그를 사용) 다른 시스템 라이브러리에는 의존하지 않으며 매우 높은 이식성을 제공한다.

자세히 살펴보자. 우리는 이미 reqwest를 사용하고 있다. 바로 통합 테스트에서 API에 요청을 보낼 때 사용한 HTTP 클라이언트다. 개발 디펜던시에서 런타임 디펜던시로 이동시키자.

```
#! Cargo.toml
# [...]

[dependencies.reqwest]
```

---

9   https://crates.io/crates/reqwest

```
version = "0.11"
default-features = false
# We need the `json` feature flag to serialize/deserialize JSON payloads
# (JSON 페이로드를 직렬화/역직렬화하기 위해 `json` 기능 플래그를 사용한다.)
features = ["json", "rustls-tls"]

[dev-dependencies]
# Remove `reqwest`'s entry from this list
# (이 목록에서 `reqwest` 엔트리를 제거한다.)
# [...]
```

❶ reqwest::Client

reqwest를 사용할 때 가장 많이 다루게 될 타입은 reqwest::Client[10]이다. REST API에 대한 요청을 수행할 때 필요한 모든 메서드를 제공한다.

Client::new[11]를 호출해서 새로운 클라이언트 인스턴스를 얻을 수 있다. 또는 Client::builder[12]를 사용해 기본 구성을 조정할 수 있다. 당분간은 Client::new만 사용할 것이다.

EmailClient에 두 개의 필드를 추가하자.

- http_client: Client 인스턴스를 저장한다.
- base_url: 요청을 만들 API의 URL을 저장한다.

```
//! src/email_client.rs

use crate::domain::SubscriberEmail;
use reqwest::Client;

pub struct EmailClient {
    http_client: Client,
    base_url: String,
    sender: SubscriberEmail
}

impl EmailClient {
    pub fn new(base_url: String, sender: SubscriberEmail) -> Self {
        Self {
```

---

10 https://docs.rs/reqwest/0.11.0/reqwest/struct.Client.html
11 https://docs.rs/reqwest/0.11.0/reqwest/struct.Client.html#method.new
12 https://docs.rs/reqwest/0.11.0/reqwest/struct.Client.html#method.builder

```
        http_client: Client::new(),
        base_url,
        sender
    }
}

// [...]
}
```

② 커넥션 풀링

원격 서버에서 호스팅되는 API에 대해 HTTP 요청을 실행하기 전에 커넥션을 수립해야 한다. 커넥션을 만드는 작업은 매우 많은 비용이 드는 동작이며, HTTPS를 사용하면 그 비용은 더욱 커진다. 요청을 던져야 할 때마다 완전히 새로운 커넥션을 만드는 것은 애플리케이션 성능에 큰 영향을 미치며, **소켓 고갈**socket exhaustion[13] 같은 알려진 문제를 일으킬 수 있다.

이를 해결하고자 대부분의 HTTP 클라이언트들은 **커넥션 풀링**connection pooling을 제공한다. 원격 서버에 대한 첫 번째 요청이 완료된 뒤, 커넥션을 열린 상태로 유지하고(정해진 시간 동안) 동일한 서버에 다른 요청을 던지면 그 커넥션을 재사용한다. 커넥션을 처음부터 다시 만들지 않아도 된다.

reqwest도 다르지 않다. Client 인스턴스가 생성될 때마다 reqwest는 내부적으로 커넥션 풀을 초기화한다. 커넥션 풀을 활용하기 위해서는 동일한 Client를 여러 요청에서 재사용해야 한다. Client::clone은 새로운 커넥션 풀을 생성하지 않는다. 기존 풀에 대한 포인터만 클론할 뿐이다.

③ actix-web에서 동일한 reqwest::Client를 재사용하기

actix-web에서 여러 요청에 대해 동일한 HTTP 클라이언트를 재사용하려면, 애플리케이션 콘텍스트 안에 HTTP 클라이언트의 사본을 만들어야 한다. 그 뒤 추출기를 사용해서 요청 핸들러 안에 있는 Client에 대한 참조를 추출할 수 있다(예 actix_web::web::Data).

어떻게 그것을 꺼내는가? HttpServer를 구현한 부분의 코드를 살펴보자.

```
//! src/startup.rs
// [...]

pub fn run(
```

---

13 https://www.aspnetmonsters.com/2016/08/2016-08-27-httpclientwrong/

```
        listener: TcpListener, db_pool: PgPool
    ) -> Result<Server, std::io::Error> {
        let db_pool = Data::new(db_pool);
        let server = HttpServer::new(move || {
            App::new()
                .wrap(TracingLogger::default())
                .route("/health_check", web::get().to(health_check))
                .route("/subscriptions", web::post().to(subscribe))
                .app_data(db_pool.clone())
        })
        .listen(listener)?
        .run();
        Ok(server)
    }
```

두 가지 옵션이 있다.

첫째, EmailClient에 대한 Clone 트레이트를 끌어낸다. 그 인스턴스를 한 번 만들고, 그 뒤에는 App을 빌드해야 할 때마다 클론을 app_data로 보낸다.

```
//! src/email_client.rs
// [...]

#[derive(Clone)]
pub struct EmailClient {
    http_client: Client,
    base_url: String,
    sender: SubscriberEmail
}

// [...]
```

```
//! src/startup.rs
use crate::email_client::EmailClient;
// [...]

pub fn run(
    listener: TcpListener,
    db_pool: PgPool,
    email_client: EmailClient,
) -> Result<Server, std::io::Error> {
    let db_pool = Data::new(db_pool);
    let server = HttpServer::new(move || {
        App::new()
```

```
            .wrap(TracingLogger::default())
            .route("/health_check", web::get().to(health_check))
            .route("/subscriptions", web::post().to(subscribe))
            .app_data(db_pool.clone())
            .app_data(email_client.clone())
    })
    .listen(listener)?
    .run();
    Ok(server)
}
```

둘째, actix_web::web::data(Arc 포인터)로 EmailClient를 감싸고, App을 만들어야 할 때마다 포인터를 app_data에 보낸다.

```
//! src/startup.rs
use crate::email_client::EmailClient;
// [...]

pub fn run(
    listener: TcpListener,
    db_pool: PgPool,
    email_client: EmailClient,
) -> Result<Server, std::io::Error> {
    let db_pool = Data::new(db_pool);
    let email_client = Data::new(email_client);
    let server = HttpServer::new(move || {
        App::new()
            .wrap(TracingLogger::default())
            .route("/health_check", web::get().to(health_check))
            .route("/subscriptions", web::post().to(subscribe))
            .app_data(db_pool.clone())
            .app_data(email_client.clone())
    })
    .listen(listener)?
    .run();
    Ok(server)
}
```

어떤 방법이 최선인가? EmailClient가 단지 Client 인스턴스를 감싼 래퍼라면, 첫 번째 옵션이 낫다. Arc를 사용해서 커넥션 풀을 두 번 감쌀 필요는 없다. 그러나 사실이 아니다. EmailClient는 두 개의 데이터 필드를 가지고 있다(base_url과 sender). 첫 번째 구현에서는 App 인스턴스가 생성될 때마다 해당 데이터의 사본을 새로운 메모리에 할당한다. 한편 두 번째 구현에서는 모든 App 인스턴스가 그것을 공유한다. 그렇기 때문에 우리는 두 번째 전략을 사용한다.

하지만 주의하자. 우리는 각 스레드마다 **App** 인스턴스를 만든다. 문자열 할당(혹은 포인터 클론)은 전체적인 그림에서 볼 때는 무시할 수준이다. 여기에서는 의사 결정 프로세스를 진행하면서 트레이드 오프를 이해해야 한다. 향후 두 개의 옵션의 비용이 현저한 차이를 보일 때, 비슷한 의사 결정을 하게 될 것이다.

❹ EmailClient 구성하기

cargo check를 실행하면 다음과 같은 오류가 발생한다.

```
error[E0061]: this function takes 3 arguments but 2 arguments were supplied
  --> src/main.rs:24:5
   |
24 |     run(listener, connection_pool)?.await?;
   |     ^^^ -------- ---------------- supplied 2 arguments
   |     |
   |     expected 3 arguments

error: aborting due to previous error
```

오류를 고쳐보자. 현재 main에는 무엇이 있는가?

```rust
//! src/main.rs
// [...]

#[tokio::main]
async fn main() -> std::io::Result<()> {
    // [...]
    let configuration = get_configuration().expect("Failed to read configuration.");
    let connection_pool = PgPoolOptions::new()
        .acquire_timeout(std::time::Duration::from_secs(2))
        .connect_lazy_with(configuration.database.with_db());

    let address = format!(
        "{}:{}",
        configuration.application.host, configuration.application.port
    );
    let listener = TcpListener::bind(address)?;
    run(listener, connection_pool)?.await?;
    Ok(())
}
```

여기에서는 get_configuration을 통해 꺼낸 구성에 명시된 값을 사용해서 애플리케이션의 디펜던시를 만들고 있다. EmailClient 인스턴스를 만들기 위해서는 요청을 보내기 위한 API의 베이스 URL과 발신자의 이메일 주소가 필요하다. 이 정보들을 Settings 구조체에 추가하자.

```
//! src/configuration.rs
// [...]
use crate::domain::SubscriberEmail;

#[derive(serde::Deserialize)]
pub struct Settings {
    pub database: DatabaseSettings,
    pub application: ApplicationSettings,
    // 새 필드!
    pub email_client: EmailClientSettings,
}

#[derive(serde::Deserialize)]
pub struct EmailClientSettings {
    pub base_url: String,
    pub sender_email: String,
}

impl EmailClientSettings {
    pub fn sender(&self) -> Result<SubscriberEmail, String> {
        SubscriberEmail::parse(self.sender_email.clone())
    }
}

// [...]
```

다음으로 구성 파일에서 이들을 설정하기 위한 값을 설정해야 한다.

```
#! configuration/base.yaml

application:
  # [...]
database:
  # [...]
email_client:
  base_url: "localhost"
  sender_email: "test@gmail.com"
```

```yaml
#! configuration/production.yaml
application:
  # [...]
database:
  # [...]
email_client:
  # Value retrieved from Postmark's API documentation
  # (Postmark의 API 문서에서 가져온 값)
  base_url: "https://api.postmarkapp.com"
  # Use the single sender email you authorised on Postmark!
  # (Postmark에서 권한을 받은 single sender email을 사용한다.)
  sender_email: "something@gmail.com"
```

이제 main에서 EmailClient를 만들고 run 함수에 전달할 수 있다.

```rust
//! src/main.rs
// [...]
use zero2prod::email_client::EmailClient;

#[tokio::main]
async fn main() -> std::io::Result<()> {
    // [...]
    let configuration = get_configuration().expect("Failed to read configuration.");
    let connection_pool = PgPoolOptions::new()
        .acquire_timeout(std::time::Duration::from_secs(2))
        .connect_lazy_with(configuration.database.with_db());

    // `configuration`를 사용해서 `EmailClient`를 만든다.
    let sender_email = configuration.email_client.sender()
        .expect("Invalid sender email address.");
    let email_client = EmailClient::new(
        configuration.email_client.base_url,
        sender_email,
    );

    let address = format!(
        "{}:{}",
        configuration.application.host, configuration.application.port
    );
    let listener = TcpListener::bind(address)?;
    // `run`, `email_client`를 위한 새로운 인자
    run(listener, connection_pool, email_client)?.await?;
    Ok(())
}
```

cargo check는 이제 통과한다. 하지만 사용되지 않은 변수들에 관한 주의가 몇 가지 표시된다. 잠시 후에 이들을 처리할 것이다. 테스트는 어떤가?

cargo check --all-targets는 cargo check에서 봤던 것과 유사한 오류를 출력한다.

```
error[E0061]: this function takes 3 arguments but 2 arguments were supplied
  --> tests/health_check.rs:36:18
   |
36 |     let server = run(listener, connection_pool.clone())
   |                  ^^^ --------  ---------------------- supplied 2 arguments
   |                      |
   |                      expected 3 arguments
   |
error: aborting due to previous error
```

그렇다. 이는 **코드 중복**code duplication의 징후다. 통합 테스트의 초기화 로직을 리팩터링할 것이지만, 아직은 아니다. 먼저 신속하게 컴파일되도록 수정하자.

```
//! tests/health_check.rs

// [...]
use zero2prod::email_client::EmailClient;
// [...]

async fn spawn_app() -> TestApp {
    // [...]

    let mut configuration = get_configuration()
        .expect("Failed to read configuration.");
    configuration.database.database_name = Uuid::new_v4().to_string();
    let connection_pool = configure_database(&configuration.database).await;

    // 새로운 이메일 클라이언트를 만든다.
    let sender_email = configuration.email_client.sender()
        .expect("Invalid sender email address.");
    let email_client = EmailClient::new(
        configuration.email_client.base_url,
        sender_email,
    );

    // 새로운 클라이언트를 `run`에 전달한다.
    let server = run(listener, connection_pool.clone(), email_client)
        .expect("Failed to bind address");
```

```
    let _ = tokio::spawn(server);
    TestApp {
        address,
        db_pool: connection_pool,
    }
}

// [...]
```

cargo test는 성공한다.

7.2.3 REST 클라이언트 테스트하기

셋업 단계를 거의 완료했다. EmailClient의 인터페이스와 새로운 구성 타입인 EmailClient Settings를 사용해서 애플리케이션과 연결했다. 테스트 주도 개발 접근 방식을 지키기 위해, 이제 테스트를 작성해야 한다. 통합 테스트에서 시작할 수 있다. POST /subscriptions에 대한 테스트 케이스를 하나 변경해서 해당 엔드포인트가 새로운 요청을 준수하도록 한다. 하지만 이들을 그린 으로 만드는 데는 많은 시간이 걸릴 것이다. 메일을 전송하기 전에 고유한 토큰을 생성하고 저장하 는 로직을 추가해야 한다.

작게 시작하자. EmailClient 컴포넌트를 고립한 상태로 테스트할 것이다. 이를 통해 EmailClient 가 단위로서 기대한 대로 동작하는 것을 확신할 수 있고, 이를 더 큰 확인 메일 흐름에 통합했 을 때 만날 수 있는 이슈의 수를 줄일 수 있다. 동시에 우리가 도달한 인터페이스가 에르고노믹 ergonomic하며 테스트하기 쉬운지 확인할 수 있는 기회이기도 하다.

그렇다면 실제로 무엇을 테스트해야 하는가? EmailClient::send_email의 가장 주요한 목적은 HTTP 호출을 수행하는 것이다. 호출을 수행했음을 어떻게 알 수 있는가? 요청 헤더와 바디가 기 대한 대로 생성되었는지 어떻게 확인할 수 있는가? 우리는 HTTP 요청을 가로채야 한다. **mock 서 버**mock server를 사용할 시간이다.

❶ wiremock을 사용한 HTTP 모킹

src/email_client.rs의 가장 아래 테스트를 위한 새로운 모듈을 추가하자. 새로운 테스트의 스 켈레톤을 함께 추가한다.

```
//! src/email_client.rs
// [...]

#[cfg(test)]
mod tests {
    #[tokio::test]
    async fn send_email_fires_a_request_to_base_url() {
        todo!()
    }
}
```

위 코드는 곧바로 컴파일되지는 않는다. Cargo.toml의 tokio에 두 개의 기능 플래그를 추가해야한다.

```
#! Cargo.toml
# [...]

[dev-dependencies]
# [...]
tokio = { version = "1", features = ["rt", "macros"] }
```

Postmark가 밖으로 나가는 HTTP 요청 안에서 우리가 봐야 할 것에 관한 어서션을 만드는지는 충분히 알지 못한다. 그럼에도 테스트 이름이 말하듯, EmailClient::base_url에서 서버로 요청이 던져질 것이라는 기대는 합리적이다.

개발 디펜던시에 wiremock[14]을 추가하자.

```
#! Cargo.toml
# [...]

[dev-dependencies]
# [...]
wiremock = "0.5"
```

wiremock을 사용하면 send_email_fires_a_request_to_base_url을 다음과 같이 작성할 수 있다.

---

14 https://github.com/lukemathwalker/wiremock-rs

```
//! src/email_client.rs
// [...]

#[cfg(test)]
mod tests {
    use crate::domain::SubscriberEmail;
    use crate::email_client::EmailClient;
    use fake::faker::internet::en::SafeEmail;
    use fake::faker::lorem::en::{Paragraph, Sentence};
    use fake::{Fake, Faker};
    use wiremock::matchers::any;
    use wiremock::{Mock, MockServer, ResponseTemplate};

    #[tokio::test]
    async fn send_email_fires_a_request_to_base_url() {
        // Arrange
        let mock_server = MockServer::start().await;
        let sender = SubscriberEmail::parse(SafeEmail().fake()).unwrap();
        let email_client = EmailClient::new(mock_server.uri(), sender);

        Mock::given(any())
            .respond_with(ResponseTemplate::new(200))
            .expect(1)
            .mount(&mock_server)
            .await;

        let subscriber_email = SubscriberEmail::parse(SafeEmail().fake()).unwrap();
        let subject: String = Sentence(1..2).fake();
        let content: String = Paragraph(1..10).fake();

        // Act
        let _ = email_client
            .send_email(subscriber_email, &subject, &content, &content)
            .await;

        // Assert
    }
}
```

단계별로 나누어서 어떤 일이 일어나는지 살펴보자.

❷ wiremock::MockServer

```
let mock_server = MockServer::start().await;
```

`wiremock::MockServer`[15]는 완전한 기능을 갖춘 HTTP 서버다. `MockServer::start`[16]는 운영체제에 무작위 사용이 가능한 포트를 요청하고 백그라운드 스레드에 서버를 띄운다. 이후 유입되는 요청을 기다린다.

이메일 클라이언트가 mock 서버를 가리키게 하려면 어떻게 해야 하는가? `MockServer::uri` 메서드를 사용해 mock 서버의 주소를 가져올 수 있다. 다음으로 주소를 `EmailClient::new`의 `base_url`[17]로 전달한다.

```
let email_client = EmailClient::new(mock_server.uri(), sender);
```

❸ wiremock::Mock

`wiremock::MockServer`는 처음 상태에서 모든 유입 요청에 대해 `404 Not Found`를 반환한다. `Mock`[18]을 마운트해서 mock 서버가 다르게 동작하도록 명령할 수 있다.

```
Mock::given(any())
    .respond_with(ResponseTemplate::new(200))
    .expect(1)
    .mount(&mock_server)
    .await;
```

`wiremock::MockServer`가 요청을 받으면, 마운트된 모든 mock을 반복하면서 요청이 그 조건들에 일치하는지 확인한다. mock과 일치하는 조건은 `Mock::given`[19]을 사용해서 지정된다.

우리는 `wiremock`의 문서에 따라 `any()`[20]를 `Mock::Given`에 전달한다. 메서드, 경로, 헤더 또는 바디에 관계없이 모든 유입되는 요청을 매치한다. 서버로 요청이 던져졌는지 다른 어서션을 만들지 않고 확인하기 위해 사용할 수 있다. 기본적으로 이것은 요청에 관계없이 항상 일치한다. 바로 우리가 원하던 바다.

---

15 https://docs.rs/wiremock/0.5.2/wiremock/struct.MockServer.html
16 https://docs.rs/wiremock/0.5.2/wiremock/struct.MockServer.html#method.start
17 https://docs.rs/wiremock/0.5.2/wiremock/struct.MockServer.html#method.uri
18 https://docs.rs/wiremock/0.5.2/wiremock/struct.Mock.html
19 https://docs.rs/wiremock/0.5.2/wiremock/struct.Mock.html#method.given
20 https://docs.rs/wiremock/0.5.2/wiremock/matchers/struct.AnyMatcher.html

유입되는 요청이 마운트된 mock의 조건과 일치하면, `wiremock::MockServer`는 `respond_with`[21] 에 지정된 내용에 따라 응답을 반환한다. 우리는 `ResponseTemplate::new(200)`[22], 즉 바디가 없는 200 OK 응답을 전달했다.

`wiremock::Mock`은 `wiremock::MockServer`에 마운트된 후에만 유효하다. 따라서 `Mock::mount`[23]를 호출해야 한다.

❹ 테스트의 의도는 명확해야 한다

이제 실질적으로 `EmailClient::send_email`을 호출한다.

```
let subscriber_email = SubscriberEmail::parse(SafeEmail().fake()).unwrap();
let subject: String = Sentence(1..2).fake();
let content: String = Paragraph(1..10).fake();

// Act
let _ = email_client
    .send_email(subscriber_email, &subject, &content, &content)
    .await;
```

여기에서는 `fake`에 상당히 의존하고 있음을 알 것이다. `send_email`의 모든 입력에 대해 무작위 데이터를 생성하고 있다(이전 절에서의 `sender`도 그렇다). 수많은 값을 하드-코딩할 수도 있는데, 왜 굳이 이들을 무작위로 만들기로 선택했는가?

테스트 코드를 훑어보는 독자는 우리가 테스트하고자 하는 속성을 쉽게 식별할 수 있어야 한다. 무작위 데이터를 사용하는 것은 특정한 메시지를 전달한다. '이 입력 값들에 신경 쓰지 말자. 이 값들은 테스트 결과에 영향을 미치지 않는다' 그래서 무작위 값인 것이다.

반면, 하드 코딩된 값들은 언제나 여러분을 주춤하게 만든다. `marco@gmail.com`으로 설정된 `subscrier_email`에 의미가 있는가? 이 값을 다른 값으로 바꾸어도 테스트가 성공해야 하는가? 우리가 만드는 테스트에는 답이 명확하다. 더 복잡한 셋업에서는 종종 그렇지 않다.

---

21 https://docs.rs/wiremock/0.5.2/wiremock/struct.MockBuilder.html#method.respond_with

22 https://docs.rs/wiremock/0.5.2/wiremock/struct.ResponseTemplate.html

23 https://docs.rs/wiremock/0.5.2/wiremock/struct.Mock.html#method.mount

❺ Mock 기댓값

테스트의 마지막은 마치 암호처럼 보인다. `// Assert` 주석이 있지만, 그 이후에는 아무런 어서션 도 없다. Mock 셋업 행으로 다시 돌아가자.

```
Mock::given(any())
    .respond_with(ResponseTemplate::new(200))
    .expect(1)
    .mount(&mock_server)
    .await;
```

`.expect(1)`은 무엇을 하는가?

mock에 대한 **기댓값**expectation을 설정한다. 우리는 테스트가 시행되는 동안 서버는 이 mock에 의 해 설정된 조건에 매치하는 단 하나의 요청만 받아야 한다는 것을 mock 서버에 지시한다. 기댓값 의 범위를 사용할 수도 있다. 예를 들어 `expect(1..)`은 한 번 이상의 요청, `expect(1..=3)`은 한 번 이상 3번 이하의 요청을 나타낸다.

기댓값은 `MockServer`가 스코프 밖으로 벗어나도, 사실 테스트 함수의 가장 마지막에 검증된다. 종 료하기 전에 `MockServer`는 마운트된 모든 mock을 반복하면서 기댓값이 검증되었는지 확인한다. 검증 단계가 실패했다면 패닉을 트리거한다(그리고 테스트를 실패시킨다).

`run cargo test`를 실행하자.

```
---- email_client::tests::send_email_fires_a_request_to_base_url stdout ----
thread 'email_client::tests::send_email_fires_a_request_to_base_url' panicked at
'not yet implemented', src/email_client.rs:24:9
```

좋다. 우리는 아직 테스트의 끝까지 가지도 않았다. 플레이스홀더 `todo!()`를 `send_email`의 바디 로 가지고 있기 때문이다. 플레이스홀더를 더미 `Ok`로 치환하자.

```
//! src/email_client.rs
// [...]

impl EmailClient {
    // [...]

    pub async fn send_email(
```

```
        &self,
        recipient: SubscriberEmail,
        subject: &str,
        html_content: &str,
        text_content: &str,
    ) -> Result<(), String> {
        // 입력값은 중요하지 않다.
        Ok(())
    }
}

// [...]
```

cargo test를 다시 실행하면, wiremock이 동작하는 것을 볼 수 있다.

```
---- email_client::tests::send_email_fires_a_request_to_base_url stdout ----
thread 'email_client::tests::send_email_fires_a_request_to_base_url' panicked at
'Verifications failed:
- Mock #0.
        Expected range of matching incoming requests: == 1
        Number of matched incoming requests: 0
'
```

서버는 한 번의 요청을 받을 것으로 기대하지만 요청을 전해 받지 못했다. 따라서 테스트는 실패한다.

이제 적절하게 EmailClient::send_email을 다듬어야 할 시간이다.

7.2.4 EmailClient::send_email 첫 번째 스케치

EmailClient::send_email을 구현하려면 Postmark의 API 문서[24]를 확인해야 한다. 'Send a single email' 사용자 가이드[25]에서 시작하자.

이메일 전송 예시는 다음과 같다.

```
curl "https://api.postmarkapp.com/email" \
  -X POST \
  -H "Accept: application/json" \
```

---

24 https://postmarkapp.com/developer
25 https://postmarkapp.com/developer/user-guide/send-email-with-api#send-a-single-email

```
-H "Content-Type: application/json" \
-H "X-Postmark-Server-Token: server token" \
-d '{
"From": "sender@example.com",
"To": "receiver@example.com",
"Subject": "Postmark test",
"TextBody": "Hello dear Postmark user.",
"HtmlBody": "<html><body><strong>Hello</strong> dear Postmark user.</body></html>"
}'
```

작게 나누어서 살펴보자. 이메일을 보내기 위해서는 다음이 필요하다.

- /email 엔드포인트에 대한 POST 요청
- send_email의 인수들에 매핑되는 필드를 가진 JSON 바디. 필드명은 파스칼 케이스여야 하는 것에 주의한다.
- 인증 헤더. Postmark 포털에서 가져올 수 있는 시크릿 토큰으로 설정된 값을 가진 X-Postmark-Server-Token

요청이 성공하면 다음과 같은 응답을 받는다.

```
HTTP/1.1 200 OK
Content-Type: application/json

{
    "To": "receiver@example.com",
    "SubmittedAt": "2021-01-12T07:25:01.4178645-05:00",
    "MessageID": "0a129aee-e1cd-480d-b08d-4f48548ff48d",
    "ErrorCode": 0,
    "Message": "OK"
}
```

이제 행복한 경로를 구현하기에 충분한 정보를 가지고 있다.

1 reqwest::Client::post

reqwest::Client는 하나의 post 메서드를 노출한다. POST 요청으로 호출하고자 하는 URL을 인자로 받아서 RequestBuilder[26]를 반환한다. RequestBuilder는 유연한 API를 제공하며, 이를 사용

---

26 https://docs.rs/reqwest/0.11.0/reqwest/struct.RequestBuilder.html

해서 우리가 보내기 원하는 나머지 요청을 차례차례 만들 수 있다. 실제로 만들어보자.

```rust
//! src/email_client.rs
// [...]

impl EmailClient {
    // [...]

    pub async fn send_email(
        &self,
        recipient: SubscriberEmail,
        subject: &str,
        html_content: &str,
        text_content: &str
    ) -> Result<(), String> {
        // `base_url`의 타입을 `String`에서 `reqwerst::Url`로 변경하면
        // `reqwest::Url::join`을 사용하면 더 나은 구현을 할 수 있다.
        // 이 부분은 여러분을 위해 연습으로 남겨두겠다.
        let url = format!("{}/email", self.base_url);
        let builder = self.http_client.post(&url);
        Ok(())
    }
}

// [...]
```

❷ JSON 바디

요청 바디를 구조체로 인코딩할 수 있다.

```rust
//! src/email_client.rs
// [...]

impl EmailClient {
    // [...]

    pub async fn send_email(
        &self,
        recipient: SubscriberEmail,
        subject: &str,
        html_content: &str,
        text_content: &str
    ) -> Result<(), String> {
        let url = format!("{}/email", self.base_url);
        let request_body = SendEmailRequest {
```

```
            from: self.sender.as_ref().to_owned(),
            to: recipient.as_ref().to_owned(),
            subject: subject.to_owned(),
            html_body: html_content.to_owned(),
            text_body: text_content.to_owned(),
        };
        let builder = self.http_client.post(&url);
        Ok(())
    }
}

struct SendEmailRequest {
    from: String,
    to: String,
    subject: String,
    html_body: String,
    text_body: String,
}

// [...]
```

reqwest에 대한 json 기능 플래그가 활성화되면(우리가 한 것처럼), builder는 하나의 json 메서드를 노출한다. 이를 활용하면 request_body를 요청의 JSON 바디로 설정할 수 있다.

```
//! src/email_client.rs
// [...]

impl EmailClient {
    // [...]

    pub async fn send_email(
        &self,
        recipient: SubscriberEmail,
        subject: &str,
        html_content: &str,
        text_content: &str
    ) -> Result<(), String> {
        let url = format!("{}/email", self.base_url);
        let request_body = SendEmailRequest {
            from: self.sender.as_ref().to_owned(),
            to: recipient.as_ref().to_owned(),
            subject: subject.to_owned(),
            html_body: html_content.to_owned(),
            text_body: text_content.to_owned(),
        };
```

```
        let builder = self.http_client.post(&url).json(&request_body);
        Ok(())
    }
}
```

거의 작동한다.

```
error[E0277]: the trait bound `SendEmailRequest: Serialize` is not satisfied
 --> src/email_client.rs:34:56
  |
34 |        let builder = self.http_client.post(&url).json(&request_body);
  |                                                        ^^^^^^^^^^^^^
              the trait `Serialize` is not implemented for `SendEmailRequest`
```

SendEmailRequest에 대한 serde::Serialize를 분리해서 직렬화할 수 있게 만들자.

```
//! src/email_client.rs
// [...]

#[derive(serde::Serialize)]
struct SendEmailRequest {
    from: String,
    to: String,
    subject: String,
    html_body: String,
    text_body: String,
}
```

멋지다, 이제 컴파일된다. json 메서드는 단순한 직렬화보다 더 많은 것을 제공한다. 이 메서드는
Content-Type 헤더를 application/json으로 설정한다. 예시에서 본 것과 일치한다.

❸ 인증 토큰

거의 다 되었다. 인증 헤더인 X-Postmark-Server-Token을 요청에 추가해야 한다. 발신자 이메일
주소와 마찬가지로, 우리는 해당 토큰을 EmailClient의 필드로 저장하기 원한다.

EmailClient::new와 EmailClientSettings를 추가하자.

```
//! src/email_client.rs
use secrecy::Secret;
```

```
// [...]

pub struct EmailClient {
    // [...]
    // 우발적인 로깅을 원치 않는다.
    authorization_token: Secret<String>
}

impl EmailClient {
    pub fn new(
        // [...]
        authorization_token: Secret<String>
    ) -> Self {
        Self {
            // [...]
            authorization_token
        }
    }

    // [...]
}
```

```
//! src/configuration.rs
// [...]

#[derive(serde::Deserialize)]
pub struct EmailClientSettings {
    // [...]
    // 새로운 (시크릿) 구성값
    pub authorization_token: Secret<String>
}

// [...]
```

이후 컴파일러의 지시에 따라 필요한 것들을 추가로 수정한다.

```
//! src/email_client.rs
// [...]

#[cfg(test)]
mod tests {
    use secrecy::Secret;
    // [...]
```

```
    #[tokio::test]
    async fn send_email_fires_a_request_to_base_url() {
        let mock_server = MockServer::start().await;
        let sender = SubscriberEmail::parse(SafeEmail().fake()).unwrap();
        // 새로운 인자!
        let email_client = EmailClient::new(
            mock_server.uri(),
            sender,
            Secret::new(Faker.fake())
        );
        // [...]
    }
}
```

```
//! src/main.rs
// [...]

#[tokio::main]
async fn main() -> std::io::Result<()> {
    // [...]
    let email_client = EmailClient::new(
        configuration.email_client.base_url,
        sender_email,
        // 구성으로부터 인수를 전달한다.
        configuration.email_client.authorization_token,
    );
    // [...]
}
```

```
//! tests/health_check.rs
// [...]

async fn spawn_app() -> TestApp {
    // [...]
    let email_client = EmailClient::new(
        configuration.email_client.base_url,
        sender_email,
        // 구성으로부터 인수를 전달한다.
        configuration.email_client.authorization_token,
    );
    // [...]
}
```

```
// [...]
#! configuration/base.yml
# [...]
email_client:
  base_url: "localhost"
  sender_email: "test@gmail.com"
  # New value!
  # We are only setting the development value,
  # we'll deal with the production token outside of version control
  # (given that it's a sensitive secret!)
  # (새로운 값)
  # (개발 관련 토큰만 설정한다. 프로덕션 토큰은 버전 관리 도구 밖에서 관리한다.)
  # (민감한 시크릿이기 때문이다.)
  authorization_token: "my-secret-token"
```

이제 send_mail에서 인증 토큰을 사용할 수 있다.

```rust
//! src/email_client.rs
use secrecy::{ExposeSecret, Secret};
// [...]

impl EmailClient {
// [...]

    pub async fn send_email(
        // [...]
    ) -> Result<(), String> {
        // [...]
        let builder = self
            .http_client
            .post(&url)
            .header(
                "X-Postmark-Server-Token",
                self.authorization_token.expose_secret()
            )
            .json(&request_body);
        Ok(())
    }
}
```

아무 문제없이 컴파일된다.

❹ 요청 실행하기

모든 준비를 완료했다. 이제 요청을 던지기만 하면 된다. send 메서드를 사용하자.

```rust
//! src/email_client.rs
// [...]

impl EmailClient {
// [...]

    pub async fn send_email(
        // [...]
    ) -> Result<(), String> {
        // [...]
        self
            .http_client
            .post(&url)
            .header(
                "X-Postmark-Server-Token",
                self.authorization_token.expose_secret()
            )
            .json(&request_body)
            .send()
            .await?;
        Ok(())
    }
}
```

send는 비동기이므로 퓨처가 반환되기까지 await해야 한다. send는 실패할 수 있는 동작이다. 예를 들어 서버에 커넥션을 만들지 못할 수 있다. send가 실패할 때는 오류를 반환할 것이다. 그래서 ? 연산자를 사용했다.

하지만 만족스러운 결과가 아니다.

```
error[E0277]: `?` couldn't convert the error to `std::string::String`
  --> src/email_client.rs:41:19
   |
41 |              .await?;
   |                    ^
   the trait `From<reqwest::Error>` is not implemented for `std::string::String`
```

send가 반환한 오류의 변형은 reqwest::Error 타입이다. 한편, send_email은 오류 타입으로 String을 사용한다. 컴파일러는 대화(From 트레이트의 구현)를 살펴보지만, 아무것도 발견하지 못하기 때문에 오류를 표시한다. 잠시 기억을 되살려보면 대부분 플레이스홀더에서 String을 오류 변형으로 사용했다. send_email의 시그니처가 Result<(), reqwest::Error>를 반환하도록 수정하자.

```
//! src/email_client.rs
// [...]

impl EmailClient {
// [...]

    pub async fn send_email(
        // [...]
    ) -> Result<(), reqwest::Error> {
        // [...]
    }
}
```

오류는 사라진다. cargo test 역시 통과할 것이다. 축하한다.

7.2.5 행복한 경로의 테스트 강화하기

'행복한 경로'의 테스트 케이스를 다시 살펴보자.

```
//! src/email_client.rs
// [...]

#[cfg(test)]
mod tests {
    use crate::domain::SubscriberEmail;
    use crate::email_client::EmailClient;
    use fake::faker::internet::en::SafeEmail;
    use fake::faker::lorem::en::{Paragraph, Sentence};
    use fake::{fake, Faker};
    use secrecy::Secret;
    use wiremock::matchers::any;
    use wiremock::{Mock, MockServer, ResponseTemplate};

    #[tokio::test]
    async fn send_email_fires_a_request_to_base_url() {
        // Arrange
        let mock_server = MockServer::start().await;
        let sender = SubscriberEmail::parse(SafeEmail().fake()).unwrap();
        let email_client = EmailClient::new(
            mock_server.uri(),
            sender,
            Secret::new(Faker.fake())
        );

        let subscriber_email = SubscriberEmail::parse(SafeEmail().fake()).unwrap();
```

```
        let subject: String = Sentence(1..2).fake();
        let content: String = Paragraph(1..10).fake();

        Mock::given(any())
            .respond_with(ResponseTemplate::new(200))
            .expect(1)
            .mount(&mock_server)
            .await;

        // Act
        let _ = email_client
            .send_email(subscriber_email, &subject, &content, &content)
            .await;

        // Assert
        // mock 기댓값은 해제 시 체크한다.
    }
}
```

wiremock을 쉽게 사용하기 위해서 가장 기본적인 것부터 시작해보자. 먼저 목 서버가 한 차례 호출되었는지 어서트asserting했다. 이를 강화해서 발신 요청이 예상과 실제로 일치하는지 확인하자.

▶ **Header, Path, Method**

any는 wiremock이 기본으로 제공하는 여러 매처matcher 중 하나다. wiremock의 matchers 모듈[27]은 여러 편리한 매처를 제공한다. header_exists[28]를 사용하면 X-Postmark-Server-Token이 서버에 대한 요청에 설정되어 있는지 확인할 수 있다.

```
//! src/email_client.rs
// [...]

#[cfg(test)]
mod tests {
    // [...]
    // import 리스트에서 `any`를 삭제했다.
    use wiremock::matchers::header_exists;

    #[tokio::test]
    async fn send_email_fires_a_request_to_base_url() {
        // [...]
```

---

27   https://docs.rs/wiremock/0.5.2/wiremock/matchers/index.html
28   https://docs.rs/wiremock/0.5.2/wiremock/matchers/fn.header_exists.html

```
        Mock::given(header_exists("X-Postmark-Server-Token"))
            .respond_with(ResponseTemplate::new(200))
            .expect(1)
            .mount(&mock_server)
            .await;

        // [...]
    }
}
```

and 메서드를 사용해서 여러 매처들을 연결할 수 있다.

Header[29]를 추가해서 Content-Type이 올바른 값으로 설정되어 있는지 확인하고, path[30]를 추가해서 호출된 엔드포인트를 어서트하고, method[31]를 추가해서 HTTP verb를 검증하자.

```
//! src/email_client.rs
// [...]

#[cfg(test)]
mod tests {
    // [...]
    use wiremock::matchers::{header, header_exists, path, method};

    #[tokio::test]
    async fn send_email_fires_a_request_to_base_url() {
        // [...]

        Mock::given(header_exists("X-Postmark-Server-Token"))
            .and(header("Content-Type", "application/json"))
            .and(path("/email"))
            .and(method("POST"))
            .respond_with(ResponseTemplate::new(200))
            .expect(1)
            .mount(&mock_server)
            .await;

        // [...]
    }
}
```

---

29 https://docs.rs/wiremock/0.5.2/wiremock/matchers/fn.header.html

30 https://docs.rs/wiremock/0.5.2/wiremock/matchers/fn.path.html

31 https://docs.rs/wiremock/0.5.2/wiremock/matchers/fn.method.html

▶ Body

아직까지는 좋다. `cargo test`는 여전히 통과한다. 요청 바디는 어떠한가?

`body_json`[32]을 사용하면 요청 바디를 정확하게 매치할 수 있다. 하지만 그 정도까지는 필요하지 않다. 바디가 유효한 JSON인지, Postmark의 예시에서 제시한 필드 이름들을 포함하는지 정도만 확인하는 것으로 충분하다.

우리에게 필요한 매처는 기본 제공되지 않으므로, 직접 구현해야 한다. `wiremock`은 Match 트레이트[33]를 제공한다. Match 트레이트를 구현한 모든 것은 given과 and에서 매처로 사용할 수 있다. 이 정도에서 멈추자.

```rust
//! src/email_client.rs
// [...]

#[cfg(test)]
mod tests {
    use wiremock::Request;
    // [...]

    struct SendEmailBodyMatcher;

    impl wiremock::Match for SendEmailBodyMatcher {
        fn matches(&self, request: &Request) -> bool {
            unimplemented!()
        }
    }

    // [...]
}
```

유입되는 요청인 `request`를 입력받는다. 그리고 mock이 매치하면 출력으로 `true`, 그렇지 않으면 출력으로 `false`를 반환해야 한다.

요청 바디는 JSON으로 역직렬화해야 한다. `serde-json`을 개발 디펜던시 리스트에 추가하자.

---

[32] https://docs.rs/wiremock/0.5.2/wiremock/matchers/fn.body_json.html
[33] https://docs.rs/wiremock/0.5.2/wiremock/trait.Match.html

```
#! Cargo.toml
# [...]

[dev-dependencies]
# [...]
serde_json = "1"
```

이제 matches의 구현을 작성할 수 있다.

```
//! src/email_client.rs
// [...]

#[cfg(test)]
mod tests {
    // [...]

    struct SendEmailBodyMatcher;

    impl wiremock::Match for SendEmailBodyMatcher {
        fn matches(&self, request: &Request) -> bool {
            // body를 JSON 값으로 파싱한다.
            let result: Result<serde_json::Value, _> =
                serde_json::from_slice(&request.body);
            if let Ok(body) = result {
                // 필드값을 조사하지 않고, 모든 필수 필드들이 입력되었는지 확인한다.
                body.get("From").is_some()
                    && body.get("To").is_some()
                    && body.get("Subject").is_some()
                    && body.get("HtmlBody").is_some()
                    && body.get("TextBody").is_some()
            } else {
                // 파싱이 실패하면, 요청을 매칭하지 않는다.
                false
            }
        }
    }

    #[tokio::test]
    async fn send_email_fires_a_request_to_base_url() {
        // [...]

        Mock::given(header_exists("X-Postmark-Server-Token"))
            .and(header("Content-Type", "application/json"))
            .and(path("/email"))
            .and(method("POST"))
            // 커스텀 matcher를 사용한다.
```

```
            .and(SendEmailBodyMatcher)
            .respond_with(ResponseTemplate::new(200))
            .expect(1)
            .mount(&mock_server)
            .await;

        // [...]
    }
}
```

무사히 컴파일된다. 하지만 테스트는 실패한다.

```
---- email_client::tests::send_email_fires_a_request_to_base_url stdout ----
thread 'email_client::tests::send_email_fires_a_request_to_base_url' panicked at
'Verifications failed:
- Mock #0.
        Expected range of matching incoming requests: == 1
        Number of matched incoming requests: 0
'
```

실패하는 이유는 무엇인가?

matcher에 dbg! 구문을 추가해서 유입되는 요청을 확인하자.

```
//! src/email_client.rs
// [...]

#[cfg(test)]
mod tests {
    // [...]

    impl wiremock::Match for SendEmailBodyMatcher {
        fn matches(&self, request: &Request) -> bool {
            // [...]
            if let Ok(body) = result {
                dbg!(&body);
                // [...]
            } else {
                false
            }
        }
    }
    // [...]
}
```

`cargo test send_email`로 테스트를 다시 실행하면 다음과 같이 출력을 얻을 수 있다.

```
--- email_client::tests::send_email_fires_a_request_to_base_url stdout ----
[src/email_client.rs:71] &body = Object({
    "from": String("[...]"),
    "to": String("[...]"),
    "subject": String("[...]"),
    "html_body": String("[...]"),
    "text_body": String("[...]"),
})
thread 'email_client::tests::send_email_fires_a_request_to_base_url' panicked at '
Verifications failed:
- Mock #0.
        Expected range of matching incoming requests: == 1
        Number of matched incoming requests: 0
'
```

대소문자(casing)에 관한 요구 사항을 잊어버린 것 같다. 필드명은 반드시 파스칼 케이스로 작성해야 한다.

SendEmailRequest에 애너테이션을 추가해 이 문제를 쉽게 수정할 수 있다.

```
//! src/email_client.rs
// [...]

#[derive(serde::Serialize)]
#[serde(rename_all = "PascalCase")]
struct SendEmailRequest {
    from: String,
    to: String,
    subject: String,
    html_body: String,
    text_body: String,
}
```

테스트는 이제 성공한다.

다음 단계를 진행하기 전에 테스트 케이스의 이름을 `send_email_sends_the_expected_request`로 변경하자. 현재 시점에서는 이 이름이 테스트의 목적을 더 잘 반영한다.

① 리팩터링: 불필요한 메모리 할당 회피하기

send_email을 동작하는 데 집중해왔다. 추가로 개선할 부분이 없는지 조금 더 살펴보자. 요청 바디 부분부터 살펴보자.

```rust
//! src/email_client.rs
// [...]

impl EmailClient {
// [...]

    pub async fn send_email(
        // [...]
    ) -> Result<(), reqwest::Error> {
        // [...]
        let request_body = SendEmailRequest {
            from: self.sender.as_ref().to_owned(),
            to: recipient.as_ref().to_owned(),
            subject: subject.to_owned(),
            html_body: html_content.to_owned(),
            text_body: text_content.to_owned(),
        };
        // [...]
    }
}

#[derive(serde::Serialize)]
#[serde(rename_all = "PascalCase")]
struct SendEmailRequest {
    from: String,
    to: String,
    subject: String,
    html_body: String,
    text_body: String,
}
```

각 필드에 클론된 문자열을 저장하기 위해 많은 신규 메모리를 할당했다. 이는 낭비다. 추가적인 할당을 수행하지 않고 이미 존재하는 데이터를 참조하는 편이 훨씬 효율적이다. SendEmailRequest 를 재구성해서 이를 수행할 수 있다. String 대신 **문자열 슬라이스**string slice(&str)를 모든 필드에 대 한 타입으로 사용해야 한다.

문자열 슬라이스는 다른 누군가가 소유한 메모리 버퍼에 대한 포인터다. 구조체에 참조를 저장하려면 **라이프타임 파라미터**lifetime parameter를 추가해야 한다. 라이프타임 파라미터는 해당 참조가 얼마나 오랫동안 유효한지 추적한다. 컴파일러는 해당 참조가 그들이 가리키는 메모리 버퍼보다 오래 유지하지 못하게 한다.

사용해보자.

```rust
//! src/email_client.rs
// [...]

impl EmailClient {
// [...]

    pub async fn send_email(
        // [...]
    ) -> Result<(), reqwest::Error> {
        // [...]
        // `.to_owned`는 더 이상 사용하지 않는다.
        let request_body = SendEmailRequest {
            from: self.sender.as_ref(),
            to: recipient.as_ref(),
            subject,
            html_body: html_content,
            text_body: text_content,
        };
        // [...]
    }
}

#[derive(serde::Serialize)]
#[serde(rename_all = "PascalCase")]
// 라이프타임 파라미터는 항상 아포스트로피(`'`)로 시작한다.
struct SendEmailRequest<'a> {
    from: &'a str,
    to: &'a str,
    subject: &'a str,
    html_body: &'a str,
    text_body: &'a str,
}
```

이것으로 끝이다. 빠르고 아무런 고통도 없다. serde가 어려운 작업을 대신해주고, 우리는 성능이 뛰어난 코드를 얻었다.

7.2.6 실패 다루기

행복한 경로에 관해서는 잘 파악하고 있다. 만약 예상한 대로 일이 진행되지 않는다면 어떻게 되는가? 두 개의 시나리오를 살펴볼 것이다.

- 오류(예 4xx, 5xx 등)

- 느린 응답

1 오류 상태 코드

현재 행복한 경로 테스트는 send_email로 인해 수행된 부작용에 대한 어서션만 수행한다. 실제로 반환한 값은 확인하지 않았다. 서버가 200 OK를 반환했을 때, 실제로 OK(())인지 확인하자.

```
//! src/email_client.rs
// [...]

#[cfg(test)]
mod tests {
    // [...]
    use wiremock::matchers::any;
    use claim::assert_ok;
    // [...]

    // 새로운 행복한 경로 테스트
    #[tokio::test]
    async fn send_email_succeeds_if_the_server_returns_200() {
        // Arrange
        let mock_server = MockServer::start().await;
        let sender = SubscriberEmail::parse(SafeEmail().fake()).unwrap();
        let email_client = EmailClient::new(
            mock_server.uri(),
            sender,
            Secret::new(Faker.fake())
        );

        let subscriber_email = SubscriberEmail::parse(SafeEmail().fake()).unwrap();
        let subject: String = Sentence(1..2).fake();
        let content: String = Paragraph(1..10).fake();

        // 다른 테스트에 있는 모든 매처를 복사하지 않는다.
        // 이 테스트 목적은 밖으로 내보내는 요청에 대한 어서션을 하지 않는 것이다.
        // `send_email`에서 테스트 하기 위한 경로를 트리거하기 위한
        // 최소한의 것만 추가한다.
        Mock::given(any())
```

```
            .respond_with(ResponseTemplate::new(200))
            .expect(1)
            .mount(&mock_server)
            .await;

        // Act
        let outcome = email_client
            .send_email(subscriber_email, &subject, &content, &content)
            .await;

        // Assert
        assert_ok!(outcome);
    }
}
```

반대 경우를 살펴보자. 서버가 500 Internal Server Error를 반환할 때는 Err variant를 기대한다.

```
//! src/email_client.rs
// [...]

#[cfg(test)]
mod tests {
    // [...]
    use claim::assert_err;
    // [...]

    #[tokio::test]
    async fn send_email_fails_if_the_server_returns_500() {
        // Arrange
        let mock_server = MockServer::start().await;
        let sender = SubscriberEmail::parse(SafeEmail().fake()).unwrap();
        let email_client = EmailClient::new(
            mock_server.uri(),
            sender,
            Secret::new(Faker.fake())
        );

        let subscriber_email = SubscriberEmail::parse(SafeEmail().fake()).unwrap();
        let subject: String = Sentence(1..2).fake();
        let content: String = Paragraph(1..10).fake();

        Mock::given(any())
            // 더 이상 200이 아니다.
            .respond_with(ResponseTemplate::new(500))
```

```
            .expect(1)
            .mount(&mock_server)
            .await;

        // Act
        let outcome = email_client
            .send_email(subscriber_email, &subject, &content, &content)
            .await;

        // Assert
        assert_err!(outcome);
    }
}
```

여기에서는 추가 작업이 필요하다.

```
--- email_client::tests::send_email_fails_if_the_server_returns_500 stdout ----
thread 'email_client::tests::send_email_fails_if_the_server_returns_500' panicked at
'assertion failed, expected Err(..), got Ok(())', src/email_client.rs:163:9
```

send_email을 살펴보자.

```rust
//! src/email_client.rs
// [...]

impl EmailClient {
    //[...]
    pub async fn send_email(
        //[...]
    ) -> Result<(), reqwest::Error> {
        //[...]
        self.http_client
            .post(&url)
            .header(
                "X-Postmark-Server-Token",
                self.authorization_token.expose_secret()
            )
            .json(&request_body)
            .send()
            .await?;
        Ok(())
    }
```

```
}
//[...]
```

오류를 반환할 가능성이 있는 단계는 send뿐이다. reqwest의 문서를 확인하자. 이 메서드는 요청을 보내는 동안 리다이렉트 루프가 식별되거나 리다이렉트 제한이 초과되는 등의 오류가 발생하면 실패한다.

기본적으로, send는 서버에서 유효한 응답을 받는 한(상태 코드에 관계없이) OK를 반환한다. 우리가 원하는 행동을 얻기 위해서는 reqwest::Response[34]에서 사용할 수 있는 메서드들을 확인해야 한다. 특히 error_for_status를 확인하자. 서버가 오류를 반환하면 응답을 오류로 바꾸자.

우리에게 필요한 것으로 보인다. 사용해보자.

```
//! src/email_client.rs
// [...]

impl EmailClient {
    //[...]
    pub async fn send_email(
        //[...]
    ) -> Result<(), reqwest::Error> {
        //[...]
        self.http_client
            .post(&url)
            .header(
                "X-Postmark-Server-Token",
                self.authorization_token.expose_secret()
            )
            .json(&request_body)
            .send()
            .await?
            .error_for_status()?;
        Ok(())
    }
}

//[...]
```

---

34 https://docs.rs/reqwest/0.11.0/reqwest/struct.Response.html

멋지다. 테스트는 성공한다.

❷ 타임아웃

서버가 `200 OK`를 반환하기는 하지만 반환하는 데 너무 많은 시간이 걸린다면 어떻게 되겠는가? mock 서버가 정해진 시간 동안 기다린 후에 응답을 반환하도록 설정할 수 있다. 새로운 통합 테스트를 만들어서 약간의 실험을 해보자. 서버가 3분 후에 응답하면 어떻게 되겠는가!?

```rust
//! src/email_client.rs
// [...]

#[cfg(test)]
mod tests {
    // [...]

    #[tokio::test]
    async fn send_email_times_out_if_the_server_takes_too_long() {
        // Arrange
        let mock_server = MockServer::start().await;
        let sender = SubscriberEmail::parse(SafeEmail().fake()).unwrap();
        let email_client = EmailClient::new(
            mock_server.uri(),
            sender,
            Secret::new(Faker.fake())
        );

        let subscriber_email = SubscriberEmail::parse(SafeEmail().fake()).unwrap();
        let subject: String = Sentence(1..2).fake();
        let content: String = Paragraph(1..10).fake();

        let response = ResponseTemplate::new(200)
            // 3분!
            .set_delay(std::time::Duration::from_secs(180));
        Mock::given(any())
            .respond_with(response)
            .expect(1)
            .mount(&mock_server)
            .await;

        // Act
        let outcome = email_client
            .send_email(subscriber_email, &subject, &content, &content)
            .await;

        // Assert
```

```
        assert_err!(outcome);
    }
}
```

잠시 후 다음과 같은 출력을 볼 수 있다.

```
test email_client::tests::send_email_times_out_if_the_server_takes_too_long ...
test email_client::tests::send_email_times_out_if_the_server_takes_too_long
has been running for over 60 seconds
```

이는 이상과 거리가 멀다. 서버가 잘못 동작하기 시작하면 중단된 요청이 쌓이기 시작할 것이다. 서버와의 연결을 끊지 않으므로 커넥션은 분주하다. 이메일을 보낼 때마다 새로운 커넥션을 열어야 한다. 서버가 충분히 빠르게 복구하지 않으면, 열려 있는 그 어떤 커넥션도 닫을 수 없다. 소켓 고갈이나 성능 저하를 맞게 될 것이다.

가장 중요한 규칙은 I/O 동작을 수행할 때는 항상 타임아웃을 설정을 해야 한다는 것이다. 서버가 타임아웃 이내에 응답하지 않으면, 동작은 실패하고 오류를 반환해야 한다.

올바른 타임아웃값을 선택하는 것은 과학보다는 예술에 가깝다. 특별히 재시도가 포함되면 더욱 그렇다. 너무 낮게 설정하면 재요청으로 인해 서버를 압도하게 될 것이다. 너무 높게 설정하면 클라이언트 사이드의 성능 저하를 보게 될 우려가 있다. 그럼에도 타임아웃이 없는 것보다는 보수적인 타임아웃 임곗값을 설정하는 것이 낫다.

reqwest는 두 가지 옵션을 제공한다. Client에 기본 타임아웃을 설정하거나(모든 외부로의 요청에 적용된다), 요청당 타임아웃을 설정할 수 있다. 클라이언트 전체에 적용되는 타임아웃을 설정하자. EmailClient::new에서 설정할 것이다.

```
//! src/email_client.rs
// [...]
impl EmailClient {
    pub fn new(
        // [...]
    ) -> Self {
        let http_client = Client::builder()
            .timeout(std::time::Duration::from_secs(10))
            .build()
            .unwrap();
```

```
        Self {
            http_client,
            base_url,
            sender,
            authorization_token,
        }
    }
}

// [...]
```

테스트를 다시 실행하면 성공한다(10초가 지난 뒤).

❸ 리팩터링: 테스트 헬퍼

EmailClient에 대한 네 개의 테스트 케이스에는 중복된 코드가 많다. 공통된 부분을 테스트 헬퍼로 추출하자.

```
//! src/email_client.rs
// [...]

#[cfg(test)]
mod tests {
    // [...]

    /// 무작위로 이메일 제목을 생성한다.
    fn subject() -> String {
        Sentence(1..2).fake()
    }

    /// 무작위로 이메일 내용을 생성한다.
    fn content() -> String {
        Paragraph(1..10).fake()
    }

    /// 무작위로 구독자 이메일을 생성한다.
    fn email() -> SubscriberEmail {
        SubscriberEmail::parse(SafeEmail().fake()).unwrap()
    }

    /// `EmailClient`의 테스트 인스턴스를 얻는다.
    fn email_client(base_url: String) -> EmailClient {
        EmailClient::new(base_url, email(), Secret::new(Faker.fake()))
    }
```

```
    // [...]
}
```

send_email_sends_the_expected_request에서 이들을 사용하자.

```
//! src/email_client.rs
// [...]

#[cfg(test)]
mod tests {
    // [...]

    #[tokio::test]
    async fn send_email_sends_the_expected_request() {
        // Arrange
        let mock_server = MockServer::start().await;
        let email_client = email_client(mock_server.uri());

        Mock::given(header_exists("X-Postmark-Server-Token"))
            .and(header("Content-Type", "application/json"))
            .and(path("/email"))
            .and(method("POST"))
            .and(SendEmailBodyMatcher)
            .respond_with(ResponseTemplate::new(200))
            .expect(1)
            .mount(&mock_server)
            .await;

        // Act
        let _ = email_client
            .send_email(email(), &subject(), &content(), &content())
            .await;

        // Assert
    }
}
```

시각적으로 더 깔끔하다. 테스트의 의도는 처음과 중간에 나타난다. 다른 세 개도 리팩터링하자.

4 리팩터링: 실패 테스트

HTTP 클라이언트의 타임아웃은 현재 10초로 하드 코딩되어 있다.

```
//! src/email_client.rs
// [...]
impl EmailClient {
    pub fn new(
        // [...]
    ) -> Self {
        let http_client = Client::builder()
            .timeout(std::time::Duration::from_secs(10))
        // [...]
    }
}
```

이는 타임아웃 테스트가 약 10초 후에 실패한다는 것을 의미한다. 이것은 매우 긴 시간이다. 특히 변경이 있을 때마다 테스트를 실행한다면 더욱 그렇다.

타임아웃 임곗값을 설정 가능하도록 만들어서 테스트 스위트의 반응성을 유지하자.

```
//! src/email_client.rs
// [...]
impl EmailClient {
    pub fn new(
        // [...]
        // 새로운 인자
        timeout: std::time::Duration,
    ) -> Self {
        let http_client = Client::builder()
            .timeout(timeout)
        // [...]
    }
}
```

```
//! src/configuration.rs
// [...]

#[derive(serde::Deserialize)]
pub struct EmailClientSettings {
    // [...]
    // New configuration value!
    pub timeout_milliseconds: u64
}

impl EmailClientSettings {
    // [...]
    pub fn timeout(&self) -> std::time::Duration {
```

```
            std::time::Duration::from_millis(self.timeout_milliseconds)
    }
}
```

```
//! src/main.rs
// [...]

#[tokio::main]
async fn main() -> std::io::Result<()> {
    // [...]
    let timeout = configuration.email_client.timeout();
    let email_client = EmailClient::new(
        configuration.email_client.base_url,
        sender_email,
        configuration.email_client.authorization_token,
        // configuration으로부터 새로운 인자를 전달한다.
        timeout
    );
    // [...]
}
```

```
#! configuration/base.yaml
# [...]
email_client:
  # [...]
  timeout_milliseconds: 10000
```

프로젝트는 컴파일된다. 하지만 여전히 테스트 케이스를 수정해야 한다.

```
//! src/email_client.rs
// [...]

#[cfg(test)]
mod tests {
    // [...]
    fn email_client(base_url: String) -> EmailClient {
        EmailClient::new(
            base_url,
            email(),
            Secret::new(Faker.fake()),
            // 10초보다 훨씬 짧다.
            std::time::Duration::from_millis(200),
        )
```

```
    }
}
```

```
//! tests/health_check.rs
// [...]

async fn spawn_app() -> TestApp {
    // [...]
    let timeout = configuration.email_client.timeout();
    let email_client = EmailClient::new(
        configuration.email_client.base_url,
        sender_email,
        configuration.email_client.authorization_token,
        timeout
    );
}
```

모든 테스트는 성공할 것이다. 그리고 모든 테스트 케이스를 실행하는 데 1초도 걸리지 않을 것이다.

7.3 유지 가능한 테스트 스위트의 스켈레톤과 원칙

다소 작업량이 많았지만, 이제 Postmark API에 대한 꽤 괜찮은 REST 클라이언트를 갖게 되었다.

EmailClient는 확인 이메일 흐름의 첫 번째 요소일 뿐이다. 여전히 고유의 확인 링크를 생성하는 방법을 찾아야 한다. 또 해당 링크를 전송할 확인 이메일의 바디에 포함시켜야 한다. 이 두 가지 태스크를 완료하는 데는 더 많은 시간이 걸릴 것이다.

이 책에서는 계속해서 테스트 주도 접근 방식을 사용해서 모든 기능을 작성했다. 이 전략은 매우 효과적이었지만, 우리는 테스트 코드를 리팩터링하는 데 많은 시간을 들이지 않았다. 그 결과 tests 폴더는 꽤 엉망인 상태가 되었다. 다음 단계를 진행하기 전에 애플리케이션의 복잡도와 테스트 케이스 수가 증가하더라도 지원할 수 있도록 통합 테스트 스위트의 구조를 변경할 것이다.

7.3.1 테스트를 작성하는 이유는 무엇인가?

테스트를 작성하는 데 개발자의 시간을 쓰는 것이 좋은가?

좋은 테스트 스위트는 무엇보다 리스크 완화에 도움이 된다. 자동화된 테스트는 기존 코드베이스에 대한 변경과 관련된 리스크를 줄인다. 대부분의 재귀와 버그들은 지속적인 통합 파이프라인에서 잡히며 사용자에게 도달하지 않는다. 따라서 팀은 빠르게 반복하고 더 자주 릴리스할 수 있게 된다.

테스트는 문서의 역할도 한다. 테스트 스위트는 알지 못하는 코드베이스에 뛰어들기 위해 좋은 시작점이다. 테스트 스위트는 코드가 어떻게 동작하기로 가정되어 있는지, 어떤 시나리오들이 전담 테스트를 가질 만큼 관련이 있는지 알려준다.

여러분의 프로젝트에 새로운 기여자들이 동참하게 하길 원한다면 테스트 스위트를 작성하는 것은 반드시 투 두 리스트_{to do list}가 되어야 한다.

좋은 테스트와 관련된 다른 긍정적인 부작용으로는 모듈화, 디커플링_{decoupling} 등을 들 수 있다. 이들을 정량화하기는 어렵다. 업계에서 '좋은 코드'가 어떤 형태를 갖는지에 관해 아직 합의하지 못했기 때문이다.

7.3.2 테스트를 작성하지 않는 이유는 무엇인가?

좋은 테스트 스위트를 작성하는 데 시간과 노력을 투자할 충분한 이유가 있음에도 불구하고, 현실은 다소 지저분하다.

첫 번째, 개발자 커뮤니티들이 항상 테스팅의 가치를 믿지는 않는다. 원칙의 세계에서는 테스트 주도 개발의 예시를 찾을 수 있지만, 이 프랙티스가 메인 스트림 토론에 들어간 것은 켄트 벡_{Kent Beck}의 《Extreme Programming Explained》가 전부다. 이 책은 무려 1999년에 출간되었다.

패러다임 시프트는 하룻밤 사이에 일어나지 않는다. 업계에서 테스트 주도 접근 방식이 '베스트 프랙티스'로서 관심을 얻는 데는 수 년이 걸렸다.

테스트 주도 개발이 개발자들의 마음을 사로잡는다 해도, 경영진과의 전투는 여전히 진행 중이다. 좋은 테스트는 기술적인 레버리지를 만든다. 하지만 테스트를 작성하는 데는 시간이 든다. 데드라인이 압박을 해오면, 테스팅은 자주 첫 번째 희생양이 된다.

그 결과, 여러분이 주위에서 찾을 수 있는 자료는 테스팅에 관한 소개나 이해관계자들에게 그 가치를 피칭하는 방법에 관한 가이드밖에 없다. 규모에 맞는 테스팅도 거의 없다. 코드베이스가 수백 개의 테스트 케이스와 함께 수만 줄로 증가하는 데도 여러분이 계속해서 책을 고수하고 테스트를 작성한다면 어떤 일이 벌어지겠는가?

7.3.3 테스트 코드도 여전히 코드다

모든 테스트 스위트는 동일한 방법으로 시작한다. 아무것도 없는 빈 파일, 가능성의 세계. 여러 분은 첫걸음을 디디고, 첫 번째 케이스를 추가한다. 쉽다. 금방 끝난다. 두 번째 케이스를 추가한다. 성공이다. 세 번째 케이스를 추가한다. 첫 번째 테스트 케이스에서 몇 줄을 복사한다. 아무 문제없 다. 네 번째 케이스를 추가하는 등 이 과정을 반복한다.

잠시 후 **테스트 커버리지**test coverage가 낮아지기 시작한다. 새로운 코드들은 프로젝트 초반에 작성 된 코드들보다 덜 완전하게 테스트된다. 테스트의 가치를 의심하기 시작한 것인가? 절대로 그렇지 않다. 테스트는 훌륭하다. 하지만 프로젝트를 진행하면서 여러분은 테스트 케이스를 점점 덜 작성 하게 될 것이다. 그것은 마찰 때문이다. 코드가 진화하면서 새로운 테스트를 케이스를 작성하기는 점점 번거로워진다.

테스트 코드도 코드일 뿐이다. 테스트 코드도 모듈화되고, 구조화되고, 충분히 문서화되어야 한 다. 유지 보수가 필요하다. 적극적으로 테스트 스위트의 건강에 투자하지 않으면, 시간이 지남에 따라 부패한다. 커버리지는 낮아지고 머지않아 자동화 테스트들이 애플리케이션의 **핵심적인 경로** critical path들을 실행하지 않는 것을 발견하게 될 것이다.

정기적으로 한 걸음 물러서서 테스트 스위트 전체를 봐야 한다. 우리가 작성한 테스트 스위트는 어떤가?

7.3.4 테스트 스위트

우리가 작성한 모든 통합 테스트 케이스는 `tests/health_check.rs`에 존재한다.

```
//! tests/health_check.rs
// [...]

// `once_cell`을 사용해서 `tracing` 스택을 한 번만 초기화한다.
static TRACING: Lazy<()> = Lazy::new(|| {
    // [...]
});
```

```
pub struct TestApp {
    pub address: String,
    pub db_pool: PgPool,
}

async fn spawn_app() -> TestApp {
    // [...]
}

pub async fn configure_database(config: &DatabaseSettings) -> PgPool {
    // [...]
}

#[tokio::test]
async fn health_check_works() {
    // [...]
}

#[tokio::test]
async fn subscribe_returns_a_200_for_valid_form_data() {
    // [...]
}

#[tokio::test]
async fn subscribe_returns_a_400_when_data_is_missing() {
    // [...]
}

#[tokio::test]
async fn subscribe_returns_a_400_when_fields_are_present_but_invalid() {
    // [...]
}
```

7.3.5 테스트 디스커버리

헬스 체크 엔드포인트를 다루는 테스트는 `health_check_works` 하나뿐이다. 다른 세 개의 테스트 케이스들은 POST /subscriptions 엔드포인트를 검증하며, 나머지 코드들은 공유된 셋업 단계 (spawn_app, TestApp, configure_datebase, TRACING)를 다룬다.

왜 tests/health_check.rs에 모든 것을 밀어 넣었는가? 편리했기 때문이다. 셋업 함수들이 이미 거기에 존재했다. 같은 파일에 다른 테스트 케이스를 추가한 뒤, 그 코드를 여러 테스트 모듈에서 공유하는 방법을 생각하는 것이 더 쉬웠다.

이 리팩터링에서의 주요한 목표는 **발견 가능성**discoverability이다.

- 애플리케이션 엔드포인트가 주어졌을 때 tests 폴더 안에서 그에 해당하는 통합 테스트를 찾기가 쉬워야 한다.
- 테스트 케이스를 작성할 때, 관련된 테스트 헬퍼 함수를 쉽게 찾을 수 있어야 한다.

여기에서는 폴더 구조에 집중하지만, 이것이 **테스트 디스커버리**test discovery에 관한 유일한 방법은 아니다. 테스트 커버리지 도구들을 사용하면 어떤 테스트 케이스들이 애플리케이션의 특정한 라인의 실행을 트리거하는지 알려준다. **커버리지 표시**coverage mark[35]와 같은 기법을 사용해서 테스트와 애플리케이션 코드를 명확하게 연결할 수도 있다.

늘 그렇듯, 테스트 스위트의 복잡도가 증가함에 따라 다양한 접근 방식을 병행함으로써 최고의 결과를 얻을 수 있다.

7.3.6 하나의 테스트 파일, 하나의 크레이트

작업을 시작하기 전에, 러스트에서의 통합 테스트에 관한 몇 가지 사실을 짚고 넘어가자. tests 폴더는 특별하다. cargo는 해당 폴더에서 통합 테스트 케이스를 찾는다.

tests 폴더의 각 파일들은 고유한 크레이트로 컴파일된다.

cargo build --tests를 실행한 뒤 target/debug/deps를 보면 이를 확인할 수 있다.

```
# 테스트 코드를 빌드한다. 테스트는 실행하지 않는다.
cargo build --tests
# `health_check`로 시작하는 이름을 가진 모든 파일을 찾는다.
ls target/debug/deps | grep health_check
```

```
health_check-fc23645bf877da35
health_check-fc23645bf877da35.d
```

파일명 뒤의 해시는 여러분이 사용하는 머신에 따라 다르다. 하지만 health_check-*로 시작하는 두 개의 엔트리가 존재할 것이다.

---

[35] https://ferrous-systems.com/blog/coverage-marks/

이 파일을 실행하면 어떻게 되는가?

```
./target/debug/deps/health_check-fc23645bf877da35
```

```
running 4 tests
test health_check_works ... ok
test subscribe_returns_a_400_when_fields_are_present_but_invalid ... ok
test subscribe_returns_a_400_when_data_is_missing ... ok
test subscribe_returns_a_200_for_valid_form_data ... ok

test result: ok. 4 passed; finished in 0.44s
```

통합 테스트를 실행한다. tests 폴더에 다섯 개의 *.rs 파일이 존재한다면 target/debug/deps에
다섯 개의 실행 파일이 생성된다.

7.3.7 테스트 헬퍼 공유하기

각 통합 테스트 파일이 고유의 실행 파일이라면, 테스트 헬퍼 함수는 어떻게 공유하는가?

첫 번째 옵션은 **스탠드얼론**stand alone 모듈(예 tests/helpers/mod.rs)로 정의하는 것이다.[36] 공통 함
수를 mod.rs에 추가(또는 이 파일 안에 다른 하위 모듈을 정의)한 뒤, 테스트 파일(예 tests/health_
check.rs)에서 다음과 같이 헬퍼를 참조한다.

```
//! tests/health_check.rs
// [...]
mod helpers;

// [...]
```

helpers는 health_check 실행 파일에 하위 모듈로 포함bundle되며, 테스트 케이스에서 헬퍼가 제
공하는 함수에 접근할 수 있다. 이 접근 방식은 시작하기 매우 쉽지만, 함수 미사용(function is
never used) 관련 warning이 계속해서 출력되기 때문에 다소 번거롭다.

36　더욱 자세한 내용은 《러스트 프로그래밍 공식 가이드(제2판)》에서 11.3절 '테스트 조직화'를 참조하자.

이것은 helpers가 서드 파티 크레이트로 호출되는 것이 아니라, 하위 모듈로서 포함되기 때문이다. cargo는 각 테스트 실행 파일을 고립된 상태로 컴파일하며 특정한 테스트 파일에 대해 helpers에 포함된 하나 이상의 퍼블릭 함수를 한 번도 호출하지 않으면 warning을 출력한다. 테스트 스위트가 커지면서 이런 현상이 발생한다. 모든 테스트 파일에서 helper의 모든 메서드를 사용하지는 않기 때문이다.

두 번째 옵션은 tests 아래의 각 파일들이 고유의 실행 파일이라는 점을 활용한다. 단일 테스트 실행 파일로 스코프를 지정한 하위 항목을 만들 수 있다. tests 폴더 아래 api 폴더를 만들고, main.rs 파일을 그 아래 만들자.

```
tests/
  api/
    main.rs
  health_check.rs
```

우선 구조가 명확해졌다. 바이너리 크레이트를 구조화했던 것과 같은 방법으로 api를 구조화했다. 마법 같은 것은 없다. 여러분이 애플리케이션 코드에서 만들었던 모듈 시스템의 동일한 지식을 활용한 것이다. cargo build --tests를 실행하면 출력에서 다음을 확인할 수 있다.

```
Running target/debug/deps/api-0a1bfb817843fdcf

running 0 tests

test result: ok. 0 passed; finished in 0.00s
```

cargo는 api를 테스트 실행 파일처럼 컴파일하며, 테스트 케이스를 찾는다. main.rs에 main 함수를 정의할 필요는 없다. 러스트의 테스트 프레임워크가 뒤에서 이를 자동으로 추가한다.[37]

main.rs에 하위 모듈을 추가할 수 있다.

```
//! tests/api/main.rs

mod helpers;
```

---

37 기본 테스트 프레임워크와 플러그인을 직접 만든 것으로 덮어쓸 수도 있다. libtest-mimic을 참고하자. https://crates.io/crates/libtest-mimic

```
mod health_check;
mod subscriptions;
```

세 개의 빈 파일(tests/api/helpers.rs, tests/api/health_check.rs, tests/api/subscriptions.rs)을
추가한다. tests/health_check./rs를 삭제하고, 그 내용을 재분산시키자.

```
//! tests/api/helpers.rs
use once_cell::sync::Lazy;
use sqlx::{Connection, Executor, PgConnection, PgPool};
use std::net::TcpListener;
use uuid::Uuid;
use zero2prod::configuration::{get_configuration, DatabaseSettings};
use zero2prod::email_client::EmailClient;
use zero2prod::startup::run;
use zero2prod::telemetry::{get_subscriber, init_subscriber};

// `once_cell`을 사용해서 `tracing` 스택을 한 번만 초기화한다.
static TRACING: Lazy<()> = Lazy::new(|| {
    // [...]
});

pub struct TestApp {
    // [...]
}

// Public!
pub async fn spawn_app() -> TestApp {
    // [...]
}

// 더 이상 public이 아니다.
async fn configure_database(config: &DatabaseSettings) -> PgPool {
    // [...]
}
```

```
//! tests/api/health_check.rs
use crate::helpers::spawn_app;

#[tokio::test]
async fn health_check_works() {
    // [...]
}
```

```
//! tests/api/subscriptions.rs
use crate::helpers::spawn_app;

#[tokio::test]
async fn subscribe_returns_a_200_for_valid_form_data() {
    // [...]
}

#[tokio::test]
async fn subscribe_returns_a_400_when_data_is_missing() {
    // [...]
}

#[tokio::test]
async fn subscribe_returns_a_400_when_fields_are_present_but_invalid() {
    // [...]
}
```

cargo test는 warning 없이 성공한다. 축하한다. 여러분은 테스트 스위트를 더 작고 관리하기 쉬운 모듈로 나누었다.

이 새로운 구조는 몇 가지 긍정적인 부작용을 제공한다. 우선 재귀적이다. tests/api/subscriptions.rs가 다루기 힘들만큼 커지면 이를 모듈로 변경할 수 있다. tests/api/subscriptions/helpers.rs는 subscription 전용 테스트 헬퍼를 가지며 하나 이상의 테스트 파일들은 특정한 흐름이나 고려 사항에 집중한다. 헬퍼 함수의 세부 구현은 캡슐화된다.

우리가 다루는 테스트는 spawn_app과 TestpApp에 관해서만 알면 충분하다. configure_database나 TRACING을 노출할 필요는 없다. 복잡성은 helpers 모듈 안에 숨긴 채 유지할 수 있다. 단 하나의 테스트 바이너리만 갖는다. 단일 파일 구조에 거대한 테스트 스위트를 갖고 있다면, 이내 cargo test를 실행할 때마다 수십 개의 실행 파일을 만들게 될 것이다. 각 실행 파일은 병렬적으로 컴파일되지만, 연결[38] 단계는 전적으로 순차적이다. 모든 테스트 케이스를 하나의 실행 파일에 번들링하면 CI에서 테스트 스위트를 컴파일하는 데 소요되는 시간을 줄인다.[39]

리눅스를 사용한다면 리팩터링 이후 cargo test를 실행했을 때 다음과 같은 오류를 확인할 수 있다.

---

38 https://ko.wikipedia.org/wiki/링커_(컴퓨팅)

39 특정한 숫자로 테스트한 글(https://azriel.im/will/2019/10/08/dev-time-optimization-part-1-1.9x-speedup-65-less-disk-usage/)을 참조하자 (1.9배 빨라졌다). 하지만 커밋하기 전에 여러분의 코드베이스에서 먼저 벤치마크를 수행해야 한다.

```
thread 'actix-rt:worker' panicked at
'Can not create Runtime: Os { code: 24, kind: Other, message: "Too many open files" }',
```

이것은 운영체제에서 각 프로세스에 대한 오픈 파일 디스크립터(소켓 포함)의 최대 수를 제한했기 때문이다. 모든 테스트 케이스를 단일 바이너리의 일부로 실행하고 있기 때문에, 해당 제한을 초과했을 수 있다. 이 제한 값은 일반적으로 1024로 설정되어 있으며, `ulimit -n X`(예 `ulimit -n 10000`) 명령어를 사용해 이 문제를 해결할 수 있다.

7.3.8 스타트업 로직 공유하기

테스트 스위트의 레이아웃을 다듬었다. 이제 테스트 로직 자체를 살펴볼 시간이다. spawn_app부터 시작하자.

```rust
//! tests/api/helpers.rs
// [...]

pub struct TestApp {
    pub address: String,
    pub db_pool: PgPool,
}

pub async fn spawn_app() -> TestApp {
    Lazy::force(&TRACING);

    let listener = TcpListener::bind("127.0.0.1:0")
        .expect("Failed to bind random port");
    let port = listener.local_addr().unwrap().port();
    let address = format!("http://127.0.0.1:{}", port);

    let mut configuration = get_configuration()
        .expect("Failed to read configuration.");
    configuration.database.database_name = Uuid::new_v4().to_string();
    let connection_pool = configure_database(&configuration.database).await;

    let sender_email = configuration
        .email_client
        .sender()
        .expect("Invalid sender email address.");
    let timeout = configuration.email_client.timeout();
    let email_client = EmailClient::new(
        configuration.email_client.base_url,
        sender_email,
```

```
        configuration.email_client.authorization_token,
        timeout,
    );

    let server = run(listener, connection_pool.clone(), email_client)
        .expect("Failed to bind address");
    let _ = tokio::spawn(server);
    TestApp {
        address,
        db_pool: connection_pool,
    }
}

// [...]
```

여기에서의 코드는 main 엔트리 포인트에서의 그것과 거의 비슷하다.

```
//! src/main.rs
use sqlx::postgres::PgPoolOptions;
use std::net::TcpListener;
use zero2prod::configuration::get_configuration;
use zero2prod::email_client::EmailClient;
use zero2prod::startup::run;
use zero2prod::telemetry::{get_subscriber, init_subscriber};

#[tokio::main]
async fn main() -> std::io::Result<()> {
    let subscriber = get_subscriber(
        "zero2prod".into(), "info".into(), std::io::stdout
    );
    init_subscriber(subscriber);

    let configuration = get_configuration().expect("Failed to read configuration.");
    let connection_pool = PgPoolOptions::new()
        .acquire_timeout(std::time::Duration::from_secs(2))
        .connect_lazy_with(configuration.database.with_db());

    let sender_email = configuration
        .email_client
        .sender()
        .expect("Invalid sender email address.");
    let timeout = configuration.email_client.timeout();
    let email_client = EmailClient::new(
        configuration.email_client.base_url,
        sender_email,
        configuration.email_client.authorization_token,
```

```
        timeout,
    );

    let address = format!(
        "{}:{}",
        configuration.application.host, configuration.application.port
    );
    let listener = TcpListener::bind(address)?;
    run(listener, connection_pool, email_client)?.await?;
    Ok(())
}
```

디펜던시를 추가하거나 서버 생성자를 수정할 때마다 적어도 두 군데를 수정해야 한다. 앞서 EmailClient를 수정할 때 같은 작업을 했다. 약간 짜증난다. 그리고 무엇보다 애플리케이션의 스타트업 로직은 전혀 테스트되지 않았다. 코드베이스가 진화하면서 이들은 미묘하게 차이를 보일 것이고, 프로덕션 환경과 비교해 테스트에서 다른 동작으로 이어질 것이다.

먼저 스타트업 로직을 main에서 꺼낸 뒤, 테스트 코드의 그것과 동일한 코드 경로를 활용하기 위해 어떤 **훅**hook이 필요한지 생각할 것이다.

❶ 스타트업 코드 추출하기

구조적인 관점에서 볼 때, 스타트업 로직은 Settings를 입력으로 받아 애플리케이션 인스턴스를 출력으로 반환하는 함수다.

따라서 main 함수는 다음과 같아야 한다.

```
//! src/main.rs
use zero2prod::configuration::get_configuration;
use zero2prod::startup::build;
use zero2prod::telemetry::{get_subscriber, init_subscriber};

#[tokio::main]
async fn main() -> std::io::Result<()> {
    let subscriber = get_subscriber(
        "zero2prod".into(), "info".into(), std::io::stdout
    );
    init_subscriber(subscriber);

    let configuration = get_configuration().expect("Failed to read configuration.");
    let server = build(configuration).await?;
```

```
    server.await?;
    Ok(())
}
```

먼저 모종의 바이너리 특화된 로직(즉, 텔레메트리 초기화)을 수행한 뒤, 지원되는 소스(파일+환경 변수)로부터 일련 구성값 셋을 만들고, 이를 활용해 애플리케이션이 움직이도록 한다. 직관적이다. 다음으로 이 build 함수를 정의하자.

```
//! src/startup.rs
// [...]
// New imports!
use crate::configuration::Settings;
use sqlx::postgres::PgPoolOptions;

pub async fn build(configuration: Settings) -> Result<Server, std::io::Error> {
    let connection_pool = PgPoolOptions::new()
        .acquire_timeout(std::time::Duration::from_secs(2))
        .connect_lazy_with(configuration.database.with_db());

    let sender_email = configuration
        .email_client
        .sender()
        .expect("Invalid sender email address.");
    let timeout = configuration.email_client.timeout();
    let email_client = EmailClient::new(
        configuration.email_client.base_url,
        sender_email,
        configuration.email_client.authorization_token,
        timeout,
    );

    let address = format!(
        "{}:{}",
        configuration.application.host, configuration.application.port
    );

    let listener = TcpListener::bind(address)?;
    run(listener, connection_pool, email_client)
}

pub fn run(
    listener: TcpListener,
    db_pool: PgPool,
    email_client: EmailClient,
```

```
) -> Result<Server, std::io::Error> {
    // [...]
}
```

크게 놀랄 것 없다. 이전에 main 함수에 있던 코드를 옮겼을 뿐이다. 이제 이 코드를 테스트 친화
적으로 만들자.

❷ 스타트업 로직에서의 테스팅 훅

spawn_app 함수를 다시 살펴보자.

```
//! tests/api/helpers.rs
// [...]
use zero2prod::startup::build;
// [...]

pub async fn spawn_app() -> TestApp {
    // `initialize`가 처음 호출될 때 `TRACINT` 안의 코드가 실행된다.
    // 모든 다른 호출은 실행을 건너뛴다.
    Lazy::force(&TRACING);

    let listener = TcpListener::bind("127.0.0.1:0")
        .expect("Failed to bind random port");
    // OS가 할당한 포트를 꺼낸다.
    let port = listener.local_addr().unwrap().port();
    let address = format!("http://127.0.0.1:{}", port);

    let mut configuration = get_configuration()
        .expect("Failed to read configuration.");
    configuration.database.database_name = Uuid::new_v4().to_string();
    let connection_pool = configure_database(&configuration.database).await;

    let sender_email = configuration
        .email_client
        .sender()
        .expect("Invalid sender email address.");
    let timeout = configuration.email_client.timeout();
    let email_client = EmailClient::new(
        configuration.email_client.base_url,
        sender_email,
        configuration.email_client.authorization_token,
        timeout,
    );

    let server = run(listener, connection_pool.clone(), email_client)
```

```
        .expect("Failed to bind address");
    let _ = tokio::spawn(server);
    TestApp {
        address,
        db_pool: connection_pool,
    }
}

// [...]
```

상위 레벨에서 다음과 같은 단계를 갖는다.

- 테스트에 특정한 셋업을 실행한다(예 tracing subscriber를 초기화한다).

- 테스트 케이스들이 서로를 방해하지 않도록 구성을 무작위화한다(예 테스트 케이스마다 다른 논리적 데이터를 설정한다).

- 외부 리소스를 초기화한다(즉 데이터베이스를 생성하고 마이그레이션한다).

- 애플리케이션을 빌드한다.

- 백그라운드 태스크로 애플리케이션을 구동하고, 애플리케이션과 상호작용할 리소스 셋을 반환한다.

build를 집어넣고 끝내면 안 되는가? 안 된다. 어디에서 실패하는지 직접 확인해보자.

```
//! tests/api/helpers.rs
// [...]
// 새 임포트
use zero2prod::startup::build;

pub async fn spawn_app() -> TestApp {
    Lazy::force(&TRACING);

    // 테스트 격리를 보장하기 위해 구성을 무작위화한다.
    let configuration = {
        let mut c = get_configuration().expect("Failed to read configuration.");
        // 테스트 케이스마다 다른 데이터베이스를 사용한다.
        c.database.database_name = Uuid::new_v4().to_string();
        // 무작위 OS 포트를 사용한다.
        c.application.port = 0;
        c
    };

    // 데이터베이스를 생성하고 마이그레이션한다.
```

```
    configure_database(&configuration.database).await;

    // 애플리케이션을 백그라운드 태스크로 구동한다.
    let server = build(configuration).await.expect("Failed to build application.");
    let _ = tokio::spawn(server);

    TestApp {
        // 이들을 어떻게 얻는가?
        address: todo!(),
        db_pool: todo!()
    }
}

// [...]
```

거의 작동한다. 이 접근 방식은 끝부분이 조금 부족하다. OS에서 애플리케이션에 할당한 무작위 주소를 꺼낼 방법이 없으며, 데이터베이스에 대한 커넥션 풀을 만들 수 있는 방법을 알 수 없다. 이는 지속된 상태에 영향을 미치는 부작용에 대한 어서션을 수행하기 위해 필요하다.

커넥션 풀을 먼저 처리하자. build에서 초기화 로직을 추출해서 스탠드얼론 함수를 만들고, 함수를 두 번 호출한다.

```
//! src/startup.rs
// [...]
use crate::configuration::DatabaseSettings;

// 이제 참조를 갖는다.
pub async fn build(configuration: &Settings) -> Result<Server, std::io::Error> {
    let connection_pool = get_connection_pool(&configuration.database);
    // [...]
}

pub fn get_connection_pool(
    configuration: &DatabaseSettings
) -> PgPool {
    PgPoolOptions::new()
        .acquire_timeout(std::time::Duration::from_secs(2))
        .connect_lazy_with(configuration.with_db())
}
```

```
//! tests/api/helpers.rs
// [...]
```

```
use zero2prod::startup::{build, get_connection_pool};
// [...]

pub async fn spawn_app() -> TestApp {
    // .clone을 사용했다.
    let server = build(configuration.clone())
        .await
        .expect("Failed to build application.");
    // [...]
    TestApp {
        address: todo!(),
        db_pool: get_connection_pool(&configuration.database),
    }
}

// [...]
```

src/configuration.rs의 모든 구조체에 #[derive(Clone)]를 붙여서 컴파일를 행복하게 만들어야 할 것이다. 하지만 데이터베이스 커넥션 풀에만 붙였다.

애플리케이션 주소는 어떻게 얻을 것인가? build에 의해 반환된 타입인 actix_web::deb::Server를 사용하면 애플리케이션 포트를 꺼낼 수 없다. 애플리케이션 코드에 좀 더 세부적인 작업을 해야 한다. actix_web::dev::Server를 우리가 원하는 정보를 가진 새로운 타입으로 감쌀 것이다.

```
//! src/startup.rs
// [...]

// 새롭게 만들어진 서버와 그 포트를 갖는 새로운 타입
pub struct Application {
    port: u16,
    server: Server,
}

impl Application {
    // `build` 함수를 `Application`에 대한 생성자로 변환했다.
    pub async fn build(configuration: Settings) -> Result<Self, std::io::Error> {
        let connection_pool = get_connection_pool(&configuration.database);

        let sender_email = configuration
            .email_client
            .sender()
            .expect("Invalid sender email address.");
        let timeout = configuration.email_client.timeout();
```

```rust
        let email_client = EmailClient::new(
            configuration.email_client.base_url,
            sender_email,
            configuration.email_client.authorization_token,
            timeout,
        );

        let address = format!(
            "{}:{}",
            configuration.application.host, configuration.application.port
        );
        let listener = TcpListener::bind(&address)?;
        let port = listener.local_addr().unwrap().port();
        let server = run(listener, connection_pool, email_client)?;

        // 바운드된 포트를 `Application`의 필드 중 하나로 저장한다.
        Ok(Self { port, server })
    }

    pub fn port(&self) -> u16 {
        self.port
    }

    // 이 함수는 애플리케이션이 중지되었을 때만 값을 반환한다는 것을
    // 명확하게 나타내는 이름을 사용한다.
    pub async fn run_until_stopped(self) -> Result<(), std::io::Error> {
        self.server.await
    }
}
// [...]
```

```rust
//! tests/api/helpers.rs
// [...]
// 새로운 임포트
use zero2prod::startup::Application;

pub async fn spawn_app() -> TestApp {
    // [...]

    let application = Application::build(configuration.clone())
        .await
        .expect("Failed to build application.");
    // 포트를 얻은 뒤 애플리케이션을 시작한다.
    let address = format!("http://127.0.0.1:{}", application.port());
    let _ = tokio::spawn(application.run_until_stopped());

    TestApp {
```

```
        address,
        db_pool: get_connection_pool(&configuration.database),
    }
}

// [...]
```

```
//! src/main.rs
// [...]
// 새로운 임포트
use zero2prod::startup::Application;

#[tokio::main]
async fn main() -> std::io::Result<()> {
    // [...]
    let application = Application::build(configuration).await?;
    application.run_until_stopped().await?;
    Ok(())
}
```

완료했다. 다시 한번 확인하고 싶다면 cargo test를 실행하자.

7.3.9 API 클라이언트 빌드하기

우리가 가진 통합 테스트들은 모두 블랙박스다. 각 테스트를 시작하기 전에 애플리케이션을 구동하고 HTTP 클라이언트를 이용해서 애플리케이션과 상호작용한다(예 reqwest). 테스트를 작성할 때는 반드시 마지막에 API에 대한 클라이언트를 구현한다.

멋지다. 이 접근 방식은 사용자로서 API와 어떻게 상호작용하는지를 알 수 있는 기회를 준다. 클라이언트 로직을 모든 테스트 스위트에 퍼뜨리지 않도록 주의해야 한다. API가 변경되었을 때 엔드포인트 경로에서 마지막의 s를 빼기 위해 수십 개의 테스트 케이스를 변경하기를 원치 않는다.

subscriptions 테스트를 살펴보자.

```
//! tests/api/subscriptions.rs
use crate::helpers::spawn_app;

#[tokio::test]
async fn subscribe_returns_a_200_for_valid_form_data() {
    // Arrange
```

```
    let app = spawn_app().await;
    let client = reqwest::Client::new();
    let body = "name=le%20guin&email=ursula_le_guin%40gmail.com";

    // Act
    let response = client
        .post(&format!("{}/subscriptions", &app.address))
        .header("Content-Type", "application/x-www-form-urlencoded")
        .body(body)
        .send()
        .await
        .expect("Failed to execute request.");

    // Assert
    assert_eq!(200, response.status().as_u16());

    let saved = sqlx::query!("SELECT email, name FROM subscriptions",)
        .fetch_one(&app.db_pool)
        .await
        .expect("Failed to fetch saved subscription.");

    assert_eq!(saved.email, "ursula_le_guin@gmail.com");
    assert_eq!(saved.name, "le guin");
}

#[tokio::test]
async fn subscribe_returns_a_400_when_data_is_missing() {
    // Arrange
    let app = spawn_app().await;
    let client = reqwest::Client::new();
    let test_cases = vec![
        ("name=le%20guin", "missing the email"),
        ("email=ursula_le_guin%40gmail.com", "missing the name"),
        ("", "missing both name and email"),
    ];

    for (invalid_body, error_message) in test_cases {
        // Act
        let response = client
            .post(&format!("{}/subscriptions", &app.address))
            .header("Content-Type", "application/x-www-form-urlencoded")
            .body(invalid_body)
            .send()
            .await
            .expect("Failed to execute request.");

        // Assert
        assert_eq!(
```

```
            400,
            response.status().as_u16(),
            // 테스트 실패 시 추가적으로 커스터마이즈한 오류 메시지 출력
            "The API did not fail with 400 Bad Request when the payload was {}.",
            error_message
        );
    }
}

#[tokio::test]
async fn subscribe_returns_a_400_when_fields_are_present_but_invalid() {
    // Arrange
    let app = spawn_app().await;
    let client = reqwest::Client::new();
    let test_cases = vec![
        ("name=&email=ursula_le_guin%40gmail.com", "empty name"),
        ("name=Ursula&email=", "empty email"),
        ("name=Ursula&email=definitely-not-an-email", "invalid email"),
    ];

    for (body, description) in test_cases {
        // Act
        let response = client
            .post(&format!("{}/subscriptions", &app.address))
            .header("Content-Type", "application/x-www-form-urlencoded")
            .body(body)
            .send()
            .await
            .expect("Failed to execute request.");

        // Assert
        assert_eq!(
            400,
            response.status().as_u16(),
            "The API did not return a 400 Bad Request when the payload was {}.",
            description
        );
    }
}
```

각 테스트에 동일한 호출 코드가 존재한다. 이들을 꺼내서 **TestApp** 구조체에 메서드로 추가하자.

```
//! tests/api/helpers.rs
// [...]

pub struct TestApp {
```

```
        // [...]
}

impl TestApp {
    pub async fn post_subscriptions(&self, body: String) -> reqwest::Response {
        reqwest::Client::new()
            .post(&format!("{}/subscriptions", &self.address))
            .header("Content-Type", "application/x-www-form-urlencoded")
            .body(body)
            .send()
            .await
            .expect("Failed to execute request.")
    }
}

// [...]
```

```
//! tests/api/subscriptions.rs
use crate::helpers::spawn_app;

#[tokio::test]
async fn subscribe_returns_a_200_for_valid_form_data() {
    // [...]
    // Act
    let response = app.post_subscriptions(body.into()).await;
    // [...]
}

#[tokio::test]
async fn subscribe_returns_a_400_when_data_is_missing() {
    // [...]
    for (invalid_body, error_message) in test_cases {
        let response = app.post_subscriptions(invalid_body.into()).await;
        // [...]
    }
}

#[tokio::test]
async fn subscribe_returns_a_400_when_fields_are_present_but_invalid() {
    // [...]
    for (body, description) in test_cases {
        let response = app.post_subscriptions(body.into()).await;
        // [...]
    }
}
```

헬스 체크 엔드포인트에 대한 다른 메서드를 추가할 수 있지만, 해당 메서드는 한 번만 사용되므로 지금 추가할 필요는 없다.

7.3.10 정리

단일 파일의 테스트 스위트에서 시작해서 모듈화된 테스트 스위트와 견고한 헬퍼 셋을 만들었다. 애플리케이션 코드와 마찬가지로 테스트 코드 역시 끝나지 않는다. 프로젝트가 진화하는 한 계속 작업을 해야 한다. 하지만 모멘텀을 잃지 않고 앞으로 나갈 수 있는 견고한 기반을 마련했다. 이제 확인 메일을 보내기 위해 필요한 남은 기능들을 해결할 준비가 되었다.

7.4 돌아보기

이번 장을 시작할 때 세웠던 계획을 다시 돌아보자.

1. 이메일을 전송하는 모듈을 작성한다.
2. 기존의 POST /subscriptions 요청 핸들러 로직을 새로운 요구 사항에 맞게 적용한다.
3. GET /subscriptions/confirm 요청 핸들러를 처음부터 작성한다.

첫 번째 아이템은 완료했으므로 이제 나머지 두 개를 진행하자.

POST /subscriptions는 다음과 같이 작동한다.

1. 구독자의 세부 정보를 데이터베이스의 subscriptions 테이블에 추가하고, status를 pending_confirmation으로 설정한다.
2. (고유한) subscription_token을 생성한다.
3. subscription_tokens 테이블의 구독자 id에 대한 subscription_token을 데이터베이스에 저장한다.
4. 신규 구독자에게 https://<api-domain>/subscriptions/confirm?token=<subscription_token> 같은 구조의 링크를 포함한 이메일을 보낸다.
5. 200 OK를 반환한다.

사용자들이 해당 링크를 클릭하면, 브라우저 탭이 열리고 GET 요청이 GET /subscriptions/confirm 엔드포인트로 던져진다. 요청 핸들러는 다음과 같이 작동한다.

1. 쿼리 파라미터에서 `subscription_token`을 꺼낸다.

2. `subscription_tokens` 테이블에서 `subscription_token`과 관련된 구독자 id를 꺼낸다.

3. `subscriptions` 테이블의 구독자의 상태를 `pending_confirmation`에서 `active`로 업데이트 한다.

4. `200 OK`를 반환한다.

위 내용은 구현을 마쳤을 때 애플리케이션이 어떻게 작동하는지에 관한 세세한 그림을 그려준다. 거기에 어떻게 도달하는지 알아내는 것은 우리에게 큰 도움이 되지 않는다.

어디에서 시작해야 하는가? /subscriptions에 대한 변경을 즉시 처리해야 하는가? /subscriptions/confirm은 일단 내버려둬야 하는가?

다운타임 없이_{zero-downtime} 배포할 수 있는 구현 경로를 찾아야 한다.

7.5 제로 다운타임 배포

7.5.1 신뢰성

5장에서 애플리케이션을 퍼블릭 클라우드 제공자에 배포했다. 애플리케이션은 작동하고 있다. 뉴스레터를 아직 발행하지 않았지만, 우리가 그 방법을 생각하는 동안에도 사람들은 구독할 수 있다.

일단 애플리케이션이 프로덕션 트래픽을 제공하고 난 뒤에는, 애플리케이션을 신뢰할 수 있어야 reliable한다.

신뢰할 수 있다는 의미는 콘텍스트에 따라 다르다. 예를 들어 여러분이 데이터 스토리지 솔루션을 판매한다면, 데이터베이스는 고객의 데이터를 잃어버리지(혹은 망가뜨리지) 않아야 한다.

상업적인 측면에서, 애플리케이션의 신뢰성은 **서비스 수준 협약서**service level agreement, SLA로 정의된다. SLA는 계약에 따른 준수 사항이다. 여러분은 특정한 수준의 신뢰성을 보장하고, 프로덕션에서 여러분의 서비스가 기대한 만큼 작동하는 데 실패하면 고객에게 보상을 제공한다(일반적으로 할인이나 크레딧을 제공).

여러분이 API에 대한 접근을 판매한다면 **가용성**availability과 관련된 무엇인가를 신뢰성으로 제공한다. 예를 들어 API는 잘 구성된 유입 요청에 대해 99.99% 성공적으로 응답한다(이는 종종 **4-9 가용성**four-nines of availability이라고 불린다)고 보장할 수 있다. 바꾸어 말하면(유입 요청이 시간에 따라 균일하게 배포되어 있다고 가정하면), 1년 중 52분까지만 다운타임이 허용된다는 의미다. 4-9 가용성을 달성하기란 매우 어렵다.

가용성이 높은 설루션을 만드는 은탄환은 없다. 애플리케이션 레이어부터 인프라스트럭처 레이어까지 모든 부문에 걸친 작업이 필요하다. 그러나 한 가지는 분명하다. 가용성이 높은 서비스를 운영하고자 한다면, **제로 다운타임 배포**zero-downtime deployment를 마스터해야 한다. 사용자들은 새로운 버전의 애플리케이션을 프로덕션에 배포하기 전, 배포하는 중, 배포한 후에 항상 서비스를 사용할 수 있어야 한다. 이는 지속적인 배포를 연습할 때도 대단히 중요하다. 릴리스를 할 때마다 작은 장애가 발생한다면 하루에 여러 차례 배포할 수 없다.

7.5.2 배포 전략

1 단순한 배포

제로 다운타임 배포에 관해 깊게 살펴보기 전에 단순한naive 접근 방식에 관해 먼저 살펴보자. 서비스 버전 A가 프로덕션에서 실행 중일 때, 해당 서비스 버전 B를 배포하고자 한다.

1. 클러스터를 실행하는 버전 A의 모든 인스턴스를 끈다.
2. 버전 B를 실행하는 애플리케이션의 새로운 인스턴스를 실행한다.
3. 버전 B를 사용해서 트래픽을 처리한다.

클러스터에 사용자 트래픽을 처리할 수 있는 애플리케이션이 실행되지 않는 시간이 존재한다. 우리는 다운타임을 경험하고 있다. 더 잘하기 위해서는 인프라스트럭처가 어떻게 설정되어 있는지 잘 살펴봐야 한다.

❷ 로드 밸런서

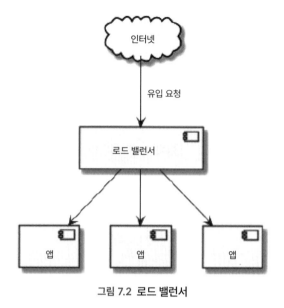

그림 7.2 로드 밸런서

로드 밸런서load balancer 뒤에서는 애플리케이션의 여러 사본[40]들이 실행되고 있다. 애플리케이션의 각 사본은 로드 밸런서에 백엔드로 등록된다. 누군가가 API에 요청을 보낼 때마다, 요청은 로드 밸런서로 던져진다. 로드 밸런서는 해당 유입 요청을 처리할 수 있는 백엔드 중 하나를 선택한다.

로드 밸런서는 일반적으로 백엔드를 동적으로 추가하는(그리고 삭제하는) 것을 지원한다. 결과적으로 몇 가지 흥미로운 패턴이 가능해진다.

▶ 수평적 스케일링

애플리케이션의 사본을 더 많이 실행함으로써 트래픽 스파이크가 발생할 때 용량을 늘릴 수 있다 (즉 **수평적 스케일링**horizontal scaling). 수평적 스케일링은 단일 인스턴스에서 예상되는 작업을 관리할 수 있을 때까지 부하를 분산하는 데 도움을 준다.

뒤에서 지표와 자동 스케일링에 관해 다룰 때 이 주제에 관해 다시 살펴볼 것이다.

---

40 5장에서는 실험하는 동안 청구되는 금액을 줄이기 위해 사본의 수를 1로 설정했다. 한 개의 사본만 실행하는 경우에도 사용자와 애플리케이션 사이에는 로드 밸런서가 존재한다. 배포는 여전히 롤링 업데이트 전략을 사용해서 수행된다.

▶ 헬스 체크

로드 밸런서가 등록된 백엔드의 건강 상태를 체크하도록 지시할 수 있다. 단순하게 말하면, 헬스 체크는 다음과 같이 수행할 수 있다.

- 수동적 로드 밸런서는 각 백엔드의 상태 코드와 지연 분포를 보고 백엔드의 건강 상태를 확인한다.
- 능동적 로드 밸런서는 각 백엔드에 정기적으로 헬스 체크 요청을 전송하도록 설정된다. 백엔드가 충분히 오랜 시간동안 성공 상태 코드에 응답하지 않으면, 해당 백엔드는 건강하지 않은 것으로 판단하여 제거된다.

헬스 체크는 클라우드 네이티브 환경에서 시스템의 자체적인 회복을 위한 핵심적인 기능이다. 플랫폼은 애플리케이션이 기대한 대로 동작하지 않는 것을 발견할 수 있고, 자동으로 해당 애플리케이션을 사용할 수 있는 백엔드 리스트에서 제거할 수 있다. 이를 통해 사용자에게 서비스를 제공하지 못하는 위험을 완화할 수 있다.[41]

❸ 롤링 업데이트 배포

로드 밸런서를 활용해 제로 다운타임 배포를 수행할 수 있다.

프로덕션 환경의 스냅숏을 살펴보자. 애플리케이션 버전 A의 사본 세 개가 로드 밸런서에 백엔드로 등록되어 있다. 우리는 버전 B를 배포하고자 한다.

먼저 애플리케이션의 버전 B의 사본 한 개를 실행한다. 애플리케이션이 트래픽을 처리할 준비가 되면(즉 몇 개의 헬스 체크 요청이 성공하면), 로드 밸런서에 백엔드로 등록한다.

이제 애플리케이션의 사본은 네 개가 된다. 세 개의 사본은 버전 A를 실행하고, 한 개의 사본은 버전 B를 실행한다. 네 개의 사본이 모두 실제 트래픽을 처리한다. 모든 사본이 잘 작동하면 실행 중인 버전 A의 사본 한 개를 중지한다.

등록된 모든 백엔드가 버전 B를 실행할 때까지, 버전 A를 실행하는 모든 사본을 교체하는 동일한 프로세스를 계속한다.

---

41 이는 건강한 인스턴스의 숫자가 지정한 임곗값보다 적을 때, 그리고 플랫폼이 자동으로 애플리케이션의 새로운 프로비저닝을 할 수 있는 경우에도 동일하게 적용된다.

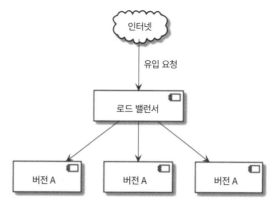

그림 7.3 롤 아웃이 시작되기 전의 시스템

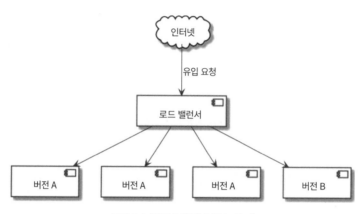

그림 7.4 버전 B의 인스턴스 한 개

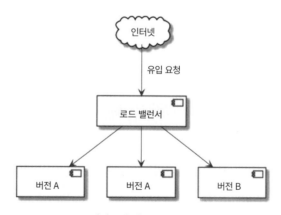

그림 7.5 버전 A의 인스턴스 한 개가 제거됨

이 배포 전략은 **롤링 업데이트**rolling update라고 부른다. 오래된 버전의 애플리케이션과 새로운 버전의 애플리케이션을 나란히 실행하면서 트래픽을 양쪽에서 함께 처리한다. 프로세스 전체에서 항상 세 개 이상의 건강한 백엔드를 유지한다. 사용자는 서비스 열화degradation를 전혀 경험하지 않는다(버전 B에 버그가 없다고 가정했을 때).

🔳 디지털오션 앱 플랫폼

우리는 애플리케이션을 디지털오션 앱 플랫폼에서 실행하고 있다. 제공하는 문서에 따르면 제로 다운타임 배포를 기본적으로 제공하지만, 그 방법에 관해서는 자세히 설명하지 않는다.

몇 가지 실험을 통해 확인한 결과 이들은 실제로 롤링 업데이트 배포 전략에 의존한다.

롤링 업데이트가 제로 다운타임 배포를 위한 유일한 전략은 아니다. **블루-그린**blue-green[42]과 **카나리 배포**canary release[43] 또한 동일한 기반 원칙을 가지고 있으며 유명하다. 여러분의 플랫폼과 요구 사항이 제공하는 기능에 기반해 애플리케이션에 가장 적합한 설루션을 선택하자.

7.6 데이터베이스 마이그레이션

7.6.1 상태는 애플리케이션 밖에 유지하자

로드 밸런싱은 어떤 백엔드를 사용해 유입되는 요청을 처리하더라도 결과는 동일할 것이라는 강력한 가정에 의존한다.

이에 관해서는 3장에서도 이미 논의했다. 실패가 발생할 수 있는 환경에서 높은 가용성을 보장하기 위해서, 클라우드 네이티브 애플리케이션은 상태를 갖지 않아야stateless 한다. 지속성과 관련된 모든 고려 사항은 외부 시스템에 위임한다(예 데이터베이스).

그렇기 때문에 로드 밸런싱이 효과가 있다. 모든 백엔드는 동일한 데이터베이스를 사용해 쿼리를 던지며, 같은 상태state를 조작한다.

데이터베이스를 하나의 거대한 글로벌 변수처럼 생각하자. 애플리케이션의 모든 사본이 지속적으로 접근해서 변경한다. 이때 상태는 유지된다.

---

42 https://martinfowler.com/bliki/BlueGreenDeployment.html
43 https://martinfowler.com/bliki/CanaryRelease.html

롤링 업데이트 배포를 하는 동안, 오래된 버전의 애플리케이션과 새로운 버전의 애플리케이션은 나란히 함께 실제 트래픽을 처리한다. 다른 관점에서 보면, 오래된 버전의 애플리케이션과 새로운 버전의 애플리케이션은 동일한 데이터베이스를 동시에 사용한다.

다운타임을 피하려면, 두 버전의 애플리케이션이 모두 이해하는 데이터베이스 스키마가 필요하다. 대부분의 배포에서는 문제가 되지 않지만, 스키마를 변경해야 한다면 심각한 제약 사항이 된다.

확인 이메일과 관련된 작업으로 다시 돌아가자. 식별한 구현 전략을 지속하기 위해서는 데이터베이스를 다음과 같이 변경해야 한다.

- subscription_tokens라는 새로운 테이블을 추가한다.
- 기존 subscriptions 테이블에 새로운 필수 column, status를 추가한다.

가능한 시나리오를 검토해 다운타임 없이 확인 이메일을 한 번에 배포할 수는 없다는 사실을 확인해보자.

먼저 데이터베이스를 마이그레이션한 뒤 새로운 버전을 배포할 수 있다. 이는 현재 버전이 잠시 동안 마이그레이션된 데이터베이스에 대해 실행되어야 함을 의미한다. POST /subscriptions의 현재 구현은 status에 관해 알지 못하므로, 해당 값 없이 subscriptions에 새로운 행을 삽입하려고 시도하게 된다. status가 NOT NULL(즉, 필수)이라는 제약 사항을 갖게 되면, 모든 데이터 삽입은 실패한다. 새로운 버전이 배포될 때까지 새로운 구독자를 받지 못한다. 좋지 않다.

먼저 새로운 버전을 배포한 뒤 데이터베이스를 마이그레이션할 수 있다. 이번에는 반대의 시나리오가 된다. 새로운 버전의 애플리케이션이 오래된 데이터베이스 스키마에 대해 실행한다. POST /subscriptions가 호출되면, 데이터베이스에 존재하지 않는 status 필드를 가진 행을 subscriptions에 삽입하려고 시도한다. 데이터베이스가 마이그레이션될 때까지 모든 데이터 삽입은 실패하고 새로운 구독자를 받을 수 없게 된다. 역시, 좋지 않다.

7.6.3 다단계 마이그레이션

빅뱅 릴리스big bang release는 이 상황을 막지 못한다. 작은 여러 단계를 통해 목적지에 도달해야 한다. 이것은 테스트 주도 개발에서 본 것과 다소 유사하다. 코드와 테스트를 동시에 변경하지 않는다. 하나가 변경되는 동안 다른 하나는 그대로 유지되어야 한다.

데이터베이스 마이그레이션과 배포에도 동일한 원칙이 적용된다. 데이터베이스 스키마를 변경한다면, 그와 동시에 애플리케이션의 동작을 변경해서는 안 된다. 이것을 데이터베이스 리팩터링이라고 생각하자. 이후에 필요한 행동을 하기 위한 기초를 다지는 것이다.

7.6.4 새로운 필수 컬럼

status 컬럼을 먼저 살펴보자.

1 단계 1: 옵셔널로 추가한다

애플리케이션 코드가 안정된 상태에서 시작한다. 데이터베이스 측에서 새로운 마이그레이션 스크립트를 생성한다.

```
sqlx migrate add add_status_to_subscriptions
```

```
Creating migrations/20210307181858_add_status_to_subscriptions.sql
```

이제 마이그레이션 스크립트를 수정해서 **status**를 subscriptions에 옵셔널 컬럼으로 추가할 수 있다.

```
ALTER TABLE subscriptions ADD COLUMN status TEXT NULL;
```

로컬 데이터베이스에 대해 마이그레이션을 실행한다(SKIP_DOCKER=true ./scripts/init_db.sh). 이제 테스트 스위트를 실행해서 새로운 데이터베이스 스키마에 대해 코드가 동작하는지 확인할 수 있다.

테스트는 성공한다. 프로덕션 데이터베이스를 마이그레이션한다.

2 단계 2: 새로운 컬럼을 사용한다

이제 **status**가 존재하므로 이를 사용할 수 있다. 정확하게 말하자면, 이제 값을 쓰기 시작할 수 있다. 새로운 구독자가 삽입될 때마다, **status**를 confirmed로 설정할 것이다.

삽입 쿼리를 보자.

```
//! src/routes/subscriptions.rs
// [...]

pub async fn insert_subscriber([...]) -> Result<(), sqlx::Error> {
    sqlx::query!(
        r#"INSERT INTO subscriptions (id, email, name, subscribed_at)
        VALUES ($1, $2, $3, $4)"#,
        // [...]
    )
    // [...]
}
```

다음으로 변경한다.

```
//! src/routes/subscriptions.rs
// [...]

pub async fn insert_subscriber([...]) -> Result<(), sqlx::Error> {
    sqlx::query!(
        r#"INSERT INTO subscriptions (id, email, name, subscribed_at, status)
        VALUES ($1, $2, $3, $4, 'confirmed')"#,
        // [...]
    )
    // [...]
}
```

테스트는 성공한다. 새로운 버전의 애플리케이션을 프로덕션에 배포한다.

❸ 단계 3: 이전 데이터를 채우고 NOT NULL로 표시한다

최신 버전의 애플리케이션은 모든 신규 가입자에 대해 status가 설정되어 있는 것을 보장한다.
status를 NOT NULL로 표시하기 위해서는 과거 레코드의 값을 채워야 한다. 그 뒤 자유롭게 컬럼
을 대체할 수 있다.

새로운 마이그레이션 스크립트를 생성하자.

```
sqlx migrate add make_status_not_null_in_subscriptions
```

```
Creating migrations/20210307184428_make_status_not_null_in_subscriptions.sql
```

SQL 마이그레이션은 다음과 같은 형태다.

```
-- We wrap the whole migration in a transaction to make sure
-- it succeeds or fails atomically. We will discuss SQL transactions
-- in more details towards the end of this chapter!
-- `sqlx` does not do it automatically for us.
-- (전체 마이그레이션을 트랜잭션으로 감싸서 단일하게 성공 또는 실패가
-- 되도록 한다. SQL 트랜잭션에 관해서는 이번 장의 후반 부에서 더
-- 자세하게 설명한다.)
BEGIN;
    -- Backfill `status` for historical entries
    -- (과거 데이터에 대한 `status`를 채운다.)
    UPDATE subscriptions
        SET status = 'confirmed'
        WHERE status IS NULL;
    -- Make `status` mandatory
    -- (`status`를 필수 컬럼으로 설정한다.)
    ALTER TABLE subscriptions ALTER COLUMN status SET NOT NULL;
COMMIT;
```

로컬 데이터베이스를 마이그레이션 하고, 테스트 스위트를 실행한 뒤 프로덕션 데이터베이스를 배포할 수 있다. 성공이다. status를 새로운 필수 컬럼으로 추가했다.

7.6.5 새로운 테이블

subscription_tokens는 어떤가? 마찬가지로 3단계가 필요한가?

그렇지 않다. 훨씬 단순하다. 애플리케이션에 관계없이 새로운 테이블을 마이그레이션에서 추가한다. 그 뒤 새로운 버전의 애플리케이션을 배포한다. 이 애플리케이션은 새로운 테이블을 사용해서 확인 이메일을 활성화한다.

새로운 마이그레이션 스크립트를 생성하자.

```
sqlx migrate add create_subscription_tokens_table
```

```
Creating migrations/20210307185410_create_subscription_tokens_table.sql
```

마이그레이션은 우리가 맨 처음 subscriptions을 추가했던 것과 비슷하다.

```
-- Create Subscription Tokens Table
-- (Subscription Tokens 테이블을 생성한다.)
CREATE TABLE subscription_tokens(
    subscription_token TEXT NOT NULL,
    subscriber_id uuid NOT NULL
        REFERENCES subscriptions (id),
    PRIMARY KEY (subscription_token)
);
```

세부 사항에 주의를 기울이자. subscription_tokens의 subscriber_id 컬럼은 외부 키다. subscription_tokens의 각 행에 대해 subscriptions에는 id 필드가 subscriber_id의 값과 같은 하나의 행이 반드시 존재해야 한다. 그렇지 않으면 삽입은 실패한다. 이것은 모든 토큰이 합법적인 구독자에 연결되어 있음을 보장한다.

프로덕션 데이터베이스를 다시 마이그레이션한다. 이것으로 완료다.

7.7 확인 이메일 전송하기

다소 시간이 걸렸지만 밑작업은 완료했다. 프로덕션 데이터베이스는 우리가 구현하고자 하는 새로운 기능인 확인 이메일을 수용할 준비가 되었다. 이제 애플리케이션 코드에 집중하자.

모든 기능은 적절한 테스트 주도 방식으로 구현할 것이다. 확실한 레드-그린-리팩터 루프 안에서 작은 단계를 밟는다. 준비하자.

7.7.1 정적 이메일

단순하게 시작할 것이다. POST /subscriptions이 이메일을 전송하는지 테스트한다. 지금 단계에서는 이메일 본문은 확인하지 않는다. 구체적으로 본문에 확인 링크가 포함되어 있는지 확인하지 않는다.

1 레드 테스트

이 테스트를 작성하기 위해서는 TestApp을 개선해야 한다.

TestApp은 현재 애플리케이션과 데이터베이스 커넥션 풀에 대한 핸들을 갖고 있다.

```
//! tests/api/helpers.rs
// [...]

pub struct TestApp {
    pub address: String,
    pub db_pool: PgPool,
}
```

mock 서버를 실행해서 Postmark의 API를 대신하게 하고 밖으로 전송되는 요청을 가로채야 한다. 이메일 클라이언트를 만들었을 때 했던 것과 동일하다.

spawn_app을 여기에 맞춰 수정하자.

```
//! tests/api/helpers.rs

// 새로운 임포트
use wiremock::MockServer;
// [...]

pub struct TestApp {
    pub address: String,
    pub db_pool: PgPool,
    // 새로운 필드
    pub email_server: MockServer,
}

pub async fn spawn_app() -> TestApp {
    // [...]
    // mock 서버를 구동해서 Postmark의 API를 대신한다.
    let email_server = MockServer::start().await;

    // 구성을 무작위화해서 테스트 격리를 보장한다.
    let configuration = {
        let mut c = get_configuration().expect("Failed to read configuration.");
        // [...]
        // mock 서버를 이메일 API로서 사용한다.
        c.email_client.base_url = email_server.uri();
        c
    };

    // [...]

    TestApp {
        // [...],
        email_server,
```

```
            }
}
```

이제 새로운 테스트 케이스를 작성할 수 있다.

```
//! tests/api/subscriptions.rs
// 새로운 임포트
use wiremock::matchers::{method, path};
use wiremock::{Mock, ResponseTemplate};
// [...]

#[tokio::test]
async fn subscribe_sends_a_confirmation_email_for_valid_data() {
    // Arrange
    let app = spawn_app().await;
    let body = "name=le%20guin&email=ursula_le_guin%40gmail.com";

    Mock::given(path("/email"))
            .and(method("POST"))
            .respond_with(ResponseTemplate::new(200))
            .expect(1)
            .mount(&app.email_server)
            .await;

    // Act
    app.post_subscriptions(body.into()).await;

    // Assert
    // mock 어서트 종료

}
```

테스트는 예상대로 실패한다.

```
failures:

---- subscriptions::subscribe_sends_a_confirmation_email_for_valid_data stdout ----
thread 'subscriptions::subscribe_sends_a_confirmation_email_for_valid_data'
panicked at 'Verifications failed:
- Mock #0.
        Expected range of matching incoming requests: == 1
        Number of matched incoming requests: 0'
```

실패 시 `wiremock`은 어떤 일이 발생했는지에 관한 세부적인 정보를 준다. 요청이 유입될 것을 기대했지만, 아무것도 받지 못했다. 수정하자.

❷ 그린 테스트

현재 핸들러의 형태는 다음과 같다.

```
//! src/routes/subscriptions.rs
// [...]

#[tracing::instrument([...])]
pub async fn subscribe(
    form: web::Form<FormData>, pool: web::Data<PgPool>
) -> HttpResponse {
    let new_subscriber = match form.0.try_into() {
        Ok(form) => form,
        Err(_) => return HttpResponse::BadRequest().finish(),
    };
    match insert_subscriber(&pool, &new_subscriber).await {
        Ok(_) => HttpResponse::Ok().finish(),
        Err(_) => HttpResponse::InternalServerError().finish(),
    }
}
```

이메일을 보내기 위해서는 `EmailClient` 인스턴스가 필요하다. 해당 모듈을 작성했을 때의 작업 일환으로, 모듈을 애플리케이션 콘텍스트에 등록했다.

```
//! src/startup.rs
// [...]

fn run([...]) -> Result<Server, std::io::Error> {
    // [...]
    let email_client = Data::new(email_client);
    let server = HttpServer::new(move || {
        App::new()
            .wrap(TracingLogger::default())
            // [...]
            // Here!
            .app_data(email_client.clone())
    })
    .listen(listener)?
    .run();
    Ok(server)
}
```

이제 핸들러 안에서 web::Data를 사용해 모듈에 접근할 수 있다. pool에서 했던 것과 동일하다.

```rust
//! src/routes/subscriptions.rs
// 새로운 임포트
use crate::email_client::EmailClient;
// [...]

#[tracing::instrument(
    name = "Adding a new subscriber",
    skip(form, pool, email_client),
    fields(
        subscriber_email = %form.email,
        subscriber_name = %form.name
    )
)]
pub async fn subscribe(
    form: web::Form<FormData>,
    pool: web::Data<PgPool>,
    // 앱 콘텍스트에서 이메일 클라이언트를 얻는다.
    email_client: web::Data<EmailClient>,
) -> HttpResponse {
    // [...]
    if insert_subscriber(&pool, &new_subscriber).await.is_err() {
        return HttpResponse::InternalServerError().finish();
    }
    // (쓸모없는) 이메일을 신규 가입자에게 전송한다.
    // 지금은 이메일 전송 오류는 무시한다.
    if email_client
        .send_email(
            new_subscriber.email,
            "Welcome!",
            "Welcome to our newsletter!",
            "Welcome to our newsletter!",
        )
        .await
        .is_err()
    {
        return HttpResponse::InternalServerError().finish();
    }
    HttpResponse::Ok().finish()
}
```

subscribe_sends_a_confirmation_email_for_valid_data는 이제 성공하지만, subscribe_returns_a_200_for_valid_form_data는 실패한다.

```
thread 'subscriptions::subscribe_returns_a_200_for_valid_form_data' panicked at
'assertion failed: `(left == right)`
  left: `200`,
 right: `500`'
```

이메일을 보내려고 하지만 실패한다. 테스트에서 mock을 셋업하지 않았기 때문이다. 문제를 수정하자.

```rust
//! tests/api/subscriptions.rs
// [...]

#[tokio::test]
async fn subscribe_returns_a_200_for_valid_form_data() {
    // Arrange
    let app = spawn_app().await;
    let body = "name=le%20guin&email=ursula_le_guin%40gmail.com";

    // 새로운 섹션
    Mock::given(path("/email"))
      .and(method("POST"))
      .respond_with(ResponseTemplate::new(200))
      .mount(&app.email_server)
      .await;

    // Act
    let response = app.post_subscriptions(body.into()).await;

    // Assert
    assert_eq!(200, response.status().as_u16());

    // [...]
}
```

좋다. 이제 테스트는 성공한다. 지금은 리팩터링할 것이 많지 않다. 다음 단계를 진행하자.

7.7.2 정적 확인 링크

기준을 조금 높여보자. 이메일 본문을 스캔해서 확인 링크를 얻을 것이다.

1 레드 테스트

아직은 링크가 동적인지 실제로 의미 있는 것인지 신경 쓰지 않는다. 그저 본문에 링크 형태의 무엇인가가 존재하는지만 확인하고자 한다. 일반 텍스트 버전과 HTML 버전의 이메일 본문에 동일한 링크가 존재해야 한다.

wiremock::MockServer가 가로챈 요청의 바디를 어떻게 얻는가? received_requests 메서드를 사용해서 얻을 수 있다. 이 메서드는 요청 레코딩이 활성화되어 있는 한(기본값) 서버가 가로챈 모든 요청의 벡터를 반환한다.

```rust
//! tests/api/subscriptions.rs
// [...]

#[tokio::test]
async fn subscribe_sends_a_confirmation_email_with_a_link() {
    // Arrange
    let app = spawn_app().await;
    let body = "name=le%20guin&email=ursula_le_guin%40gmail.com";

    Mock::given(path("/email"))
        .and(method("POST"))
        .respond_with(ResponseTemplate::new(200))
        // 여기에서는 더 이상 기댓값을 설정하지 않는다.
        // 테스트는 앱 동작의 다른 측면에 집중한다.
        .mount(&app.email_server)
        .await;

    // Act
    app.post_subscriptions(body.into()).await;

    // Assert
    // 첫 번째 가로챈 요청을 얻는다.
    let email_request = &app.email_server.received_requests().await.unwrap()[0];
    // 바디를 JSON으로 파싱한다. raw 바이트에서 시작한다.
    let body: serde_json::Value = serde_json::from_slice(&email_request.body)
        .unwrap();
}
```

이제 JSON에서 링크를 추출해야 한다. 정규식을 사용하면 가장 명확하겠지만, 잠시 내버려두자. 정규식은 복잡하므로 제대로 쓰려면 시간이 걸린다. 여기에서 다시 한번 거대한 러스트 에코시스템에서 만들어진 산출물을 활용할 수 있다. linkify를 개발 디펜던시에 추가하자.

```toml
#! Cargo.toml
# [...]
```

```
[dev-dependencies]
linkify = "0.8"
# [...]
```

`linkify`를 사용해서 텍스트를 스캔하고, 추출된 링크에 대한 **반복자**iterator를 반환할 수 있다.

```
//! tests/api/subscriptions.rs
// [...]

#[tokio::test]
async fn subscribe_sends_a_confirmation_email_with_a_link() {
    // [...]
    let body: serde_json::Value = serde_json::from_slice(&email_request.body)
        .unwrap();
    // 요청 필드들 중 하나에서 링크를 추출한다.
    let get_link = |s: &str| {
        let links: Vec<_> = linkify::LinkFinder::new()
            .links(s)
            .filter(|l| *l.kind() == linkify::LinkKind::Url)
            .collect();
            assert_eq!(links.len(), 1);
        links[0].as_str().to_owned()
    };

    let html_link = get_link(&body["HtmlBody"].as_str().unwrap());
    let text_link = get_link(&body["TextBody"].as_str().unwrap());
    // 두 링크는 동일해야 한다.
    assert_eq!(html_link, text_link);
}
```

테스트 스위트를 실행하면 새로운 테스트 케이스는 실패한다.

```
failures:

thread 'subscriptions::subscribe_sends_a_confirmation_email_with_a_link'
panicked at 'assertion failed: `(left == right)`
  left: `0`,
 right: `1`', tests/api/subscriptions.rs:71:9
```

❷ 그린 테스트

새로운 테스트 케이스를 만족시키기 위해 요청 핸들러를 다시 수정해야 한다.

```
//! src/routes/subscriptions.rs
// [...]

#[tracing::instrument([...])]
pub async fn subscribe(/* */) -> HttpResponse {
    // [...]
    let confirmation_link =
        "https://my-api.com/subscriptions/confirm";
    if email_client
        .send_email(
            new_subscriber.email,
            "Welcome!",
            &format!(
                "Welcome to our newsletter!<br />\
                Click <a href=\"{}\">here</a> to confirm your subscription.",
                confirmation_link
            ),
            &format!(
                "Welcome to our newsletter!\nVisit {} to confirm your subscription.",
                confirmation_link
            ),
        )
        .await
        .is_err()
    {
        return HttpResponse::InternalServerError().finish();
    }
    HttpResponse::Ok().finish()
}
```

테스트는 성공한다.

③ 리팩터링

요청 핸들러는 다소 분주하다. 매우 많은 코드가 확인 이메일을 다룬다. 요청 핸들러를 별도 파일로 추출하자.

```
//! src/routes/subscriptions.rs
// [...]

#[tracing::instrument([...])]
pub async fn subscribe(/* */) -> HttpResponse {
    let new_subscriber = match form.0.try_into() {
        Ok(form) => form,
        Err(_) => return HttpResponse::BadRequest().finish(),
```

```rust
    };
    if insert_subscriber(&pool, &new_subscriber).await.is_err() {
        return HttpResponse::InternalServerError().finish();
    }
    if send_confirmation_email(&email_client, new_subscriber)
        .await
        .is_err()
    {
        return HttpResponse::InternalServerError().finish();
    }
    HttpResponse::Ok().finish()
}

#[tracing::instrument(
    name = "Send a confirmation email to a new subscriber",
    skip(email_client, new_subscriber)
)]
pub async fn send_confirmation_email(
    email_client: &EmailClient,
    new_subscriber: NewSubscriber,
) -> Result<(), reqwest::Error> {
    let confirmation_link = "https://my-api.com/subscriptions/confirm";
    let plain_body = format!(
        "Welcome to our newsletter!\nVisit {} to confirm your subscription.",
        confirmation_link
    );
    let html_body = format!(
        "Welcome to our newsletter!<br />\
        Click <a href=\"{}\">here</a> to confirm your subscription.",
        confirmation_link
    );
    email_client
        .send_email(
            new_subscriber.email,
            "Welcome!",
            &html_body,
            &plain_body,
        )
        .await
}
```

subscribe는 다시 한번 전체 흐름에 집중하며 세부적인 단계에는 관여하지 않는다.

7.7.3 확인 중단하기

신규 구독자의 상태를 살펴보자. POST /subscriptions에서 신규 구독자의 상태를 confirmed로 설정한다. 하지만 확인 링크를 클릭하기 전까지는 pending_confirmation 상태여야 한다. 이 부분을 수정하자.

❶ 레드 테스트

첫 번째 '행복한 테스트' 케이스부터 다시 살펴보자.

```
//! tests/api/subscriptions.rs
// [...]

#[tokio::test]
async fn subscribe_returns_a_200_for_valid_form_data() {
    // Arrange
    let app = spawn_app().await;
    let body = "name=le%20guin&email=ursula_le_guin%40gmail.com";

    Mock::given(path("/email"))
        .and(method("POST"))
        .respond_with(ResponseTemplate::new(200))
        .mount(&app.email_server)
        .await;

    // Act
    let response = app.post_subscriptions(body.into()).await;

    // Assert
    assert_eq!(200, response.status().as_u16());

    let saved = sqlx::query!("SELECT email, name FROM subscriptions",)
        .fetch_one(&app.db_pool)
        .await
        .expect("Failed to fetch saved subscription.");

    assert_eq!(saved.email, "ursula_le_guin@gmail.com");
    assert_eq!(saved.name, "le guin");
}
```

테스트 케이스 이름이 다소 거짓말을 하고 있다. 이 테스트 코드는 상태 코드를 확인하고 데이터베이스에 저장된 상태에 대한 어서션을 수행한다. 두 개의 테스트 케이스로 분리하자.

```
//! tests/api/subscriptions.rs
// [...]
#[tokio::test]
async fn subscribe_returns_a_200_for_valid_form_data() {
    // Arrange
    let app = spawn_app().await;
    let body = "name=le%20guin&email=ursula_le_guin%40gmail.com";
    Mock::given(path("/email"))
        .and(method("POST"))
        .respond_with(ResponseTemplate::new(200))
        .mount(&app.email_server)
        .await;

    // Act
    let response = app.post_subscriptions(body.into()).await;

    // Assert
    assert_eq!(200, response.status().as_u16());
}

#[tokio::test]
async fn subscribe_persists_the_new_subscriber() {
    // Arrange
    let app = spawn_app().await;
    let body = "name=le%20guin&email=ursula_le_guin%40gmail.com";
    Mock::given(path("/email"))
        .and(method("POST"))
        .respond_with(ResponseTemplate::new(200))
        .mount(&app.email_server)
        .await;

    // Act
    app.post_subscriptions(body.into()).await;

    // Assert
    let saved = sqlx::query!("SELECT email, name FROM subscriptions",)
        .fetch_one(&app.db_pool)
        .await
        .expect("Failed to fetch saved subscription.");

    assert_eq!(saved.email, "ursula_le_guin@gmail.com");
    assert_eq!(saved.name, "le guin");
}
```

이제 두 번째 테스트 케이스를 수정해서 상태를 확인할 수 있다.

```
//! tests/api/subscriptions.rs
// [...]

#[tokio::test]
async fn subscribe_persists_the_new_subscriber() {
    // [...]

    // Assert
    let saved = sqlx::query!("SELECT email, name, status FROM subscriptions",)
        .fetch_one(&app.db_pool)
        .await
        .expect("Failed to fetch saved subscription.");

    assert_eq!(saved.email, "ursula_le_guin@gmail.com");
    assert_eq!(saved.name, "le guin");
    assert_eq!(saved.status, "pending_confirmation");
}
```

예상했던 대로 테스트는 실패한다.

```
failures:

---- subscriptions::subscribe_persists_the_new_subscriber stdout ----
thread 'subscriptions::subscribe_persists_the_new_subscriber'
panicked at 'assertion failed: `(left == right)`
   left: `"confirmed"`,
 right: `"pending_confirmation"`'
```

2 그린 테스트

삽입 쿼리를 수정해서 테스트를 그린으로 만들 수 있다.

```
//! src/routes/subscriptions.rs

#[tracing::instrument([...])]
pub async fn insert_subscriber([...]) -> Result<(), sqlx::Error> {
    sqlx::query!(
        r#"INSERT INTO subscriptions (id, email, name, subscribed_at, status)
        VALUES ($1, $2, $3, $4, 'confirmed')"#,
        // [...]
    )
    // [...]
}
```

confirmed를 pending_confirmation으로 변경해야 한다.

```
//! src/routes/subscriptions.rs

#[tracing::instrument([...])]
pub async fn insert_subscriber([...]) -> Result<(), sqlx::Error> {
    sqlx::query!(
        r#"INSERT INTO subscriptions (id, email, name, subscribed_at, status)
        VALUES ($1, $2, $3, $4, 'pending_confirmation')"#,
        // [...]
    )
    // [...]
}
```

테스트는 그린이다.

7.7.4 GET /subscriptions/confirm의 스켈레톤

POST /subscriptions에 관한 밑작업을 거의 완료했다. 이제 여정의 나머지 절반인 GET /subscriptions/confirm을 살펴보자. 해당 엔드포인트의 스켈레톤을 만든다. src/startup.rs에 해당 경로에 대한 핸들러를 등록하고, subscription_token 요청 쿼리 파라미터를 갖지 않은 유입 요청을 거부한다. 이를 통해 수많은 코드를 한 번에 작성하지 않고 행복한 경로를 만들 수 있다. 작은 단계를 밟자.

1 레드 테스트

tests 프로젝트에 새로운 모듈을 추가해서 확인 콜백을 다루는 모든 테스트 케이스를 호스팅하자.

```
//! tests/api/main.rs

mod health_check;
mod helpers;
mod subscriptions;
// 새로운 모듈
mod subscriptions_confirm;

//! tests/api/subscriptions_confirm.rs
use crate::helpers::spawn_app;

#[tokio::test]
async fn confirmations_without_token_are_rejected_with_a_400() {
```

```
    // Arrange
    let app = spawn_app().await;

    // Act
    let response = reqwest::get(&format!("{}/subscriptions/confirm", app.address))
        .await
        .unwrap();

    // Assert
    assert_eq!(response.status().as_u16(), 400);
}
```

예상했던 대로 테스트는 실패한다. 아직 핸들러를 구현하지 않았다.

```
---- subscriptions_confirm::confirmations_without_token_are_rejected_with_a_400 ----
thread 'subscriptions_confirm::confirmations_without_token_are_rejected_with_a_400'
panicked at 'assertion failed: `(left == right)`
  left: `404`,
 right: `400`'
```

2 그린 테스트

유입 요청에 관계없이 항상 200 OK를 반환하는 더미 핸들러에서 시작하자.

```
//! src/routes/mod.rs

mod health_check;
mod subscriptions;
// 새로운 모듈
mod subscriptions_confirm;

pub use health_check::*;
pub use subscriptions::*;
pub use subscriptions_confirm::*;
```

```
//! src/routes/subscriptions_confirm.rs

use actix_web::HttpResponse;

#[tracing::instrument(
    name = "Confirm a pending subscriber",
)]
pub async fn confirm() -> HttpResponse {
```

```
        HttpResponse::Ok().finish()
}
```

```
//! src/startup.rs
// [...]
use crate::routes::confirm;

fn run([...]) -> Result<Server, std::io::Error> {
    // [...]
    let server = HttpServer::new(move || {
        App::new()
            // [...]
            .route("/subscriptions/confirm", web::get().to(confirm))
            // [...]
    })
    // [...]
}
```

cargo test를 실행하면 다른 오류가 발생한다.

```
---- subscriptions_confirm::confirmations_without_token_are_rejected_with_a_400 ----
thread 'subscriptions_confirm::confirmations_without_token_are_rejected_with_a_400'
panicked at 'assertion failed: `(left == right)`
  left: `200`,
 right: `400`'
```

작동한다. 이제 200 OK를 400 Bad Request로 변경한다. subscription_token 쿼리 파라미터가 존재하는 것을 보장하고자 한다. 여기에서는 actix-web이 제공하는 또 다른 추출기인 Query를 사용할 수 있다.

```
//! src/routes/subscriptions_confirm.rs
use actix_web::{HttpResponse, web};

#[derive(serde::Deserialize)]
pub struct Parameters {
    subscription_token: String
}

#[tracing::instrument(
    name = "Confirm a pending subscriber",
    skip(_parameters)
```

```
)]
pub async fn confirm(_parameters: web::Query<Parameters>) -> HttpResponse {
    HttpResponse::Ok().finish()
}
```

Parameters 구조체는 유입 요청에서 보기를 기대하는 모든 쿼리 파라미터를 정의한다.
serde::Deserialize를 구현해서 actix-web이 유입 요청 경로로부터 구조체를 활성화하도록 해
야 한다. web::Query<Parameter> 타입의 함수 파라미터를 추가하면 actix-web으로 하여금 추출
이 성공했을 때만 핸들러를 호출하게 할 수 있다. 추출이 실패하면 자동으로 400 Bad Request가
호출자에 반환된다.

이제 테스트는 성공한다.

7.7.5 모든 것을 연결하기

이제 GET /subscriptions/confirm 핸들러를 가졌다. 전체 과정을 수행해볼 수 있다.

❶ 레드 테스트

우리는 사용자처럼 행동할 것이다. POST /subscriptions를 호출하고, 전송되는 이메일 요청으로
부터 확인 링크를 추출하고(앞에서 구현한 linkify 용병을 사용한다), 이를 호출해서 구독을 확인한
다. 200 OK가 반환될 것이다. (아직) 데이터베이스에서 상태는 확인하지 않는다. 이것은 여정의 마지
막 단계가 될 것이다.

테스트를 작성하자.

```
//! tests/api/subscriptions_confirm.rs
// [...]
use reqwest::Url;
use wiremock::{ResponseTemplate, Mock};
use wiremock::matchers::{path, method};

#[tokio::test]
async fn the_link_returned_by_subscribe_returns_a_200_if_called() {
    // Arrange
    let app = spawn_app().await;
    let body = "name=le%20guin&email=ursula_le_guin%40gmail.com";

    Mock::given(path("/email"))
```

```
    .and(method("POST"))
    .respond_with(ResponseTemplate::new(200))
    .mount(&app.email_server)
    .await;

app.post_subscriptions(body.into()).await;
let email_request = &app.email_server.received_requests().await.unwrap()[0];
let body: serde_json::Value = serde_json::from_slice(&email_request.body)
    .unwrap();
// 요청 필드 중 하나에서 링크를 추출한다.
let get_link = |s: &str| {
    let links: Vec<_> = linkify::LinkFinder::new()
        .links(s)
        .filter(|l| *l.kind() == linkify::LinkKind::Url)
        .collect();
    assert_eq!(links.len(), 1);
    links[0].as_str().to_owned()
};
let raw_confirmation_link = &get_link(&body["HtmlBody"].as_str().unwrap());
let confirmation_link = Url::parse(raw_confirmation_link).unwrap();
// 웹에서 무작위 API를 호출하지 않는다.
assert_eq!(confirmation_link.host_str().unwrap(), "127.0.0.1");

// Act
let response = reqwest::get(confirmation_link)
    .await
    .unwrap();

// Assert
assert_eq!(response.status().as_u16(), 200);
}
```

테스트는 실패한다.

```
thread subscriptions_confirm::the_link_returned_by_subscribe_returns_a_200_if_called
panicked at 'assertion failed: `(left == right)`
  left: `"my-api.com"`,
 right: `"127.0.0.1"`'
```

중복된 코드가 상당히 많지만, 이들은 나중에 처리한다. 우선 테스트를 성공하게 만드는 데 집중한다.

2 그린 테스트

URL 이슈부터 처리하자. URL은 현재 하드 코딩되어 있다.

```
//! src/routes/subscriptions.rs
// [...]

#[tracing::instrument([...])]
pub async fn send_confirmation_email([...]) -> Result<(), reqwest::Error> {
    let confirmation_link = "https://my-api.com/subscriptions/confirm";
    // [...]
}
```

도메인과 프로토콜은 애플리케이션이 실행되는 환경에 따라 다르다. 테스트에서는 `http://127.0.0.1`이지만, 애플리케이션이 프로덕션에서 실행될 때는 HTTPS 프로토콜의 적절한 DNS일 수 있다. 가장 좋은 방법은 구성값으로 도메인을 전달하는 것이다. `ApplicationSettings`에 새로운 필드를 추가하자.

```
//! src/configuration.rs
// [...]

#[derive(serde::Deserialize, Clone)]
pub struct ApplicationSettings {
    #[serde(deserialize_with = "deserialize_number_from_string")]
    pub port: u16,
    pub host: String,
    // 새 필드
    pub base_url: String
}
# configuration/local.yaml
application:
    base_url: "http://127.0.0.1"
# [...]
```

```
#! spec.yaml
# [...]
services:
  - name: zero2prod
    # [...]
    envs:
      # We use DO's APP_URL to inject the dynamically
      # provisioned base url as an environment variable
```

```
        # (디지털오션의 APP_URL을 사용해서 동적으로 프로비저닝된 base url을 환경변수로서 주입한다.)
      - key: APP_APPLICATION__BASE_URL
        scope: RUN_TIME
        value: ${APP_URL}
        # [...]
# [...]
```

spec.yaml을 수정할 때마다 디지털오션에 해당 변경 사항을 적용해야 한다. doctl apps list --fromat ID를 사용해서 앱 식별자를 그랩하고 doctl apps update $APP_ID --spec spec.yaml를 실행하자.

애플리케이션 콘텍스트에 해당 값을 등록해야 한다. 이제 이 과정이 익숙할 것이다.

```
//! src/startup.rs
// [...]

impl Application {
    pub async fn build(configuration: Settings) -> Result<Self, std::io::Error> {
        // [...]
        let server = run(
            listener,
            connection_pool,
            email_client,
            // 새로운 파라미터
            configuration.application.base_url,
        )?;

        Ok(Self { port, server })
    }

    // [...]
}

// 래퍼 타입을 정의해서 `subscriber` 핸들러에서 URL을 꺼낸다.
// actix-web에서는 콘텍스트에서 꺼낸 값은 타입 기반이다. `String`을
// 사용하면 충돌이 발생한다.
pub struct ApplicationBaseUrl(pub String);

fn run(
    listener: TcpListener,
    db_pool: PgPool,
    email_client: EmailClient,
    // 새로운 파라미터
    base_url: String,
```

```
) -> Result<Server, std::io::Error> {
    // [...]
    let base_url = Data::new(ApplicationBaseUrl(base_url));
    let server = HttpServer::new(move || {
        App::new()
            // [...]
            .app_data(base_url.clone())
    })
    // [...]
}
```

이제 요청 핸들러에서 URL에 접근할 수 있다.

```
//! src/routes/subscriptions.rs
use crate::startup::ApplicationBaseUrl;
// [...]

#[tracing::instrument(
    skip(form, pool, email_client, base_url),
    [...]
)]
pub async fn subscribe(
    // [...]
    // 새로운 파라미터
    base_url: web::Data<ApplicationBaseUrl>,
) -> HttpResponse {
    // [...]
    // 애플리케이션 url을 전달한다.
    if send_confirmation_email(
        &email_client,
        new_subscriber,
        &base_url.0
    )
    .await
    .is_err()
    {
        return HttpResponse::InternalServerError().finish();
    }
    // [...]
}

#[tracing::instrument(
    skip(email_client, new_subscriber, base_url)
    [...]
)]
pub async fn send_confirmation_email(
```

```
    // [...]
    // 새로운 파라미터
    base_url: &str,
) -> Result<(), reqwest::Error> {
    // 동적 루트와 함께 확인 링크를 생성한다.
    let confirmation_link = format!("{}/subscriptions/confirm", base_url);
    // [...]
}
```

테스트 스위트를 다시 실행하자.

```
thread subscriptions_confirm::the_link_returned_by_subscribe_returns_a_200_if_called
panicked at 'called `Result::unwrap()` on an `Err` value:
    reqwest::Error {
        kind: Request,
        url: Url {
            scheme: "http",
            host: Some(Ipv4(127.0.0.1)),
            port: None,
            path: "/subscriptions/confirm",
            query: None,
            fragment: None },
        source: hyper::Error(
            Connect,
            ConnectError(
                "tcp connect error",
                Os {
                    code: 111,
                    kind: ConnectionRefused,
                    message: "Connection refused"
                }
            )
        )
    }'
```

호스트는 올바르지만 테스트의 reqwest::Client는 커넥션을 수립하는 데 실패한다. 무엇이 잘못되었는가? 코드를 자세히 보면 port: None을 발견할 수 있다. 테스트 서버가 듣고 있는 포트를 지정하지 않고 http://127.0.0.1/subscriptions/confirm에 요청을 보내고 있는 것이다.

여기서 다소 의아한 것은 이벤트들의 순서다. 서버를 시작하기 전에 application_url 구성값을 전달했으므로, 어떤 포트를 듣고 있는지 알 수 없다(포트는 0을 사용해서 무작위화했다). DNS 도메인으로 충분한 프로덕션 상황에서는 문제가 되지 않는다. 테스트에서만 수정하면 된다. 애플리케이션 포트를 TestApp 안의 자체 필드에 저장하자.

```rust
//! tests/api/helpers.rs
// [...]

pub struct TestApp {
    // 새로운 필드
    pub port: u16,
    // [...]
}

pub async fn spawn_app() -> TestApp {
    // [...]

    let application = Application::build(configuration.clone())
        .await
        .expect("Failed to build application.");
    let application_port = application.port();
    let _ = tokio::spawn(application.run_until_stopped());

    TestApp {
        address: format!("http://localhost:{}", application_port),
        port: application_port,
        db_pool: get_connection_pool(&configuration.database),
        email_server,
    }
}
```

테스트 로직에서 이를 사용해서 확인 링크를 수정할 수 있다.

```rust
//! tests/api/subscriptions_confirm.rs
// [...]

#[tokio::test]
async fn the_link_returned_by_subscribe_returns_a_200_if_called() {
    // [...]
    let mut confirmation_link = Url::parse(raw_confirmation_link).unwrap();
    assert_eq!(confirmation_link.host_str().unwrap(), "127.0.0.1");
    // 해당 포트를 포함하도록 URL을 다시 작성하자.
    confirmation_link.set_port(Some(app.port)).unwrap();

    // [...]
}
```

아름답지는 않지만, 어쨌든 작동한다. 테스트를 다시 실행하자.

```
thread subscriptions_confirm::the_link_returned_by_subscribe_returns_a_200_if_called
panicked at 'assertion failed: `(left == right)`
  left: `400`,
 right: `200`'
```

확인 링크에 subscription_token 쿼리 파라미터가 붙어 있지 않아 400 Bad Request가 반환된다. 하드 코딩을 해서 임시로 문제를 수정하자.

```
//! src/routes/subscriptions.rs
// [...]

pub async fn send_confirmation_email([...]) -> Result<(), reqwest::Error> {
    let confirmation_link = format!(
        "{}/subscriptions/confirm?subscription_token=mytoken",
        base_url
    );
    // [...]
}
```

테스트는 성공한다.

3 리팩터링

외부로 나가는 이메일 요청으로부터 두 개의 확인 링크를 추출하는 로직은 두 개의 테스트에서 중복되어 있다. 기능의 나머지 부분들을 구체화하면서 이 로직에 의존하는 것들을 더 추가하게 될 것이다. 로직을 추출해서 헬퍼 함수로 만들자.

```
//! tests/api/helpers.rs
// [...]

/// 이메일 API에 대한 요청에 포함된 확인 링크
pub struct ConfirmationLinks {
    pub html: reqwest::Url,
    pub plain_text: reqwest::Url
}

impl TestApp {
    // [...]
```

```
/// 이메일 API에 대한 요청에 포함된 확인 링크를 추출한다.
pub fn get_confirmation_links(
    &self,
    email_request: &wiremock::Request
) -> ConfirmationLinks {
    let body: serde_json::Value = serde_json::from_slice(
        &email_request.body
    ).unwrap();

    // 요청 필드의 하나로부터 링크를 추출한다.
    let get_link = |s: &str| {
        let links: Vec<_> = linkify::LinkFinder::new()
            .links(s)
            .filter(|l| *l.kind() == linkify::LinkKind::Url)
            .collect();
        assert_eq!(links.len(), 1);
        let raw_link = links[0].as_str().to_owned();
        let mut confirmation_link = reqwest::Url::parse(&raw_link).unwrap();
        // 웹에 대해 무작위 API를 호출하지 않는 것을 확인한다.
        assert_eq!(confirmation_link.host_str().unwrap(), "127.0.0.1");
        confirmation_link.set_port(Some(self.port)).unwrap();
        confirmation_link
    };

    let html = get_link(&body["HtmlBody"].as_str().unwrap());
    let plain_text = get_link(&body["TextBody"].as_str().unwrap());
    ConfirmationLinks {
        html,
        plain_text
    }
}
}
```

TestApp의 메서드로 추가함으로써 애플리케이션 포트에 접근한다. 애플리케이션 포트는 링크에 주입하기 위해 필요하다. `wiremock::Request`와 TestApp(혹은 u16)을 인수로 받는 임의의 함수가 될 수도 있다. 기호에 따라 선택하자. 이제 두 개의 테스트 케이스를 상당히 단순화할 수 있다.

```
//! tests/api/subscriptions.rs
// [...]

#[tokio::test]
async fn subscribe_sends_a_confirmation_email_with_a_link() {
    // Arrange
    let app = spawn_app().await;
```

```
    let body = "name=le%20guin&email=ursula_le_guin%40gmail.com";

    Mock::given(path("/email"))
        .and(method("POST"))
        .respond_with(ResponseTemplate::new(200))
        .mount(&app.email_server)
        .await;

    // Act
    app.post_subscriptions(body.into()).await;

    // Assert
    let email_request = &app.email_server.received_requests().await.unwrap()[0];
    let confirmation_links = app.get_confirmation_links(&email_request);

    // 두 개의 링크는 동일해야 한다.
    assert_eq!(confirmation_links.html, confirmation_links.plain_text);
}
```

```
//! tests/api/subscriptions_confirm.rs
// [...]

#[tokio::test]
async fn the_link_returned_by_subscribe_returns_a_200_if_called() {
    // Arrange
    let app = spawn_app().await;
    let body = "name=le%20guin&email=ursula_le_guin%40gmail.com";

    Mock::given(path("/email"))
        .and(method("POST"))
        .respond_with(ResponseTemplate::new(200))
        .mount(&app.email_server)
        .await;

    app.post_subscriptions(body.into()).await;
    let email_request = &app.email_server.received_requests().await.unwrap()[0];
    let confirmation_links = app.get_confirmation_links(&email_request);

    // Act
    let response = reqwest::get(confirmation_links.html)
        .await
        .unwrap();

    // Assert
    assert_eq!(response.status().as_u16(), 200);
}
```

두 테스트 케이스의 의도는 이제 훨씬 명확하다.

7.7.6 구독 토큰

이제 방 안에 있는 코끼리를 처리할 준비가 되었다. **구독 토큰**subscription token을 생성해야 한다.

1 레드 테스트

앞에서 한 작업을 기반으로 새로운 테스트 케이스를 추가한다. 반환되는 상태 코드에 대해 어서션 하는 대신, 데이터베이스에 저장된 구독자의 상태를 확인한다.

```rust
//! tests/api/subscriptions_confirm.rs
// [...]

#[tokio::test]
async fn clicking_on_the_confirmation_link_confirms_a_subscriber() {
    // Arrange
    let app = spawn_app().await;
    let body = "name=le%20guin&email=ursula_le_guin%40gmail.com";

    Mock::given(path("/email"))
        .and(method("POST"))
        .respond_with(ResponseTemplate::new(200))
        .mount(&app.email_server)
        .await;

    app.post_subscriptions(body.into()).await;
    let email_request = &app.email_server.received_requests().await.unwrap()[0];
    let confirmation_links = app.get_confirmation_links(&email_request);

    // Act
    reqwest::get(confirmation_links.html)
        .await
        .unwrap()
        .error_for_status()
        .unwrap();

    // Assert
    let saved = sqlx::query!("SELECT email, name, status FROM subscriptions",)
        .fetch_one(&app.db_pool)
        .await
        .expect("Failed to fetch saved subscription.");

    assert_eq!(saved.email, "ursula_le_guin@gmail.com");
    assert_eq!(saved.name, "le guin");
```

```
        assert_eq!(saved.status, "confirmed");
}
```

예상한 대로 테스트는 실패한다.

```
thread subscriptions_confirm::clicking_on_the_confirmation_link_confirms_a_subscriber
panicked at 'assertion failed: `(left == right)`
  left: `"pending_confirmation"`,
 right: `"confirmed"`'
```

❷ 그린 테스트

앞에서 작성한 테스트 케이스를 성공하기 위해, 확인 메일에 구독 토큰을 하드 코딩했다.

```
//! src/routes/subscriptions.rs
// [...]

pub async fn send_confirmation_email([...]) -> Result<(), reqwest::Error> {
    let confirmation_link = format!(
        "{}/subscriptions/confirm?subscription_token=mytoken",
        base_url
    );
    // [...]
}
```

send_confirmation_email이 해당 토큰을 파라미터로 받도록 리팩터링하자. 업스트림에 생성 로직을 쉽게 추가할 수 있다.

```
//! src/routes/subscriptions.rs
// [...]

#[tracing::instrument([...])]
pub async fn subscribe([...]) -> HttpResponse {
    // [...]
    if send_confirmation_email(
        &email_client,
        new_subscriber,
        &base_url.0,
        // 새로운 파라미터
        "mytoken"
    )
```

```
    .await
    .is_err() {
        return HttpResponse::InternalServerError().finish();
    }
    // [...]
}

#[tracing::instrument(
    name = "Send a confirmation email to a new subscriber",
    skip(email_client, new_subscriber, base_url, subscription_token)
)]
pub async fn send_confirmation_email(
    email_client: &EmailClient,
    new_subscriber: NewSubscriber,
    base_url: &str,
    // 새로운 파라미터
    subscription_token: &str
) -> Result<(), reqwest::Error> {
    let confirmation_link = format!(
        "{}/subscriptions/confirm?subscription_token={}",
        base_url,
        subscription_token
    );
    // [...]
}
```

구독 토큰은 비밀번호가 아니다. 이들은 일회성이며 보호된 정보에 대한 접근을 보장하지 않는다.[44] 충분히 추측하기 어려운 값이어야 하지만, 최악의 경우 누군가의 메일 박스에 원하지 않는 뉴스레터 구독이 발생할 수 있음을 주지해야 한다.

주어진 요구 사항에서는 **암호적으로 안전한 유사난수 생성기**cryptographically secure pseudorandom number generator, CSPRNG[45]를 사용하는 것으로 충분하다. 모호한 두문자어를 선호한다면 **CSPRNG**를 사용해도 좋다. 구독 토큰을 생성해야 할 때마다 충분히 긴 알파벳 숫자 문자열을 샘플링하는 것도 좋다.

이를 위해서는 rand를 디펜던시에 추가해야 한다.

```
#! Cargo.toml
# [...]
```

---

44 토큰은 임시라고 할 수도 있다. https://en.wikipedia.org/wiki/Cryptographic_nonce
45 https://en.wikipedia.org/wiki/Cryptographically_secure_pseudorandom_number_generator

```
[dependencies]
# [...]
# We need the `std_rng` to get access to the PRNG we want
# (원하는 PRNG에 액세스하려면 `std_rng`가 필요하다.)
rand = { version = "0.8", features=["std_rng"] }
```

```
//! src/routes/subscriptions.rs
use rand::distributions::Alphanumeric;
use rand::{thread_rng, Rng};
// [...]

/// 대소문자를 구분하는 무작위 25문자로 구성된 구독 토큰을 생성한다.
fn generate_subscription_token() -> String {
    let mut rng = thread_rng();
    std::iter::repeat_with(|| rng.sample(Alphanumeric))
        .map(char::from)
        .take(25)
        .collect()
}
```

25개의 문자를 사용하면 대략 ~10^{45}개의 고유한 토큰을 만들 수 있다. 예시의 유스 케이스에서 사용하기에는 충분한 숫자다. GET /subscriptions/confirm의 토큰이 유효한지 확인하기 위해서는 POST /subscriptions이 새로 만들어진 토큰을 데이터베이스에 저장해야 한다. 이를 목적으로 추가한 subscription_token 테이블은 subscription_token, subscriber_id라는 두 개의 컬럼을 갖는다.

insert_subscriber에서 구독자 식별자를 생성하지만 이를 호출자에게는 반환하지 않았다.

```
#[tracing::instrument([...])]
pub async fn insert_subscriber([...]) -> Result<(), sqlx::Error> {
    sqlx::query!(
        r#"[...]"#,
        // 구독자 id는 반환되거나 변수에 바운드되지 않았다.
        Uuid::new_v4(),
        // [...]
    )
    // [...]
}
```

insert_subscriber가 해당 식별자를 반환하도록 리팩터링하자.

```
#[tracing::instrument([...])]
pub async fn insert_subscriber([...]) -> Result<Uuid, sqlx::Error> {
    let subscriber_id = Uuid::new_v4();
    sqlx::query!(
        r#"[...]"#,
        subscriber_id,
        // [...]
    )
    // [...]
    Ok(subscriber_id)
}
```

이제 모든 것을 연결할 수 있다.

```
//! src/routes/subscriptions.rs
// [...]

pub async fn subscribe([...]) -> HttpResponse {
    // [...]
    let subscriber_id = match insert_subscriber(&pool, &new_subscriber).await {
        Ok(subscriber_id) => subscriber_id,
        Err(_) => return HttpResponse::InternalServerError().finish(),
    };
    let subscription_token = generate_subscription_token();
    if store_token(&pool, subscriber_id, &subscription_token)
        .await
        .is_err()
    {
        return HttpResponse::InternalServerError().finish();
    }
    if send_confirmation_email(
        &email_client,
        new_subscriber,
        &base_url.0,
        &subscription_token,
    )
    .await
    .is_err()
    {
        return HttpResponse::InternalServerError().finish();
    }
    HttpResponse::Ok().finish()
}


#[tracing::instrument(
```

```
        name = "Store subscription token in the database",
        skip(subscription_token, pool)
)]
pub async fn store_token(
    pool: &PgPool,
    subscriber_id: Uuid,
    subscription_token: &str,
) -> Result<(), sqlx::Error> {
    sqlx::query!(
        r#"INSERT INTO subscription_tokens (subscription_token, subscriber_id)
        VALUES ($1, $2)"#,
        subscription_token,
        subscriber_id
    )
    .execute(pool)
    .await
    .map_err(|e| {
        tracing::error!("Failed to execute query: {:?}", e);
        e
    })?;
    Ok(())
}
```

POST /subscriptions에 대한 작업을 마쳤으므로 GET /subscription/confirm을 확인하자.

```
//! src/routes/subscriptions_confirm.rs
use actix_web::{HttpResponse, web};

#[derive(serde::Deserialize)]
pub struct Parameters {
    subscription_token: String
}

#[tracing::instrument(
    name = "Confirm a pending subscriber",
    skip(_parameters)
)]
pub async fn confirm(_parameters: web::Query<Parameters>) -> HttpResponse {
    HttpResponse::Ok().finish()
}
```

다음을 수행해야 한다.

1. 데이터베이스 풀에 대한 참조를 얻는다.

2. 존재한다면 토큰과 관련된 구독자 id를 가져온다.

3. 구독자 상태를 confirmed로 변경한다.

이미 앞에서 모두 해본 작업들이다. 바로 작업을 시작하자.

```rust
use actix_web::{web, HttpResponse};
use sqlx::PgPool;
use uuid::Uuid;

#[derive(serde::Deserialize)]
pub struct Parameters {
    subscription_token: String,
}

#[tracing::instrument(
    name = "Confirm a pending subscriber",
    skip(parameters, pool)
)]
pub async fn confirm(
    parameters: web::Query<Parameters>,
    pool: web::Data<PgPool>,
) -> HttpResponse {
    let id = match get_subscriber_id_from_token(
        &pool,
        &parameters.subscription_token
    ).await {
        Ok(id) => id,
        Err(_) => return HttpResponse::InternalServerError().finish(),
    };
    match id {
        // 존재하지 않는 토큰
        None => HttpResponse::Unauthorized().finish(),
        Some(subscriber_id) => {
            if confirm_subscriber(&pool, subscriber_id).await.is_err() {
                return HttpResponse::InternalServerError().finish();
            }
            HttpResponse::Ok().finish()
        }
    }
}

#[tracing::instrument(
    name = "Mark subscriber as confirmed",
    skip(subscriber_id, pool)
)]
```

```
pub async fn confirm_subscriber(
    pool: &PgPool,
    subscriber_id: Uuid
) -> Result<(), sqlx::Error> {
    sqlx::query!(
        r#"UPDATE subscriptions SET status = 'confirmed' WHERE id = $1"#,
        subscriber_id,
        )
        .execute(pool)
        .await
        .map_err(|e| {
            tracing::error!("Failed to execute query: {:?}", e);
            e
        })?;
    Ok(())
}

#[tracing::instrument(
    name = "Get subscriber_id from token",
    skip(subscription_token, pool)
)]
pub async fn get_subscriber_id_from_token(
    pool: &PgPool,
    subscription_token: &str,
) -> Result<Option<Uuid>, sqlx::Error> {
    let result = sqlx::query!(
        "SELECT subscriber_id FROM subscription_tokens \
        WHERE subscription_token = $1",
        subscription_token,
        )
        .fetch_optional(pool)
        .await
        .map_err(|e| {
            tracing::error!("Failed to execute query: {:?}", e);
            e
        })?;
    Ok(result.map(|r| r.subscriber_id))
}
```

이것으로 충분한가? 놓친 것은 없는가? 확인할 방법은 한 가지뿐이다.

```
cargo test
```

```
Running target/debug/deps/api-5a717281b98f7c41
running 10 tests
```

```
[...]
test result: ok. 10 passed; 0 failed; finished in 0.92s
```

잘 작동한다.

7.8 데이터베이스 트랜잭션

7.8.1 모 아니면 도

하지만 승리를 선언하기에는 아직 이르다. POST /subscriptions 핸들러는 복잡해졌다. Postgres 데이터베이스에 두 개의 INSERT 쿼리를 수행한다. 한 쿼리는 신규 구독자의 세부 정보를 저장하고, 다른 쿼리는 새로 생성된 구독 토큰을 저장한다. 두 동작 사이에서 애플리케이션이 충돌하면 어떤 일이 발생하는가?

첫 번째 쿼리는 성공적으로 완료되지만, 두 번째 쿼리는 아예 실행되지 않을 수도 있다.

POST /subscriptions를 호출한 뒤 데이터베이스는 세 가지 상태를 가질 수 있다.

- 신규 구독자와 그 토큰은 지속된다(저장된다).
- 신규 구독자는 토큰 없이 지속된다(저장된다).
- 아무것도 지속되지 않는다(저장되지 않는다).

쿼리가 많아질수록 데이터베이스의 최종 상태를 추론하기는 더 어려워진다.

관계형 데이터베이스(와 다른 몇 가지 데이터베이스)는 이 문제를 완화하기 위해 **트랜잭션**transaction이라는 메커니즘을 제공한다. 트랜잭션은 관련된 동작들을 하나의 작업 단위로 묶는 기술이다. 데이터베이스는 한 트랜잭션 안에 속하는 모든 동작이 함께 성공 혹은 실패하는 것을 보장한다. 데이터베이스는 트랜잭션의 특정한 일부만 실행된 상태에 머무르지 않는다.

예시로 돌아가서, 두 개의 INSERT 쿼리를 하나의 트랜잭션으로 묶으면, 두 개의 최종 상태를 가질 수 있다.

- 신규 구독자와 그 토큰은 지속된다(저장된다).
- 아무것도 지속되지 않는다(저장되지 않는다).

훨씬 처리하기 쉽다.

7.8.2 Postgres에서의 트랜잭션

Postgres에서 트랜잭션을 시작할 때는 **BEGIN 구문**[46]을 사용한다. BEGIN 이후의 모든 쿼리는 트랜잭션에 포함된다. 이 트랜잭션은 **COMMIT 구문**[47]으로 종료된다.

이미 마이그레이션 스크립트 중 하나에서 트랜잭션을 사용했다.

```
BEGIN;
UPDATE subscriptions SET status = 'confirmed' WHERE status IS NULL;
ALTER TABLE subscriptions ALTER COLUMN status SET NOT NULL;
COMMIT;
```

트랜잭션에 포함된 쿼리 중 어느 하나라도 실패하면 데이터베이스는 **롤백**rolls back한다. 실패가 발생하기 이전에 수행된 모든 변경이 롤백되고, 동작은 중지된다. **ROLLBACK 구문**[48]을 사용해서 명시적으로 롤백을 트리거할 수도 있다.

트랜잭션은 심오한 주제다. 여러 구문을 도 아니면 모의 동작으로 변환하는 동시에 동일한 테이블에 대해서 동시에 실행할 수 있는 다른 쿼리들로 인해 커밋되지 않은 변경의 영향을 숨긴다. 요구사항이 발전함에 따라 데이터베이스에서 제공하는 동시성 보장을 세세하게 조정하기 위해 트랜잭션의 **격리 수준**isolation level[49]을 명시적으로 선택해야 하는 경우가 많아질 것이다. 시스템의 규모와 복잡성이 증가함에 따라 다양한 종류의 동시성 관련 문제[50](예 **지저분한 읽기**dirty read, **유령 읽기**phantom read 등)를 잘 파악하는 것이 점점 더 중요해진다.

이에 관해 자세히 알고 싶다면 《데이터 중심 애플리케이션 설계》(위키북스, 2018) 등을 참조하자.

---

46 https://www.postgresql.org/docs/current/sql-begin.html

47 https://www.postgresql.org/docs/current/sql-commit.html

48 https://www.postgresql.org/docs/current/sql-rollback.html

49 https://www.postgresql.org/docs/current/transaction-iso.html

50 https://en.wikipedia.org/wiki/Isolation_(database_systems)

7.8.3 Sqlx에서의 트랜잭션

코드로 돌아가자. sqlx에서 트랜잭션을 어떻게 활용할 수 있는가?

직접 BEGIN 구문을 작성할 필요는 없다. 트랜잭션은 관계형 데이터베이스 사용에 있어 상당히 중요하기 때문에 sqlx는 전용 API를 제공한다. 풀에 대해 begin을 호출함으로써 풀로부터 커넥션을 얻어, 트랜잭션을 실행할 수 있다.

```
//! src/routes/subscriptions.rs
// [...]

pub async fn subscribe([...]) -> HttpResponse {
    let new_subscriber = // [...]
    let mut transaction = match pool.begin().await {
        Ok(transaction) => transaction,
        Err(_) => return HttpResponse::InternalServerError().finish(),
    };
    // [...]
```

성공하면 begin은 하나의 Transaction 구조체[51]를 반환한다. Transaction에 대한 가변 참조자는 sqlx의 Executor 트레이트를 구현하며 이를 사용해 쿼리들을 실행할 수 있다. Transaction을 실행자로 사용해서 실행하는 모든 쿼리는 트랜잭션의 일부가 된다.

transaction을 pool 대신 insert_subscriber와 store_token으로 전달한다.

```
//! src/routes/subscriptions.rs
use sqlx::{Postgres, Transaction};
// [...]

#[tracing::instrument([...])]
pub async fn subscribe([...]) -> HttpResponse {
    // [...]
    let mut transaction = match pool.begin().await {
        Ok(transaction) => transaction,
        Err(_) => return HttpResponse::InternalServerError().finish(),
    };
    let subscriber_id = match insert_subscriber(
        &mut transaction,
        &new_subscriber
```

---

51 https://docs.rs/sqlx/0.5.1/sqlx/struct.Transaction.html

```
    ).await {

        Ok(subscriber_id) => subscriber_id,
        Err(_) => return HttpResponse::InternalServerError().finish(),
    };
    let subscription_token = generate_subscription_token();
    if store_token(&mut transaction, subscriber_id, &subscription_token)
        .await
        .is_err()
    {
        return HttpResponse::InternalServerError().finish();
    }
    // [...]
}


#[tracing::instrument(
    name = "Saving new subscriber details in the database",
    skip(new_subscriber, transaction)
)]
pub async fn insert_subscriber(
    transaction: &mut Transaction<'_, Postgres>,
    new_subscriber: &NewSubscriber,
) -> Result<Uuid, sqlx::Error> {
    let subscriber_id = Uuid::new_v4();
    sqlx::query!([...])
        .execute(transaction)
    // [...]
}


#[tracing::instrument(
    name = "Store subscription token in the database",
    skip(subscription_token, transaction)
)]
pub async fn store_token(
    transaction: &mut Transaction<'_, Postgres>,
    subscriber_id: Uuid,
    subscription_token: &str,
) -> Result<(), sqlx::Error> {
    sqlx::query!([..])
        .execute(transaction)
    // [...]
}
```

cargo test를 실행하면 재미있는 결과를 볼 수 있다. 일부 테스트가 실패한다. 실패하는 이유는 무엇인가?

앞에서 논의했듯 하나의 트랜잭션은 성공하든지 롤백된다. Transaction은 한 개의 전용 메서드를 제공한다. Transaction::commit[52]은 변경을 저장하고, Transaction::rollback[53]은 모든 동작을 중단한다. 둘 중 아무것도 호출하지 않으면 어떤 일이 발생하는가?

sqlx의 소스 코드를 보면 더 잘 이해할 수 있다. 구체적으로는 Transaction의 Drop 구현을 살펴보자.

```
impl<'c, DB> Drop for Transaction<'c, DB>
where
    DB: Database,
{
    fn drop(&mut self) {
        if self.open {
            // 롤백 작업을 시작한다.

            // 구체적인 동작은 데이터베이스에 따라 다르지만,
            // 일반적으로 기반 커넥션의 다음 번 비동기 호출 시(커넥션이 풀에 반환되는
            // 경우도 포함) 일어날 롤백 작업을 큐에 등록한다.
            DB::TransactionManager::start_rollback(&mut self.connection);
        }
    }
}
```

self.open은 내부 불리언 플래그로 트랜잭션을 시작할 때 사용되는 커넥션에 붙어 있으며, 트랜잭션에 연결된 쿼리를 실행한다. begin을 사용해 트랜잭션을 생성하면, rollback 또는 commit이 호출될 때까지 true로 설정된다.

```
impl<'c, DB> Transaction<'c, DB>
where
    DB: Database,
{
    pub(crate) fn begin(
        conn: impl Into<MaybePoolConnection<'c, DB>>,
    ) -> BoxFuture<'c, Result<Self, Error>> {
        let mut conn = conn.into();

        Box::pin(async move {
```

---

52 https://docs.rs/sqlx/0.5.1/sqlx/struct.Transaction.html#method.commit
53 https://docs.rs/sqlx/0.5.1/sqlx/struct.Transaction.html#method.rollback

```
            DB::TransactionManager::begin(&mut conn).await?;

            Ok(Self {
                connection: conn,
                open: true,
            })
        })
    }

    pub async fn commit(mut self) -> Result<(), Error> {
        DB::TransactionManager::commit(&mut self.connection).await?;
        self.open = false;

        Ok(())
    }

    pub async fn rollback(mut self) -> Result<(), Error> {
        DB::TransactionManager::rollback(&mut self.connection).await?;
        self.open = false;

        Ok(())
    }
}
```

다시 말해, `Transaction` 객체가 스코프를 벗어나기 전에(예 Drop이 호출됨) commit 또는 rollback 이 호출되지 않으면, rollback 명령어가 큐에 저장되고 기회가 오자마자 실행된다.[54] 테스트가 실패 하는 이유가 바로 이것이다. 트랜잭션을 사용하지만 명시적으로 변경을 커밋하지 않는다. 커넥션이 요청 핸들러의 종료와 함께 풀로 돌아가면, 모든 변경 사항이 롤백되고 테스트 기대 사항은 만족 되지 않는다.

subscribe에 한 행을 추가해서 이 이슈를 수정할 수 있다.

```
//! src/routes/subscriptions.rs
use sqlx::{Postgres, Transaction};
```

---

54 러스트는 현재 비동기 파괴자, 즉 `AsyncDrop`을 지원하지 않는다(https://boats.gitlab.io/blog/post/poll-drop/). 이와 관련된 논의(https://github.com/rust-lang/rfcs/pull/2958)들이 진행 중이지만 명확한 합의(https://internals.rust-lang.org/t/asynchronous-destructors/11127)는 도출되지 않았다. 이는 sqlx의 제약 사항이다. 트랜잭션이 스코프를 벗어나면 롤백 동작을 큐에 넣을 수 있지만 즉시 실행할 수는 없다. 괜찮은가? 건강한 API인가? 이에 관한 다양한 시각과 견해가 존재한다. `diesel`의 비동기 관련 이슈(https://github.com/diesel-rs/diesel/issues/399#issuecomment-684726924)의 관련 오버뷰(https://github.com/diesel-rs/diesel/issues/399#issuecomment-684726924)를 확인하자. 개인적으로는 sqlx가 주는 이익이 리스크를 상쇄한다고 생각한다. 하지만 여러분의 애플리케이션과 유스 케이스에서의 트레이드오프를 고려해서 결정을 내려야 한다.

```
// [...]

#[tracing::instrument([...])]
pub async fn subscribe([...]) -> HttpResponse {
    // [...]
    let mut transaction = match pool.begin().await {
        Ok(transaction) => transaction,
        Err(_) => return HttpResponse::InternalServerError().finish(),
    };
    let subscriber_id = match insert_subscriber(
        &mut transaction,
        &new_subscriber
    ).await {
        Ok(subscriber_id) => subscriber_id,
        Err(_) => return HttpResponse::InternalServerError().finish(),
    };
    let subscription_token = generate_subscription_token();
    if store_token(&mut transaction, subscriber_id, &subscription_token)
        .await
        .is_err()
    {
        return HttpResponse::InternalServerError().finish();
    }
    if transaction.commit().await.is_err() {
        return HttpResponse::InternalServerError().finish();
    }
    // [...]
}
```

테스트 스위트는 다시 한번 성공한다. 이제 애플리케이션을 배포하자. 실제 환경에서 기능이 동작하는 것을 보면 새로운 수준의 만족감을 얻을 수 있을 것이다.

7.9 정리

이번 장의 여정은 매우 길었다. 하지만 여러분은 그 길을 함께 걸어왔다. 애플리케이션의 스켈레톤은 테스트 스위트와 함께 모양을 갖추기 시작했다. 기능도 추가되었으며, 기능적인 구독 흐름과 적절한 확인 이메일을 갖추었다. 무엇보다 중요한 것은 우리가 러스트 코드를 작성하는 리듬을 타고 있다는 점이다. 이번 장의 마지막 부분에서는 새로운 개념을 많이 소개하기보다는 매우 긴 페어 프로그래밍 세션을 통해 상당한 진전을 이루었다.

이 주제에 대해 더 알고 싶으면 스스로 탐색해보는 게 좋을 것이다. 지금까지 만들어온 것들을 개선해보자. 다음과 같은 것을 살펴볼 수 있다.

- 사용자가 구독을 두 번 한다면 어떻게 되겠는가? 두 번의 확인 이메일을 받는 것을 보장하자.
- 사용자가 확인 링크를 두 번 클릭하면 어떻게 되겠는가?
- 구독 토큰의 형태는 적절하지만, 토큰이 실제로는 존재하지 않는다면 어떻게 되겠는가?
- 유입되는 토큰에 대한 검증을 추가하자. 현재는 사용자의 입력을 그대로 쿼리에 전달하고 있다 (sqlx가 SQL 주입을 방지해주는 것에 감사하자).
- 이메일에 사용할 적절한 템플릿 설루션을 사용하자(예 tera[55]).
- 여러분이 하고 싶은 것은 무엇이든 좋다.

마스터하기 위해서는 진중한 연습이 필요하다.

---

55 https://github.com/Keats/tera

오류 핸들링

확인 이메일을 보내기 위해서는 사용자 입력 검증, 이메일 작성, 다양한 데이터베이스 쿼리 등 여러 동작을 조합해야 한다. 이 동작들의 공통점은 실패할 수 있다는 점이다.

6장에서는 러스트에서 오류 핸들링의 빌딩 블록인 Result와 ? 연산자에 관해 살펴봤다. 하지만 아직 많은 질문에 답해야 한다. 오류들은 애플리케이션의 넓은 아키텍처 안에 어떻게 들어맞는가? **좋은 오류**good error는 어떻게 보이는가? 누구를 위한 오류인가? 라이브러리를 사용해야 하는가? 사용한다면 어떤 라이브러리를 사용해야 하는가?

이번 장에서는 러스트에서의 오류 핸들링에 관해 심층적으로 분석하는 데 집중한다.

8.1 오류의 목적은 무엇인가?

먼저 예시를 살펴보자.

```
//! src/routes/subscriptions.rs
// [...]

pub async fn store_token(
    transaction: &mut Transaction<'_, Postgres>,
    subscriber_id: Uuid,
    subscription_token: &str,
) -> Result<(), sqlx::Error> {
```

```
    sqlx::query!(
        r#"
INSERT INTO subscription_tokens (subscription_token, subscriber_id)
VALUES ($1, $2)
        "#,
        subscription_token,
        subscriber_id
    )
    .execute(transaction)
    .await
    .map_err(|e| {
        tracing::error!("Failed to execute query: {:?}", e);
        e
    })?;
    Ok(())
}
```

subscriber_id에 대해 새롭게 생성된 토큰을 저장하기 위해 subscription_tokens에 하나의 행을 삽입하려고 한다. execute는 실패할 수 있는 동작이다. 데이터베이스와 통신하는 동안 네트워크 문제가 발생할 수 있다. 삽입하려고 하는 행이 테이블의 제약 사항(예 기본 키의 고유함 등)을 위반할 수도 있다.

8.1.1 내부 오류

❶ 호출자가 대응할 수 있도록 하자

execute의 호출자는 오류가 발생할 때 가장 많은 정보를 받기 원한다. 호출자는 오류에 따라 반응해야 한다. 우리가 다루는 예시에서는 ?를 사용해서 쿼리를 재시도하거나 실패를 업스트림으로 전파한다.

러스트는 타입 시스템을 사용해서 동작이 성공하지 않을 수도 있음을 알린다. execute의 반환 타입은 enum인 Result이다.

```
pub enum Result<Success, Error> {
    Ok(Success),
    Err(Error)
}
```

호출자는 컴파일러에게 성공과 실패 시나리오를 어떻게 다룰지 알려야 한다.

단지 호출자에게 오류가 발생했음을 알리는 것이 목표라면, 더 단순한 Result의 정의를 사용할 수 있다.

```
pub enum ResultSignal<Success> {
    Ok(Success),
    Err
}
```

제네릭 Error 타입은 필요하지 않다. execute가 Err 변형을 반환했는지 확인만 하면 된다. 즉

```
let outcome = sqlx::query!(/* ... */)
    .execute(transaction)
    .await;
if outcome == ResultSignal::Err {
    // 실패했다면 무언가를 처리한다.
}
```

오류 모드가 한 가지일 때는 잘 작동한다. 사실, 동작은 다양한 방식으로 실패할 수 있으며, 실패 결과에 따라 다르게 반응하기를 원할 것이다.

execute의 오류 타입인 sqlx::Error의 스켈레톤을 살펴보자.

```
//! sqlx-core/src/error.rs

pub enum Error {
    Configuration(/* */),
    Database(/* */),
    Io(/* */),
    Tls(/* */),
    Protocol(/* */),
    RowNotFound,
    TypeNotFound {/* */},
    ColumnIndexOutOfBounds {/* */},
    ColumnNotFound(/* */),
    ColumnDecode {/* */},
    Decode(/* */),
    PoolTimedOut,
    PoolClosed,
    WorkerCrashed,
    Migrate(/* */),
}
```

상당히 긴 리스트다. 그렇지 않은가?

sqlx::Error는 enum으로 구현되어 있으며 이를 사용해 반환되는 오류에 매칭하고, 기반이 되는 실패 모드에 따라 다르게differently 동작할 수 있다. 예를 들어 ColumnNotFound가 발생했을 때 포기하는 대신 PoolTimeOut을 시도할 수 있다.

❷ 운영자가 문제를 처리할 수 있도록 돕자

동작이 한 가지 실패 모드만 갖는다면 어떻게 되는가? 오류 타입으로 ()를 사용해야 하는가?

호출자의 입장에서는 Err(())만으로 결정을 내리기 충분할 수도 있다(예 사용자에게 500 Internal Error를 반환하는 등).

하지만 제어 흐름이 애플리케이션에서 오류의 유일한 목적은 아니다. 우리는 오류가 실패에 관한 충분한 콘텍스트를 전달함으로써 운영자(예 개발자)에게 해당 문제를 해결할 수 있을 만큼의 충분한 정보를 포함한 보고서를 제공하기를 원한다.

보고서란 어떤 의미인가? 우리가 개발하는 것과 같은 백엔드 API에서는 일반적으로 로그 이벤트가 이에 해당한다. CLI에서는 --verbose 플래그를 사용했을 때 터미널에 표시되는 오류 메시지가 될 수 있다.

세부적인 구현은 다를 수 있으나, 목적은 동일하다. 무엇이 잘못되었는지 사람이 이해하도록 돕는 것이다. 초기 코드 스니펫에서 우리가 한 작업과 일치한다.

```
//! src/routes/subscriptions.rs
// [...]

pub async fn store_token(/* */) -> Result<(), sqlx::Error> {
    sqlx::query!(/* */)
        .execute(transaction)
        .await
        .map_err(|e| {
            tracing::error!("Failed to execute query: {:?}", e);
            e
        })?;
    // [...]
}
```

쿼리가 실패하면 오류를 잡아서 로그 이벤트를 방출한다. 그 뒤, 데이터베이스 문제를 확인할 때 해당 오류 로그를 조사할 수 있다.

8.1.2 경계에서의 오류

❶ 사용자가 문제를 처리할 수 있도록 돕자

지금까지는 API 내부, 즉 다른 함수를 호출하는 함수와 문제가 발생했을 때 이를 이해하고자 하는 운영자에게 집중했다. 그렇다면 사용자는 어떤가?

운영자와 마찬가지로, 사용자들은 실패 모드를 만났을 때 API가 시그널을 줄 것을 기대한다.

API 사용자는 store_token이 실패했을 때 무엇을 볼 것인가? 요청 핸들러를 확인하면 알 수 있다.

```
//! src/routes/subscriptions.rs
// [...]

pub async fn subscribe(/* */) -> HttpResponse {
    // [...]
    if store_token(&mut transaction, subscriber_id, &subscription_token)
        .await
        .is_err()
    {
        return HttpResponse::InternalServerError().finish();
    }
    // [...]
}
```

사용자들은 바디가 없는 500 Internal Server Error 상태 코드의 HTTP 응답을 받는다.

상태 코드는 store_token에서의 오류 타입과 동일한 목적을 달성한다. 이것은 기계가 파싱할 수 있는 정보이며, 호출자(예 브라우저)는 이 정보를 활용해 다음 동작을 결정한다(예 일시적인 실패라고 가정하고 요청을 재시도한다).

브라우저를 보는 사람은 무엇을 해야 하는가? 우리는 그들에게 무엇을 말할 것인가? 많지 않다. 응답 바디가 비어 있기 때문이다. 이것은 실제로 좋은 구현이다. 사용자들은 그들이 호출한 API 내부에 신경 쓰지 않아야 한다. 사용자들은 이에 관한 멘탈 모델을 갖지 않으면, 왜 실패하는지도 알 길이 없다. 그것은 운영자의 영역이다. 설계상 그런 세부 사항은 생략했다.

하지만 다른 경우에는 사용자에게 추가적인 정보를 전달해야 한다. 동일한 엔드포인트에 대한 입력 검증을 살펴보자.

```rust
//! src/routes/subscriptions.rs

#[derive(serde::Deserialize)]
pub struct FormData {
    email: String,
    name: String,
}

impl TryFrom<FormData> for NewSubscriber {
    type Error = String;

    fn try_from(value: FormData) -> Result<Self, Self::Error> {
        let name = SubscriberName::parse(value.name)?;
        let email = SubscriberEmail::parse(value.email)?;
        Ok(Self { email, name })
    }
}
```

사용자가 제출한 폼의 데이터로 이메일 주소와 이름을 받는다. 두 개의 필드는 추가적인 내부 검증(SubscriberName::parse, SubscriberEmail::parse)을 거친다. 이 두 개의 메서드는 모두 실패할 수 있다. 오류 타입으로 무엇이 잘못되었는지 설명하는 String을 반환한다.

```rust
//! src/domain/subscriber_email.rs
// [...]

impl SubscriberEmail {
    pub fn parse(s: String) -> Result<SubscriberEmail, String> {
        if validate_email(&s) {
            Ok(Self(s))
        } else {
            Err(format!("{} is not a valid subscriber email.", s))
        }
    }
}
```

이는 가장 유용한 오류 메시지는 아니라는 것을 시인해야 하겠다. 사용자가 입력한 이메일에 무언가 잘못되었음을 알리지만, 그 이유를 파악하는 것은 돕지 않는다. 결론적으로는 크게 관계없다.

이 정보는 사용자에게 API의 응답으로 보내지 않을 것이기 때문이다. 사용자는 바디가 없는 `400 Bad Request` 응답을 받는다.

```
//! src/routes/subscription.rs
// [...]

pub async fn subscribe(/* */) -> HttpResponse {
    let new_subscriber = match form.0.try_into() {
        Ok(form) => form,
        Err(_) => return HttpResponse::BadRequest().finish(),
    };
    // [...]
```

이것은 형편없는 오류다. 사용자는 어둠 속에 갇혀서 필요한 행동을 하지 못한다.

8.1.3 정리

지금까지 발견한 것을 요약하자. 오류는 두 가지[1] 주요 목적을 갖는다.

- 제어 흐름(예 다음으로 할 것을 결정한다)
- 보고(예 사실 이후에 무엇이 잘못되었는지 조사한다)

오류의 위치에 기반해서 다음을 구분할 수 있다.

- 내부(예 애플리케이션 안에서 다른 함수를 부르는 함수)
- 경계(예 목적을 달성하는 데 실패한 API 요청)

제어 흐름은 스크립트로 작성된다. 다음에 할 일이 무엇인지 결정하기 위해 필요한 모든 정보는 머신에 접근할 수 있어야 한다. 내부 오류를 위해서는 타입(즉, enum 변형), 메서드, 필드를 사용한다. 경계에서의 오류는 상태 코드에 의존한다.

대신 오류 보고서는 주로 사람이 참조한다. 콘텐츠는 소비 대상에 따라 조정되어야 한다. 운영자는 시스템 내부에 접근할 수 있다. 운영자는 실패 모드에 관해 가능한 한 많은 정보를 얻을 수 있

---

1 이 용어는 제인 러스비(Jane Lusby)가 RustConf 2020에서 발표한 'Error handling Isn't All About Errors'에서 인용했다. 아직 발표를 보지 못했다면 책을 덮고 유튜브 영상을 보자. 절대 후회하지 않을 것이다. https://www.youtube.com/watch?v=rAF8mLI0naQ

어야 한다. 사용자는 애플리케이션 경계 바깥에 앉아 있다.[2] 사용자들은 필요한 경우 그들의 행동을 조정하는 데 있어 필요한 정도의 정보만 받아야 한다(예 잘못된 입력을 수정한다).

이 멘탈 모델은 2×2 테이블(위치는 열, 목적은 행)로 나타낼 수 있다.

	내부	경계
제어 흐름	타입, 메서드, 필드	상태 코드
보고	로그/트레이스	응답 바디

이번 장의 남은 부분에서는 이 테이블의 각 셀에 대한 오류 핸들링 전략을 개선하는 내용을 다룬다.

8.2 운영자를 위한 오류 핸들링

운영자를 위한 오류 보고서부터 시작하자. 오류의 관점에서 봤을 때, 우리는 현재 올바른 로그를 기록하고 있는가?

간단한 테스트를 작성해서 확인해보자.

```
//! tests/api/subscriptions.rs
// [...]

#[tokio::test]
async fn subscribe_fails_if_there_is_a_fatal_database_error() {
    // Arrange
    let app = spawn_app().await;
    let body = "name=le%20guin&email=ursula_le_guin%40gmail.com";
    // 데이터베이스를 무시한다.
    sqlx::query!("ALTER TABLE subscription_tokens DROP COLUMN subscription_token;",)
        .execute(&app.db_pool)
        .await
        .unwrap();

    // Act
    let response = app.post_subscriptions(body.into()).await;
```

---

2   사용자와 운영자의 구분은 흐릿할 수 있음을 기억하자. 예를 들어 사용자가 소스 코드에 접근할 수 있거나, 그들이 가진 하드웨어에서 소프트웨어를 실행할 수도 있다. 사용자는 때때로 운영자의 모자를 써야 할 수도 있다. 비슷한 시나리오에서 소프트웨어에 사람의 의도를 명확하게 전달하기 위한 구성 노브(configuration knob)가 필요할 수도 있다(예: --verbose 또는 CLI의 환경 변수). 이를 통해 올바른 세부 사항 및 추상화 수준으로 진단 정보를 제공한다.

```
    // Assert
    assert_eq!(response.status().as_u16(), 500);
}
```

테스트는 곧바로 성공한다. 애플리케이션이 출력한 로그를 살펴보자.[3] tracing-actix-web 0.4.0-beta.8, tracing-bunyan-formatter 0.2.4, actix-web 4.0.0-beta.8을 실행해야 한다.

```
# sqlx 로그에는 불필요한 내용이 많으므로, 소음을 적절하게 줄인다.
export RUST_LOG="sqlx=error,info"
export TEST_LOG=enabled
cargo t subscribe_fails_if_there_is_a_fatal_database_error | bunyan
```

출력의 중요한 부분은 다음과 같다.

```
INFO: [HTTP REQUEST - START]
INFO: [ADDING A NEW SUBSCRIBER - START]
INFO: [SAVING NEW SUBSCRIBER DETAILS IN THE DATABASE - START]
INFO: [SAVING NEW SUBSCRIBER DETAILS IN THE DATABASE - END]
INFO: [STORE SUBSCRIPTION TOKEN IN THE DATABASE - START]
ERROR: [STORE SUBSCRIPTION TOKEN IN THE DATABASE - EVENT] Failed to execute query:
        Database(PgDatabaseError {
            severity: Error,
            code: "42703",
            message:
              "column 'subscription_token' of relation
               'subscription_tokens' does not exist",
            ...
        })
    target=zero2prod::routes::subscriptions
INFO: [STORE SUBSCRIPTION TOKEN IN THE DATABASE - END]
INFO: [ADDING A NEW SUBSCRIBER - END]
ERROR: [HTTP REQUEST - EVENT] Error encountered while
        processing the incoming HTTP request: ""
    exception.details="",
    exception.message="",
    target=tracing_actix_web::middleware
INFO: [HTTP REQUEST - END]
    exception.details="",
```

---

[3] 이상적인 시나리오에서 우리는 실제로 테스트를 작성해서 애플리케이션이 출력한 로그의 속성을 검증할 것이다. 오늘날에는 다소 번거로운 과정이다. 더 좋은 툴링을 사용할 수 있게 되면 이번 장의 내용을 다시 수정하고자 한다(어쩌면 아무것도 쓰지 못할지도 모른다).

```
        exception.message="",
        target=tracing_actix_web::root_span_builder,
        http.status_code=500
```

이런 출력을 어떻게 읽는가? 이상적으로 결과, 즉 요청 프로세싱의 끝에서 출력된 로그 레코드에서 시작한다. 위 경우에서는 다음과 같다.

```
INFO: [HTTP REQUEST - END]
    exception.details="",
    exception.message="",
    target=tracing_actix_web::root_span_builder,
    http.status_code=500
```

무엇을 알 수 있는가? 해당 요청은 500 상태 코드를 반환했다. 즉 실패했다. 그 외에 추가적인 정보는 알 수 없다. exception.details와 exception.message는 모두 비어 있다.

tracing_actix_web이 출력한 다음 로그를 봐도 상황은 딱히 더 나아지지 않는다.

```
ERROR: [HTTP REQUEST - EVENT] Error encountered while
        processing the incoming HTTP request: ""
    exception.details="",
    exception.message="",
    target=tracing_actix_web::middleware
```

어떤 대응을 할 수 없는 정보다. '저런, 무언가 잘못되었습니다'라는 로그 수준밖에 되지 않는다.

마지막 남은 로그까지 살펴봐야 한다.

```
ERROR: [STORE SUBSCRIPTION TOKEN IN THE DATABASE - EVENT] Failed to execute query:
        Database(PgDatabaseError {
            severity: Error,
            code: "42703",
            message:
                "column 'subscription_token' of relation
                'subscription_tokens' does not exist",
            ...
        })
    target=zero2prod::routes::subscriptions
```

데이터베이스와 통신하려고 할 때 무언가 잘못되었다. subscription_tokens 테이블의 subscription_token 열을 보길 기대했지만, 어떤 이유로 해당 열이 존재하지 않는다. 이것은 실제로 유용하다.

하지만 이것이 500 오류의 원인일까? 로그만 봐서는 확실히 알 수 없다. 개발자는 코드베이스를 클론하고, 해당 로그 라인이 어디에서 출력되는지 확인한 뒤 실제 이슈의 근본 원인인지 확인해야 한다. 가능하지만 시간이 걸린다. [HTTP REQUEST - END] 로그 레코드가 exception.details와 exception.message의 기반 근본 원인에 관해 무엇인가 유용한 것을 보고한다면 훨씬 쉬울 것이다.

8.2.1 오류의 근본 원인에 대한 추적 유지하기

tracing_actix_web의 로그 레코드가 왜 형편없는지 이해하기 위해서는 요청 핸들러와 store_token에 관해 (다시) 조사해야 한다.

```
//! src/routes/subscriptions.rs
// [...]

pub async fn subscribe(/* */) -> HttpResponse {
    // [...]
    if store_token(&mut transaction, subscriber_id, &subscription_token)
        .await
        .is_err()
    {
        return HttpResponse::InternalServerError().finish();
    }
    // [...]
}

pub async fn store_token(/* */) -> Result<(), sqlx::Error> {
    sqlx::query!(/* */)
        .execute(transaction)
        .await
        .map_err(|e| {
            tracing::error!("Failed to execute query: {:?}", e);
            e
        })?;
    // [...]
}
```

유용한 오류 로그는 tracing::error 호출에 의해 출력된 로그 하나다. 이 오류 메시지는 execute가 반환한 sqlx::Error를 포함한다. 우리는 ? 연산자를 사용해서 오류를 위쪽으로 전파한다. 하지만 그 연결은 subscribe에서 끊어진다. store_token에서 받은 오류를 버리고, 그저 500 응답을 만든다.

HttpResponse::InternalServerError().finish()는 actix_web과 tracing_actix_web::TracingLogger가 각 로그 레코드를 출력하기 위해 접속하는 유일한 대상이다. 이 오류는 기반이 되는 근본 오류, 다시 말해 tracing::error를 호출하는 오류에 관한 콘텍스트를 전혀 갖지 않는다. 따라서 로그 레코드들은 모두 쓸모없다.

어떻게 수정할 것인가?

actix_web이 제공하는 오류 핸들링 용병, 구체적으로는 actix_web::Error를 활용한다. 문서를 참조하자.

> actix_web::Error는 std::error에서 편리한 방법으로 actix_web을 통해 오류를 전달하기 위해 사용된다.

우리가 찾고 있는 바로 그것인 것 같다. actix_web::Error[4]의 인스턴스를 어떻게 만드는가? 문서에 따르면 다음과 같다.

> actix_web::Error는 into()를 사용해서 오류를 만들 수 있다.

간접적이지만, 생각해볼 수 있다.[5] 문서에 나와 있는 것을 검색하여 사용할 수 있는 유일한 From/Into 구현은 다음과 같다.

```
/// `ResponseError`를 구현한 모든 에러로부터 `actix_web::Error`를 만든다.
impl<T: ResponseError + 'static> From<T> for Error {
    fn from(err: T) -> Error {
        Error {
            cause: Box::new(err),
        }
    }
}
```

---

4 https://docs.rs/actix-web/4.0.1/actix_web/struct.Error.html
5 문서의 해당 섹션을 개선하고자 actix_web에 PR을 제출할 것을 약속한다.

actix_web은 ResponseError 트레이트를 노출한다.

```
/// `Response`로 변환될 수 있는 오류들
pub trait ResponseError: fmt::Debug + fmt::Display {
    /// 응답의 상태 코드
    ///
    /// 기본 구현은 internal server error를 반환한다.
    fn status_code(&self) -> StatusCode;

    /// 오류로부터 응답을 생성한다.
    ///
    /// 기본 구현은 internal server error를 반환한다.
    fn error_response(&self) -> Response;
}
```

오류에 대해서는 이를 구현하기만 하면 된다.

actix_web은 500 Internal Server Error를 반환하는 두 메서드에 대한 기본 구현을 제공한다. 바로 우리에게 필요한 것이다. 다음과 같은 코드로 충분하다.

```
//! src/routes/subscriptions.rs
use actix_web::ResponseError;
// [...]

impl ResponseError for sqlx::Error {}
```

만족스러운 결과가 아니다.

```
error[E0117]: only traits defined in the current crate
              can be implemented for arbitrary types
  --> src/routes/subscriptions.rs:162:1
    |
162 | impl ResponseError for sqlx::Error {}
    | ^^^^^^^^^^^^^^^^^^^^^^^^^^^-----------
    | |                         |
    | |                         `sqlx::Error` is not defined in the current crate
    | impl doesn't use only types from inside the current crate
    |
    = note: define and implement a trait or new type instead
```

러스트의 **고아 규칙**orphan rule[6]에 부딪힌다. 외부 타입에 대한 외부 트레이트 구현은 금지되어 있다. 여기에서 외부란 '다른 크레이트로부터'라는 의미다. 이 제한은 일관성을 유지하기 위한 것이다. sqlx::Error에 대한 ResponseError[7]의 자체적인 구현을 정의하는 종속성을 추가했다고 상상해 보자. 해당 트레이트 메서드들이 호출되어 있을 때 컴파일러는 무엇을 사용할 것인가?

고아 규칙을 무시하더라도, sqlx::Error에 대한 ResponseError를 구현하는 것은 여전히 실수다. 우리는 sqlx::Error를 만났을 때 500 Internal Server Error를 반환하고 동시에 구독자 토큰을 저장하기 원한다. 다른 상황에서는 sqlx::Error를 다르게 처리하고 싶을 수도 있다.

컴파일러의 제안을 따르자. 새로운 타입을 정의해서 sqlx::Error을 감싸자.

```
//! src/routes/subscriptions.rs
// [...]

// 새로운 에러 타입을 사용한다.
pub async fn store_token(/* */) -> Result<(), StoreTokenError> {
    sqlx::query!(/* */)
    .execute(transaction)
    .await
    .map_err(|e| {
        // [...]
        // 기본 오류 감싸기
        StoreTokenError(e)
    })?;
    // [...]
}

// 새로운 에러 타입, sqlx::Error를 감싼다.
pub struct StoreTokenError(sqlx::Error);

impl ResponseError for StoreTokenError {}
```

위 구현은 작동하지 않는다. 하지만 그 이유는 다르다.

```
error[E0277]: `StoreTokenError` doesn't implement `std::fmt::Display`
  --> src/routes/subscriptions.rs:164:6
   |
```

---

6   https://doc.rust-lang.org/book/ch10-02-traits.html#implementing-a-trait-on-a-type
7   https://docs.rs/actix-web/4.0.1/actix_web/trait.ResponseError.html

```
164 |     impl ResponseError for StoreTokenError {}
    |          ^^^^^^^^^^^^^^^
    |     `StoreTokenError` cannot be formatted with the default formatter
    |
 59 |     pub trait ResponseError: fmt::Debug + fmt::Display {
    |                                            -----------
    |                          required by this bound in `ResponseError`
    |
    = help: the trait `std::fmt::Display` is not implemented for `StoreTokenError`

error[E0277]: `StoreTokenError` doesn't implement `std::fmt::Debug`
  --> src/routes/subscriptions.rs:164:6
    |
164 |     impl ResponseError for StoreTokenError {}
    |          ^^^^^^^^^^^^^^^
    |     `StoreTokenError` cannot be formatted using `{:?}`
    |
 59 |     pub trait ResponseError: fmt::Debug + fmt::Display {
    |                              ----------
    |                          required by this bound in `ResponseError`
    |
    = help: the trait `std::fmt::Debug` is not implemented for `StoreTokenError`
    = note: add `#[derive(Debug)]` or manually implement `std::fmt::Debug`
```

StoreTokenError의 Debug, Display 트레이트의 구현이 누락되었다. 두 개의 트레이트는 모두 포매팅과 관련되지만 그 목적은 다르다. Debug는 (그 이름이 암시하는 것처럼) 디버깅을 돕기 위해 기본 형식 구조에 가능한 한 충실하게 프로그래머를 위한 표현을 반환해야 한다. 거의 모든 퍼블릭 타입은 Debug를 구현해야 한다. 한편 Display는 기본 타입의 사용을 위한 표현을 반환해야 한다. 대부분의 타입은 Display를 구현하지 않으며 #[derive(Display)] 속성을 통해 자동으로 구현할 수 없다.

오류를 다룰 때는 두 개의 트레이트를 다음과 같이 생각할 수 있다. Debug는 가능한 한 많은 정보를 반환하고 Display는 우리가 만난 오류에 관한 핵심적인 콘텍스트를 간략하게 제공한다.

StoreTokenError에 이 작업을 수행하자.

```
//! src/routes/subscriptions.rs
// [...]

// `Debug`를 활용한다. 쉽고 힘들지도 않다.
#[derive(Debug)]
pub struct StoreTokenError(sqlx::Error);

impl std::fmt::Display for StoreTokenError {
    fn fmt(&self, f: &mut std::fmt::Formatter<'_>) -> std::fmt::Result {
        write!(
            f,
            "A database error was encountered while \
            trying to store a subscription token."
        )
    }
}
```

잘 컴파일된다. 요청 핸들러에도 이를 활용할 수 있다.

```
//! src/routes/subscriptions.rs
// [...]

pub async fn subscribe(/* */) -> Result<HttpResponse, actix_web::Error> {
    // 반환을 (조기에) `OK(...)`로 감싸야 한다.
    // [...]
    // `?` 연산자는 투명하게 `Into` 트레이트를 호출한다.
    // 더 이상 명시적인 `map_err`가 필요하지 않다.
    store_token(/* */).await?;
    // [...]
}
```

로그를 다시 살펴보자.

```
# sqlx 로그는 다소 스팸 같다. 필요한 로그만 출력되도록 조정하자.
export RUST_LOG="sqlx=error,info"
export TEST_LOG=enabled
cargo t subscribe_fails_if_there_is_a_fatal_database_error | bunyan
```

```
...
 INFO: [HTTP REQUEST - END]
    exception.details= StoreTokenError(
        Database(
            PgDatabaseError {
```

```
            severity: Error,
            code: "42703",
            message:
                "column 'subscription_token' of relation
                 'subscription_tokens' does not exist",
            ...
        }
    )
)
exception.message=
    "A database failure was encountered while
     trying to store a subscription token.",
target=tracing_actix_web::root_span_builder,
http.status_code=500
```

훨씬 낫다. 오류 처리의 마지막에 출력되는 로그 레코드는 사용자에게 500 Internal Server Error를 반환하는 오류에 대한 심오하고 간결한 설명을 모두 포함한다. 이 로그 레코드를 보면 이 요청에 중요한 모든 그림을 상당히 정확하게 그릴 수 있다.

8.2.2 Error 트레이트

이제까지는 컴파일러의 제안을 따라 진행했다. 오류 핸들링에 대해서는 actix-web에 제안하는 제약 사항을 만족시키고자 시도했다. 한 걸음 물러서서 큰 그림을 보자. 러스트의 오류는 어떻게 보여야 하는가(actix-web의 세부 사항을 고려하지 말자).

러스트의 표준 라이브러리는 Error라는 전용 트레이트를 제공한다.

```
pub trait Error: Debug + Display {
    /// 이 에러의 하위 수준 소스(존재하는 경우)
    fn source(&self) -> Option<&(dyn Error + 'static)> {
        None
    }
}
```

ResponseError와 마찬가지로 Debug와 Display를 구현해야 한다. 또한 옵션으로 source 메서드를 구현해서 오류의 근본 원인을 반환할 수 있다.

오류 타입에 대해 Error 트레이트를 구현하는 이유는 무엇인가? Reuslt는 Error를 요구하지 않는다. 모든 타입을 오류 변형으로 사용할 수 있다.

```
pub enum Result<T, E> {
    /// 성공 시의 값을 포함한다.
    Ok(T),

    /// 오류 시의 값을 포함한다.
    Err(E),
}
```

무엇보다 Error 트레이트는 문법적으로 타입을 오류로 마크하는 방법이다. 코드베이스를 읽는 사람들은 그 의도를 즉시 파악할 수 있다. 이는 러스트 커뮤니티가 좋은 오류에 대한 최소한의 요구 사항을 표준화하는 방법이기도 하다.

- 오류는 상이한 청중에 맞게 다른 표현(Debug와 Display)을 제공해야 한다.
- 오류는 오류의 근본 원인이 있다면 이를 특정할 수 있어야 한다.

이 리스트는 여전히 진화하고 있다. 예를 들어 불안정한 **backtrace 메서드**[8]가 존재한다. 오류 핸들링은 러스트 커뮤니티에서 활발한 연구가 진행되고 있는 영역이다. 이후 어떤 내용이 추가될지 관심이 있다면 러스트 오류 핸들링 워킹 그룹Rust Error Handling Working Group[9]의 활동을 관심 있게 지켜보기를 바란다.

옵셔널 메서드에 관한 좋은 구현을 제공함으로써 오류 핸들링 에코시스템을 완전히 활용할 수 있다. 일반적으로 오류를 다루기 위해 설계된 함수들이다. 이후 절에서 실제로 함수를 하나 작성할 것이다.

1 트레이트 객체

소스를 구현하기 전에 그 반환값인 Option<&(dyn Error + 'static)>를 살펴보자. dyn Error 는 **트레이트 객체**trait object다.[10] Error 트레이트를 구현한 것이라는 점 이외에는 이 타입에 관해 아무것도 알지 못한다. 다른 제네릭 타입 파라미터와 마찬가지로 Trait 객체는 러스트의 **다형성** polymorphism(즉 동일한 인터페이스를 가진 다른 구현을 호출한다)을 달성하기 위한 방법이다. 제네릭 타입들은 컴파일 시간에 해결된다(**정적 디스패치**static dispatch). 트레이트 객체들은 런타임 비용을 발생시

---

8 https://doc.rust-lang.org/std/error/trait.Error.html#method.backtracehttps://doc.rust-lang.org/std/error/trait.Error.html#method.backtrace

9 https://blog.rust-lang.org/inside-rust/2020/11/23/What-the-error-handling-project-group-is-working-on.html

10 트레이트 객체에 관한 더 자세한 내용은 《러스트 프로그래밍 공식 가이드(제2판)》의 17.2절 '트레이트 객체를 사용하여 다른 타입의 값 허용하기'를 참고하자.

킨다(**동적 디스패치**dynamic dispatch).

표준 라이브러리가 트레이트 객체를 반환하는 이유는 무엇인가? 개발자들은 트레이트 객체를 사용해서 현재 오류의 근본 원인에 접근하면서 동시에 이를 불투명하게 유지할 수 있다. 트레이트 객체는 기반 근본 원인의 타입에 관한 어떤 정보도 유출하지 않는다. Error 트레이트가 제공하는 메서드들(다른 표현(Debug, Display))에만 접근할 수 있다.[11] source를 통해 오류 체인에서 한 단계 안으로 들어갈 수 있다.

❷ Error::source

StoreTokenError에 대한 Error를 구현하자.

```
//! src/routes/subscriptions.rs
// [..]

impl std::error::Error for StoreTokenError {
    fn source(&self) -> Option<&(dyn std::error::Error + 'static)> {
        // 컴파일러는 `$sqlx::Error`를 `&dyn Error`로 명확하게 캐스팅한다.
        Some(&self.0)
    }
}
```

source는 다양한 오류를 다루기 위해 필요한 코드를 작성하는 데 유용하다. source는 다루고자 하는 구체적인 오류 타입을 알지 못해도 오류 체인을 탐색할 수 있는 구조적인 방법을 제공한다.

로그 레코드를 보면 StoreTokenError와 sqlx::Error 사이의 평범한 관계는 다소 암묵적이다. 하나가 다른 하나의 원인을 유추할 수 있다(하나가 다른 하나의 일부이므로).

```
...
INFO: [HTTP REQUEST - END]
    exception.details= StoreTokenError(
        Database(
            PgDatabaseError {
                severity: Error,
```

---

11 Error 트레이트는 downcast_ref를 제공한다(https://doc.rust-lang.org/std/error/trait.Error.html#method.downcast_ref). 다운캐스팅할 타입을 알고 있다면, 이를 사용해서 dyn Error에서 구체적인 타입을 얻을 수 있다. 다운캐스팅을 사용할 수 있는 합법적인 유스 케이스들이 있지만, 이 유스 케이스들에 너무 자주 접근한다면 이는 여러분의 설계/에러 핸들링 전략에 뭔가 문제가 있다는 신호일 수 있다.

```
            code: "42703",
            message:
                "column 'subscription_token' of relation
                'subscription_tokens' does not exist",
            ...
        }
    )
)
exception.message=
    "A database failure was encountered while
    trying to store a subscription token.",
target=tracing_actix_web::root_span_builder,
http.status_code=500
```

조금 더 명시적으로 만들어보자.

```
//! src/routes/subscriptions.rs

// `#[derive(Debug)]`를 제거했다.
pub struct StoreTokenError(sqlx::Error);

impl std::fmt::Debug for StoreTokenError {
    fn fmt(&self, f: &mut std::fmt::Formatter<'_>) -> std::fmt::Result {
        write!(f, "{}\nCaused by:\n\t{}", self, self.0)
    }
}
```

이제 로그 레코드에는 의문의 여지가 없을 것이다.

```
...
INFO: [HTTP REQUEST - END]
    exception.details=
        "A database failure was encountered
        while trying to store a subscription token.

        Caused by:
            error returned from database: column 'subscription_token'
            of relation 'subscription_tokens' does not exist"
    exception.message=
        "A database failure was encountered while
        trying to store a subscription token.",
    target=tracing_actix_web::root_span_builder,
    http.status_code=500
```

exception.details는 읽기 쉬우며 이전처럼 모든 관련 정보들을 여전히 전달한다.

source를 사용하면 Error를 구현하는 모든 타입에 대해 유사한 표현을 제공하는 함수를 작성할 수 있다.

```
//! src/routes/subscriptions.rs
// [...]

fn error_chain_fmt(
    e: &impl std::error::Error,
    f: &mut std::fmt::Formatter<'_>,
) -> std::fmt::Result {
    writeln!(f, "{}\n", e)?;
    let mut current = e.source();
    while let Some(cause) = current {
        writeln!(f, "Caused by:\n\t{}", cause)?;
        current = cause.source();
    }
    Ok(())
}
```

이것은 오류의 전체 체인[12]을 반복하면서 우리가 출력하고자 하는 실패에 도달한다. 이제 이것을 사용해서 StoreTokenError의 Debug 구현을 변경할 수 있다.

```
//! src/routes/subscriptions.rs
// [...]

impl std::fmt::Debug for StoreTokenError {
    fn fmt(&self, f: &mut std::fmt::Formatter<'_>) -> std::fmt::Result {
        error_chain_fmt(self, f)
    }
}
```

결과는 동일하다. 이를 재사용해서 다른 오류에 대해 **Debug**와 유사하게 표현할 수 있다.

---

12 Error에서는 chain 메서드(https://doc.rust-lang.org/std/error/trait.Error.html#method.chain)를 제공하며 이를 사용해 동일한 목적을 달성할 수 있다(아직 안정화되지는 않았다).

8.3 제어 흐름에 대한 오류

8.3.1 레이어링(계층화)

우리가 원하는 결과(유용한 로그)를 얻었지만 이 해결책이 썩 마음에 들지는 않는다. 동작을 통해 반환되는 오류 타입에 대해 웹 프레임워크(ResponseError)로 트레이트를 구현했다. 그러나 이 동작은 REST나 HTTP 프로토콜, 즉 store_token에 관해 전혀 알지 못한다. 다양한 엔드포인트에서 store_token을 호출할 수 있다. 그 구현에서는 어떤 것도 변경되어서는 안 된다. 우리가 store_token을 REST API 콘텍스트에서만 부른다고 가정하더라도, 해당 루틴에 의존하는 다른 엔드포인트를 추가할 수 있다. 이 엔드포인트들은 실패할 때 500을 반환하지 않을 수도 있다.

오류가 발생했을 때 적절한 HTTP 상태 코드를 선택하는 것은 요청 핸들러가 해야 할 일이다. 다른 핸들러에 유출되어서는 안 된다. 다음을 삭제하자.

```
//! src/routes/subscriptions.rs
// [...]

// 이런!
impl ResponseError for StoreTokenError {}
```

적절한 관심의 분리를 강제하기 위해 다른 오류 타입인 SubscribeError를 도입한다. 이 오류 타입은 subscribe의 failure variant로 사용하며, HTTP 관련 로직(ResponseError의 구현)을 소유한다.

```
//! src/routes/subscriptions.rs
// [...]

pub async fn subscribe(/* */) -> Result<HttpResponse, SubscribeError> {
    // [...]
}

#[derive(Debug)]
struct SubscribeError {}

impl std::fmt::Display for SubscribeError {
    fn fmt(&self, f: &mut std::fmt::Formatter<'_>) -> std::fmt::Result {
        write!(
            f,
            "Failed to create a new subscriber."
        )
```

```
    }
}

impl std::error::Error for SubscribeError {}

impl ResponseError for SubscribeError {}
```

cargo check를 실행하면 '?' couldn't convert the error to 'SubscribeError' 메시지가 나타날 것이다. 우리가 만든 함수와 SubscribeError에 반환한 오류 타입으로부터 변환을 구현해야 한다.

8.3.2 오류를 Enum으로 모델링하기

enum은 이 문제를 다루기 위한 가장 일반적인 접근 방법이다. 각 오류 타입의 변형을 다루어야 한다.

```
//! src/routes/subscriptions.rs
// [...]

#[derive(Debug)]
pub enum SubscribeError {
    ValidationError(String),
    DatabaseError(sqlx::Error),
    StoreTokenError(StoreTokenError),
    SendEmailError(reqwest::Error),
}
```

이제 핸들러에서 ? 연산자를 활용할 수 있다. 각각 감싼 오류 타입에 대한 From 구현을 제공한다.

```
//! src/routes/subscriptions.rs
// [...]

impl From<reqwest::Error> for SubscribeError {
    fn from(e: reqwest::Error) -> Self {
        Self::SendEmailError(e)
    }
}

impl From<sqlx::Error> for SubscribeError {
    fn from(e: sqlx::Error) -> Self {
        Self::DatabaseError(e)
    }
}
```

```
impl From<StoreTokenError> for SubscribeError {
    fn from(e: StoreTokenError) -> Self {
        Self::StoreTokenError(e)
    }
}

impl From<String> for SubscribeError {
    fn from(e: String) -> Self {
        Self::ValidationError(e)
    }
}
```

이제 요청 핸들러를 정리할 수 있다. `match / if fallible_function().is_err()` 행을 모두 제거한다.

```
//! src/routes/subscriptions.rs
// [...]

pub async fn subscribe(/* */) -> Result<HttpResponse, SubscribeError> {
    let new_subscriber = form.0.try_into()?;
    let mut transaction = pool.begin().await?;
    let subscriber_id = insert_subscriber(/* */).await?;
    let subscription_token = generate_subscription_token();
    store_token(/* */).await?;
    transaction.commit().await?;
    send_confirmation_email(/* */).await?;
    Ok(HttpResponse::Ok().finish())
}
```

코드는 컴파일되지만 테스트 중 하나가 실패한다.

```
thread 'subscriptions::subscribe_returns_a_400_when_fields_are_present_but_invalid'
panicked at 'assertion failed: `(left == right)`
  left: `400`,
 right: `500`: The API did not return a 400 Bad Request when the payload
    was empty name.'
```

우리는 여전히 ResponseError의 기본 구현을 사용하고 있으며, 이는 항상 500을 반환한다. enum는 이 부분에서 빛을 발한다. 제어 흐름에 match 구문을 사용할 수 있다. 우리가 다루는 실패 시나리오에 따라 다르게 행동할 수 있다.

```
//! src/routes/subscriptions.rs
use actix_web::http::StatusCode;
// [...]

impl ResponseError for SubscribeError {
    fn status_code(&self) -> StatusCode {
        match self {
            SubscribeError::ValidationError(_) => StatusCode::BAD_REQUEST,
            SubscribeError::DatabaseError(_)
            | SubscribeError::StoreTokenError(_)
            | SubscribeError::SendEmailError(_) => StatusCode::INTERNAL_SERVER_ERROR,
        }
    }
}
```

테스트 스위트는 다시 성공한다.

8.3.3 Error 타입은 충분하지 않다

로그는 어떤가? 다시 살펴보자.

```
export RUST_LOG="sqlx=error,info"
export TEST_LOG=enabled
cargo t subscribe_fails_if_there_is_a_fatal_database_error | bunyan
```

```
...
INFO: [HTTP REQUEST - END]
    exception.details="StoreTokenError(
            A database failure was encountered while trying to
            store a subscription token.

    Caused by:
            error returned from database: column 'subscription_token'
            of relation 'subscription_tokens' does not exist)"
    exception.message="Failed to create a new subscriber.",
    target=tracing_actix_web::root_span_builder,
    http.status_code=500
```

exception.details의 기반 StoreTokenError에 대한 훌륭한 표현을 갖고 있지만, SubscribeError
에 대해서는 분리된 Debug 구현을 사용하고 있다는 것을 보여준다. 하지만 정보의 유실은 없다.
exception.message는 상황이 다르다. 실패 모드에 관계없이 신규 구독자를 생성하는 데 항상 실패
한다. 너무 유용하지 않다.

Debug, Display 구현을 정리하자.

```rust
//! src/routes/subscriptions.rs
// [...]

// `#[derive(Debug)]`를 삭제해야 한다.
impl std::fmt::Debug for SubscribeError {
    fn fmt(&self, f: &mut std::fmt::Formatter<'_>) -> std::fmt::Result {
        error_chain_fmt(self, f)
    }
}


impl std::error::Error for SubscribeError {
    fn source(&self) -> Option<&(dyn std::error::Error + 'static)> {
        match self {
            // &str은 `Error`를 구현하지 않는다. 이것을 근본 원인으로 간주한다.
            SubscribeError::ValidationError(_) => None,
            SubscribeError::DatabaseError(e) => Some(e),
            SubscribeError::StoreTokenError(e) => Some(e),
            SubscribeError::SendEmailError(e) => Some(e),
        }
    }
}

impl std::fmt::Display for SubscribeError {
    fn fmt(&self, f: &mut std::fmt::Formatter<'_>) -> std::fmt::Result {
        match self {
            SubscribeError::ValidationError(e) => write!(f, "{}", e),
            // 여기에서 무엇을 해야 하는가?
            SubscribeError::DatabaseError(_) => write!(f, "???"),
            SubscribeError::StoreTokenError(_) => write!(
                f,
                "Failed to store the confirmation token for a new subscriber."
            ),
            SubscribeError::SendEmailError(_) => {
                write!(f, "Failed to send a confirmation email.")
            },
        }
    }
}
```

Debug는 쉽게 정렬된다. source를 포함해 SubscribeError에 대한 Error 트레이트를 구현했다.
StoreTokenError를 위해 앞에서 작성했던 헬퍼 함수를 다시 사용할 수 있다.

Display의 경우에는 문제가 발생한다. 다음의 경우 발생하는 오류에 대해 같은 `DatabaseError` 변형을 사용하기 때문이다.

- 풀에서 새로운 Postgres 커넥션을 획득할 때
- `subscribers` 테이블에 구독자를 추가할 때
- SQL 트랜잭션을 커밋할 때

`SubscribeError`에 대한 `Display`를 구현할 때는 우리가 다루는 세 가지 경우를 구분할 방법이 없다. 따라서 기본 오류 타입은 충분하지 않다. 각 동작에 대해 다른 enum 변형을 사용해서 이들을 구분하자.

```
//! src/routes/subscriptions.rs
// [...]

pub enum SubscribeError {
    // [...]
    // `DatabaseError`는 더 이상 사용하지 않는다.
    PoolError(sqlx::Error),
    InsertSubscriberError(sqlx::Error),
    TransactionCommitError(sqlx::Error),
}

impl std::fmt::Display for SubscribeError {
    fn fmt(&self, f: &mut std::fmt::Formatter<'_>) -> std::fmt::Result {
        match self {
            // [...]
            SubscribeError::PoolError(_) => {
                write!(f, "Failed to acquire a Postgres connection from the pool")
            }
            SubscribeError::InsertSubscriberError(_) => {
                write!(f, "Failed to insert new subscriber in the database.")
            }
            SubscribeError::TransactionCommitError(_) => {
                write!(
                    f,
                    "Failed to commit SQL transaction to store a new subscriber."
                )
            }
        }
    }
}
```

```rust
impl std::error::Error for SubscribeError {
    fn source(&self) -> Option<&(dyn std::error::Error + 'static)> {
        match self {
            // [...]
            // `DatabaseError`는 더 이상 사용하지 않는다.
            SubscribeError::PoolError(e) => Some(e),
            SubscribeError::InsertSubscriberError(e) => Some(e),
            SubscribeError::TransactionCommitError(e) => Some(e),
            // [...]
        }
    }
}

impl ResponseError for SubscribeError {
    fn status_code(&self) -> StatusCode {
        match self {
            SubscribeError::ValidationError(_) => StatusCode::BAD_REQUEST,
            SubscribeError::PoolError(_)
            | SubscribeError::TransactionCommitError(_)
            | SubscribeError::InsertSubscriberError(_)
            | SubscribeError::StoreTokenError(_)
            | SubscribeError::SendEmailError(_) => StatusCode::INTERNAL_SERVER_ERROR,
        }
    }
}
```

DatabaseError는 다른 곳에서도 사용되고 있다.

```rust
//! src/routes/subscriptions.rs
// [..]

impl From<sqlx::Error> for SubscribeError {
    fn from(e: sqlx::Error) -> Self {
        Self::DatabaseError(e)
    }
}
```

타입만으로는 새로운 변형 중 무엇을 사용해야 하는지 구분할 수 없다. sqlx::Error에 대해 From을 구현할 수 없다. map_err를 사용해서 각 케이스를 올바르게 변환해야 한다.

```
//! src/routes/subscriptions.rs
// [..]

pub async fn subscribe(/* */) -> Result<HttpResponse, SubscribeError> {
    // [...]
    let mut transaction = pool.begin().await.map_err(SubscribeError::PoolError)?;
    let subscriber_id = insert_subscriber(&mut transaction, &new_subscriber)
        .await
        .map_err(SubscribeError::InsertSubscriberError)?;
    // [...]
    transaction
        .commit()
        .await
        .map_err(SubscribeError::TransactionCommitError)?;
    // [...]
}
```

코드는 컴파일되고 exception.message는 다시 유용해진다.

```
...
INFO: [HTTP REQUEST - END]
    exception.details="Failed to store the confirmation token
        for a new subscriber.

    Caused by:
        A database failure was encountered while trying to store
        a subscription token.
    Caused by:
        error returned from database: column 'subscription_token'
        of relation 'subscription_tokens' does not exist"
    exception.message="Failed to store the confirmation token for a new subscriber.",
    target=tracing_actix_web::root_span_builder,
    http.status_code=500
```

8.3.4 thiserror를 사용해서 보일러플레이트 줄이기

원하는 동작과 로그에서 유용한 진단 정보를 얻기 위해 SubscribeError와 이를 둘러싼 메커니 즘을 구현하는 데 90여 행의 코드를 작성했다. 이 코드는 수많은 보일러플레이트(예 source 혹은 From 구현 등에서)를 포함한다. 이보다 더 낮게 구현할 수는 없는가?

코드를 더 적게 작성할 수 있는지는 확신할 수 없지만 다른 방식을 사용할 수는 있다. 이 모든 보일러플레이트는 매크로를 사용해서 생성할 수 있다.

에코시스템에는 이미 이를 위한 훌륭한 크레이트인 thiserror[13]를 제공한다. 디펜던시에 추가하자.

```toml
#! Cargo.toml

[dependencies]
# [...]
thiserror = "1"
```

이 디펜던시는 파생 매크로를 제공하며, 이를 사용해 우리가 손으로 작성한 대부분의 코드를 생성할 수 있다. 실제로 어떻게 동작하는지 살펴보자.

```rust
//! src/routes/subscriptions.rs
// [...]

#[derive(thiserror::Error)]
pub enum SubscribeError {
    #[error("{0}")]
    ValidationError(String),
    #[error("Failed to acquire a Postgres connection from the pool")]
    PoolError(#[source] sqlx::Error),
    #[error("Failed to insert new subscriber in the database.")]
    InsertSubscriberError(#[source] sqlx::Error),
    #[error("Failed to store the confirmation token for a new subscriber.")]
    StoreTokenError(#[from] StoreTokenError),
    #[error("Failed to commit SQL transaction to store a new subscriber.")]
    TransactionCommitError(#[source] sqlx::Error),
    #[error("Failed to send a confirmation email.")]
    SendEmailError(#[from] reqwest::Error),
}

// 우리는 여전히 `Debug`의 맞춤형 구현을 사용해서
// 오류 source 체인을 활용한 멋진 보고서를 얻는다.
impl std::fmt::Debug for SubscribeError {
    fn fmt(&self, f: &mut std::fmt::Formatter<'_>) -> std::fmt::Result {
        error_chain_fmt(self, f)
    }
}

pub async fn subscribe(/* */) -> Result<HttpResponse, SubscribeError> {
    // `ValidationError`에 대한 `#[from]`을 더 이상 갖지 않으므로,
    // 오류를 명시적으로 매핑해야 한다.
```

---

13 https://github.com/dtolnay/thiserror

```
    let new_subscriber = form.0.try_into().map_err(SubscribeError::ValidationError)?;
    // [...]
}
```

코드를 21행으로 줄였다. 나쁘지 않다. 각 부분이 어떤 역할을 하는지 살펴보자.

thiserror::Error는 절차적 매크로[14]이며 #[derive(/* */)] 속성을 통해 사용된다. 이미 앞에서 #[derive(Debug)]나 #[derive(serde::Serialize)] 등을 사용해봤다. 이 매크로는 컴파일 시간 에 SubscribeError의 정의를 입력으로 받고 토큰의 다른 스트림을 출력으로 반환한다. 이것은 새 로운 러스트 코드를 생성하고, 해당 코드는 컴파일되어 최종 바이너리가 된다.

#[derive(thiserror::Error)] 콘텍스트 안에서 다른 속성들에 접근해서 우리가 원하는 동작을 달성할 수 있다.

- #[error(/* */)]: enum 변형인 Display 표현을 정의한다. 예를 들어 Display는 Subscribe Error::SendEmailError의 인스턴스가 호출되면, Failed to send a confirmation email. 을 반환한다. 최종 표현에서는 값을 보간할 수 있다. 예를 들어 ValidationError의 위에 있는 #[error("{0}")]의 {0}는 감싸진 String 필드를 참조하며, 이 구분을 활용해서 튜플 구조체 의 필드(즉 self.0)에 접근할 수 있다.
- #[source]: Error::source에서 근본 원인으로 반환할 것을 지정하기 위해 사용한다.
- #[from]: 적용된 타입에 대한 From의 구현을 최상위 오류 타입으로 자동 파생한다(예 SubscribeError {/* */}에 대한 impl From<StoreTokenError>). #[from]으로 애너테이션된 필드 역시 오류 소스로 사용되며, 동일한 필드에 대해 한 개의 애너테이션을 사용하는 것을 피할 수 있다(예 #[source] #[from] reqwest::Error).

세부 사항에 주의를 기울이기 바란다. ValidationError 변형에 대해서는 #[from] 또는 #[source]를 모두 사용하지 않는다. 이는 String이 Error 트레이트를 구현하지 않기 때문이다. 따 라서 Error::source를 반환할 수 없다. Error::source를 수동으로 구현할 때도 같은 제약 사항 이 있었다. 그 결과 ValidationError 케이스에 None을 반환했다.

---

14 https://doc.rust-lang.org/reference/procedural-macros.html

8.4 'Ball Of Mud' 오류 enum을 피하자

SubscribeError에서 두 가지 목적으로 enum variants를 사용한다.

- API 호출자에게 반환할 응답을 결정한다(ResponseError).
- 관련된 진단 정보를 제공한다(Error::source, Debug, Display).

SubscribeError는 현재 정의되어 있듯이 subscribe의 세부 사항에 관한 많은 구현을 제공한다. 요청 핸들러 안에 실패할 수 있는 모든 함수에 대한 변형을 갖는다. 이것은 잘 확장할 수 있는 전략이 아니다.

추상화 레이어에 관해서 생각해야 한다. subscribe의 호출자는 무엇을 알아야 하는가?

호출자가 알아야 할 것은 사용자에게 어떤 응답을 반환해야 하는가 뿐이다(ResponseError를 통해). subscribe의 호출자는 구독 흐름의 복잡성에 관해 이해하지 않는다. 이들은 TransactionCommitError와 비교해 SendEmailError와 다르게 동작하는 도메인에 관해 충분히 알지 못한다(설계상). subscribe는 적절한 추상화의 관점에서 오류 타입을 반환해야 한다.

이상적인 오류 타입의 형태는 다음과 같다.

```rust
//! src/routes/subscriptions.rs

#[derive(thiserror::Error)]
pub enum SubscribeError {
    #[error("{0}")]
    ValidationError(String),
    #[error(/* */)]
    UnexpectedError(/* */),
}
```

ValidationError는 400 Bad Request, UnexpectedError는 불투명한 500 Internal Server Error에 매핑된다.

UnexpectedError variant에는 무엇을 저장해야 하는가? 다양한 오류 타입인 sqlx::Error, StoreTokenError, reqwest::Error를 매핑해야 한다. subscribe에 의해 UnexpectedError에 매핑되는, 실패할 수 있는 루틴들에 관한 구현의 세부 사항은 노출하고 싶지 않다. 이는 불투명해야 한다.

러스트 표준 라이브러리가 제공하는 Error 트레이트 중 Box<dyn std::error::Error> 타입은 이 요구 사항을 만족한다.[15] 사용해보자.

```
//! src/routes/subscriptions.rs

#[derive(thiserror::Error)]
pub enum SubscribeError {
    #[error("{0}")]
    ValidationError(String),
    // `Display`와 `source`의 구현 모두를 `UnexpecteError`로 감싼 타입에
    // 투명하게 위임한다.
    #[error(transparent)]
    UnexpectedError(#[from] Box<dyn std::error::Error>),
}
```

호출자에게 반환할 정확한 응답을 여전히 생성할 수 있다.

```
//! src/routes/subscriptions.rs
// [...]

impl ResponseError for SubscribeError {
    fn status_code(&self) -> StatusCode {
        match self {
            SubscribeError::ValidationError(_) => StatusCode::BAD_REQUEST,
            SubscribeError::UnexpectedError(_) => StatusCode::INTERNAL_SERVER_ERROR,
        }
    }
}
```

subscribe가 오류를 적절하게 변환한 뒤 ? 연산자를 사용하도록 수정한다.

```
//! src/routes/subscriptions.rs
// [...]

pub async fn subscribe(/* */) -> Result<HttpResponse, SubscribeError> {
    // [...]
```

---

15 dyn std::error::Error을 Box로 감싼다. 트레이트 객체의 크기는 컴파일 시점에 알 수 없기 때문이다. 트레이트 객체는 다른 타입을 저장할 수 있으며, 이 타입들은 메모리에서 다른 레이아웃을 갖는다. 러스트의 용어로 사용하자면 이들의 크기는 알 수 없다. 이들은 Sized 마커 트레이트(https://doc.rust-lang.org/std/marker/trait.Sized.html)를 구현하지 않는다. Box는 트레이트 객체 자체를 힙에 저장하며, SubscibeError::UnexpectedError의 해당 힙 위치에 대한 포인터를 저장한다. 이 포인터 자체의 크기는 컴파일 시점에 알 수 있다. 문제는 해결되었다. 다시 크기를 갖게 되었다.

```
        let mut transaction = pool
            .begin()
            .await
            .map_err(|e| SubscribeError::UnexpectedError(Box::new(e)))?;
        let subscriber_id = insert_subscriber(/* */)
            .await
            .map_err(|e| SubscribeError::UnexpectedError(Box::new(e)))?;
        // [...]
        store_token(/* */)
            .await
            .map_err(|e| SubscribeError::UnexpectedError(Box::new(e)))?;
        transaction
            .commit()
            .await
            .map_err(|e| SubscribeError::UnexpectedError(Box::new(e)))?;
        send_confirmation_email(/* */)
            .await
            .map_err(|e| SubscribeError::UnexpectedError(Box::new(e)))?;
        // [...]
}
```

몇몇 코드가 반복되지만, 지금은 그대로 두자. 코드는 컴파일되며 예상대로 테스트도 성공한다.

지금까지 사용한 테스트를 변경해서 로그 메시지의 품질을 확인하자. store_token 대신 insert_
subscriber에서 실패를 트리거하자.

```
//! tests/api/subscriptions.rs
// [...]

#[tokio::test]
async fn subscribe_fails_if_there_is_a_fatal_database_error() {
    // [...]
    // `subscription_tokens` 대신 `subscriptions`를 중단한다.
    sqlx::query!("ALTER TABLE subscriptions DROP COLUMN email;",)
        .execute(&app.db_pool)
        .await
        .unwrap();

    // [..]
}
```

테스트는 성공하지만 로그가 다시 반복되는 것을 볼 수 있다.

```
INFO: [HTTP REQUEST - END]
    exception.details:
        "error returned from database: column 'email' of
         relation 'subscriptions' does not exist"
    exception.message:
        "error returned from database: column 'email' of
         relation 'subscriptions' does not exist"
```

`Caused by: ` 체인은 더 이상 보이지 않는다. thiserror를 통해 InsertSubscriberError에 붙어 있던 운영자를 위한 오류 메시지들이 사라졌다.

```rust
//! src/routes/subscriptions.rs
// [...]

#[derive(thiserror::Error)]
pub enum SubscribeError {
    #[error("Failed to insert new subscriber in the database.")]
    InsertSubscriberError(#[source] sqlx::Error),
    // [...]
}
```

예상한 바다. 지금은 가공되지 않은 오류를 (#[error(transparent)]를 통해) Display로 돌렸으며, subscribe의 Display에는 추가 콘텍스트를 붙이지 않았다. 새로운 String 필드를 UnexpectedError에 추가해서 우리가 저장한 불투명한 오류에 콘텍스트를 포함한 정보를 붙이자.

```rust
//! src/routes/subscriptions.rs
// [...]

#[derive(thiserror::Error)]
pub enum SubscribeError {
    #[error("{0}")]
    ValidationError(String),
    #[error("{1}")]
    UnexpectedError(#[source] Box<dyn std::error::Error>, String),
}

impl ResponseError for SubscribeError {
    fn status_code(&self) -> StatusCode {
        match self {
            // [...]
            // 변형은 이제 두 개의 필드를 갖는다. 추가적인 `_`가 필요하다.
            SubscribeError::UnexpectedError(_, _) => {
```

```
                StatusCode::INTERNAL_SERVER_ERROR
            },
        }
    }
}
```

여기에 맞춰 subscribe의 매핑 코드도 수정해야 한다. 이전에 SubscribeError 리팩터링에서 사용했던 오류 설명을 재사용한다.

```
//! src/routes/subscriptions.rs
// [...]

pub async fn subscribe(/* */) -> Result<HttpResponse, SubscribeError> {
    // [..]
    let mut transaction = pool.begin().await.map_err(|e| {
        SubscribeError::UnexpectedError(
            Box::new(e),
            "Failed to acquire a Postgres connection from the pool".into(),
        )
    })?;
    let subscriber_id = insert_subscriber(/* */)
        .await
        .map_err(|e| {
            SubscribeError::UnexpectedError(
                Box::new(e),
                "Failed to insert new subscriber in the database.".into(),
            )
        })?;
    // [..]
    store_token(/* */)
        .await
        .map_err(|e| {
            SubscribeError::UnexpectedError(
                Box::new(e),
                "Failed to store the confirmation token for a new \
                subscriber.".into(),
            )
        })?;
    transaction.commit().await.map_err(|e| {
        SubscribeError::UnexpectedError(
            Box::new(e),
            "Failed to commit SQL transaction to store a new subscriber.".into(),
        )
    })?;
    send_confirmation_email(/* */)
```

```
            .await
            .map_err(|e| {
                SubscribeError::UnexpectedError(
                    Box::new(e),
                    "Failed to send a confirmation email.".into()
                )
            })?;
        // [..]
}
```

보기에 다소 좋지 않지만 작동한다.

```
INFO: [HTTP REQUEST - END]
    exception.details=
        "Failed to insert new subscriber in the database.

        Caused by:
            error returned from database: column 'email' of
            relation 'subscriptions' does not exist"
    exception.message="Failed to insert new subscriber in the database."
```

8.4.1 불투명한 오류 타입으로서 anyhow 사용하기

우리가 만든 머시너리를 다듬는 데 시간을 더 들일 수도 있지만, 그렇게 할 필요는 없다. 에코시스템을 활용할 수 있다. thiserror를 만든 사람[16]이 anyhow 크레이트[17]를 제공한다.

```
#! Cargo.toml

[dependencies]
# [...]
anyhow = "1"
```

우리는 anyhow::Error를 찾고 있다. 문서 내용에 따르면 다음과 같다.

---

16 사실 serde, syn, quote 및 러스트 에코시스템(https://github.com/dtolnay/)의 다른 기본적인 많은 크레이트를 만든 사람과 동일하다. 이들의 오픈소스 작업을 지원해보자.

17 https://github.com/dtolnay/anyhow

> anyhow::Error는 동적 오류 타입에 대한 래퍼다. anyhow::Error는 Box<dyn std::error::Error>와 상
> 당히 유사하게 작동하지만, 다음과 같은 차이가 있다.
>
> - anyhow::Error에서는 Send, Sync, 'static 오류를 요구한다.
> - anyhow::Error는 기반 오류 타입이 백트레이스를 제공하지 않아도 백트레이스를 할 수 있음을 보장한다.
> - anyhow::Error는 좁은 포인터를 나타낸다. 크기는 두 개의 워드가 아니라 한 개의 워드다.

추가적인 제약 사항(Send, Sync, 'static)은 특별한 문제가 되지 않는다. 더욱 간결한 표현과 백트레이스에 관심이 있다면 액세스할 수 있는 옵션에 감사할 것이다.

SubscribeError의 Box<dyn std::error::Error>를 anyhow::Error로 치환해보자.

```
//! src/routes/subscriptions.rs
// [...]

#[derive(thiserror::Error)]
pub enum SubscribeError {
    #[error("{0}")]
    ValidationError(String),
    #[error(transparent)]
    UnexpectedError(#[from] anyhow::Error),
}

impl ResponseError for SubscribeError {
    fn status_code(&self) -> StatusCode {
        match self {
            // [...]
            // 단일 필드로 돌아간다.
            SubscribeError::UnexpectedError(_) => StatusCode::INTERNAL_SERVER_ERROR,
        }
    }
}
```

두 번째 String 필드도 SubscribeError::UnexpectedError에서 더 이상 필요하지 않으므로 제거했다.

anyhow::Error가 기본 제공하는 추가적인 콘텍스트를 사용해 오류를 더 풍부하게 표현할 수 있다.

```
//! src/routes/subscriptions.rs
use anyhow::Context;
```

```
// [...]

pub async fn subscribe(/* */) -> Result<HttpResponse, SubscribeError> {
    // [...]
    let mut transaction = pool
        .begin()
        .await
        .context("Failed to acquire a Postgres connection from the pool")?;
    let subscriber_id = insert_subscriber(/* */)
        .await
        .context("Failed to insert new subscriber in the database.")?;
    // [..]
    store_token(/* */)
        .await
        .context("Failed to store the confirmation token for a new subscriber.")?;
    transaction
        .commit()
        .await
        .context("Failed to commit SQL transaction to store a new subscriber.")?;
    send_confirmation_email(/* */)
        .await
        .context("Failed to send a confirmation email.")?;
    // [...]
}
```

context 메서드는 두 가지 작업을 수행한다.

- 메서드가 반환한 오류를 anyhow::Error로 변환한다.
- 호출자의 의도에 추가적인 콘텍스트를 더해 자신을 더 풍부하게 만든다.

context는 Context 트레이트에서 제공된다. anyhow는 context를 Result[18]를 위해 구현한다. 이를 사용하면 fluent API에 접근해서 모든 종류의 실패할 수 있는 함수들을 쉽게 다룰 수 있다.

8.4.2 anyhow 아니면 thiserror?

기본적인 내용을 많이 다루었다. 이제 러스트의 일반적인 오해에 관해 살펴보자.

> anyhow는 애플리케이션용, thiserror는 라이브러리용이다.

---

18 이것은 러스트 커뮤니티에서의 일반적인 패턴으로 확장 트레이트(extension trait)라고 알려져 있다. 표준 라이브러리(혹은 에코시스템의 다른 일반적인 크레이트)에서 노출하는 타입에 대한 추가적인 메서드를 제공하는 방법이다.

오류 핸들링으로 논의를 국한하는 것은 올바른 프레임이 아니다. 그 의도intent를 이해해야 한다.

호출자가 실패 모드에 따라 다르게 동작하기를 원하는가? 오류 열거형을 이용해서 이들을 다른 변형에 매칭하도록 위임하자. thiserror를 사용하면 더 적은 보일러플레이트를 쓸 수 있다.

실패가 발생했을 때 호출자가 그저 중단되기를 원하는가? 운영자나 사용자에게 오류를 보고하는 것이 주요한 목적인가? 그렇다면 불투명한 오류를 사용하자. 호출자가 오류의 세부적인 내부 정보에 프로그램적인 접근을 하지 못하게 하자. anyhow나 eyre의 API가 편리하다면 이들을 사용하자.

이 오해는 대부분의 러스트 라이브러리들이 Box<dyn std::error::Error> 대신 오류 enum을 반환하기 때문에 생겨난다(예 sqlx::Error). 라이브러리 저자들은 사용자들의 의도를 가정할 수 없다(그러기를 원치 않는다). 그들은 자신들의 의견을 (어느 정도까지는) 강요하지 않는다. 사용자들은 필요하다면 enum을 사용할 때보다 자유롭게 제어할 수 있다. 자유에는 그만한 비용이 따른다. 인터페이스가 더 복잡하므로 사용자들은 (만약 있다면) 어떤 것을 특별하게 다루어야 하는지 알기 위해 십여 개 이상의 기능을 뒤져야 한다.

여러분의 유스 케이스와 가장 적절한 오류 타입을 설계하기 위해 내릴 수 있는 가정에 관해 충분히 생각하자. 때로 Box<dyn std::error::Error>나 anyhow::Error가 라이브러리보다 훨씬 적절한 선택일 수 있다.

8.5 누가 오류를 기록해야 하는가?

요청이 실패했을 때 출력되는 로그를 살펴보자.

```
# sqlx 로그는 다소 스팸스러우므로, 불필요한 내용은 줄인다.
export RUST_LOG="sqlx=error,info"
export TEST_LOG=enabled
cargo t subscribe_fails_if_there_is_a_fatal_database_error | bunyan
```

3단계 오류 레벨 로그가 존재한다.

- 코드의 insert_subscriber에서 출력하는 로그

```
//! src/routes/subscriptions.rs
// [...]
```

```
pub async fn insert_subscriber(/* */) -> Result<Uuid, sqlx::Error> {
    // [...]
    sqlx::query!(/* */)
        .execute(transaction)
        .await
        .map_err(|e| {
            tracing::error!("Failed to execute query: {:?}", e);
            e
        })?;
    // [...]
}
```

- SubscribeError를 actix_web::Error로 변환할 때 actix_web이 출력하는 로그
- 텔레메트리 미들웨어_{telemetry middleware}인 tracing_actix_web::TracingLogger에서 출력하는 로그

동일한 정보를 세 차례나 볼 필요는 없다. 불필요하게 출력되는 로그 레코드는 도움이 되는 것이 아니라 운영자가 어떤 일이 벌어지는지 이해하기 어렵게 한다(이 로그들이 같은 오류를 보고하는가? 아니면 세 개의 다른 오류를 처리해야 하는가?).

대전제는 다음과 같다.

> 오류들은 처리될 때 로깅되어야 한다.

여러분의 함수가 오류를 업스트림으로 전파한다면(예 ? 연산자 사용), 해당 오류를 로깅해서는 안 된다. 만약 정당하다면, 오류에 콘텍스트를 추가하자. 오류가 요청 핸들러까지 전파되면, 전용 미들웨어에 오류 로깅을 위임하자. 예시에서는 tracing_actix_web::TracingLogger가 이에 해당한다. actix_web이 출력하는 로그 레코드는 다음 릴리스[19]에서 제거될 것이다. 지금은 무시하자.

코드에서 tracing::error 구문을 다시 살펴보자.

```
//! src/routes/subscriptions.rs
// [...]
```

---

19 https://github.com/actix/actix-web/pull/2196

```
pub async fn insert_subscriber(/* */) -> Result<Uuid, sqlx::Error> {
    // [...]
    sqlx::query!(/* */)
        .execute(transaction)
        .await
        .map_err(|e| {
            // `?`를 통해 오류를 전파하므로 이 부분은 필요하다.
            tracing::error!("Failed to execute query: {:?}", e);
            e
        })?;
    // [..]
}

pub async fn store_token(/* */) -> Result<(), StoreTokenError> {
    sqlx::query!(/* */)
        .execute(transaction)
        .await
        .map_err(|e| {
            // `?`를 통해 오류를 전파하므로 이 부분은 필요하다.
            tracing::error!("Failed to execute query: {:?}", e);
            StoreTokenError(e)
        })?;
    Ok(())
}
```

이제 로그가 깔끔하게 보일 것이다.

8.6 정리

이번 장에서는 오류 핸들링 패턴에 관해 '어려운 방법으로' 학습했다. 형편없지만 작동하는 프로토타입을 만든 뒤, 에코시스템의 유명한 크레이트들을 사용해 다듬었다. 여러분은 이제 다음을 갖게 되었다.

- 애플리케이션의 오류를 통해 달성할 수 있는 다양한 목적에 관한 시각
- 그것들을 달성하기 위한 가장 적합한 도구들

앞에서 논의한 멘탈 모델을 내재화하자(위치는 열, 목적은 행).

	내부	경계
제어 흐름	타입, 메서드, 필드	상태 코드
보고	로그/트레이스	응답 바디

학습한 것을 연습하자. 이번 장에서 subscribe 요청 핸들러에 관해 함께 다루었다. confirm을 사용해서 여러분이 이해한 개념을 확인하는 연습하자. 폼 데이터 검증이 실패했을 때 사용자에게 반환할 응답을 개선해보자. 깃허브 저장소[20]의 코드를 참조해도 좋다.

이번 장에서 논의한 몇 가지 주제(예 레이어링, 추상화 경계 등)는 애플리케이션의 전체 레이아웃과 구조에 관해 논의할 때 다시 등장할 것이다. 이후의 내용을 기대하자.

---

20 https://github.com/lukemathwalker/zero-to-production

9

단순한 뉴스레터 전달

우리의 프로젝트는 아직 제대로 작동하는 뉴스레터가 아니다. 새로운 뉴스를 전송하지 못한다.

이번 장에서는 단순한 구현을 사용해서 뉴스레터 전달을 시작한다. 앞에서 학습했던 기법들을 더 깊이 이해할 것이다. 고급 주제들(예 인증/권한, 내결함성)에 관한 기본 바탕을 구축한다.

9.1 사용자 스토리는 아직 확고하지 않다

지금까지 우리가 달성한 것이 정확하게 무엇인가?

2장에서 만들었던 사용자 스토리로 돌아가보자.

> 블로그 저자로서,
> 나는 모든 구독자에게 이메일을 보내기를 원한다.
> 그래야 새로운 콘텐츠를 블로그에 게시했을 때 구독자들에게 알릴 수 있다.

적어도 표현적으로는 매우 단순하게 보인다. 하지만 늘 그랬듯이 악마는 디테일에 있다. 예를 들어 7장에서는 subscriber의 도메인 모델을 수정했다. 이제 확인된/확인되지 않은 구독자를 갖게 되었다. 우리가 발행하는 뉴스레터를 누가 받아야 하는가?

이 사용자 스토리에서는 확인할 수 없다. 이 스토리는 우리가 구독자를 구분하기 전에 작성했다.

416

프로젝트 라이프사이클 동안 사용자 스토리를 수정하는 습관을 만들자. 문제를 다루는 과정에서 여러분은 그 도메인을 더 잘 이해하게 되고, 그로 인해 필요한 기능에 관한 가정을 정제할 수 있는 정확한 언어를 얻게 된다.

이 예시의 경우, 우리는 확인된 구독자에게만 뉴스레터를 발생하기 원한다. 사용자 스토리에 다음을 추가하자.

> 블로그 저자로서,
> 나는 모든 확인된 구독자에게 이메일을 보내기를 원한다.
> 그래야 새로운 콘텐츠를 블로그에 게시했을 때 구독자들에게 알릴 수 있다.

9.2 확인되지 않은 구독자에게 스팸을 보내지 말자

먼저 발생해서는 안 되는 일을 지정하는 통합 테스트를 작성한다. 확인되지 않은 구독자들은 뉴스레터를 받아서는 안 된다.

7장에서 이메일 전달 서비스로 Postmark를 선택했다. Postmark를 호출하지 않으면 이메일은 전송되지 않는다. 이 사실을 사용해서 하나의 비즈니스 규칙을 검증하는 시나리오를 작성할 수 있다. 만약 모든 사용자가 확인되지 않은 상태라면, 뉴스레터를 발행할 때 어떤 요청도 Postmark를 실행해서는 안 된다.

코드를 작성하자.

```
//! tests/api/main.rs
// [...]
// 새로운 테스트 모듈!
mod newsletter;
```

```
//! tests/api/newsletter.rs
use crate::helpers::{spawn_app, TestApp};
use wiremock::matchers::{any, method, path};
use wiremock::{Mock, ResponseTemplate};

#[tokio::test]
async fn newsletters_are_not_delivered_to_unconfirmed_subscribers() {
```

```
    // Arrange
    let app = spawn_app().await;
    create_unconfirmed_subscriber(&app).await;

    Mock::given(any())
        .respond_with(ResponseTemplate::new(200))
        // Postmark에 대한 요청이 없음을 어서트한다.
        .expect(0)
        .mount(&app.email_server)
        .await;

    // Act

    // 뉴스레터 페이로드의 스켈레톤 구조
    // 뒤에서 수정한다.
    let newsletter_request_body = serde_json::json!({
        "title": "Newsletter title",
        "content": {
            "text": "Newsletter body as plain text",
            "html": "<p>Newsletter body as HTML</p>",
        }
    });
    let response = reqwest::Client::new()
        .post(&format!("{}/newsletters", &app.address))
        .json(&newsletter_request_body)
        .send()
        .await
        .expect("Failed to execute request.");

    // Assert
    assert_eq!(response.status().as_u16(), 200);
    // mock은 Drop, 즉 뉴스레터 이메일을 보내지 않았음을 검증한다.
}

/// 테스트 대상 애플리케이션의 퍼블릭 API를 사용해서 확인되지 않은 구독자를 생성한다.
async fn create_unconfirmed_subscriber(app: &TestApp) {
    let body = "name=le%20guin&email=ursula_le_guin%40gmail.com";

    let _mock_guard = Mock::given(path("/email"))
        .and(method("POST"))
        .respond_with(ResponseTemplate::new(200))
        .named("Create unconfirmed subscriber")
        .expect(1)
        .mount_as_scoped(&app.email_server)
        .await;
    app.post_subscriptions(body.into())
        .await
        .error_for_status()
```

```
            .unwrap();
}
```

예상처럼 실패한다.

```
thread 'newsletter::newsletters_are_not_delivered_to_unconfirmed_subscribers'
panicked at 'assertion failed: `(left == right)`
  left: `404`,
 right: `200`'
```

API에는 POST /newsletters에 대한 핸들러가 없다. actix-web은 테스트가 실행되면 200 OK 대신 404 Not Found를 반환한다.

9.2.1 퍼블릭 API를 사용해서 상태를 설정한다

앞에서 작성한 테스트의 Arrange 섹션을 살펴보자. 테스트 시나리오는 애플리케이션의 상태에 대해 일정한 가정을 하고 있다. 한 명의 확인되지 않은 구독자가 있어야 한다.

각 테스트 케이스는 새로운 애플리케이션으로 빈 데이터베이스 위에서 실행된다.

```
let app = spawn_app().await;
```

테스트 요구 사항을 어떻게 만족할 것인가?

3장에서 설명했던 블랙박스 접근 방식을 고수한다. 가능하다면 퍼블릭 API를 호출함으로써 애플리케이션 상태를 조종한다. 이것이 create_unconfirmed_subscriber에서 하는 작업이다.

```
//! tests/api/newsletter.rs
// [...]

async fn create_unconfirmed_subscriber(app: &TestApp) {
    let body = "name=le%20guin&email=ursula_le_guin%40gmail.com";

    let _mock_guard = Mock::given(path("/email"))
        .and(method("POST"))
        .respond_with(ResponseTemplate::new(200))
        .named("Create unconfirmed subscriber")
        .expect(1)
```

```
        .mount_as_scoped(&app.email_server)
        .await;
    app.post_subscriptions(body.into())
      .await
      .error_for_status()
      .unwrap();
}
```

TestApp의 일부로서 작성한 API 클라이언트를 사용해서 /subscriptions 엔드포인트로 POST 호출을 실행한다.

9.2.2 스코프가 지정된 Mock

POST /subscriptions는 확인 이메일을 전송할 것이다. 적절한 Mock을 설정함으로써 Postmark 테스트 서버가 유입되는 요청을 다룰 수 있도록 준비해야 한다. 이에 해당하는 로직은 테스트 함수 바디의 내용과 중첩된다. 두 개의 mock이 서로를 방해하지 않을 수 있도록 어떻게 보장할 수 있는가?

여기에서는 **스코프가 지정된 mock**scoped mock을 사용한다.

```
let _mock_guard = Mock::given(path("/email"))
    .and(method("POST"))
    .respond_with(ResponseTemplate::new(200))
    .named("Create unconfirmed subscriber")
    .expect(1)
    // `mount`를 사용하지 않는다.
    .mount_as_scoped(&app.email_server)
    .await;
```

mount를 사용하면 우리가 지정한 동작이 MockServer가 실행되는 동안 활성화 상태로 유지된다. 대신 mount_as_scoped를 사용하면 가드 객체인 MockGuard[1]를 얻을 수 있다.

MockGuard는 커스텀 Drop 구현을 갖는다. 스코프를 벗어나면 wiremock은 기반 MockServer에게 지정된 mock의 동작을 멈추도록 명령한다. 즉 create_unconfirmed_subscriber의 마지막에서 POST /email에 200을 반환하는 것을 중단할 수 있다. 테스트 헬퍼에 필요한 이 mock의 동작은

---

1 https://docs.rs/wiremock/0.5.6/wiremock/struct.MockGuard.html

테스트 헬퍼에만 국한된다.

MockGuard가 드롭될 때 한 가지 일이 더 발생한다. 범위가 제한된 mock에 대한 기대가 검증되었는지 철저하게 확인한다. 이 과정을 통해 테스트 헬퍼들을 깨끗하고 최신 상태로 유지할 수 있는 유용한 피드백 루프를 생성한다.

앞에서 이미 블랙박스 테스트 기법으로 애플리케이션에 대한 API 클라이언트를 작성함으로써 테스트를 간결하게 유지할 수 있음을 확인했다. 시간이 지나면서 여러분은 더 많은 헬퍼 함수를 작성해서 애플리케이션 상태를 조정할 것이다. 방금 create_unconfirmed_subscriber를 작성한 것과 마찬가지다. 이 헬퍼들은 mock에 의존하지만, 애플리케이션이 진화함에 따라 일부 mock들은 더 이상 필요하지 않게 될 것이다. 호출이 제거되거나 특정한 제공자를 사용하지 않게 될 수도 있다. 범위가 제한된 mock에 대한 철저한 평가를 통해 헬퍼 코드를 확인하고 능동적으로 정리할 수 있다.

9.2.3 그린 테스트

POST /newsletters에 대한 더미 구현을 제공해서 테스트를 성공할 수 있다.

```
//! src/routes/mod.rs
// [...]
// 새로운 모듈
mod newsletters;

pub use newsletters::*;
```

```
//! src/routes/newsletters.rs
use actix_web::HttpResponse;

// 더미 구현
pub async fn publish_newsletter() -> HttpResponse {
    HttpResponse::Ok().finish()
}
```

```
//! src/startup.rs
// [...]
use crate::routes::{confirm, health_check, publish_newsletter, subscribe};

fn run(/* */) -> Result<Server, std::io::Error> {
```

```
    // [...]
    let server = HttpServer::new(move || {
        App::new()
            .wrap(TracingLogger::default())
            // 새로운 핸들러를 등록한다.
            .route("/newsletters", web::post().to(publish_newsletter))
            // [...]
    })
    // [...]
}
```

cargo test는 무사히 실행된다.

9.3 확인된 모든 구독자는 새 이슈를 받는다

다른 통합 테스트를 하나 더 작성하자. 이번에는 행복한 케이스 중 하나다. 한 명의 확인된 구독자가 있다면 새롭게 발행되는 뉴스레터 이메일을 받는다.

9.3.1 테스트 헬퍼 구성하기

이전 테스트에서 테스트 로직을 실행하기 전에 원하는 애플리케이션 상태를 얻어야 했다. 테스트 로직에서 다른 헬퍼 함수를 호출했다. 이번에는 확인된 구독자를 생성해야 한다.

create_unconfirmed_subscriber를 조금 수정해서 코드 중복을 피할 수 있다.

```
//! tests/api/newsletter.rs
// [...]

async fn create_unconfirmed_subscriber(app: &TestApp) -> ConfirmationLinks {
    let body = "name=le%20guin&email=ursula_le_guin%40gmail.com";

    let _mock_guard = Mock::given(path("/email"))
        .and(method("POST"))
        .respond_with(ResponseTemplate::new(200))
        .named("Create unconfirmed subscriber")
        .expect(1)
        .mount_as_scoped(&app.email_server)
        .await;
    app.post_subscriptions(body.into())
        .await
        .error_for_status()
```

```
        .unwrap();
    // mock Poskmark 서버가 받은 요청을 확인해서 확인 링크를 추출하고 그것을 반환한다.
    let email_request = &app
        .email_server
        .received_requests()
        .await
        .unwrap()
        .pop()
        .unwrap();
    app.get_confirmation_links(&email_request)
}

async fn create_confirmed_subscriber(app: &TestApp) {
    // 동일한 헬퍼를 재사용해서 해당 확인 링크를 실제로 호출하는 단계를 추가한다.
    let confirmation_link = create_unconfirmed_subscriber(app).await;
    reqwest::get(confirmation_link.html)
        .await
        .unwrap()
        .error_for_status()
        .unwrap();
}
```

기존 테스트는 변경할 필요가 없으며 create_confirmed_subscriber를 새로운 테스트에서 그대
로 활용할 수 있다.

```
//! tests/api/newsletter.rs
// [...]

#[tokio::test]
async fn newsletters_are_delivered_to_confirmed_subscribers() {
    // Arrange
    let app = spawn_app().await;
    create_confirmed_subscriber(&app).await;

    Mock::given(path("/email"))
        .and(method("POST"))
        .respond_with(ResponseTemplate::new(200))
        .expect(1)
        .mount(&app.email_server)
        .await;

    // Act
    let newsletter_request_body = serde_json::json!({
        "title": "Newsletter title",
        "content": {
```

```
            "text": "Newsletter body as plain text",
            "html": "<p>Newsletter body as HTML</p>",
        }
    });
    let response = reqwest::Client::new()
        .post(&format!("{}/newsletters", &app.address))
        .json(&newsletter_request_body)
        .send()
        .await
        .expect("Failed to execute request.");

    // Assert
    assert_eq!(response.status().as_u16(), 200);
    // Mock은 뉴스레터 이메일을 보냈다는 Drop을 검증한다.
}
```

예상처럼 테스트는 실패한다.

```
thread 'newsletter::newsletters_are_delivered_to_confirmed_subscribers' panicked at
Verifications failed:
- Mock #1.
        Expected range of matching incoming requests: == 1
        Number of matched incoming requests: 0
```

9.4 구현 전략

이제 피드백을 얻기 위한 충분한 테스트를 구현했다. 구현을 시작하자. 다음과 같은 단순한 접근
방법으로 시작할 것이다.

- 유입되는 API 호출 바디에서 뉴스레터 발행의 세부 정보를 꺼낸다.

- 데이터베이스에 확인된 모든 구독자 목록을 꺼낸다.

- 전체 리스트에 대해 다음을 반복한다.

  - 구독자의 이메일을 얻는다.

  - Postmark를 통해 이메일을 전송한다.

그럼 시작하자.

9.5 바디 스키마

뉴스레터를 전달하기 위해서 알아야 할 것은 무엇인가? 간단하게 할 경우 다음 정보가 필요하다.

- 제목: 이메일 제목으로 사용된다.
- 내용: 모든 이메일 고객의 환경을 만족시키기 위해 HTML과 일반 텍스트 버전을 사용한다.

serde::Deserialize를 끌어내는 구조체를 사용해서 요구 사항을 코드화할 수 있다. FormData를 사용해서 POST /subscriptions를 구현했을 때와 마찬가지다.

```
//! src/routes/newsletters.rs
// [...]

#[derive(serde::Deserialize)]
pub struct BodyData {
    title: String,
    content: Content
}

#[derive(serde::Deserialize)]
pub struct Content {
    html: String,
    text: String
}
```

serde는 중첩된 레이아웃을 사용해도 문제가 없으며 BodyData의 모든 필드는 serde::Deserialize를 구현한다. 다음으로 actix-web 추출기를 사용해서 유입되는 요청 바디로부터 BodyData를 파싱할 수 있다. 한 가지 질문에만 답하면 된다. 어떤 직렬화 포맷을 사용하는가?

POST /subscriptions의 경우에는 HTML 폼을 다루므로, Content-Type으로 application/x-www-form-urlencoded를 사용한다. POST /newsletters는 웹 페이지에 내장된 폼과 관련이 없으므로, REST API를 구현할 때 일반적으로 사용하는 JSON을 사용한다. 이에 해당하는 추출기는 actix_web::web::Json이다.

```
//! src/routes/newsletters.rs
// [...]
use actix_web::web;

// `body`에 `_` 프리픽스를 붙여서 사용되지 않은 인자에 대한 컴파일러 warning을 줄인다.
```

```
pub async fn publish_newsletter(_body: web::Json<BodyData>) -> HttpResponse {
    HttpResponse::Ok().finish()
}
```

9.5.1 유효하지 않은 테스트 입력

믿는 도끼에 발등 찍힌다(믿더라도 검증하자). POST /newsletters 엔드포인트에 유효하지 않은 데이터를 던지는 새로운 테스트 케이스를 작성하자.

```
//! tests/api/newsletter.rs
// [...]

#[tokio::test]
async fn newsletters_returns_400_for_invalid_data() {
    // Arrange
    let app = spawn_app().await;
    let test_cases = vec![
        (
            serde_json::json!({
                "content": {
                    "text": "Newsletter body as plain text",
                    "html": "<p>Newsletter body as HTML</p>",
                }
            }),
            "missing title",
        ),
        (
            serde_json::json!({"title": "Newsletter!"}),
            "missing content",
        ),
    ];

    for (invalid_body, error_message) in test_cases {
        let response = reqwest::Client::new()
            .post(&format!("{}/newsletters", &app.address))
            .json(&invalid_body)
            .send()
            .await
            .expect("Failed to execute request.");

        // Assert
        assert_eq!(
            400,
            response.status().as_u16(),
```

```
                "The API did not fail with 400 Bad Request when the payload was {}.",
                error_message
        );
    }
}
```

새로운 테스트는 성공한다. 원한다면 몇 가지 테스트 케이스를 더 추가하자. 이 지점에서 코드를 리팩터링하고 몇몇 중복된 코드를 제거하자. POST /newsletters에 요청을 던지는 로직을 추출해서 TestApp의 공유된 헬퍼에 넣을 수 있다. POST /subscriptions에서와 같은 작업이다.

```
//! tests/api/helpers.rs
// [...]

impl TestApp {
    // [...]
    pub async fn post_newsletters(
        &self,
        body: serde_json::Value
    ) -> reqwest::Response {
        reqwest::Client::new()
            .post(&format!("{}/newsletters", &self.address))
            .json(&body)
            .send()
            .await
            .expect("Failed to execute request.")
    }
}
```

```
//! tests/api/newsletter.rs
// [...]

#[tokio::test]
async fn newsletters_are_not_delivered_to_unconfirmed_subscribers() {
    // [...]
    let response = app.post_newsletters(newsletter_request_body).await;
    // [...]
}

#[tokio::test]
async fn newsletters_are_delivered_to_confirmed_subscribers() {
    // [...]
    let response = app.post_newsletters(newsletter_request_body).await;
    // [...]
```

```
}

#[tokio::test]
async fn newsletters_returns_400_for_invalid_data() {
    // [...]
    for (invalid_body, error_message) in test_cases {
        let response = app.post_newsletters(invalid_body).await;
        // [...]
    }
}
```

9.6 확인된 구독자 리스트 꺼내기

새로운 쿼리를 작성해서 확인된 모든 구독자 리스트를 꺼낸다. status 열에 대해 WHERE 구를 사용
해서 원하는 행만 격리할 수 있다.

```
//! src/routes/newsletters.rs
// [...]
use sqlx::PgPool;

struct ConfirmedSubscriber {
    email: String,
}

#[tracing::instrument(name = "Get confirmed subscribers", skip(pool))]
async fn get_confirmed_subscribers(
    pool: &PgPool,
) -> Result<Vec<ConfirmedSubscriber>, anyhow::Error> {
    let rows = sqlx::query_as!(
        ConfirmedSubscriber,
        r#"
        SELECT email
        FROM subscriptions
        WHERE status = 'confirmed'
        "#,
    )
    .fetch_all(pool)
    .await?;
    Ok(rows)
}
```

또 한 가지, sqlx::query 대신 sqlx::query_as!를 사용하고 있다. sqlx::query_as!는 꺼낸 행들

을 첫 번째 인수인 ConfirmedSubscriber에 매핑함으로써 보일러플레이트 코드를 줄인다.

ConfirmedSubscriber는 email 필드 하나만 갖는다. 우리는 데이터에서 꺼내는 데이터의 양을 최소화함으로써, 실제 뉴스레터를 발행하기 위해 필요한 열에 대한 쿼리를 제한했다. 데이터베이스에 대한 작업을 줄이면, 네트워크를 오가는 데이터를 줄일 수 있다. 예시에서는 눈에 띄는 차이가 나지는 않지만, 무거운 데이터를 사용하는 큰 애플리케이션에서 작업할 때 유념해야 할 좋은 프랙티스다.

핸들러에서 get_confimred_subscribers를 활용하려면 PgPool이 필요하다. POST /subscriptions에서와 마찬가지로, 애플리케이션 상태에서 하나를 추출할 수 있다.

```rust
//! src/routes/newsletters.rs
// [...]

pub async fn publish_newsletter(
    _body: web::Json<BodyData>,
    pool: web::Data<PgPool>,
) -> HttpResponse {
    let _subscribers = get_confirmed_subscribers(&pool).await?;
    HttpResponse::Ok().finish()
}
```

만족스러운 결과가 아니다.

```
21 | ) -> HttpResponse {
   | -------------------
22 | |    let subscribers = get_confirmed_subscribers(&pool).await?;
   | |                      ^^^^^^^^^^^^^^^^^^^^^^^^^^^^^^^^^^^^^^^^^
   | |                          cannot use the `?` operator in an async function
   | |                          that returns `actix_web::HttpResponse`
   | |
23 | |    HttpResponse::Ok().finish()
24 | | }
   | |__ this function should return `Result` or `Option` to accept `?`
```

SQL 쿼리는 실패하며 get_confirmed_subscribers도 실패한다. publish_newsletter의 반환 타입을 변경해야 한다. 적절한 오류 타입과 함께 Result를 반환해야 한다. 이전 장에서 했던 작업과 같다.

```
//! src/routes/newsletters.rs
// [...]
use actix_web::ResponseError;
use sqlx::PgPool;
use crate::routes::error_chain_fmt;
use actix_web::http::StatusCode;

#[derive(thiserror::Error)]
pub enum PublishError {
    #[error(transparent)]
    UnexpectedError(#[from] anyhow::Error),
}

// 같은 로직을 사용해서 `Debug`에 대한 모든 오류 체인을 얻는다.
impl std::fmt::Debug for PublishError {
    fn fmt(&self, f: &mut std::fmt::Formatter<'_>) -> std::fmt::Result {
        error_chain_fmt(self, f)
    }
}

impl ResponseError for PublishError {
    fn status_code(&self) -> StatusCode {
        match self {
            PublishError::UnexpectedError(_) => StatusCode::INTERNAL_SERVER_ERROR,
        }
    }
}

pub async fn publish_newsletter(
    body: web::Json<BodyData>,
    pool: web::Data<PgPool>,
) -> Result<HttpResponse, PublishError> {
    let subscribers = get_confirmed_subscribers(&pool).await?;
    Ok(HttpResponse::Ok().finish())
}
```

8장에서 학습한 내용을 참조하면 새로운 오류 타입을 도입하는 데 그렇게 많은 시간이 들지 않을
것이다. 우리는 미래를 대비해서 코드를 작성하고 있다. PublishError를 열거형으로 모델링했지만,
현재는 하나의 variant만 사용한다. 구조체(혹은 actix_web::error::InternalError[2])는 현재 시점에
서는 다소 과하다.

---

2   https://docs.rs/actix-web/4.0.1/actix_web/error/struct.InternalError.html

cargo check는 이제 성공한다.

9.7 뉴스레터 이메일 전송하기

이제 이메일을 전송할 시간이다. 이전 장에서 작성한 EmailClient를 활용할 수 있다. 이미 애플리케이션 상태의 일부이며 web::Data를 사용해서 추출할 수 있는 PgPool과 마찬가지다.

```
//! src/routes/newsletters.rs
// [...]
use crate::email_client::EmailClient;

pub async fn publish_newsletter(
    body: web::Json<BodyData>,
    pool: web::Data<PgPool>,
    // 새로운 인수
    email_client: web::Data<EmailClient>,
) -> Result<HttpResponse, PublishError> {
    let subscribers = get_confirmed_subscribers(&pool).await?;
    for subscriber in subscribers {
        email_client
            .send_email(
                subscriber.email,
                &body.title,
                &body.content.html,
                &body.content.text,
            )
            .await?;
    }
    Ok(HttpResponse::Ok().finish())
}
```

거의 작동한다.

```
error[E0308]: mismatched types
  --> src/routes/newsletters.rs
   |
48 |                 subscriber.email,
   |                 ^^^^^^^^^^^^^^^^
   |   expected struct `SubscriberEmail`,
   |   found struct `std::string::String`

error[E0277]: `?` couldn't convert the error to `PublishError`
```

```
    --> src/routes/newsletters.rs:53:19
     |
53   |             .await?;
     |              ^
     |    the trait `From<reqwest::Error>`
     |    is not implemented for `PublishError`
```

9.7.1 context vs. with_context

두 번째 문제는 빠르게 수정할 수 있다.

```
//! src/routes/newsletters.rs
// [...]
// anyhow의 확장 트레이트를 스코프 안으로 가져온다.
use anyhow::Context;

pub async fn publish_newsletter(/* */) -> Result<HttpResponse, PublishError> {
    // [...]
    for subscriber in subscribers {
        email_client
            .send_email(/* */)
            .await
            .with_context(|| {
                format!("Failed to send newsletter issue to {}", subscriber.email)
            })?;
    }
    // [...]
}
```

새로운 with_context 메서드를 사용했다. context와 가까운 친척이다. context 메서드는 8장에서 Result의 오류 variant를 anyhow::Error로 변환하면서 콘텍스트 정보를 풍부하게 하기 위해 사용했다.

두 메서드의 핵심적인 차이 하나는 with_context가 게으르다는 점이다. 클로저를 인수로 받는데, 이 클로저는 오류가 발생할 경우에만 호출된다.

여러분이 추가하는 콘텍스트가 정적이라면(예 context("Oh no!")) context와 with_context는 동일하다. 여러분이 추가하는 콘텍스트가 런타임 비용을 가진다면 with_context를 사용하자. 실패할 수 있는 동작이 성공했을 때 오류 경로에 대한 비용을 지불하지 않을 수 있다.

예시로 우리 케이스를 보자. `format!`은 힙에 메모리를 할당해서 출력 문자열을 저장한다. `context`를 사용해서 이메일을 보낼 때마다 해당 문자열을 할당할 것이다. 대신 `with_context`를 활용하면 메일 전송이 실패할 때만 `format!`을 호출한다.

9.8 저장된 데이터 검증

이제 `cargo check`를 실행하면 하나의 오류가 남는다.

```
error[E0308]: mismatched types
  --> src/routes/newsletters.rs
   |
48 |                 subscriber.email,
   |                 ^^^^^^^^^^^^^^^^
   |     expected struct `SubscriberEmail`,
   |     found struct `std::string::String`
```

데이터베이스에서 꺼낸 데이터에 대해 어떤 검증도 하고 있지 않다. `ConfirmedSubscriber::email`은 String 타입이다. `EmailClient::send_email`은 대신 유효한 이메일 주소, 즉 `SubscriberEmail` 인스턴스여야 한다.

단순한 설루션을 먼저 시도해볼 수 있다. `ConfirmedSubscriber::email`을 `SubscriberEmail` 타입으로 변경한다.

```rust
//! src/routes/newsletters.rs
// [...]
use crate::domain::SubscriberEmail;

struct ConfirmedSubscriber {
    email: SubscriberEmail,
}

#[tracing::instrument(name = "Get confirmed subscribers", skip(pool))]
async fn get_confirmed_subscribers(
    pool: &PgPool,
) -> Result<Vec<ConfirmedSubscriber>, anyhow::Error> {
    let rows = sqlx::query_as!(
        ConfirmedSubscriber,
        r#"
        SELECT email
```

```
        FROM subscriptions
        WHERE status = 'confirmed'
        "#,
    )
    .fetch_all(pool)
    .await?;
    Ok(rows)
}
```

```
error[E0308]: mismatched types
  --> src/routes/newsletters.rs
   |
69 |        let rows = sqlx::query_as!(
   |  _____^
70 | |          ConfirmedSubscriber,
71 | |          r#"
72 | |          SELECT email
... |
75 | |          "#,
76 | |      )
   | |_____^ expected struct `SubscriberEmail`,
              found struct `std::string::String`
```

sqlx는 이것을 좋아하지 않는다. sqlx는 TEXT열을 SubscriberEmail로 변환하는 방법을 모른다. sqlx의 문서에서 커스텀 타입에 대한 지원을 구현하는 방법을 찾을 수 있다. 하지만 장점에 비해 너무 많은 수고를 해야 한다.

POST /subscriptions 엔드포인트에 배포했던 것과 유사한 접근 방식을 따를 수 있다. 두 개의 구조체를 사용한다.

- 우리가 기대하는 데이터 레이아웃을 인코딩한다(FormData).
- 가공되지 않은 표현을 파싱해서 만들어지며, 우리의 도메인 타입(NewSubscriber)을 사용한다.

우리의 쿼리에서는 다음과 같이 나타난다.

```
//! src/routes/newsletters.rs
// [...]

struct ConfirmedSubscriber {
    email: SubscriberEmail,
```

```
}

#[tracing::instrument(name = "Get confirmed subscribers", skip(pool))]
async fn get_confirmed_subscribers(
    pool: &PgPool,
) -> Result<Vec<ConfirmedSubscriber>, anyhow::Error> {
    // 이 쿼리에서 나오는 데이터를 매핑할 때는 `Row`만 필요하다.
    // 함수 자체 안에서 이 정의를 중첩하는 것은 이 커플링과 명확하게 통신하는
    // 간단한 방법이다(또한, 다른 곳에서 실수로 사용되지 않도록 보장한다).
    struct Row {
        email: String,
    }

    let rows = sqlx::query_as!(
        Row,
        r#"
        SELECT email
        FROM subscriptions
        WHERE status = 'confirmed'
        "#,
    )
    .fetch_all(pool)
    .await?;
    // 도메인 타입으로 매핑한다.
    let confirmed_subscribers = rows
        .into_iter()
        .map(|r| ConfirmedSubscriber {
            // 검증이 실패하면 패닉을 발생시킨다.
            email: SubscriberEmail::parse(r.email).unwrap(),
        })
        .collect();
    Ok(confirmed_subscribers)
}
```

SubscriberEmail::parse(r.email).unwrap()은 좋은 아이디어인가?

모든 신규 구독자의 이메일은 SubscriberEmail::parse의 검증 로직을 통과한다. 이는 6장에서의 큰 주제였다. 그렇다면 데이터베이스에 저장된 모든 이메일이 반드시 유효하다고, 즉 여기에서는 검증 실패를 고려할 필요가 없다고 주장할 수도 있다. 결코 패닉에 빠지지 않을 것임을 알기 때문에 unwarp을 해도 안전하다.

우리가 만드는 소프트웨어가 절대로 변하지 않는다고 가정한다면 이는 타당하다. 하지만 우리는 높은 배포 빈도에 최적화하고 있다.

Postgres 인스턴스에 저장된 데이터는 애플리케이션의 이전 버전과 새로운 버전 사이의 일시적인 커플링을 생성한다. 데이터베이스에서 꺼낸 이메일은 이전 버전의 애플리케이션에 의해 유효하다고 표시되었다. 하지만 현재 버전에서는 그렇지 않을 수 있다.

예를 들어 이메일 검증 로직이 너무 관대해서 일부 유효하지 않은 이메일들이 틈을 타서 유입되고, 뉴스레터를 전달하고자 할 때 문제를 일으키는 것을 발견할 수도 있다. 더 엄격한 검증 루틴을 구현하고, 패치된 버전을 배포하고, 이메일 전달 로직이 갑자기 동작하지 않는다. `get_confirmed_subscribers`는 이전에 유효하다고 판단되어 저장된 이메일들이 더 이상 그렇지 않을 때 패닉에 빠진다.

그렇다면 어떻게 해야 하는가? 데이터베이스에서 데이터를 꺼낼 때 검증을 완전히 건너뛰어야 하는가?

모든 경우에 맞는 답은 없다. 도메인의 요구 사항에 따라 개별적으로 이슈를 평가해야 한다.

때로는 유효하지 않은 레코드를 처리할 수 없는 경우도 있다. 루틴은 실패해야 하고 운영자는 직접 개입해서 손상된 레코드를 수정해야 한다. 때로는 모든 과거 레코드들을 처리해야 하며(예 분석 결과) 데이터에 관한 최소한의 가정을 해야 한다. `String`이 가장 안전한 방법이다.

우리 케이스에서는 중간을 택할 수 있다. 다음 뉴스레터 발행을 위한 수신자 목록을 꺼낼 때는 유효하지 않은 이메일을 건너뛸 수 있다. 발견한 모든 유효하지 않은 주소에 대해 warning을 출력하고, 운영자가 해당 이슈를 식별한 뒤 미래의 어느 시점에 저장된 데이터를 수정하도록 할 수 있다.

```rust
//! src/routes/newsletters.rs
// [...]

async fn get_confirmed_subscribers(
    pool: &PgPool,
) -> Result<Vec<ConfirmedSubscriber>, anyhow::Error> {
    // [...]

    // 도메인 타입으로 매핑한다.
    let confirmed_subscribers = rows
        .into_iter()
        .filter_map(|r| match SubscriberEmail::parse(r.email) {
            Ok(email) => Some(ConfirmedSubscriber { email }),
            Err(error) => {
                tracing::warn!(
```

```
                "A confirmed subscriber is using an invalid email address.\n{}.",
                error
            );
            None
        }
    })
    .collect();
    Ok(confirmed_subscribers)
}
```

filter_map을 이용하면 편리하게 조합할 수 있다. 클로저가 하나의 Some variant를 반환하는 아이템만 포함한 새로운 반복자를 반환한다.

9.8.1 책임 경계

이 절의 내용은 건너뛰어도 좋지만, 여기에서 누가 무엇을 하는지에 관해 잠깐 생각해볼 만한 가치가 있다. get_confirmed_subscriber는 유효하지 않은 이메일 주소를 만났을 때, 건너뛰거나 중단하는 결정을 내리기 위한 가장 적절한 위치인가? 이것은 비즈니스-레벨의 의사 결정으로 보이며 메일 전달 워크플로를 이끄는 루틴인 publish_newsletter가 더 나을 수도 있다.

get_confirmed_subscriber는 그저 스토리지 레이어와 도메인 레이어 사이의 어댑터 역할만 해야 한다. get_confirmed_subscriber는 데이터베이스에 관한 부분(예 쿼리)과 그 매핑 로직을 다루지만, 호출자에게 매핑 또는 쿼리가 실패하는 경우에 무엇을 할지 위임한다.

리팩터링하자.

```
//! src/routes/newsletters.rs
// [...]

async fn get_confirmed_subscribers(
    pool: &PgPool,
    // 행복한 경우에는 `Result`의 `Vec`을 반환한다.
    // 이를 통해 호출자는 `?`를 사용해서 에트워크 이슈나 일시적인 실패에 의한
    // 오류들을 부풀릴 수 있으며, 컴파일러는 미묘한 매핑 오류를 처리하도록 강조한다.
    // 이 기법에 관한 더 자세한 정보는 http://sled.rs/errors.html을 참조한다.
) -> Result<Vec<Result<ConfirmedSubscriber, anyhow::Error>>, anyhow::Error> {
    // [...]

    let confirmed_subscribers = rows
        .into_iter()
```

```
    // `filter_map`은 더 이상 사용하지 않는다.
    .map(|r| match SubscriberEmail::parse(r.email) {
        Ok(email) => Ok(ConfirmedSubscriber { email }),
        Err(error) => Err(anyhow::anyhow!(error)),
    })
    .collect();
Ok(confirmed_subscribers)
}
```

호출하는 측에서 컴파일러 오류가 발생한다.

```
error[E0609]: no field `email` on type `Result<ConfirmedSubscriber, anyhow::Error>`
  --> src/routes/newsletters.rs
   |
50 |             subscriber.email,
   |
```

이 문제는 곧바로 수정할 수 있다.

```
//! src/routes/newsletters.rs
// [...]

pub async fn publish_newsletter(/* */) -> Result<HttpResponse, PublishError> {
    let subscribers = get_confirmed_subscribers(&pool).await?;
    for subscriber in subscribers {
        // 컴파일러는 행복한 경우와 행복하지 않은 경우, 모두를 다루도록 강제한다.
        match subscriber {
            Ok(subscriber) => {
                email_client
                    .send_email(
                        subscriber.email,
                        &body.title,
                        &body.content.html,
                        &body.content.text,
                    )
                    .await
                    .with_context(|| {
                        format!(
                            "Failed to send newsletter issue to {}",
                            subscriber.email
                        )
                    })?;
            }
            Err(error) => {
```

```
            tracing::warn!(
                // 이 오류 체인은 로그 레코드에 구조화된 필드로 기록한다.
                error.cause_chain = ?error,
                // `\`를 사용해서 긴 문자열 리터럴을 두 개의 행으로 자르고
                // `\n` 문자를 생성하지 않는다.
                "Skipping a confirmed subscriber. \
                Their stored contact details are invalid",
            );
        }
    }
}
    Ok(HttpResponse::Ok().finish())
}
```

9.8.2 컴파일러를 따른다

컴파일 결과에서는 오류가 거의 발견되지 않는다.

```
error[E0277]: `SubscriberEmail` doesn't implement `std::fmt::Display`
  --> src/routes/newsletters.rs:59:74
   |
59 |     format!("Failed to send newsletter issue to {}", subscriber.email)
   |                                                       ^^^^^^^^^^^^^^^^^
   |     `SubscriberEmail` cannot be formatted with the default formatter
```

이는 ConfirmedSubscriber에서 email의 타입을 String에서 SubscriberEmail로 변경했기 때문에 발생한 것이다.

새로운 타입을 위한 Display를 구현하자.

```
//! src/domain/subscriber_email.rs
// [...]

impl std::fmt::Display for SubscriberEmail {
    fn fmt(&self, f: &mut std::fmt::Formatter<'_>) -> std::fmt::Result {
        // 단순하게 감싼 String의 Display 구현을 전달했다.
        self.0.fmt(f)
    }
}
```

진전이 있다. 컴파일러 오류가 바뀌었으며, **차용 검사기**borrow checker에서 발생한 오류다.

```
error[E0382]: borrow of partially moved value: `subscriber`
  --> src/routes/newsletters.rs
   |
52 |        subscriber.email,
   |        --------------- value partially moved here
...
58 |    .with_context(|| {
   |                  ^^ value borrowed here after partial move
59 |        format!("Failed to send newsletter issue to {}", subscriber.email)
   |                                                          ----------
                                  borrow occurs due to use in closure
```

.clone()을 첫 번째로 추가하고 종료할 수도 있다.

하지만 조금 더 세련된 방법을 써보자. EmailClient::send_email에서 SubscriberEmail의 소유권을 가져올 필요가 있는가?

```
//! src/email_client.rs
// [...]

pub async fn send_email(
    &self,
    recipient: SubscriberEmail,
    /* */
) -> Result<(), reqwest::Error> {
    // [...]
    let request_body = SendEmailRequest {
        to: recipient.as_ref(),
        // [...]
    };
    // [...]
}
```

이제 그것에 대해 as_ref를 부를 수 있어야 한다. &SubscriberEmail이면 충분한다. 여기에 맞춰서 시그니처를 변경하자.

```
//! src/email_client.rs
// [...]

pub async fn send_email(
    &self,
    recipient: &SubscriberEmail,
```

```
    /* */
) -> Result<(), reqwest::Error> {
    // [...]
}
```

업데이트되어야 할 호출 위치가 있다. 컴파일러가 이에 관해 친절하게 알려준다. 이 부분은 여러분을 위한 연습으로 남겨두겠다. 작업을 마친 후에는 테스트 케이스가 모두 통과되어야 한다.

9.8.3 몇몇 보일러플레이트를 제거하자

더 진행하기 전에 get_confirmed_subscribers를 한 번 더 살펴보자.

```
//! src/routes/newsletters.rs
// [...]

#[tracing::instrument(name = "Get confirmed subscribers", skip(pool))]
async fn get_confirmed_subscribers(
    pool: &PgPool,
) -> Result<Vec<Result<ConfirmedSubscriber, anyhow::Error>>, anyhow::Error> {
    struct Row {
        email: String,
    }

    let rows = sqlx::query_as!(
        Row,
        r#"
        SELECT email
        FROM subscriptions
        WHERE status = 'confirmed'
        "#,
    )
    .fetch_all(pool)
    .await?;
    let confirmed_subscribers = rows
        .into_iter()
        .map(|r| match SubscriberEmail::parse(r.email) {
            Ok(email) => Ok(ConfirmedSubscriber { email }),
            Err(error) => Err(anyhow::anyhow!(error)),
        })
        .collect();
    Ok(confirmed_subscribers)
}
```

Row가 무언가의 가치를 더하는가? 실질적으로는 그렇지 않다. 쿼리는 충분히 단순하며, 반환되는 데이터를 표현하기 위해 전용의 타입을 갖는 것으로부터 특별한 이득을 얻지 않는다. query!로 변경하고 Row를 완전히 제거할 수 있다.

```
//! src/routes/newsletters.rs
// [...]

#[tracing::instrument(name = "Get confirmed subscribers", skip(pool))]
async fn get_confirmed_subscribers(
    pool: &PgPool,
) -> Result<Vec<Result<ConfirmedSubscriber, anyhow::Error>>, anyhow::Error> {
    let confirmed_subscribers = sqlx::query!(
        r#"
        SELECT email
        FROM subscriptions
        WHERE status = 'confirmed'
        "#,
    )
    .fetch_all(pool)
    .await?
    .into_iter()
    .map(|r| match SubscriberEmail::parse(r.email) {
        Ok(email) => Ok(ConfirmedSubscriber { email }),
        Err(error) => Err(anyhow::anyhow!(error)),
    })
    .collect();
    Ok(confirmed_subscribers)
}
```

나머지 코드는 손댈 필요조차 없다. 코드는 그대로 컴파일된다.

9.9 단순한 접근 방식의 한계

해냈다. 두 개의 통합 테스트를 통과하도록 구현했다. 이제 무엇을 하면 되는가? 스스로 등을 토닥이면서 프로덕션에 배포하면 되는가?

아직은 이르다. 초반에 다음과 같이 이야기했다. 우리의 접근 방식은 무언가를 실행하기 위한 가장 간단한 방법이다. 하지만 충분하지 않는가?

단점에 관해 자세히 살펴보자.

1. 보안

POST /newsletters 엔드포인트는 보호되어 있지 않다. 누구나 요청을 던질 수 있고 모든 청중에게 확인하지 않고 정보를 뿌릴 수 있다.

2. 한 번의 시도밖에 하지 못한다.

POST /newsletters에 접근하는 즉시 여러분의 콘텐츠는 모든 메일링 리스트에 전달된다. 발행하기 좋은 상태인지, 초안 상태에서 수정하거나 리뷰할 수 있는 기회가 없다.

3. 성능

한 번에 한 통의 메일만 보내고 있다. 현재 보내는 메일이 성공적으로 전송되어야만 다음 메일을 보낼 수 있다. 구독자가 10~20명 정도일 때는 큰 문제가 되지 않지만, 이내 눈에 띄는 단점이 된다. 구독자의 숫자가 많아질수록 지연은 큰 문제가 된다.

4. 내결함성

하나의 이메일을 보내는 데 실패하면 ?를 사용해서 오류를 부풀리고 500 Internal Server Error를 호출자에게 반환한다. 나머지 이메일들은 절대로 전송되지 않으며, 실패한 이메일을 재전송하지도 않는다.

5. 재시도 안전성

네트워크를 통한 통신에서는 많은 것이 잘못될 수 있다. API 소비자들이 서비스를 호출했을 때 타임아웃이나 500 Internal Server Error를 경험하면 어떻게 대처해야 하는가? 이들은 재시도할 수 없다. 이들은 같은 뉴스레터를 전체 메일링 리스트에 2번 발송하는 위험을 감수해야 한다.

2, 3번은 상당히 신경이 쓰이지만, 어느 정도는 감수할 수 있다. 4, 5번은 매우 심각한 제한이며 큰 영향을 준다. 1번은 협상의 여지가 없다. API를 릴리스하기 전에 엔드포인트를 보호해야 한다.

9.10 정리

뉴스레터 전달 로직의 프로토타입을 만들었다. 프로토타입은 기능적인 요구 사항은 만족하지만, 아직 프로덕션을 위한 준비가 되지 않았다. **최소 기능 제품**minimum viable product, MVP의 단점은 이어지는 장에서 우선순위에 따라 살펴볼 것이다. 먼저 인증/권한 문제를 해결한 뒤 내결함성에 관해 살펴볼 것이다.

10

API 보호하기

9장에서 새로운 POST /newsletters 엔드포인트를 API에 추가했다. 이 엔드포인트는 발행한 뉴스레터를 입력받고 모든 구독자에게 이메일을 전송한다.

그러나 한 가지 문제가 있다. API에 접근할 수 있다면 누구나 전체 메일링 리스트에 그들이 원하는 내용을 임의로 전송할 수 있다는 점이다.

API 보안 툴박스의 수준을 높일 시간이다. 인증과 권한의 개념을 소개하고, 다양한 접근 방식을 평가한다(기본 인증, 세션 기반 인증, OAuth 2.0, OpenId Connect). 그리고 가장 많이 사용되는 토큰 포맷의 하나인 **JSON 웹 토큰**JSON Web Token, JWT의 장점과 단점에 관해 살펴본다.

> 이번 장에서는 다른 부분과 마찬가지로 학습 목적을 위해 우선 '잘못된 방법'을 선택한다. 나쁜 보안 습관을 선택하지 않고 싶다면 이번 장을 끝까지 읽자.

10.1 인증

누가 POST /newsletters를 호출하는지 검증할 방법이 있어야 한다. 콘텐츠에 책임을 갖고 있는 소수의 사람들만이 전체 메일링 리스트에 관한 이메일을 보낼 수 있어야 한다.

API 호출자들을 식별할 수 있는 방법으로 그들을 **인증**authenticate해야 한다. 어떻게 하는가?

이들이 유일하게 제공할 수 있는 무언가를 요구해야 한다. 다양한 접근 방법이 있지만, 결과적으로 세 가지로 분류할 수 있다.

1. 사용자들의 지식(예 비밀번호, PIN, 보안 질문 등)
2. 사용자들의 소유물(예 스마트폰, 인증 앱 등)
3. 사용자들의 존재(예 지문, 애플의 Face ID[1] 등)

각 접근 방법에는 고유의 약점이 있다.

10.1.1 단점

1 사용자들의 지식

비밀번호는 그 길이가 길어야 한다. 짧은 비밀번호는 **무차별 대입 공격**brute-force attack[2]에 취약하다. 비밀번호는 고유해야 한다. 공개적으로 접근할 수 있는 정보(예 생일, 가족의 이름 등) 등으로 공격자에게 비밀번호를 '추측'할 수 있는 기회를 주어서는 안 된다. 비밀번호는 여러 서비스에서 재사용되지 않아야 한다. 어느 하나라도 유출되면 같은 비밀번호를 공유하는 다른 모든 서비스에 접근을 허용하게 될 수 있다.

평균적으로 한 사람이 100개 이상의 온라인 계정을 갖고 있다.[3] 사용자들은 충분히 길고 고유한 수백 개의 비밀번호를 기억할 수 없다. 비밀번호 관리 서비스들[4]을 사용하면 도움이 되겠지만, 이들은 아직 주류가 아니며 사용자 경험 또한, 최적화되지 않은 경우가 많다.

2 사용자들의 소유물

스마트폰이나 U2F 키[5]는 분실 가능성이 있으며, 분실할 경우 사용자의 계정이 잠긴다. 소유물은 도난이나 오용될 수 있으며, 이 경우 공격자에게는 피해자를 모방할 수 있는 기회를 주게 된다.

3 사용자들의 존재

생물학적 특성은 비밀번호와 달리 변경할 수 없다. 지문을 돌려서 쓰거나 망막의 혈관 패턴을 바

---

1 https://ko.wikipedia.org/wiki/Face_ID
2 https://ko.wikipedia.org/wiki/무차별_대입_공격
3 https://tech.co/news/average-person-100-passwords
4 https://en.wikipedia.org/wiki/Password_manager
5 https://en.wikipedia.org/wiki/Universal_2nd_Factor

꿀 수는 없다. 지문을 위조하는 것은 대부분의 사람들이 생각하는 것보다 쉽다.[6] 생물학적 특성은 그것을 남용하거나 잃어버릴지도 모르는 정부 기관들이 종종 이용할 수 있는 정보다.

10.1.2 다요소 인증

각 접근 방식이 고유한 단점을 가지고 있다면, 어떻게 해야 하는가? 그렇다, 이들을 조합할 수 있다.

이것은 **다요소 인증**multi-factor authentication, MFA에서 많이 사용한다. 사용자들은 적어도 두 가지 이상의 다른 유형의 인증 요소를 제공해야만 대상에 접근할 수 있다.

10.2 비밀번호 기반 인증

이론에서 실전으로 들어가보자. 인증을 어떻게 구현하는가? 비밀번호는 앞에서 언급한 세 가지 중 가장 간단한 접근 방법으로 보인다. API에 사용자 이름과 비밀번호를 어떻게 전달해야 하는가?

10.2.1 기본 인증

가장 먼저 **기본 인증 스킴**basic authentication scheme을 사용할 수 있다. 이 방법은 국제 인터넷 표준화 기구가 RFC 2617[7]에서 표준화했으며, 이후 RFC 7616[8]로 업데이트되었다.

API는 유입되는 요청에서 Authorization 헤더를 찾아야 한다. 그 구조는 다음과 같다.

```
Authorization: Basic <encoded credentials>
```

<encoded credentials>는 {username}:{password}을 base64 인코딩[9]한 것이다.[10]

명세에 따르면 API를 보호 공간 혹은 영역[11]으로 나누어야 한다. 동일한 영역의 리소스들은 동일한 인증 스킴과 **크리덴셜셋**credential set을 사용해서 보호되어야 한다. 예시에서는 POST /newsletters 엔드포인트만 보호하면 된다. 따라서 publish라는 이름으로 하나의 영역만 갖는다.

---

6   https://www.youtube.com/watch?v=tj2Ty7WkGqk

7   https://datatracker.ietf.org/doc/html/rfc2617#section-2

8   https://datatracker.ietf.org/doc/html/rfc7617

9   https://datatracker.ietf.org/doc/html/rfc4648#section-4

10   base64 인코딩은 출력의 모든 문자가 ASCII(https://ko.wikipedia.org/wiki/ASCII)임을 보장하지만, 어떤 보호 수단도 제공하지 않는다. 디코딩할 때 시크릿이 필요하지 않다. 다시 말해, 인코딩은 암호화되지 않는다.

11   https://datatracker.ietf.org/doc/html/rfc7235#section-2.2

API는 헤더가 없거나 잘못된 크리덴셜credential을 사용한 모든 요청을 거부해야 한다. 응답은 401 Unauthorized 상태 코드를 사용하고, 요청에 대한 이의challenge를 포함하는 특별한 헤더인 WWW-Authenticate를 포함해야 한다. 이의란 API 호출자에게 전달하는 특별한 문자열로, 해당 영역에 대해 어떤 유형의 인증 스킴을 기대하는지 설명한다. 예시에서는 기본 인증을 사용하며, 그 형태는 다음과 같다.

```
HTTP/1.1 401 Unauthorized
WWW-Authenticate: Basic realm="publish"
```

이제 구현해보자.

❶ 자격 추출하기

유입되는 요청에서 사용자 이름과 비밀번호를 추출하는 것이 첫 번째 목표다.

행복하지 않은 경우부터 시작하자. Authorization 헤더가 없는 유입 요청은 거부되어야 한다.

```rust
//! tests/api/newsletter.rs
// [...]

#[tokio::test]
async fn requests_missing_authorization_are_rejected() {
    // Arrange
    let app = spawn_app().await;

    let response = reqwest::Client::new()
        .post(&format!("{}/newsletters", &app.address))
        .json(&serde_json::json!({
            "title": "Newsletter title",
            "content": {
                "text": "Newsletter body as plain text",
                "html": "<p>Newsletter body as HTML</p>",
            }
        }))
        .send()
        .await
        .expect("Failed to execute request.");

    // Assert
    assert_eq!(401, response.status().as_u16());
    assert_eq!(r#"Basic realm="publish""#, response.headers()["WWW-Authenticate"]);
}
```

첫 번째 어서션에서 실패한다.

```
thread 'newsletter::requests_missing_authorization_are_rejected' panicked at
'assertion failed: `(left == right)`
  left: `401`,
 right: `400`'
```

새로운 요구 사항을 만족하기 위해서는 핸들러를 업데이트해야 한다. HttpRequest 추출기를 사용
해서 유입되는 요청과 관련된 헤더에 접근할 수 있다.

```rust
//! src/routes/newsletters.rs
// [...]
use secrecy::Secret;
use actix_web::HttpRequest;
use actix_web::http::header::{HeaderMap, HeaderValue};

pub async fn publish_newsletter(
    // [...]
    // 새로운 추출기
    request: HttpRequest,
) -> Result<HttpResponse, PublishError> {
    let _credentials = basic_authentication(request.headers());
    // [...]
}

struct Credentials {
    username: String,
    password: Secret<String>,
}

fn basic_authentication(headers: &HeaderMap) -> Result<Credentials, anyhow::Error> {
    todo!()
}
```

자격을 추출하기 위해서는 base64 인코딩을 다루어야 한다. base64 크레이트를 디펜던시에 추가
하자.

```toml
[dependencies]
# [...]
base64 = "0.13"
```

이제 basic_authentication의 바디를 작성할 수 있다.

```rust
//! src/routes/newsletters.rs
// [...]

fn basic_authentication(headers: &HeaderMap) -> Result<Credentials, anyhow::Error> {
    // 헤더값이 존재한다면 유효한 UTF8 문자열이어야 한다.
    let header_value = headers
        .get("Authorization")
        .context("The 'Authorization' header was missing")?
        .to_str()
        .context("The 'Authorization' header was not a valid UTF8 string.")?;
    let base64encoded_segment = header_value
        .strip_prefix("Basic ")
        .context("The authorization scheme was not 'Basic'.")?;
    let decoded_bytes = base64::decode_config(
            base64encoded_segment,
            base64::STANDARD
        )
        .context("Failed to base64-decode 'Basic' credentials.")?;
    let decoded_credentials = String::from_utf8(decoded_bytes)
        .context("The decoded credential string is not valid UTF8.")?;


    // `:` 구분자를 사용해서 두 개의 세그먼트로 나눈다.
    let mut credentials = decoded_credentials.splitn(2, ':');
    let username = credentials
        .next()
        .ok_or_else(|| {
            anyhow::anyhow!("A username must be provided in 'Basic' auth.")
        })?
        .to_string();
    let password = credentials
        .next()
        .ok_or_else(|| {
            anyhow::anyhow!("A password must be provided in 'Basic' auth.")
        })?
        .to_string();

    Ok(Credentials {
        username,
        password: Secret::new(password)
    })
}
```

코드를 유심히 보면서 어떤 일이 벌어지는지 이해하자. 잘못될 수 있는 많은 동작이 존재한다. RFC[12]를 열어서 책과 비교해보는 것도 도움이 될 것이다.

아직 끝나지 않았다. 테스트는 여전히 실패한다. `basic_authentication`이 반환하는 오류에 대응해야 한다.

```rust
//! src/routes/newsletters.rs
// [...]

#[derive(thiserror::Error)]
pub enum PublishError {
    // 새로운 오류 변형
    #[error("Authentication failed.")]
    AuthError(#[source] anyhow::Error),
    #[error(transparent)]
    UnexpectedError(#[from] anyhow::Error),
}

impl ResponseError for PublishError {
    fn status_code(&self) -> StatusCode {
        match self {
            PublishError::UnexpectedError(_) => StatusCode::INTERNAL_SERVER_ERROR,
            // 인증 오류에 대해 401을 반환한다.
            PublishError::AuthError(_) => StatusCode::UNAUTHORIZED,
        }
    }
}

pub async fn publish_newsletter(/* */) -> Result<HttpResponse, PublishError> {
    let _credentials = basic_authentication(request.headers())
        // 오류를 부풀리고 필요한 변환을 수행한다.
        .map_err(PublishError::AuthError)?;
    // [...]
}
```

상태 코드에 대한 어서션은 성공하지만, 헤더에 대한 어서션은 아직 아니다.

```
thread 'newsletter::requests_missing_authorization_are_rejected' panicked at
'no entry found for key "WWW-Authenticate"'
```

---

12 https://datatracker.ietf.org/doc/html/rfc7617

각 오류에 대해 어떤 상태 코드를 반환해야 하는지 충분히 살펴봤다. 이제 헤더에 관해 살펴보자.

ResponseError::status_code에서 ResponseError::error_response로 시선을 옮겨보자.

```rust
//! src/routes/newsletters.rs
// [...]
use actix_web::http::{StatusCode, header};
use actix_web::http::header::{HeaderMap, HeaderValue};

impl ResponseError for PublishError {
    fn error_response(&self) -> HttpResponse {
        match self {
            PublishError::UnexpectedError(_) => {
                HttpResponse::new(StatusCode::INTERNAL_SERVER_ERROR)
            }
            PublishError::AuthError(_) => {
                let mut response = HttpResponse::new(StatusCode::UNAUTHORIZED);
                let header_value = HeaderValue::from_str(r#"Basic realm="publish""#)
                    .unwrap();
                response
                    .headers_mut()
                    // actix_web::http::header는 여러 잘 알려진/표준 HTTP 헤더의 이름에
                    // 관한 상수 셋을 제공한다.
                    .insert(header::WWW_AUTHENTICATE, header_value);
                response
            }
        }
    }

    // `status_code`는 기본 `error_response` 구현에 의해 호출된다.
    // 맞춤형의 `error_response` 구현을 제공하므로, `status_code` 구현을 더 이상
    // 유지할 필요가 없다.
}
```

인증 테스트는 성공한다. 하지만 이전 테스트 케이스 중 몇 개는 실패한다.

```
test newsletter::newsletters_are_not_delivered_to_unconfirmed_subscribers ... FAILED
test newsletter::newsletters_are_delivered_to_confirmed_subscribers ... FAILED

thread 'newsletter::newsletters_are_not_delivered_to_unconfirmed_subscribers'
panicked at 'assertion failed: `(left == right)`
  left: `401`,
 right: `200`'

thread 'newsletter::newsletters_are_delivered_to_confirmed_subscribers'
```

```
panicked at 'assertion failed: `(left == right)`
  left: `401`,
 right: `200`'
```

POST /newsletters는 이제 인증되지 않은 모든 요청을 거부한다. 여기에는 이전에 작성한 행복한 경로의 블랙박스 테스트들도 포함된다. 사용자 이름과 비밀번호를 무작위로 조합해 제공하는 것은 여기에서 멈춘다.

```
//! tests/api/helpers.rs
// [...]

impl TestApp {
    pub async fn post_newsletters(
        &self,
        body: serde_json::Value
    ) -> reqwest::Response {
        reqwest::Client::new()
            .post(&format!("{}/newsletters", &self.address))
            // 무작위 크리덴셜
            // `reqwerst`가 인코딩/포매팅 업무를 처리한다.
            .basic_auth(Uuid::new_v4().to_string(), Some(Uuid::new_v4().to_string()))
            .json(&body)
            .send()
            .await
            .expect("Failed to execute request.")
    }

    // [...]
}
```

테스트 스위트는 다시 그린이 된다.

10.2.2 비밀번호 검증

무작위 크리덴셜random credential을 받는 인증 레이어는 사실 이상적이지 않다. Authorization 헤더에서 추출한 크리덴셜을 검증해야 한다. 알려진 사용자 리스트와 비교해야 한다.

새로운 users Postgres 테이블을 만들고 이 리스트를 저장한다.

```
sqlx migrate add create_users_table
```

스키마의 첫 번째 모습은 다음과 같다.

```
-- migrations/20210815112026_create_users_table.sql
CREATE TABLE users(
    user_id uuid PRIMARY KEY,
    username TEXT NOT NULL UNIQUE,
    password TEXT NOT NULL
);
```

다음으로 인증을 수행할 때마다 질의하도록 핸들러를 업데이트한다.

```
//! src/routes/newsletters.rs
use secrecy::ExposeSecret;
// [...]

async fn validate_credentials(
    credentials: Credentials,
    pool: &PgPool,
) -> Result<uuid::Uuid, PublishError> {
    let user_id: Option<_> = sqlx::query!(
        r#"
        SELECT user_id
        FROM users
        WHERE username = $1 AND password = $2
        "#,
        credentials.username,
        credentials.password.expose_secret()
    )
    .fetch_optional(pool)
    .await
    .context("Failed to perform a query to validate auth credentials.")
    .map_err(PublishError::UnexpectedError)?;

    user_id
        .map(|row| row.user_id)
        .ok_or_else(|| anyhow::anyhow!("Invalid username or password."))
        .map_err(PublishError::AuthError)
}

pub async fn publish_newsletter(/* */) -> Result<HttpResponse, PublishError> {
    let credentials = basic_authentication(request.headers())
        .map_err(PublishError::AuthError)?;
    let user_id = validate_credentials(credentials, &pool).await?;
    // [...]
}
```

POST /newsletters를 누가 호출하는지 기록하면 좋을 것이다. 핸들러에 tracing span을 추가하자.

```rust
//! src/routes/newsletters.rs
// [...]

#[tracing::instrument(
    name = "Publish a newsletter issue",
    skip(body, pool, email_client, request),
    fields(username=tracing::field::Empty, user_id=tracing::field::Empty)
)]
pub async fn publish_newsletter(/* */) -> Result<HttpResponse, PublishError> {
    let credentials = basic_authentication(request.headers())
        .map_err(PublishError::AuthError)?;
    tracing::Span::current().record(
        "username",
        &tracing::field::display(&credentials.username)
    );
    let user_id = validate_credentials(credentials, &pool).await?;
    tracing::Span::current().record("user_id", &tracing::field::display(&user_id));
    // [...]
}
```

이제 validate_credential가 받아들인 사용자 이름–비밀번호 쌍을 지정하도록 행복한 경로의 테스트를 업데이트해야 한다. 테스트 애플리케이션의 인스턴스마다 테스트 사용자를 생성할 것이다. 뉴스레터 편집자들을 위한 가입 플로를 아직 구현하지 않았으므로, 완전한 블랙 박스 접근 방식을 사용할 수는 없다. 당분간은 데이터베이스에 테스트 사용자의 세부 정보를 직접 삽입할 것이다.

```rust
//! tests/api/helpers.rs
// [...]

pub async fn spawn_app() -> TestApp {
    // [...]

    let test_app = TestApp {/* */};
    add_test_user(&test_app.db_pool).await;
    test_app
}


async fn add_test_user(pool: &PgPool) {
    sqlx::query!(
```

```
        "INSERT INTO users (user_id, username, password)
        VALUES ($1, $2, $3)",
        Uuid::new_v4(),
        Uuid::new_v4().to_string(),
        Uuid::new_v4().to_string(),
    )
    .execute(pool)
    .await
    .expect("Failed to create test users.");
}
```

TestApp은 헬퍼 메서드를 제공하며, 이를 사용해서 사용자 이름과 비밀번호를 꺼낼 수 있다.

```
//! tests/api/helpers.rs
// [...]

impl TestApp {
    // [...]

    pub async fn test_user(&self) -> (String, String) {
        let row = sqlx::query!("SELECT username, password FROM users LIMIT 1",)
            .fetch_one(&self.db_pool)
            .await
            .expect("Failed to create test users.");
        (row.username, row.password)
    }
}
```

이제 무작위 크리덴셜을 사용하는 대신 post_newsletters 메서드에서 호출한다.

```
//! tests/api/helpers.rs
// [...]

impl TestApp {
    // [...]

    pub async fn post_newsletters(
        &self,
        body: serde_json::Value
    ) -> reqwest::Response {
        let (username, password) = self.test_user().await;
        reqwest::Client::new()
            .post(&format!("{}/newsletters", &self.address))
            // 더 이상 무작위로 생성하지 않는다.
```

```
            .basic_auth(username, Some(password))
            .json(&body)
            .send()
            .await
            .expect("Failed to execute request.")
    }
}
```

이제 모든 테스트는 성공한다.

10.2.3 비밀번호 저장소

가공되지 않은 사용자 비밀번호를 데이터베이스에 저장하는 것은 좋지 않은 아이디어다. 여러분이 저장한 데이터에 접근할 수 있는 공격자는 사용자 이름과 비밀번호를 그대로 사용할 수 있으므로 즉시 사용자로 위장할 수 있다. 공격자들은 실제 데이터베이스를 활용할 필요도 없다. 암호화되지 않은 백업이면 충분한다.

❶ 가공되지 않은 패스워드를 저장할 필요는 없다

애초에 비밀번호 자체를 왜 저장하지 않는가? **동등 비교**equality check를 해야 한다. 사용자가 인증을 시도할 때마다, 사용자들이 입력한 비밀번호와 우리가 기대하는 비밀번호가 일치하는지 검증해야 한다. 동등 비교만 신경 쓴다면, 더 세련된 전략을 취할 수 있다.

예를 들어 특정한 함수를 이용해서 비밀번호를 변환한 뒤 비교할 수 있다. 모든 **결정적 함수**deterministic function는 입력이 같으면 출력도 같다.

f를 결정적인 함수라고 가정하자. `psw_candidate == expected_psw`는 `f(psw_candidate) == f(expected_psw)`를 의미한다. 하지만 이것으로는 충분하지 않다. 만약 f가 가능한 모든 입력 문자열에 대해 `hello`를 반환한다면 어떻게 되겠는가? 비밀번호 검증은 입력에 관계없이 성공할 것이다.

반대 방향을 취해야 한다. 즉 if `f(psw_candidate) == f(expected_psw)`이면 `psw_candidate == expected_psw`이다. 이것은 함수 f가 추가적인 속성을 가졌음을 가정할 때 가능하다. 즉 함수 f는 주입 가능[13]해야 한다. x ≠ y이면 f(x) ≠ f(y)이다.

---

13 https://ko.wikipedia.org/wiki/단사_함수

이런 함수 f가 있다면 가공되지 않은 비밀번호를 함께 저장하지 않을 수 있다. 사용자가 가입할 때 f(password)를 계산해서 데이터베이스에 저장한다. 비밀번호는 버린다. 동일한 사용자가 로그인할 때, f(psw_candidate)를 계산해서 가입할 때 저장한 f(password) 값과 일치하는지 확인한다. 가공되지 않은 비밀번호는 저장되지 않는다.

이 방법이 실제로 보안 태세를 강화할 수 있는가? 그것은 f에 따라 다르다.

주입 가능한 함수를 정의하기는 어렵지 않다. 역방향 함수인 f("hello") = "olleh"도 이 기준을 만족한다. 마찬가지로 원래 비밀번호로 원복하는 방법을 추측하기도 쉽다. 공격자를 전혀 방해하지 못한다. 이 변환을 더 복잡하게 만들 수 있다. 공격자가 역변환을 쉽게 하지 못할 만큼 복잡하게 만들 수도 있다.

하지만 그것으로는 충분하지 않을 수 있다. 종종 공격자들은 마운트할 입력의 일부 속성(예, 길이)을 복구하는 것만으로 원래 데이터를 찾기도 한다(예 무차별 입력 공격). 더 강력한 무언가가 필요하다. 두 개의 입력 x와 y의 유사성에 대한 관계가 없어야 하며, 그 출력 f(x)와 f(y)의 유사성에도 관계가 없어야 한다.

암호화 해시 함수cryptographic hash function[14]가 필요하다. 해시 함수는 입력 공간의 문자열을 고정된 길이의 출력으로 매핑한다. **형용사 암호화**adjective cryptographic는 앞에서 논의했던 균일성 속성을 나타내며, 이는 **눈사태 효과**avalanche effect라고도 불린다. 입력에서 조금의 차이만 있어도 출력은 전혀 관계없을 정도로 보일 만큼 달라진다.

주의할 점은 해시 함수는 주입 가능하지 않다는 점이다.[15] 약간의 충돌[16]할 여지가 있다. 즉 f(x) == f(y)이면 높은 확률로(100%는 아니다!) x == y가 된다.

❷ 암호화 해시 사용하기

이론은 이만하면 충분하다. 비밀번호를 해시한 뒤 저장하도록 구현을 업데이트하자.

---

14 https://ko.wikipedia.org/wiki/암호화_해시_함수

15 입력 공간이 유한하다고 가정하면(예: 비밀번호의 길이는 지정되어 있다) 이론적으로 완벽한 해시 함수(https://en.wikipedia.org/wiki/Perfect_hash_function)를 찾을 수 있다. 즉, f(x) == f(y)이면 x == y가 된다.

16 https://preshing.com/20110504/hash-collision-probabilities/

다양한 암호화 해시 함수(MD5,[17] SHA-1,[18] SHA-2,[19] SHA-3,[20] Kangaroo Twelve[21] 등)를 사용할 수 있다. 각 알고리즘의 장단점을 자세히 따지지는 않을 것이다. 비밀번호에 적용할 때는 큰 의미가 없다. 그 이유는 이후 페이지에서 분명해질 것이다. 이번 절에서는 SHA-3을 사용한다. 보안 해시 알고리즘[22] 계열의 최신 버전이다.

이 알고리즘에서는 출력 결과의 크기를 선택해야 한다. 예를 들어 SHA3-224는 SHA-3 알고리즘을 사용해서 224비트의 고정 길이 출력을 만든다. 옵션으로는 224, 256, 384, 512를 지정할 수 있다. 결과의 길이가 길어질수록 충돌을 경험할 가능성은 줄어든다. 바꾸어 말하면, 해시의 길이가 길어질수록 더 많은 저장 공간과 대역폭을 사용해야 한다. 예시의 경우에는 SHA3-256을 사용하면 충분하다.

Rust Crypto[23]에서는 SHA-3의 구현인 sha3 크레이트를 제공한다. 해당 크레이트를 디펜던시에 추가하자.

```
#! Cargo.toml
#! [...]

[dependencies]
# [...]
sha3 = "0.9"
```

명확하게 하기 위해 password 열의 이름을 password_hash로 바꾸자.

```
sqlx migrate add rename_password_column
```

```
-- migrations/20210815112028_rename_password_column.sql
ALTER TABLE users RENAME password TO password_hash;
```

---

[17] https://en.wikipedia.org/wiki/MD5
[18] https://en.wikipedia.org/wiki/SHA-1
[19] https://en.wikipedia.org/wiki/SHA-2
[20] https://en.wikipedia.org/wiki/SHA-3
[21] https://en.wikipedia.org/wiki/SHA-3#KangarooTwelve
[22] https://en.wikipedia.org/wiki/Secure_Hash_Algorithms
[23] https://github.com/RustCrypto

프로젝트는 컴파일되지 않는다.

```
error: error returned from database: column "password" does not exist
  --> src/routes/newsletters.rs
   |
90 |         let user_id: Option<_> = sqlx::query!(
   |  _____^
91 | |          r#"
92 | |          SELECT user_id
93 | |          FROM users
...  |
97 | |          credentials.password
98 | |      )
   | |_____^
```

sqlx::query!는 쿼리 중 하나가 현재 스키마에서 더 이상 존재하지 않는 열을 사용한다는 것을 발견한다. 컴파일 시 SQL 쿼리를 검증한다는 것은 매우 멋지다. 그렇지 않은가?

validate_credentials 함수는 다음과 같다.

```rust
//! src/routes/newsletters.rs
//! [...]

async fn validate_credentials(
    credentials: Credentials,
    pool: &PgPool,
) -> Result<uuid::Uuid, PublishError> {
    let user_id: Option<_> = sqlx::query!(
        r#"
        SELECT user_id
        FROM users
        WHERE username = $1 AND password = $2
        "#,
        credentials.username,
        credentials.password.expose_secret()
    )
    // [...]
}
```

해시된 패스워드와 함께 작동하도록 업데이트하자.

```
//! src/routes/newsletters.rs
//! [...]
use sha3::Digest;

async fn validate_credentials(/* */) -> Result<uuid::Uuid, PublishError> {
    let password_hash = sha3::Sha3_256::digest(
        credentials.password.expose_secret().as_bytes()
    );
    let user_id: Option<_> = sqlx::query!(
        r#"
        SELECT user_id
        FROM users
        WHERE username = $1 AND password_hash = $2
        "#,
        credentials.username,
        password_hash
    )
    // [...]
}
```

안타깝게도 곧바로 컴파일되지는 않는다.

```
error[E0308]: mismatched types
  --> src/routes/newsletters.rs:99:9
   |
99 |         password_hash
   |         ^^^^^^^^^^^^^ expected `&str`, found struct `GenericArray`
   |
   = note: expected reference `&str`
                 found struct `GenericArray<u8, UInt<..>>`
```

Digest::digest는 고정된 길이의 바이트 배열을 반환하지만, password_hash 열은 TEXT, 즉 문자열 타입이다.

users 테이블의 스키마를 변경해서 password_hash를 바이너리[24]로 저장하게 할 수도 있다. 또한 Digest::digester가 반환하는 바이트들을 16진수 포맷[25]을 사용하는 문자열로 변경할 수도 있다.

두 번째 옵션을 사용해서 다른 마이그레이션을 피하자.

---

[24] https://www.postgresql.org/docs/current/datatype-binary.html
[25] https://doc.rust-lang.org/std/fmt/trait.LowerHex.html

```
//! [...]

async fn validate_credentials(/* */) -> Result<uuid::Uuid, PublishError> {
    let password_hash = sha3::Sha3_256::digest(
        credentials.password.expose_secret().as_bytes()
    );
    // 소문자 16진수 인코딩
    let password_hash = format!("{:x}", password_hash);
    // [...]
}
```

애플리케이션 코드는 컴파일된다. 대신 테스트 스위트에 대해서는 몇 가지 작업을 더 해야 한다.

test_user 헬퍼 메서드는 users 테이블에 질의해서 유효한 크리덴셜셋을 복구한다. 이것은 가공되지 않은 비밀번호 대신 해시를 저장하고 있으므로 더 이상 실행할 수 없다.

```
//! tests/api/helpers.rs
//! [...]

impl TestApp {
    // [...]

    pub async fn test_user(&self) -> (String, String) {
        let row = sqlx::query!("SELECT username, password FROM users LIMIT 1",)
            .fetch_one(&self.db_pool)
            .await
            .expect("Failed to create test users.");
        (row.username, row.password)
    }
}

pub async fn spawn_app() -> TestApp {
    // [...]
    let test_app = TestApp {/* */};
    add_test_user(&test_app.db_pool).await;
    test_app
}

async fn add_test_user(pool: &PgPool) {
    sqlx::query!(
        "INSERT INTO users (user_id, username, password)
        VALUES ($1, $2, $3)",
        Uuid::new_v4(),
        Uuid::new_v4().to_string(),
```

```
            Uuid::new_v4().to_string(),
    )
    .execute(pool)
    .await
    .expect("Failed to create test users.");
}
```

TestApp은 무작위로 생성된 비밀번호를 저장할 수 있어야 한다. 그래야 헬퍼 메서드에서 비밀번호에 접근할 수 있다.

먼저 새로운 헬퍼 구조체인 TestUser를 생성하자.

```
//! tests/api/helpers.rs
//! [...]
use sha3::Digest;

pub struct TestUser {
    pub user_id: Uuid,
    pub username: String,
    pub password: String
}

impl TestUser {
    pub fn generate() -> Self {
        Self {
            user_id: Uuid::new_v4(),
            username: Uuid::new_v4().to_string(),
            password: Uuid::new_v4().to_string()
        }
    }

    async fn store(&self, pool: &PgPool) {
        let password_hash = sha3::Sha3_256::digest(
            self.password.as_bytes()
        );
        let password_hash = format!("{:x}", password_hash);
        sqlx::query!(
            "INSERT INTO users (user_id, username, password_hash)
            VALUES ($1, $2, $3)",
            self.user_id,
            self.username,
            password_hash,
        )
        .execute(pool)
        .await
```

```
        .expect("Failed to store test user.");
    }
}
```

그 뒤 TestUser 인스턴스를 TestApp에 새로운 필드로 붙일 수 있다.

```
//! tests/api/helpers.rs
//! [...]

pub struct TestApp {
    // [...]
    test_user: TestUser
}

pub async fn spawn_app() -> TestApp {
    // [...]
    let test_app = TestApp {
        // [...]
        test_user: TestUser::generate()
    };
    test_app.test_user.store(&test_app.db_pool).await;
    test_app
}
```

마지막으로 add_test_user, TestApp::test_user를 삭제하고 TestApp::post_newsletters를 업데이트하자.

```
//! tests/api/helpers.rs
//! [...]

impl TestApp {
    // [..]
    pub async fn post_newsletters(
        &self,
        body: serde_json::Value
    ) -> reqwest::Response {
        reqwest::Client::new()
            .post(&format!("{}/newsletters", &self.address))
            .basic_auth(&self.test_user.username, Some(&self.test_user.password))
            // [...]
    }
}
```

이제 테스트 스위트는 컴파일되고 성공적으로 실행된다.

❸ 역상 공격

공격자들이 users 테이블을 손에 넣었을 때 SHA3-256으로 사용자들의 비밀번호를 충분히 보호할 수 있는가?

공격자가 데이터베이스의 특정한 비밀번호 해시를 깨려고 한다고 가정해보자. 공격자는 심지어 원래 비밀번호를 꺼낼 필요도 없다. 성공적으로 인증하기 위해 그들은 깨고자 시도하는 비밀번호와 SHA3-256이 매치하는 입력 문자열 s, 다시 말해, 충돌을 찾기만 하면 된다. 이를 **역상 공격**preimage attack[26]이라고 한다.

이 방법은 얼마나 어려운가?

수식은 다소 까다롭지만, 무차별 입력 공격은 지수적인 복잡성(2^n)[27]을 갖는다. 여기에서 n은 해시의 길이(비트 단위)다. n > 128이면 계산하기 불가능한 것으로 간주된다.[28] SHA-3의 취약성이 발견되지 않는 한, SHA3-256에 대해서는 역상 공격에 관한 걱정을 하지 않아도 좋다.

❹ 단순한 사전 공격

아직 임의의 입력을 해싱하지는 않는다. 원래 비밀번호에 대한 특정한 가정을 함으로써 검색 공간을 줄일 수 있다. 길이는 얼마나 되었는가? 어떤 기호들을 사용했는가? 17문자 미만의 알파벳과 숫자로 이루어진 비밀번호를 찾는다고 가정해보자.[29]

비밀번호 후보의 수는 다음과 같이 셀 수 있다.

```
// 모든 허가된 비밀번호 길이에 대해
// (26개 영문자 + 10개 숫자) ^ 비밀번호 길이
36^1 +
36^2 +
... +
36^16
```

---

26 https://ko.wikipedia.org/wiki/역상_공격
27 https://ko.wikipedia.org/wiki/시간_복잡도
28 https://en.wikipedia.org/wiki/Brute-force_attack#Theoretical_limits
29 무차별 삽입 공격을 살펴보다 보면 종종 **레인보 테이블**(rainbow table)이라는 용어를 접하게 될 것이다. 이것은 해시를 미리 계산하고 찾아보기 위한 효과적인 데이터 구조를 가리킨다. https://ko.wikipedia.org/wiki/레인보_테이블

대략 $8×10^{24}$개의 비밀번호를 사용할 수 있다. SHA3-256에 관한 데이터를 찾을 수는 없었지만, 연구자들은 **GPU**graphical processing unit를 사용해서 초당 ~9억 개의 SHA3-512 해시를 계산했다.[30]

초당 ~10^9개의 해시를 계산한다고 가정했을 때, 모든 비밀번호 후보를 해시하는 데는 ~10^{15}초가 걸린다. 대략적인 우주의 나이는 $4×10^{17}$초다. 100만 개의 GPU를 사용해서 검색을 병렬적으로 처리하더라도 ~10^9초, 즉 거의 30년이라는 시간이 소요된다.[31]

5 사전 공격

이번 장의 첫 부분에서 논의했던 내용으로 되돌아가자. 개인이 수백 개의 온라인 서비스에 설정한 고유한 비밀번호를 기억하기란 불가능하다. 사용자들은 비밀번호 관리자에 의존하거나 여러 계정에서 하나 이상의 비밀번호를 재사용한다.

심지어 재사용하는 경우라도, 대부분의 비밀번호는 무작위와는 거리가 멀다. 일반적인 단어, 전체 이름, 특정한 날짜, 유명한 스포츠 팀의 이름 등을 사용한다. 공격자는 손쉽게 수천 개의 그럴듯한 비밀번호를 생성할 수 있는 간단한 알고리즘을 설계할 수 있다. 하지만 그럴 필요도 없다. 지난 십 년 동안 발생한 수많은 보안 침해[32] 중 암호 데이터 세트를 확인해 가장 일반적인 비밀번호를 찾아낼 수도 있다.

공격자들은 몇 분도 안 되어서 가장 많이 사용된 1억 개의 비밀번호에 대한 SHA3-256 해시를 미리 계산할 수 있다. 그러고 나서 데이터베이스를 스캐닝하면서 일치하는 것을 찾기 시작한다. **사전 공격**dictionary attack[33]이라고 하며 매우 효과적인 공격 방법이다.

지금까지 언급한 모든 암호화 해시 함수들은 빠른 속도를 위해 설계되었다. 충분히 빠르기 때문에 특화된 하드웨어를 사용하지 않고도 사전 공격을 누구나 수행할 수 있다. 우리에게는 훨씬 느리지만 암호화 해시 함수가 가진 수학적 특성이 동일한 것이 필요하다.

---

30 https://www.jstage.jst.go.jp/article/ijnc/9/2/9_370/_pdf
31 이 계산은 무작위로 생성된 암호를 사용하면, 서버가 비밀번호를 저장하는 데 따른 해싱 알고리즘을 사용하더라도, 사용자로서 무차별 삽입 공격에 대해 상당한 수준의 보호를 제공한다는 것을 명확하게 한다. 비밀번호 관리자를 지속적으로 사용하는 것은 실제로 보안 프로파일을 강화하는 가장 쉬운 방법이다.
32 https://arstechnica.com/information-technology/2019/01/hacked-and-dumped-online-773-million-records-with-plaintext-passwords/
33 https://ko.wikipedia.org/wiki/사전_공격

❻ Argon2

OWASPOpen Web Application Security Project[34]는 안전한 비밀번호 저장소[35]에 대한 유용한 가이던스 guidance를 제공한다. 올바른 해싱 알고리즘을 선택하는 방법에 대해 한 섹션을 할애해서 설명한다.

- **Argon2id** 메모리를 사용한다. 최소 15MiB의 메모리, 이터레이션 2, 1단계의 병렬화를 설정한다.
- **Argon2id**를 사용할 수 없다면, **bcrypt**를 사용한다. work factor 값은 10 이상, 비밀번호 길이 제한은 72 바이트로 설정한다.
- **scrypt**를 사용하는 레거시 시스템의 경우라면 CPU/메모리 비용 파라미터를 최소 2^{16}, 최소 블록 크기 8(1024 바이트), 병렬화 파라미터 1을 사용한다.
- FIPS-140 컴플라이언스를 준수해야 한다면 **PBKDF2**를 사용한다. work factor는 310,000 이상으로 설정하고 내부 해시 함수는 HMAC-SHA-256를 사용한다.
- 추가적인 방어를 제공하기 위해 pepper 사용을 고려한다(pepper만 사용해서는 추가적인 보안 특성을 제공할 수 없다).

이 모든 옵션(Argon2, bycryt, scrypt, PBKDF2)은 많은 계산이 필요하도록 설계되었다. 이들은 구성 설정 파라미터를 제공한다(예 bcrypt의 work factor 등). 이를 통해 해시 계산의 속도를 더 늦출 수 있다. 애플리케이션 개발자는 몇 가지 설정을 변경해 하드웨어 속도 향상을 따라잡을 수 있으며, 2년마다 새로운 알고리즘으로 마이그레이션할 필요가 없다.

OWASP의 권고에 따라 SHA-3을 Argon2id로 치환하자. Rust Crypto 기구가 제공하는 argon2라는 순수한 러스트 구현을 다시 한번 활용하자.

디펜던시에 **argon2**를 추가하자.

```
#! Cargo.toml
#! [...]

[dependencies]
# [...]
argon2 = { version = "0.4", features = ["std"] }
```

---

[34] 일반적으로 말해 OWASP(https://owasp.org/)는 웹 애플리케이션의 보안과 관련된 교육적 자료의 보고다. 가능한 OWASP가 제공하는 자료들에 친숙해야 한다. 특히 여러분을 지원하는 팀이나 조직 안에 애플리케이션 보안 전문가가 없다면 더더욱 그래야 한다. 우리가 제공한 치트 시트와 함께 그들이 제공하는 애플리케이션 보안 검증 표준(application security verification standard, ASVS)도 함께 확인하자(https://owasp.org/www-project-application-security-verification-standard/).

[35] https://cheatsheetseries.owasp.org/cheatsheets/Password_Storage_Cheat_Sheet.html

비밀번호를 해시하려면 Argon2 구조체 인스턴스를 생성해야 한다.

새로운 메서드의 시그니처는 다음과 같다.

```
//! argon2/lib.rs
/// [...]

impl<'key> Argon2<'key> {
    /// 새 Argon2 컨텍스트를 만든다.
    pub fn new(algorithm: Algorithm, version: Version, params: Params) -> Self {
        // [...]
    }
    // [...]
}
```

Algorithm은 enum이며 Argon2d, Argon2i, Argon2id 중에서 원하는 Argon2의 변형을 선택할수 있다. OWASP의 권고안을 준수하기 위해 Algorithm::Argonb2id를 선택한다.

Version의 쓰임새도 유사하다. 가장 최신 버전인 Version::V0x13을 선택한다.

Params에는 어떤 값을 선택하는가? Params::new를 사용하면 새로운 것을 만들기 위해 제공해야하는 필수 파라미터를 지정할 수 있다.

```
//! argon2/params.rs
// [...]

/// 새로운 파라미터를 생성한다.
pub fn new(
    m_cost: u32,
    t_cost: u32,
    p_cost: u32,
    output_len: Option<usize>
) -> Result<Self> {
    // [...]
}
```

m_cost, t_cost, p_cost는 OWASP의 다음 요구 사항에 매핑된다.

- m_cost는 메모리 크기이며, 킬로바이트 단위다.
- t_cost는 이터레이션 횟수다.

- p_cost는 병렬화 정도다.

한편, output_len은 반환되는 해시의 길이를 결정한다. 값을 생략하면 기본값인 32바이트로 설정된다. 이는 256비트와 같으며 SHA3-256에서 얻은 해시값의 길이와 같다.

이제 새로운 것을 하나 생성할 수 있다.

```
//! src/routes/newsletters.rs
use argon2::{Algorithm, Argon2, Version, Params};
// [...]

async fn validate_credentials(
    credentials: Credentials,
    pool: &PgPool,
) -> Result<uuid::Uuid, PublishError> {
    let hasher = Argon2::new(
        Algorithm::Argon2id,
        Version::V0x13,
        Params::new(15000, 2, 1, None)
            .context("Failed to build Argon2 parameters")
            .map_err(PublishError::UnexpectedError)?,
    );
    let password_hash = sha3::Sha3_256::digest(
        credentials.password.expose_secret().as_bytes()
    );
    // [...]
}
```

Argon2는 PasswordHasher 트레이트를 구현한다.

```
//! password_hash/traits.rs

pub trait PasswordHasher {
    // [...]
    fn hash_password<'a, S>(
        &self,
        password: &[u8],
        salt: &'a S
    ) -> Result<PasswordHash<'a>>
    where
        S: AsRef<str> + ?Sized;
}
```

이것은 password-hash 크레이트[36]에서의 재익스포트_{re-export}이며, 다양한 알고리즘이 지원 (현재 Argon2, PBDKF2, scrypt)하는 비밀번호 해시를 다룰 때 사용하는 통합 인터페이스다. PasswordHasher:: hash_password는 Sha3_256::digest와는 조금 다르다. 가공되지 않은 비밀번호를 위해 추가적인 파라미터인 소금(salt)을 요구한다.

🄻 소금 뿌리기

Argon2는 SHA-3에 비해 훨씬 느리지만 사전 공격을 무효화하기에는 충분하지 않다. 1억 개의 일반적인 비밀번호를 해시하는 데 훨씬 많은 시간이 걸리기는 하지만, 불가능할 정도로 길지는 않다.

하지만 공격자가 데이터베이스의 모든 사용자에 관한 전체 사전을 재해시해야 한다면 어떻겠는가? 훨씬 어려운 작업이 될 것이 분명하다.

소금을 뿌리는_{salting} 목적이 바로 이것이다. 각 사용자에 대해 고유한 무작위 문자열을 생성한다. 즉 소금_{salt}을 뿌린다. 소금은 사용자 비밀번호 앞에 추가되며 그 뒤에 해시가 생성된다. PasswordHasher::hash_password는 소금을 비밀번호 앞에 붙이는 작업을 처리한다.

소금은 데이터베이스에서 비밀번호 해시 옆에 저장된다. 만약 공격자가 데이터베이스 백업을 손에 넣는다면, 모든 소금에 접근할 수 있다.[37] 하지만 공격자들은 dictionary_size가 아닌 dictionary_size * n_users의 해시를 계산해야 한다. 또한 해시를 미리 계산하는 것도 선택할 수 없다. 결과적으로 우리는 보안 구멍을 발견하고 이에 대응할 시간을 벌 수 있다(예 모든 사용자에 대한 비밀번호 초기화를 요청할 수 있다).

users 테이블에 password_salt 열을 추가하자.

```
sqlx migrate add add_salt_to_users
```

```
-- migrations/20210815112111_add_salt_to_users.sql
ALTER TABLE users ADD COLUMN salt TEXT NOT NULL;
```

---

36 https://docs.rs/password-hash/0.3.0/password_hash/

37 OWASP에서는 같은 이유로 방어 레이어 추가, 후추 뿌리기(peppering)를 권장한다. 데이터베이스에 저장된 모든 해시는 애플리케이션만 알 수 있는 공유된 시크릿을 사용해서 암호화된다. 하지만 암호화는 그 자체로 어려움을 초래한다. 해당 키를 어디에 저장할 것인가? 어떻게 회전해야 하는가? 일반적으로 그 대답은 하드웨어 보안 모듈(hardware security module, HSM) 또는 보안 밸트(AWS CloudHSM, AWS KMS, Hashicorp Vault) 등을 포함한다. 키 관리에 관한 전체적인 설명은 이 책의 범위에서 벗어난다.

이제 더 이상 users 테이블에 질의하기 전에 해시를 계산할 수 없다. salt를 먼저 꺼내야 한다. 이 작업들을 뒤섞어보자.

```rust
//! src/routes/newsletters.rs
// [...]
use argon2::PasswordHasher;

async fn validate_credentials(
    credentials: Credentials,
    pool: &PgPool,
) -> Result<uuid::Uuid, PublishError> {
    let hasher = argon2::Argon2::new(/* */);
    let row: Option<_> = sqlx::query!(
        r#"
        SELECT user_id, password_hash, salt
        FROM users
        WHERE username = $1
        "#,
        credentials.username,
    )
    .fetch_optional(pool)
    .await
    .context("Failed to perform a query to retrieve stored credentials.")
    .map_err(PublishError::UnexpectedError)?;

    let (expected_password_hash, user_id, salt) = match row {
        Some(row) => (row.password_hash, row.user_id, row.salt),
        None => {
            return Err(PublishError::AuthError(anyhow::anyhow!(
                "Unknown username."
            )));
        }
    };

    let password_hash = hasher
        .hash_password(
            credentials.password.expose_secret().as_bytes(),
            &salt
        )
        .context("Failed to hash password")
        .map_err(PublishError::UnexpectedError)?;

    let password_hash = format!("{:x}", password_hash.hash.unwrap());

    if password_hash != expected_password_hash {
        Err(PublishError::AuthError(anyhow::anyhow!(
```

```
            "Invalid password."
        )))
    } else {
        Ok(user_id)
    }
}
```

안타깝지만, 이 코드는 컴파일되지 않는다.

```
error[E0277]: the trait bound
`argon2::password_hash::Output: LowerHex` is not satisfied
    --> src/routes/newsletters.rs
     |
125  |     let password_hash = format!("{:x}", password_hash.hash.unwrap());
     |                                          ^^^^^^^^^^^^^^^^^^^^^^^^^^^^
     the trait `LowerHex` is not implemented for `argon2::password_hash::Output`
```

출력에 따르면 문자열 표현을 얻기 위한 다른 메서드(예 Output::b64_encode)를 제공한다. 데이터베이스에 저장된 해시에 대해 컴파일러가 가정한 인코딩으로 변경한다면 문제없이 작동할 것이다.

변경을 꼭 해야 한다고 가정하면 base64-encoding보다 더 나은 무언가를 시도해볼 수 있다.

⑧ PHC 문자열 포맷

사용자를 인증하기 위해서는 **재현성**reproducibility이 필요하다. 매번 완전히 동일한 해싱 루틴을 실행해야 한다. 소금과 비밀번호는 Argon2id 입력의 일부일 뿐이다. 다른 모든 파라미터(t_cost, m_cost, p_cost) 역시 동일한 소금과 비밀번호 쌍에 대한 동일한 해시를 얻기 위해 중요하다.

base-64로 인코딩된 해시 표현을 저장한다는 것은 password_hash 열에 저장된 모든 값이 동일한 부하 파라미터를 사용해서 계산되었다는 것을 강하게 가정한다는 의미다.

앞 절에서 설명한 것처럼 하드웨어의 성능은 시간이 지남에 따라 발전한다. 애플리케이션 개발자들은 더 높은 부하 파라미터값을 사용해서 해싱 계산 비용을 증가시켜 그 발전 속도를 따라 잡아야 한다. 저장되어 있는 비밀번호를 새로운 해싱 구성 설정으로 마이그레이션한다면 어떤 일이 발생하는가?

이전 사용자들을 계속 인증하기 위해서는 각 해시 옆에 해시를 계산할 때 사용했던 부하 파라미터값을 저장해야만 한다. 이를 사용해 서로 다른 부하 구성 사이에서 원활한 마이그레이션을 진행할 수 있다. 오래된 사용자를 인증할 때는 저장된 부하 파라미터를 사용해서 비밀번호 유효성을 검증한다. 그 뒤 새로운 부하 파라미터를 사용해서 비밀번호 해시를 재계산한 뒤, 저장된 정보를 업데이트한다.

단순한 방식으로 접근할 수도 있다. users 테이블에 t_cost, m_cost, p_cost를 추가하면 된다. Argon2id 알고리즘을 계속 사용한다면 문제없이 작동할 것이다.

하지만 Argon2id 알고리즘에 취약성이 발견되어 다른 알고리즘으로 마이그레이션해야 한다면 어떤 일이 발생하겠는가? algorithm 열과 Argon2id의 대체 알고리즘의 부하 파라미터값을 저장하는 새로운 열을 추가하고 싶을 수도 있다.

불가능하지는 않지만 번거롭다. 다행히도 더 좋은 해결책인 **PHC 문자열 포맷**PHC string format[38]이 있다. PHC 문자열 포맷은 비밀번호 해시에 대한 표준 표현을 제공한다. 이 포맷은 해시 자체, 소금, 알고리즘 및 모든 관련 파라미터를 포함한다.

PHC 문자열 포맷을 사용하면 Argon2id 비밀번호 해시는 다음과 같이 나타난다.

```
# ${algorithm}$${algorithm version}${,-separated algorithm parameters}${hash}${salt}
$argon2id$v=19$m=65536,t=2,p=1$
  gZiV/M1gPc22ElAH/Jh1Hw$CWOrkoo7oJBQ/iyh7uJ0LO2aLEfrHwTWllSAxT0zRno
```

argon2 크레이트는 PHC 포맷의 러스트 구현인 PasswordHash를 제공한다.

```
//! argon2/lib.rs
// [...]

pub struct PasswordHash<'a> {
    pub algorithm: Ident<'a>,
    pub version: Option<Decimal>,
    pub params: ParamsString,
    pub salt: Option<Salt<'a>>,
    pub hash: Option<Output>,
}
```

---

[38] https://github.com/P-H-C/phc-string-format/blob/master/phc-sf-spec.md#specification

비밀번호 해시를 PHC 문자열 포맷에 저장하면 명시적인 파라미터를 사용해서 Argon2 구조체를 초기화하지 않아도 된다.[39]

Argon2의 `PasswordVerifier` 트레이트 구현에 의존할 수 있다.

```
pub trait PasswordVerifier {
    fn verify_password(
        &self,
        password: &[u8],
        hash: &PasswordHash<'_>
    ) -> Result<()>;
}
```

`PasswordHash`를 경유해서 예상된 해시를 전달함으로써 Argon2는 비밀번호 후보가 일치하는지 검증하기 위해 사용해야 할 부하 파라미터와 소금을 자동으로 추론할 수 있다.[40]

구현을 업데이트하자.

```
//! src/routes/newsletters.rs
use argon2::{Argon2, PasswordHash, PasswordVerifier};
// [...]

async fn validate_credentials(
    credentials: Credentials,
    pool: &PgPool,
) -> Result<uuid::Uuid, PublishError> {
    let row: Option<_> = sqlx::query!(
        r#"
        SELECT user_id, password_hash
        FROM users
        WHERE username = $1
        "#,
        credentials.username,
```

---

39 `PasswordVerifier`를 구현하는 다른 해시 알고리즘의 소스 코드까지 깊이 살펴보지는 않겠지만, `verify_password`가 `&self`를 파라미터로 받는 이유는 궁금하다. Argon2는 `&self`를 전혀 사용하지 않는다. 하지만 `verify_password`를 호출하기 위해서는 `Argon2::default`를 반드시 사용해야 한다.

40 `PasswordVerifier::verify_password`는 한 가지 작업을 더 한다. - 두 개의 해시값을 비교할 때 가공되지 않은 바이트열이 아니라 `Output`을 사용한다. `PartialEq`와 `Eq`에 대한 `Output`의 구현들은 상수-시간(https://docs.rs/password-hash/0.3.0/password_hash/struct.Output.html#constant-time-comparisons)에 평가되도록 설계되어 있다. 입력의 비슷함이나 다름에 관계없이, 함수 실행 시간은 항상 동일하다. 공격자가 서버가 사용하는 해싱 알고리즘 구성에 관해 완벽한 지식을 가지고 있다면, 각 인증 시도의 응답 시간을 분석해서 비밀번호 해시의 첫 바이트를 추론할 수 있을 것이다. 이런 공격의 가능성은 특히 소금을 사용할 때 논쟁의 여지가 있다. 그럼에도 불구하고 별도의 비용이 들지 않는다. 사후 약방문보다 예방이 낫다.

```
    )
    .fetch_optional(pool)
    .await
    .context("Failed to perform a query to retrieve stored credentials.")
    .map_err(PublishError::UnexpectedError)?;

    let (expected_password_hash, user_id) = match row {
        Some(row) => (row.password_hash, row.user_id),
        None => {
            return Err(PublishError::AuthError(anyhow::anyhow!(
                "Unknown username."
            )))
        }
    };

    let expected_password_hash = PasswordHash::new(&expected_password_hash)
        .context("Failed to parse hash in PHC string format.")
        .map_err(PublishError::UnexpectedError)?;

    Argon2::default()
        .verify_password(
            credentials.password.expose_secret().as_bytes(),
            &expected_password_hash
        )
        .context("Invalid password.")
        .map_err(PublishError::AuthError)?;

    Ok(user_id)
}
```

성공적으로 컴파일된다. 더 이상 소금을 직접 다루지 않는다는 것을 알았을 것이다. PHC 문자열 포맷이 암묵적으로 이를 대신해준다. 따라서 salt 열을 완전히 제거할 수 있다.

```
sqlx migrate add remove_salt_from_users
```

```
-- migrations/20210815112222_remove_salt_from_users.sql
ALTER TABLE users DROP COLUMN salt;
```

테스트는 어떤가? 두 개의 테스트가 실패한다.

```
---- newsletter::newsletters_are_not_delivered_to_unconfirmed_subscribers stdout ----
'newsletter::newsletters_are_not_delivered_to_unconfirmed_subscribers' panicked at
'assertion failed: `(left == right)`
  left: `500`,
 right: `200`',

---- newsletter::newsletters_are_delivered_to_confirmed_subscribers stdout ----
'newsletter::newsletters_are_delivered_to_confirmed_subscribers' panicked at
'assertion failed: `(left == right)`
  left: `500`,
```

로그를 확인하면 무엇이 잘못되었는지 알 수 있다.

```
TEST_LOG=true cargo t newsletters_are_not_delivered | bunyan
```

```
[2021-08-29T20:14:50.367Z] ERROR: [HTTP REQUEST - EVENT]
  Error encountered while processing the incoming HTTP request:
  Failed to parse hash in PHC string format.

  Caused by:
    password hash string invalid
```

테스트 사용자에 대한 비밀번호 생성 코드를 살펴보자.

```rust
//! tests/api/helpers.rs
// [...]

impl TestUser {
    // [...]
    async fn store(&self, pool: &PgPool) {
        let password_hash = sha3::Sha3_256::digest(
            self.password.as_bytes()
        );
        let password_hash = format!("{:x}", password_hash);
        // [...]
    }
}
```

여전히 SHA-3을 사용하고 있다. 로직을 업데이트하자.

```
//! tests/api/helpers.rs
use argon2::password_hash::SaltString;
use argon2::{Argon2, PasswordHasher};
// [...]

impl TestUser {
    // [...]
    async fn store(&self, pool: &PgPool) {
        let salt = SaltString::generate(&mut rand::thread_rng());
        // 정확한 Argon2 파라미터에 관해서는 신경쓰지 않는다.
        // 이들은 테스팅 목적이기 때문이다.
        let password_hash = Argon2::default()
            .hash_password(self.password.as_bytes(), &salt)
            .unwrap()
            .to_string();
        // [...]
    }
}
```

테스트 스위트는 이제 성공한다. 프로젝트에서 sha3 관련 코드를 모두 제거했다. 이제 `Cargo.toml` 의 디펜던시 리스트에서도 제거할 수 있다.

10.2.4 Async 실행자를 막지 말자

통합 테스트를 실행할 때 사용자 크리덴셜을 검증하는 데 얼마나 오래 걸리는가? 현재 비밀번호 해싱과 관련된 span이 존재하지 않는다. 수정하자.

```
//! src/routes/newsletters.rs
// [...]

#[tracing::instrument(name = "Validate credentials", skip(credentials, pool))]
async fn validate_credentials(
    credentials: Credentials,
    pool: &PgPool,
) -> Result<uuid::Uuid, PublishError> {
    let (user_id, expected_password_hash) = get_stored_credentials(
            &credentials.username,
            &pool
        )
        .await
        .map_err(PublishError::UnexpectedError)?
        .ok_or_else(|| {
            PublishError::AuthError(anyhow::anyhow!("Unknown username."))
```

```
        })?;

    let expected_password_hash = PasswordHash::new(
            &expected_password_hash.expose_secret()
        )
        .map_err(PublishError::UnexpectedError)?;

    tracing::info_span!("Verify password hash")
        .in_scope(|| {
            Argon2::default()
                .verify_password(
                    credentials.password.expose_secret().as_bytes(),
                    &expected_password_hash
                )
        })
        .context("Invalid password.")
        .map_err(PublishError::AuthError)?;

    Ok(user_id)
}

// db에 질의하는 로직을 해당 함수의 해당 span에서 추출했다.
#[tracing::instrument(name = "Get stored credentials", skip(username, pool))]
async fn get_stored_credentials(
    username: &str,
    pool: &PgPool,
) -> Result<Option<(uuid::Uuid, Secret<String>)>, anyhow::Error> {
    let row = sqlx::query!(
        r#"
        SELECT user_id, password_hash
        FROM users
        WHERE username = $1
        "#,
        username,
    )
    .fetch_optional(pool)
    .await
    .context("Failed to perform a query to retrieve stored credentials.")?
    .map(|row| (row.user_id, Secret::new(row.password_hash)));
    Ok(row)
}
```

이제 통합 테스트 중 하나의 로그를 확인할 수 있다.

```
TEST_LOG=true cargo test --quiet --release \
  newsletters_are_delivered | grep "VERIFY PASSWORD" | bunyan
```

```
[...] [VERIFY PASSWORD HASH - END] (elapsed_milliseconds=11, ...)
```

대략 10ms이다. 이것은 부하 상태에서의 문제, 즉 악명 높은 **블로킹 문제**blocking problem가 발생할 가능성이 높다. 러스트의 async/await는 **협력적 스케줄링**cooperative scheduling이라 불리는 개념을 기반으로 구현되어 있다.

어떻게 작동하는가? 예시를 확인해보자.

```
async fn my_fn() {
    a().await;
    b().await;
    c().await;
}
```

my_fn은 Future[41]를 반환한다. 퓨처가 대기하면 비동기적인 런타임(tokio)이 그림으로 들어온다. 폴링[42]을 하기 시작한다.

poll은 my_fn이 반환하는 Future에 대해 어떻게 구현하고 있는가? 이것은 **상태 머신**state machine으로 생각할 수 있다.

```
enum MyFnFuture {
    Initialized,
    CallingA,
    CallingB,
    CallingC,
    Complete
}
```

poll이 호출될 때마다 다음 상태에 도달함으로써 앞으로 나가려고 시도한다. 즉 a.await()를 반환하면, b()를 기다리기 시작한다.[43]

async 함수 바디 안의 각 .await는 MyFnFuture에서의 상태가 각각 다르다. 그렇기 때문에 .await

---

[41] https://doc.rust-lang.org/std/future/trait.Future.html

[42] https://doc.rust-lang.org/std/future/trait.Future.html#tymethod.poll

[43] 우리가 사용하는 예시는 그 목적상 과도하게 단순화되어 있다. 실제로, 각 상태는 차례로 하위 상태를 가질 것이다. 우리가 호출하는 함수의 바디 안에서 각 .await당 하나를 갖는다.

호출은 종종 **항복점**yeild point[44]이라 불린다. 퓨처는 이전 .await에서 다음으로 진행하며 그 뒤에 제어를 실행기에게 돌려준다.

이후 실행기는 동일한 퓨처를 다시 기다리는 것을 선택하거나 다른 태스크로 진행하는 것의 우선순위를 정할 수 있다. 이것이 바로 tokio와 같은 비동기 런타임이 여러 태스크를 동시에 진행하는 것을 관리하는 방법이다. 지속적으로 각 태스크를 중지하거나 재시작한다. 비동기 런타임을 훌륭한 저글러juggler라고 생각할 수도 있다.

이는 대부분의 비동기 태스크들이 어떤 종류의 입출력input/output, IO 작업을 수행한다는 것을 가정하고 있다. 대부분의 실행 시간은 무언가 발생하기를 기다리는 데 사용하며(예 운영체제는 소켓에 읽을 수 있는 데이터가 준비되었음을 우리에게 알린다), 따라서 우리는 병렬로 실행될 유닛을 직접 지정해서(예 OS 코어당 하나의 스레드) 달성할 수 있는 것보다 많은 태스크를 동시에 수행할 수 있다.

이 모델은 빈번하게 제어를 실행기에게 돌림으로서 협조하는 태스크들이라고 가정할 때 훌륭하게 작동한다. 다시 말해, poll은 빠를 것이라고 기대한다. poll은 10~100마이크로초 이내에 반환해야 한다.[45] poll을 호출하는 데 오랜 시간이 걸린다면(혹은 최악의 경우 반환을 하지 않는다면), 비동기 실행기는 다른 태스크를 진행할 수 없다. 이런 경우, 사람들은 '태스크가 실행기/비동기 스레드를 막고 있다'라고 말한다.

항상 1ms 이상 시간이 걸릴 수 있는 CPU 집약적인 워크로드에 주의해야 한다. 비밀번호 해싱은 이에 관한 완벽한 예시다. tokio를 멋지게 다루기 위해서는, tokio::task::spawn_blocking[46]을 사용해서 CPU 집약적인 태스크들을 별도의 스레드 풀에 분배해야 한다. 그 스레드들은 블로킹 동작을 위해 예약되며, 비동기 태스크의 스케줄링에는 간섭하지 않는다.

이제 작업해보자.

```
//! src/routes/newsletters.rs
// [...]

#[tracing::instrument(name = "Validate credentials", skip(credentials, pool))]
async fn validate_credentials(
```

---

44 옮긴이 항복점(降伏點)이란 탄성 한계를 넘어 되돌아가지 못하는 점을 말한다.
45 tokio의 유지 보수 담당자 중 한 명인 앨리스 라일(Alice Rhyl)은 'Async: What is blokcing?'에서 해당 휴리스틱을 공유했다. https://ryhl.io/blog/async-what-is-blocking/
46 https://docs.rs/tokio/latest/tokio/task/fn.spawn_blocking.html

```
    credentials: Credentials,
    pool: &PgPool,
) -> Result<uuid::Uuid, PublishError> {
    // [...]
    tokio::task::spawn_blocking(move || {
        tracing::info_span!("Verify password hash").in_scope(|| {
            Argon2::default()
                .verify_password(
                    credentials.password.expose_secret().as_bytes(),
                    expected_password_hash
                )
        })
    })
    .await
    //spawn_blocking은 실패할 수 있다. 중첩된 Result를 갖는다.
    .context("Failed to spawn blocking task.")
    .map_err(PublishError::UnexpectedError)?
    .context("Invalid password.")
    .map_err(PublishError::AuthError)?;
    // [...]
}
```

차용 검사기는 행복하지 않다.

```
error[E0597]: `expected_password_hash` does not live long enough
  --> src/routes/newsletters.rs
   |
117 |        PasswordHash::new(&expected_password_hash)
   |        ------------------^^^^^^^^^^^^^^^^^^^^^^^^-
   |        |                 |
   |        |                             borrowed value does not live long enough
   |        argument requires that `expected_password_hash` is borrowed for `'static`
...
134 | }
   | - `expected_password_hash` dropped here while still borrowed
```

우리는 별도 스레드에서 계산을 실행한다. 스레드 자체는 우리가 그 스레드에서 실행한 비동기 태스크보다 오래 유지된다. 이 문제를 피하기 위해서는 spawn_blocking이 'static 라이프타임을 인자로 가져야 한다. 이는 현재 함수 콘텍스트에 대한 참조를 클로저로 전달하는 것을 막는다.

이렇게 반응할 수도 있다. 우리는 move || {}를 사용하고 있으므로, 해당 클로저는 expected_password_hash의 **소유권**ownership을 가져야 한다.

여러분이 옳다. 하지만 그것으로 충분하지는 않다. `PasswordHash`가 어떻게 정의되었는지 다시 살펴보자.

```
pub struct PasswordHash<'a> {
    pub algorithm: Ident<'a>,
    pub salt: Option<Salt<'a>>,
    // [...]
}
```

파싱된 문자열에 대한 참조를 갖고 있다. 원본 문자열의 소유권을 클로저로 옮겨야 하며, 파싱 로직도 마찬가지로 옮겨야 한다.

명확하게 하기 위해 별도의 함수인 `verify_password_hash`를 생성하자.

```
//! src/routes/newsletters.rs
// [...]

#[tracing::instrument(name = "Validate credentials", skip(credentials, pool))]
async fn validate_credentials(
    credentials: Credentials,
    pool: &PgPool,
) -> Result<uuid::Uuid, PublishError> {
    // [...]
    tokio::task::spawn_blocking(move || {
        verify_password_hash(
            expected_password_hash,
            credentials.password
        )
    })
    .await
    .context("Failed to spawn blocking task.")
    .map_err(PublishError::UnexpectedError)??;

    Ok(user_id)
}

#[tracing::instrument(
    name = "Verify password hash",
    skip(expected_password_hash, password_candidate)
)]
fn verify_password_hash(
    expected_password_hash: Secret<String>,
    password_candidate: Secret<String>,
```

```
) -> Result<(), PublishError> {
    let expected_password_hash = PasswordHash::new(
            expected_password_hash.expose_secret()
        )
        .context("Failed to parse hash in PHC string format.")
        .map_err(PublishError::UnexpectedError)?;

    Argon2::default()
        .verify_password(
            password_candidate.expose_secret().as_bytes(),
            &expected_password_hash
        )
        .context("Invalid password.")
        .map_err(PublishError::AuthError)
}
```

물론 컴파일된다.

❶ 콘텍스트 추적하기는 스레드-로컬이다

verify password 해시 span에 대한 로그를 다시 확인해보자.

```
TEST_LOG=true cargo test --quiet --release \
  newsletters_are_delivered | grep "VERIFY PASSWORD" | bunyan
```

```
[2021-08-30T10:03:07.613Z] [VERIFY PASSWORD HASH - START]
  (file="...", line="...", target="...")
[2021-08-30T10:03:07.624Z] [VERIFY PASSWORD HASH - END]
  (file="...", line="...", target="...")
```

해당 요청의 루트 span에서 상속된 모든 속성(예 request_id, http.method, http.route 등)이 모두 누락되었다. 그 이유는 무엇인가?

tracing의 문서를 확인해보자.

> span은 트리 구조를 형성한다. 루트 span을 제외한 모든 span은 하나의 부모, 하나 이상의 자식을 갖는다. 새로운 span이 생성되면, 현재 span은 새로운 span의 부모가 된다.

현재 span은 tracing::Span::current()가 반환한 것이다. 문서를 확인해보자.

> Collector에 의해서 현재 span으로 간주되는 span으로 핸들을 반환한다. 수집기_{collector}가 현재 span을 추적하지 않거나 이 함수가 호출한 스레드가 span 안에 포함되어 있지 않으면 반환된 span은 비활성화된다.

'현재 span'은 실제로 '현재 스레드에 대해 활성화 중인 span'을 의미한다. 그래서 우리가 아무런 속성도 상속하지 못한 것이다. 우리는 별도의 스레드에서 계산을 실행했고 `tracing::info_span!` 은 계산이 실행될 때 그와 관련한 활성화된 Span을 찾지 못한다.

새롭게 생성된 스레드에 현재 span을 명시적으로 붙여서 이 문제를 피할 수 있다.

```rust
//! src/routes/newsletters.rs
// [...]

#[tracing::instrument(name = "Validate credentials", skip(credentials, pool))]
async fn validate_credentials(
    credentials: Credentials,
    pool: &PgPool,
) -> Result<uuid::Uuid, PublishError> {
    // [...]
    // 이것이 실행된 뒤 새로운 스레드를 실행한다.
    let current_span = tracing::Span::current();
    tokio::task::spawn_blocking(move || {
        // 그 뒤 스레드의 소유권을 클로저에 전달하고,
        // 그 스코프 안에서 명시적으로 모든 계산을 실행한다.
        current_span.in_scope(|| {
            verify_password_hash(/* */)
        })
    })
    // [...]
}
```

이제 우리가 관심을 가진 모든 속성을 얻을 수 있음을 확인할 수 있다. 다만 다소 장황하므로 헬퍼 함수를 작성하자.

```rust
//! src/telemetry.rs
use tokio::task::JoinHandle;
// [...]

// `spawn_blocking`으로부터 트레이트 바운드와 시그니처를 복사했다.
pub fn spawn_blocking_with_tracing<F, R>(f: F) -> JoinHandle<R>
where
```

```
        F: FnOnce() -> R + Send + 'static,
        R: Send + 'static,
{
        let current_span = tracing::Span::current();
        tokio::task::spawn_blocking(move || current_span.in_scope(f))
}
```

```
//! src/routes/newsletters.rs
use crate::telemetry::spawn_blocking_with_tracing;
// [...]

#[tracing::instrument(name = "Validate credentials", skip(credentials, pool))]
async fn validate_credentials(
        credentials: Credentials,
        pool: &PgPool,
) -> Result<uuid::Uuid, PublishError> {
        // [...]
        spawn_blocking_with_tracing(move || {
                verify_password_hash(/* */)
        })
        // [...]
}
```

CPU 집약적인 일부 계산을 전용 스레드 풀에 분산할 때마다 여기에서 쉽게 접근할 수 있다.

10.2.5 User 열거형

새로운 테스트 케이스를 추가하자.

```
//! tests/api/newsletter.rs
use uuid::Uuid;
// [...]

#[tokio::test]
async fn non_existing_user_is_rejected() {
        // Arrange
        let app = spawn_app().await;
        // 무작위 크리덴셜
        let username = Uuid::new_v4().to_string();
        let password = Uuid::new_v4().to_string();

        let response = reqwest::Client::new()
                .post(&format!("{}/newsletters", &app.address))
```

```
        .basic_auth(username, Some(password))
        .json(&serde_json::json!({
            "title": "Newsletter title",
            "content": {
                "text": "Newsletter body as plain text",
                "html": "<p>Newsletter body as HTML</p>",
            }
        }))
        .send()
        .await
        .expect("Failed to execute request.");

    // Assert
    assert_eq!(401, response.status().as_u16());
    assert_eq!(
        r#"Basic realm="publish""#,
        response.headers()["WWW-Authenticate"]
    );
}
```

테스트는 문제없이 성공한다. 시간은 얼마나 걸리는가?

로그를 확인해보자.

```
TEST_LOG=true cargo test --quiet --release \
non_existing_user_is_rejected | grep "HTTP REQUEST" | bunyan
```

```
# [...] Omitting setup requests
[...] [HTTP REQUEST - END]
  (http.route = "/newsletters", elapsed_milliseconds=1, ...)
```

대략 1ms가 소요된다.

다른 테스트를 추가하자. 이번에는 유효한 사용자 이름과 정확하지 않은 비밀번호를 전달한다.

```
//! tests/api/newsletter.rs
// [...]

#[tokio::test]
async fn invalid_password_is_rejected() {
    // Arrange
    let app = spawn_app().await;
```

```
    let username = &app.test_user.username;
    // 무작위 비밀번호
    let password = Uuid::new_v4().to_string();
    assert_ne!(app.test_user.password, password);

    let response = reqwest::Client::new()
        .post(&format!("{}/newsletters", &app.address))
        .basic_auth(username, Some(password))
        .json(&serde_json::json!({
            "title": "Newsletter title",
            "content": {
                "text": "Newsletter body as plain text",
                "html": "<p>Newsletter body as HTML</p>",
            }
        }))
        .send()
        .await
        .expect("Failed to execute request.");

    // Assert
    assert_eq!(401, response.status().as_u16());
    assert_eq!(
        r#"Basic realm="publish""#,
        response.headers()["WWW-Authenticate"]
    );
}
```

이 테스트도 마찬가지로 성공한다. 요청이 실패하려면 시간이 얼마나 걸리는가?

```
TEST_LOG=true cargo test --quiet --release \
invalid_password_is_rejected | grep "HTTP REQUEST" | bunyan
```

```
# [...] Omitting setup requests
[...] [HTTP REQUEST - END]
  (http.route = "/newsletters", elapsed_milliseconds=11, ...)
```

대략 10ms가 소요된다. 한 자릿수가 더 적다. 이 차이를 활용해서 **소요 시간 분석**timing attack[47]을 할

수 있다. 타이밍 공격은 더 넓은 클래스인 **부채널 공격**side-channel attack[48]의 하나다.

---

47 https://en.wikipedia.org/wiki/Timing_attack

48 https://ko.wikipedia.org/wiki/부채널_공격

공격자가 최소한 유효한 사용자 이름을 알고 있다면, 이들은 서버의 응답 시간[49]을 확인해서 다른 사용자 이름의 존재 여부를 확인할 수 있다. 이것은 잠재적인 **사용자 열거형 취약점**user enumeration vulnerability[50]에 해당한다. 이것이 문제가 되는가?

상황에 따라 다르다. 지메일을 사용한다면 @gmail.com 이메일 주소의 존재 여부는 수많은 방법으로 확인할 수 있다. 이메일 주소의 유효성은 비밀이 아니다.

SaaS 제품을 실행한다면, 상황은 더 미묘할 수도 있다. 가상의 시나리오를 통해 살펴보자. 여러분의 SaaS 제품이 급여 지급 서비스를 제공하고, 이메일 주소를 사용자 이름으로 사용한다고 가정한다. 직원과 관리자의 로그인 페이지는 별도다.

내 목표는 급여 데이터에 접근하는 것이다. 접근 권한을 가진 사용자 행세를 해야 한다. 링크드인을 긁어서 회계 부서의 모든 직원의 이름과 성을 얻는다. 기업 이메일은 예측할 수 있는 구조 (name.surname@payrollaces.com)[51]로 되어 있으므로, 대상자 목록을 얻을 수 있다. 이제 관리자 로그인 페이지에 대한 타이밍 공격을 수행해서 누가 접근 권한을 가지고 있는지 그 범위를 좁힐 수 있다.

가상적인 예시에서도 사용자 열거형만으로는 권한을 높이는 데 충분하지 않다. 하지만 더 정밀한 공격을 위해 대상 범위를 좁히는 발판으로 활용할 수 있다.

이를 어떻게 막을 수 있는가? 두 가지 전략을 취할 수 있다.

1. 유효하지 않은 비밀번호에 의한 인증 실패 시간과 존재하지 않는 사용자 이름에 의한 인증 실패 시간의 타이밍 차이를 제거한다.
2. 특정 IP/사용자 이름으로부터의 인증 시도 실패 횟수를 제한한다.

두 번째 방법은 무차별 대입 공격에 대한 방어 수단으로 효과적이지만, 몇몇 상태를 유지해야만 한다. 이에 관해서는 나중에 설명한다.

---

49 실제 시나리오에서는 공격자와 여러분 사이에 네트워크가 존재한다. 부하와 네트워크 분산은 제한된 횟수의 시도에 대해서 속도 차이를 가릴 것이다. 하지만 충분한 데이터를 수집하면 지연 시간을 기반으로 통계적으로 유의한 차이를 발견할 수 있다.

50 https://owasp.org/www-project-web-security-testing-guide/latest/4-Web_Application_Security_Testing/03-Identity_Management_Testing/04-Testing_for_Account_Enumeration_and_Guessable_User_Account

51 mailto:name.surname@payrollaces.com

첫 번째 전략에 관해 살펴보자. 타이밍 차이를 제거하기 위해서는 두 가지 경우에 동일한 양의 작업을 수행해야 한다.

여기에서는 다음 방법을 따른다.

1. 주어진 username에 대해 저장한 크리덴셜을 꺼낸다.

2. 크리덴셜이 존재하지 않으면 401을 반환한다.

3. 크리덴셜이 존재하면 비밀번호 후보를 해싱한 뒤, 저장한 해시와 비교한다.

조기 이탈은 제거해야 한다. 암호 후보의 해시와 비교할 수 있는 폴백 예상 암호(소금과 부하 파라미터를 포함한)를 가져야 한다.

```
//! src/routes/newsletters.rs
// [...]

#[tracing::instrument(name = "Validate credentials", skip(credentials, pool))]
async fn validate_credentials(
    credentials: Credentials,
    pool: &PgPool,
) -> Result<uuid::Uuid, PublishError> {
    let mut user_id = None;
    let mut expected_password_hash = Secret::new(
        "$argon2id$v=19$m=15000,t=2,p=1$\
        gZiV/M1gPc22ElAH/Jh1Hw$\
        CWOrkoo7oJBQ/iyh7uJ0LO2aLEfrHwTWllSAxT0zRno"
            .to_string()
    );

    if let Some((stored_user_id, stored_password_hash)) =
        get_stored_credentials(&credentials.username, &pool)
            .await
            .map_err(PublishError::UnexpectedError)?
    {
        user_id = Some(stored_user_id);
        expected_password_hash = stored_password_hash;
    }

    spawn_blocking_with_tracing(move || {
        verify_password_hash(expected_password_hash, credentials.password)
    })
    .await
    .context("Failed to spawn blocking task.")
    .map_err(PublishError::UnexpectedError)??;
```

```
    // 저장소에서 크리덴셜을 찾으면 `Some`으로만 설정된다.
    // 따라서 기본 비밀번호가 제공된 비빌번호와 (어떻게든) 매칭하더라도
    // 존재하지 않는 사용자는 인증하지 않는다.
    // 이 시나리오에 대한 단위 테스트를 쉽게 추가할 수 있다.
    user_id.ok_or_else(||
        PublishError::AuthError(anyhow::anyhow!("Unknown username."))
    )
}
```

```
//! tests/api/helpers.rs
use argon2::{Algorithm, Argon2, Params, PasswordHasher, Version};
// [...]

impl TestUser {
    async fn store(&self, pool: &PgPool) {
        let salt = SaltString::generate(&mut rand::thread_rng());
        // 기본 비밀번호의 파라미터를 매칭한다.
        let password_hash = Argon2::new(
            Algorithm::Argon2id,
            Version::V0x13,
            Params::new(15000, 2, 1, None).unwrap(),
        )
        .hash_password(self.password.as_bytes(), &salt)
        .unwrap()
        .to_string();
        // [...]
    }
    // [...]
}
```

이제 정적으로 확연한 타이밍 차이는 발생하지 않는다.

10.3 과연 안전한가?

가장 일반적인 베스트 프랙티스를 따라 많은 내용을 진행하면서, 비밀번호 기반의 인증 흐름을 구현했다. 과연 안전한가? 이 질문에 답해보자.

10.3.1 전송 계층 보안

우리는 기본 인증 스킴을 사용해서 클라이언트와 서버 사이에 크리덴셜을 전달했다. 사용자 이름과 비밀번호는 인코딩되어 있으나 암호화되어 있지는 않다.

전송 계층 보안transport layer security, TLS을 사용해, 아무도 클라이언트와 서버 사이의 트래픽을 갈취(중간자 공격man-in-the-middle attack, MITM[52])해서 사용자 크리덴셜을 확인할 수 없도록 해야만 한다.[53]

우리가 만든 API는 이미 HTTPS를 통해 제공되므로, 이에 관해서는 아무런 작업이 필요하지 않다.

10.3.2 비밀번호 리셋

공격자가 유효한 사용자 크리덴셜셋을 갈취한다면 어떤 일이 발생하는가? 비밀번호는 만료되지 않는다. 이들은 오래 유지되는 시크릿이다. 현재 사용자에게는 비밀번호를 리셋할 방법이 없다. 우리는 이 간극을 메꿔야만 한다.

10.3.3 인터랙션 유형

지금까지는 API를 누가 호출하는지 매우 모호했다. 우리가 지원해야 할 인터랙션의 유형은 인증과 관련된 핵심적인 결정 요소다.

호출자의 유형은 다음 세 가지다.

- 다른 API(기계 대 기계)
- 사람(브라우저 경유)
- 다른 API(사람을 위한 것)

10.3.4 기계 vs. 기계

여러분이 만든 API의 고객이 기계일 수도 있다(예 다른 API). 마이크로서비스 아키텍처에서는 매우 흔하다. 여러분이 제공하는 기능은 네트워크를 통해서 상호작용하는 많은 서비스로부터 만들어진다.

보안 프로파일을 상당히 높이기 위해서는 그들이 가진 것(예 **요청 사이닝**request signing) 또는 그들의 존재(예 IP 범위 제한)를 제공해야 한다. 모든 서비스를 동일한 조직이 소유하고 있을 때 선택할 수 있는 인기 있는 옵션은 **mTLS**mutual TLS[54]다.

---

52 https://ko.wikipedia.org/wiki/중간자_공격
53 그렇기 때문에 HTTPS(즉, HTTP+TLS)를 사용하지 않은 웹사이트에 여러분의 비밀번호를 입력해서는 안 된다.
54 https://buoyant.io/mtls-guide/

사이닝과 mTLS 모두 공개 키 암호화에 의존한다. 키는 반드시 프로비전, 회전, 관리되어야 한다. 오버헤드를 정당화하려면 시스템이 일정한 규모가 되어야만 한다.

❶ OAuth2를 경유하는 클라이언트 크리덴셜

다른 선택지로 OAuth2 클라이언트 크리덴셜 흐름[55]을 사용할 수 있다.

API는 더 이상 비밀번호(OAuth2 용어로는 클라이언트 시크릿)를 관리하지 않아도 된다. 이에 관한 것들은 중앙화된 권한 서버로 위임된다. 턴-키 방식으로 구현된 OSS나 상업용의 다양한 인증 서버가 존재한다. 직접 구현하는 대신 이들을 활용할 수도 있다.

호출자는 권한 서버를 통해 인증한다. 인증이 성공하면 권한 서버는 이들에게 임시 크리덴셜(JWT 액세스 토큰)을 부여하며, 이를 사용해 우리가 제공하는 API를 호출한다. API는 공개 키 암호화를 사용해서 어떤 상태도 유지할 필요없이 엑세스 토큰의 유효성을 검증할 수 있다. API는 실제 비밀번호, 즉 클라이언트 시크릿을 절대로 확인하지 않는다.

JWT 검증에 위험이 없는 것은 아니다. 그 명세는 위험한 에지 케이스들[56]로 가득하다.

10.3.5 브라우저를 경유하는 사람

웹브라우저를 사용하는 사람을 다룰 때는 어떻게 해야 하는가?

기본 인증은 요청마다 클라이언트에게 크리덴셜을 요청한다. 현재 하나의 보호된 엔드포인트를 가지고 있지만, 권한을 필요로 하는 기능을 제공하는 페이지가 다섯 개 혹은 열 개의 존재하는 상황을 쉽게 생각해볼 수 있다. 용어에서 알 수 있듯이 기본 인증은 페이지마다 사용자에게 크리덴셜을 제공하도록 요청한다. 좋지 않다.

어떤 사용자가 조금 전에 인증되었다는 것을 기억할 수 있는 방법이 필요하다. 예를 들어 동일한 브라우저로부터 오는 일련의 요청에 특정한 상태를 부여할 수 있다. **세션**session을 통해서 이를 달성할 수 있다.

사용자는 로그인 폼을 통해 한 번 인증을 요청받는다.[57] 인증에 성공하면 서버는 1회용 시크릿, 즉

---

55 https://auth0.com/docs/flows/client-credentials-flow

56 https://blog.mathpresso.com/jwts-and-their-pitfalls-ffe8c9dba927

57 여러분은 기본 인증을 사용해서 로그인 단계를 수행할 수 있다. 로그인 이후의 인터랙션에서는 세션 기반 인증을 활용할 수 있다.

인증된 세션 토큰을 생성한다. 이 토큰은 브라우저에 안전한 쿠키[58]로 저장된다. 비밀번호와 달리 세션은 일정 시간이 지나면 만료된다. 이는 유효한 토큰이 오용될 가능성을 줄인다(특히 비활성화된 사용자가 자동으로 로그아웃된 경우). 또한 세션이 도난당했다는 의심이 들 때, 비밀번호를 초기화해야만 하는 불편함을 줄일 수 있다. 자동 비밀번호 초기화보다는 강제 로그아웃이 훨씬 받아들이기 쉽다.

이 접근 방식은 **세션 기반 인증**session-bases authentication이라고 불린다.

❶ 연합 식별

세션 기반 인증을 사용하더라도 여전히 주의를 기울여야 하는 인증 단계가 있다. 바로 로그인 폼이다. 우리는 계속해서 스스로 할 수 있다. 기본 인증 체계를 포기하더라도, 비밀번호에 대해 학습한 모든 것은 여전히 관련이 있다.

많은 웹사이트가 사용자들에게 소셜 프로필을 통한 로그인(예 구글로 로그인 등) 옵션을 제공한다. 이것은 회원 가입 흐름의 마찰을 제거하고(다른 비밀번호를 생성할 필요가 없다), 전환을 높인다(바람직한 결과다).

소셜 로그인은 **식별자 연합**identity federation[59]에 의존한다. 인증 단계를 서드 파티 식별자 공급자에게 위임한다. 식별자 공급자는 우리가 요청한 정보를 공유한다(예 이메일 주소, 이름 및 생년월일 등).

식별자 연합의 일반적인 구현은 OpenID Connect에 의존한다. OpenID Connect는 OAuth2 표준 위에 구현된 식별 계층이다.

10.3.6 사람을 위한 기계 vs. 기계

마지막으로 어떤 사람은 기계를 인증해서(예 서드 파티 서비스) API에 대한 액션을 수행할 수 있다. 예를 들어 트위터의 대체 UI를 제공하는 모바일 앱을 들 수 있다.

이것은 처음에 설명했던 기계-대-기계 인증과 분명한 차이가 있다. 이 경우, 서드 파티 서비스는 스스로 API에 대한 모든 액션을 수행하도록 허가되지 않는다. 서드 파티 서비스는 사용자가 접근 권한을 허가한 API 기능에 대해서만 액션을 수행할 수 있다. 여러분은 여러분을 위해 트윗을 작성할

---

58 https://cheatsheetseries.owasp.org/cheatsheets/Session_Management_Cheat_Sheet.html#cookies

59 https://en.wikipedia.org/wiki/Federated_identity

수 있는 모바일 앱을 설치할 수 있지만, 그 앱이 유명 뮤지션인 다비드 게타David Guetta를 위한 트윗을 작성하도록 허가할 수는 없다.

기본 인증은 이 목적을 위해서는 맞지 않다. 서드 파티 앱과 비밀번호를 공유하기 원치 않는다. 비밀번호가 많이 노출될수록 오용될 가능성은 높아진다. 또한 공유된 크리덴셜을 계속해서 추적하는 것은 악몽이다. 무언가 잘못되면, 누가 무엇을 잘못했는지 찾는 것은 불가능하다. 내가 잘못한 것인가? 내가 비밀번호를 공유한 스무 개 앱 중 하나인가? 누구의 책임인가?

이것은 OAuth2 교과서에 등장하는 전형적인 시나리오다. 서드 파티 앱은 사용자 이름과 비밀번호에 절대로 접근하지 못한다.

그들은 인증 서버로부터 불투명한 접근 토큰을 받는다. API는 이를 확인해 접근을 허가(또는 거부)한다.

10.4 인터루드: 다음 단계

이미 결정된 주요 대상은 브라우저다. 그에 맞춰 인증 전략도 진화해야 한다.

가장 먼저 기본 인증 흐름을 세션 기반 인증의 로그인 폼으로 변환할 것이다. 우리는 관리자 대시보드admin dashboard를 처음부터 만들 것이다. 로그인 폼과 로그아웃 링크, 비밀번호를 변경하는 폼을 포함한다. 이 과정에서 몇 가지 보안 문제(예 XSS 등)에 관해 논의하고, 새로운 개념을 소개하고(예 쿠키, HMAC 태그 등), 새로운 툴링(예 플래시 메시지, actix-session 등)을 시도할 수 있을 것이다.

시작해보자.

10.5 로그인 폼

10.5.1 HTML 페이지 다루기

지금까지는 브라우저와 웹페이지의 복잡성에 관해 크게 고려하지 않았다. 덕분에 학습 과정 초기에는 학습해야 할 개념의 수를 줄일 수 있었다. 이제 충분한 전문성을 쌓았으므로 HTML 페이지와 로그인 폼에 대한 페이로드 제출에 관해 다룰 것이다.

기본적인 것에서 시작해보자. API에서 HTML 페이지를 어떻게 반환하는가? 더미 홈 페이지 엔드포인트를 추가하는 것에서 시작할 수 있다.

```rust
//! src/routes/mod.rs

// [...]
// 새로운 모듈
mod home;
pub use home::*;
```

```rust
//! src/routes/home/mod.rs
use actix_web::HttpResponse;

pub async fn home() -> HttpResponse {
HttpResponse::Ok().finish()
}
```

```rust
//! src/startup.rs
use crate::routes::home;
// [...]

fn run(/* */) -> Result</* */> {
    // [...]
    let server = HttpServer::new(move || {
        App::new()
            // [...]
            .route("/", web::get().to(home))
            // [...]
    })
    // [...]
}
```

특별한 것은 없다. 바디가 없는 `200 OK`를 반환한 것뿐이다. 아주 간단한 HTML 랜딩 페이지를 추가하자.[60]

```html
<!-- src/routes/home/home.html -->
<!DOCTYPE html>
<html lang="en">
    <head>
```

---

60 HTML과 CSS에 관한 깊은 설명은 이 책의 범위를 벗어난다. 뉴스레터 애플리케이션에서 필요한 페이지들을 구현하기 위해 새로운 요소들을 도입하는 데 필요한 HTML의 기본에 관해 설명하면서 CSS는 배제할 것이다.

```
        <title>Home</title>
    </head>
    <body>
        <p>Welcome to our newsletter!</p>
    </body>
</html>
```

이 파일을 읽어서 `GET /` 엔드포인트의 바디로 반환할 것이다. 러스트 표준 라이브러리의 `include_str!` 매크로를 사용할 수 있다. 이 매크로는 제공된 경로에서 파일을 읽어 `&'static str`의 콘텐츠로 반환한다. 이는 `include_str!`이 컴파일 시 동작하기 때문에 가능하다. 파일 콘텐츠는 애플리케이션 바이너리의 일부로 저장되며, 그 내용에 관한 포인터(`&str`)는 계속해서 유효하게 유지된다(`'static`).[61]

```
//! src/routes/home/mod.rs
// [...]

pub async fn home() -> HttpResponse {
    HttpResponse::Ok().body(include_str!("home.html"))
}
```

`cargo run`으로 애플리케이션을 구동하고, 브라우저에서 `http::://localhost:8000`를 방문하면 Welcome to our newsletter! 메시지를 볼 수 있을 것이다. 하지만 브라우저는 완전히 행복하지는 않다. 브라우저의 콘솔[62]을 열면 warning을 볼 수 있다. Firefox 93.0에서는 다음 내용이 표시된다.

> The character encoding of the HTML document was not declared(HTML 문서의 문자 인코딩이 선언되지 않았다).
> The document will render with garbled text in some browser configurations if the document contains characters from outside the US-ASCII range(문서가 US-ASCII 범위 밖의 문자를 포함하는 경우, 일부 브라우저 구성에서는 깨진 문자로 렌더링될 수 있다).
> The character encoding of the page must be declared in the document or in the transfer protocol(페이지의 문자 인코딩은 문서 또는 전송 프로토콜에 선언되어야 한다).

---

61 `'static`에 관해 종종 혼란이 따른다. 콘텍스트에 따라 그 의미가 다르기 때문이다. 이 주제에 관해 더 알기를 원한다면 러스트 라이프타임에 관한 일반적인 오해를 참조하자. https://github.com/pretzelhammer/rust-blog/blob/master/posts/common-rust-lifetime-misconceptions.md#commonrust-lifetime-misconceptions
62 이번 장에서는 브라우저에서 제공하는 조사 도구를 사용한다. 파이어폭스 경우에는 https://firefox-source-docs.mozilla.org/devtools-user/index.html를, 크롬 경우에는 https://developer.chrome.com/docs/devtools/open/를 참조하자.

다시 말해, 브라우저는 HTML 콘텐츠를 반환했다고 추론하지만, 더 명시적으로 지정되는 것을 선언한다는 의미다. 두 가지 옵션이 있다.

- 문서에 특별한 HTML 메타 태그를 추가한다.
- Content-Type HTTP 헤더를 설정한다(전송 프로토콜).

두 가지 옵션을 모두 사용하면 훨씬 낫다. 문서에 해당 정보를 내장하는 것은 브라우저와 **봇 크롤러**bot crawler(예 구글봇)에 효과적이며, Content-Type HTTP 헤더는 브라우저뿐만 아니라 모든 HTTL 클라이언트들이 이해하는 데 유용하다.

HTML 페이지를 반환할 때, 콘텐츠 타입은 text/html; charset=utf-8로 설정되어야 한다. 해당 코드를 추가하자.

```html
<!-- src/routes/home/home.html -->
<!DOCTYPE html>
<html lang="en">
    <head>
        <!-- This is equivalent to a HTTP header -->
        <meta http-equiv="content-type" content="text/html; charset=utf-8">
        <title>Home</title>
    </head>
    <!-- [...] -->
</html>
```

```rust
//! src/routes/home/mod.rs
// [...]

use actix_web::http::header::ContentType;

pub async fn home() -> HttpResponse {
    HttpResponse::Ok()
        .content_type(ContentType::html())
        .body(include_str!("home.html"))
}
```

브라우저 콘솔에서는 warning이 사라졌을 것이다. 축하한다. 방금 잘 구성된 첫 웹페이지를 제공했다.

10.6 로그인

로그인 폼에 대한 작업을 시작하자. GET /에서와 마찬가지로 엔드포인트 플레이스홀더를 연결해야 한다. 로그인 폼은 GET /login에서 제공할 것이다.

```
//! src/routes/mod.rs

// [...]
// 새로운 모듈
mod login;
pub use login::*;
```

```
//! src/routes/login/mod.rs
mod get;
pub use get::login_form;
```

```
//! src/routes/login/get.rs
use actix_web::HttpResponse;
pub async fn login_form() -> HttpResponse {
    HttpResponse::Ok().finish()
}
```

```
//! src/startup.rs
use crate::routes::{/* */, login_form};
// [...]

fn run(/* */) -> Result<Server, std::io::Error> {
    // [...]

    let server = HttpServer::new(move || {
        App::new()
            // [...]
            .route("/login", web::get().to(login_form))
            // [...]
    })
    // [...]
}
```

10.6.1 HTML 폼

HTML은 조금 더 난해하다.

```html
<!-- src/routes/login/login.html -->
<!DOCTYPE html>
<html lang="en">
    <head>
        <meta http-equiv="content-type" content="text/html; charset=utf-8">
        <title>Login</title>
    </head>
    <body>
        <form>
            <label>Username
                <input
                    type="text"
                    placeholder="Enter Username"
                    name="username"
                >
            </label>

            <label>Password
                <input
                    type="password"
                    placeholder="Enter Password"
                    name="password"
                >
            </label>

            <button type="submit">Login</button>
        </form>
    </body>
</html>
```

```rust
//! src/routes/login/get.rs
use actix_web::HttpResponse;
use actix_web::http::header::ContentType;

pub async fn login_form() -> HttpResponse {
    HttpResponse::Ok()
        .content_type(ContentType::html())
        .body(include_str!("login.html"))
}
```

form은 HTML 요소이며 어려운 작업을 대신해준다. form은 일련의 데이터 필드를 모아서 이를 처리하는 백엔드 서버로 전송한다.

필드들은 input 요소를 사용해서 정의된다. 여기에서는 username과 password 두 개를 정의했다. 입력은 type 속성[63]을 제공한다. 브라우저는 이를 이용해 이들을 표시할 방법을 결정한다. text와 password는 모두 단일 행의 텍스트 입력 필드로 표시되지만 한 가지 차이가 있다. password에 입력된 문자들은 난독화된다.

각 input는 label 요소로 감싸져 있다.

- 라벨 이름을 클릭하면 입력 필드로 전환된다.
- 화면 읽기 기능을 사용하는 사용자들의 접근성을 개선한다(사용자가 해당 요소에 포커스를 옮겼을 때, 화면을 큰 소리로 읽어준다).

각 입력에 대해 두 개의 다른 속성을 설정했다.

- placeholder: 사용자가 폼을 채우기 시작하기 전에 텍스트 필드 안에 제안 문구로 표시된다.
- name: 반드시 사용해야 하는 키-값으로, 제출된 폼 데이터의 필드값을 백엔드에서 식별할 때 사용한다.

폼의 끝 부분에는 button이 하나 있다. 이 버튼을 클릭하면 백엔드로 제공된 입력을 제출하도록 트리거한다.

사용자가 무작위 이름과 비밀번호를 입력한 뒤 제출하면 어떻게 되는가? 페이지는 새로 고침되고 입력 필드는 초기화되지만, URL이 다음과 같이 변경된다. URL은 이제 localhost:8000/login?username=myusername&password=mysecretpassword 형태가 된다.

이것이 폼의 기본 동작이다.[64] 폼은 GET HTTP 동사를 사용해서 자신이 제공되던 것과 같은 페이지로 제출한다(예 /login). 이것은 이상적이지 않다. 앞에서 본 것처럼, GET을 통해 제출된 폼은 입력된 모든 데이터를 그대로 텍스트 쿼리 파라미터로 인코딩한다. 이들은 URL의 일부로 브라우저의

---

63 https://www.w3schools.com/html/html_form_input_types.asp

64 GET이 기본 메서드로 선택된 이유에 대한 의문이 제기된다. 근본적으로 덜 안전하기 때문이다. 민감한 데이터를 평문으로 쿼리 파라미터를 통해 전달했음에도 불구하고(password 타입의 필드, GET을 메서드로 사용한 폼), 브라우저 콘솔에서는 아무런 warning도 볼 수 없다.

탐색 이력에 저장된다. 쿼리 파라미터들은 로그에도 포함된다(예 백엔드의 `http.route` 속성). 비밀번호 또는 어떤 다른 민감한 유형의 데이터도 그렇게 되기를 원하지 않는다.

폼의 `action`과 `method`를 변경해서 이 동작을 바꿀 수 있다.

```
<!-- src/routes/login/login.html -->
<!-- [...] -->
<form action="/login" method="post">
<!-- [...] -->
```

기술적으로는 `action`을 생략할 수 있지만, 기본 동작은 구체적으로 잘 문서화되어 있지 않으므로 명시적으로 정의하는 것이 명확하다. `method="post"`를 지정하면 입력 데이터는 요청 바디를 사용해서 백엔드에 전달된다. 훨씬 안전한 방법이다.

폼을 다시 제출하면 `POST /login`에 대한 API 로그에서 `404`가 나타날 것이다. 엔드포인트를 정의하자.

```rust
//! src/routes/login/mod.rs
// [...]
mod post;
pub use post::login;
```

```rust
//! src/routes/login/post.rs
use actix_web::HttpResponse;

pub async fn login() -> HttpResponse {
    HttpResponse::Ok().finish()
}
```

```rust
//! src/startup.rs
use crate::routes::login;
// [...]

fn run(/* */) -> Result</* */> {
    // [...]
    let server = HttpServer::new(move || {
        App::new()
            // [...]
            .route("/login", web::post().to(login))
```

```
        // [...]
    })
    // [...]
}
```

10.6.2 성공 시 리다이렉트

다시 로그인해보자. 폼은 사라지고 빈 페이지가 나타날 것이다. 이것은 좋은 피드백은 아니다. 사용자에게 로그인했음을 확인해주는 메시지가 나타나는 것이 이상적이다. 또한 사용자가 페이지를 새로 고침하면 브라우저가 폼을 다시 제출하기 원하는지 확인하는 메시지를 나타내는 것이 좋다.

리다이렉트를 사용해 이 상황을 개선할 수 있다. 인증이 성공하면, 브라우저가 홈페이지로 되돌아가도록 한다.

리다이렉트 응답을 위해서는 두 개의 요소가 필요하다.

- 리다이렉트 상태 코드

- Location 헤더, 리다이렉트하기 원하는 URL로 설정한다.

모든 리다이렉트 상태 코드는 3xx 범위에 속한다. HTTP 동사와 전달하고자 하는 의미에 따라 적절한 것을 선택해야 한다(예 일시적 리다이렉션 vs. 영구적 리다이렉션 등). MDN Web Docs[65]에서 이에 관한 가이드를 확인할 수 있다. 303 See Other(폼 제출 후 확인 페이지)가 현재 우리 상황에 가장 적합하다.

```
//! src/routes/login/post.rs
use actix_web::http::header::LOCATION;
use actix_web::HttpResponse;

pub async fn login() -> HttpResponse {
    HttpResponse::SeeOther()
        .insert_header((LOCATION, "/"))
        .finish()
}
```

이제 폼 제출 후 Welcome to our newsletter! 메시지를 볼 수 있다.

---

65 https://developer.mozilla.org/en-US/docs/Web/HTTP/Redirections

10.6.3 폼 데이터 처리하기

사실 성공했을 때가 아니라, 항상 리다이렉트하고 있다. 실제로 유입되는 크리덴셜을 검증하도록 로그인 함수를 개선해야 한다.

3장에서 본 것처럼 폼 데이터는 application/x-www-form-urlencoded 콘텐츠 타입을 사용해서 백엔드에 제출된다. actix-web의 Form 추출기와 serde::Deserialize를 구현하는 구조체를 사용해서 유입 요청으로부터 폼 데이터를 추출할 수 있다.

```
//! src/routes/login/post.rs
// [...]
use actix_web::web;
use secrecy::Secret;

#[derive(serde::Deserialize)]
pub struct FormData {
    username: String,
    password: Secret<String>,
}

pub async fn login(_form: web::Form<FormData>) -> HttpResponse {
    // [...]
}
```

이번 장의 앞부분에서 비밀번호 기반의 인증 기초를 만들었다. POST /newsletters에 대한 핸들러의 인증 코드를 다시 살펴보자.

```
//! src/routes/newsletters.rs
// [...]

#[tracing::instrument(
    name = "Publish a newsletter issue",
    skip(body, pool, email_client, request),
    fields(username=tracing::field::Empty, user_id=tracing::field::Empty)
)]
pub async fn publish_newsletter(
    body: web::Json<BodyData>,
    pool: web::Data<PgPool>,
    email_client: web::Data<EmailClient>,
    request: HttpRequest,
) -> Result<HttpResponse, PublishError> {
    let credentials = basic_authentication(request.headers())
        .map_err(PublishError::AuthError)?;
```

```
    tracing::Span::current()
        .record("username", &tracing::field::display(&credentials.username));
    let user_id = validate_credentials(credentials, &pool).await?;
    tracing::Span::current()
        .record("user_id", &tracing::field::display(&user_id));
// [...]
```

basic_authentication은 기본 인증 방식을 사용했을 때 Authorization 헤더에서 크리덴셜 추출을 담당한다. 로그인을 재사용하는 데 있어 필요한 부분은 아니다. validation_credentials가 우리가 찾는 것이다. 사용자 이름과 비밀번호를 입력받아 그에 해당하는 user_id(인증이 성공한 경우)나 오류(크리덴셜이 유효하지 않은 경우)를 반환한다.

현재의 validation_credentials의 정의는 publish_newsletters 관련 내용이 뒤엉켜 있다.

```
//! src/routes/newsletters.rs
// [...]

async fn validate_credentials(
    credentials: Credentials,
    pool: &PgPool,
    // 현재 `PublishError`를 반환한다.
    // 이것은 (인증만이 아니라!) `POST /newsletters`의
    // 실패 모드를 상세히 설명하는 특별한 오류다.
) -> Result<uuid::Uuid, PublishError> {
    let mut user_id = None;
    let mut expected_password_hash = Secret::new(
        "$argon2id$v=19$m=15000,t=2,p=1$\
        gZiV/M1gPc22ElAH/Jh1Hw$\
        CWOrkoo7oJBQ/iyh7uJ0LO2aLEfrHwTWl1SAxT0zRno"
            .to_string()
    );

    if let Some((stored_user_id, stored_password_hash)) =
        get_stored_credentials(&credentials.username, pool)
            .await
            .map_err(PublishError::UnexpectedError)?
    {
        user_id = Some(stored_user_id);
        expected_password_hash = stored_password_hash;
    }

    spawn_blocking_with_tracing(move || {
        verify_password_hash(expected_password_hash, credentials.password)
    })
```

```
    .await
    .context("Failed to spawn blocking task.")
    .map_err(PublishError::UnexpectedError)??;

    user_id.ok_or_else(|| {
        PublishError::AuthError(anyhow::anyhow!("Unknown username."))
    })
}
```

❶ authentication 모듈 구현하기

validate_credentials를 리팩터링해서 추출에 대비하자. 우리는 공유된 authentication 모듈을 만들 것이다. 이 모듈은 POST /login과 POST /newsletters 모두에서 사용된다. 새로운 오류 열거형인 AuthError를 정의하자.

```
//! src/lib.rs
pub mod authentication;
// [...]
```

```
//! src/authentication.rs
#[derive(thiserror::Error, Debug)]
pub enum AuthError {
    #[error("Invalid credentials.")]
    InvalidCredentials(#[source] anyhow::Error),
    #[error(transparent)]
    UnexpectedError(#[from] anyhow::Error),
}
```

POST /newsletters에서와 마찬가지로 열거형을 사용했다. 호출자가 오류 유형에 따라 다르게 동작하기를 원하기 때문이다. 예를 들어 EnexpectedError에 대해서는 500을 반환하지만 AuthErrors는 401을 반환한다. validate_credentials의 시그니처를 수정해서 Result<uuid::Uuid, AuthError>를 반환하게 하자.

```
//! src/routes/newsletters.rs
use crate::authentication::AuthError;
// [...]

async fn validate_credentials(
    // [...]
) -> Result<uuid::Uuid, AuthError> {
```

```
    // [...]

    if let Some(/* */) = get_stored_credentials(/* */).await?
    {/* */}

    spawn_blocking_with_tracing(/* */)
        .await
        .context("Failed to spawn blocking task.")??;

    user_id
        .ok_or_else(|| anyhow::anyhow!("Unknown username."))
        .map_err(AuthError::InvalidCredentials)
}
```

cargo check를 수행하면 두 개의 오류가 발생한다.

```
error[E0277]: `?` couldn't convert the error to `AuthError`
  --> src/routes/newsletters.rs
   |
   |       .context("Failed to spawn blocking task.")??;
   |                                                   ^
     the trait `From<PublishError>` is not implemented for `AuthError`

error[E0277]: `?` couldn't convert the error to `PublishError`
  --> src/routes/newsletters.rs
   |
   |       let user_id = validate_credentials(credentials, &pool).await?;
   |                                                                   ^
     the trait `From<AuthError>` is not implemented for `PublishError`
   |
```

첫 번째 오류는 validate_credentials 자체에서 발생한 것이다. verify_password_hash를 호출
하고 있는데, 이것은 여전히 PublishError를 반환한다.

```
//! src/routes/newsletters.rs
// [...]

#[tracing::instrument(/* */)]
fn verify_password_hash(
    expected_password_hash: Secret<String>,
    password_candidate: Secret<String>,
) -> Result<(), PublishError> {
    let expected_password_hash = PasswordHash::new(
```

```
            expected_password_hash.expose_secret()
        )
        .context("Failed to parse hash in PHC string format.")
        .map_err(PublishError::UnexpectedError)?;

    Argon2::default()
        .verify_password(
            password_candidate.expose_secret().as_bytes(),
            &expected_password_hash
        )
        .context("Invalid password.")
        .map_err(PublishError::AuthError)
}
```

문제를 수정하자.

```
//! src/routes/newsletters.rs
// [...]

#[tracing::instrument(/* */)]
fn verify_password_hash(/* */) -> Result<(), AuthError> {
    let expected_password_hash = PasswordHash::new(/* */)
        .context("Failed to parse hash in PHC string format.")?;

    Argon2::default()
        .verify_password(/* */)
        .context("Invalid password.")
        .map_err(AuthError::InvalidCredentials)
}
```

두 번째 오류를 처리하자.

```
error[E0277]: `?` couldn't convert the error to `PublishError`
  --> src/routes/newsletters.rs
   |
   |     let user_id = validate_credentials(credentials, &pool).await?;
   |                                                                ^
   |    the trait `From<AuthError>` is not implemented for `PublishError`
   |
```

이것은 요청 핸들러인 publish_newsletters 안에서 verify_credentials를 호출하는 데서 발생한다. AuthError는 PublisherError로의 변환을 구현하지 않았으므로 ? 연산자는 사용할 수 없다.

`map_err`를 호출해서 인라인 매핑을 수행하자.

```
//! src/routes/newsletters.rs
// [...]

pub async fn publish_newsletter(/* */) -> Result<HttpResponse, PublishError> {
    // [...]
    let user_id = validate_credentials(credentials, &pool)
        .await
        // `AuthError`의 variant는 매핑했지만, 전체 오류는
        // `PublishError` variant의 생성자들에 전달한다.
        // 이를 통해 미들웨어에 의해 오류가 기록될 때
        // 톱 레벨 래퍼의 콘텍스트가 유지되도록 보장한다.
        .map_err(|e| match e {
            AuthError::InvalidCredentials(_) => PublishError::AuthError(e.into()),
            AuthError::UnexpectedError(_) => PublishError::UnexpectedError(e.into()),
        })?;
    // [...]
}
```

이제 코드는 컴파일된다.

추출을 마무리하자. `validate_credentials`, `Credentials`, `get_stored_credentials`, `verify_password_hash`를 authentication 모듈 안으로 옮긴다.

```
//! src/authentication.rs
use crate::telemetry::spawn_blocking_with_tracing;
use anyhow::Context;
use secrecy::{Secret, ExposeSecret};
use argon2::{Argon2, PasswordHash, PasswordVerifier};
use sqlx::PgPool;
// [...]

pub struct Credentials {
    // 이 두 개의 필드는 앞서 `pub`으로 마킹되지 않았다.
    pub username: String,
    pub password: Secret<String>,
}

#[tracing::instrument(/* */)]
pub async fn validate_credentials(/* */) -> Result</* */> {
    // [...]
}
```

```
#[tracing::instrument(/* */)]
fn verify_password_hash(/* */) -> Result</* */> {
    // [...]
}

#[tracing::instrument(/* */)]
async fn get_stored_credentials(/* */) -> Result</* */> {
    // [...]
}
```

```
//! src/routes/newsletters.rs
// [...]
use crate::authentication::{validate_credentials, AuthError, Credentials};
// unused imports에 관한 warning이 표시될 것이다. 컴파일러의 안내를 따라 수정하자.
// [...]
```

❷ 유효하지 않은 크리덴셜 거부하기

추출한 authentication 모듈은 이제 login 함수 안에서 사용할 수 있다. 모듈을 끼워넣자.

```
//! src/routes/login/post.rs
use crate::authentication::{validate_credentials, Credentials};
use actix_web::http::header::LOCATION;
use actix_web::web;
use actix_web::HttpResponse;
use secrecy::Secret;
use sqlx::PgPool;

#[derive(serde::Deserialize)]
pub struct FormData {
    username: String,
    password: Secret<String>,
}

#[tracing::instrument(
    skip(form, pool),
    fields(username=tracing::field::Empty, user_id=tracing::field::Empty)
)]
// `PgPool`을 주입해서 데이터베이스로부터 저장된 크리덴셜을 꺼낸다.
pub async fn login(
    form: web::Form<FormData>,
    pool: web::Data<PgPool>
) -> HttpResponse {
    let credentials = Credentials {
        username: form.0.username,
```

```
            password: form.0.password,
    };
    tracing::Span::current()
        .record("username", &tracing::field::display(&credentials.username));
    match validate_credentials(credentials, &pool).await {
        Ok(user_id) => {
            tracing::Span::current()
                .record("user_id", &tracing::field::display(&user_id));
            HttpResponse::SeeOther()
                .insert_header((LOCATION, "/"))
                .finish()
        }
        Err(_) => {
            todo!()
        }
    }
}
```

무작위 크리덴셜을 사용한 로그인 시도는 이제 실패한다. validation_credentials가 오류를 반환하므로 요청 핸들러는 패닉에 빠지며, 이어서 actix-web은 커넥션을 끊는다. 이것은 우아한 실패가 아니다. 브라우저는 커넥션이 초기화되었다는 내용의 메시지를 표시할 것이다. 요청 핸들러가 가능한 한 패닉에 빠지지 않도록 해야 한다. 모든 오류는 우아하게 처리되어야 한다. LoginError를 구현하자.

```
//! src/routes/login/post.rs
// [...]
use crate::authentication::AuthError;
use crate::routes::error_chain_fmt;
use actix_web::http::StatusCode;
use actix_web::{web, ResponseError};

#[tracing::instrument(/* */)]
pub async fn login(/* */) -> Result<HttpResponse, LoginError> {
    // [...]
    let user_id = validate_credentials(credentials, &pool)
        .await
        .map_err(|e| match e {
            AuthError::InvalidCredentials(_) => LoginError::AuthError(e.into()),
            AuthError::UnexpectedError(_) => LoginError::UnexpectedError(e.into()),
        })?;
    tracing::Span::current().record("user_id", &tracing::field::display(&user_id));
    Ok(HttpResponse::SeeOther()
        .insert_header((LOCATION, "/"))
```

```
        .finish())
}

#[derive(thiserror::Error)]
pub enum LoginError {
    #[error("Authentication failed")]
    AuthError(#[source] anyhow::Error),
    #[error("Something went wrong")]
    UnexpectedError(#[from] anyhow::Error),
}

impl std::fmt::Debug for LoginError {
    fn fmt(&self, f: &mut std::fmt::Formatter<'_>) -> std::fmt::Result {
        error_chain_fmt(self, f)
    }
}

impl ResponseError for LoginError {
    fn status_code(&self) -> StatusCode {
        match self {
            LoginError::UnexpectedError(_) => StatusCode::INTERNAL_SERVER_ERROR,
            LoginError::AuthError(_) => StatusCode::UNAUTHORIZED,
        }
    }
}
```

POST /newsletters를 리팩터링했을 때 작성했던 코드와 매우 비슷하다. 브라우저에서는 어떻게 나타나는가?

폼을 제출하면 페이지가 로드되고, Authentication failed가 스크린에 표시된다.[66] 전에 본 것보다 훨씬 낫다. 진척이 있다.

10.6.4 콘텍스트 오류

오류 메시지는 충분히 명확하다. 사용자는 이제 무엇을 해야 하는가? 사용자들이 크리덴셜을 다시 입력할 것이라고 가정하는 것이 합리적이다. 사용자 이름이나 비밀번호를 잘못 입력했을 가능성이 높다.

로그인 폼 상단에 로그인을 다시 시도하도록 요청하는 오류 메시지를 표시하자.

---

66 actix_web의 ResponseError 트레이트가 반환하는 error_response의 기본 구현에서는 요청 핸들러가 반환하는 에러의 Display 표현을 사용해서 바디를 구성한다.

❶ 단순한 접근 방식

가장 간단한 접근 방식은 무엇인가? `ResponseError`에서 사용자에게 오류를 보고하는 추가적인 문단(`<p>` HTML 요소)을 포함한 로그인 HTML 페이지를 반환할 수 있다. 그 페이지는 다음과 같다.

```
//! src/routes/login/post.rs
// [...]

impl ResponseError for LoginError {
    fn error_response(&self) -> HttpResponse {
        HttpResponse::build(self.status_code())
            .content_type(ContentType::html())
            .body(format!(
                r#"<!DOCTYPE html>
<html lang="en">
<head>
    <meta http-equiv="content-type" content="text/html; charset=utf-8">
    <title>Login</title>
</head>
<body>
    <p><i>{}</i></p>
    <form action="/login" method="post">
        <label>Username
            <input
                type="text"
                placeholder="Enter Username"
                name="username"
            >
        </label>
        <label>Password
            <input
                type="password"
                placeholder="Enter Password"
                name="password"
            >
        </label>
        <button type="submit">Login</button>
    </form>
</body>
</html>"#,
                self
            ))
    }

    fn status_code(&self) -> StatusCode {
        match self {
```

```
            LoginError::UnexpectedError(_) => StatusCode::INTERNAL_SERVER_ERROR,
            LoginError::AuthError(_) => StatusCode::UNAUTHORIZED,
        }
    }
}
```

이 접근 방식에는 몇 가지 단점이 있다.

- 미묘하게 다르지만 거의 동일한 두 개의 로그인 페이지가 다른 위치에 정의되어 있다. 로그인 폼을 변경하면 두 개의 페이지를 동시에 수정해야 한다.
- 사용자가 실패한 로그인 시도 뒤에 페이지를 새로 고침하면, 폼 재제출에 대한 확인을 요청한다.

두 번째 문제를 해결하기 위해서는 사용자가 GET 엔드포인트에 도달하게 해야 한다. 첫 번째 문제를 해결하기 위해서는 GET /login을 복사하는 것이 아니라 그대로 재사용하는 방법을 찾아야 한다.

다른 리다이렉트를 사용해서 두 가지 목적을 모두 달성할 수 있다. 인증이 실패하면 사용자를 GET /login으로 되돌아가게 한다.

```
//! src/routes/login/post.rs
// [...]

impl ResponseError for LoginError {
    fn error_response(&self) -> HttpResponse {
        HttpResponse::build(self.status_code())
            .insert_header((LOCATION, "/login"))
            .finish()
    }

    fn status_code(&self) -> StatusCode {
        StatusCode::SEE_OTHER
    }
}
```

안타깝지만 단순한 리다이렉트만으로는 충분하지 않다. 브라우저는 사용자에게 동일한 로그인 폼을 이전 로그인 시도가 성공하지 않았다는 피드백 없이 보여줄 것이다. GET /login에서 오류 메시지를 표시할 수 있도록 해야 한다.

몇 가지 옵션을 살펴보자.

❷ 쿼리 파라미터

Location 헤더값은 사용자가 리다이렉트될 URL을 결정한다. 하지만 그것으로 끝나지 않는다. 여기에 **쿼리 파라미터**query parameter를 지정할 수 있다.

오류 쿼리 파라미터에 인증 오류 메시지를 인코딩하자. 쿼리 파라미터는 URL의 일부다. 따라서 LoginError의 display 표현을 URL 인코딩해야 한다.

```
#! Cargo.toml
# [...]
[dependencies]
urlencoding = "2"
# [...]
```

```rust
//! src/routes/login/post.rs
// [...]

impl ResponseError for LoginError {
    fn error_response(&self) -> HttpResponse {
        let encoded_error = urlencoding::Encoded::new(self.to_string());
        HttpResponse::build(self.status_code())
            .insert_header((LOCATION, format!("/login?error={}", encoded_error)))
            .finish()
    }
    // [...]
}
```

error 쿼리 파라미터는 GET /login 요청 핸들러에서 추출할 수 있다.

```rust
//! src/routes/login/get.rs
use actix_web::{web, HttpResponse, http::header::ContentType};

#[derive(serde::Deserialize)]
pub struct QueryParams {
    error: Option<String>,
}

pub async fn login_form(query: web::Query<QueryParams>) -> HttpResponse {
    let _error = query.0.error;
    HttpResponse::Ok()
        .content_type(ContentType::html())
        .body(include_str!("login.html"))
}
```

마지막으로, 반환되는 HTML 페이지에 이 값을 반영해서 커스터마이즈할 수 있다.

```rust
//! src/routes/login/get.rs
// [...]

pub async fn login_form(query: web::Query<QueryParams>) -> HttpResponse {
    let error_html = match query.0.error {
        None => "".into(),
        Some(error_message) => format!("<p><i>{error_message}</i></p>"),
    };
    HttpResponse::Ok()
        .content_type(ContentType::html())
        .body(format!(
            r#"<!DOCTYPE html>
<html lang="en">
<head>
    <meta http-equiv="content-type" content="text/html; charset=utf-8">
    <title>Login</title>
</head>
<body>
    {error_html}
    <form action="/login" method="post">
        <label>Username
            <input
                type="text"
                placeholder="Enter Username"
                name="username"
            >
        </label>
        <label>Password
            <input
                type="password"
                placeholder="Enter Password"
                name="password"
            >
        </label>
        <button type="submit">Login</button>
    </form>
</body>
</html>"#,
        ))
}
```

잘 동작한다.[67]

❸ 사이트 간 스크립팅

쿼리 파라미터는 프라이빗하지 않다. 백엔드 서버는 사용자들이 URL을 조작하는 것을 막을 수 없다. 특히, 공격자들이 자신을 속이는 것을 막을 수 없다.

다음 URL을 방문해보자.

```
http://localhost:8000/login?error=Your%20account%20has%20been%20locked%2C%20
    please%20submit%20your%20details%20%3Ca%20href%3D%22https%3A%2F%2Fzero2prod.com
    %22%3Ehere%3C%2Fa%3E%20to%20resolve%20the%20issue.
```

로그인 폼 위에 다음 메시지가 보일 것이다.

> Your account has been locked, please submit your details here to resolve the issue(여러분의 계정이 잠겼습니다. 문제를 해결하려면 여기에 자세한 내용을 적어서 제출하십시오).

here를 클릭하면 다른 웹사이트로 이동한다(예시에서는 zero2prod.com이다). 보다 현실적인 시나리오에서라면 here는 공격자가 제어하는 웹사이트의 링크일 수 있으며, 희생자를 낚아서 로그인 크리덴셜을 훔친다.

이것은 **사이트 간 스크립팅**cross-site scripting, XSS이라고 알려져 있다. 공격자는 신뢰할 수 없는 소스(예 사용자 입력, 쿼리 파라미터 등)로부터 만들어진 동적 콘텐츠를 악용함으로써 신뢰할 수 있는 웹사이트에 HTML 조각이나 자바스크립트 스니펫을 주입한다. 사용자 관점에서 XSS 공격은 매우 은밀해 보인다. URL은 여러분이 접근하기 원한 곳이며, 여러분은 쉽게 표시된 콘텐츠를 믿게 된다.

OWASP는 XSS 공격을 방지하는 방법에 관한 전체적인 치트 시트[68]를 제공한다. 웹 애플리케이션을 만든다면 이 치트 시트에 반드시 친숙해지기를 권장한다.

---

67 우리가 만든 웹 페이지는 동적이지 않다. 대략 몇 가지 요소를 주입하는 것을 보고 있다. format!을 사용해 손쉽게 이를 수행할 수 있다. 같은 접근 방식은 더 복잡한 사용자 인터페이스에 대해 작업할 때 잘 확장되지 않는다. 재사용할 수 있는 컴포넌트를 만들어서 여러 페이지 사이에서 공유하고, 여러 동적인 데이터들 사이에서 루프와 조건문을 수행해야 한다. 템플릿 엔진들은 이 같은 새로운 레벨의 복잡성을 다루는 일반적인 접근 전략이다. 러스트 에코시스템에서는 tera(https://github.com/Keats/tera)와 askama(https://github.com/djc/askama)가 유명하다.

68 https://cheatsheetseries.owasp.org/cheatsheets/Cross_Site_Scripting_Prevention_Cheat_Sheet.html

우리가 가진 문제와 관련된 가이드를 살펴보자. 우리는 신뢰할 수 없는 데이터(쿼리 파라미터의 값)를 HTML 요소 안에(`<p><i>UNTRUSTED DATA HERE</i></p>`) 표시하고자 한다. OWASP의 가이드라인에 따르면, 신뢰할 수 없는 입력을 HTML 엔티티로 인코딩해야 한다.

- `&`를 `&amp;`로 변환한다.

- `<`를 `&lt;`로 변환한다.

- `>`를 `&gt;`로 변환한다.

- `"`를 `&quot;`로 변환한다.

- `'`를 `&#x27;`로 변환한다.

- `/`를 `&#x2F;`로 변환한다.

HTML 엔티티 인코딩은 HTML을 정의하기 위해 필요한 문자들을 이스케이프해서 HTML 요소를 추가할 수 없게 한다.

`login_form` 헤더를 수정하자.

```
#! Cargo.toml
# [...]
[dependencies]
htmlescape = "0.3"
# [...]
```

```
//! src/routes/login/get.rs
// [...]

pub async fn login_form(/* */) -> HttpResponse {
    let error_html = match query.0.error {
        None => "".into(),
        Some(error_message) => format!(
            "<p><i>{}</i></p>",
            htmlescape::encode_minimal(&error_message)
        ),
    };
    // [...]
}
```

조작된 URL을 다시 방문해보자. 이번에는 다른 메시지가 표시될 것이다.

> Your account has been locked, please submit your details <a href="https://zero2prod.com">here</a> to resolve the issue(여러분의 계정은 잠겼습니다. 문제를 해결하려면 <a href="https://zero2prod.com">here</a>에 자세한 내용을 적어서 제출하십시오).

HTML a 요소는 더 이상 브라우저에서 렌더링되지 않는다. 사용자는 뭔가 이상한 낌새를 알아챌 수 있었을 것이다. 이것으로 충분한가?

적어도 사용자들은 here를 클릭했을지는 몰라도, 해당 링크를 복사해서 붙여 넣지는 않을 것이다. 그럼에도 공격자들은 순진하지 않다. 이들은 웹사이트에서 HTML 엔티티 인코딩을 수행한다는 것을 아는 즉시 주입된 메시지를 추가할 것이다. 그 방법은 다음처럼 간단할 수 있다.

> Your account has been locked, please call +CC3332288777 to resolve the issue(여러분의 계정은 잠겼습니다. 이 문제를 해결하기 위해서는 +CC3332288777로 전화주시기 바랍니다).

이것만 해도 충분히 몇 명의 사용자를 낚을 수 있을 것이다. 문자 인코딩보다 강력한 무엇인가가 필요하다.

❹ 메시지 인증 코드

쿼리 파라미터가 우리가 제공하는 API에 의해 설정되고, 서드 파티에 의해 변경되지 않았음을 확인할 수 있는 메커니즘이 필요하다. 이를 **메시지 인증**message authentication[69]이라고 부른다. 메시지가 전송 과정에서 수정되지 않았음을 보장하고(**통합성**integrity), 전송자의 신원을 검증할 수 있게 한다(**데이터 송신처 인증**data origin authentication)

메시지 인증 코드message authentication code, MAC는 메시지 인증을 제공하는 일반적인 기법이다. 메시지에 추가된 태그를 사용해서 검증자는 그 통합성과 오리진을 확인할 수 있다. **HMAC**hash-based message authentication code은 잘 알려진 MAC 계열 중 하나다. HMAC은 시크릿과 해시 함수를 사용해서 구현된다. 시크릿은 메시지 앞에 추가되며, 그 결과 문자열은 해시 함수에 입력된다. 결과 해시는 시크릿과 해시에 다시 붙여진다. 이 결과가 메시지 태그다.

의사 코드로 나타내면 다음과 같다.

---

69 https://ko.wikipedia.org/wiki/메시지_인증

```
let hmac_tag = hash(
    concat(
        key,
        hash(concat(key, message))
    )
);
```

키 패딩key padding과 관련된 몇 가지 내용은 의도적으로 생략했다. 이와 관련된 세부 내용은 RFC 2104[70]를 참조하자.

❺ HMAC 태그를 추가해서 쿼리 파라미터 보호하기

HMAC을 사용해서 쿼리 파라미터의 통합성과 출처를 검증하자. Rust Crypto는 HMAC의 구현인 hmac 크레이트를 제공한다. 해시 함수가 필요하다. 여기에서는 SHA-256를 사용한다.

```
#! Cargo.toml
# [...]
[dependencies]
hmac = { version = "0.12", features = ["std"] }
sha2 = "0.10"
# [...]
```

Location 헤더에 또 다른 쿼리 파라미터인 tag를 추가해서 오류 메시지에 대한 HMAC을 저장하자.

```
//! src/routes/login/post.rs
use hmac::{Hmac, Mac}
// [...]

impl ResponseError for LoginError {
    fn error_response(&self) -> HttpResponse {
        let query_string = format!(
            "error={}",
            urlencoding::Encoded::new(self.to_string())
        );
        // 여기에서 시크릿이 필요하다. 어떻게 얻어야 하는가?
        let secret: &[u8] = todo!();
        let hmac_tag = {
            let mut mac = Hmac::<sha2::Sha256>::new_from_slice(secret).unwrap();
            mac.update(query_string.as_bytes());
```

70 https://datatracker.ietf.org/doc/html/rfc2104

```
            mac.finalize().into_bytes()
        };
        HttpResponse::build(self.status_code())
            // HMAC 태그의 16진수 표현을 쿼리 문자열에 추가 쿼리 파라미터로 추가한다.
            .insert_header((
                LOCATION,
                format!("/login?{query_string}&tag={hmac_tag:x}")
            ))
            .finish()
    }
    // [...]
}
```

이 코드 스니펫은 거의 완벽하다. 시크릿을 얻을 방법만 있으면 된다. 안타깝게도 `ResponseError` 안에서는 불가능하다. 우리가 HTTP 응답으로 변환하고자 하는 오류 유형(`LoginError`)에만 접근할 수 있다. `ResponseError`는 특화된 Into 크레이트다. 구체적으로 우리는 애플리케이션 상태에 접근하지 못한다(예 우리는 `web::Data` 추출기를 사용할 수 없다). 그리고 이 상태에 시크릿을 저장해야 한다.

코드를 요청 핸들러로 옮기자.

```
//! src/routes/login/post.rs
use secret::ExposeSecret;
// [...]

#[tracing::instrument(
    skip(form, pool, secret),
    fields(username=tracing::field::Empty, user_id=tracing::field::Empty)
)]
pub async fn login(
    form: web::Form<FormData>,
    pool: web::Data<PgPool>,
    // 일시적으로 시크릿을 시크릿 문자열로 주입한다.
    secret: web::Data<Secret<String>>,
    // 더 이상 `Result<HttpResponse, LoginError>`를 반환하지 않는다.
) -> HttpResponse {
    // [...]
    match validate_credentials(credentials, &pool).await {
        Ok(user_id) => {
            tracing::Span::current()
                .record("user_id", &tracing::field::display(&user_id));
            HttpResponse::SeeOther()
                .insert_header((LOCATION, "/"))
                .finish()
```

```
        }
        Err(e) => {
            let e = match e {
                AuthError::InvalidCredentials(_) => LoginError::AuthError(e.into()),
                AuthError::UnexpectedError(_) => {
                    LoginError::UnexpectedError(e.into())
                },
            };
            let query_string = format!(
                "error={}",
                urlencoding::Encoded::new(e.to_string())
            );
            let hmac_tag = {
                let mut mac = Hmac::<sha2::Sha256>::new_from_slice(
                    secret.expose_secret().as_bytes()
                ).unwrap();
                mac.update(query_string.as_bytes());
                mac.finalize().into_bytes()
            };
            HttpResponse::SeeOther()
                .insert_header((
                    LOCATION,
                    format!("/login?{}&tag={:x}", query_string, hmac_tag),
                ))
                .finish()
        }
    }
}

// `LoginError`를 위한 `ResponseError` 구현은 삭제되었다.
```

이것은 가능한 접근 방식이며, 코드는 컴파일된다. 한 가지 문제가 있다면, 더 이상 오류 콘텍스트를 업스트림, 즉 미들웨어 체인으로 전파하지 않는다는 점이다. 이것은 `LoginError::UnexpectedError`를 다룰 때 문제가 된다. 로그는 실제로 무엇이 잘못되었는지 잡아내야 한다. 다행히도 두 마리 토끼를 동시에 잡을 수 있는 방법이 있다. 바로 `actix_web::error::InternalError`이다. `InternalError`는 `HttpResponse`와 오류로부터 만들 수 있다. 그것은 요청 핸들러로부터 오류로 반환할 수 있으며(`ResponseError`를 구현한다), 여러분이 그 생성자에 전달한 `HttpResponse`를 호출자에게 반환한다. 우리가 원하는 것과 정확하게 일치한다.

`InternalError`를 사용할 수 있도록 `login`을 한 번 더 수정하자.

```
//! src/routes/login/post.rs
// [...]
use actix_web::error::InternalError;

#[tracing::instrument(/* */)]
// `Result`를 다시 반환한다.
pub async fn login(/* */) -> Result<HttpResponse, InternalError<LoginError>> {
    // [...]
    match validate_credentials(credentials, &pool).await {
        Ok(user_id) => {
            // [...]
            // 다시 OK로 감싼다.
            Ok(/* */)
        }
        Err(e) => {
            // [...]
            let response = HttpResponse::SeeOther()
                .insert_header((
                    LOCATION,
                    format!("/login?{}&tag={:x}", query_string, hmac_tag),
                ))
                .finish();
            Err(InternalError::from_response(e, response))
        }
    }
}
```

오류 보고서는 저장되었다. 마지막 태스크가 남아 있다. HMAC이 사용한 시크릿을 애플리케이션 상태에 주입하자.

```
//! src/configuration.rs
// [...]
#[derive(serde::Deserialize, Clone)]
pub struct ApplicationSettings {
    // [...]
    pub hmac_secret: Secret<String>
}
```

```
//! src/startup.rs
use secrecy::Secret;
// [...]

impl Application {
```

```
    pub async fn build(configuration: Settings) -> Result<Self, std::io::Error> {
        // [...]
        let server = run(
            // [...]
            configuration.application.hmac_secret,
        )?;
        // [...]
    }
}

fn run(
    // [...]
    hmac_secret: Secret<String>,
) -> Result<Server, std::io::Error> {
    let server = HttpServer::new(move || {
        // [...]
        .app_data(Data::new(hmac_secret.clone()))
    })
    // [...]
}
```

```
#! configuration/base.yml
application:
    # [...]
    # You need to set the `APP_APPLICATION__HMAC_SECRET` environment variable
    # on Digital Ocean as well for production!
    # (프로덕션을 위해서는 디지털오션에도 `APP_APPLIATION__HMAC_SECRET`을 설정해야 한다.)
    hmac_secret: "long-and-very-secret-random-key-needed-to-verify-message-integrity"
# [...]
```

Secret<String>을 애플리케이션 상태에 주입할 타입으로 사용하는 것은 전혀 이상적이지 않다.
String은 프리미티브 타입이며 충돌이 발생할 위험이 매우 높다. 예를 들어 다른 미들웨어나 서비
스가 애플리케이션 상태에 대해 다른 Secret<String>를 등록하거나 HMAC 시크릿을 덮어쓸 수
있다(혹은 그 반대도 성립한다).

래퍼 타입을 만들어서 이 문제를 회피하자.

```
//! src/startup.rs
// [...]

fn run(
    // [...]
```

```
    hmac_secret: HmacSecret,
) -> Result<Server, std::io::Error> {
    let server = HttpServer::new(move || {
        // [...]
        .app_data(Data::new(HmacSecret(hmac_secret.clone())))
    })
    // [...]
}


#[derive(Clone)]
pub struct HmacSecret(pub Secret<String>);
```

```
//! src/routes/login/post.rs
use crate::startup::HmacSecret;
// [...]

#[tracing::instrument(/* */)]
pub async fn login(
    // [...]
    // 래퍼 타입을 주입한다.
    secret: web::Data<HmacSecret>,
) -> Result<HttpResponse, InternalError<LoginError>> {
    // [...]
    match validate_credentials(/* */).await {
        Ok(/* */) => {/* */}
        Err(/* */) => {
            // [...]
            let hmac_tag = {
                let mut mac = Hmac::<sha2::Sha256>::new_from_slice(
                    secret.0.expose_secret().as_bytes()
                ).unwrap();
                // [...]
            };
            // [...]
        }
    }
}
```

6 HMAC 태그 검증하기

이제 GET /login!에서 태그를 검증하자.

태그 쿼리 파라미터를 추출하는 것부터 시작하자. 현재 Query 추출기를 사용해서 유입되는 쿼리 파라미터들을 QueryParams 구조체로 파싱한다. 이 구조체는 선택적인 error 필드를 제공한다. 이후 두 가지 시나리오를 예측할 수 있다.

- 오류가 없다(예를 들어 여러분은 로그인 페이지에 도달했다). 따라서 아무런 쿼리 파라미터를 기대하지 않는다.
- 보고되어야 할 오류가 있다. 따라서 오류와 태그 쿼리 파라미터를 기대한다.

QueryParams를 다음에서

```
#[derive(serde::Deserialize)]
pub struct QueryParams {
    error: Option<String>,
}
```

다음으로 변경하는 것은

```
#[derive(serde::Deserialize)]
pub struct QueryParams {
    error: Option<String>,
    tag: Option<String>,
}
```

새로운 요구 사항을 정확하게 잡아내지 못한다. 호출자는 태그 파라미터를 전달할 수 있지만 error는 생략하게 된다(또는 그 반대의 경우가 된다). 이렇게 되지 않는다는 것을 보장하기 위해서는 요청 핸들러에서 추가적인 검증을 해야 한다. 이 문제는 QueryParams의 모든 필드를 필수로 만들어서 해결할 수 있다(반면 QueryParams 자체는 선택적이다).

```
//! src/routes/login/get.rs
// [...]

#[derive(serde::Deserialize)]
pub struct QueryParams {
    error: String,
    tag: String,
}

pub async fn login_form(query: Option<web::Query<QueryParams>>) -> HttpResponse {
    let error_html = match query {
        None => "".into(),
        Some(query) => {
```

```
            format!("<p><i>{}</i></p>", htmlescape::encode_minimal(&query.0.error))
        }
    };
    // [...]
}
```

타입을 사용해서 불법적인 상태를 표현할 수 없도록 만드는 깔끔하고도 소소한 알림이다. 태그를 검증하기 위해서는 HMAC의 공유된 시크릿에 접근해야 한다. 시크릿을 주입하자.

```
//! src/routes/login/get.rs
use crate::startup::HmacSecret;
// [...]

pub async fn login_form(
    query: Option<web::Query<QueryParams>>,
    secret: web::Data<HmacSecret>,
) -> HttpResponse {
    // [...]
}
```

tag는 16진수 문자열로 인코딩된 바이트 슬라이스다. GET /login에서 이들을 바이트로 디코딩하려면 hex 크레이트가 필요하다. hex 크레이트를 디펜던시에 추가하자.

```
#! Cargo.toml
# [...]
[dependencies]
# [...]
hex = "0.4"
```

이제 QueryParams 자체에 verify 메서드를 정의할 수 있다. 이 메서드는 메시지 인증 코드가 우리가 기대한 바와 일치하면 오류 문자열을 반환하고, 그렇지 않으면 오류를 반환한다.

```
//! src/routes/login/get.rs
use hmac::{Hmac, Mac};
use secrecy::ExposeSecret;
// [...]

impl QueryParams {
    fn verify(self, secret: &HmacSecret) -> Result<String, anyhow::Error> {
        let tag = hex::decode(self.tag)?;
```

```
        let query_string = format!(
            "error={}",
            urlencoding::Encoded::new(&self.error)
        );

        let mut mac = Hmac::<sha2::Sha256>::new_from_slice(
            secret.0.expose_secret().as_bytes()
        ).unwrap();
        mac.update(query_string.as_bytes());
        mac.verify_slice(&tag)?;

        Ok(self.error)
    }
}
```

이제 요청 핸들러를 추가해서 그것을 호출하자. 한 가지 질문이 생긴다. 검증이 실패하면 무엇을 하고자 하는가? 400을 반환함으로써 요청 전체를 실패하게 하는 방법을 생각해볼 수 있다. 또는 인증 실패를 warning으로 로그에 기록하고 HTML을 렌더링할 때는 오류 메시지를 건너뛸 수 있다.

여기에서는 후자의 방법을 선택하자. 의심스러운 쿼리 파라미터와 함께 리다이렉트되는 사용자는 로그인 페이지를 보게 될 것이다. 합리적인 시나리오다.

```
//! src/routes/login/get.rs
// [...]

pub async fn login_form(/* */) -> HttpResponse {
    let error_html = match query {
        None => "".into(),
        Some(query) => match query.0.verify(&secret) {
            Ok(error) => {
                format!("<p><i>{}</i></p>", htmlescape::encode_minimal(&error))
            }
            Err(e) => {
                tracing::warn!(
                    error.message = %e,
                    error.cause_chain = ?e,
                    "Failed to verify query parameters using the HMAC tag"
                );
                "".into()
            }
        },
    };
    // [...]
}
```

이상해 보이는 URL로 다시 접근해보자.

```
http://localhost:8000/login?error=Your%20account%20has%20been%20locked%2C%20
    please%20submit%20your%20details%20%3Ca%20href%3D%22https%3A%2F%2Fzero2prod.com
    %22%3Ehere%3C%2Fa%3E%20to%20resolve%20the%20issue.
```

브라우저에서는 어떤 오류 메시지도 렌더링되지 않는다.

7️⃣ 오류 메시지는 일시적이어야 한다

구현 측면에서는 만족스럽다. 오류는 예상한 대로 렌더링되고 HMAC 태그 덕분에 누구도 오류 메시지에 손댈 수 없다. 이제 배포하면 되는가?

우리는 쿼리 파라미터를 오류 메시지와 함께 전달하기로 선택했다. 쿼리 파라미터는 URL의 일부이며, 쉽게 이들을 Location 헤더의 값으로 전달해서 실패가 발생했을 때 로그인 폼으로 다시 리다이렉트할 수 있기 때문이다. 이것은 쿼리 파라미터의 강점이자 동시에 약점이다. URL은 브라우저 이력에 기록되고, 주소창에 URL을 입력할 때 자동 완성 제안을 제공하는 데 사용된다. 여러분이 직접 실험해보자. 브라우저 주소창에 localhost:8000을 입력해보자. 브라우저가 어떤 제안을 하는가? 대부분의 제안은 오류 쿼리 파라미터를 포함한 URL일 것이다. 우리가 지금까지 했던 실험 때문이다. 유효한 태그를 가진 것을 선택한다면, 로그인 폼은 마지막 로그인을 시도한 이후 꽤 시간이 지났음에도 불구하고 Authentication failed 오류 메시지를 보여줄 것이다. 바람직하지 않다.

오류 메시지를 일시적으로 만들고 싶다. 실패한 로그인 시도 직후에는 나타나지만, 브라우저 이력에는 저장되지 않는다. 오류 메시지가 다시 나타나게 하는 유일한 방법은 한 번 더 로그인에 실패하는 것이다.

쿼리 파라미터는 우리의 요구 사항을 만족시키지 못한다는 것을 확인했다. 다른 옵션이 있는가? 그렇다. 쿠키다.

> 잠시 숨을 돌리기 좋은 시간이다. 지금까지 매우 많은 내용을 다루었다. 여러분이 구현한 것을 확인하고 싶다면, 깃허브 프로젝트의 스냅숏[71]과 잠시 비교해보자.

---

71 https://github.com/LukeMathWalker/zero-to-production/tree/root-chapter-10-part1

8 쿠키란 무엇인가?

MDN Web Docs에서는 **HTTP 쿠키**HTTP cookie를 다음과 같이 정의한다.

> (…) 서버가 사용자의 웹브라우저로 전송하는 작은 데이터 조각이다. 브라우저는 쿠키를 저장하고, 해당 쿠키를 이후 요청 시 같은 서버에 다시 보낸다.

쿠키를 사용해서 쿼리 파라미터로 시도했던 것과 같은 전략을 구현할 수 있다.

- 사용자는 유효하지 않은 크리덴셜을 입력하고 폼을 제출한다.
- POST /login은 오류 메시지를 포함한 쿠키를 설정하고 사용자를 GET /login으로 리다이렉트 한다.
- 브라우저는 GET /login을 호출한다. 이때 해당 사용자를 위해 현재 설정된 쿠키-값을 포함한 다.
- GET /login의 요청 핸들러는 렌더링할 오류 메시지가 있는지 쿠키를 확인한다.
- GET /login은 HTML 폼을 호출자에게 반환하고 쿠키에서 오류 메시지를 삭제한다.

URL에는 전혀 손을 대지 않는다. 오류와 관련된 모든 정보는 사이드 채널(쿠키)을 통해 교환되며, 브라우저 이력에서 보이지 않는다. 알고리즘의 마지막 단계는 오류 메시지가 실제로 일시적이라는 것을 보장한다. 쿠키는 오류 메시지가 렌더링되면 소비된다. 페이지가 새로 로딩되면, 오류 메시지 는 다시 보이지 않는다.

앞에서 설명한 일회성 알림 기법은 **플래시 메시지**flash message라고 불린다.

9 로그인 실패에 대한 통합 테스트

지금까지는 매우 자유롭게 실험을 해왔다. 코드를 작성하고 애플리케이션을 실행한 뒤, 가지고 놀 았다.

이제 디자인의 마지막 이터레이션에 접근하고 있으므로, 몇 가지 블랙박스 테스트를 사용해서 우 리가 원하는 동작을 잡아내는 것이 좋을 것이다. 지금까지 프로젝트가 제공하는 사용자 흐름에 관해서 했던 작업과 같다. 테스트를 작성함으로써 쿠키와 그 동작에 더욱 친숙해질 수 있다.

로그인이 실패했을 때 어떤 일이 발생하는지 확인하고자 한다. 그동안 우리가 집중했던 바로 그 주 제다.

가장 먼저 테스트 스위트에 새로운 login 모듈을 추가하자.

```
//! tests/main.rs
// [...]
mod login;
//! tests/api/login.rs
// 현재는 비어 있다.
```

POST /login 요청을 보내야 한다. TestApp에 작은 헬퍼를 하나 추가하자. HTTP 클라이언트를 사용해서 테스트를 진행하는 동안 애플리케이션과 상호작용한다.

```
//! tests/api/helpers.rs
// [...]

impl TestApp {
    pub async fn post_login<Body>(&self, body: &Body) -> reqwest::Response
    where
        Body: serde::Serialize,
    {
        reqwest::Client::new()
            .post(&format!("{}/login", &self.address))
            // 이 `reqwest` 메서드는 바디가 URL 인코딩되어 있으며
            // `Content-Type` 헤더가 그에 따라 설정되어 있음을 보장한다.
            .form(body)
            .send()
            .await
            .expect("Failed to execute request.")
    }
    // [...]
}
```

이제 테스트 케이스를 그려볼 수 있다. 쿠키를 다루기 전에 간단한 어서션에서 시작한다. 먼저 리다이렉트, 즉 상태 코드 303을 반환한다.

```
//! tests/api/login.rs
use crate::helpers::spawn_app;

#[tokio::test]
async fn an_error_flash_message_is_set_on_failure() {
    // Arrange
    let app = spawn_app().await;
```

```
    // Act
    let login_body = serde_json::json!({
        "username": "random-username",
        "password": "random-password"
    });
    let response = app.post_login(&login_body).await;

    // Assert
    assert_eq!(response.status().as_u16(), 303);
}
```

테스트는 실패한다.

```
---- login::an_error_flash_message_is_set_on_failure stdout ----
thread 'login::an_error_flash_message_is_set_on_failure' panicked at
'assertion failed: `(left == right)`
  left: `200`,
 right: `303`'
```

엔드포인트는 이미 실패나 성공에 관계없이 303을 반환한다. 어떻게 된 것인가? 그 대답은 reqwest의 문서에서 확인할 수 있다.

> 기본적으로 Client는 자동으로 HTTP 리다이렉트를 처리하며, 최대 10홉의 리다이렉트 체인을 갖는다. 이 동작을 커스터마이즈할 때는 redirect::Policy를 ClientBuilder와 함께 사용할 수 있다.

reqwest::Client는 상태 코드 303을 보고 자동으로 GET /login을 호출한다. 이 경로는 Location 헤더에 지정되어 있으며 200을 반환한다. 어서션에서는 이 200 코드를 보고 패닉에 빠지게 된다. 이 테스팅에서는 reqwest::Client가 리다이렉트를 따르지 않기를 원한다. HTTP 클라이언트의 동작을 문서에서 제공하는 가이드를 따라 커스터마이즈하자.

```
//! tests/api/helpers.rs
// [...]

impl TestApp {
    pub async fn post_login<Body>(&self, body: &Body) -> reqwest::Response
        where
            Body: serde::Serialize,
```

```
    {
        reqwest::Client::builder()
            .redirect(reqwest::redirect::Policy::none())
            .build()
            .unwrap()
            // [...]
    }
    // [...]
}
```

이제 테스트는 성공한다. 한 단계 더 깊이 가보자. Location 헤더의 값을 확인해보자.

```
//! tests/api/helpers.rs
// [...]

// 작은 헬퍼 함수. 이번 장과 다음 장에서 이 확인을 여러 차례 수행한다.
pub fn assert_is_redirect_to(response: &reqwest::Response, location: &str) {
    assert_eq!(response.status().as_u16(), 303);
    assert_eq!(response.headers().get("Location").unwrap(), location);
}
```

```
//! tests/api/login.rs
use crate::helpers::assert_is_redirect_to;
// [...]

#[tokio::test]
async fn an_error_flash_message_is_set_on_failure() {
    // [...]

    // Assert
    assert_is_redirect_to(&response, "/login");
}
```

또 다른 실패가 발생한다.

```
---- login::an_error_flash_message_is_set_on_failure stdout ----
thread 'login::an_error_flash_message_is_set_on_failure' panicked at
'assertion failed: `(left == right)`
  left: `"/login?error=Authentication%20failed.&tag=2f8fff5[...]"`,
 right: `"/login"`'
```

엔드포인트는 여전히 쿼리 파라미터를 사용해서 오류 메시지를 전달한다. 요청 핸들러에서 해당 기능을 제거하자.

```
//! src/routes/login/post.rs
// 몇 가지 임포트들은 이제 사용되지 않으므로 제거할 수 있다.
// [...]

#[tracing::instrument(/* */)]
pub async fn login(
    form: web::Form<FormData>,
    pool: web::Data<PgPool>,
    // `HmacSecret`은 더 이상 필요하지 않다.
) -> Result<HttpResponse, InternalError<LoginError>> {
    // [...]
    match validate_credentials(/* */).await {
        Ok(/* */) => {/* */}
        Err(e) => {
            let e = match e {
                AuthError::InvalidCredentials(_) => LoginError::AuthError(e.into()),
                AuthError::UnexpectedError(_) => {
                    LoginError::UnexpectedError(e.into())
                },
            };
            let response = HttpResponse::SeeOther()
                .insert_header((LOCATION, "/login"))
                .finish();
            Err(InternalError::from_response(e, response))
        }
    }
}
```

뒤로 돌아간 것처럼 느껴질 것이다. 인내심을 갖자. 테스트는 성공한다. 이제 쿠키에 관해 살펴보자. 이런 질문이 이어질 것이다. '쿠키를 설정한다'는 것이 실제로 무엇을 의미하는가?

쿠키는 응답에 특별한 HTTP 헤더인 Set-Cookie[72]를 추가해서 설정된다. 가장 간단한 형태는 다음과 같다.

```
Set-Cookie: {cookie-name}={cookie-value}
```

---

72 https://developer.mozilla.org/en-US/docs/Web/HTTP/Headers/Set-Cookie

Set-Cookie는 설정하고 싶을 때마다 한 번씩, 여러 차례 지정할 수 있다. reqwest가 제공하는 get_all 메서드를 사용하면 여러 개의 값을 가진 헤더를 다룰 수 있다.

```
//! tests/api/login.rs
// [...]
use reqwest::header::HeaderValue;
use std::collections::HashSet;

#[tokio::test]
async fn an_error_flash_message_is_set_on_failure() {
    // [...]
    let cookies: HashSet<_> = response
        .headers()
        .get_all("Set-Cookie")
        .into_iter()
        .collect();
    assert!(cookies
        .contains(&HeaderValue::from_str("_flash=Authentication failed").unwrap())
    );
}
```

사실을 말하자면 쿠키는 어디에나 있어서 전용 API를 받을 자격이 있으며, 가공되지 않은 헤더를 다루는 번거로움을 줄여준다. reqwest는 이 기능을 cookies 기능 플래그 뒤에 감추고 있다. 이 기능을 활성화하자.

```
#! Cargo.toml
# [...]
# Using multi-line format for brevity
# (명확함을 위해 멀티라인 포맷을 사용한다.)
[dependencies.reqwest]
version = "0.11"
default-features = false
features = ["json", "rustls-tls", "cookies"]
```

```
//! tests/api/login.rs
// [...]
use reqwest::header::HeaderValue;
use std::collections::HashSet;

#[tokio::test]
async fn an_error_flash_message_is_set_on_failure() {
    // [...]
```

```
    let flash_cookie = response.cookies().find(|c| c.name() == "_flash").unwrap();
    assert_eq!(flash_cookie.value(), "Authentication failed");
}
```

지금 본 것처럼 쿠키 API는 매우 인체공학적이다. 그럼에도 적어도 한 번은 추상화된 것을 다루어 보는 것은 가치가 있다. 테스트는 예상한 대로 실패한다.

❿ actix-web에서 쿠키 설정하기

actix-web에서 외부로 나가는 응답에 쿠키를 어떻게 설정하는가? 헤더를 직접 조작할 수 있다.

```
//! src/routes/login/post.rs
// [...]

#[tracing::instrument(/* */)]
pub async fn login(/* */) -> Result<HttpResponse, InternalError<LoginError>> {
    match validate_credentials(/* */).await {
        Ok(/* */) => {/* */}
        Err(e) => {
            // [...]
            let response = HttpResponse::SeeOther()
                .insert_header((LOCATION, "/login"))
                .insert_header(("Set-Cookie", format!("_flash={e}")))
                .finish();
            Err(InternalError::from_response(e, response))
        }
    }
}
```

이 변경만으로 충분히 테스트는 성공한다.

reqwest와 같이 actix-web도 전용의 쿠키 API를 제공한다. Cookie::new는 쿠키의 이름과 값의 두 개 인자를 받는다. 이것을 사용하자.

```
//! src/routes/login/post.rs
use actix_web::cookie::Cookie;
// [...]

#[tracing::instrument(/* */)]
pub async fn login(/* */) -> Result<HttpResponse, InternalError<LoginError>> {
    match validate_credentials(/* */).await {
        Ok(/* */) => {/* */}
```

```
        Err(e) => {
            // [...]
            let response = HttpResponse::SeeOther()
                .insert_header((LOCATION, "/login"))
                .cookie(Cookie::new("_flash", e.to_string()))
                .finish();
            Err(InternalError::from_response(e, response))
        }
    }
}
```

테스트는 그린을 유지한다.

⓫ 로그인 실패를 위한 통합 테스트: part 2

스토리의 다른 측면, 즉 GET /login에 집중해보자. 우리는 _flash_cookie로 전달된 오류 메시지가
실제로 로그인 폼 위에 렌더링되어서 리다이렉트 후에 사용자에게 보이는지 확인하기를 원한다.

먼저 TestApp에 get_login_html 헬퍼 메서드를 추가하는 것으로 시작하자.

```
//! tests/api/helpers.rs
// [...]

impl TestApp {
    // 테스트 케이스는 HTML 페이지만 확인한다.
    // 따라서 기반 reqwest::Response는 노출하지 않는다.
    pub async fn get_login_html(&self) -> String {
        reqwest::Client::new()
            .get(&format!("{}/login", &self.address))
            .send()
            .await
            .expect("Failed to execute request.")
            .text()
            .await
            .unwrap()
    }
    // [...]
}
```

다음으로 기존 테스트를 확장해서 POST /login에 유효하지 않은 크리덴셜을 제출한 뒤, get_
login_html을 호출한다.

```
//! tests/api/login.rs
// [...]

#[tokio::test]
async fn an_error_flash_message_is_set_on_failure() {
    // [...]
    // Act
    let login_body = serde_json::json!({
        "username": "random-username",
        "password": "random-password"
    });
    let response = app.post_login(&login_body).await;

    // Assert
    // [...]

    // Act - Part 2
    let html_page = app.get_login_html().await;
    assert!(html_page.contains(r#"<p><i>Authentication failed</i></p>"#));
}
```

테스트는 실패한다. 앞에서 본 것처럼 이를 전달할 수 있는 방법은 없다. GET /login에 요청을 보낼 때 POST /login에 의해 설정된 쿠키를 전파하지 않는다. 브라우저는 일반적인 상황에서 이 태스크를 완수할 것으로 기대한다. reqwest가 이를 처리할 수 있는가?

기본적으로는 그렇지 않다. 하지만 설정을 통해 그렇게 할 수 있다. reqwest::ClientBuilder::cookie_store[73]에 true를 전달해야 한다. 한 가지 해결책이 존재한다. 쿠키 전파가 작동하게 하려면 API의 모든 요청에 대해 reqwest::Client의 동일한 인스턴스를 사용해야 한다. 이를 위해서는 TestApp을 약간 리팩터링해야 한다. 현재 모든 헬퍼 메서드 안에서 새로운 reqwest::Client 인스턴스를 생성하고 있다. TestApp::spawn_app을 수정해서 하나의 reqwest::Client를 생성하고 저장하게 하자. 이 인스턴스는 이후 모든 헬퍼 메서드 안에서 사용한다.

```
//! tests/api/helpers.rs
// [...]

pub struct TestApp {
    // [...]
    // 새 필드!
```

---

73 https://docs.rs/reqwest/0.11.6/reqwest/struct.ClientBuilder.html#method.cookie_store

```
    pub api_client: reqwest::Client
}

pub async fn spawn_app() -> TestApp {
    // [...]
    let client = reqwest::Client::builder()
        .redirect(reqwest::redirect::Policy::none())
        .cookie_store(true)
        .build()
        .unwrap();

    let test_app = TestApp {
        // [...]
        api_client: client,
    };
    // [...]
}

impl TestApp {
    pub async fn post_subscriptions(/* */) -> reqwest::Response {
        self.api_client
            .post(/* */)
            // [...]
    }

    pub async fn post_newsletters(/* */) -> reqwest::Response {
        self.api_client
            .post(/* */)
        // [...]
    }

    pub async fn post_login<Body>(/* */) -> reqwest::Response
        where
            Body: serde::Serialize,
    {
        self.api_client
            .post(/* */)
            // [...]
    }

    pub async fn get_login_html(/* */) -> String {
        self.api_client
            .get(/* */)
            // [...]
    }
    // [...]
}
```

쿠키 전파는 예상한 대로 작동한다.

⓬ actix-web에서 쿠키 읽기

`GET /login`에 대한 요청 핸들러를 다시 살펴보자.

```
//! src/routes/login/get.rs
use crate::startup::HmacSecret;
use actix_web::http::header::ContentType;
use actix_web::{web, HttpResponse};
use hmac::{Hmac, Mac, NewMac};

#[derive(serde::Deserialize)]
pub struct QueryParams {
    error: String,
    tag: String,
}

impl QueryParams {
    fn verify(self, secret: &HmacSecret) -> Result<String, anyhow::Error> {
        /* */
    }
}

pub async fn login_form(
    query: Option<web::Query<QueryParams>>,
    secret: web::Data<HmacSecret>,
) -> HttpResponse {
    let error_html = match query {
        None => "".into(),
        Some(query) => match query.0.verify(&secret) {
            Ok(error) => {
                format!("<p><i>{}</i></p>", htmlescape::encode_minimal(&error))
            }
            Err(e) => {
                tracing::warn!(/* */);
                "".into()
            }
        },
    };
    HttpResponse::Ok()
        .content_type(ContentType::html())
        .body(format!(/* HTML */,))
}
```

먼저 쿼리 파라미터와 그 (암호화된) 검증과 관련된 코드를 분리하는 것부터 시작한다.

```
//! src/routes/login/get.rs
use actix_web::http::header::ContentType;
use actix_web::HttpResponse;

pub async fn login_form() -> HttpResponse {
    let error_html: String = todo!();
    HttpResponse::Ok()
        .content_type(ContentType::html())
        .body(format!(/* HTML */))
}
```

기본으로 돌아가자. HMAC과 관련된 내용을 살펴보면서 추가했던 디펜던시들(sha2, hmac, hex)을 제거할 수 있는 기회다.

유입되는 요청의 쿠키에 접근하기 위해 `HttpRequest` 자체를 다루어야 한다. `login_form`의 입력에 `HttpRequest`를 추가하자.

```
//! src/routes/login/get.rs
// [...]
use actix_web::HttpRequest;

pub async fn login_form(request: HttpRequest) -> HttpResponse {
    // [...]
}
```

다음으로 `HttpRequest::cookie`를 사용해서 주어진 이름을 이용해 쿠키를 꺼낼 수 있다.

```
//! src/routes/login/get.rs
// [...]

pub async fn login_form(request: HttpRequest) -> HttpResponse {
    let error_html = match request.cookie("_flash") {
        None => "".into(),
        Some(cookie) => {
            format!("<p><i>{}</i></p>", cookie.value())
        }
    };
    // [...]
}
```

이제 통합 테스트는 성공한다.

⑬ actix-web에서 쿠키 삭제하기

실패한 로그인 시도 뒤에 페이지를 새로 고침하면 어떤 일이 발생하는가? 오류 메시지가 여전히 나타난다. 브라우저에서 새로운 탭을 열고 `localhost:8000/login`에 접근해도 상황은 동일하다. `Authentication failed`는 로그인 폼 위에 나타난다.

오류 메시지는 일시적이어야 한다는 의미와는 정반대의 동작이다. 어떻게 수정할 수 있는가? `Unset-cookie`라는 것은 없다. 사용자 브라우저에서 `_flash` 쿠키를 어떻게 삭제하는가?

쿠키의 라이프사이클을 조금 더 자세히 살펴보자. 지속성 관점에서 쿠키는 **세션 쿠키**session cookie 와 **영속 쿠키**persistence cookie의 두 가지가 있다. 세션 쿠키들은 메모리에 저장되며, 세션이 끝나면(즉 브라우저가 닫히면) 삭제된다. 영속 쿠키는 디스크에 저장되며, 브라우저를 다시 열어도 여전히 존재한다.

일반적인 Set-Cookie 헤더는 세션 쿠키를 생성한다. 영속 쿠키를 설정하려면 Max-Age 또는 Expires라는 쿠키 속성을 사용해서 만료 정책을 지정해야 한다. Max-Age는 쿠키가 만료될 때까지의 남은 시간으로 해석된다. 예를 들어 `Set-Cookie: _flash=omg; Max-Age=5`는 다음 5초 동안 지속되는 `_flash` 쿠키를 생성한다. 한편 Expires는 날짜를 지정한다. 예를 들어 `Set-Cookie: _flash=omg; Expires=Thu, 31 Dec 2022 23:59:59 GMT;`는 2022년 말까지 유효한 영속 쿠키를 생성한다.

Max-Age를 0으로 설정하면 브라우저는 즉시 쿠키를 만료시킨다. 즉 해제한다. 바로 우리가 원하는 것이다. 좀 진부한가? 그렇다. 하지만 원래 그렇다. 작동하도록 구현하자. 이 시나리오에 맞게 통합 테스트를 수정하자. 오류 메시지는 첫 번째 리다이렉트 이후 로그인 페이지를 다시 로딩하면 나타나지 않아야 한다.

```
//! tests/api/login.rs
// [...]

#[tokio::test]
async fn an_error_flash_message_is_set_on_failure() {
    // Arrange
    // [...]
    // Act - Part 1 - 로그인을 시도한다.
```

```
    // [...]
    // Act - Part 2 - 리다이렉트를 따른다.
    // [...]
    // Act - Part 3 - 로그인 페이지를 다시 로딩한다.
    let html_page = app.get_login_html().await;
    assert!(!html_page.contains(r#"<p><i>Authentication failed</i></p>"#));
}
```

`cargo test`는 오류를 보고한다. 이제 요청 핸들러를 수정해야 한다. 응답의 `_flash` 쿠키를 Max-Age=0으로 설정해서 사용자 브라우저에 저장된 플래시 메시지를 제거해야 한다.

```
//! src/routes/login/get.rs
use actix_web::cookie::{Cookie, time::Duration};
//! [...]

pub async fn login_form(request: HttpRequest) -> HttpResponse {
    // [...]
    HttpResponse::Ok()
        .content_type(ContentType::html())
        .cookie(
            Cookie::build("_flash", "")
                .max_age(Duration::ZERO)
                .finish(),
        )
        .body(/* */)
}
```

테스트는 이제 성공한다. 핸들러에서 `add_removal_cookie` 메서드를 사용하도록 리팩터링해서 의도를 명확하게 나타낼 수 있다.

```
//! src/routes/login/get.rs
use actix_web::cookie::{Cookie, time::Duration};
//! [...]

pub async fn login_form(request: HttpRequest) -> HttpResponse {
    // [...]
    let mut response = HttpResponse::Ok()
        .content_type(ContentType::html())
        .body(/* */);
    response
        .add_removal_cookie(&Cookie::new("_flash", ""))
        .unwrap();
```

```
    response
}
```

내부적인 동작은 동일하지만 코드를 읽는 사람은 `Max-Age`를 0으로 설정한 이유를 추측하지 않아도 된다.

⓮ 쿠키 보안

쿠키를 사용할 때 맞닥뜨릴 수 있는 보안 문제에는 무엇이 있는가?

쿠키를 사용해서 XSS 공격을 수행하는 것도 여전히 가능하지만, 쿼리 파라미터를 사용할 때보다는 조금 더 노력이 필요하다. 쿠키를 설정하거나 조작하는 링크를 웹사이트에 심을 수 없다. 그럼에도 쿠키를 순진하게 사용하면 나쁜 의도를 가진 공격자들에게 빌미를 줄 수 있다. 쿠키를 대상으로 어떤 공격을 수행할 수 있는가?

광범위하게 말하면, 우리는 공격자들이 쿠키를 조작하거나(예 통합성) 그 내용을 훔치는(예 기밀성) 것을 방지하고자 한다.

무엇보다 안전하지 않은 네트워크(즉 HTTPS가 아닌 HTTP)를 통해 쿠키를 전송하는 것은 중간자 공격에 우리를 노출시킬 수 있다. 서버로 전송되는 요청을 브라우저가 가로챌 수 있으며, 그 내용을 읽고 임의로 조작할 수 있다. 첫 번째 수비선은 API다. 암호화되지 않은 채널을 통해 유입되는 요청을 거부해야 한다. 추가적으로 새롭게 생성된 쿠키를 Secure[74]로 설정함으로써 수비선을 추가할 수 있다. 브라우저는 안전한 커넥션을 통해 전송되는 요청에만 쿠키를 붙인다.

쿠키의 기밀성과 통합성에서 주요한 두 번째 위협은 자바스크립트다. 클라이언트 사이드에서 실행되는 스크립트들은 쿠키를 저장하고, 기존 쿠키를 읽거나 수정하거나 새로운 쿠키를 설정한다. 무엇보다 기본적으로 최소한의 권한만 허가해야 한다. 반드시 그래야 할 이유가 없는 한 스크립트는 쿠키를 볼 수 없어야 한다. 쿠키에 `Http-Only`를 설정하면 클라이언트 사이드 코드로부터 쿠키를 숨길 수 있다. 브라우저는 평소와 같이 쿠키를 저장하고 밖으로 나가는 요청에 쿠키를 추가할 수 있지만, 스크립트는 쿠키를 보지 못한다. `Http-Only`는 좋은 기본값이지만, 만능은 아니다. 자바

---

74 https://en.wikipedia.org/wiki/Secure_cookie

스크립트 코드는 Http-Only가 설정된 쿠키에 접근할 수 없지만, 이들을 덮어써서[75] 서버가 예상하지 않았거나 올바르지 않게 작동하도록 할 수 있는 방법이 여전히 존재한다. 마지막으로 사용자들도 위협이 될 수 있다. 이들은 브라우저가 제공하는 개발자 도구를 사용해서 쿠키 저장소의 내용을 자유롭게 조작할 수 있다. 플래시 메시지의 경우라면 큰 문제가 되지 않지만, 다른 유형의 쿠키(즉 이후에 살펴볼 인증 세션 등)라면 문제가 된다.

여러 단계의 수비선을 확보해야 한다. 프론트 채널에 어떤 일이 발생하든 통합성을 보장할 수 있는 접근 방식을 알았다. 그렇지 않은가?

쿼리 파라미터를 보호하기 위해 사용한 메시지 인증 코드MAC가 있다. HMAC 태그가 붙은 쿠키-값은 종종 **사인된 쿠키**signed cookie라고 불린다. 백엔드에서 해당 태그를 검증함으로써(쿼리 파라미터에 대해서 검증한 것처럼) 사인된 쿠키의 값이 조작되지 않은 것을 확인할 수 있다.

🔟 actix-web-flash-messages

actix-web이 제공하는 쿠키 API를 사용함으로써 플래시 메시지의 쿠키 기반 구현을 강건하게 만들 수 있다. 어떤 것들은 직관적이고(Secure, Http-Only), 어떤 것들은 약간의 작업이 필요하지만(HMAC), 이들은 모두 약간의 노력으로 달성할 수 있다. 쿼리 파라미터에 관해 설명하면서 HMAC 태그에 관해서 깊이 다루었다. 여기에서는 사인드 쿠키를 처음부터 구현하면서 얻을 수 있는 교육적 이점은 크게 없을 것이다. 대신, actix-web 커뮤니티 에코시스템에서 제공하는 크레이트 중 하나인 actix-web-flash-messages를 사용해보자.[76]

actix-web-flash-messages[77]는 actix-web에서 플래시 메시지를 다루는 프레임워크이며, 장고의 메시지 프레임워크[78]를 면밀하게 모델화한 것이다.

디펜던시에 추가하자.

```
#! Cargo.toml
# [...]
```

---

75 'cookie jar overflow'라고 알려진 공격은 이미 존재하는 Http-Only 쿠키를 삭제하기 위해 사용할 수 있다. 이후 쿠키는 악의적인 스크립트에 의해 설정된 값으로 덮어쓸 수도 있다. https://www.sjoerdlangkemper.nl/2020/05/27/overwriting-httponly-cookies-from-javascript-using-cookie-jar-overflow/

76 필자가 actix-web-flash-messages를 개발했다.

77 https://github.com/LukeMathWalker/actix-web-flash-messages

78 https://docs.djangoproject.com/en/3.2/ref/contrib/messages/#module-django.contrib.messages

```
[dependencies]
actix-web-flash-messages = { version = "0.4", features = ["cookies"] }
# [...]
```

플래시 메시지를 조작하기 위해 actix-web의 App에 FlashMessagesFramework[79]를 미들웨어로 등록해야 한다.

```
//! src/startup.rs
// [...]
use actix_web_flash_messages::FlashMessagesFramework;

fn run(/* */) -> Result<Server, std::io::Error> {
    // [...]
    let message_framework = FlashMessagesFramework::builder(todo!()).build();
    let server = HttpServer::new(move || {
        App::new()
            .wrap(message_framework.clone())
            .wrap(TracingLogger::default())
        // [...]
    })
    // [...]
}
```

FlashMessagesFramework::builder는 플래시 메시지를 저장하고 꺼낼 **저장소 백엔드**storage backend를 인자로 받는다. actix-web-flash-messages는 쿠키 기반 구현인 CookieMessageStore를 제공한다.

```
/! src/startup.rs
// [...]
use actix_web_flash_messages::storage::CookieMessageStore;

fn run(/* */) -> Result<Server, std::io::Error> {
    // [...]
    let message_store = CookieMessageStore::builder(todo!()).build();
    let message_framework = FlashMessagesFramework::builder(message_store).build();
    // [...]
}
```

---

79 https://docs.rs/actix-web-flash-messages/latest/actix_web_flash_messages/struct.FlashMessagesFramework.html

CookieMessageStore는 저장소로 사용되는 쿠키에 사인이 되어 있어야 함을 강제한다. 따라서 그 빌더에게 Key를 제공해야 한다. 쿼리 파라미터에 관해 작업하면서 도입했던 HMAC 태그인 hmac_secret을 재사용할 수 있다.

```
//! src/startup.rs
// [...]
use secrecy::ExposeSecret;
use actix_web::cookie::Key;

fn run(/* */) -> Result<Server, std::io::Error> {
    // [...]
    let message_store = CookieMessageStore::builder(
        Key::from(hmac_secret.expose_secret().as_bytes())
    ).build();
    // [...]
}
```

이제 FlashMessage[80]를 전송할 수 있다. 각 FlashMessage는 하나의 레벨과 하나의 콘텐츠 문자열을 갖는다. 메시지 레벨은 필터링과 렌더링을 위해 사용할 수 있다. 예를 들면 다음과 같다.

- 프로덕션 환경에서는 info 레벨 이상에서만 플래시 메시지를 표시한다. 반면, 로컬 개발 환경에서는 debug 레벨 메시지만 유지한다.
- UI에서 다른 색상으로 메시지를 표시한다(예 error는 빨간색, warning은 주황색 등).

POST /login이 FlashMessage를 보내도록 수정하자.

```
//! src/routes/login/post.rs
// [...]
use actix_web_flash_messages::FlashMessage;

#[tracing::instrument(/* */)]
pub async fn login(/* */) -> Result</* */> {
    // [...]
    match validate_credentials(/* */).await {
        Ok(/* */) => { /* */ }
        Err(e) => {
            let e = /* */;
            FlashMessage::error(e.to_string()).send();
```

---

80 https://docs.rs/actix-web-flash-messages/latest/actix_web_flash_messages/struct.FlashMessage.html

```
        let response = HttpResponse::SeeOther()
            // 이제 쿠키가 없다.
            .insert_header((LOCATION, "/login"))
            .finish();
        // [...]
    }
}
```

`FlashMessagesFramework` 미들웨어는 쿠키를 생성하고, 사인하고, 올바른 속성을 설정하는 등의 작업을 모두 수행한다. 하나의 응답에 여러 플래시 메시지를 붙일 수도 있다. 마찬가지로 프레임워크가 스토리지 레이어에서 이들을 조합하고 표현하는 방법을 처리한다.

응답을 받는 쪽에서는 어떤 작업을 해야 하는가? `GET /login`에서 유입되는 플래시 메시지는 어떻게 읽는가?

`IncomingFlashMessages` 추출기를 사용할 수 있다.

```
//! src/routes/login/get.rs
// [...]
use actix_web_flash_messages::{IncomingFlashMessages, Level};
use std::fmt::Write;

// 가공되지 않은 요청에 더 이상 접근하지 않아도 된다.
pub async fn login_form(flash_messages: IncomingFlashMessages) -> HttpResponse {
    let mut error_html = String::new();
    for m in flash_messages.iter().filter(|m| m.level() == Level::Error) {
        writeln!(error_html, "<p><i>{}</i></p>", m.content()).unwrap();
    }
    HttpResponse::Ok()
        // 더 이상 쿠키를 제거하지 않아도 된다.
        .content_type(ContentType::html())
        .body(format!(/* */))
}
```

여러 플래시 메시지를 받기 위해 코드를 약간 수정해야 하지만, 전체적으로는 동일하다. 특히 쿠키 API를 더 이상 처리하지 않아도 되고, 유입되는 플래시 메시지를 꺼내거나 읽은 뒤 삭제되었는지 확인할 필요도 없다. `actix-web-flash-message`가 이 모든 작업을 대신한다. 쿠키 시그니처의 유효성은 백그라운드에서 검증한 뒤, 요청 핸들러에서 이것을 호출한다.

테스트는 어떤가? 테스트는 실패한다.

```
---- login::an_error_flash_message_is_set_on_failure stdout ----
thread 'login::an_error_flash_message_is_set_on_failure' panicked at
'assertion failed: `(left == right)`
  left: `"Ik4JlkXTiTlc507ERzy2Ob4Xc4qXAPzJ7MiX6EB04c4%3D%5B%7B%2[...]"`,
 right: `"Authentication failed"`'
```

어서션은 세부적인 구현에 너무 가깝다. 렌더링된 HTML이 예상했던 메시지를 포함하는지(혹은 포함하지 않는지) 검증하는 것만으로 충분하다. 테스트 코드를 수정하자.

```rust
//! tests/api/login.rs
// [...]

#[tokio::test]
async fn an_error_flash_message_is_set_on_failure() {
    // Arrange
    // [...]
    // Act - Part 1 - 로그인을 시도한다.
    // [...]
    // Assert
    // 쿠키와 관련된 내용은 어서션할 필요가 없다.
    assert_is_redirect_to(&response, "/login");

    // Act - Part 2 - 리다이렉트를 따른다.
    let html_page = app.get_login_html().await;
    assert!(html_page.contains("<p><i>Authentication failed</i></p>"));

    // Act - Part 3 - 로그인 페이지를 다시 로딩한다.
    let html_page = app.get_login_html().await;
    assert!(!html_page.contains("<p><i>Authentication failed</i></p>"));
}
```

테스트는 성공한다.

10.7 세션

실패한 로그인 시도의 경우 어떤 일이 발생하는지 집중적으로 살펴봤다. 그렇다면 성공적인 로그인 시도 이후에는 어떤 것들이 보여야 하는가?

인증이란 높은 권한을 필요로 하는 기능에 대한 접근을 제한하는 것을 의미한다. 예시의 경우, 새로운 뉴스레터를 모든 메일링 리스트에 발송하는 기능을 의미한다. 관리 패널을 생성해야 한다. /admin/dashboard 페이지를 만들고 모든 관리자 기능에 접근하는 것은 로그인한 사용자로 제한할 것이다. 이 과정은 단계적으로 진행한다.

첫 번째 마일스톤으로 다음을 수행한다.

- 성공적인 로그인 시도 이후 /admin/dashboard로 리다이렉트하고 Welcome <username>!이라는 환영 메시지를 표시한다.
- 로그인하지 않은 사용자가 /admin/dashboard에 직접 접근하면 로그인 폼으로 리다이렉트한다.

이를 위해서는 세션이 필요하다.

10.7.1 세션 기반 인증

세션 기반 인증은 모든 페이지마다 사용자에게 비밀번호를 요청하는 것을 피하기 위한 전략이다. 사용자는 로그인 폼을 통해 한 번만 인증을 요청받는다. 인증이 성공하면 서버는 일회성 시크릿, 즉 인증된 세션 토큰을 생성한다.[81] 백엔드 API는 사용자 이름/비밀번호 조합 대신 세션 토큰을 받고 제한된 기능에 대한 접근을 허가한다. 이 세션 토큰은 모든 요청마다 제공되어야 한다. 그러므로 세션 토큰은 쿠키로 저장된다. 브라우저는 API로 전송되는 모든 요청에 쿠키를 붙여야 한다.

보안 관점에서 유효한 세션 토큰은 인증 시크릿(예 사용자 이름/비밀번호 조합, 생체학적 또는 물리적 2차 요소)만큼 강력하다. 공격자에게 세션 토큰이 노출되지 않도록 세심하게 다루어야 한다.

OWASP에서는 세션을 보호하는 방법에 대한 자세한 가이드[82]를 제공한다. 다음 절에서 대부분의 권장 사항을 구현할 것이다.

10.7.2 세션 스토어

구현에 관해 생각해보자. 지금까지 논의한 것에 기반했을 때, 성공적인 로그인 후 세션 토큰을 생

---

[81] 명칭이 다소 혼란스러울 수 있다. 여기에서는 세션 토큰/세션 쿠키를 사용해서 사용자 세션과 관련된 클라이언트 사이드 쿠키를 가리켰다. 이번 장 후반에서는 쿠키의 라이프사이클에 관해 설명하는데, 여기에서 세션 쿠키는 브라우저 세션에 라이프타임이 묶인 쿠키를 나타낸다. 이름을 더 명확하게 변경하고 싶지만, 이 모호함은 업계 용어의 일부이기 때문에 이대로 유지할 수밖에 없음을 양해해주길 바란다.

[82] https://cheatsheetseries.owasp.org/cheatsheets/Session_Management_Cheat_Sheet.html

성하기 위한 API가 필요하다.

토큰값은 예측할 수 없어야 한다. 공격자들이 유효한 세션 토큰을 생성하거나 추측하기를 원하지 않는다.[83] OWASP는 CSPRNG를 사용할 것을 권장한다. 무작위성 자체만으로는 충분하지 않다. 고유함을 보장해야 한다. 서로 다른 2명의 사용자에게 같은 세션을 제공한다면, 문제가 발생할 수 있다.

- 두 명 중 한 명에게 그들이 필요한 권한보다 더 많은 권한을 부여하게 될 수 있다.
- 이름, 이메일, 과거 액티비티 등과 같은 개인적이거나 중요한 정보를 노출할 위험이 있다.

세션 저장소가 필요하다. 서버는 로그인한 사용자의 미래 요청을 인증하기 위해 자신이 생성한 토큰을 기억해야 한다. 우리는 또한 각 활성화 세션과 정보를 연결하기 원한다. 이는 **세션 상태**session state라고 알려져 있다.

10.7.3 세션 스토어 선택하기

세션의 라이프사이클 동안 다음 동작을 수행해야 한다.

- 생성하기: 사용자가 로그인 했을 때
- 꺼내기: 유입되는 요청에 붙어 있는 쿠키로부터 추출한 세션 토큰을 사용한다.
- 업데이트하기: 로그인한 사용자가 세션 상태에 변화를 일으키는 동작을 수행할 때
- 삭제하기: 사용자가 로그아웃 했을 때

이 동작들은 일반적으로 **CRUD**create, read, update, delete라고 알려져 있다.

또한 특정한 형태의 만료가 필요하다. 세션들은 짧은 기간 동안 유지되어야 한다. 정리 메커니즘이 없으면 활성화된 세션보다 만료되거나 중단된 세션을 유지하기 위해 더 많은 공간을 사용하게 될 것이다.

❶ Postgres

세션 스토어로 **Postgres**를 사용하기 적당한가? 토큰을 기본 키로 하는 새로운 sessions 테이블

---

83 일반적으로 잘못 구현된 세션은 단조롭게 증가하는 정수를 세션 토큰으로 사용하는 것이다(예: 6, 7, 8… 등). 여러분의 브라우저에 저장된 쿠키를 수정함으로써 충분히 주변의 숫자를 '탐색'할 수 있으며, 이를 통해 로그인한 다른 사용자를 찾아낼 수 있다. 빙고! 로그인이 가능하다. 이것은 좋지 않다.

을 생성할 수 있다. 토큰의 고유성을 쉽게 보장할 수 있는 방법이다.

세션 상태에 관해서는 몇 가지 옵션을 선택할 수 있다.

- 전통적인 관계형 모델링. 정규화된 스키마를 사용한다(예 애플리케이션 상태에 대한 스토리지에 접근했던 방식).
- 키-값 쌍의 집합(jsonb 데이터 타입 사용)을 갖는 단일 state 열을 사용한다.

안타깝게도 Postgres는 행 만료에 관한 내장 메커니즘을 제공하지 않는다. 따라서 expires_at 열을 추가해서 중단된 세션을 제거하기 위한 정리 작업을 정기적으로 스케줄링해야 한다. 다소 귀찮다.

2 레디스

레디스Redis는 세션 스토리지와 관련된 또 다른 유명한 옵션이다. 레디스는 인 메모리 데이터베이스다. 디스크 대신 램RAM을 저장소로 사용하며, 속도를 위해 내구성을 포기했다. 키-값 쌍의 집합으로 모델링할 수 있는 데이터에 특히 적합하다. 또한 자연적으로 만료를 지원한다. 모든 값에 만료 시간을 추가할 수 있으며 레디스가 이후 과정을 처리한다.

세션에 관해서는 어떻게 작동하는가? 우리가 만드는 애플리케이션은 수많은 세션을 동시에 조작하지 않는다. 한 번에 하나의 세션만 다룰 수 있으며, 이 세션은 토큰을 사용해서 식별한다. 따라서 세션 토큰은 키처럼 사용할 수 있고, 세션 상태의 JSON 표현은 값에 해당한다. 애플리케이션이 직렬화/역직렬화를 담당한다.

세션은 짧게 유지되어야 한다. 지속성을 위해 디스크 대신 램을 사용하는 것에 대해 걱정할 필요가 없다. 속도 증가는 덤이다.

지금까지의 설명으로 여러분은 짐작했을 것이다. 세션 스토리지 백엔드로 레디스를 사용한다.

10.7.4 actix-session

actix-session은 actix-web 애플리케이션을 위한 세션 관리 기능을 제공한다. actix-session을 디펜던시에 추가하자.

```
#! Cargo.toml
# [...]
[dependencies]
```

```
# [...]
actix-session = "0.6"
```

actix-session에서 사용하는 키 유형은 `SessionMiddleware`이다. 세션 데이터를 로딩하고, 상태 변화를 추적하고, 요청/응답 라이프사이클 끝까지 이들을 지속한다. `SessionMiddleware`의 인스턴스를 만들기 위해서는 스토리지 백엔드와 세션 쿠키에 사인하기 위한(암호화하기 위한) 시크릿 키를 제공해야 한다. 이 접근 방식은 `actix-web-flash-messages`에서 `FlashMessagesFramework`에 사용했던 것과 유사하다.

```
//! src/startup.rs
// [...]
use actix_session::SessionMiddleware;

fn run(
    // [...]
) -> Result<Server, std::io::Error> {
    // [...]
    let secret_key = Key::from(hmac_secret.expose_secret().as_bytes());
    let message_store = CookieMessageStore::builder(secret_key.clone()).build();
    // [...]
    let server = HttpServer::new(move || {
        App::new()
            .wrap(message_framework.clone())
            .wrap(SessionMiddleware::new(todo!(), secret_key.clone()))
            .wrap(TracingLogger::default())
        // [...]
    })
    // [...]
}
```

`actix-session`은 스토리지에 있어 매우 유연하다. `SessionStore` 트레이트를 구현해서 여러분이 원하는 스토리지를 제공할 수 있다. 또한 기능 플래그를 통해 기본적으로 몇 가지 구현을 제공한다. 레디스 백엔드도 이에 포함된다. 레디스 백엔드를 활성화하자.

```
#! Cargo.toml
# [...]
[dependencies]
# [...]
actix-session = { version = "0.6", features = ["redis-rs-tls-session"] }
```

이제 RedisSessionStore에 접근할 수 있다. 이를 구현하기 위해서는 레디스 커넥션 문자열을 입력으로 전달해야 한다. 구성 설정 구조체에 redis_uri를 추가하자.

```rust
//! src/configuration.rs
// [...]

#[derive(serde::Deserialize, Clone)]
pub struct Settings {
    // [...]
    // 레디스를 위한 독립적인 설정 구조체를 만들지 않았다.
    // 우선 uri 이상의 무언가 필요한지 확인하자.
    // uri는 비밀번호를 포함할 수 있으므로 시크릿으로 표시한다.
    pub redis_uri: Secret<String>,
}
```

```yaml
# configuration/base.yaml
# 6379 is Redis' default port
# (6379는 레디스의 기본 포트다.)
redis_uri: "redis://127.0.0.1:6379"
# [...]
```

RedisSessionStore 인스턴스를 만들자.

```rust
//! src/startup.rs
// [...]
use actix_session::storage::RedisSessionStore;

impl Application {
    // 비동기이다. 또한, std::io::Error 대신 anyhow::Error를 반환한다.
    pub async fn build(configuration: Settings) -> Result<Self, anyhow::Error> {
        // [...]
        let server = run(
            // [...]
            configuration.redis_uri
        ).await?;
        // [...]
    }
}

// 이제 비동기다.
async fn run(
    // [...]
    redis_uri: Secret<String>,
```

```
// std::io::Error 대신 anyhow::Error를 반환한다.
) -> Result<Server, anyhow::Error> {
    // [...]
    let redis_store = RedisSessionStore::new(redis_uri.expose_secret()).await?;
    let server = HttpServer::new(move || {
        App::new()
            .wrap(message_framework.clone())
            .wrap(SessionMiddleware::new(redis_store.clone(), secret_key.clone()))
            .wrap(TracingLogger::default())
            // [...]
        })
    // [...]
}
```

```
//! src/main.rs
// [...]

#[tokio::main]
// std::io::Error 대신 anyhowL::Result이다.
async fn main() -> anyhow::Result<()> {
    // [...]
}
```

실행 중인 레디스 인스턴스를 설정에 추가하자.

❶ 개발 환경에 레디스 셋업하기

CI 파이프라인에서 **Postgres 컨테이너**와 함께 **레디스 컨테이너**를 실행해야 한다. 저장소의 업데이트된 YAML을 참조하자.[84]

또한 개발 머신에서 레디스 컨테이너를 실행해서 테스트 스위트를 실행하고 애플리케이션을 구동해야 한다. 애플리케이션을 구동하기 위한 스크립트를 추가하자.

```
# scripts/init_redis.sh
#!/usr/bin/env bash
set -x
set -eo pipefail

# 레디스 컨테이너가 실행 중이라면, 종료를 위한 명령을 출력하고 중지한다.
RUNNING_CONTAINER=$(docker ps --filter 'name=redis' --format '{{.ID}}')
```

---

84 https://github.com/LukeMathWalker/zero-to-production/blob/root-chapter-10-part2/.github/workflows/general.yml

```
if [[ -n $RUNNING_CONTAINER ]]; then
    echo >&2 "there is a redis container already running, kill it with"
    echo >&2 " docker kill ${RUNNING_CONTAINER}"
    exit 1
fi

# 도커를 사용해서 레디스를 구동한다.
docker run \
    -p "6379:6379" \
    -d \
    --name "redis_$(date '+%s')" \
    redis:6

>&2 echo "Redis is ready to go!"
```

스크립트를 실행 가능하도록 권한을 변경한 뒤 실행한다.

```
chmod +x ./scripts/init_redis.sh
./script/init_redis.sh
```

❷ 디지털오션에서의 레디스

디지털오션은 `spec.yaml` 파일을 통한 개발 레디스 클러스터 생성을 지원하지 않는다. 대시보드를 사용해서 새로운 레디스 클러스터를 생성해야 한다. 여러분이 애플리케이션을 배포할 데이터센터를 올바르게 선택했는지 확인하자. 클러스터를 생성한 뒤에는 'Get started' 플로를 따라 몇 가지 항목을 설정해야 한다(신뢰할 수 있는 소스trusted source, 삭제 정책eviction policy 등).

'Get started' 플로의 마지막 단계에서 새롭게 프로비저닝한 레디스 인스턴스에 대한 커넥션 문자열을 복사할 수 있다. 커넥션 문자열은 사용자 이름과 비밀번호를 포함하므로, 시크릿으로 다루어야 한다. 이 문자열 값은 환경 변수를 사용해서 애플리케이션에 주입할 것이다. 애플리케이션 콘솔의 Settings 패널 `APP_REDIS_URI`에 설정한다.

10.7.5 관리자 대시보드

세션 스토어는 우리가 다루는 모든 환경에서 실행되고 있다. 이제 실제로 다루어보자. 새로운 페이지인 관리자 대시보드에 대한 스켈레톤을 만들자.

```
//! src/routes/admin/mod.rs
mod dashboard;

pub use dashboard::admin_dashboard;
```

```
//! src/routes/admin/dashboard.rs
use actix_web::HttpResponse;

pub async fn admin_dashboard() -> HttpResponse {
    HttpResponse::Ok().finish()
}
```

```
//! src/routes/mod.rs
// [...]
mod admin;
pub use admin::*;
```

```
//! src/startup.rs
use crate::routes::admin_dashboard;
// [...]
async fn run(/* */) -> Result<Server, anyhow::Error> {
    // [...]
    let server = HttpServer::new(move || {
        App::new()
            // [...]
            .route("/admin/dashboard", web::get().to(admin_dashboard))
            // [...]
    })
    // [...]
}
```

🔳 로그인 성공 시 리다이렉트

첫 번째 마일스톤에 대한 작업을 시작하자.

> 성공적인 로그인 시도 이후 /admin/dashboard로 리다이렉트하고 Welcome <username>!이라는 환영 메시지를 표시한다.

요구 사항을 하나의 통합 테스트에 반영할 수 있다.

```rust
//! tests/api/login.rs
// [...]

#[tokio::test]
async fn redirect_to_admin_dashboard_after_login_success() {
    // Arrange
    let app = spawn_app().await;

    // Act - Part 1 - 로그인
    let login_body = serde_json::json!({
        "username": &app.test_user.username,
        "password": &app.test_user.password
    });
    let response = app.post_login(&login_body).await;
    assert_is_redirect_to(&response, "/admin/dashboard");

    // Act - Part 2 - 리다이렉트를 따른다.
    let html_page = app.get_admin_dashboard().await;
    assert!(html_page.contains(&format!("Welcome {}", app.test_user.username)));
}
```

```rust
//! tests/api/helpers.rs
// [...]

impl TestApp {
    // [...]
    pub async fn get_admin_dashboard(&self) -> String {
        self.api_client
            .get(&format!("{}/admin/dashboard", &self.address))
            .send()
            .await
            .expect("Failed to execute request.")
            .text()
            .await
            .unwrap()
    }
}
```

테스트는 실패한다.

```
---- login::redirect_to_admin_dashboard_after_login_success stdout ----
thread 'login::redirect_to_admin_dashboard_after_login_success' panicked at 'assertion
failed: `(left == right)`
  left: `"/"`,
 right: `"/admin/dashboard"`'
```

첫 번째 어서션은 쉽게 통과할 수 있다. POST /login이 반환하는 응답의 Location 헤더만 변경하면 된다.

```
//! src/routes/login/post.rs
// [...]

#[tracing::instrument(/* */)]
pub async fn login(/* */) -> Result</* */> {
    // [...]
    match validate_credentials(/* */).await {
        Ok(/* */) => {
            // [...]
            Ok(HttpResponse::SeeOther()
                .insert_header((LOCATION, "/admin/dashboard"))
                .finish())
        }
        // [...]
    }
}
```

테스트는 이제 두 번째 어서션에서 실패한다.

```
---- login::redirect_to_admin_dashboard_after_login_success stdout ----
thread 'login::redirect_to_admin_dashboard_after_login_success' panicked at 'assertion
failed: html_page.contains(...)',
```

이제 세션이 동작하도록 처리하자.

❷ Session

POST /login이 반환한 리다이렉트를 따라 GET /admin/dashboard에 도달한 사용자를 식별해야 한다. 세션에 대한 완벽한 유스 케이스다. 해당 사용자 식별자를 login의 세션 스토어에 저장한 뒤, 이를 admin_dashboard의 세션 상태로부터 꺼낸다.

actix_session의 두 번째 키 유형인 Session에 친숙해져야 한다. SessionMiddleware는 유입되는 요청의 세션 쿠키에 관한 모든 확인 작업을 대신한다. 세션 쿠키를 찾으면, 선택된 스토리지 백엔드에서 그에 해당하는 세션 상태를 로딩한다. 세션 쿠키를 찾지 못하면, 새로운 빈 세션 상태를 생성한다. 그 뒤 Session을 추출기로 사용해서 요청 핸들러에서 해당 상태와 상호작용할 수 있다.

POST /login에서 어떻게 동작하는지 살펴보자.

```rust
//! src/routes/login/post.rs
use actix_session::Session;
// [...]

#[tracing::instrument(
    skip(form, pool, session),
    // [...]
)]
pub async fn login(
    // [...]
    session: Session,
) -> Result</* */> {
    // [...]
    match validate_credentials(/* */).await {
        Ok(user_id) => {
            // [...]
            session.insert("user_id", user_id);
            Ok(HttpResponse::SeeOther()
                .insert_header((LOCATION, "/admin/dashboard"))
                .finish())
        }
        // [...]
    }
}
```

```toml
#! Cargo.toml
# [...]
[dependencies]
# We need to add the `serde` feature
# (`serde` 기능을 추가한다.)
uuid = { version = "1", features = ["v4", "serde"] }
```

Session은 HashMap의 핸들이라고 생각할 수 있다. String 키에 대해 값을 삽입하고 꺼낼 수 있다. 전달하는 값은 직렬화되어야만 한다. actix-session이 이들을 내부적으로 JSON으로 변환한다. 그러므로 uuid 디펜던시에 serde 피처를 추가해야 한다.

직렬화는 실패의 가능성을 내포한다. cargo check를 실행하면 컴파일러는 session.insert에서 반환한 Result를 다루지 않는다는 주의 메시지를 보여줄 것이다. 이를 처리하자.

```
//! src/routes/login/post.rs
// [...]
#[tracing::instrument(/* */)]
pub async fn login(/* */) -> Result<HttpResponse, InternalError<LoginError>> {
    // [...]
    match validate_credentials(/* */).await {
        Ok(user_id) => {
            // [...]
            session
                .insert("user_id", user_id)
                .map_err(|e| login_redirect(LoginError::UnexpectedError(e.into()))))?;
            // [...]
        }
        Err(e) => {
            let e = match e {
                AuthError::InvalidCredentials(_) => LoginError::AuthError(e.into()),
                AuthError::UnexpectedError(_) => {
                    LoginError::UnexpectedError(e.into())
                },
            };
            Err(login_redirect(e))
        }
    }
}

// 오류 메시지와 함께 login 페이지로 리다이렉트한다.
fn login_redirect(e: LoginError) -> InternalError<LoginError> {
    FlashMessage::error(e.to_string()).send();
    let response = HttpResponse::SeeOther()
        .insert_header((LOCATION, "/login"))
        .finish();
    InternalError::from_response(e, response)
}
```

무언가 잘못되면 사용자는 적절한 오류 메시지와 함께 /login 페이지로 리다이렉트될 것이다.

그렇다면 Session::insert는 실제로 무엇을 하는가? Session에 대해 수행하는 모든 작업은 메모리 안에서 실행된다. 스토리지 백엔드에서 보는 세션의 상태에 아무런 영향을 미치지 않는다. 핸들러가 응답을 반환한 뒤, SessionMiddleware는 Session의 인 메모리 상태를 조사한다. 상태가 바뀌었다면 레디스를 호출해서 상태를 업데이트한다(또는 생성한다). 또한 클라이언트의 세션 쿠키도 설정한다(이미 설정되지 않은 경우).

작동하는가? 다른 쪽에서 user_id를 얻어보자.

```
//! src/routes/admin/dashboard.rs
use actix_session::Session;
use actix_web::{web, HttpResponse};
use uuid::Uuid;

// 로깅을 위해 오류의 근본 원인은 유지하면서 불투명한 500을 반환한다.
fn e500<T>(e: T) -> actix_web::Error
where
    T: std::fmt::Debug + std::fmt::Display + 'static
{
    actix_web::error::ErrorInternalServerError(e)
}

pub async fn admin_dashboard(
    session: Session
) -> Result<HttpResponse, actix_web::Error> {
    let _username = if let Some(user_id) = session
        .get::<Uuid>("user_id")
        .map_err(e500)?
    {
        todo!()
    } else {
        todo!()
    };
    Ok(HttpResponse::Ok().finish())
}
```

Session::get을 사용할 때는 세션 상태 엔트리를 역직렬화하고자 하는 타입을 지정해야 한다. 여기에서는 Uuid를 지정했다. 역직렬화는 실패할 수 있으므로, 오류 케이스를 처리해야 한다. 이 제 user_id를 가졌으므로, 이를 사용해서 사용자 이름을 가져오고 앞에서 이야기했던 "Welcome {username}!" 메시지를 반환할 수 있다.

```
//! src/routes/admin/dashboard.rs
// [...]
use actix_web::http::header::ContentType;
use actix_web::web;
use anyhow::Context;
use sqlx::PgPool;

pub async fn admin_dashboard(
    session: Session,
    pool: web::Data<PgPool>,
) -> Result<HttpResponse, actix_web::Error> {
    let username = if let Some(user_id) = session
```

```
        .get::<Uuid>("user_id")
        .map_err(e500)?
    {
        get_username(user_id, &pool).await.map_err(e500)?
    } else {
        todo!()
    };
    Ok(HttpResponse::Ok()
        .content_type(ContentType::html())
        .body(format!(
            r#"<!DOCTYPE html>
<html lang="en">
<head>
    <meta http-equiv="content-type" content="text/html; charset=utf-8">
    <title>Admin dashboard</title>
</head>
<body>
    <p>Welcome {username}!</p>
</body>
</html>"#
        )))
}

#[tracing::instrument(name = "Get username", skip(pool))]
async fn get_username(
    user_id: Uuid,
    pool: &PgPool
) -> Result<String, anyhow::Error> {
    let row = sqlx::query!(
        r#"
        SELECT username
        FROM users
        WHERE user_id = $1
        "#,
        user_id,
    )
    .fetch_one(pool)
    .await
    .context("Failed to perform a query to retrieve a username.")?;
    Ok(row.username)
}
```

통합 테스트는 이제 성공한다.

잠깐 기다리자. 아직 끝나지 않았다. 현재 로그인 플로는 잠재적으로 **세션 고정 공격**session fixation attack[85]에 취약하다. 세션은 인증 외에도 사용할 수 있다. 예를 들어 게스트 모드로 쇼핑할 때 장바구니에 담은 아이템을 유지하는 데 사용할 수 있다. 이것은 임의의 세션과 관련된 사용자가 인증 이후 권한을 가진 세션과 관련될 수 있음을 내포한다. 공격자들은 이를 악용할 수 있다. 악의적인 행위자가 세션 토큰을 훔치는 것을 방지하기 위해 웹사이트들은 많은 노력을 기울여 왔지만, 이는 또 다른 공격 전략으로 이어졌다. 사용자가 로그인하기 전에 알려진 세션 토큰을 사용자의 브라우저에 심은 뒤 인증이 발생할 때까지 기다리면, 로그인할 수 있다.

이 공격을 방해하기 위한 간단한 대응책이 존재한다. 사용자가 로그인할 때 세션 토큰을 회전시키는 것이다.[86] 이는 매우 일반적인 프랙티스이며 모든 메이저 웹 프레임워크의 세션 관리 API들이 지원하는 것을 알 수 있다. actix-session 역시 Session::renew를 통해 이를 지원한다.

```rust
//! src/routes/login/post.rs
// [...]
#[tracing::instrument(/* */)]
pub async fn login(/* */) -> Result<HttpResponse, InternalError<LoginError>> {
    // [...]
    match validate_credentials(/* */).await {
        Ok(user_id) => {
            // [...]
            session.renew();
            session
                .insert("user_id", user_id)
                .map_err(|e| login_redirect(LoginError::UnexpectedError(e.into())))?;
            // [...]
        }
        // [...]
    }
}
```

이제 마음을 놓을 수 있다.

❸ Session에 대한 타입 인터페이스

Session은 강력하기는 하지만 그대로 사용할 경우, 애플리케이션 상태 처리를 구축하기에는 다소 취약한 기반이다. 우리는 문자열 기반의 API를 사용해서 데이터에 접근하며, 데이터 삽입과 데이

---

85 https://acrossecurity.com/papers/session_fixation.pdf

86 https://cheatsheetseries.owasp.org/cheatsheets/Session_Management_Cheat_Sheet.html#renew-the-session-id-after-anyprivilege-level-change

터 가져오기에서 같은 키와 타입을 주의 깊게 사용한다. 상태가 매우 단순할 때는 잘 동작하지만 동일한 데이터에 여러 경로로 접근하면 이내 엉망이 된다. 여러분이 스키마를 변경하고 싶을 때 이들을 모두 업데이트했음을 어떻게 확신할 수 있는가? 프로덕션 장애를 유발할 수 있는 키 오타를 어떻게 방지할 것인가?

물론 테스트가 도움이 되겠지만, 타입 시스템을 사용하면 이 문제를 완전히 제거할 수 있다. Session 위에 강력한 타입 API를 만들어서 상태에 접근하고 상태를 수정할 것이다. 요청 핸들러에서는 더 이상 문자열 키나 타입 캐스팅을 사용하지 않는다. Session은 외부 타입foreign type(actix-session에서 정의된)이므로 확장 트레이트 패턴[87]을 사용해야 한다.

```rust
//! src/lib.rs
// [...]
pub mod session_state;
```

```rust
//! src/session_state.rs
use actix_session::Session;
use uuid::Uuid;

pub struct TypedSession(Session);

impl TypedSession {
    const USER_ID_KEY: &'static str = "user_id";

    pub fn renew(&self) {
        self.0.renew();
    }

    pub fn insert_user_id(&self, user_id: Uuid) -> Result<(), serde_json::Error> {
        self.0.insert(Self::USER_ID_KEY, user_id)
    }

    pub fn get_user_id(&self) -> Result<Option<Uuid>, serde_json::Error> {
        self.0.get(Self::USER_ID_KEY)
    }
}
```

```toml
#! Cargo.toml
# [...]
```

---

87 https://rust-lang.github.io/rfcs/0445-extension-trait-conventions.html

```
[dependencies]
serde_json = "1"
# [...]
```

요청 핸들러는 어떻게 TypedSession의 인스턴스를 만드는가? Session을 인자로 받는 생성자를 제공할 수 있다. 또 다른 옵션으로는 TypedSession 자체를 actix-web 추출기로 만들 수 있다. 이 방법을 사용해보자.

```
//! src/session_state.rs
// [...]
use actix_session::SessionExt;
use actix_web::dev::Payload;
use actix_web::{FromRequest, HttpRequest};
use std::future::{Ready, ready};

impl FromRequest for TypedSession {
    // 이것은 다음을 설명하는 복잡한 방법이다.
    // "우리는 `Session`을 위한 `FromRequest` 구현에 의해
    // 반환되는 것과 같은 오류를 반환한다."
    type Error = <Session as FromRequest>::Error;
    // 러스트는 트레이트 안에서 `async` 구문을 아직 지원하지 않는다.
    // From 요청은 반환 타입으로 `Future`를 기대하며,
    // 추출기들은 이를 사용해서 비동기 동작을 수행한다(예: HTTP 호출).
    // 여기에서는 어떤 I/O도 수행하지 않으므로 `Future`를 갖지 않는다.
    // 그래서 `TypedSession`을 `Ready`로 감싸서 `Future`로 변환한다.
    // 이 `Future`는 실행자가 처음으로 폴링할 때 감싼 값으로 해결된다.
    type Future = Ready<Result<TypedSession, Self::Error>>;

    fn from_request(req: &HttpRequest, _payload: &mut Payload) -> Self::Future {
        ready(Ok(TypedSession(req.get_session())))
    }
}
```

단지 세 줄의 코드지만, 몇 가지 새로운 러스트의 개념과 구조에 관한 것을 알려준다. 각 행을 보면서 충분한 시간을 갖고 어떤 일이 일어나는지 이해하자. 아니면 요점만 이해하고 나중에 다시 돌아와서 깊이 살펴보자.

이제 요청 핸들러에서 Session을 TypedSession으로 바꿀 수 있다.

```
//! src/routes/login/post.rs
// 이제 `Session` 임포트를 제거할 수 있다.
```

```
use crate::session_state::TypedSession;
// [...]

#[tracing::instrument(/* */)]
pub async fn login(
    // [...]
    // Changed from `Session` to `TypedSession`!
    session: TypedSession,
) -> Result</* */> {
    // [...]
    match validate_credentials(/* */).await {
        Ok(user_id) => {
            // [...]
            session.renew();
            session
                .insert_user_id(user_id)
                .map_err(|e| login_redirect(LoginError::UnexpectedError(e.into())))?;
            // [...]
        }
        // [...]
    }
}
```

```
//! src/routes/admin/dashboard.rs
// 이제 `Session` 임포트를 제거할 수 있다.
use crate::session_state::TypedSession;
// [...]

pub async fn admin_dashboard(
    // `Session`에서 `TypedSession`으로 바뀌었다.
    session: TypedSession,
    // [...]
) -> Result</* */> {
    let username = if let Some(user_id) = session.get_user_id().map_err(e500)? {
        // [...]
    } else {
        todo!()
    };
    // [...]
}
```

테스트 스위트는 여전히 그린이다.

❹ 인증되지 않은 사용자 거부하기

이제 두 번째 마일스톤을 처리할 수 있다. 로그인하지 않은 사용자가 /admin/dashboard에 직접 접근하면 로그인 폼으로 리다이렉트한다.

요구 사항을 통합 테스트에 담아내자.

```
//! tests/api/admin_dashboard.rs
use crate::helpers::{spawn_app, assert_is_redirect_to};

#[tokio::test]
async fn you_must_be_logged_in_to_access_the_admin_dashboard() {
    // Arrange
    let app = spawn_app().await;

    // Act
    let response = app.get_admin_dashboard_html().await;

    // Assert
    assert_is_redirect_to(&response, "/login");
}
```

```
//! tests/api/helpers.rs
//!
impl TestApp {
    // [...]
    pub async fn get_admin_dashboard(&self) -> reqwest::Response {
        self.api_client
            .get(&format!("{}/admin/dashboard", &self.address))
            .send()
            .await
            .expect("Failed to execute request.")
    }

    pub async fn get_admin_dashboard_html(&self) -> String {
        self.get_admin_dashboard().await.text().await.unwrap()
    }
}
```

테스트는 실패하고, 핸들러는 패닉에 빠진다.

todo!()를 구체화해서 이를 수정할 수 있다.

```
//! src/routes/admin/dashboard.rs
use actix_web::http::header::LOCATION;
// [...]

pub async fn admin_dashboard(
    session: TypedSession,
    pool: web::Data<PgPool>,
) -> Result<HttpResponse, actix_web::Error> {
    let username = if let Some(user_id) = session.get_user_id().map_err(e500)? {
        // [...]
    } else {
        return Ok(HttpResponse::SeeOther()
            .insert_header((LOCATION, "/login"))
            .finish());
    };
    // [...]
}
```

이제 테스트는 성공한다.

10.8 최초 사용자

테스트 스위트에서는 모든 것이 훌륭해 보인다. 아직 가장 최근의 기능에 대한 탐색적 테스팅을 수행하지 않았다. 브라우저에서 장난을 치는 것을 멈추는 동시에 행복한 경로에 관해 작업했다. 우연의 일치가 아니다. 현재 행복한 경로를 실행할 수 없다. 데이터베이스에는 사용자가 없으며, 관리자를 위한 사인업 플로가 존재하지 않는다. 애플리케이션 소유자가 어떻게든 뉴스레터의 첫 번째 관리자가 될 것이라는 암묵적인 기대만 있을 뿐이다.[88]

이제 그 기대를 현실로 만들자. 우리는 **최초 사용자**seed user를 만들 것이다. 즉 애플리케이션이 처음 배포될 때 데이터베이스에 한 명의 사용자를 생성하는 마이그레이션을 추가한다. 최초 사용자의 사용자 이름과 비밀번호는 미리 정해져 있다.[89] 사용자는 첫 번째 로그인을 한 뒤 비밀번호를 변경할 수 있다.

---

[88] 최초 관리자는 원하면 더 많은 협력자를 초대할 수 있어야 한다. 로그인으로 보호된 이 기능을 연습 삼아 구현해볼 수 있다. 구독 플로를 참조하면 영감을 얻을 수 있을 것이다.

[89] 더 발전된 시나리오에서는 운영자가 뉴스레터 애플리케이션을 처음 배포할 때 최초 사용자의 이름과 비밀번호를 설정하게끔 할 수 있을 것이다. 예를 들면 일련의 설치 프로세스를 제공하는 데 사용되는 커맨드 라인 애플리케이션이 입력을 요청할 수 있다.

10.8.1 데이터베이스 마이그레이션

sqlx를 사용해서 새로운 마이그레이션을 생성하자.

```
sqlx migrate add seed_user
```

users 테이블에 새로운 행을 하나 추가해야 한다. 다음이 필요하다.

- 사용자 id(UUID)
- 사용자 이름
- PHC 문자열

여러분이 선호하는 UUID 생성기를 사용해서 유효한 사용자 id를 얻자. 사용자 이름으로는 admin을 사용할 것이다. PHC 문자열을 얻는 것은 조금 더 번거롭다. 비밀번호로는 everything hastostartsomewhere를 사용할 것이다. 이에 해당하는 PHC 문자열은 어떻게 얻는가? 테스트 스위트에서 작성했던 코드를 활용해서 힌트를 얻을 수 있다.

```rust
//! tests/api/helpers.rs
// [...]

impl TestUser {
    pub fn generate() -> Self {
        Self {
            // [...]
            // password: Uuid::new_v4().to_string(),
            password: "everythinghastostartsomewhere".into(),
        }
    }

    async fn store(&self, pool: &PgPool) {
        // [...]
        let password_hash = /* */;
        // `dbg!` 매크로는 다소 지저분하지만 빠른 디버깅을 위해 표현식의 값을
        // 출력하고 반환한다.
        dbg!(&password_hash);
        // [...]
    }
}
```

일시적으로 수정한 것이다. `cargo test -- --nocapture`를 실행하면 마이그레이션 스크립트에 사용할 수 있는 적절한 형태의 PHC 문자열을 얻을 수 있다. PHC 문자열을 얻었다면 코드를 원복하자.

마이그레이션 스크립트는 다음과 같다.

```
--- 20211217223217_seed_user.sql
INSERT INTO users (user_id, username, password_hash)
VALUES (
    'ddf8994f-d522-4659-8d02-c1d479057be6',
    'admin',
    '$argon2id$v=19$m=15000,t=2,p=1$OEx/rcq+3ts//'
    'WUDzGNl2g$Am8UFBA4w5NJEmAtquGvBmAlu92q/VQcaoL5AyJPfc8'
);
```

```
sqlx migrate run
```

마이그레이션을 실행한 뒤 `cargo run`으로 애플리케이션을 구동하자. 이제 성공적으로 로그인할 수 있다. 모든 것이 예상한 대로 동작한다면 `"Welcome admin!"` 메시지가 `/admin/dashboard`에서 여러분을 반길 것이다. 축하한다.

10.8.2 비밀번호 리셋

다른 관점에서 현재 상황을 보자. 알려진 사용자 이름과 비밀번호를 조합해서 상당한 권한을 가진 사용자를 만들었다. 이것은 위험한 영역이다. 최초 사용자에게 비밀번호를 변경할 수 있도록 해주어야 한다. 관리자 대시보드에서 가장 먼저 제공해야 할 기능이다.

이 기능을 구현하는 데 새로운 개념은 필요하지 않다. 이번 절은 이제까지 다루었던 모든 내용을 확실히 익혔는지 돌아보고 다지는 기회로 삼자.

1 폼 스켈레톤

필요한 스캐폴딩을 만드는 것에서 시작하자. 폼 기반의 플로이며 로그인 플로와 거의 같다. HTML 폼을 반환하는 `GET` 엔드포인트 하나와 제출된 정보를 처리할 `POST` 엔드포인트 하나가 필요하다.

```
//! src/routes/admin/mod.rs
// [...]
mod password;
pub use password::*;
```

```
//! src/routes/admin/password/mod.rs
mod get;
pub use get::change_password_form;
mod post;
pub use post::change_password;
```

```
//! src/routes/admin/password/get.rs
use actix_web::http::header::ContentType;
use actix_web::HttpResponse;

pub async fn change_password_form() -> Result<HttpResponse, actix_web::Error> {
    Ok(HttpResponse::Ok().content_type(ContentType::html()).body(
        r#"<!DOCTYPE html>
<html lang="en">
<head>
    <meta http-equiv="content-type" content="text/html; charset=utf-8">
    <title>Change Password</title>
</head>
<body>
    <form action="/admin/password" method="post">
        <label>Current password
            <input
                type="password"
                placeholder="Enter current password"
                name="current_password"
            >
        </label>
        <br>
        <label>New password
            <input
                type="password"
                placeholder="Enter new password"
                name="new_password"
            >
        </label>
        <br>
        <label>Confirm new password
            <input
                type="password"
                placeholder="Type the new password again"
```

```
                name="new_password_check"
            >
        </label>
        <br>
        <button type="submit">Change password</button>
    </form>
    <p><a href="/admin/dashboard">&lt;- Back</a></p>
</body>
</html>"#,
    ))
}
```

```
//! src/routes/admin/password/post.rs
use actix_web::{HttpResponse, web};
use secrecy::Secret;

#[derive(serde::Deserialize)]
pub struct FormData {
    current_password: Secret<String>,
    new_password: Secret<String>,
    new_password_check: Secret<String>,
}

pub async fn change_password(
    form: web::Form<FormData>,
) -> Result<HttpResponse, actix_web::Error> {
    todo!()
}
```

```
//! src/startup.rs
use crate::routes::{change_password, change_password_form};
// [...]

async fn run(/* */) -> Result<Server, anyhow::Error> {
    // [...]
    let server = HttpServer::new(move || {
        App::new()
            // [...]
            .route("/admin/password", web::get().to(change_password_form))
            .route("/admin/password", web::post().to(change_password))
            // [...]
    })
    // [...]
}
```

관리자 대시보드와 마찬가지로 로그인하지 않은 사용자에게는 비밀번호 변경 폼을 보여주지 않을 것이다. 두 개의 통합 테스트를 추가하자.

```rust
//! tests/api/main.rs
mod change_password;
// [...]
```

```rust
//! tests/api/helpers.rs
// [...]

impl TestApp {
    // [...]
    pub async fn get_change_password(&self) -> reqwest::Response {
        self.api_client
            .get(&format!("{}/admin/password", &self.address))
            .send()
            .await
            .expect("Failed to execute request.")
    }

    pub async fn post_change_password<Body>(&self, body: &Body) -> reqwest::Response
    where
        Body: serde::Serialize,
    {
        self.api_client
            .post(&format!("{}/admin/password", &self.address))
            .form(body)
            .send()
            .await
            .expect("Failed to execute request.")
    }
}
```

```rust
//! tests/api/change_password.rs
use crate::helpers::{spawn_app, assert_is_redirect_to};
use uuid::Uuid;

#[tokio::test]
async fn you_must_be_logged_in_to_see_the_change_password_form() {
    // Arrange
    let app = spawn_app().await;

    // Act
    let response = app.get_change_password().await;
```

```rust
    // Assert
    assert_is_redirect_to(&response, "/login");
}

#[tokio::test]
async fn you_must_be_logged_in_to_change_your_password() {
    // Arrange
    let app = spawn_app().await;
    let new_password = Uuid::new_v4().to_string();

    // Act
    let response = app
        .post_change_password(&serde_json::json!({
            "current_password": Uuid::new_v4().to_string(),
            "new_password": &new_password,
            "new_password_check": &new_password,
        }))
        .await;

    // Assert
    assert_is_redirect_to(&response, "/login");
}
```

요청 핸들러에 확인을 추가함으로써 요구 사항을 만족시킬 수 있다.[90]

```rust
//! src/routes/admin/password/get.rs
use crate::session_state::TypedSession;
use crate::utils::{e500, see_other};
// [...]

pub async fn change_password_form(
    session: TypedSession
) -> Result</* */> {
    if session.get_user_id().map_err(e500)?.is_none() {
        return Ok(see_other("/login"));
    };
    // [...]
}
```

---

90 반복을 줄이기 위한 다른 접근 방법으로 미들웨어를 하나 만들어서 /admin 접두사 아래 중첩된 모든 엔드포인트를 감쌀 수도 있다. 이 미들웨어는 세션 상태를 확인하고 로그인하지 않은 방문자라면 /login으로 리다이렉트한다. 도전을 원한다면 이 방법으로 구현해보자. 다만 actix-web의 미들웨어는 트레이트 안에서 async 구문을 제공하지 않으므로 구현이 다소 까다로울 수 있음에 주의하자.

```
//! src/routes/admin/password/post.rs
use crate::session_state::TypedSession;
use crate::utils::{e500, see_other};
// [...]
pub async fn change_password(
    // [...]
    session: TypedSession,
) -> Result<HttpResponse, actix_web::Error> {
    if session.get_user_id().map_err(e500)?.is_none() {
        return Ok(see_other("/login"));
    };
    todo!()
}
```

```
//! src/utils.rs
use actix_web::HttpResponse;
use actix_web::http::header::LOCATION;

// 로깅을 위해 오류의 근본 원인은 유지하면서 불투명한 500을 반환한다.
pub fn e500<T>(e: T) -> actix_web::Error
where
    T: std::fmt::Debug + std::fmt::Display + 'static,
{
    actix_web::error::ErrorInternalServerError(e)
}

pub fn see_other(location: &str) -> HttpResponse {
    HttpResponse::SeeOther()
        .insert_header((LOCATION, location))
        .finish()
}
```

```
//! src/lib.rs
// [...]
pub mod utils;
```

```
//! src/routes/admin/dashboard.rs
// e500의 전의는 src/utils.rs로 옮겨졌다.
use crate::utils::e500;
// [...]
```

비밀번호 변경 페이지가 고아 페이지가 되기를 원치 않는다. 관리자 대시 보드에 새로운 페이지에 대한 링크와 함께 가능한 액션 리스트를 추가하자.

```rust
//! src/routes/admin/dashboard.rs
// [...]

pub async fn admin_dashboard(/* */) -> Result</* */> {
    // [...]
    Ok(HttpResponse::Ok()
        .content_type(ContentType::html())
        .body(format!(
            r#"<!DOCTYPE html>
<html lang="en">
<head>
    <meta http-equiv="content-type" content="text/html; charset=utf-8">
    <title>Admin dashboard</title>
</head>
<body>
    <p>Welcome {username}!</p>
    <p>Available actions:</p>
    <ol>
        <li><a href="/admin/password">Change password</a></li>
    </ol>
</body>
</html>"#,
        )))
}
```

❷ 행복하지 않은 경고: 새로운 비밀번호가 일치하지 않는다

준비 단계는 모두 처리했으므로, 이제 핵심 기능을 구현하자. 행복하지 않은 케이스부터 시작하자. 사용자에게 새로운 비밀번호를 두 번 입력하라고 요청했으나, 두 입력이 일치하지 않는다. 적절한 메시지와 함께 입력 폼으로 리다이렉트하고자 한다.

```rust
//! tests/api/change_password.rs
// [...]

#[tokio::test]
async fn new_password_fields_must_match() {
    // Arrange
    let app = spawn_app().await;
    let new_password = Uuid::new_v4().to_string();
    let another_new_password = Uuid::new_v4().to_string();

    // Act - Part 1 - 로그인
    app.post_login(&serde_json::json!({
        "username": &app.test_user.username,
```

```
            "password": &app.test_user.password
    }))
    .await;

    // Act - Part 2 - 비밀번호 변경을 시도한다.
    let response = app
        .post_change_password(&serde_json::json!({
            "current_password": &app.test_user.password,
            "new_password": &new_password,
            "new_password_check": &another_new_password,
        }))
        .await;
    assert_is_redirect_to(&response, "/admin/password");

    // Act - Part 3 - 리다이렉트를 따른다.
    let html_page = app.get_change_password_html().await;
    assert!(html_page.contains(
        "<p><i>You entered two different new passwords - \
        the field values must match.</i></p>"
    ));
}
```

```
//! tests/api/helpers.rs
// [...]

impl TestApp {
    // [...]

    pub async fn get_change_password_html(&self) -> String {
        self.get_change_password().await.text().await.unwrap()
    }
}
```

요청 핸들러가 패닉에 빠지기 때문에 테스트는 실패한다. 수정하자.

```
//! src/routes/admin/password/post.rs
use secrecy::ExposeSecret;
// [...]

pub async fn change_password(/* */) -> Result</* */> {
    // [...]
    // `Secret<String>`은 `Eq`를 구현하지 않으므로 그 내부의 `String`을 비교해야 한다.
    if form.new_password.expose_secret() != form.new_password_check.expose_secret() {
        return Ok(see_other("/admin/password"));
```

```
    }
    todo!()
}
```

테스트의 첫 번째 부분인 리다이렉트는 처리하지만, 오류 메시지는 다루지 않는다.

```
---- change_password::new_password_fields_must_match stdout ----
thread 'change_password::new_password_fields_must_match' panicked at 'assertion failed:
html_page.contains(...)',
```

앞서 로그인 폼에서도 같은 작업을 했다. 플래시 메시지를 다시 사용하자.

```
//! src/routes/admin/password/post.rs
// [...]
use actix_web_flash_messages::FlashMessage;

pub async fn change_password(/* */) -> Result</* */> {
    // [...]
    if form.new_password.expose_secret() != form.new_password_check.expose_secret() {
        FlashMessage::error(
            "You entered two different new passwords - the field values must match.",
        )
        .send();
        // [...]
    }
    todo!()
}
```

```
//! src/routes/admin/password/get.rs
// [...]
use actix_web_flash_messages::IncomingFlashMessages;
use std::fmt::Write;

pub async fn change_password_form(
    session: TypedSession,
    flash_messages: IncomingFlashMessages,
) -> Result<HttpResponse, actix_web::Error> {
    // [...]

    let mut msg_html = String::new();
    for m in flash_messages.iter() {
        writeln!(msg_html, "<p><i>{}</i></p>", m.content()).unwrap();
```

```
    }

    Ok(HttpResponse::Ok()
        .content_type(ContentType::html())
        .body(format!(
            r#"<!-- [...] -->
<body>
    {msg_html}
    <!-- [...] -->
</body>
</html>"#,
        )))
}
```

테스트는 성공한다.

❸ 행복하지 않은 경로: 현재 비밀번호는 유효하지 않다

우리가 사용자에게 폼의 일부로 현재 비밀번호를 입력하도록 요구한다는 것을 알아챘을 것이다. 이것은 유효한 세션 토큰을 얻은 공격자가 합법적인 사용자의 계정을 잠그지 못하도록 하기 위한 것이다.

사용자가 제공한 현재 비밀번호가 유효하지 않을 때 우리가 보고자 하는 것을 지정하는 통합 테스트를 추가하자.

```
//! tests/api/change_password.rs
// [...]

#[tokio::test]
async fn current_password_must_be_valid() {
    // Arrange
    let app = spawn_app().await;
    let new_password = Uuid::new_v4().to_string();
    let wrong_password = Uuid::new_v4().to_string();

    // Act - Part 1 - 로그인
    app.post_login(&serde_json::json!({
        "username": &app.test_user.username,
        "password": &app.test_user.password
    }))
    .await;

    // Act - Part 2 - 비밀번호를 변경한다.
```

```
        let response = app
            .post_change_password(&serde_json::json!({
                "current_password": &wrong_password,
                "new_password": &new_password,
                "new_password_check": &new_password,
            }))
            .await;

        // Assert
        assert_is_redirect_to(&response, "/admin/password");

        // Act - Part 3 - 리다이렉트를 따른다.
        let html_page = app.get_change_password_html().await;
        assert!(html_page.contains(
            "<p><i>The current password is incorrect.</i></p>"
        ));
    }
```

전달한 값이 current_password인지 검증하기 위해서는 사용자 이름을 검색한 뒤, 로그인 폼에서 사용하는 validate_credentials 루틴을 호출해야 한다. 사용자 이름부터 시작하자.

```
//! src/routes/admin/password/post.rs
use crate::routes::admin::dashboard::get_username;
use sqlx::PgPool;
// [...]

pub async fn change_password(
    // [...]
    pool: web::Data<PgPool>,
) -> Result<HttpResponse, actix_web::Error> {
    let user_id = session.get_user_id().map_err(e500)?;
    if user_id.is_none() {
        return Ok(see_other("/login"));
    };
    let user_id = user_id.unwrap();

    if form.new_password.expose_secret() != form.new_password_check.expose_secret() {
    // [...]
    }
    let username = get_username(user_id, &pool).await.map_err(e500)?;
    // [...]
    todo!()
}
```

```
//! src/routes/admin/dashboard.rs
// [...]

#[tracing::instrument(/* */)]
// `pub`으로 표시한다.
pub async fn get_username(/* */) -> Result</* */> {
    // [...]
}
```

이제 사용자 이름과 비밀번호 조합을 `validate_credentials`에 전달할 수 있다. 검증이 실패하면 반환되는 오류에 따라 다른 동작을 취해야 한다.

```
//! src/routes/admin/password/post.rs
// [...]
use crate::authentication::{validate_credentials, AuthError, Credentials};

pub async fn change_password(/* */) -> Result</* */> {
    // [...]
    let credentials = Credentials {
        username,
        password: form.0.current_password,
    };
    if let Err(e) = validate_credentials(credentials, &pool).await {
        return match e {
            AuthError::InvalidCredentials(_) => {
                FlashMessage::error("The current password is incorrect.").send();
                Ok(see_other("/admin/password"))
            }
            AuthError::UnexpectedError(_) => Err(e500(e).into()),
        }
    }
    todo!()
}
```

테스트는 성공한다.

④ 행복하지 않은 경로: 새로운 비밀번호가 너무 짧다

우리는 사용자들이 약한 비밀번호를 선택하기를 원하지 않는다. 약한 비밀번호는 공격자들에게 계정을 노출한다. OWASP는 비밀번호 강도에 관한 최소한 요구 사항[91]을 제공한다. 비밀번호는 12

---

[91] https://github.com/OWASP/ASVS/blob/master/4.0/en/0x11-V2-Authentication.md#v21-password-securityrequirements

자보다는 길고, 128자보다는 짧아야 한다.

이 검증 체크를 POST /admin/password 엔드포인트에 추가해보자.

⑤ 로그아웃

이제 드디어 행복한 경로를 확인해볼 때가 되었다. 사용자는 성공적으로 비밀번호를 변경한다. 다음 시나리오를 따라 모든 것이 예상한 대로 동작하는지 확인한다.

1. 로그인한다.

2. 비밀번호 변경 폼을 사용해서 비밀번호를 변경한다.

3. 로그아웃한다.

4. 새로운 비밀번호를 사용해서 다시 로그인한다.

장애물이 한 가지 있다. 아직 로그아웃 엔드포인트를 만들지 않았다. 다음 단계를 진행하기 전에 이 기능을 추가하자.

먼저 요구 사항을 테스트로 코딩하자.

```
//! tests/api/admin_dashboard.rs
// [...]

#[tokio::test]
async fn logout_clears_session_state() {
    // Arrange
    let app = spawn_app().await;

    // Act - Part 1 - 로그인한다.
    let login_body = serde_json::json!({
        "username": &app.test_user.username,
        "password": &app.test_user.password
    });
    let response = app.post_login(&login_body).await;
    assert_is_redirect_to(&response, "/admin/dashboard");

    // Act - Part 2 - 리다이렉트를 따른다.
    let html_page = app.get_admin_dashboard_html().await;
    assert!(html_page.contains(&format!("Welcome {}", app.test_user.username)));

    // Act - Part 3 - 로그아웃한다.
```

```
    let response = app.post_logout().await;
    assert_is_redirect_to(&response, "/login");

    // Act - Part 4 - 리다이렉트를 따른다.
    let html_page = app.get_login_html().await;
    assert!(html_page.contains(r#"<p><i>You have successfully logged out.</i></p>"#));

    // Act - Part 5 - 관리자 패널을 로딩한다.
    let response = app.get_admin_dashboard().await;
    assert_is_redirect_to(&response, "/login");
}
```

```
//! tests/api/helpers.rs
// [...]

impl TestApp {
    // [...]

    pub async fn post_logout(&self) -> reqwest::Response {
        self.api_client
            .post(&format!("{}/admin/logout", &self.address))
            .send()
            .await
            .expect("Failed to execute request.")
    }
}
```

로그아웃은 상태를 변경하는 동작이다. HTML 버튼으로 POST 메서드를 사용해야 한다.

```
//! src/routes/admin/dashboard.rs
// [...]

pub async fn admin_dashboard(/* */) -> Result</* */> {
    // [...]
    Ok(HttpResponse::Ok()
        .content_type(ContentType::html())
        .body(format!(
            r#"<!-- [...] -->
<p>Available actions:</p>
<ol>
    <li><a href="/admin/password">Change password</a></li>
    <li>
        <form name="logoutForm" action="/admin/logout" method="post">
```

```
            <input type="submit" value="Logout">
        </form>
    </li>
</ol>
<!-- [...] -->"#,
        )))
}
```

이에 해당하는 POST /admin/login 요청 핸들러를 추가해야 한다.

로그아웃한다는 것은 실제로 무엇을 의미하는가? 우리는 세션 기반 인증을 사용하고 있다. 사용자가 '로그인되어 있다'는 것은 세션 상태에 user_id 키와 관련된 유효한 사용자 id가 존재한다는 것을 의미한다. 로그아웃하려면 해당 세션을 삭제하기만 하면 된다. 즉 스토리지 백엔드에서 상태를 제거하고, 클라이언트 사이드의 쿠키를 해제하면 된다.

actix-session은 이를 위한 전용 메서드인 Session::purge를 제공한다. TypedSession 추상화에서 메서드를 노출한 뒤 POST /logout 요청 핸들러에서 호출한다.

```
//! src/session_state.rs
// [...]
impl TypedSession {
    // [...]
    pub fn log_out(self) {
        self.0.purge()
    }
}
```

```
//! src/routes/admin/logout.rs
use crate::session_state::TypedSession;
use crate::utils::{e500, see_other};
use actix_web::HttpResponse;
use actix_web_flash_messages::FlashMessage;

pub async fn log_out(
    session: TypedSession
) -> Result<HttpResponse, actix_web::Error> {
    if session.get_user_id().map_err(e500)?.is_none() {
        Ok(see_other("/login"))
    } else {
        session.log_out();
        FlashMessage::info("You have successfully logged out.").send();
```

```
            Ok(see_other("/login"))
        }
    }
}
```

```
//! src/routes/login/get.rs
// [...]
pub async fn login_form(/* */) -> HttpResponse {
    // [...]
    // 오류뿐만 아니라 모든 레벨의 메시지를 표시한다.
    for m in flash_messages.iter() {
        // [...]
    }
    // [...]
}
```

```
//! src/routes/admin/mod.rs
// [...]
mod logout;
pub use logout::log_out;
```

```
//! src/startup.rs
use crate::routes::log_out;
// [...]

async fn run(/* */) -> Result<Server, anyhow::Error> {
    // [...]
    let server = HttpServer::new(move || {
        App::new()
            // [...]
            .route("/admin/logout", web::post().to(log_out))
        // [...]
    })
    // [...]
}
```

6 행복한 경로: 비밀번호는 성공적으로 변경된다

비밀번호 변경 플로의 행복한 경로 시나리오로 다시 돌아가자.

1. 로그인한다.

2. 비밀번호 변경 폼을 사용해서 비밀번호를 변경한다.

3. 로그아웃한다.

4. 새로운 비밀번호를 사용해서 다시 로그인한다.

통합 테스트를 추가하자.

```
//! tests/api/change_password.rs
// [...]

#[tokio::test]
async fn changing_password_works() {
    // Arrange
    let app = spawn_app().await;
    let new_password = Uuid::new_v4().to_string();

    // Act - Part 1 - 로그인한다.
    let login_body = serde_json::json!({
        "username": &app.test_user.username,
        "password": &app.test_user.password
    });
    let response = app.post_login(&login_body).await;
    assert_is_redirect_to(&response, "/admin/dashboard");

    // Act - Part 2 - 비밀번호를 변경한다.
    let response = app
        .post_change_password(&serde_json::json!({
            "current_password": &app.test_user.password,
            "new_password": &new_password,
            "new_password_check": &new_password,
        }))
        .await;
    assert_is_redirect_to(&response, "/admin/password");

    // Act - Part 3 - 리다이렉트를 따른다.
    let html_page = app.get_change_password_html().await;
    assert!(html_page.contains("<p><i>Your password has been changed.</i></p>"));

    // Act - Part 4 - 로그아웃한다.
    let response = app.post_logout().await;
    assert_is_redirect_to(&response, "/login");

    // Act - Part 5 - 리다이렉트를 따른다.
    let html_page = app.get_login_html().await;
    assert!(html_page.contains("<p><i>You have successfully logged out.</i></p>"));

    // Act - Part 6 - 새로운 비밀번호를 사용해서 로그인한다.
```

```
    let login_body = serde_json::json!({
        "username": &app.test_user.username,
        "password": &new_password
    });
    let response = app.post_login(&login_body).await;
    assert_is_redirect_to(&response, "/admin/dashboard");
}
```

지금까지 작성한 사용자 시나리오 중 가장 복잡하다. 무려 여섯 단계로 구성된다. 이것은 기록과
는 거리가 멀다. 엔터프라이즈 애플리케이션은 실세계의 비즈니스 프로세스를 실행하기 위해 수십
단계를 실행하는 경우도 많다. 그런 시나리오에서는 테스트 스위트의 가독성과 유지 보수성을 유
지하기 위해서 매우 많은 작업을 해야 한다.

테스트는 세 번째 단계에서 실패한다. POST /admin/password는 입력 검증 준비 단계 다음에
todo!() 호출을 남겨두었기 때문이다. 필요한 기능을 구현하기 위해서는 새로운 비밀번호의 해시
를 계산한 뒤, 데이터베이스에 그것을 저장해야 한다. authentication 모듈에 새로운 전용 루틴을
추가할 수 있다.

```
//! src/authentication.rs
use argon2::password_hash::SaltString;
use argon2::{
    Algorithm, Argon2, Params, PasswordHash,
    PasswordHasher, PasswordVerifier, Version
};
// [...]

#[tracing::instrument(name = "Change password", skip(password, pool))]
pub async fn change_password(
    user_id: uuid::Uuid,
    password: Secret<String>,
    pool: &PgPool,
) -> Result<(), anyhow::Error> {
    let password_hash = spawn_blocking_with_tracing(
            move || compute_password_hash(password)
        )
        .await?
        .context("Failed to hash password")?;
    sqlx::query!(
        r#"
        UPDATE users
        SET password_hash = $1
```

```
        WHERE user_id = $2
        "#,
        password_hash.expose_secret(),
        user_id
    )
    .execute(pool)
    .await
    .context("Failed to change user's password in the database.")?;
    Ok(())
}

fn compute_password_hash(
    password: Secret<String>
) -> Result<Secret<String>, anyhow::Error> {
    let salt = SaltString::generate(&mut rand::thread_rng());
    let password_hash = Argon2::new(
        Algorithm::Argon2id,
        Version::V0x13,
        Params::new(15000, 2, 1, None).unwrap(),
    )
    .hash_password(password.expose_secret().as_bytes(), &salt)?
    .to_string();
    Ok(Secret::new(password_hash))
}
```

Argon2의 경우 우리는 OWASP가 권장하는 비밀번호를 사용했으며, 동일한 것을 이미 테스트 스위트에서 사용하고 있다. 이제 이 함수를 요청 핸들러에 추가할 수 있다.

```
//! src/routes/admin/password/post.rs
// [...]
pub async fn change_password(/* */) -> Result</* */> {
    // [...]
    crate::authentication::change_password(user_id, form.0.new_password, &pool)
        .await
        .map_err(e500)?;
    FlashMessage::error("Your password has been changed.").send();
    Ok(see_other("/admin/password"))
}
```

테스트는 성공한다.

10.9 리팩터링

인증된 사용자로만 제한되는 엔드포인트를 많이 추가했다. 속도를 높이기 위해 동일한 인증 로직을 여러 요청 핸들러에 복사해서 붙여 넣었다. 한 걸음 물러서서 더 나은 설루션을 사용할 수 있는지 확인해보는 것도 좋다.

POST /admin/passwords를 살펴보자. 현재 상태는 다음과 같다.

```
//! src/routes/admin/password/post.rs
// [...]

pub async fn change_password(/* */) -> Result<HttpResponse, actix_web::Error> {
    let user_id = session.get_user_id().map_err(e500)?;
    if user_id.is_none() {
        return Ok(see_other("/login"));
    };
    let user_id = user_id.unwrap();
    // [...]
}
```

새로운 reject_anonymous_users 함수로 수정할 수 있다.

```
//! src/routes/admin/password/post.rs
use actix_web::error::InternalError;
use uuid::Uuid;
// [...]

async fn reject_anonymous_users(
    session: TypedSession
) -> Result<Uuid, actix_web::Error> {
    match session.get_user_id().map_err(e500)? {
        Some(user_id) => Ok(user_id),
        None => {
            let response = see_other("/login");
            let e = anyhow::anyhow!("The user has not logged in");
            Err(InternalError::from_response(e, response).into())
        }
    }
}

pub async fn change_password(/* */) -> Result<HttpResponse, actix_web::Error> {
    let user_id = reject_anonymous_users(session).await?;
```

```
    // [...]
}
```

요청 핸들러에서 ? 연산자를 사용하기 위해 오류에 대한 리다이렉트 응답을 이동시키는 방법을
확인하자. 이제 모든 /admin/* 경로가 reject_anonymous_users를 활용하도록 리팩터링할 수 있
다. 모험을 하고 싶다면 이를 대신해줄 미들웨어를 작성할 수도 있다. 해보자.

10.9.1 actix-web 미들웨어 작성하기

actix-web에서 모든 기능을 제공하는 미들웨어를 작성하는 것은 도전적이다. Transform, Service
트레이트를 이해해야만 한다. 이 추상화들은 강력하지만 그만큼 복잡함을 감수해야 한다.

우리 요구는 매우 단순하다. actix_web_lab::from_fn을 사용하면 훨씬 적은 작업을 할 수 있다.
actix_web_lab은 빠른 릴리스 정책으로 actix_web_framework의 추가 기능을 실험적으로 사용
할 있는 크레이트다. 디펜던시에 추가하자.

```
#! Cargo.toml
# [...]
[dependencies]
actix-web-lab = "0.16"
# [...]
```

form_fn은 비동기 함수를 인자로 받고 actix-web 미들웨어를 출력으로 반환한다. 인자로 입력되
는 비동기 함수는 다음 시그니처와 구조를 가져야 한다.

```
use actix_web_lab::middleware::Next;
use actix_web::body::MessageBody;
use actix_web::dev::{ServiceRequest, ServiceResponse};

async fn my_middleware(
    req: ServiceRequest,
    next: Next<impl MessageBody>,
) -> Result<ServiceResponse<impl MessageBody>, Error> {
    // 핸들러가 호출되기 전

    // 핸들러를 호출한다.
    let response = next.call(req).await;
```

```
    // 핸들러가 호출된 후
}
```

해당 요구 사항을 따르도록 reject_anonymous_users를 수정하자. authentication 모듈 안에서
작동한다.

```
//! src/authentication/mod.rs
mod middleware;
mod password;
pub use password::{
    change_password, validate_credentials,
    AuthError, Credentials
};
pub use middleware::reject_anonymous_users;
```

```
//! src/authentication/password.rs
// 이전 `src/authentication.rs를 전부 복사한다.
```

이것이 우리가 사용할 빈 캔버스가 될 것이다.

```
//! src/authentication/middleware.rs
use actix_web_lab::middleware::Next;
use actix_web::body::MessageBody;
use actix_web::dev::{ServiceRequest, ServiceResponse};

pub async fn reject_anonymous_users(
    mut req: ServiceRequest,
    next: Next<impl MessageBody>,
) -> Result<ServiceResponse<impl MessageBody>, actix_web::Error> {
    todo!()
}
```

시작하려면 TypedSession 인스턴스를 가장 먼저 얻어야 한다. ServiceRequest는 HttpRequest와
Payload에 대한 래퍼일 뿐이므로, FromRequest의 기존 구현을 활용할 수 있다.

```
//! src/authentication/middleware.rs
use actix_web_lab::middleware::Next;
use actix_web::body::MessageBody;
use actix_web::dev::{ServiceRequest, ServiceResponse};
```

```
use actix_web::FromRequest;
use crate::session_state::TypedSession;

pub async fn reject_anonymous_users(
    mut req: ServiceRequest,
    next: Next<impl MessageBody>,
) -> Result<ServiceResponse<impl MessageBody>, actix_web::Error> {
    let session = {
        let (http_request, payload) = req.parts_mut();
        TypedSession::from_request(http_request, payload).await
    }?;
    todo!()
}
```

세션 핸들러를 얻었으므로, 세션 상태가 사용자 id를 포함하고 있는지 확인할 수 있다.

```
//! src/authentication/middleware.rs
use actix_web::error::InternalError;
use crate::utils::{e500, see_other};
// [...]

pub async fn reject_anonymous_users(
    mut req: ServiceRequest,
    next: Next<impl MessageBody>,
) -> Result<ServiceResponse<impl MessageBody>, actix_web::Error> {
    let session = {
        let (http_request, payload) = req.parts_mut();
        TypedSession::from_request(http_request, payload).await
    }?;

    match session.get_user_id().map_err(e500)? {
        Some(_) => next.call(req).await,
        None => {
            let response = see_other("/login");
            let e = anyhow::anyhow!("The user has not logged in");
            Err(InternalError::from_response(e, response).into())
        }
    }
}
```

코드에서 알 수 있듯이, 이것은 이미 유용하다. 이를 활용해서 인증을 요구하는 엔드포인트들을 보호할 수 있다. 동시에 그것은 우리가 가지고 있던 것과 동일하지 않다. 엔드포인트에서 꺼낸 사용자 id에 어떻게 접근하고 있는가?

이것은 유입되는 요청으로부터 정보를 추출하는 미들웨어를 다룰 때 공통적으로 만나는 문제이며, 요청 확장을 통해서 해결할 수 있다. 미들웨어는 다운스트림 요청 핸들러로 전달하고자 하는 정보를 타입 맵에 삽입하고, 타임 맵은 유입되는 요청(requiest.extensions_mut())에 부착된다. 이후 요청 핸들러는 ReqData 추출기[92]를 사용해서 정보에 접근할 수 있다.

삽입 조작부터 시작하자. 새로운 타입의 래퍼인 UserId를 정의해서 타입 맵에서의 충돌을 방지한다.

```
//! src/authentication/mod.rs
// [...]
pub use middleware::UserId;
```

```
//! src/authentication/middleware.rs
use uuid::Uuid;
use std::ops::Deref;
use actix_web::HttpMessage;
// [...]

#[derive(Copy, Clone, Debug)]
pub struct UserId(Uuid);

impl std::fmt::Display for UserId {
    fn fmt(&self, f: &mut std::fmt::Formatter<'_>) -> std::fmt::Result {
        self.0.fmt(f)
    }
}

impl Deref for UserId {
    type Target = Uuid;

    fn deref(&self) -> &Self::Target {
        &self.0
    }
}

pub async fn reject_anonymous_users(/* */) -> Result</* */> {
    // [...]
    match session.get_user_id().map_err(e500)? {
        Some(user_id) => {
            req.extensions_mut().insert(UserId(user_id));
```

---

92 https://docs.rs/actix-web/4.0.0/actix_web/web/struct.ReqData.html

```
            next.call(req).await
        }
        None => // [...]
    }
}
```

changed_password 안에서 접근할 수 있다.

```
//! src/routes/admin/password/post.rs
use crate::authentication::UserId;
// [...]

pub async fn change_password(
    form: web::Form<FormData>,
    pool: web::Data<PgPool>,
    // TypedSession을 더 이상 주입하지 않는다.
    user_id: web::ReqData<UserId>,
) -> Result<HttpResponse, actix_web::Error> {
    let user_id = user_id.into_inner();
    // [...]
    let username = get_username(*user_id, &pool).await.map_err(e500)?;
    // [...]
    crate::authentication::change_password(*user_id, form.0.new_password, &pool)
        .await
        .map_err(e500)?;
    // [...]
}
```

테스트 스위트를 실행하면 다양한 오류를 만날 것이다. 그중 하나의 로그에서 다음과 같은 오류를 찾을 수 있다.

```
Error encountered while processing the incoming HTTP request:
"Missing expected request extension data"
(유입되는 HTTP 요청을 처리하는 과정에서 오류가 발생했습니다. "필요한 요청 확장 데이터 누락")
```

이해가 된다. App 인스턴스에 대해 미들웨어를 등록하지 않았으므로, UserId는 요청 확장에 삽입되지 않는다. 문제를 수정하자. 현재 라우팅 테이블은 다음과 같다.

```
//! src/startup.rs
// [...]
```

```
async fn run(/* */) -> Result<Server, anyhow::Error> {
    // [...]
    let server = HttpServer::new(move || {
        App::new()
            .wrap(message_framework.clone())
            .wrap(SessionMiddleware::new(
                redis_store.clone(),
                secret_key.clone(),
            ))
            .wrap(TracingLogger::default())
            .route("/", web::get().to(home))
            .route("/login", web::get().to(login_form))
            .route("/login", web::post().to(login))
            .route("/health_check", web::get().to(health_check))
            .route("/newsletters", web::post().to(publish_newsletter))
            .route("/subscriptions", web::post().to(subscribe))
            .route("/subscriptions/confirm", web::get().to(confirm))
            .route("/admin/dashboard", web::get().to(admin_dashboard))
            .route("/admin/password", web::get().to(change_password_form))
            .route("/admin/password", web::post().to(change_password))
            .route("/admin/logout", web::post().to(log_out))
            .app_data(db_pool.clone())
            .app_data(email_client.clone())
            .app_data(base_url.clone())
    })
    .listen(listener)?
    .run();
    Ok(server)
}
```

미들웨어 로직을 /admin/* 엔드포인트에만 배타적으로 적용하기를 원하지만, App에서 wrap을 호출하면 미들웨어를 모든 경로에 적용하게 된다. 대상으로 엔드포인트들이 모두 같은 기본 경로를 갖는다는 점을 고려하면, 스코프를 사용해서 원하는 바를 달성할 수 있다.

```
//! src/startup.rs
// [...]

async fn run(/* */) -> Result<Server, anyhow::Error> {
    // [...]
    let server = HttpServer::new(move || {
        App::new()
            .wrap(message_framework.clone())
            .wrap(SessionMiddleware::new(
                redis_store.clone(),
```

```
                secret_key.clone(),
            ))
            .wrap(TracingLogger::default())
            .route("/", web::get().to(home))
            .route("/login", web::get().to(login_form))
            .route("/login", web::post().to(login))
            .route("/health_check", web::get().to(health_check))
            .route("/newsletters", web::post().to(publish_newsletter))
            .route("/subscriptions", web::post().to(subscribe))
            .route("/subscriptions/confirm", web::get().to(confirm))
            .service(
                web::scope("/admin")
                    .route("/dashboard", web::get().to(admin_dashboard))
                    .route("/password", web::get().to(change_password_form))
                    .route("/password", web::post().to(change_password))
                    .route("/logout", web::post().to(log_out)),
            )
            .app_data(db_pool.clone())
            .app_data(email_client.clone())
            .app_data(base_url.clone())
    })
    .listen(listener)?
    .run();
    Ok(server)
}
```

이제 톱 레벨의 App 대신 web::scope("admin")에 대한 wrap을 호출해서 /admin/*에 제한된 미들웨어를 추가할 수 있다.

```
//! src/startup.rs
use crate::authentication::reject_anonymous_users;
use actix_web_lab::middleware::from_fn;
// [...]

async fn run(/* */) -> Result<Server, anyhow::Error> {
    // [...]
    let server = HttpServer::new(move || {
        App::new()
            .wrap(message_framework.clone())
            .wrap(SessionMiddleware::new(
                redis_store.clone(),
                secret_key.clone(),
            ))
            .wrap(TracingLogger::default())
            // [...]
```

```
        .service(
            web::scope("/admin")
                .wrap(from_fn(reject_anonymous_users))
                .route("/dashboard", web::get().to(admin_dashboard))
                .route("/password", web::get().to(change_password_form))
                .route("/password", web::post().to(change_password))
                .route("/logout", web::post().to(log_out)),
        )
        // [...]
    })
    // [...]
}
```

테스트 스위트를 실행하면 성공한다(항상 성공했던 테스트는 제외한다).

이제 /admin/* 엔드포인트들을 살펴보면서 중복된 로그인-리다이렉트 확인 코드(check-if-logged-in-or-redirect)를 제거할 수 있다.

10.10 정리

깊이 숨을 들이쉬자. 이번 장에서는 수많은 기반 내용을 다루었다. 이번 장에서는 거대한 시스템을 바닥부터 구현했다. 이 시스템은 여러분이 매일같이 상호작용하는 소프트웨어에서 인증을 가능하게 할 것이다.

API 보안은 매우 광범위한 주제다. 몇 가지 핵심적인 기법을 살펴봤지만, 이 소개는 전혀 완전하지 않다. 앞에서 언급하기는 했지만 깊이 다루지 못했던 영역도 있다(예 OAuth2/OpenID Connect). 밝은 면을 바라보자. 여러분이 만드는 애플리케이션이 어떤 기법을 필요로 한다면 그 주제들을 직접 처리할 수 있을 만큼 충분히 학습했다.

세부적인 내용을 다루는 데 시간을 들이다 보면 큰 그림을 잊어버리게 된다. API 보안에 관한 이야기를 시작한 이유가 무엇이었는가? 그렇다. 우리는 뉴스레터를 발행하기 위한 새로운 엔드포인트를 만들었으며, 인터넷에 있는 모든 사람이 우리의 청중에게 콘텐츠를 퍼트리는 기회를 주고 싶지 않았다. 우리는 이번 장의 앞부분에서 POST /newsletters에 기본 인증을 추가했지만, 이를 세션 기반 인증으로 완전히 변경하지는 않았다.

새로운 장으로 들어가기 전에 연습 삼아 다음을 구현해보자.

- 관리자 대시보드에 `Send a newsletter issue` 링크를 추가한다.
- `GET /admin/newsletters`에 새로운 이슈를 제출하는 HTML 폼을 추가한다.
- `POST /newsletters`가 그 폼 데이터를 처리하게 수정한다.
  - 경로를 `POST /admin/newsletters`로 변경한다.
  - 기본 인증을 세션 기반 인증으로 마이그레이션한다.
  - Json 추출기(application/json) 대신 Form 추출기(application/x-www-form-urlencoded)를 사용해서 요청 바디를 처리한다.
  - 테스트 스위트를 수정한다.

상당한 작업이 될 것이지만, 핵심은 여러분이 이 모든 것을 할 줄 안다는 것이다. 앞에서 이 작업들을 이미 해봤다. 연습을 하는 동안 자유롭게 관련 있는 섹션들을 찾아서 살펴보자.

> 깃허브에서 연습 요구 사항 구현 전[93]과 구현 후[94]의 프로젝트 스냅숏을 확인할 수 있다. 다음 장은 여러분이 이 연습들을 완료했다고 가정하고 진행한다. 다음 장으로 가기 전에 여러분이 구현한 것을 다시 확인하자.

다음 장에서는 `/admin/newsletters`를 중점적으로 살펴본다. 첫 번째 구현을 자세히 들여다보면서 고장이 발생했을 때 어떻게 동작하는지 과정을 확인하고 내결함성, 확장성, 비동기 처리에 관해 폭넓게 이야기할 것이다.

---

93 https://github.com/LukeMathWalker/zero-to-production/tree/root-chapter-10-part2
94 https://github.com/LukeMathWalker/zero-to-production/tree/root-chapter-10-part3

결함 감내 워크플로

뉴스레터 엔드포인트의 첫 번째 이터레이션을 매우 단순하게 유지했다. 이메일은 Postmark를 통해 한 번에 API를 한 번씩 호출하며, 모든 구독자에게 즉시 전송된다. 구독자 수가 적을 때는 충분히 유효하다. 하지만 수백 명의 구독자를 다룰 때는 다양한 방법으로 망가질 수 있다.

애플리케이션이 결함 감내를 갖기를 원한다. 뉴스레터 전달은 애플리케이션 크래시, Postmark API 오류, 네트워크 타임아웃과 같은 일시적인 실패로 인해 방해받아서는 안 된다. 실패가 발생했을 때 신뢰할 수 있는 서비스를 전달하기 위해서는 멱등성, 로킹, 큐와 백그라운드 잡 같은 새로운 개념을 다루어야 한다.

11.1 POST /admin/newsletters: 리프레셔

태스크에 뛰어들기에 앞서 우리의 기억을 새롭게 하자. POST /admin/newsletters는 어떻게 생겼는가?[1]

---

[1] 10장 마지막 부분에서 POST /newsletters(JSON + '기본' 인증)를 POST /admin/newsletters(HTML Form 데이터 + 세션 기반 인증)로 바꾸는 연습 문제를 냈다. 여러분의 구현은 필자의 것과 약간 다를 것이므로, 이번 장에서의 코드 블록은 여러분이 IDE에서 보는 것과 정확하게 일치하지 않을 수 있다. 책의 깃허브 저장소(https://github.com/LukeMathWalker/zero-to-production/tree/root-chapter-10-part3)를 참조해 해결책을 비교하자.

해당 엔드포인트는 로그인한 뉴스레터 저자가 GET /admin/newsletters에서 제공하는 HTML 폼을 제출했을 때 호출된다. HTTP 요청 바디에서 폼 데이터를 파싱하고, 누락된 것이 없으면 처리를 시작한다.

```
//! src/routes/admin/newsletter/post.rs
// [...]

#[derive(serde::Deserialize)]
pub struct FormData {
    title: String,
    text_content: String,
    html_content: String,
}

#[tracing::instrument(/* */)]
pub async fn publish_newsletter(
    form: web::Form<FormData>,
    pool: web::Data<PgPool>,
    email_client: web::Data<EmailClient>,
) -> Result<HttpResponse, actix_web::Error> {
    // [...]
}
```

먼저 Postgres 데이터베이스에서 확인된 모든 구독자를 꺼낸다.

```
//! src/routes/admin/newsletter/post.rs
// [...]

#[tracing::instrument(/* */)]
pub async fn publish_newsletter(/* */) -> Result<HttpResponse, actix_web::Error> {
    // [...]
    let subscribers = get_confirmed_subscribers(&pool).await.map_err(e500)?;
    // [...]
}

struct ConfirmedSubscriber {
    email: SubscriberEmail,
}

#[tracing::instrument(/* */)]
async fn get_confirmed_subscribers(
    pool: &PgPool,
) -> Result<Vec<Result<ConfirmedSubscriber, anyhow::Error>>, anyhow::Error> {
```

```
        /* */
}
```

꺼낸 구독자를 대상으로 하여 순서대로 반복한다. 각 사용자에 대해 새로운 뉴스레터 발행물을
이메일로 보낸다.

```
//! src/routes/admin/newsletter/post.rs
// [...]

#[tracing::instrument(/* */)]
pub async fn publish_newsletter(/* */) -> Result<HttpResponse, actix_web::Error> {
    // [...]
    let subscribers = get_confirmed_subscribers(&pool).await.map_err(e500)?;
    for subscriber in subscribers {
        match subscriber {
            Ok(subscriber) => {
                email_client
                    .send_email(/* */)
                    .await
                    .with_context(/* */)
                    .map_err(e500)?;
            }
            Err(error) => {
                tracing::warn!(/* */);
            }
        }
    }
    FlashMessage::info("The newsletter issue has been published!").send();
    Ok(see_other("/admin/newsletters"))
}
```

모든 구독자를 처리한 뒤에는 저자를 뉴스레터 폼으로 되돌려보낸다. 이들은 발행이 성공적으로
발간되었음을 확인하는 플래시 메시지를 보게 될 것이다.

11.2 우리의 목표

우리는 새로운 뉴스레터를 모든 구독자에게 전달하기 위해 최선을 다해 노력한다. 그럼에도 불구
하고 모든 이메일이 전달된다고 보장할 수는 없다. 몇몇 계정은 삭제되었을 수도 있다.

동시에 한 구독자가 같은 뉴스를 여러 번 받는 중복을 최소한으로 줄여야 한다. 중복을 완전히 없 앨 수는 없지만(뒤에서 그 이유를 설명한다), 그 빈도는 최소한이 되도록 구현해야 한다.

11.3 실패 모드

POST /admin/newsletters 엔드포인트의 가능한 실패 모드를 살펴보자. 문제가 발생했을 때도 최선을 다해 전달하는 결과를 달성할 수 있는가?

11.3.1 유효하지 않은 입력

유입되는 요청과 관련된 문제가 있을 수 있다. 바디의 형식이 잘못되거나 사용자가 인증받지 않았을 수도 있다. 두 가지 시나리오는 이미 적절하게 처리되고 있다.

- web::Form 추출기는 유입되는 폼 데이터가 유효하지 않으면 400 Bad Request를 반환한다.[2]
- 인증되지 않은 사용자들은 로그인 폼으로 리다이렉트된다.

11.3.2 네트워크 I/O

네트워크를 통해 다른 머신들과 상호작용할 때 문제가 발생할 수 있다.

1 Postgres

현재 구독자 리스트를 꺼내려고 할 때 데이터베이스가 잘못 동작할 수 있다. 재시도하는 것 이외에 많은 선택지가 존재하지는 않는다. 예를 들면 다음과 같다.

- get_confirmed_subscribers 호출 근처에 추가 로직을 더해서 재시도한다.
- 사용자에게 오류를 반환하고 중지한다. 사용자는 이후 재시도 여부를 결정한다.

첫 번째 옵션을 사용하면 거짓 실패에 대한 애플리케이션의 탄력성을 높일 수 있다. 하지만 재시도 횟수에는 한계가 있으며, 결국 언젠가는 중지하게 될 것이다.

---

2 유효하지 않은 바디를 처리하는 최선의 방법인지에 관해서는 논란의 여지가 있다. 우리가 아무런 실수도 하지 않는다면, GET / admin/newsletters에서 제공하는 HTML 폼을 전송하는 것은 Json 추출기가 수행하는 검증을 통과하는 요청 바디를 항상 만들어야 한다. 즉 우리가 기대하는 모든 필드를 얻어야 한다. 하지만 실수는 일어날 수 있다. FormData에서 필드로 사용한 몇몇 타입은 미래에 더 고도의 검증이 필요해질 수 있다. 바디 검증이 실패했을 때는 적절한 메시지와 함께 사용자를 폼 페이지로 리다이렉트하는 것이 더 안전할 수도 있다. 직접 연습해보기 바란다.

우리 구현에서는 처음부터 두 번째 옵션을 선택한다. 결과적으로 몇 개의 500 응답을 반환하겠지만, 우리의 목적과 대립하지는 않는다.

❷ Postmark: API 오류

이메일 전달 문제는 어떠한가? 구독자 중 한 명에게 메일을 보내려고 할 때 Postmark가 오류를 반환하는 단순한 시나리오부터 생각해보자. 현재 구현은 완료되어 있다. 처리를 중단하고 호출자에게 `500 Internal Server Error`를 반환한다.

우리는 메일을 순차적으로 발송한다. API 오류가 발생하는 즉시 중단하므로 구독자 리스트의 맨 마지막에 있는 사용자에게는 새로운 뉴스레터를 전달할 수 없다. 이것은 '최선의 전달best-effort delivery'과는 거리가 멀다.

문제는 이것으로 끝이 아니다. 뉴스레터 발행자가 다시 폼을 제출할 수 있는가? 그것은 오류가 발생하는 위치에 따라 다르다. 데이터베이스 쿼리는 리스트의 첫 번째 구독자를 반환하는가? 문제없다. 아직 아무 일도 일어나지 않았다.

세 번째 구독자, 다섯 번째 구독자, 혹은 100번째 구독자라면 어떻게 되는가? 이것은 문제다. 어떤 구독자들은 뉴스레터를 받지만, 어떤 구독자들은 그렇지 못하다. 발행자가 재시도를 하면, 어떤 구독자들은 같은 뉴스레터를 두 번 받게 될 것이다. 재시도를 하지 않으면, 어떤 구독자들은 해당 뉴스레터를 받지 못할 것이다.

재시도를 하든, 하지 않든 모두 문제다.

어렵다고 느낄 것이다. 우리는 여러 하위 태스크가 조합된 워크플로를 다루고 있다. 7장에서 새로운 구독자를 생성하기 위해 일련의 SQL 쿼리들을 실행해야만 했을 때 비슷한 문제를 다루었다. 그때는 SQL 트랜잭션을 사용해 도 아니면 모라는 전략(즉 모든 쿼리가 성공하지 않으면 아무 일도 발생하지 않는)을 취했다. Postmark API는 어떤 종류의 트랜잭션한 시맨틱을 제공하지 않는다.[3] API 호출은 그 자체로 하나의 작동 단위이며, 이들을 서로 연결할 수 없다.

---

3 Postmark는 배치 이메일 API를 제공한다(https://postmarkapp.com/developer/user-guide/send-email-with-api/batch-emails). 문서상으로 이 API가 최선의 전달을 보장하도록 메시지를 재시도하는지는 명확하지 않다. 이와 관계없이, 최대 배치 크기(500)에 제한이 있다. 구독자가 충분히 크다면 배치를 어떻게 배치로 수행할지 생각해야 한다. 다시 원점이다. 학습 관점에서는 배치 API에 관해서는 완전히 고려하지 않는 것이 안전하다.

11.3.3 애플리케이션 크래시

애플리케이션은 언제든 부서질 수 있다. 예를 들어 메모리가 부족해지거나 애플리케이션을 실행하는 서버가 갑자기 종료될 수 있다(클라우드를 환영한다).

특히 구독자 리스트의 처리를 시작하고 마무리하기 전에 애플리케이션 크래시가 발생할 수 있다. 저자는 브라우저에서 오류 메시지를 받을 것이다. 폼을 다시 제출하면 Postmark API 오류에 관해 살펴봤던 것과 마찬가지로 많은 중복 전달이 발생한다.

11.3.4 저자의 행동

마지막으로 저자와 API 사이의 상호작용에 문제가 있을 수 있다.

대규모의 구독자를 다루는 경우, 전체 구독자 리스트를 처리하는 데 수 분이 걸릴 수 있다. 저자가 인내심이 부족해 폼을 다시 제출할 수도 있다. 브라우저가 동작을 중단할 수도 있다(클라이언트 사이드 타임아웃). 또는 저자가 실수로 **Submit** 버튼을 한번 이상 클릭할 수도 있다.[4]

우리가 구현한 것은 재시도에 대해 안전하지 않으므로 어떤 경우든 궁지에 몰리게 된다.

11.4 멱등성: 소개

POST /admin/newsletters는 모든 점을 고려했을 때, 매우 단순한 엔드포인트다. 그럼에도 우리는 현재 구현이 우리의 기대를 만족시키지 못하는 여러 시나리오에 관해 살펴봤다. 대부분의 문제는 애플리케이션이 재시도에 안전하지 않다는 구체적인 제한으로 수렴한다.

재시도에 대한 안전함은 API의 에르고노믹스에 극적인 영향을 준다. 무엇인가 잘못되었을 때 안전하게 재시도할 수 있다면, 신뢰성이 있는 API 클라이언트를 훨씬 쉽게 작성할 수 있다. 하지만 재시도에 안전하다는 것은 실제로 무엇을 갖춘 것인가?

우리 도메인인 뉴스레터 전달에서는 직관적으로 다음과 같다고 이해할 수 있다. 모든 구독자에게 콘텐츠를 한 차례만 전송한다. 다른 도메인에서는 어떻게 나타나는가? 업계에서 명확하게 받아들여지는 정의가 없다는 점에 여러분은 놀랄지도 모른다. 까다로운 주제다.

---

4   클라이언트 사이드의 자바스크립트를 사용해 버튼을 클릭하면 비활성화함으로써 이런 시나리오의 가능성을 줄일 수 있다.

이 책에서는 재시도에 안전하다는 것을 다음과 같이 정의한다.

> 호출자가 하나의 요청이 서버에게 한 번 이상 전달되는 것을 관찰할 방법이 없을 때, 하나의 API 엔드포인트는 재시도에 안전하다(멱등성을 갖는다).

이후 절에서 이 정의에 관해 자세히 살펴볼 것이다. 그 결과를 이해하는 것이 매우 중요하다.

업계에서 충분히 오랜 경험을 했다면, 아마도 재시도 안정성의 개념을 설명하는 다른 용어인 **멱등성**idempotent에 관해 들어봤을 것이다. 이들은 대부분 동의어로 사용된다. 이 책에서는 이후로 구현과 관련된 다른 업계의 용어와 맞추기 위해 멱등성이라는 용어를 사용할 것이다(예 멱등성 키).

11.4.1 멱등성의 실제: 지불

다른 도메인인 지불payments 영역에서 멱등성의 정의가 가진 의미에 관해 살펴보자. 가상의 지불 API는 다음 세 개의 엔드포인트를 제공한다.

- `GET /balance`: 현재 계좌의 잔고를 꺼낸다.
- `GET /payments`: 여러분이 지불할 지불 목록을 꺼낸다.
- `POST /payments`: 지불을 시작한다.

특별히 `POST /payments`는 수익자 세부 사항과 지불 금액을 입력으로 받는다. API를 호출하면 여러분의 계좌에서 지정된 수익자에게 돈을 전송한다. 그리고 계좌 잔고는 줄어든다(즉 `new_balance = old_balance - payment_amount`).

이 시나리오를 살펴보자. 여러분의 잔고는 400 USD다. 여러분은 20 USD를 전송하라는 요청을 보낸다. 요청은 성공한다. API는 `200 OK`[5]를 반환하고, 여러분의 잔고는 380 USD로 업데이트되고, 수익자는 20 USD를 받는다. 여러분은 그 뒤 동일한 요청을 재시도한다. 즉 `Pay now` 버튼을 두 번 클릭한다. `POST /payments`가 멱등성을 갖는다면 어떤 일이 발생해야 하는가?

우리가 내린 멱등성의 정의는 관측 가능성 개념에 바탕을 두고 있다. 관측 가능성은 호출자가 시

5 　실세계의 지불 시스템은 대부분 `202 Accepted`를 반환하며 지불 인증, 실행 및 완료가 각각 다른 시점에 일어난다. 예시에서는 설명을 위해 단순함을 유지했다.

스템 자체와 상호작용함으로써 시스템 상태를 조사할 수 있는 특성이다. 예를 들어 출력된 로그를 확인함으로써 두 번째 호출이 재시도인 것을 쉽게 결정할 수 있다. 하지만 호출자는 운영자가 아니다. 호출자는 로그를 조사할 방법이 없다. 로그는 API 사용자들에게 보이지 않는다. 멱등성 관점에서는 로그는 존재하지 않는 것과 같다. 로그는 API에 의해 제공되거나 조작되는 도메인 모델의 요소가 아니다.

예시에서의 도메인 모델은 다음을 포함한다.

- 호출자의 계좌, 잔고(GET /balance 경유), 지불 이력(GET /payments 경유)
- 지불 네트워크를 통해서 접근할 수 있는 다른 계좌[6](예 우리가 지불할 수 있는 수익자들)

이 조건을 기반으로 요청이 재시도되었을 때, 다음 상황이 유지되면 POST /payments가 멱등성을 갖는다고 말할 수 있다.

- 잔고는 380 USD로 유지된다.
- 수익자에게 더 이상 추가로 돈이 전송되지 않는다.

정리해야 할 세부 사항이 한 가지 더 있다. 재시도된 요청에 대해 서버는 어떤 HTTP 응답을 반환해야 하는가? 호출자는 두 번째 요청이 재시도라는 것을 관찰할 수 없어야 한다. 결제가 성공했으므로 서버는 첫 번째 요청에 대한 응답으로 사용했던 HTTP 응답과 의미적으로 동일한 성공 응답을 반환해야 한다.

11.4.2 멱등성 키

멱등성에 관한 정의에는 다소 모호한 부분이 남아 있다. 재시도와 실제로 사용자가 같은 금액을 같은 수익자에게 두 번 지불하는 것을 어떻게 구분할 것인가?

호출자의 의도를 이해해야 한다.

휴리스틱을 사용해볼 수 있다. 예를 들어 5분이 지나지 않았다면 두 번째 요청은 중복된 것으로 판단할 수 있다. 좋은 시도이지만 안전하지는 않다. 잘못된 분류의 결과는 호출자는 물론 우리 조

---

6   지불 네트워크상의 다른 계좌는 API를 통해 우리에게 노출되지 않는다(예를 들어 John의 지불 이력을 질의할 수 없다). 그러나 여전히 우리가 지불한 것이 그 수익자에게 도달했는지 관찰할 수 있다(즉 그들에게 전화를 하거나 그들이 아직 돈을 받지 못했다고 우리에게 불평을 한다면). API 호출은 우리 주변의 물리적인 세상에 실질적인 영향을 미친다. 컴퓨터와 관련된 모든 것이 매우 강력한 동시에 무서운 이유다.

직의 평판에도 끔찍할 수 있다(예 5분 이후의 재시도는 중복 지불로 이어진다).

이 모든 것이 결국 호출자의 의도를 이해하는 것임을 이해한다면, 가장 좋은 전략은 호출자에게 그들의 의도를 직접 말할 수 있는 권한을 부여하는 것이다. 이것은 일반적으로 **멱등성 키**idempotency key를 사용해서 달성한다. 호출자는 그들이 수행하고자 하는 모든 상태를 변경하는 동작에 대해 고유한 식별자, 즉 멱등성 키를 생성한다. 멱등성 키는 주로 HTTP 헤더(예 Idempotency-Key[7])로 밖으로 나가는 요청에 붙여진다. 서버는 이제 쉽게 중복을 감지할 수 있다.

- 두 개의 동일한 요청, 다른 멱등성 키 = 두 개의 다른 동작
- 두 개의 동일한 요청, 동일한 멱등성 키 = 한 개의 동작, 두 번째 요청은 중복임
- 두 개의 다른 요청,[8] 동일한 멱등성 키 = 첫 번째 요청은 처리함, 두 번째 요청은 거부함

멱등성 구현의 일환으로 POST /admin/newsletters에 멱등성 키를 요청하기 시작할 것이다.

11.4.3 동시 요청

두 개의 중복된 요청이 동시에 실행되면 어떻게 되어야 하는가? 예를 들어 첫 번째 요청의 처리가 끝나기 전에 두 번째 요청이 서버에 도달한다면 어떻게 되어야 하는가?

첫 번째 요청의 결과는 아직 모른다. 두 개의 요청을 병렬로 처리하는 것은 하나 이상의 부가 작용을 수행할 위험을 초래할 수 있다(예 두 개의 서로 다른 지불을 시작한다).

이런 경우에는 **동기화**synchronization를 도입한다. 두 번째 요청은 첫 번째 요청이 완료된 이후에 처리되어야만 한다. 두 가지 옵션이 있다.

- 호출자에게 409 Conflict 상태 코드를 반환함으로써 두 번째 요청을 거부한다.
- 첫 번째 요청에 대한 처리가 완료될 때까지 기다린다. 그 뒤, 호출자에게 동일한 응답을 반환한다.

두 가지 옵션 모두 효과적이다. 후자는 호출자에게 완전히 투명하며, API를 더욱 소비하기 쉽게 만

---

7   httpapi IETF 워킹 그룹의 Internet-Draft는 Idempotency-Key 헤더의 표준화 제정을 제안했으나, 이 논의는 지속되지 않은 것으로 보인다(해당 초안은 2022년 1월에 만료되었다). https://datatracker.ietf.org/doc/draft-ietf-httpapi-idempotency-key-header/

8   우리는 실제로는 유입되는 요청에 대한 유사성 확인을 구현하지 않는다. 그것은 상당히 까다로울 수 있다. 헤더가 중요한가? 전체가 중요한가? 일부가 중요한가? 바디가 바이트 단위로 일치해야 하는가? 의미론적으로 동등하면 충분하지 않은가(예: 동일한 키와 값을 갖는 JSON 객체 등)? 유사성을 확인할 수는 있지만, 이번 장의 범위를 벗어난다.

든다. 호출자들은 또 다른 중간 실패 모드를 처리하지 않아도 된다. 하지만 대가를 지불해야 한다.[9] 클라이언트와 서버 모두 다른 태스크가 완료되기를 기다리는 동안 아무것도 하지 않는 커넥션을 열린 상태로 유지해야 한다. 우리의 예시 유스 케이스를 고려할 때(폼 처리하기), 두 번째 전략을 사용해서 사용자에게 보이는 오류의 숫자를 최소화한다. 브라우저는 자동으로 409를 재시도하지 않는다.

11.5 테스트로서의 요구 사항 #1

가장 단순한 시나리오에 우선 집중하자. 요청을 받아 성공적으로 처리하고, 그 뒤 재시도를 수행한다. 중복된 뉴스레터 전달이 없는 성공 응답을 기대한다.

```
//! tests/api/newsletter.rs
// [...]

#[tokio::test]
async fn newsletter_creation_is_idempotent() {
    // Arrange
    let app = spawn_app().await;
    create_confirmed_subscriber(&app).await;
    app.test_user.login(&app).await;

    Mock::given(path("/email"))
        .and(method("POST"))
        .respond_with(ResponseTemplate::new(200))
        .expect(1)
        .mount(&app.email_server)
        .await;

    // Act - Prat 1 - 뉴스레터 폼을 제출한다.
    let newsletter_request_body = serde_json::json!({
        "title": "Newsletter title",
        "text_content": "Newsletter body as plain text",
        "html_content": "<p>Newsletter body as HTML</p>",
        // 헤더가 아니라 폼 데이터의 일부로서
        // 멱등성 키를 기대한다.
        "idempotency_key": uuid::Uuid::new_v4().to_string()
    });
```

---

9 비관적으로 생각해보면, 이것은 API에 대한 도스 공격을 주입하는 데 남용될 수 있다. 적정 사용 제한을 강제함으로써 이를 피할 수 있다. 예를 들어 동일한 멱등성을 가진 키에 대한 어느 정도의 동시 요청을 가질 수는 있지만, 수십 개의 반복을 다루게 되면 서버는 에러를 반환하기 시작한다.

```
    let response = app.post_publish_newsletter(&newsletter_request_body).await;
    assert_is_redirect_to(&response, "/admin/newsletters");

    // Act - Part 2 - 리다이렉트를 따른다.
    let html_page = app.get_publish_newsletter_html().await;
    assert!(
        html_page.contains("<p><i>The newsletter issue has been published!</i></p>")
    );

    // Act - Part 3 - 뉴스레터 폼을 다시 제출한다.
    let response = app.post_publish_newsletter(&newsletter_request_body).await;
    assert_is_redirect_to(&response, "/admin/newsletters");

    // Act - Part 4 - 리다이렉트를 따른다.
    let html_page = app.get_publish_newsletter_html().await;
    assert!(
        html_page.contains("<p><i>The newsletter issue has been published!</i></p>")
    );

    // Mock은 뉴스레터 이메일을 한 번 보냈다는 드롭을 검증한다.
}
```

cargo test는 실패한다.

```
thread 'newsletter::newsletter_creation_is_idempotent' panicked at
'Verifications failed:
- Mock #1.
    Expected range of matching incoming requests: == 1
    Number of matched incoming requests: 2
[...]'
```

재시도는 성공하지만, 구독자에게 뉴스레터가 두 번 전달된다. 이것은 이번 장의 앞부분에서 실패
분석을 했을 때 식별했던 문제 동작이다.

11.6 구현 전략

재시도된 요청이 구독자들에게 전달할 새로운 이메일을 가져오는 것을 어떻게 방지하는가? 두 가
지 옵션이 있다. 한 가지 옵션은 상태를 필요로 하고, 다른 옵션은 그렇지 않다.

11.6.1 상태가 있는 멱등성: Save와 Replay

상태가 있는 접근 방식에서는 첫 번째 요청을 처리하고나서 그 멱등성 키를 반환하고자 하는 HTTP 응답 옆에 저장한다. 재시도가 들어오면, 그 멱등성 키에 대해 스토어에서 일치하는 것을 찾고, 저장된 HTTP 응답을 꺼내서 호출자에게 반환한다.

전체 핸들러 로직은 단락short-circuited되어서 실행되지 않는다. Postmark API는 절대로 다시 호출되지 않으며, 중복된 전달을 방지한다.

11.6.2 상태가 없는 멱등성: 결정적인 키 생성

상태가 없는 접근 방식에서는 지속성에 의존하지 않고 동일한 결과를 달성하고자 노력한다. 각 구독자에 대해 유입되는 요청에 붙어 있는 구독자 id, 뉴스레터 콘텐츠,[10] 멱등성 키를 사용해서 새로운 멱등성 키를 결정론적으로 생성한다. 재시도가 들어오면 동일한 처리 로직을 수행한다. 이것은 Postmark에 대해, 동일한 HTTP 호출 순서로 이어지며 동일한 멱등성 키를 사용한다. 멱등성을 제대로 구현했다면, 새로운 이메일은 꺼내지 않는다.

11.6.3 시간은 까다로운 야수다

상태가 없는 접근 방식과 상태가 있는 접근 방식이 100% 동일하지는 않다.

예를 들어 새로운 사용자가 첫 번째 요청과 이어지는 재시도 사이에 뉴스레터를 구독하면 어떤 일이 일어날지 생각해보자. 상태가 없는 접근 방식에서는 핸들러 로직을 실행해서 재시도된 요청을 처리하려 한다. 구체적으로는 현재 구독자의 리스트를 다시 생성한 뒤 루프 안에서 이메일을 꺼내기 시작한다. 그 결과 새로운 구독자도 뉴스레터를 받게 된다. 상태가 있는 접근 방식에서는 그 결과가 다르다. 저장소에서 HTTP 응답을 꺼내어 그것을 호출자에게 전달한다. 다른 처리는 수행하지 않는다.

이것은 더 깊은 불일치에 의한 증상이다. 첫 번째 요청과 다음 재시도 사이의 경과 시간은 상태가

---

10 서로 다른 두 개의 뉴스레터는 동일한 구독자-전용의 멱등성을 가진 키를 생성해서는 안 된다. 만약 동일한 키를 생성하면, 한 개의 서로 다른 뉴스레터를 차례로 보낼 수 없다. 왜냐하면 Postmark의 멱등성 로직은 이메일의 두 번째 셋의 전송을 방지하기 때문이다. 그러므로 구독자-전용의 멱등성을 가진 키를 생성하는 로직에서, 유입되는 요청 콘텐츠의 지문(fingerprint)를 포함해야만 한다. 이렇게 함으로써 모든 구독자-뉴스레터 페어에 대한 고유한 결과물을 보장할 수 있다. 이에 대한 대안으로, 유사성 확인을 구현함으로써 동일한 멱등성을 가진 키가 POST /admin/newsletters에 대한 두 개의 서로 다른 요청에 사용되지 않도록 보장해야 한다. 즉 멱등성을 가진 키는 그 자체로 뉴스레터 콘텐츠가 동일하지 않음을 보장하기에 충분하다.

없는 접근 방식을 따를 때는 처리 결과에 영향을 미친다. 첫 번째 요청으로 보여준 상태의 동일한 스냅숏에 대해 핸들러 로직을 실행할 수 없다. 따라서 상태가 없는 접근 방식에서의 세계에 관한 관점은 첫 번째 요청이 처리된 이후에 수행한 모든 동작(예 새로운 구독자들이 메일링 리스트에 합류한다)에 의해 영향을 받는다.[11]

도메인에 따라 허용 여부가 달라진다. 우리가 다루는 케이스에서는 그 단점이 크지 않다. 그저 추가로 뉴스레터를 보내기만 하면 된다. 상태가 없는 접근 방식을 사용해서 극적으로 간단하게 구현할 수 있다면, 그 정도는 감내할 만하다.

11.6.4 선택하기

안타깝게도 현실은 우리를 그냥 두지 않는다. Postmark의 API는 멱등성 메커니즘을 전혀 제공하지 않으므로 우리는 상태가 없는 접근 방식을 따를 수 없다. 상태가 있는 접근 방식은 구현하기 어렵다. 기뻐하자. 새로운 패턴을 학습할 기회다.

11.7 멱등성 스토어

11.7.1 어떤 데이터베이스를 사용해야 하는가?

각 멱등성 키에 대해 관련된 HTTP 응답을 저장해야 한다. 우리의 애플리케이션은 현재 두 가지 서로 다른 데이터 소스를 사용한다.

- 레디스: 각 사용자에 대한 세션 상태를 저장한다.
- Postgres: 그 외의 모든 것을 저장한다.

멱등성 키를 영원히 저장하기를 원하지는 않는다. 실용성이 없을 뿐만 아니라 저장소 낭비다. 또한 사용자 A가 수행한 동작이 사용자 B가 수행한 동작의 결과에 영향을 미치기를 원하지 않는다. 적절한 결기가 이루어지지 않는다면, 확실한 보안 위험이 존재하게 된다(사용자 간 데이터 유출).

멱등성 키와 응답을 사용자의 세션 상태에 저장하는 것은 격리와 만료를 모두 보장할 것이다. 동시에 멱등성 키의 **라이프스팬**lifespan을 그에 해당하는 사용자 세션의 라이프스팬과 묶는 것은 옳

---

11 이것은 관계형 데이터베이스에서의 반복되지 않은 읽기와 같다. https://en.wikipedia.org/wiki/Isolation_(database_systems)#Non-repeatable_reads

지 않게 느껴진다.

현재 요구 사항에 기반했을 때, 레디스가 세 쌍둥이((user_id, idempotency_key, http_reponse))를 저장하기에 가장 좋은 설루션인 것으로 보인다. 그들은 각각 만료 정책을 가지고 있으며 세션 상태에 묶여 있지 않다. 그리고 레디스가 오래된 엔트리들을 정리할 것이다.

안타깝게도, 새로운 요구 사항이 곧 나타나면 레디스는 제한된 선택이 될 것이다. 여기에서 잘못된 선택을 통해 배울 수 있는 것이 거의 없으므로, 바로 Postgres를 선택할 것이다. 미리 말하자면 단일 SQL 트랜잭션 안에서 멱등성 세 쌍둥이와 애플리케이션 상태를 수정할 수 있는 가능성을 활용할 것이다.

11.7.2 스키마

새로운 테이블을 정의하고 다음 정보를 저장한다.

- 사용자 id
- 멱등성 키
- HTTP 응답

사용자 id와 멱등성 키는 **조합된 기본 키**composite primary key로 사용할 수 있다. 새로운 행이 생성될 때는 이를 기록하고 오래된 멱등성 키를 제거해야 한다. 하지만 모르는 것이 있다. HTTP 응답을 저장할 때는 어떤 타입을 사용해야 하는가?

전체 HTTP 응답을 바이트 덩어리로 보고, 열 타입으로 bytea를 사용해서 처리할 수 있다. 안타깝게도 바이트를 HttpResponse 객체로 다시 조합하기는 까다롭다. actix-web은 HttpResponse를 위한 직렬화/역직렬화 구현을 제공하지 않는다. 우리는 직접 (역)직렬화 코드를 작성할 것이다. HTTP 응답의 핵심 컴포넌트들을 사용한다.

- 상태 코드
- 헤더
- 바디

HTTP 버전은 저장하지 않는다. HTTP/1.1만 다룬다고 가정한다. 상태 코드를 위해서는 smallint를 사용한다. smallint의 최댓값은 32767로 차고 넘친다. 바디를 위해서는 bytea를 사용한다. 헤더는 어떤가? 헤더를 위해서는 어떤 타입을 사용하는가?

동일한 헤더 이름에 관련된 여러 헤더값이 존재하므로 (name, value) 쌍의 배열로 나타내는 것이 좋을 것이다. name을 위해서는 TEXT를 사용하고(http 구현을 참조하자[12]), value에 대해서는 불투명한 옥텟을 허용하므로 BYTEA를 사용한다(http 테스트 케이스를 참조하자[13]).

Postgres는 튜플의 배열을 지원하지 않지만, Postgres 합성 타입composite type, 즉 이름을 가진 필드의 집합을 정의해서 사용할 수 있다. 이것은 러스트 코드의 구조체와 같다.

```
CREATE TYPE header_pair AS (
    name TEXT,
    value BYTEA
);
```

이제 마이그레이션 스크립트를 모두 종합할 수 있다.

```
sqlx migrate add create_idempotency_table
```

```
-- migrations/20220211080603_create_idempotency_table.sql
CREATE TYPE header_pair AS (
    name TEXT,
    value BYTEA
);

CREATE TABLE idempotency (
    user_id uuid NOT NULL REFERENCES users(user_id),
    idempotency_key TEXT NOT NULL,
    response_status_code SMALLINT NOT NULL,
    response_headers header_pair[] NOT NULL,
    response_body BYTEA NOT NULL,
    created_at timestamptz NOT NULL,
    PRIMARY KEY(user_id, idempotency_key)
);
```

```
sqlx migrate run
```

---

12 https://github.com/hyperium/http/blob/c28945c6c6f99379b674a1e961a743c7752f2346/src/header/name.rs#L981

13 https://github.com/hyperium/http/blob/c28945c6c6f99379b674a1e961a743c7752f2346/src/header/value.rs#L780

전체적인 http_response 컴포지트 타입을 정의할 수도 있지만 그러면 sqlx[14] 안에서 버그가 발생할 수 있고, 이는 차례로 러스트 컴파일러[15]에서 버그를 일으킬 것이다. 지금은 중첩된 컴포지트 타입을 사용하지 않는 것이 최선이다.

11.8 Save와 Replay

11.8.1 멱등성 키 읽기

HTML 폼을 제출하면 POST /admin/newsletters 엔드포인트가 트리거된다. 따라서 서버로 전송되는 헤더를 제어할 필요는 없다. 가장 실용적인 선택은 멱등성 키를 폼 데이터 안에 내장하는 것이다.

```
//! src/routes/admin/newsletter/post.rs
// [...]

#[derive(serde::Deserialize)]
pub struct FormData {
    title: String,
    text_content: String,
    html_content: String,
    // 새로운 필드!
    idempotency_key: String
}
```

멱등성 키의 정확한 포맷에 관해서는 신경 쓰지 않는다. 비어 있지 않고 적절히 길면 그것으로 충분하다. 최소한의 검증을 강제하기 위한 새로운 타입을 정의하자.

```
//! src/lib.rs
// [...]
// New module!
pub mod idempotency;
```

```
//! src/idempotency/mod.rs
mod key;
```

---

14 https://github.com/launchbadge/sqlx/issues/1031
15 https://github.com/rust-lang/rust/issues/82219

```
pub use key::IdempotencyKey;
```

```
//! src/idempotency/key.rs
#[derive(Debug)]
pub struct IdempotencyKey(String);

impl TryFrom<String> for IdempotencyKey {
    type Error = anyhow::Error;

    fn try_from(s: String) -> Result<Self, Self::Error> {
        if s.is_empty() {
            anyhow::bail!("The idempotency key cannot be empty");
        }
        let max_length = 50;
        if s.len() >= max_length {
            anyhow::bail!(
                "The idempotency key must be shorter
                than {max_length} characters");
        }
        Ok(Self(s))
    }
}

impl From<IdempotencyKey> for String {
    fn from(k: IdempotencyKey) -> Self {
        k.0
    }
}

impl AsRef<str> for IdempotencyKey {
    fn as_ref(&self) -> &str {
        &self.0
    }
}
```

이제 이것을 publish_newsletter에서 사용할 수 있다.

```
//! src/utils.rs
use actix_web::http::StatusCode;
// [...]

// 400을 반환한다. 바디에는 검증 오류에 대한 사용자 표현을 포함한다.
// 오류의 근본 원인은 로깅 목적을 위해 저장된다.
pub fn e400<T>(e: T) -> actix_web::Error
where
```

```
        T: std::fmt::Debug + std::fmt::Display + 'static
{
    actix_web::error::ErrorBadRequest(e)
}
```

```
//! src/routes/admin/newsletter/post.rs
use crate::idempotency::IdempotencyKey;
use crate::utils::e400;
// [...]

pub async fn publish_newsletter(/* */) -> Result<HttpResponse, actix_web::Error> {
    // 차용 검사기가 오류를 발생하지 않도록 폼을 제거해야 한다.
    let FormData { title, text_content, html_content, idempotency_key } = form.0;
    let idempotency_key: IdempotencyKey = idempotency_key.try_into().map_err(e400)?;
    let subscribers = get_confirmed_subscribers(&pool).await.map_err(e500)?;
    for subscriber in subscribers {
        match subscriber {
            Ok(subscriber) => {
                // `form.<x>`를 더 이상 사용하지 않는다.
                email_client
                    .send_email(
                        &subscriber.email,
                        &title,
                        &html_content,
                        &text_content
                    )
                    // [...]
            }
            // [...]
        }
    }
    // [...]
}
```

성공이다. 멱등성 키는 파싱 및 검증된다. 하지만 몇 가지 오래된 테스트는 실패한다.

```
thread 'newsletter::you_must_be_logged_in_to_publish_a_newsletter'
panicked at 'assertion failed: `(left == right)`
  left: `400`,
 right: `303`'

thread 'newsletter::newsletters_are_not_delivered_to_unconfirmed_subscribers'
panicked at 'assertion failed: `(left == right)`
  left: `400`,
 right: `303`'
```

```
thread 'newsletter::newsletters_are_delivered_to_confirmed_subscribers'
panicked at 'assertion failed: `(left == right)`
  left: `400`,
 right: `303`'
```

테스트 요청은 거부된다. 멱등성 키를 가지고 있지 않기 때문이다. 테스트들을 업데이트하자.

```
//! tests/api/newsletter.rs
// [...]

#[tokio::test]
async fn newsletters_are_not_delivered_to_unconfirmed_subscribers() {
    // [...]
    let newsletter_request_body = serde_json::json!({
        // [...]
        "idempotency_key": uuid::Uuid::new_v4().to_string()
    });
}

#[tokio::test]
async fn newsletters_are_delivered_to_confirmed_subscribers() {
    // [...]
    let newsletter_request_body = serde_json::json!({
        // [...]
        "idempotency_key": uuid::Uuid::new_v4().to_string()
    });
}

#[tokio::test]
async fn you_must_be_logged_in_to_publish_a_newsletter() {
    // [...]
    let newsletter_request_body = serde_json::json!({
        // [...]
        "idempotency_key": uuid::Uuid::new_v4().to_string()
    });
    // [...]
}
```

세 개의 테스트는 성공하며, newsletter::newsletter_creation_is_idempotent 테스트만 실패 상태로 남는다.

HTML 폼이 무작위로 생성된 멱등성 키를 갖도록 GET /admin/newsletters를 업데이트한다.

```
//! src/routes/admin/newsletter/get.rs
// [...]

pub async fn publish_newsletter_form(
    /* */
) -> Result<HttpResponse, actix_web::Error> {
    // [...]
    let idempotency_key = uuid::Uuid::new_v4();
    Ok(HttpResponse::Ok()
        .content_type(ContentType::html())
        .body(format!(
            r#"<!-- ... -->
    <form action="/admin/newsletters" method="post">
        <!-- ... -->
        <input hidden type="text" name="idempotency_key" value="{idempotency_key}">
        <button type="submit">Publish</button>
    </form>
    <!-- ... -->"#,
        )))
}
```

11.8.2 저장된 응답 가져오기

다음 단계는 스토어로부터 저장된 HTTP 응답을 가져오는 것이다. 응답은 하나가 존재한다고 가정한다.

하나의 SQL 쿼리를 사용해서 가져올 수 있다.

```
//! src/idempotency/mod.rs
// [...]
mod persistence;
pub use persistence::get_saved_response;
```

```
//! src/idempotency/persistence.rs
use super::IdempotencyKey;
use actix_web::HttpResponse;
use sqlx::PgPool;
use uuid::Uuid;

pub async fn get_saved_response(
    pool: &PgPool,
    idempotency_key: &IdempotencyKey,
```

```
        user_id: Uuid,
) -> Result<Option<HttpResponse>, anyhow::Error> {
    let saved_response = sqlx::query!(
        r#"
        SELECT
            response_status_code,
            response_headers,
            response_body
        FROM idempotency
        WHERE
            user_id = $1 AND
            idempotency_key = $2
        "#,
        user_id,
        idempotency_key.as_ref()
    )
    .fetch_optional(pool)
    .await?;
    todo!()
}
```

한 가지 주의할 점이 있다. sqlx는 커스텀 header_pair 타입을 다루는 방법을 모른다는 점이다.

```
error: unsupported type _header_pair of column #2 ("response_headers")
  |
  |        let saved_response = sqlx::query!(
  |  _____^
  | |        r#"
  | |        SELECT
.. |
  | |        idempotency_key.as_ref()
  | |    )
  | |____^
```

기본적으로는 제공하지 않지만 특정한 메커니즘(Type,[16] Decode,[17] Encode[18] 트레이트)을 사용해서 이들을 어떻게 처리해야 하는지 지정할 수 있다. 다행히도 이들을 직접 구현할 필요는 없다. 매크로를 통해서 이들을 사용할 수 있다. 그저 타입 필드와 컴포지트 타입의 이름이 Postgres에서 어떻게 나타나는지 지정하기만 하면 된다. 나머지는 매크로가 알아서 처리한다.

---

16 https://docs.rs/sqlx/0.5.10/sqlx/trait.Type.html

17 https://docs.rs/sqlx/0.5.10/sqlx/trait.Decode.html

18 https://docs.rs/sqlx/0.5.10/sqlx/trait.Encode.html

```
//! src/idempotency/persistence.rs
// [...]

#[derive(Debug, sqlx::Type)]
#[sqlx(type_name = "header_pair")]
struct HeaderPairRecord {
    name: String,
    value: Vec<u8>,
}
```

안타깝게도 여전히 오류가 발생한다.

```
error: unsupported type _header_pair of column #2 ("response_headers")
  |
  |        let saved_response = sqlx::query!(
  | _____^
  | |          r#"
  | |          SELECT
.. |
  | |          idempotency_key.as_ref()
  | |      )
  | |_____^
// [...] <new error> [...]
```

sqlx::query!는 커스텀 타입을 자동으로 처리하지 않는다. 명시적인 타입 애너테이션을 사용해서 커스텀 열을 처리하는 방법을 설명해야 한다. 해당 쿼리는 다음과 같다.

```
//! src/idempotency/persistence.rs
// [...]

pub async fn get_saved_response(/* */) -> Result</* */> {
    let saved_response = sqlx::query!(
        r#"
        SELECT
            response_status_code,
            response_headers as "response_headers: Vec<HeaderPairRecord>",
            response_body
        // [...]
        "#,
        // [...]
    )
    // [...]
```

```
}
```

마침내 컴파일된다. 꺼낸 데이터를 적절한 HttpReponse로 매핑하자.

```
//! src/idempotency/persistence.rs
use actix_web::http::StatusCode;
// [...]

pub async fn get_saved_response(
    /* */
) -> Result<Option<HttpResponse>, anyhow::Error> {
    let saved_response = sqlx::query!(/* */)
        .fetch_optional(pool)
        .await?;
    if let Some(r) = saved_response {
        let status_code = StatusCode::from_u16(
            r.response_status_code.try_into()?
        )?;
        let mut response = HttpResponse::build(status_code);
        for HeaderPairRecord { name, value } in r.response_headers {
            response.append_header((name, value));
        }
        Ok(Some(response.body(r.response_body)))
    } else {
        Ok(None)
    }
}
```

이제 get_saved_response를 요청 핸들러에 삽입할 수 있다.

```
//! src/routes/admin/newsletter/post.rs
// [...]
use crate::idempotency::get_saved_response;

pub async fn publish_newsletter(
    // [...]
    // 사용자 세션에서 추출한 사용자 id를 주입한다.
    user_id: ReqData<UserId>,
) -> Result<HttpResponse, actix_web::Error> {
    let user_id = user_id.into_inner();
    let FormData {
        title,
        text_content,
        html_content,
```

```
        idempotency_key,
    } = form.0;
    let idempotency_key: IdempotencyKey = idempotency_key.try_into().map_err(e400)?;
    // 데이터베이스에 저장된 응답이 있다면 일찍 반환한다.
    if let Some(saved_response) = get_saved_response(
            &pool,
            &idempotency_key,
            *user_id
        )
        .await
        .map_err(e500)?
    {
        return Ok(saved_response);
    }
    // [...]
}
```

11.8.3 응답 저장하기

저장된 응답을 꺼내기 위한 코드는 작성했지만, 응답을 저장하는 코드는 아직 작성하지 않았다.
다음으로 여기에 집중하자.

idempotency 모듈에 새로운 함수의 스켈레톤을 추가하자.

```
//! src/idempotency/mod.rs
// [...]
pub use persistence::save_response;
```

```
//! src/idempotency/persistence.rs
// [...]

pub async fn save_response(
    _pool: &PgPool,
    _idempotency_key: &IdempotencyKey,
    _user_id: Uuid,
    _http_response: &HttpResponse
) -> Result<(), anyhow::Error> {
    todo!()
}
```

HttpResponse를 구분된 컴포넌트로 나눈 후에 INSERT 쿼리를 작성한다. 상태 코드에서는 .status(),

헤더에는 headers()를 사용할 수 있다. 바디는 어떻게 하는가? .body() 메서드가 존재한다. 그 시그니처는 다음과 같다.

```
/// 이 응답 바디에 대한 참조를 반환한다.
pub fn body(&self) -> &B {
    self.res.body()
}
```

여기서 B는 무엇인가? 이에 관해 알기 위해서는 impl 블록 정의를 포함해야 한다.

```
impl<B> HttpResponse<B> {
    /// 이 응답 바디에 대한 참조를 반환한다.
    pub fn body(&self) -> &B {
        self.res.body()
    }
}
```

HttpResponse는 바디 타입에 대한 제네릭이었다. '우리는 어떤 제네릭 파라미터도 지정하지 않고 HttpResponse를 사용해왔다. 어떻게 된 것인가?'라고 반문할 수 있다.

B를 지정하지 않으면 기본 제네릭 파라미터가 사용된다.

```
/// 외부로 나가는 응답
pub struct HttpResponse<B = BoxBody> {/* */}
```

❶ MessageBody와 HTTP 스트리밍

먼저 HttpResponse가 바디 타입에 대한 제네릭이어야 하는 이유는 무엇인가? 그냥 Vec<u8> 혹은 그와 유사한 **Bytes 컨테이너**를 사용하면 안 되는가?

우리는 서버에서 완전한 형태를 갖춘 뒤 호출자에게 반환되는 응답들을 다뤄왔다. HTTP/1.1은 데이터를 전송하기 위한 다른 메커니즘을 지원한다. Transfer-Encoding: chunked는 **HTTP 스트리밍**HTTP Streaming[19]으로도 알려져 있다. 서버는 페이로드를 여러 덩어리chunk로 잘라서 한 번에 하나씩 호출자에게 반환한다. 메모리에 바디 전체를 쌓아 두지 않는다. 결과적으로 서버의 메모리 사

---

19 https://gist.github.com/CMCDragonkai/6bfade6431e9ffb7fe88

용을 상당히 줄일 수 있다. 이 방법은 파일이나 대규모 쿼리의 결과(아무튼 스트리밍을 해야 한다)와 같은 큰 페이로드를 처리할 때 유용하다.

HTTP 스트리밍을 고려하면 MessageBody의 설계를 더욱 쉽게 이해할 수 있다. 이 트레이트는 actix-web의 바디로 타입을 사용하도록 구현되어야 한다.

```
pub trait MessageBody {
    type Error: Into<Box<dyn Error + 'static, Global>>;
    fn size(&self) -> BodySize;
    fn poll_next(
        self: Pin<&mut Self>,
        cx: &mut Context<'_>
    ) -> Poll<Option<Result<Bytes, Self::Error>>>;
    // [...]
}
```

데이터를 한 번에 한 덩어리씩, 모두 꺼낸다. 응답이 스트리밍되지 않으면, 데이터는 한 번에 사용할 수 있다. poll_next가 그것을 한 번에 반환한다.

BoxBody에 관해 이해해보자. BoxBody는 HttpResponse에서 사용되는 기본 바디 타입이다. 앞의 장들에서는 인식하지 않은 상태에서 이 바디 타입을 사용해왔다. BoxBody는 구체적인 페이로드 전달 메커니즘을 추상화한다. 내부적으로 BoxBody는 각 전략에 대한 변형을 가진 열거형이며, 바디가 없는 응답을 처리하는 특수한 경우를 포함하고 있다.

```
#[derive(Debug)]
pub struct BoxBody(BoxBodyInner);

enum BoxBodyInner {
    None(body::None),
    Bytes(Bytes),
    Stream(Pin<Box<dyn MessageBody<Error = Box<dyn StdError>>>>),
}
```

지금까지는 응답이 호출자에게 반환되는 방법에 대해 거의 신경을 쓰지 않았기 때문에 잘 작동했다. save_response를 구현하려면 이를 자세히 봐야 한다. 메모리[20]에 있는 응답을 모아서 데이터베

---

20 기술적으로 다른 옵션도 있다. 응답 바디를 직접 데이터베이스에 스트리밍한 뒤, 데이터베이스로부터 그것을 다시 호출자에게 스트리밍하는 것이다.

이스의 idempotency 테이블에 저장해야 한다.

actix-web은 이런 상황에서 사용할 수 있는 전용 함수인 to_bytes[21]를 제공한다. 이 함수는 가져올 데이터가 없어질 때까지 poll_next를 호출한 뒤, 하나의 Bytes 컨테이너에 모든 응답을 담아서 반환한다.[22] 일반적으로 to_bytes에 관해 설명할 때는 주의하라고 조언한다. 여러분이 큰 규모의 페이로드를 처리한다면, 서버의 메모리 용량을 상당히 압박할 위험이 있다. 우리 예시의 경우는 그렇지 않다. 응답 바디는 모두 작으며 HTTP 스트리밍의 장점을 이용하지도 않는다. 그렇기 때문에 to_bytes는 실제로는 아무런 동작도 하지 않을 것이다.

이론은 이것으로 충분하다. 앞의 내용을 종합해보자.

```
//! src/idempotency/persistence.rs
use actix_web::body::to_bytes;
// [...]

pub async fn save_response(
    pool: &PgPool,
    idempotency_key: &IdempotencyKey,
    user_id: Uuid,
    http_response: &HttpResponse,
) -> Result<(), anyhow::Error> {
    let status_code = http_response.status().as_u16() as i16;
    let headers = {
        let mut h = Vec::with_capacity(http_response.headers().len());
        for (name, value) in http_response.headers().iter() {
            let name = name.as_str().to_owned();
            let value = value.as_bytes().to_owned();
            h.push(HeaderPairRecord { name, value });
        }
        h
    };
    let body = to_bytes(http_response.body()).await.unwrap();
    todo!()
}
```

만족스러운 결과가 아니다.

---

21 https://docs.rs/actix-web/4.0.0-rc.3/actix_web/body/fn.to_bytes.html

22 Bytes를 특별한 기능을 가진 Vec<u8>이라고 생각해도 좋다. 더 자세한 내용은 bytes 크레이트에 관한 문서를 참조하자(https://docs.rs/bytes/1.1.0/bytes/index.html).

```
error[E0277]: the trait bound `&BoxBody: MessageBody` is not satisfied
--> src/idempotency/persistence.rs
 |
 |       let body = to_bytes(http_response.body()).await.unwrap();
 |                  --------- ^^^^^^^^^^^^^^^^^^^^^
 |  the trait `MessageBody` is not implemented for `&BoxBody`
 |                  |
 |                  required by a bound introduced by this call
 |
 = help: the following implementations were found:
           <BoxBody as MessageBody>
```

BoxBody는 MessageBody를 구현한다. 하지만 &BoxBody는 그렇지 않다. 그리고 .body()는 참조를 반환하며, 바디에 대한 소유권을 우리에게 주지는 않는다. 왜 소유권이 필요한가? 다시 말하지만 그것은 HTTP 스트리밍이기 때문이다.

페이로드 스트림에서 데이터 덩어리를 꺼내기 위해서는 스트림 자체에 대한 가변 참조자가 필요하다. 덩어리를 읽고 나면 스트림을 재생replay해서 다시 읽을 수 있는 방법이 없다.

다음 패턴을 사용해 이를 피할 수 있다.

- .into_parts()를 경유해서 바디에 관한 소유권을 얻는다.
- to_bytes를 경유해서 바디 전체를 메모리에 담는다.
- 바디에 대해 필요한 작업을 수행한다.
- 요청 헤드에 대해 .set_body()를 사용해서 응답을 재조립한다.

.into_part()는 HttpResponse에 대한 소유권이 필요하다. 그것을 수용하기 위해서는 save_response의 시그니처를 변경해야 한다. 참조를 요청하는 대신 응답에 대한 소유권을 얻고, 성공하면 다른 소유된 HttpResponse를 반환할 것이다.

코드를 작성해보자.

```
//! src/idempotency/persistence.rs
// [...]

pub async fn save_response(
    // [...]
    // 더 이상 참조가 아니다.
```

```rust
    http_response: HttpResponse,
) -> Result<HttpResponse, anyhow::Error> {
    let (response_head, body) = http_response.into_parts();
    // `MessageBody::Error`는 `Send` + `Sync`가 아니다.
    // 따라서 `anyhow`와 잘 호환되어 동작하지 않는다.
    let body = to_bytes(body).await.map_err(|e| anyhow::anyhow!("{}", e))?;
    let status_code = response_head.status().as_u16() as i16;
    let headers = {
        let mut h = Vec::with_capacity(response_head.headers().len());
        for (name, value) in response_head.headers().iter() {
            let name = name.as_str().to_owned();
            let value = value.as_bytes().to_owned();
            h.push(HeaderPairRecord { name, value });
        }
        h
    };

    // TODO: SQL 쿼리

    // `HttpResponse<Bytes>`에서 `HttpResponse<BoxBody>`로
    // 이동하기 위해 `.map_into_boxed_body`가 필요하다.
    let http_response = response_head.set_body(body).map_into_boxed_body();
    Ok(http_response)
}
```

코드는 컴파일된다. 비록 (아직) 특별히 유용하지는 않다.

❷ 조합 Postgres 타입 배열

삽입 쿼리를 추가하자.

```rust
//! src/idempotency/persistence.rs
// [...]

pub async fn save_response(
    // [...]
) -> Result<HttpResponse, anyhow::Error> {
    // [...]
    sqlx::query!(
        r#"
        INSERT INTO idempotency (
            user_id,
            idempotency_key,
            response_status_code,
            response_headers,
```

```
            response_body,
            created_at
        )
        VALUES ($1, $2, $3, $4, $5, now())
        "#,
        user_id,
        idempotency_key.as_ref(),
        status_code,
        headers,
        body.as_ref()
    )
    .execute(pool)
    .await?;

    let http_response = response_head.set_body(body).map_into_boxed_body();
    Ok(http_response)
}
```

컴파일은 오류와 함께 실패한다.

```
error: unsupported type _header_pair for param #4
--> src/idempotency/persistence.rs
  |
  | /      sqlx::query!(
  | |          r#"
  | |          INSERT INTO idempotency (
  | |              user_id,
.. |
  | |          body.as_ref()
  | |      )
  | |_____^
```

이해가 된다. 우리는 커스텀 타입을 사용하고 있으며 sqlx::query!는 컴파일 시점에 그 사실을 알고 쿼리를 체크하지 못하기 때문이다. 컴파일 시점의 검증을 비활성화해야 한다. query! 대신 query_unchecked!를 사용하자.

```
//! src/idempotency/persistence.rs
// [...]

pub async fn save_response(
    // [...]
) -> Result<HttpResponse, anyhow::Error> {
```

```
    // [...]
    sqlx::query_unchecked!(/* */)
    // [...]
}
```

거의 다 됐다. 하지만 다른 오류가 발생한다.

```
error[E0277]: the trait bound `HeaderPairRecord: PgHasArrayType` is not satisfied
--> src/idempotency/persistence.rs
  |
  | /     sqlx::query_unchecked!(
  | |         r#"
  | |         INSERT INTO idempotency (
  | |             user_id,
.. |
  | |         body.as_ref()
  | |     )
  | |_____^ the trait `PgHasArrayType` is not implemented for `HeaderPairRecord`
```

sqlx는 #[sqlx(type_name = "header_pair")] 속성을 통해 컴포지트 타입 자체의 이름에 관해서 알고 있다. 하지만 header_pair 요소들을 포함하는 배열에 대한 타입 이름은 알지 못한다. CREATE TYPE 구문을 실행하면 Postgres는 배열 타입을 암묵적으로 생성한다. 단순히 언더스코어 (_)가 앞에 붙는 컴포지트 타입 이름이다.[23]

컴파일러가 제안한 것처럼 PgHasArrayType 트레이트를 구현해서 sqlx에 이 정보를 전달할 수 있다.

```
//! src/idempotency/persistence.rs
use sqlx::postgres::PgHasArrayType;
// [...]

impl PgHasArrayType for HeaderPairRecord {
    fn array_type_info() -> sqlx::postgres::PgTypeInfo {
        sqlx::postgres::PgTypeInfo::with_name("_header_pair")
    }
}
```

---

23 타입 이름이 너무 길면 이름 일부가 잘린다. https://www.postgresql.org/docs/current/sql-createtype.html

코드는 마침내 컴파일된다.

3 끼워 넣기

거의 마무리되었지만 축배를 들기는 이르다. 아직 코드가 동작하는지 알지 못한다. 통합 테스트는
여전히 레드다. save_response를 요청 핸들러에 추가하자.

```
//! src/routes/admin/newsletter/post.rs
use crate::idempotency::save_response;
// [...]

pub async fn publish_newsletter(/* */) -> Result</* */> {
    // [...]
    for subscriber in subscribers {
        // [...]
    }
    FlashMessage::info("The newsletter issue has been published!").send();
    let response = see_other("/admin/newsletters");
    let response = save_response(&pool, &idempotency_key, *user_id, response)
        .await
        .map_err(e500)?;
    Ok(response)
}
```

숨을 죽이고 보자. cargo test는 성공한다. 드디어 해냈다!

11.9 동시 요청

멱등성에 관해서는 '쉬운' 시나리오를 다뤘다. 하나의 요청이 들어오고 완전히 처리된 뒤, 재시도가
들어온다.

이제 한층 문제가 발생할 수 있는 시나리오를 다룰 것이다. 첫 번째 요청이 완전히 처리되기 전에
재시도가 들어오는 시나리오다. 우리는 두 번째 요청은 첫 번째 요청 뒤로 큐가 되길 기대한다. 첫
번째 요청이 완료되면, 두 번째 요청은 스토어에서 저장된 HTTP 응답을 꺼내어 호출자에게 반환
한다.

11.9.1 테스트로서의 요구 사항 #2

다시 한번 요구 사항을 테스트로 구현하자.

```rust
//! tests/api/newsletter.rs
use std::time::Duration;
// [...]

#[tokio::test]
async fn concurrent_form_submission_is_handled_gracefully() {
    // Arrange
    let app = spawn_app().await;
    create_confirmed_subscriber(&app).await;
    app.test_user.login(&app).await;

    Mock::given(path("/email"))
        .and(method("POST"))
        // 두 번째 요청이 첫 번째 요청이 완료되기 전에 들어오도록
        // 충분한 지연을 설정한다.
        .respond_with(ResponseTemplate::new(200).set_delay(Duration::from_secs(2)))
        .expect(1)
        .mount(&app.email_server)
        .await;

    // Act - 두 개의 뉴스레터 홈을 동시에 제출한다.
    let newsletter_request_body = serde_json::json!({
        "title": "Newsletter title",
        "text_content": "Newsletter body as plain text",
        "html_content": "<p>Newsletter body as HTML</p>",
        "idempotency_key": uuid::Uuid::new_v4().to_string()
    });
    let response1 = app.post_publish_newsletter(&newsletter_request_body);
    let response2 = app.post_publish_newsletter(&newsletter_request_body);
    let (response1, response2) = tokio::join!(response1, response2);

    assert_eq!(response1.status(), response2.status());
    assert_eq!(response1.text().await.unwrap(), response2.text().await.unwrap());

    // Mock은 드롭 시 이메일을 한 번만 보냈음을 검증한다.
}
```

테스트는 실패한다. 서버는 두 요청 중 하나에 대해 500 Internal Server Error를 반환한다.

```
thread 'newsletter::concurrent_form_submission_is_handled_gracefully'
panicked at 'assertion failed: `(left == right)`
  left: `303`,
 right: `500`'
```

로그를 보면 무슨 일이 발생했는지 확인할 수 있다.

```
exception.details:
    error returned from database:
    duplicate key value violates unique constraint "idempotency_pkey"

    Caused by:
        duplicate key value violates unique constraint "idempotency_pkey"
```

가장 느린 요청이 고유 제약 조건으로 인해 idempotency 테이블에 대한 삽입에 실패한다. 오류 응답만이 문제가 아니다. 두 요청은 이메일 발송 코드를 실행하며(그렇지 않다면 제약 사항 위반을 보지 못했을 것이다), 이는 중복된 발송으로 이어진다.

11.9.2 동기화

두 번째 요청은 데이터베이스에 삽입을 시도하기 전까지는 첫 번째 요청에 관해 알지 못한다. 중복 발송을 방지하기 위해서는 구독자들에 대한 처리를 시작하기에 앞서 요청 간 동기화를 도입해야 한다.

하나의 API 인스턴스가 모든 유입되는 요청을 처리한다면 **인 메모리 록**in-memory lock(예 tokio::sync::Mutex[24])도 효과가 있을 것이다. 하지만 지금 상황은 다르다. API는 복제되었으므로 두 개의 요청은 서로 다른 두 개의 인스턴스에 의해 처리된다.

우리가 사용할 동기화 메커니즘은 프로세스 외부에 존재해야 한다. 데이터베이스가 자연스러운 동기화 후보가 된다. 생각해보자. 하나의 idempotency 테이블이 있으며, 이 테이블의 각 행은 사용자 id와 멱등성 키의 고유한 조합을 갖고 있다. 이것으로 무엇을 할 수 있는가?

현재 구현에서는 요청을 처리한 뒤 idempotency 테이블에 행을 삽입하고, 이후 즉시 호출자에게 응답을 반환한다. 이 동작을 변경한다. 핸들러가 호출되는 즉시 새로운 행을 삽입할 것이다. 이 시점에서는 최종 응답이 어떻게 될지 모른다. 심지어 처리를 시작하지도 않았다. 몇몇 열에 대해 NOT NULL 제약 사항을 완화해야 한다.

---

24 https://docs.rs/tokio/latest/tokio/sync/struct.Mutex.html

```
sqlx migrate add relax_null_checks_on_idempotency
```

```
ALTER TABLE idempotency ALTER COLUMN response_status_code DROP NOT NULL;
ALTER TABLE idempotency ALTER COLUMN response_body DROP NOT NULL;
ALTER TABLE idempotency ALTER COLUMN response_headers DROP NOT NULL;
```

```
sqlx migrate run
```

이제 핸들러가 호출된 즉시 해당 시점까지 가진 정보(즉 컴포지트 기본 키인 사용자 id와 멱등성 키)를 사용해서 새로운 행을 삽입할 수 있다.

첫 번째 요청은 `idempotency`에 성공적으로 새로운 행을 삽입한다. 그러나 두 번째 요청은 고유 제약 사항 때문에 실패한다. 이것은 우리가 원하는 바가 아니다.

- 첫 번째 요청이 완료되면, 저장된 응답을 반환하기 원한다.
- 첫 번째 요청이 처리 중이면 대기하기를 원한다.

첫 번째 시나리오는 Postgres의 `ON CONFLICT` 구문을 사용해서 해결할 수 있다. 이를 사용하면 `INSERT`가 제약 사항 위반(예 고유성)으로 인해 실패했을 때 어떻게 동작할지 정의할 수 있다. `ON CONFLICT DO NOTHING`과 `ON CONFLICT DO UPDATE` 중 하나를 선택할 수 있다. `ON CONFLICT DO NOTHING`은 짐작할 수 있듯이, 아무것도 하지 않는다. 단순히 오류를 삼킨다. 해당 구문에 영향을 받는 행의 수를 확인함으로써, 해당 행이 이미 데이터베이스에 존재하는 것을 발견할 수 있다. `ON CONFLICT DO UPDATE`는 이미 존재하는 행을 업데이트할 때 사용할 수 있다(예 `ON CONFLICT DO UPDATE SET updated_at = now()`).

우리는 `ON CONFLICT DO NOTHING`을 사용한다. 새로운 행이 삽입되지 않으면, 저장된 응답을 꺼낸다. 구현을 시작하기에 앞서 해결해야 할 문제가 있다. 코드가 더 이상 컴파일되지 않는다. `idempotecy`의 일부 열에 널을 허용했지만, 그것을 처리하는 코드를 업데이트하지 않았기 때문이다. `sqlx`에게 강제로 해당 열들이 널이 아니라고 가정하도록 쿼리를 업데이트해야 한다. 잘못하면 런타임에 오류가 발생할 것이다. 앞에서 헤더 쌍을 다룰 때 사용했던 타입 캐스팅 구문과 거의 비슷하다. 열 별명에 !를 붙여야 한다.

```
//! src/idempotency/persistence.rs
// [...]

pub async fn get_saved_response(/* */) -> Result</* */> {
    let saved_response = sqlx::query!(
        r#"
        SELECT
            response_status_code as "response_status_code!",
            response_headers as "response_headers!: Vec<HeaderPairRecord>",
            response_body as "response_body!"
        [...]
        "#,
        user_id,
        idempotency_key.as_ref()
    )
    // [...]
}
```

새로운 함수의 스켈레톤을 정의하자. 요청 핸들러 시작 부분에서 try_processing을 호출할 것이다. 이 함수는 앞에서 설명한 삽입 동작을 수행한다. 행이 이미 존재해서 실패하면, 응답이 저장되어 있다고 가정하고 해당 응답을 반환한다.

```
//! src/idempotency/mod.rs
// [...]
pub use persistence::{try_processing, NextAction};
```

```
//! src/idempotency/persistence.rs
// [...]

pub enum NextAction {
    StartProcessing,
    ReturnSavedResponse(HttpResponse)
}

pub async fn try_processing(
    pool: &PgPool,
    idempotency_key: &IdempotencyKey,
    user_id: Uuid
) -> Result<NextAction, anyhow::Error> {
    todo!()
}
```

요청 핸들러는 get_saved_response 대신 try_processing을 호출한다.

```rust
//! src/routes/admin/newsletter/post.rs
use crate::idempotency::{try_processing, NextAction};
// [...]

pub async fn publish_newsletter(/* */) -> Result<HttpResponse, actix_web::Error> {
    // [...]
    let idempotency_key: IdempotencyKey = idempotency_key.try_into().map_err(e400)?;
    match try_processing(&pool, &idempotency_key, *user_id)
        .await
        .map_err(e500)?
    {
        NextAction::StartProcessing => {}
        NextAction::ReturnSavedResponse(saved_response) => {
            success_message().send();
            return Ok(saved_response);
        }
    }
    // [...]
    success_message().send();
    let response = see_other("/admin/newsletters");
    let response = save_response(&pool, &idempotency_key, *user_id, response)
        .await
        .map_err(e500)?;
    Ok(response)
}

fn success_message() -> FlashMessage {
    FlashMessage::info("The newsletter issue has been published!")
}
```

이제 try_processing을 구현할 수 있다.

```rust
//! src/idempotency/persistence.rs
// [...]

pub async fn try_processing(
    pool: &PgPool,
    idempotency_key: &IdempotencyKey,
    user_id: Uuid,
) -> Result<NextAction, anyhow::Error> {
    let n_inserted_rows = sqlx::query!(
        r#"
        INSERT INTO idempotency (
```

```
            user_id,
            idempotency_key,
            created_at
        )
        VALUES ($1, $2, now())
        ON CONFLICT DO NOTHING
        "#,
        user_id,
        idempotency_key.as_ref()
    )
    .execute(pool)
    .await?
    .rows_affected();
    if n_inserted_rows > 0 {
        Ok(NextAction::StartProcessing)
    } else {
        let saved_response = get_saved_response(pool, idempotency_key, user_id)
            .await?
            .ok_or_else(||
                anyhow::anyhow!("We expected a saved response, we didn't find it")
            )?;
        Ok(NextAction::ReturnSavedResponse(saved_response))
    }
}
```

수많은 테스트가 실패하기 시작한다. 어떻게 된 것인가? 로그를 확인하면 중복된 키 값들이 idempotency_pkey의 고유 제약 사항을 위반한 것을 알 수 있다. 이유를 알겠는가? save_response 를 업데이트하지 않았기 때문이다. save_response는 사용자 id와 멱등성 키의 동일 조합에 대해 idempotency에 다른 새로운 행을 삽입하려고 시도한다. 따라서 INSERT 대신 UPDATE를 수행해야 한다.

```
//! src/idempotency/persistence.rs
// [...]

pub async fn save_response(/* */) -> Result</* */> {
    // [...]
    sqlx::query_unchecked!(
        r#"
        UPDATE idempotency
        SET
            response_status_code = $3,
            response_headers = $4,
            response_body = $5
```

```
            WHERE
                user_id = $1 AND
                idempotency_key = $2
            "#,
            user_id,
            idempotency_key.as_ref(),
            status_code,
            headers,
            body.as_ref()
        )
        // [...]
}
```

원점으로 돌아왔다. concurrent_form_submission_is_handled_gracefully가 유일하게 남은 실패하는 테스트다. 우리는 무엇을 얻었는가? 거의 없다. 두 번째 요청은 이메일을 두 번 발송하는 대신 오류를 반환한다. 개선은 했지만 아직 원하는 바를 달성하지는 못했다.

try_processing 안의 INSERT가 첫 번째 요청 처리가 완료되기 전에 재시도가 들어왔을 때 오류를 내보내는 대신 대기하게 할 방법을 찾아야 한다.

❶ 트랜잭션 격리 레벨

한 가지 실험을 해보자. try_processiong 안의 INSERT와 save_response 안의 UPDATE를 하나의 SQL 트랜잭션으로 감싼다. 어떤 일이 일어날 것이라고 생각하는가?

```
//! src/idempotency/persistence.rs
use sqlx::{Postgres, Transaction};
// [...]

#[allow(clippy::large_enum_variant)]
pub enum NextAction {
    // Return transaction for later usage
    StartProcessing(Transaction<'static, Postgres>),
    // [...]
}

pub async fn try_processing(/* */) -> Result</* */> {
    let mut transaction = pool.begin().await?;
    let n_inserted_rows = sqlx::query!(/* */)
        .execute(&mut transaction)
        .await?
        .rows_affected();
```

```
        if n_inserted_rows > 0 {
            Ok(NextAction::StartProcessing(transaction))
        } else {
            // [...]
        }
}

pub async fn save_response(
    // 더 이상 `Pool`이 아니다!
    mut transaction: Transaction<'static, Postgres>,
    // [...]
) -> Result</* */> {
    // [...]
    sqlx::query_unchecked!(/* */)
        .execute(&mut transaction)
        .await?;
    transaction.commit().await?;
    // [...]
}
```

```
//! src/routes/admin/newsletter/post.rs
// [...]

    pub async fn publish_newsletter(/* */) -> Result</* */> {
    // [...]
    let transaction = match try_processing(&pool, &idempotency_key, *user_id)
        .await
        .map_err(e500)?
    {
        NextAction::StartProcessing(t) => t,
        // [...]
    };
    // [...]
    let response = save_response(transaction, /* */)
        .await
        .map_err(e500)?;
    // [...]
}
```

모든 테스트가 성공한다. 어째서인가? 락$_{lock}$과 트랜잭션 격리 레벨로 요약할 수 있다.

READ COMMITTED는 Postgres의 기본 격리 레벨이다. 해당 설정은 조정하지 않았으므로 애플리케이션에서의 쿼리에도 이 레벨이 적용된다. Postgres의 문서에서는 이 격리 레벨의 동작에 관해 다음과 같이 설명한다.

> (…) SELECT 쿼리(FOR UPDATE/SHARE 구문을 사용하지 않은)는 해당 쿼리가 시작되기 전에 커밋된 데이터만을 확인한다. 커밋되지 않은 데이터 또는 동시 트랜잭션에 의한 쿼리 실행 도중 커밋된 변경은 확인하지 않는다. 결국 SELECT 쿼리는 쿼리가 시행되는 순간의 데이터베이스의 스냅숏을 참조한다.

대신 데이터를 변경하는 구문은 동일한 행의 집합을 변경하려 하는 커밋되지 않은 트랜잭션들의 영향을 받는다.

> UPDATE, DELETE, SELECT FOR UPDATE …는 명령어 시작 시점에 커밋된 행만을 대상으로 찾는다. 하지만 이 대상 행은 해당 시점에 다른 동시 트랜잭션에 의해 업데이트되었을 수 있다(혹은 삭제되었거나 잠겼을 수 있다). 이 경우 동작해야 할 업데이터는 첫 번째 업데이트 트랜잭션이 커밋되거나 롤백될 때까지(트랜잭션이 진행 중인 경우) 대기한다.

이 설명이 바로 우리 케이스에서 발생한 것과 일치한다. 두 번째 요청에 의해 실행된 INSERT 구문은 첫 번째 요청에 의해 시작된 SQL 트랜잭션의 결과를 기다려야 한다. SQL 트랜잭션이 커밋되면, 두 번째 요청의 INSERT는 DO NOTHING을 수행한다. SQL 트랜잭션이 롤백되면, 두 번째 요청의 INSERT는 실제로 삽입을 수행한다.

기본 격리 레벨보다 엄격한 격리 레벨을 사용하면 이 전략은 작동하지 않는다는 점에 유의하자. 매우 쉽게 테스트할 수 있다.

```
//! src/idempotency/persistence.rs
// [...]

pub async fn try_processing(/* */) -> Result</* */> {
    let mut transaction = pool.begin().await?;
    sqlx::query!("SET TRANSACTION ISOLATION LEVEL repeatable read")
        .execute(&mut transaction)
        .await?;
    let n_inserted_rows = sqlx::query!(/* */)
    // [...]
}
```

두 번째 동시 요청은 데이터베이스 오류로 인해 실패한다. 동시 업데이트 때문에 접근을 직렬화하지 못한다. repeatable read는 **반복할 수 없는 읽기**non-repeatable read(누가 상상할 수 있겠는가?)를 방지하기 위해 설계되었다. 동일한 SELECT 쿼리를 같은 트랜잭션 안에서 한 행에 대해 두 번 실행했을 때, 반환되는 데이터는 동일해야 한다. 이것은 UPDATE와 같은 구문에 영향을 미친다. 이런 구문들이 반복할 수 있는 읽기 트랜잭션 안에서 실행되면, 반복할 수 있는 읽기 트랜잭션이 시작된 뒤에 다른 트랜잭션에 의해 수정된 행을 수정하거나 잠글 수 없다. 그렇기 때문에 우리가 한 이 작은 실험에서 두 번째 요청으로 시작된 트랜잭션이 커밋에 실패한 것이다. 동일한 현상은 Postgres의 더 엄격한 격리 레벨인 `serializable`을 선택했을 때도 발생한다.

11.10 오류 처리하기

상당한 진척을 이루었다. 우리가 한 구현은 중복된 요청이 도착하는 방식(동시, 순차)에 관계없이 우아하게 처리한다. 오류는 어떤가?

다른 테스트 케이스를 추가해보자.

```toml
#! Cargo.toml
# [...]
[dev-dependencies]
serde_urlencoded = "0.7.1"
# [...]
```

```rust
//! tests/api/newsletter.rs
use fake::faker::internet::en::SafeEmail;
use fake::faker::name::en::Name;
use fake::Fake;
use wiremock::MockBuilder;
// [...]

// Short-hand for a common mocking setup
fn when_sending_an_email() -> MockBuilder {
    Mock::given(path("/email")).and(method("POST"))
}

#[tokio::test]
async fn transient_errors_do_not_cause_duplicate_deliveries_on_retries() {
    // Arrange
    let app = spawn_app().await;
    let newsletter_request_body = serde_json::json!({
        "title": "Newsletter title",
        "text_content": "Newsletter body as plain text",
        "html_content": "<p>Newsletter body as HTML</p>",
        "idempotency_key": uuid::Uuid::new_v4().to_string()
```

```
    });
    // 한 명의 구독자 대신 두 명의 구독자
    create_confirmed_subscriber(&app).await;
    create_confirmed_subscriber(&app).await;
    app.test_user.login(&app).await;

    // Part 1 - 뉴스레터 제출 폼
    // 두 번째 구독자에 대한 이메일 전달은 실패한다.
    when_sending_an_email()
        .respond_with(ResponseTemplate::new(200))
        .up_to_n_times(1)
        .expect(1)
        .mount(&app.email_server)
        .await;
    when_sending_an_email()
        .respond_with(ResponseTemplate::new(500))
        .up_to_n_times(1)
        .expect(1)
        .mount(&app.email_server)
        .await;

    let response = app.post_publish_newsletter(&newsletter_request_body).await;
    assert_eq!(response.status().as_u16(), 500);

    // Part 2 - 폼 제출을 재시도한다.
    // 이제 2명의 구독자 모두에게 이메일 전달을 성공한다.
    when_sending_an_email()
        .respond_with(ResponseTemplate::new(200))
        .expect(1)
        .named("Delivery retry")
        .mount(&app.email_server)
        .await;
    let response = app.post_publish_newsletter(&newsletter_request_body).await;
    assert_eq!(response.status().as_u16(), 303);

    // mock은 중복된 뉴스레터를 발송하지 않았음을 검증한다.
}

async fn create_unconfirmed_subscriber(app: &TestApp) -> ConfirmationLinks {
    // 이제 여러 구독자들을 다루므로,
    // 충돌을 피하기 위해 구독자들을 무작위로 만들어야 한다.
    let name: String = Name().fake();
    let email: String = SafeEmail().fake();
    let body = serde_urlencoded::to_string(&serde_json::json!({
        "name": name,
        "email": email
    }))
    .unwrap();
```

```
    // [...]
}
```

테스트는 실패한다. 또 다른 중복된 전달의 인스턴스를 확인할 수 있다.

```
thread 'newsletter::transient_errors_do_not_cause_duplicate_deliveries_on_retries'
panicked at 'Verifications failed:
- Delivery retry.
        Expected range of matching incoming requests: == 1
        Number of matched incoming requests: 2
```

idempotency 구현에 관해 다시 생각해보면 납득이 된다. idempotency 테이블에 삽입하는 트랜잭션은 처리가 성공했을 때만 커밋한다. 오류가 발생하면 조기에 반환이 되며, 이는 Transaction<'static, Postgres> 값이 버려졌을 때 롤백을 트리거한다.

이보다 더 잘할 수 있는가?

11.10.1 분산된 트랜잭션

우리가 지금 느끼는 고통은 실제 애플리케이션에서는 흔한 문제다. 여러분의 로컬 상태와 다른 시스템에 의해 관리되는 원격 상태[25]를 동시에 다루는 로직을 실행할 때 트랜잭션 특성transactionality[26]은 사라진다.

분산 시스템에서의 기술적인 도전들에 매료되었지만, 모든 사용자가 필자와 같은 열정을 갖지 않는다는 점은 잘 알고 있다. 사용자들은 무언가 달성하길 원하지 내부는 신경 쓰지 않는다. 당연하다. 뉴스레터 저자들은 Submit 버튼을 클릭한 뒤 다음 시나리오 중 하나를 기대한다.

- 뉴스레터는 모든 구독자에게 전달된다.

- 뉴스레터는 발행되지 않으므로, 아무도 받지 않는다.

우리가 한 구현은 일시적으로 세 번째 시나리오를 가능하게 한다. 뉴스레터는 발행되지 않지만(500

---

25 생각보다 많이 다른 시스템들이 여러분의 조직 안에 존재한다. 자체의 격리된 데이터 스토어(https://microservices.io/patterns/data/database-per-service.html)를 가진 다른 마이크로 서비스다. 모놀리스의 내부 복잡성을 여러 하위 시스템의 변화를 조율하는 복잡성으로 대체한 것이다. 복잡성은 어딘가에는 존재해야 한다(https://ferd.ca/complexity-has-to-live-somewhere.html).

26 2단계 커밋(https://martinfowler.com/articles/patterns-of-distributed-systems/two-phase-commit.html)과 같은 프로토콜을 사용하면 분산된 시스템에서도 도 아니면 모의 시맨틱을 얻을 수 있다. 하지만 매우 복잡하며 단점들을 갖고 있어 널리 받아들여지지 않는다.

Internal Server Error), 일부 구독자는 어쨌든 뉴스레터를 받는다.

하지만 그렇게 되지는 않을 것이다. 부분적인partial 실행은 인정되지 않는다. 시스템은 감지할 수 있는 상태로 종결되어야 한다.

두 가지 접근 방식으로 이 문제를 해결할 수 있다. 백워드 복구와 포워드 복구다.

11.10.2 백워드 복구

백워드 복구backward recovery는 **보상 행동**compensating action을 실행함으로써 의미론적으로 롤백을 달성한다. 전자 상거래 결제 시스템을 다룬다고 생각해보자. 고객의 장바구니에 있는 제품들에 대해 이미 과금을 마친 상태이지만, 배송을 시작하는 시점에 아이템들 중 재고가 하나 없음을 발견한다. 모든 배송 명령을 취소하고 고객에게 구매 금액을 모두 환불함으로써 백워드 복구를 수행할 수 있다. 이 복구 메커니즘은 고객에게 투명하지 않다. 고객들은 여전히 트랜잭션 이력에서 두 개의 결제 내역(원래 청구 금액과 환불 금액)을 볼 것이다. 또한 어떤 일이 발생했는지 설명하는 이메일을 보낼 것이다. 하지만 고객들이 신경쓰는 잔고는 복구된다.

11.10.3 포워드 복구

백워드 복구는 우리가 개발하는 뉴스레터 시스템에는 적합하지 않다. 이메일 '전송을 취소'할 수 없을 뿐만 아니라, 구독자들에게 이전에 보낸 메일을 무시하라고 요청하는 메일을 보내는 것도 납득이 되지 않는다(우습기 짝이 없다).

이런 경우에는 **포워드 복구**forward recovery를 시도해야 한다. 하나 이상의 하위 테스트가 성공하지 못하더라도 전체 워크플로는 완료를 시켜야 한다. **능동적 복구**active recovery와 **수동적 복구**passive recovery 중 하나를 선택할 수 있다.

수동적 복구는 API 호출자에게 워크플로를 완료할 책임을 전가한다. 요청 핸들러는 체크포인트를 활용해서 그 진척을 추적한다(예 123개의 이메일이 전송되었습니다). 핸들러가 망가지면, 다음 API 호출 시 이전 체크포인트에서부터 처리를 다시 시작하며, 중복된 작업(존재한다면)의 수를 최소화한다. 충분한 재시도 후에, 워크플로는 결국 완료된다.

대신, 능동적 복구에서는 호출자에게 워크플로를 시작시키는 것 이외에 어떤 것도 요구하지 않는다. 시스템은 스스로를 치료해야 한다. 우리는 백그라운드 처리(즉 API에 대한 백그라운드 태스크)를 활용해서 도중에 중단된 뉴스레터 전달을 식별할 것이다. 프로세스는 이후 전달을 완료한다. 회복은 원래의 POST /admin/newsletters 요청의 라이프사이클 밖에서 비동기로 발생한다.

수동적인 복구는 좋지 않은 사용자 경험을 만든다. 뉴스레터 저자는 성공 응답을 받을 때까지 계속해서 폼을 제출해야 한다. 저자는 당황하게 될 것이다. 내가 보는 오류가 전송 과정에서 발생한 문제로 인한 일시적인 것인가? 아니면 구독자 목록을 꺼내올 때 데이터베이스에서 발생하는 것인가? 재시도를 계속하면 언젠가는 성공할 것인가? 저자들이 전송 중간에 재시도를 포기하면 시스템은 다시 일관성이 없는 상태에 머무르게 된다.

따라서 우리 구현에서는 능동적 복구를 사용할 것이다.

11.10.4 비동기 처리

능동적 복구 역시 제한이 있다. 우리는 저자가 API로부터 다시 오류를 받기를 원하지 않는다. 하지만 내부적으로 뉴스레터 전달은 시작되었다.

POST /admin/newsletters에 대한 기대를 바꾸어서 사용자 경험을 개선할 수 있다. 현재의 성공적인 폼 제출은 새로운 뉴스레터 발행이 검증되었고 모든 구독자에게 전달되었음을 의미한다. 그 범위를 다소 줄일 수 있다. 성공적인 폼 제출은 뉴스레터가 검증되었고 비동기적으로 모든 구독자에게 보내질 것임을 의미할 것이다.

즉, 성공적인 폼 전송은 저자에게 전달 워크플로가 올바르게 시작되었다는 것을 보장한다. 저자들은 단지 모든 이메일이 전송되기를 기다리면 될 뿐, 걱정할 것이 없다. 언젠가는 전송될 것이다.[27]

POST /admin/newsletters의 요청 핸들러는 더 이상 메일을 발송하지 않는다. 그저 백그라운드 워크들이 미동기적으로 완료할 태스크의 목록을 큐에 넣을 뿐이다. 태스크 큐로는 다른 Postgres 테이블인 issue_delivery_queue를 사용한다.

얼핏 보기에 큰 차이는 없는 것으로 보일 수 있다. 동작이 발생해야 하는 위치를 약간 옮긴 것뿐이다. 하지만 그 의미는 매우 강력하다. 트랜잭션성을 회복하는 것이다. 구독자의 데이터, 멱등성 기록, 태스크 큐들은 모두 Postgres 안에 살아 있다. POST /admin/newsletters가 수행하는 모든

---

27 저자는 전달 프로세스에 대한 가시성을 확보함으로써 여전히 이익을 얻을 수 있다(예: 특정한 뉴스레터 발행분에 대해 얼마나 많은 이메일이 현재 남아 있는지 추정하는 등). 워크플로 관측 가능성은 이 책의 범위는 아니지만, 여러분이 직접 해당 부분에 관한 연습을 해보는 것도 재미있을 것이다.

동작은 하나의 SQL 트랜잭션으로 감쌀 수 있다. 모든 동작이 성공하거나 아무 일도 발생하지 않는다. 호출자는 더 이상 API의 응답을 넘겨짚거나 그 구현에 관해 추론할 필요가 없다.

❶ newsletter_issues

의도적으로 꺼냄으로써, 우리가 발행한 뉴스레터의 세부 정보를 저장할 필요가 없다. 새로운 전략을 추구하기 위해 이것은 바뀌어야 한다. 뉴스레터 이슈를 지속하는 것은 전용의 newsletter_issues 테이블에서 관리한다. 해당 테이블의 스킴은 이미 익숙할 것이다.

```
sqlx migrate add create_newsletter_issues_table
```

```sql
-- migrations/20220211080603_create_newsletter_issues_table.sql
CREATE TABLE newsletter_issues (
    newsletter_issue_id uuid NOT NULL,
    title TEXT NOT NULL,
    text_content TEXT NOT NULL,
    html_content TEXT NOT NULL,
    published_at TEXT NOT NULL,
    PRIMARY KEY(newsletter_issue_id)
);
```

```
sqlx migrate run
```

곧 사용하게 될 insert_newsletter_issue 함수를 작성하자.

```rust
//! src/routes/admin/newsletter/post.rs
use sqlx::{Postgres, Transaction};
use uuid::Uuid;
// [...]

#[tracing::instrument(skip_all)]
async fn insert_newsletter_issue(
    transaction: &mut Transaction<'_, Postgres>,
    title: &str,
    text_content: &str,
    html_content: &str,
) -> Result<Uuid, sqlx::Error> {
    let newsletter_issue_id = Uuid::new_v4();
    sqlx::query!(
        r#"
```

```
        INSERT INTO newsletter_issues (
            newsletter_issue_id,
            title,
            text_content,
            html_content,
            published_at
        )
        VALUES ($1, $2, $3, $4, now())
        "#,
        newsletter_issue_id,
        title,
        text_content,
        html_content
    )
    .execute(transaction)
    .await?;
    Ok(newsletter_issue_id)
}
```

❷ issue_delivery_queue

태스크들은 가능한 한 단순하게 유지할 것이다.

```
sqlx migrate add create_issue_delivery_queue_table
```

```
-- migrations/20220211080603_create_issue_delivery_queue_table.sql
CREATE TABLE issue_delivery_queue (
    newsletter_issue_id uuid NOT NULL
        REFERENCES newsletter_issues (newsletter_issue_id),
    subscriber_email TEXT NOT NULL,
    PRIMARY KEY(newsletter_issue_id, subscriber_email)
);
```

```
sqlx migrate run
```

하나의 삽입 쿼리를 만들어서 태스크 셋을 생성할 수 있다.

```
//! src/routes/admin/newsletter/post.rs
// [...]

#[tracing::instrument(skip_all)]
```

```
async fn enqueue_delivery_tasks(
    transaction: &mut Transaction<'_, Postgres>,
    newsletter_issue_id: Uuid,
) -> Result<(), sqlx::Error> {
    sqlx::query!(
        r#"
        INSERT INTO issue_delivery_queue (
            newsletter_issue_id,
            subscriber_email
        )
        SELECT $1, email
        FROM subscriptions
        WHERE status = 'confirmed'
        "#,
        newsletter_issue_id,
    )
    .execute(transaction)
    .await?;
    Ok(())
}
```

❸ POST /admin/newsletters

앞에서 만든 것을 종합해서 요청 핸들러를 완전히 다듬을 준비가 되었다.

```
//! src/routes/admin/newsletter/post.rs
// [...]

#[tracing::instrument(
    name = "Publish a newsletter issue",
    skip_all,
    fields(user_id=%&*user_id)
)]
pub async fn publish_newsletter(
    form: web::Form<FormData>,
    pool: web::Data<PgPool>,
    user_id: web::ReqData<UserId>,
) -> Result<HttpResponse, actix_web::Error> {
    let user_id = user_id.into_inner();
    let FormData {
        title,
        text_content,
        html_content,
        idempotency_key,
    } = form.0;
    let idempotency_key: IdempotencyKey = idempotency_key.try_into().map_err(e400)?;
```

```
    let mut transaction = match try_processing(&pool, &idempotency_key, *user_id)
        .await
        .map_err(e500)?
    {
        NextAction::StartProcessing(t) => t,
        NextAction::ReturnSavedResponse(saved_response) => {
            success_message().send();
            return Ok(saved_response);
        }
    };
    let issue_id = insert_newsletter_issue(
            &mut transaction,
            &title,
            &text_content,
            &html_content
        )
        .await
        .context("Failed to store newsletter issue details")
        .map_err(e500)?;
    enqueue_delivery_tasks(&mut transaction, issue_id)
        .await
        .context("Failed to enqueue delivery tasks")
        .map_err(e500)?;
    let response = see_other("/admin/newsletters");
    let response = save_response(transaction, &idempotency_key, *user_id, response)
        .await
        .map_err(e500)?;
    success_message().send();
    Ok(response)
}

fn success_message() -> FlashMessage {
    FlashMessage::info(
        "The newsletter issue has been accepted - \
        emails will go out shortly.",
    )
}
```

get_confirmed_subscribers와 ConfirmedSubscriber도 삭제할 수 있다.

요청 핸들러 안의 로직은 이제 매우 선형적이다. 저자도 훨씬 빠른 피드백 루프를 갖게 된다. 엔드
포인트는 더 이상 저자들을 성공 페이지로 리다이렉트하기 위해 수백 명의 구독자에게 반복을 수
행하지 않아도 된다.

❹ 이메일 처리하기

이제 이메일 전달로 시선을 돌려보자. 우리는 `issue_deleivery_queue`에 저장된 태스크들을 소비해야 한다. 동시에 실행되는 여러 전달 워커가 존재할 것이다. 적어도 API 인스턴스당 하나씩은 존재한다. 단순한 접근 방식은 문제를 발생시킨다.

```
SELECT (newsletter_issue_id, subscriber_email)
FROM issue_delivery_queue
LIMIT 1
```

여러 워커들은 동일한 태스크를 선택하고, 결과적으로 수많은 이메일이 중복될 수 있다. 동기화가 필요하다. 다시 말하지만 우리는 데이터베이스를 활용할 것이다. 즉 행-수준의 잠금을 사용한다.[28]

Postgres 9.5에서는 `SKIP LOCKED`절을 제공한다. 이를 사용하면 `SELECT` 구문이 다른 동시 작업으로 인해 현재 잠겨진 모든 행을 무시하도록 할 수 있다. 대신 `UPDATE`를 사용해서 `SELECT`에 의해 반환되는 행들을 잠글 수 있다. 이를 다음과 같이 조합할 것이다.

```
SELECT (newsletter_issue_id, subscriber_email)
FROM issue_delivery_queue
FOR UPDATE
SKIP LOCKED
LIMIT 1
```

이를 통해 동시성-안전한 큐를 얻을 수 있다. 각 워크들은 경쟁하지 않는 태스크(`SKIP LOCKED` 및 `LIMIT 1`)를 선택하며, 그 태스크는 트랜잭션이 진행되는 동안에는 다른 워크들은 사용할 수 없게 된다(`FOR UPDATE`). 태스크가 완료되면(예 이메일이 전송되면) `issue_delivery_queue`에서 해당하는 행을 삭제하고 변경 사항을 커밋한다.

코드를 작성하자.

```rust
//! lib.rs
// [...]
pub mod issue_delivery_worker;
```

---

28 https://www.postgresql.org/docs/current/explicit-locking.html#LOCKING-ROWS

```
//! src/issue_delivery_worker;
use crate::email_client::EmailClient;
use sqlx::{PgPool, Postgres, Transaction};
use tracing::{field::display, Span};
use uuid::Uuid;

#[tracing::instrument(
    skip_all,
    fields(
        newsletter_issue_id=tracing::field::Empty,
        subscriber_email=tracing::field::Empty
    ),
    err
)]
async fn try_execute_task(
    pool: &PgPool,
    email_client: &EmailClient
) -> Result<(), anyhow::Error> {
    if let Some((transaction, issue_id, email)) = dequeue_task(pool).await? {
        Span::current()
            .record("newsletter_issue_id", &display(issue_id))
            .record("subscriber_email", &display(&email));
        // TODO: 이메일을 발송한다.
        delete_task(transaction, issue_id, &email).await?;
    }
    Ok(())
}

type PgTransaction = Transaction<'static, Postgres>;

#[tracing::instrument(skip_all)]
async fn dequeue_task(
    pool: &PgPool,
) -> Result<Option<(PgTransaction, Uuid, String)>, anyhow::Error> {
    let mut transaction = pool.begin().await?;
    let r = sqlx::query!(
        r#"
        SELECT newsletter_issue_id, subscriber_email
        FROM issue_delivery_queue
        FOR UPDATE
        SKIP LOCKED
        LIMIT 1
        "#,
    )
    .fetch_optional(&mut transaction)
    .await?;
    if let Some(r) = r {
        Ok(Some((
```

```
                transaction,
                r.newsletter_issue_id,
                r.subscriber_email,
            )))
        } else {
            Ok(None)
        }
}

#[tracing::instrument(skip_all)]
async fn delete_task(
    mut transaction: PgTransaction,
    issue_id: Uuid,
    email: &str,
) -> Result<(), anyhow::Error> {
    sqlx::query!(
        r#"
        DELETE FROM issue_delivery_queue
        WHERE
            newsletter_issue_id = $1 AND
            subscriber_email = $2
        "#,
        issue_id,
        email
    )
    .execute(&mut transaction)
    .await?;
    transaction.commit().await?;
    Ok(())
}
```

실제로 메일을 보내기 위해서는 먼저 뉴스레터 콘텐츠를 가져와야 한다.

```
//! src/issue_delivery_worker;
// [...]

struct NewsletterIssue {
    title: String,
    text_content: String,
    html_content: String,
}

#[tracing::instrument(skip_all)]
async fn get_issue(
    pool: &PgPool,
    issue_id: Uuid
```

```
) -> Result<NewsletterIssue, anyhow::Error> {
    let issue = sqlx::query_as!(
        NewsletterIssue,
        r#"
        SELECT title, text_content, html_content
        FROM newsletter_issues
        WHERE
            newsletter_issue_id = $1
        "#,
        issue_id
    )
    .fetch_one(pool)
    .await?;
    Ok(issue)
}
```

다음으로 POST /admin/newsletters에 있던 가져오기 로직을 복구할 수 있다.

```
//! src/issue_delivery_worker;
use crate::domain::SubscriberEmail;
// [...]

#[tracing::instrument(/* */)]
async fn try_execute_task(
    pool: &PgPool,
    email_client: &EmailClient
) -> Result<(), anyhow::Error> {
    if let Some((transaction, issue_id, email)) = dequeue_task(pool).await? {
        // [...]
        match SubscriberEmail::parse(email.clone()) {
            Ok(email) => {
                let issue = get_issue(pool, issue_id).await?;
                if let Err(e) = email_client
                    .send_email(
                        &email,
                        &issue.title,
                        &issue.html_content,
                        &issue.text_content,
                    )
                    .await
                {
                    tracing::error!(
                        error.cause_chain = ?e,
                        error.message = %e,
                        "Failed to deliver issue to a confirmed subscriber. \
                        Skipping.",
```

```
                );
            }
        }
        Err(e) => {
            tracing::error!(
                error.cause_chain = ?e,
                error.message = %e,
                "Skipping a confirmed subscriber. \
                Their stored contact details are invalid",
            );
        }
    }
    delete_task(transaction, issue_id, &email).await?;
    }
    Ok(())
}
```

코드에서 볼 수 있듯이, Postmark 오류로 인해 전달 시도가 실패했을 때 재시도를 하지 않는다. 이것은 `issue_delivery_queue`를 개선해서 변경할 수 있다. 예를 들어 n_retries와 execute_after 열을 추가해서 재시도가 많이 발생했는지, 재시도를 하기까지 얼마나 기다려야 하는지 등을 추적할 수 있다. 연습 삼아 구현해보기 바란다.

5 워커 루프

`try_execute_task`는 하나의 메일을 전달한다. 백그라운드 태스크를 사용해서 `issue_delivery_queue`의 아이템을 계속 가져오고, 이들을 사용할 수 있을 때 태스크를 완료해야 한다.

무한 루프를 사용할 수 있다.

```
//! src/issue_delivery_worker;
use std::time::Duration;
// [...]

async fn worker_loop(
    pool: PgPool,
    email_client: EmailClient
) -> Result<(), anyhow::Error> {
    loop {
        if try_execute_task(&pool, &email_client).await.is_err() {
            tokio::time::sleep(Duration::from_secs(1)).await;
        }
    }
}
```

일시적인 실패[29]를 경험한다면, 약간의 대기를 넣어서 성공의 기회를 개선할 수 있다. 이것은 지터 jitter[30]와 함께 지수적인 백오프를 도입함으로써 더욱 정교하게 만들 수 있다.

실패 외에 한 가지 더 주의해야 할 시나리오가 있다. 바로 issue_delivery_queue가 비는 상황이다. 이 경우, try_execute_task는 계속해서 호출된다. 이는 데이터베이스에 대한 불필요한 쿼리의 홍수로 해석된다. try_execute_task의 시그니처를 변경해서 이 리스크를 줄일 수 있다. 실제로 큐에서 무언가를 꺼낼 수 있는지 알아야 한다.

```rust
//! src/issue_delivery_worker.rs
// [...]

enum ExecutionOutcome {
    TaskCompleted,
    EmptyQueue,
}

#[tracing::instrument(/* */)]
async fn try_execute_task(/* */) -> Result<ExecutionOutcome, anyhow::Error> {
    let task = dequeue_task(pool).await?;
    if task.is_none() {
        return Ok(ExecutionOutcome::EmptyQueue);
    }
    let (transaction, issue_id, email) = task.unwrap();
    // [...]
    Ok(ExecutionOutcome::TaskCompleted)
}
```

worker_loop는 이제 더욱 현명해질 수 있다.

```rust
//! src/issue_delivery_worker.rs
// [...]

async fn worker_loop(/* */) -> Result</* */> {
    loop {
        match try_execute_task(&pool, &email_client).await {
            Ok(ExecutionOutcome::EmptyQueue) => {
                tokio::time::sleep(Duration::from_secs(10)).await;
```

---

29 try_execute_task가 반환하는 대부분의 오류는 잘못된 이메일을 제외하고는 본질적으로 일시적이다. 일시적인 중단은 이를 수정하지 못한다. 일시적인 에러와 치명적인 실패를 구분하고, worker_loop가 이에 따라 반응하도록 구현을 다듬어보자.

30 https://aws.amazon.com/blogs/architecture/exponential-backoff-and-jitter/

```
        }
        Err(_) => {
            tokio::time::sleep(Duration::from_secs(1)).await;
        }
        Ok(ExecutionOutcome::TaskCompleted) => {}
    }
  }
 }
}
```

루프는 더 이상 분주하지 않다.

❻ 백그라운드 워커 실행하기

하나의 워커 루프를 가지고 있지만, 모든 곳에서 실행되지는 않는다.

구성값에 기반해 필요한 디펜던시를 만들자.[31]

```
//! src/issue_delivery_worker.rs
use crate::{configuration::Settings, startup::get_connection_pool};
// [...]

pub async fn run_worker_until_stopped(
    configuration: Settings
) -> Result<(), anyhow::Error> {
    let connection_pool = get_connection_pool(&configuration.database);

    let sender_email = configuration
        .email_client
        .sender()
        .expect("Invalid sender email address.");
    let timeout = configuration.email_client.timeout();
    let email_client = EmailClient::new(
        configuration.email_client.base_url,
        sender_email,
        configuration.email_client.authorization_token,
        timeout,
    );
    worker_loop(connection_pool, email_client).await
}
```

---

31 actix_web 애플리케이션을 위해 만든 디펜던시를 재사용하지 않는다. 이를 구분함으로써, 예를 들어 얼마나 많은 데이터베이스 커넥션을 백그라운드 태스크/API 워크로드에 할당할지 세세하게 제어할 수 있다. 동시에 현재 단계에서는 이것이 반드시 필요한 것은 아니다. 하나의 풀과 HTTP 클라이언트를 만들고, Arc 포인터를 두 하위 시스템(API와 워크)에 전달할 수도 있다. 어떤 선택이 올바른가는 상황과 전체적인 제약 사항에 달려 있다.

백그라운드 워커와 API를 나란히 실행하기 위해서는 main 함수의 구조를 바꾸어야 한다. 오랫동안 실행되는 두 개의 태스크를 위해 각각 Future를 만들 것이다. 러스트에서 Future는 게으르기 때문에, 실제로 대기하기 전까지는 아무런 일도 발생하지 않는다. tokio::select!를 사용해서 두 태스크가 동시에 진행되도록 한다. tokio::select!는 두 태스크 중 하나가 완료되거나 오류를 발생시키는 즉시 반환한다.

```rust
//! src/main.rs
use zero2prod::issue_delivery_worker::run_worker_until_stopped;
// [...]

#[tokio::main]
async fn main() -> anyhow::Result<()> {
    let subscriber = get_subscriber(
        "zero2prod".into(), "info".into(), std::io::stdout
    );
    init_subscriber(subscriber);

    let configuration = get_configuration().expect("Failed to read configuration.");
    let application = Application::build(configuration.clone())
        .await?
        .run_until_stopped();
    let worker = run_worker_until_stopped(configuration);

    tokio::select! {
        _ = application => {},
        _ = worker => {},
    };
    Ok(())
}
```

tokio::select!를 사용할 때 염두에 두어야 할 단점이다. 모든 선택된 Future는 단일 태스크처럼 대기한다. 이것은 결과를 수반한다. tokio 문서에서는 다음과 같이 설명한다.

> 현재 태스크에 대해 모든 비동기 표현식을 실행하면, 해당 표현식들은 동시에 실행되지만 병렬로 실행되지는 않는다. 이것은 모든 표현식이 같은 스레드 위에서 실행되는 것을 의미한다. 만약 한 브랜치가 스레드를 블록하면, 다른 모든 표현식 역시 계속되지 않는다. 병렬화가 필요하다면 tokio::spawn을 사용해서 각각의 비동기 표현식을 실행하고, 조인 핸들을 select!로 전달하자.

문서에서 설명하는 내용을 반드시 따라야 한다.

```
//! src/main.rs
// [...]

#[tokio::main]
async fn main() -> anyhow::Result<()> {
    // [...]
    let application = Application::build(configuration.clone()).await?;
    let application_task = tokio::spawn(application.run_until_stopped());
    let worker_task = tokio::spawn(run_worker_until_stopped(configuration));

    tokio::select! {
        _ = application_task => {},
        _ = worker_task => {},
    };
    Ok(())
}
```

위에서 의미하는 것처럼 어떤 태스크가 먼저 끝나는지, 또는 이들이 성공적으로 끝났는지 전혀 알 수 없다. 몇 가지 로깅을 추가하자.

```
//! src/main.rs
use std::fmt::{Debug, Display};
use tokio::task::JoinError;
// [...]

#[tokio::main]
async fn main() -> anyhow::Result<()> {
    // [...]
    tokio::select! {
        o = application_task => report_exit("API", o),
        o = worker_task => report_exit("Background worker", o),
    };
    Ok(())
}



fn report_exit(
    task_name: &str,
    outcome: Result<Result<(), impl Debug + Display>, JoinError>
) {
    match outcome {
        Ok(Ok(())) => {
            tracing::info!("{} has exited", task_name)
        }
        Ok(Err(e)) => {
```

```
            tracing::error!(
                error.cause_chain = ?e,
                error.message = %e,
                "{} failed",
                task_name
            )
        }
        Err(e) => {
            tracing::error!(
                error.cause_chain = ?e,
                error.message = %e,
                "{}' task failed to complete",
                task_name
            )
        }
    }
}
```

이제 매우 견고해 보인다.

7 테스트 스위트 업데이트하기

이제 한 가지 작은 문제가 남았다. 많은 테스트가 실패한다. 이 테스트들은 이메일이 동기적으로 전송될 때 작성된 것이며, 현재 상황과 전혀 맞지 않는다. 이들을 어떻게 처리해야 하는가?

백그라운드 워커를 실행하면 애플리케이션의 동작을 모방하지만, 테스트 스위트가 깨지기 쉽게 만들 것이다. 임의의 시간 구간 동안 백그라운드 워커가 우리가 큐에 넣은 이메일 태스크를 처리할 때까지 기다려야 할 것이다. 빠르든 늦든 결국 테스트는 허술해질 것이다. 대안적인 접근 방식으로는 필요에 따라 워커를 실행하고, 가용한 모든 태스크를 소비하도록 요청하는 방법이 있다. `main` 함수에서의 행동에서 약간 벗어나기는 하지만, 대부분의 코드를 훨씬 더 강건한 상태에서 실행할 수 있다. 우리는 이 방법을 선택할 것이다.

`TestApp`에 `EmailClient` 인스턴스를 추가하자.

```
//! src/configuration.rs
use crate::email_client::EmailClient;
// [...]

impl EmailClientSettings {
    pub fn client(self) -> EmailClient {
        let sender_email = self.sender().expect("Invalid sender email address.");
```

```
        let timeout = self.timeout();
        EmailClient::new(
            self.base_url,
            sender_email,
            self.authorization_token,
            timeout,
        )
    }

    // [...]
}
```

```
//! tests/api/helpers.rs
use zero2prod::email_client::EmailClient;
// [...]

pub struct TestApp {
    // [...]
    pub email_client: EmailClient
}

pub async fn spawn_app() -> TestApp {
    // [...]
    let test_app = TestApp {
        // [...]
        email_client: configuration.email_client.client()
    };
    // [...]
}
```

```
//! src/issue_delivery_worker.rs
// [...]

pub async fn run_worker_until_stopped(
    configuration: Settings
) -> Result<(), anyhow::Error> {
    let connection_pool = get_connection_pool(&configuration.database);
    // 헬퍼 함수를 사용한다.
    let email_client = configuration.email_client.client();
    worker_loop(connection_pool, email_client).await
}
```

```
//! src/startup.rs
// [...]
```

```
impl Application {
    pub async fn build(configuration: Settings) -> Result<Self, anyhow::Error> {
        let connection_pool = get_connection_pool(&configuration.database);
        // 헬퍼 함수를 사용한다.
        let email_client = configuration.email_client.client();
        // [...]
    }
    // [...]
}
```

다음으로 헬퍼를 작성해서 큐에 들어 있는 모든 태스크를 소비하도록 할 수 있다.

```
//! tests/api/helpers.rs
use zero2prod::issue_delivery_worker::{try_execute_task, ExecutionOutcome};
// [...]

impl TestApp {
    pub async fn dispatch_all_pending_emails(&self) {
        loop {
            if let ExecutionOutcome::EmptyQueue =
                try_execute_task(&self.db_pool, &self.email_client)
                    .await
                    .unwrap()
            {
                break;
            }
        }
    }
    // [...]
}
```

```
//! src/issue_delivery_worker.rs
// [...]

// pub으로 마크한다.
pub enum ExecutionOutcome {/* */}

#[tracing::instrument(/* */)]
// pub으로 마크한다.
pub async fn try_execute_task(/* */) -> Result</* */> {/* */}
```

이에 영향을 받는 모든 테스트 케이스를 업데이트할 수 있다.

```
//! tests/api/newsletter.rs
// [...]

#[tokio::test]
async fn newsletters_are_not_delivered_to_unconfirmed_subscribers() {
    // [...]
    assert!(html_page.contains(
        "<p><i>The newsletter issue has been accepted - \
        emails will go out shortly.</i></p>"
    ));
    app.dispatch_all_pending_emails().await;
    // Mock은 드롭 시 우리가 뉴스레터 이메일을 보내지 않았음을 검증한다.
}

#[tokio::test]
async fn newsletters_are_delivered_to_confirmed_subscribers() {
    // [...]
    assert!(html_page.contains(
        "<p><i>The newsletter issue has been accepted - \
        emails will go out shortly.</i></p>"
    ));
    app.dispatch_all_pending_emails().await;
    // Mock은 드롭 시 우리가 뉴스레터 이메일을 보내지 않았음을 검증한다.
}

#[tokio::test]
async fn newsletter_creation_is_idempotent() {
    // [...]
    // Act - Part 2 - 리다이렉트를 따른다.
    let html_page = app.get_publish_newsletter_html().await;
    assert!(html_page.contains(
        "<p><i>The newsletter issue has been accepted - \
        emails will go out shortly.</i></p>"
    ));
    // [...]
    // Act - Part 4 - 리다이렉트를 따른다.
    let html_page = app.get_publish_newsletter_html().await;
    assert!(html_page.contains(
        "<p><i>The newsletter issue has been accepted - \
        emails will go out shortly.</i></p>"
    ));
    app.dispatch_all_pending_emails().await;
    // Mock은 드롭 시 우리가 뉴스레터 이메일을 한 번만 보냈음을 검증한다.

}

#[tokio::test]
async fn concurrent_form_submission_is_handled_gracefully() {
```

```
    // [...]
    app.dispatch_all_pending_emails().await;
    // Mock은 드롭 시 우리가 뉴스레터 이메일을 한 번만 보냈음을 검증한다.

}

// `transient_errors_do_not_cause_duplicate_deliveries_on_retries`는 삭제했다.
// 재설계의 내용과 맞지 않는다.
```

테스트는 성공한다.

사실 거의 성공했다. 다만 한 가지 세부적인 사항을 무시했다. 멱등성 키에 대한 만료 메커니즘이
없다. 백그라운드 워커에서 학습한 내용을 참조로 연습 삼아 설계해보길 바란다.

우리가 함께하는 여행은 여기에서 끝이다.

여행은 빈 스켈레톤에서 시작했다. 지금까지 만든 프로젝트를 돌아보자. 완전한 기능을 제공하며, 잘 테스트되었으며, 합리적으로 안전하다. 최소 기능 제품으로서 적합하다. 하지만 이 프로젝트가 절대로 목표는 아니다. 그저 러스트를 사용해서 프로덕션에 대비한 API를 작성하는 것이 어떤 것인지 살펴본 것일 뿐이다.

《제로부터 시작하는 러스트 백엔드 프로그래밍》은 매일 듣는 한 질문에서 시작되었다.

> 러스트가 API 개발을 위한 생산적인 언어가 될 수 있을까?

필자는 여러분을 여행에 초대했다. 여러분에게 러스트 에코시스템의 극히 일부, 다소 독단적이지만 강력한 툴킷을 소개했다. 최선을 다해서 언어의 핵심 피처들에 관해 소개하고자 했다.

선택은 여러분의 몫이다. 여러분이 그렇게 하고자 하는 의지가 있다면, 스스로 걸을 수 있을 만큼 충분한 내용을 학습했다.

업계에서의 러스트 도입은 이제 시작되었다. 우리는 변곡점에 살고 있다. 이 밀물에 올라탈 수 있는 티켓 같은 역할을 하는 책을 쓰고자 했다. 이 이야기의 일부가 되고자 하는 사람들을 위한 온보딩 가이드라고 해도 좋겠다.

이것은 단지 시작일 뿐이다. 러스트 커뮤니티의 미래는 아직 쓰이지 않았지만 밝아 보인다.

찾아보기